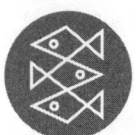

In Brasilien entdecken Jäcki und Irma die Welt der afroamerikanischen Religionen. Jäcki trifft Priesterinnen, sucht nach
Zauberpflanzen und nimmt an religiösen Riten teil. In diesem weitgefächerten, teils dokumentarischen, teils lyrischen
»Roman der Ethnologie« gestaltet Fichte einen Gegenent-
wurf zu unserem rationalen Weltbild: Jäcki lernt das »rituelle
Verstehen der Welt«. Die Bilder der Neuen und der Alten
Welt schieben sich ineinander, so wie im Schreiben sich Dich-
tung und Wissenschaft durchdringen.

In seiner vielbändigen ›Geschichte der Empfindlichkeit‹ unternimmt Hubert Fichte den energischen Versuch, der Mit-
telmäßigkeit eines (auch literarischen) Regionalismus eine
weltläufige Literatur entgegenzuhalten. Eine Reihe ethno-
poetischer Erkundungen, die die Grenzen verschiedenster
Kulturen und Subkulturen abtastet, führt Fichtes »Empfindlichkeit« zu einer radikal erweiterten Roman-Poetik, in der
das Erzählte sich vermischt mit Glossen, Polemiken, Interviews und ethnographischen Studien. Eine Titelübersicht der
›Geschichte der Empfindlichkeit‹ befindet sich im Anhang
dieses Buches.

Hubert Fichte, 1935 in Perleberg (Brandenburg) geboren,
wuchs in Hamburg auf, war dort Kinderdarsteller, später
Schauspieler, Landwirtschaftslehrling und Schafhirte in der
Provence. Seit 1963 lebte Fichte als freier Schriftsteller in
Hamburg. Zu seinen wichtigsten Werken zählen die Romane
»Das Waisenhaus« (1964), »Die Palette« (1968) und »Versuch
über die Pubertät« (1974), die ethnopoetischen Reiseberichte
»Xango« (1976) und »Petersilie« (1980) sowie der mehrbän-
dige *roman fleuve* »Geschichte der Empfindlichkeit« (ab
1987). Hubert Fichte starb 1986 in Hamburg.

Unsere Adresse im Internet: www.fischerverlage.de

Hubert Fichte

Explosion

Roman der Ethnologie

Fischer
Taschenbuch
Verlag

Die Geschichte der Empfindlichkeit
Band VII

Explosion
Roman der Ethnologie

Herausgegeben von Ronald Kay

Ungekürzte Ausgabe
Veröffentlicht im Fischer Taschenbuch Verlag,
einem Unternehmen der S. Fischer Verlag GmbH,
Frankfurt am Main, März 2006

Lizenzausgabe mit freundlicher Genehmigung
der S. Fischer Verlag GmbH, Frankfurt am Main
© 1993 S. Fischer Verlag GmbH, Frankfurt am Main
Druck und Bindung: Clausen & Bosse, Leck
Printed in Germany
ISBN 13: 978-3-596-17097-5
ISBN 10: 3-596-17097-4

Explosion

Roman der Ethnologie

I.

Die Puppen und die Gedörrten

1

Ein Schleier aus Gischt.
Zehn Meter hoch.
Schien es Jäcki. Die Sonne stieß hindurch.
Die Wolkenkratzer wackelten.
Die Autos hüpften.
Die Welle sank in sich zusammen.
Die nächste spritzte zwischen den Hochhäusern hoch.
Das war Copacabana – eine verstopfte Hauptverkehrsader,
voller Auspuffgase, die nach der heiligen Jungfrau hieß,
nackte nasse Afrikaner, nackte glitzernde Indianer, nackte
überperlte Portugiesen,
Minislips rundgebläht, Surfbretter im blauen, schwarzen Nebel.
Zwischen den Bussen bellte ein Aznavourepigone Chansons
von Innigkeit und Urwald
Und am Ende jeder Straßenschlucht die durchleuchteten
Sekundentürme aus Gischt.

2.

Jäcki hatte diese Reise als ein Klops begonnen.

Mit Irma kam er sich vor, wie die Japaner in dem Film, wo der Papst ermordet werden soll.

Sie nahmen an einer organisierten Reise teil.

Nach Ach, das ferne Land, nach Orplid, nach Baudelaire Kondensationswasser außen an den Eisbechern.

Jäcki würde ganz sicher keinen Roman darüber schreiben.

Er wollte auch nichts rauskriegen, wie in Portugal, entlarven, er wollte nicht in Brasilien die Sprache zu sich selbst bringen.

Jäcki hatte etwas Geld über. Zum ersten Mal in seinem Leben.

Er hatte einen Bestseller geschrieben.

Über ein Kellerlokal, wo sich die deutschen Beatniks vor zehn Jahren getroffen hatten.

Die Gammler.

Es war längst zu.

Nostalgie, wie es heute hieß

Und Jäcki hatte versucht, aus Besuchen, Wörtern, Lebensläufen, Metaphern, Fantastereien einen dicken Roman hinzukriegen Etwas Bemühtes, Eigenbrötlerisches, Experimentelles.

Er wäre froh gewesen, wenn er einen eben noch ehrenvollen Teil seines Vorschusses bei Rowohlt durch den Verkauf abgedient hätte – also 7000 Exemplare rechnen wir mal 2,50 je, also rund 20000 DM   12 x 800 x 3 hatte er gekriegt.

Aber ihm blieb noch etwas über.

Er stand ein halbes Jahr auf der Bestsellerliste des Spiegel.

Sogar ein Kritiker wie Marcel Reich-Ranicki verstieg sich zu einem verkniffenen Lob von Jäckis Roman in dem er ihn, wie es sich gehörte durch tausend Pfeilchen auszubluten versuchte, keine Orthographie, fehlerhafte Grammatik, um dann schließlich aber doch zu einem der in der bundesdeutschen Intellektualität üblichen positiven Schlußgeröhre zu gelangen

Raddatz rief Jens an, wann denn nun seine Verteidigung des Buches käme und Jens schrieb eine Entgegnung auf Reich-Ranicki, in der er Jäckis Roman, den Roman dessen, den er vor ein paar Jahren noch als Manfred Hausmann hatte ermorden wollen, als Roman einer Neuen Zeit, in der Zeit, als neue Wissenschaft vom Menschen und, der Altphilologe, Jäckis Äschyloskenntnis – aber das war Dulus – pries

Raddatz, log oder sagte die Wahrheit, als er Jäcki durchtelefonierte, Professor Jens habe telefonisch ein paar Tage danach dafür einen Lehrstuhl für Reich-Ranicki von Rowohlt gefordert.

Jäckis Roman erschien zum Mai 1968.

Und er war wohl auch auf seine Art revolutionär.

Anarsch.

Schwul.

Ein Hymnus des Materials.

Widersprach er auch nicht unbedingt gegen herkömmliche revolutionäre Konventionen.

Jäckis Buch löste nicht gerade die anarchische Revolution aus

Sein revolutionärer Impuls wurde wohl, für den Bestseller Gottseidank ignoriert.

Das schwierige, oft kaum lesbare Buch, schwabbte in der Welle mit.

Zu jedem Bestseller, ob Bibel, Ilias, Joyce gehörte etwas Urtümliches, etwas Helga Feddersen und Inge Meysel.

Das fehlte der »Palette«.

Sie kam niemandem entgegen.

Aber das Unverständliche konnte im Sinn einiger literarischer und soziologischer Moden mißverstanden werden

wie es wohl den meisten Werken der Avantgarde ergeht

Ein richtiger Bestseller war es ja auch gar nicht –

ab 400 000 Exemplare Böll oder Grass oder Lenz oder Konsalik, Weltauflage 2 Millionen Thomas Mann, Jimmy Baldwin, gemietetes Flugzeug, Suite im Ritz, St. Paul de Vence, nur so ein Außenseiter Bestseller, nie mehr als zweiter Platz Spiegelliste, unterm Strich 23 000 verkaufte Exemplare, mit Auslandsrechten rund 20 000 Mark über.

Was macht man mit 20 000 Mark kurz nach der 68er Mai Revolution und dem Einmarsch der Russen in die Tschechoslowakei?

– Eine Wohnung anzahlen?

– Schließlich. Eine Eigentumswohnung.

– Eine Picassografik?

– Nebenher verplempern? Kleider? Küchengeräte? Kunstge-
schichten? Austern?
– Das wäre unordentlich?
– Geschenke an Freunde, Tante Hilde, Mutti?
– Das sowieso.
– Eine Reise!
– Eine Reise, die wir uns nie wieder leisten können!
– Wohin?
– Brasilien!
– Drei Monate Brasilien.
– Eine Ewigkeit Brasilien.
– Mit Touropa!

Brasilien war für Jäcki das Land, dessen Matrosen nicht bereit
waren, auf der Überfahrt in die Alte Welt auf Sex zu verzichten.
In der »Palette«, im »Sahara« wurde von Orgien gemunkelt
auf brasilianischen Zwischendecks.
Es war eine Zeit, in der Jäcki die marokkanischen Schiffe im
vereisten Freihafen besuchte
Das schien ihm die Utopie von einer Neuen Welt.
Afroamerika.
Holterdipolter die Glieder von brasilianischen Nutten, India-
nern, Afrikanern, Portugiesen durcheinander, wie Meerschnek-
ken aufgereiht im Rauhreif der hamburgischen Schauermänner
und Kräne.
Jäcki bereitete sich ordentlich auf die organisierte Touropareise
vor
mit Faltplan von Rio.
Guide Bleu und so weiter.
Affonso Grisolli war von Internationes eingeladen worden und
hatte vom brasilianischen Theater geschwärmt.
Brecht und Strindberg
Theorien. Futurismus. Verfremdung. Grausamkeit.
Ein Abgeordneter schrieb ein Buch über die Folter.
Die Generäle wollten ihn vor Gericht stellen.
An der Immunität scheiterte alles.

Scheiterten die Generäle, welche die Immunität des Abgeordneten der ein Buch über die Folter der Generäle geschrieben hatte, aufheben wollten.

Oder scheiterte die Befreiung und schwächten die Generäle die Immunität?

Unter Faltplänen und Reiseführern trudelte Jäcki ein kurzer Satz entgegen.

Was wie:

Religion der Sklaven.

oder:

Blutriten der afroamerindischen Rasse

und vielleicht:

Trance.

Bewußtlos zuckende Leiber der milchkaffeefarbenen Mestizen, Mulatten.

Das rassige Halbblut

Schmelztiegel

Und von einem europäischen Fotografen war die Rede.

Der Nachschlagewerke über diese Mischreligionen verfaßt und zusammengeknipst hatte.

Jäcki ärgerte das.

Ein ehemals reicher Franzose.

Der seine Familie und seinen Standing aufgab, um sich durch Südamerika zu fotografieren, seit vierzig Jahren – oder seit zwanzig.

Und der die Steine der Göttin Jemanha aus Bahia de Todos os Santos, dem schwarzen Rom mit soviel Kirchen wie das Jahr Tage hat, nach Afrika zurückgebracht hatte.

Wie?

Donnerstag, 2. 1. 69

Das letzte Bild der Mutter durch zwei Scheiben hindurch.

Sie entdeckt Jäcki nicht mehr.

Wegspiegelungen.

Sie sieht in die falsche Richtung und hält einen andren für den Sohn.

Dem winkt sie zu.

In Zürich ist der Flughafen verschneit.

Düsenjets und Frau Holle.

Die bereiften Clipper werden von einem Trecker wie Spielzeugenten auf die Startbahn gezogen.

Wie von Treckern landwirtschaftliche Geräte zur Jaucheberieselung zum Beispiel auf verschneite Felder im Moor.

Dann erkennt Jäcki Marrakech.

Agadir.

Die Sahara

Stundenlang die Sahara.

Der Flughafen von Dakar.

Es riecht nach Botanischem Garten, Stephansplatz.

Heißes Dithmarscher Moor.

Beton wie zu einer Wieland Wagnerinszenierung.

Der Dichter Präsident Senghor weihte ihn – laut Bronzetafel
1966 ein.

Jäcki las aus der Palette im Star-Club.

Der Barkeeper betrügt sehr langsam und sehr genau.

Irma und Jäcki lassen die langen Hamburger Winterunterhosen
auf dem Betonklo des Flughafens von Dakar.

Jäckis lange Unterhose ist portugiesisch-afrikanisch makellos.

Dennoch empfindet er etwas wie Scham über das gebrauchte
Kleidungsstück, das sich wie nach einem Sexualverbrechen neben dem Becken kringelt.

Jäcki gibt dem Klowärter eine Mark.

Der Klowärter sagt:

Dankeschön.

Also unübersetzt.

Deutsch.

Die Reisenden gehen übernächtigt und überreizt durch die Bahnen der Scheinwerfer auf das in der Nacht glitzernde Flugzeug zu.

Eine metallene Wildgans zwischen den Kontinenten.

Unheimliche Gelöstheit.

In die neue Welt fliegen, denkt Jäcki –

Ob sie es alle als Geburt empfinden.

Bei der Geburt kann man abstürzen.
Ist es die Angst, die Irmas Gang verändert?
Er hat ihren Gang lange nicht beobachtet.
Aber jetzt im Scheinwerferlicht erscheint er ihm vor dem metallenen Riesenvogel nicht mehr vogelhaft wie damals, vor fast zehn Jahren, als er mit ihr zusammenging
Vogelhaft, zögernd, wie verwirrt.
Der Kranich, la Grue, und etwas Metallenes, der Kran.
Ein immer wieder mattwerdendes Drauflosgehen mit der zweiten Fototasche, die schwerere trägt Jäcki,
Über das Voranmüssen fast sich selbst vergessend
Nach dem Aufsteigen aus Sumpf und Wüste die Pantomimen der Stewardessen mit den Schwimmwesten.
– Wir fliegen über den Ozean.
Dauernd Angst.
Irma schläft.
Mit den Überseeflugzeugpuschen und einem venezianisch anmutenden Augenschoner.
Baldriantabletten.
Nur Wasser
Als ob man auf Land sanfter prallte.
Bis in den Traum hinein: Abstürze.
Aber noch schwimmen.
Und der Hai
Zu zweit.
Links das Morgenrot.
Aufwirbelnde Spätzlewolken.
Das ist die Fremde.
Unten Urwald.
Zuckerhüte.

Rio de Janeiro, Neu für Deutschland, stand im Touropa Prospekt.
Mit der Geste segnender Kardinäle desinfizieren zwei Beamte des Flughafens, bei abgestellter Klimaanlage die Kleiderablage über den Köpfen eine Viertelstunde lang und unten den Fußboden, die Unterröcke, die Socken.

Damit jede böse Mücke von der afrikanischen Küste aus den Sümpfen Dakars hier an der amerikanische Küste nicht in die Sümpfe Rios aus dem Flugzeug entfliegen kann.

38 Grad Celsius dringen von draußen durchs Metall an die Winterkleidung.

Und DDT

Touropa Scharnow wird der Bagageverwirrung nicht Herr.

Neckermannkunden dampfen augenblicklich ins Hotel ab.

Rein in den Sightseeingbus mit Handgepäck und Wintermantel stopft der Partner in der Ferntouristik Irma und Jäcki für 54 Mark je, weil das Copacabana Palace vom vorigen Schub noch nicht gereinigt ist.

– Wahrscheinlich kostete es individuell im Taxi nur ein Drittel.

– Aber Touropa muß ja was rauskriegen.

– Beim Flug kann kaum Schmalz drin sein.

Der Zuckerhut sieht genauso aus, wie der Zuckerhut

Megatown unten.

Skyline. Tropische Hänge.

Gekrönt vom Gekröse der Bidonvilles.

Vier vierspurige Autobahnen.

Falken, Rieseneidechsen, Litoralurwald.

Inschriften:

– Bewaffneter Kampf ist die Losung.

– Es lebe der Viet-Kong.

– Kuba-Diktatur.

– USA raus

Rein in den Bus.

Die Parks der Ambassaden.

Darüber wie in hängenden Gärten

– Das sind die sogenannten Favelas

– Fünfzigtausend Arme leben in den Elendssiedlungen von Rio.

– Das ist schlimm.

– Aber viele wollen es gar nicht anders, weil sie dort keine Miete zu zahlen haben.

– Sie können gerne aussteigen und ein paar Schnappschüsse machen.

– Das ist der weltberühmte Strand von Copacabana

Ein Mann in Uniform bringt einer Brigade grünlich angezoge-
ner kleiner Jungen Stechschritt bei.
– Das ist das Copacabana Palace.
– Es ist kein Hotel. Es ist eine Sage.

Irma und Jäcki können Zeitung lesen.

Irma kann nicht leben ohne eine Tageszeitung aus dem Ort, wo sie sich aufhält.

In Hamburg nicht ohne das Abendblatt, so verpönt es seit Mai 1968 immer sein mag.

In Oporto nicht ohne die Zeitung von Porto und in Rio nicht ohne Globo und Jornal do Brasil.

Irma und Jäcki können brasilianische Zeitungen lesen.

Und Jäcki, der auf das Abendblatt gerne verzichtet, aber nicht leben kann ohne Le Monde sitzt auf dem Bett des Nobelhotels und liest, daß mit ihm hier die Rolling Stones im Copacabana Palace wohnen, weil sie den Opfern für Jemanha an den Stränden von Rio beiwohnen wollten.

— Wer ist Jemanha und was sind das für Opfer?

Jäcki liest, daß Henri Ford II. zum Karnaval erwartet wird

Jäcki liest, daß Perez Jimenez, der Ex-Diktator, der mit der Staatskasse aus Venezuela floh, im Copacabana Palace erwartet wird, wo er für 10 000 DM am Tag Appartements gemietet hat.

Jäcki sieht ihn, eine kleine Stahlkassette in der Hand durch die Drehtüren des Copacabana Palace Hotels schreiten.

Jäcki holt sich die Schere aus dem Bad.

Jäcki beginnt die Zeitung zu zerschneiden, wie er ehemals Irmas Bilder zerschnitt

Rolling Stones, Perez Jimenez, Henri Ford II.

Aber nicht um sie zu sogenannten surrealistischen Collagen neu zusammenzusetzen

Bilder, die das Innere außen sichtbar machen

Illustrationen zu Wörtern,

Sondern Wörter, Artikel, die er sammeln will damit Peter Ladiges es dann schön für den Rundfunk in Wellen setzt, welche die Außenwelt beschildern.

Newsreel, nannte es Dos Passos

Ein Bild, aus tausend widersprüchlichen Fitzeln

Für seine Funkfeatures.

Die Wahrheit.

Jäcki liest von den Elendsvierteln, den Favelas
Er hatte schon in Hamburg bei seinen Reisevorbereitungen im
Weltwirtschaftsarchiv, im Spiegel-Archiv nachgeschlagen
Favela.
Kommt von einem Hügel in Rio de Janeiro.
Morro da Favela, wo sich vor vierzig, fünfzig Jahren die Obdach-
losen ansiedelten
Die ersten Favelas sind von einem gewissen Aluizio Azevedo
geschildert worden.
Der Bienenkorb, nannte Azevedo seinen Roman
Eine Favela in Rio bei Ausbruch der Republik.
Aber Jäcki wird den Namen Aluizio Azevedo wieder vergessen.

Auf dem Bett im Copacabana Palace schneidet Jäcki einen Arti-
kel aus dem Globo über den Morro da Providencia.
– Morro heißt Hügel.
– Auch Steinbruch.
– A Providencia heißt Die Vorsehung.
– Am 29. Dezember 1968 riß ein Erdrutsch 100 Häuser der
Favela aus dem Morro da Providencia in den Steinbruch.
45 Personen wurden getötet.
Vor allem Kinder. –

Auf dem Bett im Copacabana Palace schneidet Jäcki einen Artikel aus dem Globo:
Doppel-Schwulenmord.
Alarm am Tiradentes Platz.
Eine verfallene Gemeinschaftswohnung Rua Gonçalvez Ledo 11
an der Praça Tiradentes ward in der Morgendämmerung des gestrigen Tages zum Schauplatz eines barbarischen Raubmords.
Die Homosexuellen Arnaldo Benedito de Oliveira, 42, »Marilu«
und João Pereira da Cruz, 34, Hotelbesitzer, »Marta« wurden,
im Schlaf, durch Messerstiche in den Unterleib niedergemetzelt.
Verdächtigt wird ein Soldat, der unter dem Namen Cavalcanti
bekannt ist oder »Der Bleiche«, der die beiden Homosexuellen
ermordete, um sich etwa hundert Cruzeiros und die Schmuck-
stücke seiner Opfer anzueignen.

4.

Es ist Nacht geworden.

Eben noch besonnte, glitzernde Surfer am Strand.

Kaum ein kühlerer Wind und nun die Nacht.

Der Geruch nach afrikanischem Moder gemischt mit den Gasen
der Autoschlangen der Neuen Welt

Am Strand glimmen Kerzen auf.

Die Kinder oder die Händler haben Kuhlen im Sand gegraben
und Kerzen hineingestellt und die blinken zu den Fassaden der
Skyline von Copacabana hoch

Wie winken.

Die Flammen im Dunkeln.

Nichts zieht so hin

Es sind Zeichen, Beschwörungen

Schattenneger knien davor nieder

Eine Negerin in weißem Kleid – Jäcki denkt das Komplizierte:
– Eine Afroamerikanerin im weißen Kleid.

führt einen Tanz auf vor einem brennenden Kerzenkreuz
verloren im dunkelviolett schimmernden Sand.

Dahinten geht die Schwärze des Strandes über in das schwär-
zere Meer.

Himmel. Keine Wolken zu erkennen.

Da noch ein Kerzenlicht, da noch eins, bedroht von der Jäcki
unendlich scheinenden Küste

Jäcki läßt Irma allein.

Die Kerzenflammen saugen ihn an.

Vor dem Hotel fällt das ganze Touropa von ihm ab.

Leseraum, Zuckerhut, Badematten

Die Wärme faßt an seine Haut.

Jäcki kann es nicht erklären, aber es scheint ihm, als steigere
sich die Wärme nach Sonnenuntergang, als gäben die Häuser
und die Hügel auf Grund eines ihm unbekannten Gesetzes die
Wärme jetzt ab, die sie vorher absorbierten

Die Neue Welt preßt sich an ihn heran.

Es hat etwas von Umarmung.

Und Jäcki möchte jetzt versinken in den schwarzen Körpern wie er es von den Matrosen der brasilianischen Handelsmarine gehört hat in milchigem Schleim und Kakaogeruch.

Er geht auf ein Kerzenloch los.

Eine Gruppe sonntäglich gekleideter Leute betet ein Vaterunser.

Da im Sand ein verlassenes Tischtuch. Eine Flasche Schnaps Bier Gläser darauf angerichtet. Eine geöffnete Melone – Geld ein toter Hahn. Und ein Blumenstrauß, dessen Farben von der Nacht aufgetunkt werden.

Er geht zum Kerzenkreuz, zu einem Graben, in dem die vielen brennenden Kerzen gegenseitig das Niederschmelzen wie in einem Feuersturm beschleunigen.

Auch hier bewegen sich die psalmodierenden Angehübschten zwischen Tellern und Bouquets wie hinter dem Glas einer Telefonzelle oder eines Aquariums.

Jäcki trotz der schwitzigen Hitze hastet zur Avenida Atlântica zurück.

Er erkennt Irmas erleuchtetes Zimmer.

Auf der Mauer am Strand sitzen die Liebespaare eng beieinander.

In knappen Kleidern, in Hosen, die gerade noch nicht platzen.

Sie liebkosen sich

Sie sitzen mit dem Rücken zum Trottoir und so eng

daß man von hinten nicht sehen kann, was sie vorne machen.

Tausende

Jäcki läuft die ganze Avenida Atlântica hinunter.

Am nördlichen Ende, wo schon wieder ein Zuckerhut steht und eine Kaserne zielt ein Soldat mit der Maschinenpistole auf einen Mann, der an einen Wagen gelehnt, die Hände hochhält.

Der Mann gibt vor der Maschinenpistole nicht auf.

Er raisoniert dem Soldaten entgegen.

Andre Wagen fahren herbei

Sie umkreisen den Soldaten, dessen Maschinenpistole in der Hand zittert.

Die Wagen kreisen.

Der Soldat nimmt die Maschinenpistole runter.

Und holt sich Geld von dem Mann am Wagen.

Jäcki geht die ganze Avendia Atlântica entlang.

Er schätzt die Kilometer ab.
– Zehn Kilometer sind es bestimmt.
Ein Liebespaar neben dem anderen. Rücken neben Rücken.
Kein einziges schwules Auge.
Nicht einmal eine Tunte mit einem Pudel.
Oder ein Stricher mit einem verächtlichen Blick.
Nur dieses Meer von sogenannten normalen Liebespaaren an der Avenida Atlântica.
Was spinnen die Tunten bloß alle zusammen
Und die Zeitungen.
Und Affonso.
Am südlichen Ende wieder eine Kaserne
Aber aus den Schluchten der Straßen von den Hügeln her Getrommel.
Nachts um zwei sind die Zeitungsstände an der Avenida Nossa Senhora de Copacabana noch auf.

5.

Ins Meer!

Weg mit den Kleidern, Designer clothes, Socken, Kameras, Füllfederhaltern.

Da rüber, durch den achtspurigen Verkehr, durch die achtspurigen Gase

Rüber zum Ananasmann und zu den Drachen aus Gaze

Der Ananasmann ist ganz schwarz

In einem runden Korb trägt er an die hundert Ananas auf dem Kopf.

Von Zeit zu Zeit stellt er den Korb in den Sand und wartet, daß die Badenden rankommen und für einen Cruzeiro eine Ananas kaufen.

Er schwingt die Machete.

Köpft die Ananas

Haut ihr rundum die Haut weg, schlitzt sie, und reicht die Tropfende dem Kunden am Butzen.

Kennt er einen gut, gibt er eine Ananas zu.

Er gewährt auch Kredit, wenn einer in der nassen Hose kein Geld mehr findet.

Hat der Ananasmann seinen schweren Hut wieder aufgesetzt und will weiter und kommt noch ein Kunde, dann muß der sich selbst die Frucht herunterangeln. Der Ananasmann geht in die Hucke.

Die blaue Leinenhose steht vorne ab.

Die Frauen sehen da alle hin und die Männer auch.

Wenn ihm eine Frau gefällt langt der Ananasmann in die Hose und bewegt seine Banane.

Hat der Ananasmann alle seine Ananas verkauft badet er, schwimmt Schmetterlingsstil

Taucht in eine Welle hinein, hoch, Fisch, Bernstein.

Der Ananasmann legt sich in den Sand und die Tropfen rinnen von ihm ab, wie Bäche von einem schwarzen Gebirge.

Aus dem Stand schnellen die Kinder vor der Gischtwand hoch und mit dem Kopf zuerst rein, die Beine werden hochgerissen, die weißen Sohlen blitzen auf, die rosa Zehen und einmal umgedreht landen sie platt auf dem Rücken in der abrieselnden Welle, schwarz.

Ein Vater tröstet seinen Jungen, der im Wasser weint.

Er streichelt ihn

Stützt ihn

Der Vater weiß gar nicht was er machen soll vor den winzigen Tränen in all dem Gebrüll und dem Schaum

— Es sind haushohe Wellen, sagt Jäcki zu Irma.

— Das liest man immer, aber gesehen habe ich es noch nie

Ein junger Mann tippt die Fingerspitzen ein und macht das Zeichen des Kreuzes, ehe er wegtaucht.

Was nun?

Jäcki erinnert die Badevorschriften auf Sylt

Die Zeichnungen.

Wellenkamm, durchtauchen, Wellental, auftauchen, Wellenkamm, durchtauchen.

Fünf sechs Mal.

Emaille mit schwarzen Gebrauchsgrafikfiguren, gelben Linien, roten Pfeilen.

— Wir müssen es lernen, sagt Jäcki

Und sieht wie die Wellen den Ananasmann auf den Kopf stellen.

Weg die kleine blaue Leinenhose

Alles strudelt im Schaum rosa Zehen, weiße Sohlen

Schwarze Eier.

— Ich lerne das nie, sagt Irma.

— Wir müssen uns anfassen, sagt Jäcki.

— Nein. Du darfst mich nicht zwingen.

— Doch.

— Nein.

— Doch.

— Ich kann das nicht.

— Dann lern ich es eben alleine

— Aber nur ganz vorsichtig.

— Wir müssen die Angst vor den Wellen verlieren.

— Ja.

Irma gibt Jäcki die Hand.

– Wenn die nächste Welle kommt, gehn wir in die Hucke und
lassen sie über uns wegsausen.

Irma und Jäcki machen einen Knicks
Als sie wieder auftauchen haben sie sich in Seehund und Möwe
verwandelt.

– Noch mal.

– Ich will jetzt alleine.

Sie üben.

Durch, rein in die Gischtwand.

Dem Ananasmann nach.

Die Welle reißt sie hoch wie ein Flugzeug rauf zum Zuckerhut
Die Beine flattern, die Arme werden umgekugelt hinunter
umgedreht zu Medusen, Lulatsch und Kofferfisch.

Kiesel rauschen um ihre Ohren. Sie werden gerüttelt, wie ein
Milkshake

Zum Meeresgrund, wo die Überseekabel ankern.

Es schmeckt nach Krankenhaus und Erholungsheim.

Irma und Jäcki schlagen die Augen auf
In einem Wald aus Aquamarinen, Schwärme von winzigen roten
Haien.

Hier wohnen Undine, Thetis, Froschkönig, Nöck.

Sie werden ausgeworfen mit schmerzenden Gelenken.

Irma gerät in einen Strudel.

Ein Herr bietet ihr den Arm und rettet sie, ehe sie begriffen hat,
daß sie, fünf Meter vom Ananasmann entfernt am Ertrinken
war.

So brachte diese Reise Jäcki und Irma nicht nur einen neuen
Kontinent sondern auch ein neues Element.

Sie hatten, trotz Irmas Überzeugung vom Gegenteil, Tauchen
gelernt.

6.

Doch schien Rio Jäcki nicht nur Ananas und Campari, Rolling Stones, geschmuggelte Amethyste und die verdorbenen Salate des Copacabana Palace
Er nahm ein Taxi und kurvte mit 150 Sachen die gekurvten Stadtautobahnen hinunter
Links segnete der ausgeleuchtete Betonchristus rechts blitzte von den Klippen ein Menetekel auf.
– Militärdienst zum Schutze der Heimat.
– Trink Coca Cola.
– Praça Tiradentes
Hatte Jäcki dem Taxifahrer gesagt und freute sich, daß er das T zischelte, wie die Brasilianer
Es klang putziger als das zusammengeknatterte Portugiesisch der Portugiesen.
Zahnzieher heißt es
Bis Jäcki begriff, daß es einen Mann bezeichnete, einen Aufrührer, den das Kaiserreich geschunden hatte, gevierteilt, gerädert, bei lebendigem Leib die Haut abgezogen.
Der Platz ist gemütlich.
Provinziell.
Der zweite Platz eines ehemaligen Kaiserreiches mit Pieseln und Lotterieständen.
Kinos.
An den Bushaltestellen die Busschaffner erledigen ihren Schreibkram.
Vor einem Varieté Menschenklüngel.
Zwei Negertransvestiten – ausgedünnte Marlene Dietrich Augenbrauen – stelzen über den Platz
– Die Rua Gonçalves Ledo 11, hat Jäcki sich gemerkt.
– Arnaldo Benedito de Oliveira, »Marilu«.
– João Pereira da Cruz, »Marta«.
In den schattigen Winkeln Obdachlose
Die schlafen auf dem Pflaster.
– In der Morgendämmerung des gestrigen Tages Polizisten in verschiedenen Uniformen.

Der schnupfende Verkehrspolizist tut so, als schreibe er jemanden auf.

Jäcki sieht ihm schnell über den Arm.

Der Polizist gleitet mit dem Kugelschreiber über das Heftchen, ohne es zu berühren

Er vollführt kreisende Bewegungen mit dem Kugelschreiber.

Der Polizist kann gar nicht schreiben.

Kinos

Marrocos: »A Biblia«

São João: »Helga«

»Auf der Jagd nach dem Marginal«

stand in dem Artikel.

Marginalen.

Marginalien.

Randgruppen

»Auf der Jagd nach dem Marginalen säte die Polizei Panik«

Paniksäerin Polizei unter den Homosexuellen Homosexuais der Praça Tiradentes.

Zahlreiche Homosexuelle die mit Cavalcanti alias der Bleiche in Verbindung gestanden hatten, wurden festgenommen.

– Er hat versucht, sich mir unsittlich zu nähern

– Ich habe mich so geekelt.

– Was mögen Sie denn am liebsten

– Eu como tudo.

– Ich esse alles.

– Der eine liebt den Café, der andre die Butter.

Peixe oder carne, hieß es in Portugal.

Fisch oder Fleisch.

In der Rua Gonçalves Ledo brennen keine Straßenlaternen.

Jäcki sucht die Nummer elf.

Arnaldo Benedito de Oliveira, 42, »Marilu« und João Pereira da Cruz, 34, »Marta« wurden während sie schliefen niedergemetzelt.

Elf.

Ein Schild:

Gravuren innerhalb einer Stunde.

Messer. Ringe. Medaillen.

Aus dem Fenster des zweiten Stocks guckt ein dicker Mann auf die Straße.

Messer im Bauch und umgedreht.

Blutige Schuh.

Ein Mann kommt Jäcki entgegen.

Er sieht auch an der Nummer elf hoch.

7.

Für Irma und Jäcki, für Funk und Stern ist Tourismus Arbeit.
Am nächsten Morgen verließen sie ihre Nobelabsteige, die gestonten Stones, den Diktator mit dem Sparschweinchen auf der Flucht, den teuren Copacabanasalat, in dem eine Babykakerlatsche schwamm und nahmen ein Taxi zum Morro da Providencia.
Irma bestand darauf, ihre Fototasche selbst zu tragen.
Jäcki ging ohne alles.
Nur den Artikel aus dem Globo hatte er sich in die Gesäßtasche gesteckt.
Am 29. Dezember 1968 riß ein Steinrutsch etwa hundert Häuser der Favela auf dem Morro da Providencia in den Steinbruch. 45 Personen wurden getötet. Vor allem Kinder.
Hunderte von Obdachlosen
Die Leichen konnten nicht alle geborgen werden
Das geotechnische Institut hat Vermessungen angestellt
Und die Polizei hat weiteren 1100 Personen das Wohnen in der Favela, wegen Einsturzgefahr verboten.
Der Morro da Providencia liegt zwei Minuten von der Central do Brasil, vom Zentrum Brasiliens, vom Hauptbahnhof entfernt.

Jäcki möchte im Stadtzentrum Irma zum Fotographieren eines Sgraffito bewegen.
Aber sie strebt einer blutübergossenen Torte zu.
– Ein Sgraffito. Das ergibt kein Foto. Nur eine Reproduktion.
– Es kommt doch auf den Ausschnitt an.
Jäcki sieht Irma im Pressewind des Stern absausen
in Featurefotographie
Mit einem leicht würgenden Gefühl denkt er an die Fotos zurück, mit denen er sie kennenlernte und die er als Illustration für sein schwules Theaterstück zerschnitt.
Nonnen in venezianischen Geometrien.
Mauern, Schornsteine äußerst fragile Schrägen, wie nur Irma sie zurechtzuschieben verstand.
Würde das nun alles in der Neuen Welt kaputtgehen?

Damals war es noch die alte Leica und die Oberlehrer Rolleiflex. Jetzt hatte sie sich zu zwei neuen Leicas und zwei Mamyas hochverdient.

Sgraffiti

– Demian was here.

– Che.

Sgraffiti in der Art des Tachismus.

– Ich könnte mir eine Geschichte dieses Erdteiles nur aus Sgraffiti denken, Mauern, Farbschichten, Vegetationsablagerungen, Lettern.

– Ich bin aber niemand, der Kunstreproduktion gelernt hat.

Die Bombeiros waren natürlich etwas andres.

Eine neumanuelinische Rüssel- und Schlagsahnearchitektur wie sie in Lissabon stehen könnte aber unbedenklich mit Blut übergossen

Damit auch jeder begriff daß hier die schnellen Flitzer zu Hause waren, die schwarzen mit den funkelnden Helmen und den langen dicken Schläuchen.

Und daß es sich um Unglücke und Feuersbrünste und Sirenen handelte.

– Hoffentlich haben die Farbfilme in der Hitze keinen Stich gekriegt.

– Und das Rot kommt raus.

– Das Rot zwischen den alten verstaubten Bäumen und die surrealistischen Farben der Sonntagskleider.

Hinter der Diktaturarchitektur aus den dreißiger Jahren, hinter der Presidente Vargas macht sich ein junger Mann an Jäcki und Irma ran, geht immer leicht hinter Irma, auf der Seite der Fototasche.

Jäcki fängt an mit ihm zu reden.

Wechselt hinüber zur Fototasche

Und der junge Mann warnt vor Spitzbuben, Taschendieben, Räubern.

– Hier.

– Um den Bahnhof.

– Da sind die Favelas nicht weit.

In einer dünnen platanenbewachsenen Straße steht vor einem heruntergelassenen Rolladen ein schmiedeeisernes Bett.

Daneben ein Schrank mit ovalem Spiegel. Kochgeschirr

Eine alte Negerin setzt sich auf dem sorgfältig gemachten Bett zurück

Sie sieht aus den Falten ihres Gesichtes gerade in die beiden Glasaugen der Mamyaflex als Irma das Foto macht.

Neben dem Zentralbahnhof geht es zum Steinbruch der Vorsehung hoch.

Die Treppe zum Morro da Providencia hoch ist aus Beton.

Urwald an den Abhängen.

Oben der Schrottkranz der Hütten.

Jäcki erreicht den Gipfel wie auf einer Gebirgswanderung

Oben der Grat

Dahinter der Abgrund.

Das ganz andre.

Aber nicht eine liebliche Öffnung auf Schären und Nachtigallenschlösser

Mehr der Schlund voller Schafskelette in den Herden um Herden stürzen.

– Wie ein Mondkrater, denkt Jäcki.

– Urvotze aus Granit

– Gelegentlich hüpfen ein paar Brocken zur Andeutung hinunter.

Oben, am Abbruch längs die Stützen für die zittrichten Hütten –

Einige strecken ihre Balken wie Fühler in die Luft

Die am Rande sind jetzt nicht mehr bewohnt.

Jäcki dreht sich um.

Er sieht Rio mit seinem Zuckerhut jetzt aus der Perspektive der Favelabewohner.

Die Skyline der schönsten Stadt der Welt.

Irma macht ein Foto.

Pfahlbauten im Vordergrund unten im Dunst die bunten Kolonialhäuschen mit den Tortenverzierungen der Jahrhundertwende, das weiße Ministerium mit der Michelangelokuppel

Irma macht ein Foto, den Kramladen im Vordergrund,
dahinter die Central do Brasil, der Bahnhof
Die Bar des Morro da Providencia ist nicht in den Schlund gerutscht.
Die Bar im Vordergrund, dahinter im Dunst Berge von Brettern
dürr wie Betonmasten einer Kathedrale von Niemeyer
Ein alter Mann wird auf einem Stuhl von drei Männern die Betontreppe hoch, den Grat längs getragen.
Er hat einen frischen Verband.
– Er kommt aus dem Krankenhaus, sagt einer der Träger.
Er hat ein Kreuz mit flammendem Herzen auf die kakaofarbene
Brust tätowiert.
Eine Frau winkt Jäcki und Irma an die Hütte.
Die Frau geht eine kleine Holztreppe hinab bis zum Grat.
Sie stellt sich neben die Stützen ihres Pfahlbaus.
Sie umarmt den Stein unter einer Stütze und wiegt ihn hin und
her.
Ihre Hütte fängt an zu wackeln. Das Treppchen. Die Blumen in
den rostigen Blechkanistern. Comigo ninguém pode wackelt, die
Kala wackelt, das Basilikum.
Ihr ganzes Einfamilienhaus. Die Bäder, die Küche, die Speise-
kammer, der Keller, der Abstellraum, der Boden, Living, Schlaf-
zimmer, Studio, Kinderzimmer, Hobbyraum, Studio, Herren-
zimmer, Swimmingpool auf der Dachterrasse.
Alles wackelt mit, weil die Frau einen Stein unter einer Stütze
ihres Einfamilienhauses umarmt.
Die Eltern drehen dem kleinen Mädchen das krause Haar zu
zöpfchenartigen Strapsen
Und befestigen rosa Schleifchen daran.
Ein Junge trägt auf dem makellosen Körper ein frischgebügeltes
Mickey-Mouse Hemd mit hundert Löchern.
Ein Mann lädt Jäcki zum Cachaça ins Holzhaus.
Der Junge wäscht die Schnapsgläser noch einmal aus.
Und schlägt sie draußen über dem Granitabgrund sauber.
Ein Junge. Ein Schäferhund.
– Auch hier fangen jetzt die deutschen Schäferhunde an.
Das Haus hat nur einen Raum.

Kein Klo.
Kein fließendes Wasser
Der Boden ist gefegt.
– Sie können es kaufen, sagt der Junge.
– Ich will es nicht kaufen, sagt Jäcki:
– Was kostet ein solches Haus.
– Es ist billig. 700 – 800 Cruzeiros.
– Der Cruzeiro ist ungefähr so viel wert wie eine Mark.
Jäcki und Irma kommen wieder los.
Sie verabschieden sich und danken umständlich für den Ca-
chaça.

Jäcki und Irma gehen zu den leeren Häusern, über dem Ab-
grund.
– Da sind sie runtergerutscht, sagt ein Mann und streckt den
Arm aus.
Da.
Irma macht ein Foto von der Granitschlucht.
Das Foto mit dem ausgestreckten Arm und dem Zeigefinger.
Da.
Da liegt ein Kinderschuh.
Es ist natürlich unerträglich sentimental, denkt Jäcki, in einem
Feature für Christian Gneuss, in einem sich sachlich gebenden
Satz zu sagen, daß dort ein Kinderschuh liegt.

8.

Jäcki, als er die Reise vorbereitete, hatte sich den neuen Guide besorgt.

Es waren keine hektografierten Blättchen mehr vom Stadtkasino, die ein Spitzel der Sittenpolizei aus der Tasche zog.

Der Guide, der Führer war zu einem Taschenbuch angeschwollen.

Eos Guide hieß das jetzt

Eingebunden in Plastik

— Daß keine Spuren bleiben von Samen, Urin, wenn es auf einem Klo mal runter fällt. Kot. Blut.

— Abwaschbar.

Rio eine Welt aus Bars, Sanitarios und Banhos Turcos.

Jäcki hatte keine Lust auf Bars.

An der Praça Dom Pedro II. – die erste Klappe zu, die zweite muffig, leer.

Praça Maua nichts los außer Policia Militar und Nutten

Die schwulen Kinos in Copacabana waren vornehm und von Polizei bewacht.

Das eine Banho Turco konnte er nicht finden.

Jäcki fuhr wieder zum Tiradentes Platz.

Der war ihm heimelig durch den Mord des »Bleichen« an »Marilu« und »Marta«

Auch am Denkmal für den Gehäuteten konnte er nichts finden.

Die Kinos wirkten spießig.

Die Leute strebten vom Largo de Carioca her über die Praça Tiradentes weiter nach links auf eine enge Straße zu

Jäcki ließ sich mitreißen.

Weiter,

Zu einem eingegitterten Park, der war jetzt verschlossen

Die blutige Feuerwehrwache schimmerte durch die Bäume.

Dann kam Bauhausarchitektur.

Diktaturen.

Und der Bahnhof wieder, der Morro da Providencia dahinter, mit seinem schwarzen Loch

Am Rand oben die paar Lauben.

Jäcki hatte Durst.

Er überstolperte die Trottoirs eines improvisierten Busbahnhofes.

Die Treppen des provinziellen Dreißiger Jahre Gebäudes hoch.

Central do Brasil.

Ein Kiosk.

Es gab Milkshakes.

Jäcki wollte den grünen.

Avocado süß

Noch einen.

Der Schweiß floß von Jäcki ab.

Er fing an zu schmecken.

Der eisige süße Avocadoschaum.

Er sah sich um.

Ein kleiner, dicker, schwarzer Mann mit einer kurzen weißen Hose ging immer wieder, fünfmal, ohne zu schwitzen neben Jäcki die Treppe runter

Jäcki hinterher

Eine Unterführung durch welche sich die Arbeiter von den Bussen zu den Vorortsbahnen preßten.

Eine Tür seitlich.

Viele zweigten ab.

Auch Jäcki ging da rein

Es war das Bahnhofspissoir der Central do Brasil

Zwei Säle zum Pinkeln im Zentrum von Groß Rio

18 Millionen Einwohner oder so.

Eine Wand mit Kabinen.

Die meisten offen.

Offen kackten sie, in der Hucke ächzend.

Andre winkten aus den offenen Kabinen heraus.

Blickten stehend winkten.

Klomänner trugen große Eimer mit gesprenkelten Notizzetteln.

Das Toilettepapier darf nicht heruntergespült werden.

Die Kanalisation unter der Zentrale von Brasil ist zu dünn und zu kurz

Die Winkenden in den Kabinen werfen das Klopapier nach Gebrauch in eine Kiste, neben dem Loch.

Hundert Männer stehen an den überrieselten Wänden und pissen.

Einige zögern.

Neue schwabben rein.

Hundert weiße dünne dicke lange schwarze braune geschminkte mit Kräuselhaaren, mit portugiesischen Locken,
Jäcki der einzige Blonde, verkniffene, exhuberante rütteln an ihren schwerdaniederhängenden Gliedern, halten, sie, wie ein
Glas, das man langsam leert, im Gesicht den Ausdruck ent-
schlummernder Säuglinge.

Die meisten halten ihn aufrecht

Schwarze Äste eines Urwalds aus Adern.

Neue hundert

Entblößen die Stämme bis hinauf zu den schwarzen Eiern.

Bläulich schimmernde wie gestanzte Nocken.

Die Strichjungen wichsen vorsichtig.

Die schwarzen Indianer gehn drauflos.

Immer neue spritzen die, Leche nennen sie es, Milch in die
zischenden Wasserfälle der Spülung.

Dahinten ist noch ein Klo.

Jäcki stieg am anderen Ende der Central wieder in die Nacht
hoch.

Und wie man in der Dunkelheit langsam die Augen gewöhnt ge-
wöhnte Jäcki sich an das Gewimmle von Polizisten, Arbeitern,
Militärs, minderjährigen Nutten, dicken kleinen schwarzen
Männern mit kurzen Hosen, an die chemisch geglätteten Haare,
an die unzähligen Milkshakes mit Papaya, Maracuja, Abacate,
Ananas, Goiaba.

Er erkannte daß einer den andern jagte, schröpfte, verschlang,
erpreßte, lockte, belächelte, verachtete, achtete

Jäcki erkannte die Ebenen, das abgerundete Podest vorne, die
Haupttreppe, die Unterführung, die Besonderheiten der einen
Klappe, und der zweiten.

Jäcki verfolgte die Verfolgung der Tunten durch die Policia Militar

Schlüpfte die Policia Militar hinten rein, rissen die Tucken, die
Bichos, die Veados, die Hirsche, die Hündinnen vorne aus.

Jäcki erkannte die Freier, die Mörder, die Stricher, und die alles
waren.

Central do Brasil – Hauptbahnhof.
Auf der zweiten Klappe stellt sich ein Mann neben Jäcki
Er hat einen vernarbten Schnitt im Gesicht.
Der Ausdruck des im Elend vom Vater Geprügelten.
Er zeigte Jäcki sein schwarzes Glied.
Es ist wie ein Arm der nach ihm langt.
Das Böseblinzeln. Das Zucken mit dem Kopf nach der Tür.
Jäcki folgt zögernd durch die hundert neuen, die an die Rinne
stürzen.
Um eine Ecke.
Hier ist niemand mehr.
Der Mann wartet.
– Willst du, fragt er.
– Ich will. Und ist es umsonst
Wie sagt man?
Da graça
– oder.
Wie?
Hier kann man mit Wörtern schneiden.
– Interessado?
– Ich bin heiß. Und du kannst mir ja ein bißchen was geben.
– Wieviel.
– Wie du willst.
– Das ist gefährlich, denkt Jäcki
Aber er geht drüber hin.
– Schützt mich Pan hier, an der Central do Brasil?
– Er ist nicht mein Mörder, denkt Jäcki.
Der Mann führt ihn schwierige Mäander durch die Nacht.
Um 20 Meter neben dem Zentralbahnhof zu landen.
Die erste Hospedaria hoch.
– Was kostet das
– Zwei Cruzeiros.
– Also zwei Mark.
Der Empfangschef sitzt mit nacktem Oberkörper in einem Käfig
aus Kaninchendraht.
Hinterhöfe.
Türen zum Gang

Doppelstöckig wie ein Gefängnis
Voll.
Die zweite Hospedaria hoch.
Wieder das Kaninchengitter.
– Hier kostet es fünf Cruzeiros.
In winkeligen Sperrholzverschlägen die Betten
Kein Ungeziefer.
Ein frisches Handtuch
Auf dem Gang die Dusche
Löcher in der Wand und in der Pappdecke.
Aus jeder Ritze schnarcht es.
Ventilator.
Jäcki glitscht vor Schweiß.
Im Laken die feuchten Flecken des vorigen Paarens.
Nun fällt Jäckis Schweiß dazu und sein Same, während der
Mann mit der Narbe ihn stößt.
Jäcki beobachtet zurückgelehnt die borkige Hand auf seiner
Hüfte.
Der Mann drängt seinen in Jäcki an etwas heran, das noch nie
berührt worden war.
Der Mann lächelt, als er es fühlt
Er will noch einmal.
– Das gibts bei dem Preis zu, weil du so gut bist, sagt der Mann
mit dem Schnitt im Gesicht.
– Chupa o meu pau, sagt er.
Jäcki versteht pão, Brot.
Lutsch mein Brot
Und denkt an Jesus Christus.
Aber es heißt wohl pau Holz
Urwald, Daphne, ägyptische Säulen mit Blättern
Jäcki hatte nicht genug.
Amado, der Chilene, auf Deutsch hatte aus seinem spanischen
Gedanken in Hamburg übersetzt:
– Ich habe viel Käse geschluckt
– Aber das macht nichts, wenn man genug Brot dazu hat.
Jäcki hatte nicht genug.
Zurück zum Tiradentes Platz.

An der Bushaltestelle steht ein Polizist, der Jäcki drohend ansieht.
Mit hübschen Glubschaugen
Und das Polizistentschakko auffallend schief auf dem Kopf aus Benin.
– Jetzt werde ich gleich verhaftet, denkt Jäcki
An der nächsten Ecke sieht er sich noch mal um.
Der Polizist guckt noch immer.
Drohend.
Jäcki geht eine Ecke weiter
Und sieht sich noch mal um.
Das schiefe Tschakko ist nicht zu verkennen.
Der Polizist droht immer noch.
Und kommt jetzt hinter Jäcki her.
– Jetzt verhaftet er mich wirklich, denkt Jäcki
– Und dann stecken sie mir eine abgeschlagene Bierflasche hinten rein.
– Ich heiße Aristoteles, sagt der Polizist.
– Arischtotjeles.
Unter seinem Drohen brechen alle Orchideen des Amazonas auf.
Sie gehen schweigend zwischen dem eingegitterten Park und der blutübergossenen Torte der Bombeiros durch.
Auf der Straße steht ein Bett, Tüten, Pappen daneben, ein Bratenwender und Teekanne.
In dem tüllverzierten Eisenbett schläft ein obdachloses Paar.

Rio ist dunkel.
Nur auf der Presidente Vargas, der hundertmeterbreiten Diktaturavenida regelmäßige Beleuchtung.
Wolkenkratzerpfade.
Provinzgassen.
Wenig Betrieb.
Die Polizei kutschiert mit Pritschenwagen durch die Nacht.
Zwanzig Polizisten in voller Kriegsausrüstung
Aristoteles klemmt sein Tschakko unter den Arm.
Patrouillen.

Streifen.

Straßensperren.

Taxis winden sich an Kontrollen vorbei

Die Militärpolizisten lachen.

Um halb eins ist nichts mehr los.

Es knallt und trompetet plötzlich über einen Platz in die 30 Grad Celsius Nacht.

Tausend Ketten rasseln

Fässer dröhnen.

Frösche und Krötenton.

Alle Folterinstrumente klirren.

Oben im zweiten Stock stehn die Fenster weit auf.

Aus dem manuelinisch nachempfundenen Kolonialbau lehnen sich feine, weiße geplättete Mädchen und schnappen nach 30-Grad-Celsius-Nachtluft.

Die Zwischendecke bebt wie die Trommelfelle.

Im Sambaschritt.

Im Sambaschritt.

Die Bettler, die Stricher, die Krüppel die es sich auf der Prunktreppe der Oper bequem gemacht hatten, können nicht einschlafen.

Aristoteles möchte Hühnchen.

Jäcki ißt mit Aristoteles an einer Bude Hühnchen

Er betrinkt sich ein bißchen am vielen dünnen Bier

— Ich war 1965 am Suezkanal.

— Armee.

— Jetzt bin ich Busfahrer.

— Und Polizeischule.

— 10 — 14 Cruzeiros am Tag.

— 12 Stunden Arbeit

— Und die Schule nachts.

— Manchmal ist es sehr gut.

Er führt Jäcki weiter im Kreise.

Alte, bunte afrobunte Bürgershäuschen

Eine Negerin wäscht sich im Unterrock auf der Straße.

Die Tortenhäuser glühen aus der Nacht hervor, wenn ein Auto durch die unbeleuchteten Alleen fährt
Die Blätter der fremden Bäume bilden wie das Rankenwerk am Bühnenrahmen.
Die bunten Häuser scheinen zu zittern
Rio 1900.
Jäcki sieht Euclides da Cunha heimkehren aus den Sertões, im Tornister die pathetischen Tagebücher von der Campagne gegen die antirepublikanischen Hippies des Antonio Conselheiro aus denen er sein hartes Epos hervorskizzieren wird.
João do Rio fährt im Taxi zu satanischen Orgien.
Morais Filho belächelt eine Hinrichtung
Und Aluizio schreibt einen Fortsetzungsroman über einen Bienenstock über die ersten Favelas und über Lesbierinnen.
Der König von Benin lebt als Akutotrinker in Hauseingängen.

Wie ein Zwischentableau:
Der Puff
Hinter Planken
Kulissen grell angestrahlt
Ocker und Himmelblau, Grün und Violett.
Alle Türen, alle Fenster auf.
Leuchtsignale
Die Mädchen winken aus der Beletage.
Klumpen von Männern
Karren mit Süßigkeiten
Polizeiwagen
Dahinter Holzverschalungen für Betonkonstruktionen.
Ein Fußballstadion
Eine Kathedrale vielleicht.
Von Oscar Niemeyer.
Aristoteles und ich landen wieder in derselben Absteige.
In einem andern Zimmer.
Hier keine feuchten Flecken im Laken.
Aristoteles fängt an von der Revolution zu sprechen.
Er bewundert die Studenten in Berlin

Rudi!

Der rote Rudi!

– Was gibst du aus, sagt Aristoteles.

– Die anderen nehmen 10 oder zwanzig.

– Aber ich bin Polizist, sagt Aristoteles.

– Ich dachte es sei, ja, was?, sagt Jäcki

– Also 10, sagt Aristoteles und:

– Gelegentlich macht die Polizei Razzien.

– Aber selten.

– Wegen dem Mord an Marilu und Marta.

– Aber das ist schon wieder vorbei.

– Es gibt positive Homosexuelle und negative Homosexuelle

– Ich bin positiv.

– Für alles Geld der Welt fasse ich keinen Schwanz an.

– Aber homosexuell bin ich auch wenn ich positiv bin.

– Du bist sehr gut, sagt Aristoteles.

– Sehen wir uns mal wieder?

Aristoteles widmet Jäcki einen Taschenkrimi.

In Bertrams Hotel. Agatha Christie auf brasilianisch.

Simbolo schreibt er hinein

Amizade.

Freundschaft

Admiração.

9

Jäcki empfand am nächsten Morgen den Luxusklotz
des Copacabana Palace als etwas Beschützendes
Das Frühstück in Hotelsilber.
Den infekten Café
— In jeder Stricherpiesel an der Praça Maua gibt es einen besse-
ren Café als hier zum Frühstück im Copacabana Palace für Dik-
tatoren und Stones.
Die Papaya.
— Die wie gebrauchte Socken schmecken.
— Du mußt ja schon viele gegessen haben.
— Das sagte meine Oma auch immer, wenn mein Opa sagte:
Das schmeckt wie nackte Ratten.
Die Hall
Wo der Fahrstuhlführer die Amerikaner in Badehose nicht
rausließ.
Die Handtuchausgabe unten mit dem Bewußtsein von Bade-
strand, Drachen Ananasmann und der tausendfachen Hübsch-
heit mit Niveacreme.

Badestrand.
Erdgeschoß.
Zwischengeschoß.
Restaurant.
1. Stock.
2. Stock.
3. Stock.
Im vierten Stock hält der Fahrstuhl.
5. Stock.
Im sechsten Stock hält der Fahrstuhl.
7. Stock.
8. Stock.
Auf den Griff sehen.
Zur Tür sehen.
In den Spiegel sehen.
Das Signal ausmachen.

– Ja, doch sagen.

Das andre Signal ausmachen.

– Guten Morgen sagen.

– Im neunten Stock hat es lange gedauert, sagen

– Ich arbeite sechs Stunden täglich.

– Einem wird schon übel von dem vielen Auf und Ab.

– Jeden Tag in der Woche

– Dafür eben nur sechs Stunden täglich

10. Stock.

11. Stock.

– Coimbra liegt in Portugal und ist eine schöne Stadt

– Ich habe keine Kinder.

– Ich fahre eine Stunde mit dem Bus nach Haus.

– Zwei Stunden Bus jeden Tag.

– Ich verdiene zweihundert Cruzeiros monatlich.

– Ich gehe nie zum Karnaval.

Zwölfter Stock.

Letzter Stock.

– Das nächste Mal wird mich der Fahrstuhlführer für meine Fragerei strafen, denkt Jäcki:

– Wie es Schwule gibt, die gerade den verachten, der sich ihnen ohne Verachtung nähert.

Oben traf Jäcki den Reiseleiter und Irma.

Der hatte sie für das Panoramafoto in den letzten Stock begleitet:

– Ich muß natürlich abwägen, was ich äußern darf und was nicht.

– Unsere Südamerikareisen sind 100 % ausverkauft.

– Wir haben einige Flüge absagen müssen, weil wir keine zusätzliche Landeerlaubnis mehr erhielten.

– Tatsächlich kalkulieren wir mit einer Quote von 95 % Besetzung, wegen der Gäste die Verlängerungswochen buchen.

– Deshalb auch der ungewöhnlich hohe Preis einer Verlängerungswoche.

– Das hat mich auch schon gewundert sagte Irma.

Der Reiseleiter überhörte den Satz der Fotografin.

– Und Irma ist natürlich viel zu vornehm nachzuhaken, denkt Jäcki:

– Und warum müssen wir das ausbaden, wenn wir drei Monate verlängern, sagte Jäcki.

– Ich bin das Kellerkind. Ich bezahle diese Reise. Ich darf ordinär sein, entschuldigte Jäcki sich in sich, im Kino seines Kopfes wegen seiner Worte vor sich selbst.

– Ja, da finden wir schon eine für alle gangbare Lösung, sagte der Reiseleiter.

– Der normale Flugpreis von Deutschland nach Rio lag 1968 zwischen 2800 und 4200 Mark.

– Den Flugpreis, den Touropa Scharnow pro Person entrichten muß, kann ich Ihnen nicht nennen.

– Weit höher als 1000 DM.

– Touropa hat schon seit Jahren, als die neuen Hotels gebaut wurden, vorgefühlt.

– Die Preise im Copacabana Palace betragen 100–x DM.

– Ein Appartement kostet, ich glaube 400 Mark und mehr.

– Der Exdiktator Jimenez, der mit der Staatskasse, verwohnt hier am Tag 10000 DM.

– Aber das wissen Sie als Sternschreiber sicher alles schon.

– Was die Reisegesellschaft pro Person bezahlt, kann ich Ihnen nicht offenlegen.

– Die Unverschämtheiten, die sich der Gast im Copacabana Palace bieten lassen muß, gehören zum Ruf des Hauses.

– Dr.Tigges, Bertelsmann und Hummelreisen arbeiten schon seit zwei Jahren mit Touropa Scharnow zusammen.

Im Augenblick werden Verhandlungen mit Quelle und Neckermann geführt.

– Und jetzt entschuldigen Sie mich.

– Heute wird gewechselt.

– Die neue Gruppe sitzt unten schon auf ihren Koffern.

– Gottseidank, sagte Irma als er weg war.

– Ich hatte schon befürchtet, er würde mir Ratschläge geben wollen für das Panoramafoto.

Die Avenida Atlântica wurde an beiden Enden, wo die beiden Kasernen lagen von Salzwolken gesoftet.

Dazwischen Hochhäuser, gelegentlich eine Schlucht, in der eine alte tarabiskotierte Millionärsvilla stand, mit Bougainvillea und Morning Glory

Am Strand, im Schaum, in den Gischttürmen alle tausendfache Hübschheit, welche die teuren Fahrstühle der Skyline ausgestoßen hatte zu schwarzen Quargeln perspektivisch zusammengedrückt.

Jäcki sah ein, daß Irma das Teleobjektiv vor die Mamyaflex klemmen mußte, wollte sie das aufnehmen.

— Aber es ist wie das Foto aus Japan, sagte Jäcki.

— Wenn es wie Japan ist.

— Aber es wird aussehen wie ein Plagiat.

— Bald werden alle Fotos von Stränden aussehen wie ein Plagiat.

— Ich soll ein Reisefoto für den Stern vom Strand von Copacabana machen.

Das ist keine Kunst.

Da ist das ganz egal.

Irma hatte Recht.

Henry Nannen lobte das Foto auf der Konferenz

Copacabana die neue Welt asiatisch wurde im Stern vom Negativ über zwei Seiten gedruckt.

Übrigens verschwand das Negativ.

»Iris«

Jäcki fand es sehr richtig, daß ein Kino Iris hieß.

Im Kino seines Kopfes, in seinem inneren Film bildeten sich Schlieren ab, irisierende Tümpel um Schwertlilien, Lüster auf Vasen von Lötz' Witwe. Filme über Gegenstände über Gegenständen

Mitten in der schattigen Straße Largo do Carioca ein altes Rio Kino.

Jäcki blieb stehen, weil es aussah wie in einem Wildwestfilm.

Ein Pavillönchen für die Tickets dahinter im Vestibül paarweise Außentreppen hoch.

Eisengingerbread in dem ein Wildwestfilm gespielt wurde.

Es kostete nur 40 Pfennig Eintritt.

Also 40 Centavos.

Was Jäcki auffiel, daß so viele geschminkte Mädchen auf den Treppen standen, wandelten, stakten

Ein ununterbrochenes Gewandle von stark geschminkten Mädchen auf den eisernen Treppen des Gingerbreadkinos.

Jäcki betrat das Parterre des Kinos Iris durch den linken Eingang.

Die Leinwand reichte bis in den zweiten Stock hinauf.

Unter bunten römischen Pappforen.

Jäckis Augen stellten sich schnell um.

Er erkannte im staubigen Geflimmre die Gingerbreadverstrebungen, die Logen, den Gang hinter der letzten Reihe

Und auf jedem Rang die hellerleuchtete Tür und den Klumpen der Wartenden an den Wänden.

Jäcki ging an dieser Wand entlang. Wo Greise standen Transvestiten, Indianer, Gauchos, riesige Neger und schon wieder der kurze muksche schwarze Mann mit der kurzen weißen Hose – die alle Sophia Loren anzustarren schienen, die vergeblich versuchte vor einem Herren in Papprüstung wie eine Messalina auszusehen.

Jäcki erinnerte eine andre Reihe mit Männern an der Rückwand eines Kinosaales.

In Marseille, auf der Cannebière

58.

Damals gab es noch keine Schwulenbewegung

De Gaulle hatte die Gesetze der Nationalsozialisten unter Pétain
beibehalten

Und alles hatte seine Ordnung.

Es gab Schwule und Transvestiten und Araber

Und verbotene Kinos.

Jäcki kam als Schäfer vom Luberon.

Er hatte schon lange von den verbotenen Kinos in Marseille gehört.

Es wurde ein Film von Raimu gespielt

Fanny. Pagnol.

Es war wie im Thalia Theater, Gerhart-Hauptmannplatz

Und plötzlich holte ein Mann der mit den anderen an der Rückwand stand seinen großen dicken steifen Schwanz raus und
wackelte damit zu Fanny Marius und Bouillabaisse und See-
mannssehnsucht rum.

Und erwartete, daß Jäcki ihn lutschte.

Jäcki ging in den ersten Rang

Da waren Holzverschalungen der Logen, hinter denen stauten
sich die Neger.

Auf der Toilette, in grünen Kacheln und Neonlicht ließ sich ein
Kunststudent ficken den Kopf neben dem weißen Porzellanbek-
ken, das aussah wie eine riesige Augenbadewanne

Im dritten Rang gab es keine Hinterwand und keine Klappe.

Da war die Vorführkabine auf Podesten stand die Polizei.

Am Abgrund längs rechts und links Balustraden, auf denen
saßen die Brasilianer mit gespreizten Beinen und erwarteten,
daß ihnen einer einen blies.

Vorne an der Leinwand, wo die bunten Gesichter wie moderne
Grafiken erschienen prüfte ein Transvestit im Filmlicht den
Geldschein und ließ sich neben Sofia Lorens Auge von einem
Lastwagenfahrer stoßen

Abgeschirmt gegen die Polizisten von einem Klüngel Zuschauer.

Jäcki ging nach hinten, über die eisernen Gingerbreadaußen-
treppen nach unten.

In der feuchten warmen Außenluft versuchten die Transvestiten ihr Make-up zu reparieren.

Sie rückten die blonden Perücken gerade.

Die Spitzbuben, die Gigolos, die herzukommen schienen, nicht um zu klauen und anzuschaffen, sondern, weil sie auf Transvestiten standen und weil sie am Amazonas, in Bahia de Todos os Santos, in den Favelas, im Morro da Providencia vom »Iris« gehört hatten, hasteten vom ersten in den dritten vom Balkon ins Parterre vom Poulailler in den zweiten über die klingenden Eisentreppen des Wildwestkinos.

Auf der Leinwand versuchten jetzt tausend geschminkte amerikanische Tunten und Stricher in Nylontogen das Kapitol einzunehmen, echte Pferde stürzten wirklich.

Ketchup spritzte.

Die Stricher und die Tunten in der letzten Reihe hatten ihre Würste draußen.

Jäcki geht zur Praça Tiradentes zurück.

Er entdeckt den Polizisten Aristoteles am Eingang des Kinos Marrocos.

Der macht ihm Zeichen.

Ist das Marrocos auch ein Treff?

– Hast du keine Zeit, fragt Aristoteles.

– Nein, ich will ins Marrocos.

– Ach was willst du im Marrocos.

– Du interessierst dich doch bloß für Geld.

– Das ist nicht wahr. Ich will dich.

– Du willst mich ficken.

– Ja.

– Ich auch.

– Nicht richtig.

– Doch richtig.

– Richtig geht nicht.

Im Iris waren es römische Legionen gewesen, die sich um Sophia Loren bemühten, im Marrocos ist es ein Dr.Wu, der operiert.

Dr.Wu und seine Schimpansen mischten sich unter den Kino-saal, der bis auf den letzten Platz voll war.

Vor allem Männer, eine Masse, die zu den Schreien der Opfer bebte unter dem Film, den bunten Schlieren, dem flirrenden Lichtstrahl voller Staub hin und herzuckte, aufstand, rausging, reinkam hinten in der dunklen Ecke staute, die linke Wand hinunter standen sie bis an die Leinwand heran.

Jäcki suchte die Reihen hinab einen Platz.

Auch hier faßten die Männer, die Transvestiten ihm an die Hose, vorne oder hinten.

Stießen ihm harte Glieder an den Körper.

Jäcki setzte sich.

Während Dr.Wu ein Gehirn austauschte wickelte sein Nachbar ziemlich unverklemmt sein schwarzes Glied aus und versuchte es in Jäckis Mund zu verstauen.

Jäcki fürchtete sich vor dem Polizisten.

Oder vielleicht gab es Agenten der Sitte in Zivil.

Jäcki sah sich um.

Er sah, daß in den Reihen vor ihm, hinter ihm der zweite Platz oft nur von einem runden Rücken eingenommen wurde.

Jäcki durch die Glieder wieder nach hinten.

An dem Polizisten vorbei, der hinter der letzten Reihe im Gang in der Notbeleuchtung stand und an seinem Holzknüppel spielte.

Aufs Klo.

In den Seen von Urin schwammen Toilettepapiere

und unbeweglich standen lauter kleine dicke schwarze Herren in zu enger weißer kurzer Hose und guckten beleidigt an die Kacheln.

Sie gaben keinen Platz frei

Jäcki ging wieder hinaus.

Hinter dem Polizisten rum.

Er stellte sich in die dunkle Ecke.

Neben dem weißen Polizisten mit seinem Holzgummiknüppel im Schatten unter der ketteverhangenen Treppe, die auf den Rang führte klüngelten fünfzig Neger.

Sie hingen aneinander schienen aber nichts miteinander zu machen.

Ein Gigolo mit Menjoubart, der typische unnahbare Macho drängte in die Ecke und ein alter zweimeterlanger Schwarzer mit silberüberstaubtem Bart drängte ihm nach.

Und während der Gigolo mit dem Menjoubart etwas zu kauen schien und am Gürtel seine Hose hielt, schob der schwarze Riese hinten die Hose des Gigolos über die harte Rundung und legte – unter Dr. Wu und seinen Krankenschwestern, die mit großen Keschern Riesenspinnen fingen – ungeheuer nackte Backen bloß und preßte das schwarze Ding ohne daß der Polizist mit seinem Holzgummiknüppel von vorne etwas Verdächtiges wahrnehmen konnte, hinten rein.

Der Gigolo kaute weiter

Der Riese stieß wie wahnsinnig.

Der Gigolo bemühte sich ganz grade zu stehen unbewegt auszusehen und nicht zu wackeln, nicht umzufallen.

Dann wimmerte der riesige Schwarze auf stieß so schnell daß es aussah wie ein Todeszappeln Zucken, während Dr. Wu über dem Kopf auf der Leinwand vom Wolkenkratzer fiel.

Das Licht ging an.

Der Polizist mit dem Holzknüppel drehte sich zu dem schattigen Winkel unter der Treppe hin.

Die Transvestiten und die kurzen Herren mit den kurzen weißen Hosen schlossen sich um das Paar zusammen.

Als Jäcki aus dem Kino kommt steht Aristoteles immer noch da.

– Richtig?

– Richtig.

– Komm.

Sie gehen in dieselbe Absteige wie das letzte Mal.

Der Polizist Aristoteles drückte Jäckis Kopf auf seinen Knüppel runter.

– So ein zarter Polizist und so ein Riesenknüppel.

Als es Aristoteles kommt, spielt er an Jäckis Ohren.

Als Aristoteles sich gewaschen hat, legt er sich auf den Bauch.

Er zieht die bespritzte Wolldecke über seinen Arsch.

Jäcki küßt ihm den Nacken, leckt die kleine lusoamerikanische Locke, in der Rinne mitten im Hals.

Jäcki beißt ein wenig in die Schultern.

Beißt, leckt am Rückgrat hinab bis zu den Häärchen im Kreuz.

Er streichelt den Arsch unter der Decke

Jäcki leckt Aristoteles' epische Füße mit den afrikanischen weißen Sohlen, den Wunden, den Schrunden eines Männerlebens
in Rio de Janeiro.

Jäcki streichelt die dummen Waden.

Die Schenkel aus Eisen.

Von unten langt er unter der Decke an die Halbkugeln
an die schwarzen Eier, schiebt die Decke weg, leckt,
fühlt die zarte Öffnung.

— Von vorne laß ich mich, sagt Aristoteles.

Und dreht sich unter der Decke auf den Rücken.

Er hat schon wieder einen hoch.

— Von vorne lassen sich alle.

— Wenn du dich von vorne läßt, kannst du dich auch von hinten

— Es ist also weniger: Ich laß mich nicht ficken; als: von hinten
werde ich überfallen.

— Aber von vorne kann ich dich ansehen.

— Du willst mich sehen, wie ich ihn dir reinhau?

— Ja.

— Aber dein Arsch, dein Arsch.

Aristoteles dreht sich auf den Bauch.

Er reißt die bespritzte Decke weg

kein Haar an seinem Arsch, das im Wind des Ventilators bebt.

Aristoteles legt sich, daß die eine Backe rund erscheint, die
andre gewinkelt.

An der Seite die Delle im Muskel.

— Analytischer Kubismus denkt Jäcki.

Jäcki legt Aristoteles den Arsch.

— Dort muß eine Drüse sein, die einen Saft ausstößt.

— Der riecht nach Brombeeren und Mandeln.

Der Geruch bleibt in seinen Barthaaren kleben, vermischt sich
mit Schweiß, verdünnt sich in der Luft wird süß, wie Maiglöckchen oder Jasmin

Jäcki läßt etwas Spucke zurück zwischen Aristoteles' Beinen und drückt seinen Oymel, der weiß ist und viel dünner als der des Polizisten, da rein. Aber es geht noch nicht.

Aristoteles drückt, drängt, er dreht seinen Arsch richtig hin. Aber es geht noch nicht.

Erst als Aristoteles nachgibt, hinsinkt, springt Jäckis Schwanz dem Polizisten hinein.

Aristoteles kann gar nicht genug kriegen.

Noch mal sagt der Polizist.

Sie glitschen beide wie unter einem Wasserfall.

Aristoteles hockt sich auf

Er fängt an zu zittern.

Er spritzt unter Jäckis Stößen von selbst.

Der Polizist holt ein Handtuch und trocknet Jäcki ab.

Sie streicheln sich gegenseitig die Ärsche.

Aristoteles sagt:

– Es war das erste Mal.

– Wenn du mich auf der Straße siehst, grüß mich nicht.

– Erkenn mich nicht.

– Ich will dich nie wiedersehen.

Der deutsche Architekt rief, als er von Irmas Absicht hörte, für
den Stern im Vigario Geral zu fotografieren:
– Sie dürfen nie in eine Favela gehen.
– Und noch dazu mit Kameras
– In Vigario wohnen 70–80 000 Menschen.
– Wissen Sie, was das heißt
– Sie werden ratzekahl ausgeraubt.
– Manche Leute sind bis aufs Hemd ausgezogen
– Und totgeschlagen.

Der Taxifahrer wußte nicht, wo Vigario Geral liegt.
– Aber es ist ein Stadtteil von Rio de Janeiro und steht auf dem
Faltplan eingezeichnet
Der Taxifahrer hielt an einer Eisenbahnbrücke.
– Sind das Aasgeier?
– Ja. Das sind Aasgeier. Dann kann die Favela nicht weit sein.
– Sie fressen allen Schmutz.
– Sie stehen unter Naturschutz.
– Wenn ein Verbrechen geschehen ist, sieht die Polizei nur an
den Himmel.
– Wo die Aasgeier kreisen, liegt die Leiche.

Vigario heißt der Stadtteil.
Jäcki und Irma mußten fünf Leute anhalten, ehe ihnen einer
den Weg zur Favela zeigte.
Über Bahnschienen.
Frauen tragen Bretter auf dem Kopf über die Schienen.
Kinder tragen Wasserkanister über die Schienen.
Holzhütten, Ziegelhäuser, Wellblech, Lehmhütten, die Wände
mit Holzlatten verstärkt.
Die Häuser stehen auf Pfählen, dazwischen Pfahlwege
Der Verantwortliche, Responsavel, Obermaker wie Jäcki beim
Abbé Pierre, der Verantwortliche des Camp de la Pomponette,
der Verantwortliche der Favela von Vigario Geral wohnt in ei-
nem residiert in einem Ziegelbau:

- 13 000 Bewohner.
- 2 500 Häuser.
- Das macht 5 Personen durchschnittlich pro Familie.
- Die meisten Familienväter verdienen den Mindestlohn.
- 129 Cruzeiros.
- Haupterkrankung:
- Bronchitis.
- Malaria kaum.
- 50% der Häuser haben elektrisches Licht.
- Einige Häuser verfügen über fließend Wasser, Toiletten und Kanalisation.
- Die Favela existiert seit 1949.
- Ein Haus kostet hier zwischen 100 und 1500 Cruzeiros.
- Alle sind hier gläubig.
- Fast alle sind katholisch.
- Es gibt hier Kirchen von verschiedenen Sekten.
- Und wenigstens hundert Macumbas.
- Macumbas?
- Ja.
- Kaum Kriminalität.
- Wir organisieren auch einen eigenen Karnavalszug.

Irma stellt sich furchtbar an, als der Verantwortliche sie über Pfahlwege führt.
Das Wasser der Überschwemmung ist noch nicht wieder abgezogen.
Grünes, dickes Wasser zwischen den Pfahlbauten der Favela von Vigario Geral.
Schweine laufen unter den Pfählen durch.
Und Kinder.
- Heute sind vierzig Grad im Schatten, sagt der Verantwortliche.
- Das macht sechzig Grad in der Sonne.
- Passen Sie auf, daß Sie keinen Sonnenstich kriegen.
Das Wasser wirft Blasen.
- Vierzig Grad im Schatten, in Rio de Janeiro heißt, daß die Abwässer von Vigario Geral Blasen werfen, denkt Jäcki.

Der weltberühmte Schöpfer von Utopopolis, der Ideologe der Hochhäuser in der Wüste Negev, der Kommunist, wie gemunkelt wird, wohnt in einer nierenförmigen Villa am Rande der Stadt im Urwald.

Jäcki und Irma kamen, um den Meister von Utopopolis zu interviewen.

Die Villa war leicht zu finden.

Sie lag über dem Strand von São Conrado und ein paar hundert Meter von der gößten aller Favelas der Rocinha entfernt.

200000 Menschen lebten dort.

Aber sie sollte nun bald aufgelöst werden.

Hinter der Nierenvilla im Urwald schoß schon das neue Turmhotel hoch 120 Stockwerke oder so

ein neues Werk des Meisters von Utopopolis.

Viel Glas in seinem Haus.

Ein Felsen auf der Veranda, einbezogen in die Komposition, halb drinnen, halb draußen.

Ein bescheidenes Einfamilienhaus.

Mit einem Dach, das neun Stützen braucht.

Bücher.

Dostojewski, Machado de Assis, Don Quijote.

Alles klamm.

Schimmel.

Die Gartentür klemmt.

Aus den Steckdosen hängen die Drähte

Abgewetzte Sessel.

Die Furniere wellen sich an den Möbeln

Der Meister von Utopopolis wird vom Urwald besiegt.

Ein Plakat von Che Guevara an der Wand.

Wie bei Peter Michel Ladiges im Südwestfunk.

Der Architekt scheu, zart, klein und etwas gelblich ist sicher im Anordnen der Stühle

Jäcki nimmt Interviews nicht sehr ernst.

Ein Interview steht auf der letzten Seite von Newsweek

Was ist denn da nun viel dabei.

Man weiß doch, was man jeden fragen will.

Und meistens weiß man ja auch die Antworten.

Und welche Antworten man nie kriegt.

Am liebsten würde Jäcki die Leute alle fragen, was sie im Bett machen.

Aber das kann man natürlich nicht.

Le Corbusier, Che Guevara, Michel Ladiges.

Alles andre ist ja doch immer das gleiche und nicht interessant

Die Fragen denkt man sich zwischen Tee und Papaya aus.

Zu einem Interview braucht man eine halbe Stunde.

Die Fragen kann man auch weglassen.

– Früher war es nur in Portugal so, daß man, um frei reden zu können, in ein andres Stockwerk gehen mußte.

– Jetzt ist es in Brasilien dasselbe.

– Aber ich sage, was ich denke.

– Auch am Telefon.

– Präsident Costa e Silva wirkte zu Anfang liberaler als sein Vorgänger.

– Er ist eine Marionette der Militärs geworden.

– Der erste Staatsstreich des Militärs 1964 wurde von den Amerikanern gedeichselt.

– Das Volk ist ignorant.

– Es ist gegen irgend etwas.

– Aber es weiß nicht gegen was und warum.

– Es kann schon sein, daß es 50% Analphabeten in Brasilien gibt.

– Das Leben ist leicht.

– Baden.

– Es ist warm.

– Eine Revolution des Volkes?

– Wenn es ein Fußballspiel gibt, interessiert sich niemand mehr für die Revolution.

– Die Antikorruptionskampagne, die Anklagen gegen Kubitschek beruhen auf persönlicher Rachsucht.

– Es gibt sehr unterschiedliche Favelas.

– In Rio gibt es wenigsten zwei Millionen Menschen, die in Favelas leben.

– Es gibt kaum Statistiken.

– Sicher lebt das halbe brasilianische Volk in Favelas oder in Unterkünften, die den Hütten der Favelas gleichen.

– Höchstens 20 % der Bevölkerung besitzen ein Haus oder eine Wohnung.

– Ein Haus oder eine Wohnung und eine zusätzliche Wohngelegenheit in den Bergen oder am Meer besitzen höchstens 5 %, nein, das ist zu hoch, 1 %.

– Das eine Prozent, welches halb Brasilien besitzt.

– 50 % der Arbeiter verdienen zwischen 36 und 129 Cruzeiros im Monat.

– Die Diskriminierung ist bei uns nicht rassistisch.

– Sie braucht es nicht zu sein.

– Sie ist wirtschaftlich.

– Ich habe daran gedacht, ein Haus für die Leute zu konstruieren, die in Elendssiedlungen leben.

– Aber ein vorfabriziertes Haus würde sich nur lohnen, wenn wenigstens 5000 Stück in Auftrag gegeben würden.

– Daran ist bei den augenblicklichen politischen Umständen nicht zu denken.

– Es wäre natürlich sinnvoller, wenn in Rio die hübschen Altbauten stehenblieben.

– Die Leute wohnen dort billig und verhältnismäßig gut und nicht zu fern von ihren Arbeitsplätzen.

– Die Geschäftshochhäuser sollten in einem völlig neuen Stadtteil errichtet werden.

– Aber die Stadtplanung hängt nur vom Kapital ab.

– Widerstand kann man nur leisten, wenn man Waffen hat.

– Was heißt links.

– In Brasilien ist es einfach.

– Entweder ist man für die USA oder gegen die USA.

– Es gibt hier keine großen Waffenlager der Opposition und das Land steht nicht unmittelbar vor einer bewaffneten Revolution.

– Ich glaube nicht, daß der bewaffnete Kampf hier einen Sinn hätte.

– Ein amerikanischer General hat geäußert:
– Vietnam ist uns gar nicht so wichtig.
– Da probieren wir nur aus, wie wir es in Südamerika besser machen können.
– Die kommunistische Partei verfolgt eine sehr klare Politik:
– Abwarten.
– Ich glaube nicht, daß die Studenten in Paris Recht hatten.
– Aber ich kann mich auch nicht gegen sie stellen.
– Es gibt Menschen, die wollen nicht länger warten.
– Die Arbeiter wurden immer gefoltert.
– Das ist nicht schlimmer geworden und nicht besser.
– Die Marine foltert nicht mehr.
– Früher wohl.
– Vor kurzem wurde eine avantgardistische Architektenzeitschrift wegen angeblicher kommunistischer Tendenzen verboten.

Der Schöpfer von Utopopolis in seinem Einzelhaus im Urwald,
Jäcki scheint ihn gewonnen zu haben.
Der berühmte Mann spricht mit großer Überzeugungskraft.
Jäcki glaubt ihm jedes Wort.

Ein erfolgreicher Schriftsteller zischt herum.
Vergewissert sich.
Nimmt in Augenschein.
Utopopolis.
Von oben soll es aussehen wie ein Vogel.
Jäcki sieht die Favelas, die sich um Utopopolis zusammenziehen.
Der deutsche Botschafter lobt Fantasie und Sensibilität
Sogar Scharoun habe Fantasie und Sensibilität von Utopopolis gelobt.
Aber es sind auch Häuser, denkt Jäcki.
Supersquares, Superquadras alles nur mit dem Auto zu erreichen
Blöcke verloren auf dem Hochplateau,
in denen povre Stenotypistinnen aus formalen Gründen ohne Marquisen der Sonne ausgesetzt sind

Regierungsteiche als Mückenplantagen.

Jäcki fängt an zu zweifeln.

Wenn das die Realität ist, für die der Schöpfer von Utopopolis der zarte, scheue, kleine etwas gelbliche Mann eintritt.

Präsident Kubitschek soll vor dreißig Jahren mit dem Privatflugzeug drübergeknattert sein und eine Botschaft abgeworfen haben, um einen Stein gewickelt.

Ich kaufe.

Eine Million Hektar – ein paar mehr oder weniger.

Der Hirte, dem die Macchia gehörte nickte zum Präsidenten ins Privatflugzeug hoch

Und der Präsident fing an, die Geldsäcke abzuwerfen.

Das Land gehörte ihm.

In der alten Kaiserstadt Rio de Janeiro drückte der Präsident durch, daß Utopopolis errichtet werden sollte, die neue Hauptstadt, dort, wo der Präsident es bestimmte.

So, wie man es immer schon gemacht hatte, mit dem Lineal und dem Bleistift und dem Radiergummi, in Afrika, in Amerika, in Asien.

Utopopolis im Herzen von Brasilien.

Und der brasilianische Staat kaufte vom brasilianischen Präsidenten das Land für Brasilia.

Wurde gemunkelt

Ob sowas in Aktenordnern festgehalten wird, bezweifle ich.

Die Preise für das Land waren inzwischen gestiegen.

Reich ging der Präsident zum Meisterarchitekten, der saß gerade an Marzipan mit einer Schlagsahne Spritztüte, und bestellte für vieles Geld vom Marxisten, der die Ideologie der Hochhäuser in der Wüste Negev verfocht, den Plan Utopopolis.

Der entwarf einen Vogel, etwa in der Form eines Flugzeugs, eines Überschalljets aus Marzipan.

Schien ihm ein Ministerium zu hoch haute er ihm mit dem Rührlöffel auf den Kopf und schabte mit dem Teigschaber was weg,

Die Rundungen machte er mit der Zitrone mit kleinen flinken Händen nudelte er aus Marzipan die Kongreßhalle

Dann fiel die Cachaçaflasche um und dellte das Marzipan ein
Der Meister von Utopopolis hängte eine ganz neue Ästhetik daran auf glättete ein bißchen mit dem Fischheber und spritzte solange aus der Schlagsahnetube darüber bis es ins Modul paßte und die Schöpfung stand.
Nun konnten Architektenschüler, Arbeiter und Angestellte es in Pappe Gips und Sperrholz umsetzen.
Der goldene Schnitt wurde mit 10000 multipliziert denn Brasilien ist nicht nur ein Land. Brasilien ist ein Subkontinent, Brasilien ist ein Modell für die Welt
Betonmischmaschinen wurden zu Zehntausenden geordert
Drahtfabriken gegründet
Favelas abgerissen. Favelas aufgebaut
Viel DDT gespritzt
Und schon war Utopopolis schlüsselfertig.

Jäcki interviewt einen Stenotypisten von Utopopolis
– Ich bin seit acht Jahren Stenotypist im Parlament.
– Ich war dabei, als B.C. Alves die berühmte Rede hielt, die die Krise auslöste und die Generäle an die Macht brachte.
– Ich habe gar nicht hingehört.
– Ich mag Alves nicht.
– Sein Vater ist sehr reich.
– Die Abgeordneten sind Politiker, weil sie damit am meisten Geld verdienen können.
– Vor einer Woche ist er aus Brasilien geflohen.
– Seine Haltung hat Tausende ins Elend gebracht.
– Ich spreche nicht gerne über Politik.
– Ich liebe Brasilien.
– Aber wenn ich Geld hätte, würde ich das Land jetzt verlassen.
– Gefoltert wird nicht.
– Aber die politischen Gegner des Regimes werden auf verlassene Inseln verschleppt.
– Die Regierungshauptstadt hat vier Ausfahrtsstraßen.
– Ein paar Polizisten genügen, um die Stadt von der Außenwelt abzuschneiden.
– Oft wird die Telefonverbindung nach Rio unterbrochen.

– Dann stehen zwei Soldaten mit Maschinengewehren in der Post.

Utopopolis, der Supervogel, dient der Diktatur.
Eine Architektur, die von zwei Maschinenpistolen beherrscht werden kann.

Jäcki erreicht es, daß der weltläufige Vertreter der Bundesrepublik ihm den Botschaftsmercedes zur Verfügung stellt und fährt mit Stander in die Favelas.
Die Kinder lachen die beiden Weißen aus:
– Da oben ist Urubu.
– Heißt das der Aasgeier?
– Da dürfen Sie nicht rein.
– Das ist die Verbrecherfavela.

Nachts nimmt Jäcki den Guide und versucht, über die Autostraden zu den schwulen Treffpunkten zu gelangen.
Am Busbahnhof gibt es eine Klappe.
Ein paar Provinzstricher.
Soldaten.
Utopopolis, die neue Hauptstadt von Brasilien ist nicht die Central do Brasil.
Hinter der Kirche einer Superquadra die Spuren von Macumba.
Ruß Blut Stearin.

Die Möbelgeschäfte an den Schwingen des Vogels von Utopopolis voller Hotelrokoko Gelsenkirchener Barock manuelinischer Rüschen.
Das portugiesische Kleinbürgertum holt den Schöpfer von Utopopolis ein und frißt sich in die Flügel.

Die Straße nach Bahia de Todos os Santos, tausend Kilometer durch den Urwald, durch Indianer, Krokodile, Orchideen, die Straße, welche Utopopolis mit dem Nordosten verbinden soll endet ein paar Kilometer hinter dem letzten Möbelgeschäft vor einer Wand aus Bäumen.

13

In der Nacht rote Blitze.
Der Himmel hinter dem Zuckerhut leuchtet violett auf.
Im Botanischen Garten hochaufschießende Palmen.
Die Wege sind nach dem Gewitter mit Blüten vollgeschwemmt
Jäcki läßt Irma allein.
Sie will Lotos photographieren.
Für Schallplattenhüllen bei Harmonia Mundi
Jäcki steigt die Treppe hinter dem Pavillönchen hoch.
Auf grüngemoderten Stämmen ein Garten von erschreckenden
blauen Schmetterlingen.
Jäcki lockt einen Wächter ins Gebüsch
Drüben die Favela.
Aber die können nichts erkennen.
– Und wenn schon.
– Gibt es etwas Betrachtenswerteres als den braunen Arsch über
die Acacia albida L. geworfen.
Leise klopft die Pistole des Privatpolizisten gegen die Borke.
– Ach, das Mörderfeeling, denkt Jäcki
– Ich habe gar keinen Sinn für Querelle de Brest im Bett.
– Aber geil ist es doch.
– Sein Rohr in der Hand.
– Und das Metallrohr an dem breiten Gürtel.
– Keiner guckt so lieb wie der Privatpolizist, als es ihm kommt
– Weil ich Ausländer bin, läßt er sich ficken.
– Seinem Nachbarn würde er ein Glied ums andre wegschießen.
Der Polizist wischt sich mit einem Blatt von Erythroxylon sauber.
Zieht die streng gebügelte Hose hoch
Rückt das Koppel mit der wippenden Pistole grade
Und gibt mit seinen gewaltigen Lippen Jäcki auf den Europäer-
mund einen Kuß, groß wie eine Brotfrucht.
Jäcki findet er guckt dazu mit Augen wie ein Ameisenbär.
Und schlägt sich seitlich durch den Bambus in die a. L.
Jäcki steht allein.
Der Botanische Garten faltet sich über ihm zusammen

Die Ameisen beißen an seinen Füßen
Jetzt sehen die blauen Schmetterlinge vertraut aus.
Irma ist mit den Lotos fertig.
Ob sie es mir ansieht, denkt Jäcki
Ob sie es riecht?
Hängt der Geruch des Privatpolizisten noch um mich herum wie
ein zweiter Körper?
Jäcki hat nicht das Gefühl, er habe Irma betrogen.
Er weiß, er könnte ihr alles erzählen.
Er weiß, es würde ihr wehtun, aber sie würde sich nicht bekla-
gen, und es würde sie interessieren.
Aber er schweigt
Er weiß, an einer winzigen Verschiebung einer Geste einer
Braue, hat sie es längst erkannt.
— Und die Lotos, fragt Jäcki
— Ja, die Lotos, sagt Irma.
Die Gärtner schleppen an Palmenrispen die der Regen gestern
nacht heruntergeschlagen hat
Das Gewitter wird weggeharkt.

14

Der Verantwortliche der Favela von Vigario Geral war mit Jäcki und Irma über das blasenwerfende grüne Wasser zu einer Macumba gegangen.
Eine Hütte auf Stelzen wie die andern.
– Es ist ein Tempel, sagte der Verantwortliche.
– Und das ist die Mutter.
– Mãe de Santo.
– Mutter des Heiligen, übersetzte sich Jäcki
– Eine Mutter, die einen kleinen stacheligen Heiligen gebiert.
– Komisch.
Eine hohe, schwarze etwas muksche Frau, führte sie in den Tempel.
Drei mal drei Meter.
– In der Bundesrepublik wohnen die Götter anspruchsvoller.
Vorne ein kleiner Altar mit Heiligen, Marien, Christussen und dazu Herren in Zylinder, ein roter gehörnter Teufel mit einer silbernen Forke, Lorelei, Kunstgewerbe aus dem Amazonas, Indianer, die aussehen wie Dulus Porzellanpapagei
– Kommen Sie am Mittwoch abend zur Macumba, sagt die Mutter, die Mutter aller der vielen Heiligen.
– Da wird getrommelt
– Darf ich dann fotographieren, sagt Irma
Jäcki ist über ihren etwas zu grellen Ton erstaunt.
– Ja, Sie dürfen fotographieren, sagt die Mutter der Heiligen.
Zum Abschied dreht sie sich einmal um sich selbst und läßt ihren bunten Rock im Kreis fliegen.
Der besteht aus tausend bunten Flicken, die sie in der Bewegung wie ein Regenbogen umgeben.

Jetzt ist Mittwoch und um acht, im Dunkeln stolpern Jäcki und Irma über Eisenbahnschienen und Schweinchen.
Irma hat die Rollei umgehängt und eine Leica.
Jäcki trägt die Blitze
Im Dunkeln sieht alles ganz anders aus.

– Kennen Sie eine Mutter der Heiligen, die einen Rock aus lauter bunten Flicken hat?

– Ja, kommen Sie nur mit

Favela des Vigario Geral.

Nachts sinkt sie in den Schlamm zurück.

In den afrikanischen Urwald.

Sahara.

Goulimine.

In der Erwartung des Kamelmarktes.

Marrakech.

Karbidleuchten.

Tantan im Krieg.

Musik aus Transistorradios

Die Bewohner sprechen von Fenster zu Fenster.

Ein Wildwestfilm im Fernsehen.

Der Verantwortliche hat seine Polizeistation geschlossen.

Gottesdienst in einer Wellblechhütte

Ein Tanzvergnügen.

Eine Party.

– Nein.

– Diese Macumba ist es nicht.

– Wie hieß sie denn.

– Das weiß ich nicht mehr.

Jeder kennt eine

– Es ist eine ganz kleine Macumba.

– In der Nähe der Polizeistation.

– Ich weiß.

– Eine ganz lange Mutter.

– Ja.

Ein Ehepaar führt Jäcki und Irma.

– Die ist es auch nicht.

Vier Stunden geht es so.

Jetzt ist es Mitternacht.

Da wird getrommelt.

Jäcki hört es zum ersten Mal.

Trommeln in der Nacht.

Es ist als verwandelte sich der Himmel in die Häute seines Gehirns.

Überall trommelt es jetzt
Eilen, stolpern schlagende Kameras über Schwellen, Pfähle, Kinder, Schweine, Konservendosen
Wo ist es.
Hinter jeder Hütte
Da vorn.
Hinter ihnen.
Ein Irrgarten aus vibrierenden Trommelfellen.
Und dazu die Kuhglocke, das Hirtengeräusch, die Weihnachtsbimmel, der Waisenhauston.
– Hören Sie das Atabaque.
– Was ist das? Atabaque?
– Die Zeit.
– Hören Sie die Zeit, heißt es übersetzt, portugiesische Worte brasilianisch gehaucht und das afrikanische Wort für Zeit
– Warum kommen Sie nicht zu mir, sagt die Frau.
– Meine Macumba ist klein.
– Aber sie ist schön, wie jede andre auch.
Haben die Töne und die Pfahlstege Jäckis Bewußtsein
ausgerenkt oder schießt in die vielstündige Erwartung
eine Märchenerinnerung ein etwas von früher
anthroposophisches Babypuder und Bibliothek von Babylon?
Als die Frau die Macumba öffnet meint Jäcki die zu erkennen, die er seit fünf Stunden suchte.
– Wir sind da, sagt Jäcki zu Irma und sie lassen sich – rechts und links stippen die Kameras auf – in zwei Ehrensesseln nieder.

Kerzen.
Unter dem Wellblech oben Tausende von bunten scherengeschnittenen Papierwimpeln. Dicht und gleichmäßig auf Schnüre gezogen.
– São João in Lissabon, denkt Jäcki.
– Die Briefe der Schamanen an die Götter, das habe ich bei Mircea Eliade gelesen.
Die Hälfte des kleinen Raums durch eine Barrière abgetrennt
Im Kerzenlicht flackern einzelne Gesten auf.
Ein Junge trommelt.

Das Gesicht eines hingerissenen Skriben aus dem Mittleren Reich.

Er wendet den Kopf

Er lächelt den beiden beladenen Besuchern zu.

Das Lächeln bleibt stehn, schwillt nicht wieder ab.

Es ist gar kein Lächeln.

Jäcki entdeckt, daß es die Trommelschläge sind, die sich auf die Züge des Jungen übertragen.

Alte Männer in geplätteten weißen Leinenhosen, wie man sie auf den Fotographien von Bakteriologenkongressen um die Jahrhundertwende sehen kann.

Ein Indianer.

Fettig.

Nicht effeminiert aber in der Schwebe.

– Er könnte eine sehr geglückte Lesbierin sein, denkt Jäcki.

Fünf hohe schwarze Mütter in grünen Röcken.

Weihrauch.

Aus Konservendosen.

Nicht die vornehmen Silbertabernakel aus der Stadtpfarrkirche in Bayern.

Lapüster.

Aus Hamburg.

Lapüster. Lapüster. Die ganze Welt ist düster.

Die Mütter der Heiligen vollführen die Geste des Händewaschens im Rauch.

Unverständliche Gesänge

Platt.

Afrikanisch.

Einer der fettigen Männer ruft ·

Adoração

Anbetung

Hinbettung

Die Mütter, Mädchen, die Indianer, Väter, Töchter entfalten weiße gestärkte, frischgeplättete Tücher.

Ein Geruch nach Kakao, Roßkastanien und gebrauchten Tantenunterhosen verbreitet sich in der Hütte

Die Tücher werden auf die Erde gelegt.

Das Wort.
Nun werfen sich alle auf die Tücher
Gymnastikstunde
Bäuchlings, rücklings
Komplizierte Schrägen.
Gesänge
Adoração
Immer wieder.
Schlaf.
Hüh!
Oder ist es der Tod.
Hüah!
Kann man dabei sterben.
Hüah! Hüah!
Pferde treiben auf.
Peer Gynts Pferd
Peer Gynt trieb seine Mutter mit den Pferden in den Tod.
Kreuze aus Pulver werden auf den Boden gezeichnet
Briefe werden verbrannt.
Wasser
Zuerst kleine Explosionen.
Die Mutter, die Jäcki und Irma auf die Ehrensessel gestupft hat,
singt jetzt ununterbrochen von Maria Padrinha, dann wird sie
ganz böse, zittert, zappelt, schlägt mit dem Kopf hin und her,
daß ihre ganze Frisur aus dem Dudd gerät, die schönen mit
Chemikalien frischgeglätteten Haare
Sie wackelt mit den Knien.
Schreit:
Hüah! Hüah!
Würgen.
Gesten der Scham.
Der Körper der Knienden nach oben durchgerüttelt.
Und als kriegte sie hier, vor allen Leuten, unverschämt, grausig
göttlich würde Wolli Köhler sächseln, tierisch einen rein.
Dicke Zigarren werden vor lauter Aufregung geraucht.
Die jungen Mütter schmeißen der keckernden Besessenen ihre
Säuglinge zu.

Die fliegen still durch die Luft
Wie Fledermäuse.
Die Mutter der Heiligen schmaucht sie an.
Jetzt nimmt die Mutter Jäcki aufs Korn.
Jäcki sieht ihr in die Augen.
Aber ihre Augen sind zu weit sie nimmt seinen Blick nicht wahr.
Durch ihre Augen hindurch guckt etwas das keckert und rüttelt, spuckt mit Bier, geleitet die Toten und wackelt mit der Riesennille.
Die Gemeinde schlottert sich aus.
So etwas wie Stille.
Aber saugender.
Die Heilige Mutter als Kloß erkundigt sich in ihrem Stotterplatt nach Jäcki
— Das ist ein Deutscher
sagen die andern beflissen.
— Aber der ist ja ganz weiß.
— Ja.
— Der ist ganz weiß.
— Er kommt aus Europa.
— Europa?
— Wo liegt denn das?
— Oben. Oder rechts.
Jäcki fällt vor dem Erdenkloß Alex' Witz ein, von den Juden, die sollen unter Hitler emigrieren nach Madagaskar.
— Madagaskar.
— Das ist so weit.
— Von wo?
— Von wo spricht die Heilige Mutter, von Vigario Geral
von Atakpamé?
— Ich erinnere mich, sagt die Heilige Mutter.
— Es soll auch ein paar Weiße geben.
Sie segnet Irma.
Der Teufel zerschlägt nicht die Glasaugen an Irmas Mamyaflex
Ein Streit unter den Trommlern bricht aus.
Sie schlagen auf die Trommelfelle ein, mit Händen wie Ästen, wie Oymeln.

Die Trommler. Ananasmänner.

Steine, über die Wasser rinnt.

Ein junger draller Mann mit scharfen Bügelfalten im Sonntagsstaat wird aus dem Publikum heraus zwei Meter nach vorn ge-
schleudert

Zappeln, Trance, Tanzen.

Jetzt verwandelt er den Anfall in Samba.

Jetzt hat Irma ihren Anfall

Fängt an mit ihren Objektiven zu klappern

Reißt den Belichtungsmesser in die Höhe

Rechnet mit flatternden Lidern.

Brüllt Jäcki an.

Jäcki hält starr die Arme mit den beiden Blitzlichtern hoch.

Adoração

Auslösen

Maria Pedrinha zerschlägt eine Flasche.

Ein fettiger Herr imitiert eine Schlange

Die Mütter trinken Schnaps.

Die Teufel lachen guttural.

Maria Pedrinha legt sich auf den Scherben schlafen.

Eine Mutter hält eine Kerzenflamme vor der Kamera an ihren
Kehlkopf.

– Drück doch endlich aufs Knöpfchen, brüllt Jäcki außer sich

– Ich krieg es nicht mehr scharf.

– Ich habe das falsche Objektiv drin, grölt Irma zurück.

In der Auflösung fliegen Babys haarscharf an der Kamera vorbei.

Witze.

Die fettigen Herren in Weiß, setzen sich vor den Altar

und lassen sich von den Besuchern konsultieren.

Einer hält eine Kerze zwischen den Zehen.

Die Leute aus der Favela kommen mit Geschenken.

Bier.

Kerzen.

Pulver.

Geldscheine werden auf den Fußboden geworfen

Jäcki hat nun seinen Auftritt.

Er inszeniert sich als den weißen Touristen der in trotteliger Begeisterung vor der Macumba in der Favela von Vigario Geral alle Schleusen öffnet, und aus jeder Tasche einen Geldschein reißt.

Genau zu viel.

Denn sonst wäre es lächerlich und beleidigend taktlos.

Nun wird es wieder innig.

Die Leute erheben sich von ihren Sitzen.

Die Trommeln schweigen.

Die Mütter der Heiligen spähen nach draußen, die Gemeinde sieht durch das Fenster nach draußen

Alle Blicke gehen auf die winzige Öffnung zu

Dort reitet Exú durch die Nacht davon.

Der Teufel, der Erdenkloß, der Wächter der Schranken und Kreuzwege, das hatte Jäcki irgendwo gelesen,

der Pillermann, der ägyptische Holzpimmel

Exú reitet aus der Favela von Vigario Geral nach Afrika zurück.

Die Töchter der Heiligen reichen Sandwiches.

– Bei den Göttern in der Favela kriegt man wenigstens was angeboten, denkt Jäcki

– In den gotischen Kathedralen geht man so hungrig wie man gekommen ist.

Es ist noch nicht zu Ende.

Als Jäcki und Irma um vier die Blitze und den Belichtungsmesser zusammenpacken geht es immer noch weiter.

– Es ist das erste Mal, daß ich an einem afroamerikanischen Kult teilgenommen habe, denkt Jäcki

– Ich habe mir nie vorstellen können, daß man da rankommt.

– Und wenn man es gründlicher machte, sagt Jäcki.

– Warum nicht.

– Ich meine ganz gründlich.

– Daß man weiß: was geht da vor.

– Würdest du ein Jahr drangeben?

– Mich interessieren mehr die Lichtbedingungen, wenn ich fotografieren kann.

Der Teufel hat Jäcki und Irma den jungen Mann im Sonntagsstaat mitgeschickt, der zwei Meter durch die Luft flog.

– Wie haben Sie das gemacht.

– Ich habe gar nichts gemacht.

– Es war eine andre Empfindung.

– Uma otra sensação

– Hast du das gewollt?

– Das kann man nicht wollen!

– Du hast den Teufel was gefragt?

– Exú ist nicht der Teufel. Der Pfarrer sagt, es ist der Teufel. Exú
ist Exú.

– Was hat er geantwortet.

– Es ist nicht ganz klar.

– Mein Leben wird nicht sehr glücklich verlaufen.

– Aber wessen Leben in Vigario Geral verläuft schon glücklich.

– Arbeitest du?

– Gelegentlich.

– Ich mach Buchführung.

– Sie wollen daß ich so ein Vater der Heiligen werde, in der Macumba.

– Weil ich so leicht in Trance falle und dabei so große Sprünge
mache.

– Aber das ist eine große Verantwortung.

– Ich habe Macumbas gerne.

– Aber ich gehe auch gerne Tanzen.

– Und in die katholische Kirche gehe ich auch.

– Und zu den Spiritisten.

– Zu den Bibelforschern gehe ich auch.

– Hast du eine Freundin?

– Doch.

– Jeder hat welche.

– Ich interessiere mich für alles.

– Wissen das deine Eltern?

– Nein. Mein Leben geht sie nichts an.

Er wartet, bis ein Taxi für Jäcki und Irma an der Autostrada hält.

15

Irma und Jäcki lassen nicht locker.

Die Abwässer von Copacabana setzen sich ins Labyrinth des Ohres.

Jäcki kriegt Mittelohrentzündung.

Irma geht in die Apotheke und kauft Otalgan.

– Und wie alt ist das?

– Nicht alt. Ein Jahr.

– Nicht alt? Ein Jahr? Bei der Hitze? Das ist alt.

– Das ist nicht alt. Fünf Jahre ist alt.

Allein würde keiner von beiden es schaffen.

Die Favelas.

Die Kinos.

Den Karnaval.

Die Zeitungen.

Der Altersunterschied bewirkt daß Jäcki das Vorschulkind spielt und Irma die Erzieherin.

Jäcki reißt sie mit.

Wenn Jäcki seine schwache Minute hat, könnte Irma Bäume ausreißen.

Bricht Irma auf dem weichgetanzten Asphalt zusammen, will Jäcki baden gehen.

Und Zeitungsausschnitte.

Newsreel nannte Dos Passos das.

Le Monde:

Deutschland will in Brasilien Atomreaktoren bauen.

Backgroundinformationen:

Deep Backgroundinformationen:

Keller (Goetheinstitut):

Das Projekt wurde fallengelassen.

Willy Brandt legt seinen Botschaftern Schweigepflicht zur Nonproliferation auf

Brasilien erklärt, es könne Atombomben bauen.

Jeder weiß, Israel hat die Bombe.

Brasilien unterzeichnet den Nonproliferationsvertrag nicht

Und so weiter.

Dom Helder Camara Erzbischof von Recife:
– Die Hälfte der Brasilianer lebt von weniger als 36 Cruzeiros im Monat.
Ein Cruzeiro ist eine Mark.
Dom Helder Camara:
– 22 % der Brasilianer arbeiten.
Dom Helder Camara:
70 % erhalten nicht einmal den Mindestlohn.
Dom Helder Camara:
– 1 % der Brasilianer besitzt die Hälfte des Landes.

Marcio Moreira Alves, Abgeordneter des Bundesstaates Guanabara.
Folter und Gefolterte
1967
Verboten.
Die Militärs wollen Alves einen Prozeß wegen Beleidigung des Heeres anhängen.
Alves' Immunität diente als Vorwand für den Staatsstreich der Generäle im November 1968.
Die Diktatur eine Immunschwäche
Jäcki sucht das Buch von Alves.
Die Buchhändler verstehen den Namen nicht.
Eine Buchhandlung gibt es, die hat jedes verbotene Buch.

Weil Jäcki keine Supermärkte ertragen kann, notiert Irma für ihn die Lebensmittelpreise.
Sparen Sie in den nationalen Supermärkten.
Landeier, Dutzend 88, Centavos, Pfennige also
Reis das Kilo, 59
Norwegischer Bacalhau
Jäcki weiß nicht, daß es portugiesischer Kabeljau ist, den das ehemalige Kaiserreich Brasilien vom alten Mutterland, von der Metropole, aus dem Salazaristischen Portugal zu beziehen gewohnt ist.

Die portugiesischen Fischer fahren nach Norwegen und fischen
den Kabeljau.
Sie trocknen den Kabeljau selbst dort.
Norwegischer Kabeljau 2,90
Coca Cola, große Flasche 57 Centavos
Zucker, Fünfkilopackung 2,39
Kokosseife Kilo 1,19
Olivenöl, Dose 2,29
Wer brät hier mit Olivenöl?
Margarine 400 gr. Packung 1,10
Maizena 200 gr. Packung 32 Centavos.
Blue Jeans 60, 70 Cruzeiros
Eine große Schachtel Niveacrème 10 Cruzeiros, 10 Mark
Durchschnittsverdienst 36 Mark

Jäcki übersetzt die Foltern aus Marcio Moreira Alves' Buch:
Corcovado:
Der Gefangene wird auf dem Corcovado,
unter den segnenden Christus auf eine Mauer gestellt.
Im Rücken hat er den Abgrund.
Vor sich Bajonette, Maschinenpistolen.
Papageienstange:
In Frankreich im Algerienkrieg passer à la broche.
Dem Gefangenen werden Hände und Füße aneinandergebunden. Unter den Gelenken wird ein Holz geschoben, hochgehoben und auf zwei Stühle oder Tische gelegt.
Chinesisches Bad:
Der Kopf des Opfers wird in eine Wanne mit dreckigem Wasser oder in eine Wanne mit Öl getaucht, bis an den Rand des Erstikkens.
Telefon:
Mit zwei gewölbten Handflächen zugleich gegen die Ohren des Opfers schlagen.
Gildo Rio aus Pernambuco riß das Trommelfell
Elektrische Schocks werden angewendet, wenn der Gefangene an der Papageienstange hängt.

Spießbraten:
Unter dem Gefangenen wird etwas Alkohol verbrannt
Eine Zeitung wird in den Anus gepreßt und angezündet.
Eisschrank:
Das Opfer wird zwei bis drei Minuten in eine Gefriertruhe mit
minus 20 bis 30 Grad gesperrt.

Sie tun es, denkt Jäcki:
Und sind beleidigt, wenn man es ausspricht.
Sie übernehmen die Gesten der Empörung gegen ihre Hand-
lungen und richten sie gegen die Empörten
Das Maß an Emotion bedingt sich gegenseitig.

Karnavalsfotograph:
Die Mitglieder der Sambaschule Mangueira kommen alle aus
den Favelas.
Die Männer verdienen zwischen 130 und 300 Cruzeiros im Mo-
nat.
Die Frauen gehen als Wäscherinnen und kriegen 90 Cruzeiros
im Monat
Die Frauen sind nicht versichert
In Rio gibt es auf 10 000 Menschen 7 Ärzte, 0,7 Promille.
Die meisten Familien hier haben 5 Kinder.
Also etwa 300 Cruzeiros durch 7 macht 40 Mark im Monat pro
Kopf rechnet Jäcki im Kopf
Mehr als 10 Kinder hat hier niemand.
70 % der Familien in den Favelas sind kirchlich getraut
30 % leben so zusammen.
Sie sind alle streng gläubig
Untreue kann zu Mord und Totschlag führen.
Keine Prostitution in der Favela.

Bunte Illustrierte.
Reiselektüre
Laßt mich leben, wimmerte der »Schnarcher« ein Bandit aus
Rio de Janeiro.

Bisher 500 Tote.
Meist hat man die Erschossenen mit einem Schild geschmückt,
darauf einen Totenkopf und die Buchstaben E. M.
Esquadrão da Morte.
Die von der Schwadron des Todes Ermordeten sind nicht immer
schwere Jungen – auch Auto- und Kaufhausdiebe fand man so
im Straßengraben.
Diese Ganoven haben nichts andres verdient als den Tod,
sagen die Bürger.

Jornal do Brasil, 10. Januar 1969:
Esquadrão da Morte töten den Banditen »Indio«
»Sapango« starb mit ausgerissenen Augen.
Das Opfer wies Würgemale am Hals und Schnitte an den Ober-
schenkeln auf.

Die Abwässer der Favelas von Ilha das Dragas und Catumbi sollen die Fische in der Lagune töten
Tausende tote Fische treiben, die weißen Bäuche nach oben in
der Lagune.

Jäcki entdeckt ganzseitige Anzeigen in den Zeitungen von Rio –
wie Gilberto Freire vor einem halben Jahrhundert die Anzeigen
in den Zeitungen von Recife aus dem XIX. Jahrhundert ent-
deckte:
Sklave entlaufen..
Bezugsfertiges Hochhaus an dem zauberhaftesten Strand der
Welt.
Luxuswohnungen für den verwöhntesten Geschmack.
Grammatik.
Denkt Jäcki
Soziologie ist vor allem Grammatik.
Ca. 160 m² Wohnfläche
Preise von 122 000 Cruzeiros an.
Gar nicht mal so teuer.
Wenn man das wollte.

Jäcki fängt an zu rechnen
Die Zinsschere.
Wenn Irma und ich das wollten?
Wir könnten uns das fast leisten.
Bestsellerautor.
Möchten wir hier in einer Luxuswohnung leben?
Living 22 m²
Eßzimmer 18 m²
Badezimmer 7 m²
Gesindezimmer 5 m²

– In Portugal gibt es keine Diskriminierung der Farbigen.
– In Brasilien gibt es keine Diskriminierung der Farbigen
– Für die verschiedenen Abstufungen der Hautfarbe gibt es die
Bezeichnungen:
Escuro für den Neger mit europäischen Gesichtszügen
Cabra, hellere nicht glänzende Haut
Mulato, gelbliche Haut, Kräuselhaare.
Cabo verde, schwarz mit glatten Haaren.
Moreno, dunkle Haut, gewellte Haare.
Chulo, tabakfarbene Haut, Kräuselhaare.
Crioilo, tabakfarbene Haut, gewellte Haare.
Sarara, dunkle Haut, rote Kräuselhaare.

Grammatik, denkt Jäcki:
Und Wörterbücher.
Für das Feature, für Christian Gneuss, für den NDR macht sich
Jäcki eine Notiz:
Den Statistiken nach gibt es 2 % Indianer in Brasilien 10 % Ne-
ger und 30 %Mestizen.
Rund 40 % Farbige.
50 % der Brasilianer sollen in Favelas leben.
50 % der Brasilianer sind wohl Analphabeten.
Nein, in Brasilien gibt es keine Diskriminierung der Farbigen.
In einem Roman würde Jäcki das nicht schreiben.
Nicht in der Palette.
Nicht in Detlevs Imitationen Grünspan.

»Wohl« schrieb Jäcki in keinem Roman.

Nein, in Brasilien gibt es keine Diskriminierung der Farbigen.

Im Roman kein Tremolo, keine Ironie.

Ironie das ist Thomas Mann

Ironie ist gar nichts.

Ironie ist ein Mittel der Herrschaft.

Wörter sind nichts außerhalb ihrer selbst.

Keine Zitate.

Nie Ironie

Ironie ist die Fliege, das St. Regis, die angeheiratete Bankers-erbin.

Wörter sind Wörter.

Aber fürs Feature geht es.

Nein, in Brasilien gibt es keine Diskriminierung der Farbigen.

Ein Feature hört doch niemand glaubt Jäcki.

Im Feature probiere ich alle verbotenen Wörter aus.

Denn nichts ist gefährlicher für einen Romanschriftsteller als die ewige Tugend.

Der Chefredakteur, Affonso:

– Ich bin Chefredakteur und muß drei Berufe ausüben um als Intellektueller in Rio zu überleben.

Reporter, Regisseur, und Chefredakteur.

– Meine Frau verdient auch noch.

– Oft schlafe ich nur vier Stunden.

– Ans Meer? Ich komme höchstens einmal in der Woche zum Baden.

– In Brasilien ist immer gefoltert worden.

– Die Militärs teilen sich in antikommunistische, proamerikani-sche Demokraten, antikommunistische, proamerikanische Anti-liberale, antikommunistische, antiamerikanische rechtsradikale Nationalisten.

– Die amerikanische Botschaft reagierte sehr sauer auf den Staatsstreich der Generäle.

– Man schließt daraus, daß es die nationalen Puristen waren, die den Putsch anzettelten.

– General Albuquerque Luiza war das Haupt der Verschwörung vom 13. Dezember 1968.
– Er hat seinen Posten als Innenminister zur Verfügung gestellt.
– In den Zeitungen herrscht Angst.
– Die Selbstzensur hat schlimmere Folgen als die Zensur durch den Staat.
– São Paulo, die wirtschaftliche Macht, das eine Prozent, das die Macht in Brasilien besitzt, hat sich der Revolution der Militärs noch nicht angeschlossen.
– Marcio Moreira Alves ist ein kleiner Abgeordneter, der aus journalistischen Motiven ein Buch über die Folter geschrieben hat.
– Er war nie sehr gläubig.
– Plötzlich konvertiert er zum Katholizismus.
– Sexuell ist Brasilien ein Paradies.
– Die kleinen Mädchen gehen mit der Pille im Ranzen in die Schule.
– In die Höhere Schule.
– Sogar die Nutten sind hier netter.
– Sie ziehen sich selbstverständlich ganz aus – nicht wie ich das in Hamburg erlebt habe.
– Präser kennt man hier überhaupt nicht.
– Zwischen 4 und 100 Cruzeiros.

Der deutsche Diplomat:
– Den schönsten Ball hat die Regierung zum Karnaval nun auch verboten.
– Den Ball der Puppen und der Gedörrten.

Dr. Orlando Orlandi:
– Am 31. Januar wurden 447 mit Deshydratation in die Krankenhäuser von Rio eingeliefert.

Die Brausefabriken haben keine Reserven mehr.
Sie legen extra Schichten ein, um Getränke für den Karnaval zu stocken.

Ein deutscher Diplomat:
— Albuquerque Luiza ist das Ideal einer Schar von jungen Militärs.
— Er war das Haupt der Verschwörung vom Dezember 1968
— Er ist nicht korrupt.
— Antiamerikanisch.
— Er will den Amazonas Brasilien zurückgeben.
— Er ist zurückgetreten, um zu zeigen, daß er mit der Revolution, so wie sie jetzt ist, nichts zu tun haben will.
— Die Antikorruptionskampagne soll dem Volk nur Sand in die Augen streuen.
— Kubitschek hat seine brasilianischen Konten eingebüßt
— Und?
— Opposition gibt es keine.
— Außer der Kirche.
— Nicht einmal die KP ist durchorganisiert.
— Die Kirche scheint zurückgepfiffen worden zu sein.
— Dom Helder Camara hat mit den anderen zusammen eine sehr gemäßigte Botschaft an Präsident Costa e Silva unterschrieben.
— Costa e Silva soll bei jeder Sanktionierung eines Abgeordneten weinen.
— Die Studenten haben keine politische Macht.

Die Sambaschule Mangueira wird mit 8000 Personen defilieren.
Eine Million Unkosten.
Zwölftausend Cruzeiros kostet das Kostüm eines Solotänzers.

Ein riesiger grün und rosa glitzernder Neger mit weißer Nylonperücke und Dreispitz springt in der Favela von Estação Primeiro vor Irmas Kamera herum.
Eine Lyra hinten auf seinem Rock aus Pailletten.
Er ist betrunken.
Er rast durch die Favela und will bewundert werden.

Der Innenarchitekt:
– Ich reise gern.
– Ich kenne ganz Europa, einschließlich der Ostblockländer, auch Japan und Kuba.
– Ich bewundere Che.
– Es ist unsinnig ein Fertighaus für die Favela zu entwerfen.
– Die Militärs würden nie die Serienherstellung erlauben.
– Wer sich mit den Favelas befaßt, ist ein Kommunist. Punkt.
– Die Banküberfälle sind geplant.
– Von linken Militärs und Studenten.
– In zwei, drei Jahren gibt es eine blutige Revolution.
– Die Opposition ist castristisch, nicht maoistisch.
– Costa e Silva wollte die Auflösung des Parlaments nicht unterschreiben.
– Er war schon fünf Stunden lang von den Militärs als Präsident abgesetzt.
– Seine Frau hat ihn wohl rumgekriegt.
– Die Nutten haben überhaupt nicht alle die Syphilis
– Sie sind so sinnlich, daß sie mit dem hundertsten Kunden noch so zärtlich sind, als wäre es das erste Mal.
– Sie sind sehr sauber.
– Sie waschen sich dauernd.
– Auch in den Favelas wäscht sich jeder täglich die Haare und seift sich mehrmals am Tag den ganzen Körper ab.
– Wie würden sie wohl sonst überleben.
– Denken sie mal an Louis Quatorze und Friedrich den Großen.
– Die Kinder in den Favelas schleppen von morgens bis abends das Wasser auf dem Kopf.

Die Sieben Vorschriften für den Karnaval liegen in den Reisebüros aus:
1.) Touristen dürfen sich auf den Bällen nicht ihrer Kleidung entledigen.
2.) Kostüme, die gegen Moral, Familie und das gesunde Volksempfinden verstoßen, sind verboten.
3.) Badehosen dürfen nicht getragen werden.

4.) Das Bespritzen von Personen ist verboten.
5.) Bälle welche die Erniedrigung des Menschen durch Laster und Krankheit verherrlichen, wie der Ball der Puppen und der Gedörrten, sind verboten.
6.) Tiere dürfen nicht mißhandelt werden.
7.) Parfum- und Ätheratomizer sind verboten.

»Monstrum«.
»Wildes Tier«.
Justo Gomes da Silva hat die kleine Andrea vergewaltigt und ermordet.
Justo hat die Tat kaltblütig gestanden.
Der Vater der kleinen Andrea:
— Die Polizei hat den Mörder fabriziert.
— Justo ist von der DOPS mit Fäusten, Füßen, Gewehrkolben behandelt worden.
— Als er sich weigerte, das Geständnis zu unterschreiben, ist er gefoltert worden.
— Beim Fernsehinterview hielt ihm ein Polizist den Revolver in den Rücken.

Im Stadttheater wurden Simão Cerneiro für das Kostüm »Aleluia, Aleluia – Portugal, Glanz einer Epoche« und Marlene Paiera für das Kostüm »Macht und Ruhm Elisabeths der Großen« die ersten Preise zuerkannt.
Der Glanz einer Epoche wog einen Doppelzentner.
Zehn Meter Schleppe
Drei Hilfskräfte.
Macht und Ruhm wogen 45 Kilo.

Jäcki schreibt in sein Tagebuch:
Mit Irma gefickt.
Das tut er jede Nacht und schreibt es nicht jeden Morgen in sein Tagebuch.

Er macht auch nicht Kringel und Haken und Kreise wie Wolli Köhler.
Für Wichsen, Lecken, Fremdgehen und was Wolli sonst noch alles anstellt.
Jäcki schreibt:
Über einen Menschen zu sich kommen, den man kennt.
Bei Männern ist man hinterher völlig überflüssig.
Auch nicht gerade druckreif.
Überflüssig würde er im Roman vermeiden.
Im Feature für den NDR läßt er die Passage raus.

Ruth Gassmann beginnt neuen »Helga« Film und freut sich, wenn sie die deutsche Brigitte Bardot genannt wird.
Sie hält Brigitte für genial.
Gestern begannen in der Favela von Canto Galo die Dreharbeiten eines neuen »Helga« Filmes.
Die Rolle der Helga hat Ruth Gassmann in Europa und den USA bekannt gemacht
Am ersten Drehtag machte sich Ruth viele Freunde unter den Favelabewohnern.
Ruth Gassmann spielt die Rolle einer Journalistin, die aus Europa kommt, um Erziehungsprobleme in Brasilien zu studieren und die Auswirkungen der Enzyklika Humanae Vitae.

– Nachts feiern Irma und ich meinen Geburtstag.
– Ich kriege einen großen Rosenstrauß. Ein Specksteindöschen
– Ein bisexuelles Indianermännchen aus Bananal.
– Ein Buch mit brasilianischen Sprichwörtern.
– Niemand schenkt so einfallsreich wie Irma.

Fürs Tagebuch.
Nicht für den NDR.

Umquartierung

Jäcki und Irma rasen über die Autostraden zum Strand von São Cristovão, mit dem halbfertigen Turmhotel, zum Tijucawald des Schöpfers von Utopopolis hoch zur Favela von Rocinha.

Da steht der schwarze Mercedes des Sozialdienstes.

Eine Frau steigt den Berg hinab, das Klosett auf dem Kopf.

Morsches Brett um morsches Brett wird sorgfältig verladen

Die Bananenstaude ist angeschlagen worden.

Die vierte Wand wird aufgebrochen.

Alles liegt bloß in der Sonne.

Neue Heimat.

Jacarepagua ist der heißeste Punkt von Rio de Janeiro.

Winzige Gebäude mit Spitzdach. 15 m² Wohnfläche

Die Siedlung sieht aus wie eine Musterschau von Transformatorenhäusern.

Der Schuster:

— Das Haus kostet monatlich 30 Cruzeiros.

— 3500 insgesamt.

— In zehn Jahren haben wir es abbezahlt.

— 23000 Familien.

— Umquartiert aus den Favelas.

— 2 Ärzte.

— Keine Ambulanz.

— Die Schwerkranken fahren mit dem Bus eine Stunde in die Stadt; da warten sie manchmal einen Tag auf ein freies Bett.

— 40 % der Leute leben hier vom Betteln und vom Lumpensammeln.

— 70 % der Männer verdienen den Mindestlohn 129 Cruzeiros.

— 30 Cruzeiros gehen allein für den Bus jeden Monat drauf.

— Wenig Kriminelle.

— Vielleicht 1500 Frauen, die anschaffen gehen.

— Volksschule kostet nichts.

— In einer Klasse sind 40 Kinder

— Das Gymnasium kostet 30 Cruzeiros im Monat.

— Für meinen Jungen zahlt der Staat die Hälfte.

— Ich als Schuster verdiene mehr als die anderen.

Candida de Souza Barbosa, die gestern mit Tollwut eingeliefert wurde, gestand, daß sie den Tollwutanfall nur simuliert habe, um ins Krankenhaus zurückzukommen.
Luiz Carlos dos Santos erblindete vor Hunger.
Die Mutter weiß nicht, daß der Sohn vor Hunger erblindete.
Sie lebt mit sechs Kindern in Saracurema. Das jüngste schläft in dem Karton, worin der Fernsehapparat geliefert wurde.

Ball im Copacabana Palace.
Veruschka und Henry Ford II.
Henry Ford II. besteigt einen Hubschrauber um den Präsidenten der Republik zu besuchen.
– Ja, VW ist in Brasilien der große Faktor.
– Aber wir werden ihnen etwas von ihrem Markt wegnehmen.
– Im kommenden Jahr wenigstens zehn Prozent.
Gerade sind zwanzig Mitglieder des Bundes der Katholischen Unternehmer eingetroffen, um über Investitionen zu verhandeln.

Der Correo de Manha ist fertig.
Die Generäle riefen jeden Anzeigenkunden an.

Eine Villenbesitzerin erschießt einen Einbrecher.
Sie erwachte von einem Geräusch und sah, wie sich ein Unbekannter mit einem Buschmesser über ihren Gatten beugte.
Sie schießt auf den Einbrecher, der flieht, bricht in der Villa zusammen.
Sie spricht mit ihm durch die Tür.
– Wenn Sie sich rühren, hole ich die Polizei.
– Sie können die Polizei gerne holen. Ich sterbe.
Stunden später verendet er.
Er war mit einer Hose aus Sackleinen bekleidet.
Er kam aus der Favela von Rocinha.

Irma fotografiert das Herrenhaus im Garten von Castro Maya.
Im ersten Stock das Schlafzimmer des verstorbenen Besitzers.
Er war nicht verheiratet.
Ein geschnitztes brasilianisches Bett
Daneben auf dem Guéridon das Bild der Mutter
Französische Bücher.
Eine geschwungene Chaiselongue
Picasso.
Léger.
Ein Litho von Braque
Ein Rokokokruzifix:
Silber und Schildpatt
Zwei Zwerge aus Porzellan.
Ein primitives Barocksebastianchen.
Von hundert Pfeilen durchbohrt
Dahinter eine Zeichnung.
Der Heilige Sepastian.
Zwei vergoldete Jacobsmuscheln.
Empfing er hier Gauchos gespornt, mit Lederlaschen
Was bleibt von dem Mann
Der Garten.
Dies Zimmer
Zauber, der anhält noch, als er selbst schon verschwunden ist.

Wenn eine kleine Marienstatue einen Wunsch erfüllt hat, wird
sie zur Belohnung angemalt.
Ist etwas schiefgegangen steckt man die Jungfrau Maria mit
dem Kopf in den Sand.
Ihr werden die Hände abgehackt, die Stümpfe rot angemalt
Nase abhacken. –

In Rio Grande do Sul gibt es 19 000 Macumbatempel
In Rio de Janeiro 32 000.

Nossa Senhora da Copacabana.

Auspuffgase

Und nach Einbruch der Dunkelheit scheue Tunten.

Ein Neger weiß ein sicheres Etagenhaus und führt Jäcki nach oben, wo die Wäsche baumelt

Und läßt sich

Läßt sich wunderbar

Dann hält er Jäckis Hose fest und will Geld.

Jäcki sagt:

– Das hättest du vorher sagen müssen.

– Hast du keins.

– Ich habe welches, aber ich will dir keins geben.

– Gibst du nie welches.

– Doch ich geb gerne welches, aber das hättest du vorher sagen müssen.

Der Neger holt etwas aus der Hose, das ein Messer sein soll, aber eine Art Feile ist, oder ein Spachtel und setzt es Jäcki an die Halsschlagader

Er versucht sich in eine tierische Wut zu steigern.

Jäcki macht das nicht mit:

– Du brauchst dich gar nicht aufzuregen.

– Ich gebe dir nichts.

– Sag mal, was krieg ich bloß für einen Eindruck von einem brasilianischen Schwulen.

Er sagt:

– Sie können gerne schreien.

Jäcki:

– Ich werde nicht schreien.

– Hier hört mich doch keiner.

– Ich habe keine Angst.

Nach einer halben Stunde nimmt der Neger das Messer von Jäckis Halsschlagader.

Unten im Verkehr küssen sie sich noch einmal zum Abschied.

– Die Spucke des Negers schmeckt nach Metall.

– Das ist eine Geschichte, die kann ich nicht in das Feature nehmen.

– Die versteht Christian Gneuss nicht.

– Peter Faecke auch nicht.
– Ob sie Raddatz versteht.
– Die kann ich niemandem erzählen.
– Irma kann ich sie erzählen.
– Peter Michel Ladiges versteht sie vielleicht, aber richtig nicht.
– Auf jeden Fall wird er keine unnötige Bemerkung dazu machen.
– Wolli natürlich.
– Wolli als Zuhälter ist Frau genug.

Irmas Fotoserien:
Favelas.
Karnaval in Favelas.
Macumba in Favelas.
Der fliegende Mann.
Portraits
Das schnuggelige Haus des Schöpfers von Utopopolis.
Botanischer Garten.
Praça Onze.
Harmonia Mundi
Rio allgemein
Brasilia
Bahia.
Haus Hansen-Bahia.
Haus Carlos Bastos
Naive Maler
São Paulo Museum
Schlangeninstitut
Wasserfälle von Iguaçu.
Porto Alegre.

In einem Laborraum Kästen mit einer »Coral« und einer »Pseudocoral«.
Eine kleine grüne Boicera wird einer nicht viel größeren Coral zum Fressen überlassen.

Die schwarze korallenfarben gesprenkelte Coral springt die Grüne an und beißt rein.

Die Grüne versucht wegzukommen, zuckt.

Der Körper schwillt an.

Wird wieder dünner.

Sie scheißt.

In ihrer Scheiße ringeln sich Würmer.

Sogar die Schlangen sind in diesem Land verwurmt, denkt Jäcki.

Der Wärter haut ihr auf den Kopf, daß sie schneller stirbt

Die Schlangen winden sich umeinander.

Die Grüne reißt das Maul auf.

Die Coral beißt sich am Körper der Grünen längs bis zum Kopf vor.

Die Grüne bewegt sich nicht mehr.

Die Coral fängt an, die fast gleich Große vom Kopf her zu verschlingen.

Als sie die Grüne runter hat geht ein Geringle von oben nach unten durch ihren Körper.

Freitag, den 31. Januar 1969

Ein »Spiegel« im Copacabana Palace.

Der Verleger Klaus W. äußert:

Romane gehören in den Bücherschrank der Bürger.

Und Kafka?

Mit dem er seine Person gemacht hat

Und die »Blechtrommel«, die er lektorierte?

Wie verzweifelt schien er, als Johannes Bobrowski starb.

– Und einen ganzen Roman hatte er fertig entworfen und nicht mehr ausgeführt.

War es nicht eine Kafkatagung, die in Prag den Widerstand auslöste, denkt Jäcki.

16.

Jäcki kaufte eine kugelrunde braune Seife.

Sie war in einer weißen Schachtel, eine altmodische Bahianische Ananasverkäuferin war draufgedruckt, die Firma Kanitz
und der Name:

Sabão da Costa.

Seife von der Küste

Das hieß von der afrikanischen Küste.

Soviel hatte Jäcki inzwischen schon gelernt.

Jäcki trug den braunen Kloß der in der Pappschachtel vom Taxi
geschüttelt klapperte an den Strand von Copacabana, ins Badezimmer des Copacabana Palace und zwischen den blitzblanken
Kacheln, wo Irma bleich eine Kakerlatsche entdeckt hatte, sen-
dete die Seife der afrikanischen Küste, zwischen Entwickler und
Magenverstimmung und Urin, ihren weichen Duft aus nach Kakao und Mango und Proust'schen Veilchenbonbons, nach Exú
und Central do Brasil, Salz, Teer, den Sümpfen Dakars und dem
grünen Wasser von Vigario Geral.

Es ist der Geruch nach zwei Kontinenten, dachte Jäcki.

Jäcki war sehr stolz auf diesen Gedanken.

Er vergaß, ihn in sein Tagebuch für Christian Gneuss zu schreiben.

Vielleicht, weil er sich tief in seinem Freud'schen Unbewußten
erinnerte, daß er es schon einmal gelesen hatte.

War es bei Gilberto Freire?

Herrenhaus und Sklavenhütte?

Und hatte Gilberto Freire es erfunden?

Oder war auch das so ein Thomas Mann'sches Ur von dem es
immer noch ein Urur gab

Wie jenes

Civilização e Siphilisação, das gar nicht aus Recife kam, sondern
aus Wien, wie Jäcki wußte.

Synkretismus, dachte Jäcki noch einmal.

Bikontinentalität.

Bisexualität

Und ihm wurde ganz feierlich schriftstellerisch zumute.

Und alles das an einer braunen Kugel – ein bißchen Madeleine von Proust, ein bißchen Haarnadel von Strindberg – an dem Geruch der Sabão da Costa.

17

Jäcki liest:

Da der Ball der Puppen und der Gedörrten verboten wurde, soll ein Ball der Verschreckten stattfinden.

Der Staatssicherheitsdienst verbreitet ein Communiqué:

Sie irren sich, wenn sie glauben, ungestraft davonzukommen, indem sie den Namen ändern.

Nicht der Name ist das Entscheidende, sondern die Schamlosigkeit

Jäcki und Irma fuhren nach Bangú

Anderthalb Stunden Busfahrt.

Die Avenida Brasil entlang, die einzige Ausfahrtsstraße in den Norden.

Am Vigario Geral vorbei, an Geiern Pfahlbauten.

Am alten historistischen Chateauschloß vorbei, an Kasernen, Düsenjets an neumodischen, straßenlangen, abblätternden Schlangenbauten.

Dann wieder Urwald.

Schrebergärten mit Urwaldstauden.

Kasernen, Dorffeste, Lumpenmasken.

In Bangú geht es erst richtig los.

Das ist der atlantische Tag, denkt Jäcki und beginnt vor Irma zu dozieren, von den Festen zwischen Atlas und Antiatlas.

Aus dem Zettelkasten seines Gehirns:

— Der Tag der nicht gilt.

— An dem alles zusammenbricht

— Wo die Mutter mit dem Sohne

— Und der Vater mit dem Opa.

— Und am nächsten Tag ist alles vergessen.

— Die Ägypter bewegten riesige Holzglieder an Schnüren.

— Wie die Boote in Amarante.

— Ja.

— Das minoische Minho.

— Amarante liegt nicht im Minho.

— Das macht nichts: Minoisches Minho hört sich besser an und im Grunde paßt es auch besser:

Die phallische Invasion in Lusitanien durch die Kreter.
– Dann Orpheus.
– Die Saturnalien.
– Heliogabal.
– Nein. Das ist George. Ich meinte eher Nero, der den Ödipus spielte und sein eigener Nero war
– Villon.
– Bangú.
– Ich könnte immer noch ein größeres Teleobjektiv gebrauchen.
– Aber dann muß ich auch noch einen Ständer dafür mitschleppen, denn aus der freien Hand wackelt es.
Die Sujos fangen an für Irma zu posieren.
Rußverschmiert, rostrot, schrecklich gelb und ganz grün. Das schwarze Kraushaar sorgfältig weiß gepudert.
Sie werfen Reispuder in die Menge und Omo und vermeiden sorgfältig das Glasauge von Irmas Leica.
Die »Vereinigung zur Henne« trägt eine schwarze Henne auf einem Ast
Kesselpauken und Ratschen, Tuten, Gießkannen, Waschbretter, Oboen und Kämme.
Die dreckigen Männer werfen als Mänaden die Arme in die Höh. Zittern.
Die fetten Brüste wabbeln.
Hier flüchteten die Entendidos her aus den 16 Millionen von Groß Rio.
Wer hat sie gezählt.
Die Bichos, die Hommes Sensibles, die Cualira, die Tunten, die Tucken, die Tanten, die Androgynen, die Gespritzten, die Transsexuellen, die Transis, die verschnittenen Kater, Heinrich der Dritte, Richard Löwenherz und Fernando Rosso, die Vernähten und die Beleidigten.
Hier darf der sechzehnfache Familienvater neben der Gattin vor dem Bürgermeister und der Kurzwarenhändlerin die netzstrumpfüberspannten vollbehaarten Schenkel preisgeben.
Hier flattert die Handtasche.
Und der Postbote ist nicht sicher vor den Küssen einer gefälschten Madame Pompadour.

Jäcki liest am 5. Februar im Jornal do Brasil:

In São Paulo wurden zum Gala-Ball im Stadttheater keine Transvestiten zugelassen.

Jäcki liest am 7. Februar im Jornal do Brasil:

Nachdem der Ball der Puppen und der Gedörrten polizeilich verboten worden ist, haben sie schon zweimal vergeblich auf hinterlistige Weise versucht, ihn zu veranstalten

Einmal in São Paulo, wo der Staatssicherheitsdienst einen Ball der Puppen und der Gedörrten verboten hatte.

Dann kamen sie in großer Anzahl zu den Bällen der Onda, die auf einer Jacht an der Praça Quinze stattfanden.

Die Polizei von Rio erriet die Absicht und gestattete niemandem, der als Frau kostümiert war, den Eintritt

Jäcki sieht die Bälle auf der Jacht.

Nur Männer,

Alle Frauen als Männer verkleidet.

Die Männer, die den Ball der Puppen und der Gedörrten veranstalten wollen, verkleiden sich als Männer, um auf die Jacht zu gelangen

Jäcki liest:

Der Staatssicherheitsdienst wird alles tun, um weitere hinterlistige Versuche, den Ball der Puppen und der Gedörrten zu veranstalten, zu hintertreiben, das heißt zu unterbinden.

Jäcki liest am 8. Februar:

Der Club der Demokraten zeigt den Ball der Verschreckten an.

Jäcki telefoniert.

— Nichts ist schwieriger als in einer Fremdsprache zu telefonieren.

— In einer falsch ausgesprochenen Fremdsprache

— Portugiesisch in Brasilien.

— Die Sprache einer atlantischen Provinz, die zur Sprache eines transkontinentalen Kaiserreiches wurde.

— Ist dort der Club der Demokraten.

— Hier ist der Club der Demokraten.

— Ich bin ein deutscher Journalist und möchte gerne wissen, ob bei Ihnen der Ball der Verschreckten stattfindet.

– Sie haben aber gar keine deutsche Stimme
– Um es Ihnen genau zu sagen: Ich habe eine polnische Stimme.
– Von wo aus telefonieren Sie.
– Vom Copacabana Palace
– Wie lange sind Sie schon in Rio.
– Eine Woche.
– Sind Sie mit dem Flugzeug oder mit dem Schiff gekommen.
– Mit dem Fahrrad, möchte Jäcki antworten, aber er will den Verschreckten nicht verärgern und lügt:
– Mit dem Schiff.
– Über New York.
– Nein, über Cuxhaven.
– Sind Sie verheiratet
– Nein, nichtarisch.
– In Brasilien ist es sehr gefährlich.
– Findet der Ball der Verschreckten statt?
– Diesen Sonnabend nicht.
– Wann denn?
– Vielleicht nächsten Sonnabend.

Jäcki liest in der Zeitung eine Anzeige für den Ball der Verschreckten am Sonnabend, den X. X. 1969 im Clubhaus der Demokraten
Jäcki liest:
Der Ball der Puppen und der Gedörrten im Kino São José am Tiradentes Platz war im letzten Jahr Anlaß von Prügeleien.
Mehrere Polizeibeamte mußten eingesetzt werden. –

Ball der Verschreckten.
14 Uhr.
Eintritt 30 Cruzeiros.
– Auch nichts für einen Arbeiterschwulen.

Die Polizisten mit blauen Sturzhelmen stehen die Treppe hoch wie Spalier.

Aus den Tortenkonstruktionen der Bel Etage rasselt es und täterätät und Sambaschritt und es riecht nach Kakao und Fischmehl und Tosca.
Liter Schweiß
Liter Bier.
Wimpel wie in der Macumba, die Jäcki an den Karnaval erinnerte.
Ein ganzes Postamt voller Briefe an die Götter
Ein Herr mit ausgeprägter Nase in geschlechtslosem, die Militärdiktatur nicht anfechtendem blauen Ägypterrock zittert sich durch die Polizisten hoch.
Er darf rein.
Ein Beleibterer deutet sich hosenlos ins römische Kaiserreich hinüber
Er wird abgewiesen.
Und äußert die Treppe hinab Schrilles.
Dann kommt die Superfrau, die süße Zaubermuschi
das zarte rassische Halbblut mit echter langlockiger Perücke, mit pancakeentstellten Wangen
eine lebendig Einbalsamierte, die Puppe selbst
Die Polizisten schnuppern hinter der Fleur de Rocaille her, Brombeeren, Miesmuscheln und erkennen den Kassierer der Journalistenvereinigung nicht
Der ist durch.
Dann kommt die Gedörrte selbst, die Dattelpalme, die Rosine, die Backpflaume, Asta Nielsen ist nichts dagegen
Gandhi ist dagegen Raquel Welsh
In enganliegendem Lamékleid.
Nicht der Versuch eines Busens
Schwarze Locken an den Beinen
Und Bubikopf. Boa.
Rouge und Rouge à Lèvres auf den alten Affenmund
dem dürren Strich der unersättlichen Gedörrten Verschreckten.
Stöckelschuh.
Nichts zu machen
Raus da.
Raus, raus, raus.

Die Polizisten nehmen ihr nicht ab, daß sie sechzig sei, Mutter
von 13 Kindern und alle gesund, und lesbisch.
Sie zeigt die Identitätskarte vor.
Aber der Wachthabende kann nicht lesen.
Raus.
Weg.
Drinnen, oben, ein ewiger »Laubfrosch«, ein explodierendes
»Tusculum«, »Exquisit«, »Bei Rudi« mal hundert
Tausend Puppen, die sich als Rommis verkleidet haben
Tausend Gedörrte als Paschas und Rosenkavaliere.

18

Was ist das für ein Buch von Medeiros
Gegen den französischen Filmemacher gerichtet.
Gegen Clouzot, der vor 10 Jahren einen Kulturfilm drehte über das Blut.
Die Brasilianer wollten selbst was herausbringen über das Blutbad.
Der Cruzeiro beauftragte einen Fotografen.
Nicht Verger.
Den Papst.
Den Franzosen.
Der Jäcki ärgert, ohne daß er ihn kennt, ohne daß er was von ihm kennt
So ein Decadent, der es in Paris nicht mehr aushält, dem der Existentialismus, der Strukturalismus, Marx, Hegel, Lukácz, Bloch und Foucault zum Halse raushängen, samt Brecht, Yves St. Laurent, Dubuffet, Marguerite Duras.
So ein Fotograph mit Rucksack und Faltsessel, der eine Exkursion zu den Wilden unternimmt, ein falscher Zauberer.
Jäcki sah ihn vor sich, ohne ihn zu kennen.
Turnlehrer und Astrologe.
Aber Jäcki wollte nicht über Verger nachdenken.
Jäcki suchte das Buch von Medeiros über das Blutbad im Candomblé
Das der Cruzeiro in Auftrag gegeben hatte, um all den Franzosen, den Lévi-Strauss, den Camus, den Clouzot, den Verger, die wie Conquistadoren der Folklore in Caravellen herübergesegelt kamen, etwas Brasilianisches entgegenzusetzen.
Etwas, das in die Bücherschränke von Ledig-Rowohlt und Hans Werner Henze paßte – neben Tantrakunst und Mishima
Murdered by Roses
Seppuku mit Holzschwert
Blutbad.
Jäcki ging durch alle Buchhandlungen, die er kannte, auf der Copacabana wo einem die 26 Grad aus der Klimaanlage wie ein Eisschrank vorkamen.

Durch die Buchhandlungen der Opposition, wo viel Hermann Hesse auslag
Er fand das Blutbad nicht.
In einer kleinen Zeitungsagentur der Verkäufer kannte das Buch.
Er hatte es.
– Ich bring es Ihnen mit.
– Sie können es behalten.
– Ich habe es gesehen.
– Ich kenne es ja.
– Auch eine Einstellung den Büchern gegenüber.
Nicht: Ein Buch? – Aber er besitzt doch schon eins, wie in Deutschland.
– Sondern:
– Ein Buch:
– Sie können es haben.
– Ich kenne es ja.
– Er wird es vergessen.
– Samba.
– Ay ay ay Maria.
Der Verkäufer in der kleinen Zeitschriftenagentur vergaß es nicht.
Jäcki hielt einen dünnen Pappband in Händen dessen Einbanddesigner künstlich auf Primitiv machte.
Jäcki blätterte es noch vor dem Verkäufer durch.
Es waren Fotos die sich auf den ersten Blick dadurch auszeichneten daß die Tropfen mit einer 500stel Sekunde oder mit einer 1000stel Sekunde aufgenommen waren und wie Sägezähne von der Haut abstanden
José Medeiros, der Fotograph des Cruzeiro hatte es geschafft, an den geheimsten Riten der Einweihung teilzunehmen und fotographieren zu dürfen.
Blitzen.
Das sah Irma gleich.
Als Jäcki mit ihr zusammen im Copacabana Palace den Band ein zweites Mal durchblätterte.
Es waren die Fotografien eines Reporters

– Keine Kunst, sozusagen.
– In der Aufregung oft nicht ausbalanciert, ausgeleuchtet
– Aber überall das Blut.
Soviel Blut, daß die Seiten zu kleben schienen.
Haufen von Tieren geschlachtet über den Köpfen der Novizen
Blut in den Augen
Blutige Körper.
Wie Gefolterte.
Geschächtete.
Irma konnte beinahe nicht länger hingucken.
Guckte dann aber mit Jäcki doch immer wieder hin.
José Medeiros war es gelungen mit Blitz und mit der Tausend-
stel die Verklärung in den Kasten zu kriegen, die kindliche Süße
der kahlgeschorenen Kinder, die Verzauberung der Lippen
Irma wurde ganz still.
– Es waren schwarzweiß Fotos.
– Ich habe es immer gesagt. Fotos sind schwarzweiß Fotos.
Jäcki kamen sie roter vor als rot.

19

In der lauschigen Fin-de-siècle Straße, nachtschattige Akazien, die Sonderabteilung Raubüberfälle und Diebstähle.

Aus dem Gebäude kommen Schreie.

– Da wird jemand verhört, sagt Aristoteles, der Jäcki begleitet, lachend.

– Ein Hühnerdieb aus einer Favela, denkt Jäcki.

– So schreit ein Mensch.

– Wie ein Tier schreit.

– Nein.

– Es ist kein Schrei, der von einem Lebewesen ausgestoßen wird, als Erwiderung auf etwas, gerichtet in einer Absicht an einen anderen.

– Der Schrei kommt von niemandem Bewußten mehr.

– Er steht in keinem Verhältnis mehr zu Erfahrungen.

– Ein dünnes Stück Blech, in einer bestimmten Weise in Schwingungen versetzt, könnte so zu tönen anfangen.

– Ein sehr hohes sirenenartiges Heulen.

Jäcki wußte nicht, daß ein Gefolterter so schreien kann.

– Die Arbeiter wurden immer gefoltert, hatte der Schöpfer von Utopopolis geäußert.

Jäcki dachte an alle die vornehmen Schreie von Sartre.

Tote ohne Begräbnis

Die Schreie der gefolterten Widerstandskämpfer.

Amnesty International.

Die sich weigern die verfolgten Schwulen in ihre Kartei aufzunehmen.

– Jeder Strichjunge, der eine goldene Kette geklaut hat, wird gefoltert.

– Da kräht kein Hahn nach.

Was konnte Jäcki tun.

Er wollte alles tun.

Rüberrennen.

Scheiben einschlagen.

Bomben legen.

Geiseln nehmen.

– Eine Tat! Eine Tat! Orests Tat! Fliegen!

Handeln.

Auch mit Maschinenpistolen.

– Auch mit Rasierklingen?

– Gewalt.

– Das ganz große Neue?

– Folterer vergewaltigen.

– Von Folterern vergewaltigt.

– Wie Villon von Folterern erniedrigt foltern?

– Dadurch kann ich nicht verhindern, daß ein Strichjunge aus einer Favela, der ein Huhn geklaut hat so schreit.

– Der wird immer schrein, überall, bis ans Ende der Welt

– Den Mund aufgerissen von einer eisernen Birne.

– Vollgefüllt mit 20 Litern schmutzigem Wasser, bis er platt liegt, auf dem Verhandlungstisch aus allen Öffnungen Wasser läßt wie ein Tintenfisch

– Aufhören?

– Keine Lust mehr?

– Nur Ohnmacht oder Blut?

– Mach nicht mehr mit?

– Alles gleich?

Dadurch hört der Mann nicht auf zu schreien.

– Weitergehn!

– Berichten!

– Auf den Füßen stehen bleiben!

– Dahin mit Aristoteles gehen, wohin du mit Aristoteles gehen wolltest.

Jäcki kriegt in der Absteige keinen hoch.

Es ist ziemlich peinlich.

Aristoteles, der Jäcki nie mehr wiedererkennen wollte, hatte ihn am Bahnhof angeredet

Er wollte noch einmal.

Jäcki könnte nicht.

Aristoteles war beleidigt.

Und wollte Jäcki schon wieder nicht mehr wiedersehen.

Die Straße an der Sonderabteilung Raubüberfälle und Diebstähle ist nach Mitternacht kaum mehr befahren.

Die Akazien sinken in den Urwald zurück.

– Die Guarani nagelten den Darm des Verurteilten an einem Baumstamm fest und zwangen den Täter um den Stamm herumzulaufen, bis der Darm ganz aufgewickelt war.

Es war ganz still.

Schlief der Hühnerdieb nun.

War Villon an seinen Wunden krepiert.

Ein Polizist guckt durch ein Guckloch.

20

Der Papierkorb des Copacabana Palace füllte sich mit zerfetzten Zeitungen und Filmschächtelchen.

Jäcki schnitt Karnavalsmeldungen aus.

Irma beschriftete Kleinbildfilme.

Die Karnavalsgruppe Chave de Ouro existiert seit wenigstens 20 Jahren;

Seit 11 Jahren defiliert sie am Aschermittwoch und seit fünf Jahren wird dieses Defilee vom Sicherheitsdienst verboten.

Gegen 9 Uhr erschien die Polizei, um das Defilee zu verhindern.

Die ersten Tränengasbomben wurden geworfen, als etwa 15 Personen zu tanzen anfingen.

Ein zwölfjähriger Junge wurde festgenommen und noch im Polizeijeep verprügelt.

Die Polizei war kaum abgefahren, als schon erneut das Karnavalslied der Gruppe Chave de Ouro zu hören war:

Mit Klopperei läßt sich nichts erreichen.

Wir sind verbittert genug.

Wir defilieren doch.

Aber die Polizei will das nicht.

Die Polizei will das nicht – oh! oh!

Mit drei Stunden Verspätung fängt die Vorführung auf der Presidente Vargas an.

– Was heißt Ranchos?

– Weiß ich auch nicht.

– In Venezuela heißen Favelas Ranchos.

– Ranch.

70 000 Zuschauer auf den Tribünen.

Sieben Fernsehstationen.

Eine japanische

Wie die Stare sitzen Tausende auf Bäumen, Reklametafeln, Verkehrsschildern.

Krankenwagen.

Keilerei um Coca Cola.

Aus den Lautsprechern Wortwürste.

Einem Mädchen mit dicken Beinen wird schlecht.

Ein Junge wird vom Staatssicherheitsdienst abgeführt.

Polizeiwagen heulen die Piste rauf und runter.

Polizeimotorräder in Schwärmen.

Dann nähert sich langsam der erste Karnavalszug
Cantagallo.

Nach anderthalb Stunden ziehen sie an Irma und Jäcki vorüber.

Irma hat keine Lust zu fotografieren.

Ein Urwald aus Pailletten.

Achtjährige Sarottimohren aus Gummi, die wirbeln wie Wind-
mühlen.

Cantagallo ist an der Jury vorbei.

Cantagallo mit seinen Königinnen, Prinzessinnen, Sarottimohren und Ay Ay Ay Marias sackt in sich zusammen.

Dahinten, wo es keine Tribünenplätze mehr gibt, wo ihre Nachbarn zu Zehntausenden stehen, heruntergerannt aus Rocinha
und dem Hügel der Vorsehung schleppen sich die Fabelwesen
wie platte Pneus vorüber.

Die Bewohner aus den Favelas kreischen, drohen, pfeifen.

Cantagallo zuckt noch mal zu einem Sambaschritt auf.

Jetzt defiliert Mangueira.

Mangueira der Star unter den Sternen der Sambaschulen aus
den Favelas.

Die Polizei schlägt die Jungen aus den Bäumen.

7000 Teilnehmer.

Drei Stunden lang defilieren sie.

Glitzerorpheusse.

Nyloneurydikes.

Popindianer

Pappmachéräuber

Ein Beinloser, rokokokostümiert, schlägt in seinem Rollstuhl
Kapriolen.

Der Frevo ist ein frecher Tanz aus dem Nordosten.

Drei Kilometer längs tanzen sechs Negerjungen das Gemisch

aus Krakowiak und Rock'n'Roll die Avenida das Diktators Getulio Vargas entlang.

Sambaschulen:
Die Leopoldische Kaiserin
Auf dem Gipfel der Stunde.
Mangueira.
Portela.
Die Vereinigung von Lucas.
Die Vereinigung von São Carlos.
Das Kaiserreich der Gebirge.
Die Akademiker von Salgueiro.
Die Vereinigung von Vila Isabel.
Die unabhängige Jugend des Pater Miguel.
Ranchos.
Frevo.
Bloco.
Sambatänze:
Samba de Terreiro.
Samba de Partido alto.
Samba de Angola.
Samba de Breque.
Samba de Enredo.
– Ay, Ay, Ay Maria, denkt Jäcki:
– Maria aus Bahia.
Schwarze Kugel.
Bohnenessen.
Hippieshow.
AA BB
Symposion.
Fluminenser.
Horror.
Hauch des Leoparden.
Barbarellanacht.
Maria Athletic Club.
Holzfäller.

Cordão.
Mamma, ich geh einkaufen.
Agogo.
Atabaque.
Berimbau.
Cuica.
Rumpi.
Jäcki hört die Schreie des Hühnerdiebs.

– Der Karnaval ist ein Spektakel der Neger aus den Elendsvierteln für die Weißen, fängt Jäcki sein Feature für Christian Gneuss im NDR an.
– Die Neger treffen sich seit fünfzig Jahren auf der Praça Onze, führen ihre afrikanischen Tänze vor, krönen ihre Könige und zeigen ihre Totemtiere.
Jäcki denkt Totemtiere.
– Heute defilieren an der Praça Onze, die weniger schicken Sambaschulen, die elenden.
– Auch hier ist alles abgesperrt.
– In der Mitte des Platzes die Jury.
– Die Sambaschule nähert sich.
– Der Sänger stellt sich ans Mikrofon und singt den Samba der Schule, wieder und wieder, bis sie vorübergezogen ist.
– Jetzt redet der Leiter der Sambaschule zur Jury hinauf und lobt die eigene, bestickte Fahne.
– Er pfeift die Tänzer heran und die zittern unten zur Jury hoch, verneigen sich, sehen beim Verneigen nach oben, reichen den Saum ihres Kleides hoch – Fleißige Arbeit! Weißes Kleid, weiße Pailletten, und wenige zartgetönte Pailletten.
– Und werden wieder weggepfiffen.
– Karren mit Affen aus Pappmaché, ein gelber Tiger aus Pappmaché, die Weltenschlange aus Pappmaché.
– Ein Krüppel dirigiert das Schlagzeugorchester.
– Er wird zur Belobigung zur Jury gerollt.

Zeitungen:
Die Militärpolizei zerstreute Hunderte von Sambatänzern, die sich in Erwartung der Entscheidung vor dem Gebäude der IPEG zusammengerottet hatten.
Drei Personen wurden durch Schüsse verletzt
24 mußten mit Verletzungen und Vergiftungserscheinungen von Tränengas ins Krankenhaus eingeliefert werden.
Die Sambatänzer waren mit Pistolen bewaffnet.

1000 Verhaftungen am ersten Karnavalstag.
60 Grad in der Sonne.
Der heißeste Karnaval in der Geschichte Brasiliens
16 Morde.
89 Todesfälle
17 732 Einlieferungen in Krankenhäuser.
131 Verkehrsunfälle.
37 Zusammenstöße.
306 Überfälle.
31 Schießereien.
30 Messerstiche.
Ein Selbstmordversuch.
4 Verbrennungen
37 Äthervergiftungen
576 Stürze.
3445 Hitzschläge.
24 Bisse.
Das Gerichtsmedizinische Institut registrierte von Sonnabend bis Dienstag hundertundeine Leiche.

Zeitungen:
In Belfort Roxo fand die Polizei den Leichnam eines Kreolen mit neun Einschußlöchern von Kugeln des Kalibers 45.
Anzeichen von Folter und Schlägen.
Wieder ein Opfer der Todesschwadron.

Jäcki hat die Idee den Samba von Auf dem Gipfel der Stunde und den Samba von Mangueira zusammenzuschneiden.
Für Peter Ladiges
Der wird es auf zwei Sprecher verteilen.
– Das Sklavengold
– Das Ideal der ersten Eroberer
– In der kolonialen Epoche Brasiliens
– War so hoch
– Glänzt in den Annalen der Geschichte
– Fahnenträger eines stolzen –
– Die wir in diesem Karnaval vorführen.
– Und überlegenen Fortschritts
– Frei auf dem Feld, im Gebirge oder nahe am Meer
– In der riesenhaften Größe unserer Wälder, Wasserfälle, Kaskaden
– Konnte der bronzefarbene Indio nicht versklavt werden
– Quellen eines natürlichen Reichtums
– Während der Neger sein Martyrium erduldete.
– Wurden Schätze geborgen, wo das Gold regierte.
– Und ohne aufzuhören in den Goldminen arbeitete.
– Die Händler trugen ihre Wappen zur Schau in den eleganten Salons.
– Er überlebte jede Grausamkeit.
– Ehre
– O wie sehr litt der Neger!
– Diesen braven Eroberern
– O, o, o, lara, lara, lara, ra, ra, ra!
– Die für ein Ideal kämpften
– Nur der Neger arbeitete mit seinen Armen
– Und denen es gelang
– Die später von der Lex Aurea befreit wurden.
– Die kolonialen Reichtümer Brasiliens zu erbeuten.
– Peter Michel Ladiges versteht genau, was ich meine.
– Das dichten die einfach:
– Das Sklavengold.
– Frei auf dem Feld, im Gebirge oder nahe am Meer.
– Damit wäre im literarischen Colloquium keiner durchgekommen.

– Die kolonialen Reichtümer Brasiliens zu erbeuten.
– Unmöglich
– Aber da.
– Peter nennt das: Die Dialektik des Faktischen.

An der Zentrale von Brasilien, am Hauptbahnhof kommen Züge
an voller Nylonrokoko.
Ein Plastiversailles regiert in der Bahnhofshalle
Jäcki und Irma haben Durst in den Düften aus süßem Avocado,
Äther, Katzenfell, Je reviens, Urin und Stramonia
Sie trinken am Früchtestand Maracuja.
Und wieder der dickliche braune Mann, mit den zu kurzen wei-
ßen Hosen, der wieder zum fünften Mal neben Jäcki und Irma
die Treppe zur Unterführung hinunterstrampelt.
Jäcki hört die Schreie des Hühnerdiebs.

Ein Mann führt ein Monstrum vor.
Einen Riesenkopf aus Bettlaken mit Flügeln am Hals.
Ein Junge bewohnt den Kopf
Aus dem Mund des Monstrums kommt eine Hand mit einer
Packung Marlboro.
Da kommt auch schon die Polizei.
Der Vorführer wird ganz eifrig.
Er redet freundliche Sätze.
Und die Polizei braucht gar nicht erst einzugreifen.
Der Mann bricht schon von selbst mit dem Monstrum auf und
verschwindet in Richtung Morro da Providencia.
Hügel der Vorsehung.
Zwei Männer schlagen Rad voreinander
Brücke, einer über den andern.
Hupfen hoch
Auf die Hände.
Mit erhobenen Füßen stehen sie einander gegenüber.
Zwei zupfen an Musikinstrumenten vom Nil.
Flitzbögen mit Resonanzkürbissen, Kokosschalen.

Wie Jäcki sie in den Gräbern von Theben sah.
Das Musikinstrument heißt Berimbau
Der Tanz Capoeira.
Im Kaiserreich wurde er mit Klingen zwischen den Zehen getanzt.
Die Sklaventreiber kamen gegen die auf den Händen Gehenden nicht an.
Die schnitten mit den Füßen ins Gesicht.
Jäcki hört die Schreie des Hühnerdiebs.

Auf den Treppen lagern Indianer.
— Wo hört der Mato Grosso auf, wo beginnen die Mothers of Invention.
Meterlange Straußenfedern.
Revuegirls.
Menschenvögel
— Pfauenfedern inna Hintern und Sporen anne Ellbogen, sagte Opa.
— Lampião und seinen Genossen wurde der Kopf abgeschnitten und in Blechkanistern mit Lysol aufbewahrt.
— Die Armee zeigte sie auf den Marktplätzen für Geld.
Dreieckige Giebel auf dem Haar mit Ziegelstücken beklebt und Spiegeln
Reiher und Riesenechsen hängen als Jagdbeute über den Rükken, Panzer von Gürteltieren
Die Afrikaner tragen Schilde aus Krokodil.
Boa Constrictor, armdick um die Arme.
Lebendig.
Die sich ringeln und zu würgen versuchen.
Die Indianer führen Eidechsen wie Dackel an der Leine.
— Schwarze Kariben vom Amazonas oder kann man sie vom Stadttheater mieten
— Ich muß mal sagt Jäcki
Unten steht der Rokokoneger mit weißgepudertem Haar und der Lyra auf dem Rücken.
Ein Paillettenkaiser winkt neben der Kiste für das Toilettepapier aus dem Kämmerchen

Der Räuber Lampião läßt mit verträumtem Gesicht einen goldenen Strahl aus seinem Ungetüm rinnen.
Der Obá von Benin muß warten.
Hundert Gestalten der brasilianischen Geschichte in Straß halten ihre weißen, braunen, roten, kakaofarbenen Stämme in die Wasserfälle von Villeroy und Boch.
Jäcki hört die Schreie des Hühnerdiebs.

Vor dem Bahnhof, beim ersten Sonnenstrahl schrecken die Männer aus dem Schoß ihres Traums auf.
Ein Kostümbischof schiebt sich an dem Kantstein zurecht, der ihm als Kopfkissen dient.
Irma und Jäcki gehen zu Fuß über den weichgetanzten Asphalt ins Copacabana Palace Hotel zurück.
Baden um sechs Uhr früh
Tauchen.
Fischleiber in der letzten dünnen Rundung der Welle ehe sie umbricht.

Jäcki wird immer zwei Szenen erinnern.

Vielleicht sind sie zufällig.

Vielleicht ist solches Verhalten – Jäcki würde es Grazie nennen – typisch, daß es ihm auch dreimal oder fünfmal am Ende seines ersten Brasilienaufenthaltes hätte begegnen können.

Jäcki und Irma essen Feijoada, zwischen den Hochhäusern im Abgas von Copacabana.

Es kommen zwei hungrige, hübsche, wohlgenährte Jungen mit Papptellern und bitten um etwas Feijoada.

Irma und Jäcki wollen ihnen den ganzen Rest geben.

Mit der Geste einer Elend gewohnten Mutter nimmt sich der ältere der beiden.

Er läßt die Hälfte der Fleischstücke für Irma und Jäcki zurück.

Jäcki denkt an Raddatz' Buffet.

Wie die drei linken Philosophen sich auf Hummer und Kaviar stürzten und die roten Schalen hinter sich an die Wand warfen.

Jäcki sagt, die Kinder sollen alles nehmen.

Den ganzen Rest.

Was wäre das für ein Foto, denkt Jäcki.

Trotz seiner Faszination vor Fotos, bittet er Irma, die ihre Leica dabei hat, keine Aufnahme zu schießen.

Wolkenbruch.

Das Radio meldet Windgeschwindigkeiten bis zu 50 Stundenkilometern.

Licht weg.

Die Siele verstopfen.

Der Verkehr stockt.

Der Platz an der Central do Brasil ein See.

Keine Menschen, Katzen, Hunde, Ratten mehr unterwegs.

Überflutete Bars

Das Wasser steigt in die Hauseingänge.

Wer sich rauswagt kommt von der Traufe in die Dusche.

Autos saufen ab.

Rattenleichen schwimmen vorbei.

– Meine Jungen haben nicht hier gestanden.

– Sie müssen weiter unten graben.

Es dauert Stunden.

Die Wartenden steigen eine Stufe nach der anderen hoch.

Ein Liebespaar watet umschlungen vorbei – bis zu den Knien in der Flut.

– Ich heiße Valter Nascimento.

– Meine Frau und mein Sohn wurden unter dem Dreck begraben und weggerissen.

– Alles, was von meiner Hütte übrigblieb ist eine tragbare elektrische Nähmaschine, ein Transistorradio und die Brille meiner Frau.

– Was soll ich denn jetzt damit.

23.

Über die Sahara zurück.
Im ersten Dämmern wie ein endloses rosa Delta
Gelbe Flüsse.
Gräuliche Schlämme.
Die Sonne steigt höher.
Es erstarrt.
Sandmeer.

II.

La Double Méprise

1

Jäcki rüttelte an der Gartenpforte.

Ein paar kreuz und quer genagelte Latten, wie zu einem Schrebergarten, mit einer Kette an einen Baumstamm geschlossen.

Das war der Eingang zum Papst von Bahia de Todos os Santos, dem schwarzen Rom, wo es für jeden Tag des Jahres eine Kirche gibt

Ranken, Stangen, verdeckten das Haus.

Das Rütteln würde gar nichts nützen.

Wenn Jäcki durch das Rütteln genügend Lärm erzeugen wollte, um sich dahinten bemerkbar zu machen, müßte er die ganze Pforte aus den Angeln heben

Jäcki müßte rufen, was er haßte.

Er empfand das Rufen in ein fremdes Grundstück hinein als eine Attacke.

Klingeln, Klopfen konnte man sich noch entziehen.

Das Rufen war für ihn etwas wie das Rufen der Eltern in Lokstedt

Man hatte zu gehorchen.

Jäcki rief ziemlich leise.

Er war überhaupt nur ungern hier.

Er hoffte, der Papst würde ihn nicht hören.

Der Papst bliebe, wo der Pfeffer wächst

Wie Jäckis Oma gesagt hätte.

Da kam er.

Unwahrscheinlich, daß er Jäckis Gerüttle gehört hatte und das zaghafte Rufen.

Hatte der Papst durch die Ranken nach Besuchern ausgespäht?

Ein langer nackter ergrauter Mann

Nur mit einem maschinenbedruckten Batiktuch, von den Hüften bis zu den Zehen, bekleidet

Der Papst beugte sich eilfertig zu Kette und Schloß herunter, viel zu eilfertig für einen Besitzer, der sein Grundstück in einer Favela und viel andres war das ja nicht hier in Liberdade, mit einem Vorhängeschloß sichert.

Die Pforte sprang auf und Jäcki stotterte etwas von Schriftsteller, Institut Français, Spiegel, Kultur, afroamerikanischer Kultur in das fahle Gesicht des Papstes hinein.

Mit einer Höflichkeit, der Jäcki nur die Irritation entnahm, führte ihn der Papst, V., der gelegentlich auch Baba genannt werden sollte in sein Haus, in seinen Arbeitsraum.

Staub.

Rötlicher Staub lag auf dem Boden, der Eisenkiste, dem Lorbeerkranz und dem Besen, die an der Wand hingen, auf der Matte, dem Tisch.

Die Blätter der Kartei die als einzige in einem Schuhkarton auf dem Tisch stand voller rötlichen Staubs.

Die Eier sechs sieben Eier auf dem dritten Stuhl bestaubt

Nur das Leder des Stuhles vor dem Tisch, der vor der Kartei war blank gescheuert

Der Papst wies Jäcki einen Stuhl an und setzte sich selbst vor die Kartei.

Er hat nicht das Gesicht eines weltbekannten Fotografen.

Fotografen haben unordentliche Gesichter, dachte Jäcki.

Er hat auch nicht das Gesicht eines Forschers. Louis Trenker.

Oder Darwin.

Und schon gar nicht das Gesicht eines Gläubigen, eines Verrückten.

Abbé Pierre. Mater Caecilia. Hans Henny Jahnn. Antonin Artaud.

Er hat das Gesicht eines Kaufmanns, des Prokuristen in der Firma seines Vaters.

Diesen Teil seiner Biographie drückte er aus.

Ein reicher Mann, der im Auftrage eines reichen Verwandten Kaffeeplantagen unterhält, Viehweiden.

Oder eine Stoffdruckerei in Lyon.

Jäcki sah sich den Papst an:

Den länglichen Schädel mit den schütteren Haaren,

ein Hamburger könnte er sein, ein Schwede, etwas von Eric Jacobsen war darin.

Die grünlichen Augen.

Unerweckte Augen.

Ein Anthropologe schon, der Schädelumfänge mißt.

Aber der geheime Vertreter dreier Kulturen?

Der Repräsentant Afrikas in Afroamerika, der die Steine der Göttin Jemanha, Oya, Nanã oder wessen Steine immer als Baba zum Abó von Abomey zurückgeflogen hatte?

Zivilisation und Siphilisation?

Bikontinentalität und Bisexualität.

Jäcki sah den nackten Oberkörper des alten Mannes.

Die Bräune gab ihm keinen Anschein von Playboy mehr.

Die dürren Arme dessen, der nur noch Karteikarten hebt

Die grauen struppeligen Haare aus den Achselhöhlen

Die Brustwarzen von eingebüßtem Violett

Und Buddhafalten.

Die aber nur auf fettigen Körpern weise wirken.

An mageren Männern schienen sie Jäcki etwas von Villon'scher Fraulichkeit auszudrücken.

Die Augen, der unbeteiligte Mund, die makellos rasierte Gesichtshaut.

Doch.

Der Papst erinnerte Jäcki an Mater Caecilia, die in der Fron des Waisenhausdirektoriums vermännlicht war.

Und Jäcki überlegte, ob er hier nun nicht sein Thema gefunden hätte:

Der alte Ethnologe, der Franzose aus bester Familie und der junge, das Kellerkind, die sich devot verstellen, wie auf der Zeichnung von Klee.

Jäcki der den Papst unerbittlich mustert, mit Irritation, fast mit Haß.

Die beiden Generationen von Tanten im schwarzen Rom, die sich umkreisen, um sich zu vernichten.

Drei Kontinente und die verschiedenen Formen der Conquista lassen sich nicht in Partikeln abbilden.

– 900 Partikel das sind viel zu viele Partikel und sind nicht mehr als 3 Stunden Sendung für Christian Gneuss.

3 Stunden Feature sind 90 Seiten.

– Der alte Transvestit und der junge als Ethnologe verkleidet die zu den Schwarzen fliehen

Jäcki dachte Schwarze, weil es sich schneller denken ließ als Afrikaner, Afroamerikaner.

Darauf lassen sich drei Kontinente abbilden in Einzelbildern, die so schnell vorbeiziehn daß sie Bewegung ergeben, wie Filme auf Leinwand

– Das ist ein Thema?
– Das ist der Roman?
– Adieu Leben?
– Guten Morgen liebe Marmelade?

2.

Es hatte vor zwei Jahren an den Schuten von Bahia de Todos os Santos begonnen.
Die von Mehl weißgestäubten schwarzen Riesen, die unter vom Alter graugewitterten Segeln Getreide verluden.
Sie kamen von der Ilha de Itaparica herüber mit Reis und Weizen und Gries.
Dort werden noch die Götter der Toten verehrt. Nur dort die Egunguns aus Afrika die sich in ihren mörderischen Kleidern durch eine Gemeinde bewegen.
Die Gläubigen stieben weg.
Wer von den Fransen der Toten berührt wird, geht an Geschwüren zugrunde.
Auf den Steinquadern des Hafens von Bahia de Todos os Santos langen die Bewohner der Insel der Toten das Mehl hoch.
Auch Früchte, Schoten, Nüsse, Pfefferschoten und schwarze Pfefferkörner.
Sie ordnen die Waren zu Häufchen, die Häufchen zu Mustern
Getürmte Fische mit bunten Flossen, Fische, die in Hamburg nur in teuren Aquariengeschäften jappen
Irma fotographierte aus dem Stand mit der Mamyaflex.
– Wenn sie die Paralaxe nicht genau berechnet, kommen ihre Füße mit drauf.
– Man müßte es gründlich machen, sagte Jäcki.
– Wie gründlich?
Ich kann nicht gründlicher, als bei jedem Foto versuchen, mein bestes Foto zu machen.
– Nach einem Jahr mit acht Fotos aus einem fernen Land zurückkommen.
– Was heißt das.
– Das hattest du einmal als Ziel eines Kunstfotografen geäußert.
– Wann?
– Als wir uns kennenlernten.
– Das erinnere ich nicht mehr.
– Siehst du. So banal sind wir geworden, daß wir uns an unsere

Ausgangspositionen nicht mehr erinnern, sagte Jäcki und lachte.

Irma lachte nicht.

– Gründlich, meine ich, fing Jäcki wieder an.

– Ein Jahr lang. Frühling, Sommer, Herbst, und Winter in Bahia de Todos os Santos leben, mit Wohnung und Kaffeemaschine und Schreibtisch und jede der 365 Kirchen das Jahr über kennenlernen, die Stadt aufbauen in einem strukturalistischen Fotobuch, vom weißen Staub auf der kakaofarbenen Haut bis hin zu den todbringenden Fransen der wandelnden Staubsauger.

– Was sind die wandelnden Staubsauger.

– Die Egunguns

– Was sind die Egunguns

– Die Götter der Toten.

– Woher weißt du?

– Aus dem Buch von Pierre Verger.

– Da sind sie abgebildet.

Wie kriegten 1969 eine Fotographin und ein Schriftsteller das Geld für ein Jahr Bahia zusammen.

Jäcki rechnete 60 000 Mark. Davon zehntausend für zwei Monate Chile, denn er wollte auch nach Chile.

Allende hatte die Wahlen gewonnen.

Rowohlt bezahlte weiter 1500 Mark im Monat.

Ein bißchen was von der Palette war noch nach.

Das waren schon 20.

Peter Faecke vom WDR besorgte 20.

Das waren 40.

Der NDR gab fünf, der SWF gab fünf und die Zeit gab fünf.

Das waren 55.

Mit Miete und Fotomaterial brauchten sie 75.

20 fehlten immer.

Und die Reise.

Irma erwartete auch 10 an Honoraren.

Und der Stern bezahlte ihr 5 Vorschuß.

Aber dann müßte Jäcki ran für den Text

Fehlten immer noch zehn.
Außerdem wollte Jäcki für den Stern nicht schreiben.
Für die Zeit, das ging gerade noch.
Schon den Spiegel lehnte er ab.
Aber den Stern?
Jäcki konnte sich denken, was die für einen Text erwarteten
Und den wollte er nicht schreiben.
Also fehlten wieder fünfzehn.
Jäcki rief den Spiegel an.
Nicht den Herausgeber, nicht Augstein, den er von Parties bei
Rowohlt und Raddatz kannte, mit dem er sich über die Schwu-
lenpolitik des Spiegel stritt, Augstein, der ihm hübsche Sachen
zu seinen Texten auf der Gruppe 47 sagte und bei Raddatzens
Kaviar.
Jäcki rief auch nicht Gauß an, den neuen Chefredakteur, der
sein Chefredakteur im Südwestfunk gewesen war, Jäcki wollte ja
nicht als Dichter eine Kolumne im Spiegel schreiben, für Dich-
terlohn, also 2.
Jäcki wollte für 5, als Reporter, wenn schon, über ganz Brasilien
was los werden, für zehn wenn schon denn schon.
Jäcki rief den Chef des Auslands an, den blassen Dr. Wild und
der sagte gleich ja und war auch einverstanden mit den 10
Und einen gezeichneten Aufsatz
Und Fotos von Irma
Und Jäcki konnte dem Stern no sagen, die ihn hatten schlucken
wollen, einkaufen im Dutzend billiger, in Tüte oben auf.
Aber für Irma als Fotografin war natürlich der Stern besser.
Zehn Doppelseiten Fotos oder so.
Irma als Fotografin genannt.
Eine Fotografin die der Stern bezahlte.
Seit Life tot war galt der Stern als beste Illustrierte der Welt.
Hatte Irma mit dem Stern um Jäckis Hoheitsrechte gerungen
rang Jäcki mit dem Spiegel um Irmas.
Und es ging ein endloses Telefonieren und Rückgerufe los, zwi-
schen Geschäftsleitung und Verleger und schließlich sagte der
Justitiar daß der ganze Spiegel Jäcki bewundere, weil er so
tough sei, der Justitiar sagte tough

Jäcki meinte halbjüdisch, ich bin nicht tough, ich will daß Irma als Fotografin genannt wird.

Das ist selbstverständlich

Im Spiegel ist das nicht selbstverständlich.

Wild rief noch mal zurück und teilte mit, wie sehr der Herausgeber, mit Hasch Aspiré, sich freue, daß nun alles im Kasten sei.

Jäcki fühlte sich als politischer Publizist

Es fehlten immer noch fünf.

Dulu gab drei

Und Jäcki hatte ein Wiederholungshonorar vergessen.

Sie konnten also fahren

Und feierten Abschied mit Peter bei Austern bei Cölln.

Aber Peter hatte was durcheinander gekriegt, weil seine Freundin mit einer Veronalentziehungskur im Krankenhaus lag

Und Peter kam ganz aufgelöst an.

Die Austern waren warm.

Im Taxi rechnete Jäcki alles noch mal durch und er vergaß die fünf von der Zeit, er fühlte so etwas wie einen warmen Waschlappen im Nacken und wollte schon umkehren, aber dann rechnete er noch mal und beruhigte sich.

So unordentlich waren Irma und Jäcki noch nie weggekommen.

In Frankfurt Leibesvisitation wegen Flugzeugentführungen

Marlon Brando hatte auf dem Flughafen in Miami gesagt

Ist das der Flug nach Havanna als er das Flugzeug nach New York bestieg.

Hans Magnus Enzensberger hatte einen Sicherheitsbeamten des FBI geohrfeigt.

Reinhard Lettau verbrannte eine Bildzeitung.

Jäcki sieht Tanger unten liegen, Rabat, Agadir

Den Sumpfgeruch in Dakar kannten sie schon.

Jäcki nimmt Baldriparan gegen die Angst.

Irma Valium.

Jäcki findet das übertrieben.

Jäcki schläft sogar.

Am Morgen wieder die Türmchenwolken, Zuckerhut wieder,

wieder die Pfahlbauten von oben, Schlieren von Öl in der Bucht
von Guanabara
Rios Geruch nach Sumpf und dem anderen Benzin.
Jesus Christus des Aznavourepigonen, der jetzt weniger mek-
kerte und einen Namen hatte, Roberto Carlos.
Jesus Christus, ja, Glauben wurde Mode.
Wieder das Bambuswäldchen.

Wieder Hansen-Bahia.
Ein feines Haus im Kokoswald am Strand
Mit feinen Leuten zum Silvesterabend.
Lauter lesbische Konsulatsangestellte, die sich an Irma ranma-
chen.
Der Herr von Magirus.
Ein holländischer Fabrikant.
Ein US-Diplomat.
In einen solchen Kreis begibt man sich hinein, denkt Jäcki,
wenn man nach 45 in den Hungerjahren als Holzschneider
in der Nachfolge von Grieshaber in die Neue Welt aufbricht
und sich nach der Stadt Bahia de Todos os Santos
Hansen-Bahia nennt.
Mit äußerstem Geschmack eingerichtet
Große runde Teppiche aus Affenfell von Haile Selassie.
Pergamentbilder aus Äthiopien – aber die guten, die frühen.
Heiligenstatuen aus Brasilien.
Umbistische Votivgaben aus dem Amazonas.
Mit Kachelbruch das Bad ausgelegt
Und das Schlafzimmer ein Wunder aus Tüll.
Es ist das geschmackvollste Haus, das Irma und Jäcki auf Fahr-
ten für Domus und Schöner Wohnen entdecken konnten.
Erlesenheiten aus drei Kontinenten.
Unten das Druckerzimmer.
Groom und Diener und Chauffeur, Stinktiere Affen und eine
Volière
Steht das ganze auf den großen Grafiken des Meisters, die in
Brasilien und Brasilia gut weggehen und jetzt auch in Hamburg

bei Commeter und von der Höh weil sie von Hansen-Bahia aus Bahia kommen.

Jäcki gelingt es nicht etwas Freundliches dazu fallenzulassen.

Ihn überfällt aus den auf kostbares Papier gedruckten Grafiken der ganze Horror der schlechten Jahre.

Alle die Grimms und die Hofer und die Pechsteins und die Grieshabers und die Rottluffs, Jäcki wurde ganz melancholisch davon, war nicht einmal durch Affenteppiche von Haile Selassie aufzuhelfen.

Der erstickende Himmel von Hamburg klebte auch an der Druckerschwärze von Hansen-Bahia in Bahia.

Und er war ein Gegner gewesen.

Rosa, wie er sich selbst nannte.

War doch rausgegangen.

Verkehrte im Puff.

Sprach Französisch.

Aber die lieblosen Leiber auf seinen Holzschnitten wurden nicht davon beflügelt.

Die Stilisierungen der Gesichter, der Hände, Schenkel, Hoden schienen Jäcki zynisch.

Es war Reichsparteitagskunst aus dem Untergrund, wie Nolde, wie Schmidt-Rottluff, dachte Jäcki

Der Widerstand des Gleichen gegen das Gleiche.

Nur die Nationalsozialisten hatten es nicht gewußt, als sie es verbrannten und die Maler wußten es auch nicht, dachte Jäcki

Ungerecht, unberechtigt versimpelnd,

Jäcki – er bewunderte, außer in den Grafiken,

den Geschmack des Grafikers – konnte Hansen-Bahia nicht ausstehen.

Hansen-Bahia drängte jedem einen Puffbesuch in Bahia auf.

Dem Leiter des Goetheinstitutes, Rolf Italiaander, Philip Mountbatten, er hätte Goethe in den Puff geschleppt

– Die österreichische Konsulin will durchaus mit mir in den Puff, sagte er.

– Aber ich will nicht.

So redet man, wenn man aus dem Krieg kommt, 1945 mit Ruck-

sack aus Hamburg emigriert und sich für Bahia de Todos os Santos entscheidet.
– Ich bin rosa.
– In Bahia wird gefoltert.
– Was kann ich tun.
– Die Folterinstrumente werden von einer Kaserne in die nächste gefahren.
Und der holländische Fabrikant am Silvesterabend:
– Es ist ganz richtig, daß die Diebe gefoltert werden.
– Mörder, das ist was andres,
– Aber Mörder werden ja nicht gefoltert.
– Wenn ich einen Dieb auf meinem Grundstück sehe, habe ich das Recht, ihn zu erschießen.
– Ich habe den Einbrecher in meinem Haus nicht erschossen, aber ich habe ihn der Polizei übergeben.
– Er hat zwei Tage nichts zu essen bekommen und ist so geprügelt worden, daß er keinen Rücken mehr hatte.
– Der bricht nicht wieder ein.
Hansen-Bahia berichtet weiter von seinen Freundinnen den Nutten:
– Präservative gibt es gar nicht.
– Die haben sowieso alle Syphilis.
– Die Fratres von São Francisco vermieten ihnen die Zimmer.
Der Diplomat:
– Uns Amerikanern werden hier die lächerlichsten Vorwürfe gemacht
– Wenn wir eine Impfkampagne durchführen wird verbreitet, wir wollten die brasilianischen Männer sterilisieren
– Unsere Außenpolitik ist so schlecht weil sich niemand bei uns für fremde Länder interessiert.
– Meinen Sie, vor ein paar Jahren hätte jemand bei uns gewußt, wo Vietnam liegt?
– Rockefeller als Gesandter des Präsidenten der Vereinigten Staaten in Südamerika.
– Wußten Sie, daß Rockefeller ein Drittel der Union Minière besitzt und damit entscheidend am Kongokonflikt beteiligt war?
– Rockefeller besitzt in Venezuela eine Farm, die ist größer als

die Kings Farm und gerade eben hat er eine noch größere Farm am Amazonas erworben.
– Ich wußte nicht, daß in Brasilien gefoltert wird.
– Es gibt keinen bewaffneten Widerstand in Brasilien
– Wir könnten das Land besetzen.
– Aber sehen Sie, wir tun es nicht.
Hansen-Bahia:
– Ich sagte der Königin von England..
– Ich sagte Frau Pferdmenges, dieser Papagei kann auch Arschloch sagen..
Ich sagte Botschafter von Holleben..
Und langsam gegen Mitternacht geht sie auf, aus den Gesprächen, den Whiskys den Affenteppichen, den Druckerpressen steigt sie auf
A Familia Bahiana.

Der Dichter, der Sänger, der Grafiker der deutsche, der Politiker, die von einer neuen Kultur schwärmten in der neuen Welt und Pierri, der mysteriöse Pierri, der reiche, der Fotograf Pierri, der Hansen-Bahia auf die Ilha de Itaparica mitnahm auf der Suche nach den Totengöttern, den Egungun, den redenden Staubsaugern mit ihren vergifteten Fransen.
Pierri, an den niemand herankommt.
Pierri, von dem niemand weiß wo er wohnt.
– Auch Sie nicht, sagt Hansen-Bahia zu Jäcki von der antizipierenden Rachsucht des Deutschen gegenüber dem Deutschen im Ausland
– Auch Sie kriegen nicht raus, wo er wohnt.
– Und selbst wenn.
– Sie empfängt er gar nicht.
Überall wo Jäcki hinkam Pierri.
Jäcki mietete ein halbfertiges Haus nicht weit vom Strand.
Pierri
Kennen Sie Pierri.
Beim kommunistischen Dichterfürsten mit Dienstboteneingang:
– Waren Sie schon bei Pierri.

– Beim erblindeten Dom Clement im Museum Sakraler Kunst:
– Zu Pierri sollten Sie gehen.
Im Folklore Restaurant, wo Sartre an der Wand hängt:
Pierri
Im Novo Continental
Wo Sartre nicht hinkam.
Wo die Priester des Candomblés ihren Namenstag feiern bei Siri
Molé, Vatapá, Efó, mit afrikanischem Öl
Azeite de Dendé
Pierri
Im Goetheinstitut.
Djalma, der linke Caboclo:
– Was wissen Sie von den Religionen der Schwarzen.
– Das können Sie nicht beurteilen.
– Beurteilen kann ich es nicht, sagt Jäcki.
– Aber ich kann es sehen, hören, riechen
– Ich kann sie anfassen.
– Und ich kann die Kraft sehen, die Schönheit, die Fröhlichkeit,
die Pop Art der Armen, das kam mal von Popular Art, ihre Revo-
lution kann ich wohl sehen
Die Oberfläche genügt mir. Die Anordnung der Materialien am
Hafen.
Ich will keine Inhalte.
– Sie werden gar nichts erkennen. Wenn Sie nicht drinnen in
ihrem System sind.
– Ich kann mit ihnen ficken
Das erschreckt den fortschrittlichen Leiter des Goetheinstitutes
doch.
– Sie wissen gar nichts, wenn Sie mit einem ficken.
– Ich will am Blutbad teilnehmen.
– Das weiß ich, wenn wir das Blutbad nicht haben, haben wir
gar nichts.
– Sie kriegen das Blutbad eh nicht.
– Und selbst wenn.
– Wenn Sie sich nicht einweihen lassen, wissen Sie gar nichts.
– Wenn sie Ihnen nicht das Gehirn reinradieren, wissen Sie gar
nichts.

– Wenn ich mein Gedächtnis auslöschen muß, um was zu erinnern.
– Ich werde mich nicht einweihen lassen.
– Ich will die Standpunkte nicht verwischen. Kein Anbiedern.
– Ich beobachte.
– Ich schreibe.
– Wenn Sie nicht teilnehmen, können Sie nichts wissen.
– Wenn ich teilnehme verliere ich mein Gedächtnis sagen Sie, und ich darf nicht mehr schreiben.
– Sie haben keine Ahnung.
– Gehen Sie zu Pierri.

Rosenberg der Fotograf hatte angeblich 1000 Dollar für das Blutbad bezahlt.
– Sie werden es nie schaffen, gehen Sie zu Pierri.
Jäcki besucht die Kirche des Heiligen Franz.
Die Bruderschaft besitzt die Absteigen am Pelourinho
Der den Vögeln predigte.
Statt den Blumen des Feldes, Vergißmeinnicht, Veilchen, Iris Maiglöckchen eine Wand aus Gold. Ein goldenes Kirchenschiff.
Der ganze Raum funkelt auf unter barockem Gewürm.
Eingeweide, die zu Gold erstarrt sind.
Pierri
Auch der Kirchendiener redet von Pierri
Pierri Pierri
Ewig Pierri
Pierri kam ihm vor wie der Papst.
Der schwarze Papst.
Der Weiße als Papst im schwarzen Rom.

Da wird es Jäcki zuviel und um den ewigen Pierri loszuwerden entschließt er sich, ihn aufzusuchen.
Er geht zum Touristenbüro.
Der Mann zittert ein bißchen, ehe er ihm die Adresse aushändigt.
Jäcki nimmt ein Taxi.

Geht den Favelaberg hoch.
Erste rechts.
Er steht vor der Gartenpforte
Ruft zwei Mal.
Es war überhaupt nicht schwer.

Verger war gar nicht reserviert.

– Einer dieser Gelehrten oder Schriftsteller, die sich aus Zeit-
mangel und Verletzlichkeit in die Mitte eines Labyrinthes zu-
rückziehen und dort vereinsamen und warten, alle ablehnend,
gierig, bis endlich einer kommt

Und dann hilfsbereit, ja, fast geschwätzig.

– Sie wollen also ein Jahr lang in Bahia die afroamerikanischen
Religionen studieren

Und Jäcki fühlte, wie er vor dem Papst zusammenschrumpfte.

Er stellte sich vor, wie viele, in den Jahren, da Verger die afroamerikanischen Religionen studierte, schon gekommen seien:

Wir sind für 14 Tage in Bahia und wollen die afroamerikanischen Religionen studieren.

Wir sind ein Wochenende in Bahia und wollen die afroamerikanischen Religionen studieren

– Ich kam vor 28 Jahren nach Bahia.

– Als Fotograph.

– 1943.

– Ja.

– Ein komisches Datum.

Jäcki in den Bombardements von Hamburg.

– Paris besetzt.

– Marcel Jouhandeau begegnet Ernst Jünger.

– Jünger spielt Nero.

– Jean Desbordes wird von der SA auf einem Klo zu Tode gefoltert.

Jäcki stellte sich Verger vor, einen Mann um die dreißig, mit
Plattenkamera und Entwicklerschalen, der von einem Paque-
boat in Bahia an Land steigt.

– Meine Frau ist Fotografin.

– So. Ist sie mit hier?

– Ja.

– Will sie auch den Candomblé fotographieren.

– Ja.

– O.

– Ich fotografiere gar nicht mehr.

– Je tiefer man eindringt, desto weniger fotografiert man, das werden Sie merken.

– Ja, sagt Jäcki, man könnte sicher eine Ethnologie über die Ethnologen entwickeln.

– Man fragt immer weniger

– Schließlich fragt man gar nichts mehr.

– Bei meinem letzten Aufenthalt in Afrika habe ich nur noch Tonhöhen kontrolliert.

– Wie?

– Das Yoruba ist eine Ton Sprache.

– Die Betonung ändert den Sinn der Wörter.

– Drei Monate nur Akzente setzen.

– Darauf läuft es hinaus, wenn man wirklich etwas wissen will.

– Das müßte man wohl auch, wollte man etwas von Homer und Hekataios verstehen!

– Wie? Selbstverständlich.

– Sehen Sie, die Yoruba wissen ganz genau, was sie tun.

– Ich habe im Lauf von fast 30 Jahren alle Pflanzen aufgeschrieben, die von den Yoruba hier und drüben in den Riten bemüht werden.

Das hier.

– Das ist dieser Fichier.

– Ich nehme keine Pappkarten mehr, sondern zerschneide Din-A 4 Bögen.

Das spart Platz und Geld.

Die Pflanzen zweier Kontinente auf den knitterigen Blättern des brasilianischen Papiers, vom Brieföffner beim Zertrennen am Rande aufgeflockt.

Blätter auf Blättern

– Wenn Sie etwas mit Pflanzen zu tun haben wollen, müssen Sie erst einmal ein Herbarium anlegen.

– Um Gottes willen.

– Pflanzen pressen ins Lesebuch zwischen Storm und Caesar Flaischlen

Schmeil-Fitschen

– Am besten nehmen Sie Zeitungspapier.

– Aber achten Sie darauf, daß Sie die Wurzeln mitkriegen und die Blütenstände und möglichst auch die Früchte.

– Das gibt dann so häßliche Museumsmumien, die in irgendeinem Magazin verfallen.

Man hustet und man kann keine Pflanzen mehr daraus erkennen sondern nur noch die Insekten, die sich darin einpuppen.

– Sie werden interessante Erfahrungen machen mit den Pflanzen.

Sie nennen einem Informanten einen Namen und er bringt Ihnen drei Varietäten.

Oder in Bahia hat eine Pflanze einen anderen Namen als in Rio oder Recife oder gar in São Luiz de Maranhão oder am Amazonas.

Oder derselbe Name bezeichnet an verschiedenen Orten verschiedene Pflanzen.

Sehen Sie sich vor den Pflanzen vor.

Sie erleben komische Dinge.

Sie haben zum Beispiel das Rezept zusammen, um jemanden verrückt zu machen

Und dann sind die Pflanzen gar nicht erfaßt.

Zwei Drittel aller brasilianischen Pflanzen sind überhaupt noch nicht erfaßt. In Afrika gibt es überhaupt keine Herbarien.

Hier!

Verger schüttelt den Schuhkarton mit seiner Kartei

Er schlägt den roten Staub von den Blättern auf denen die Blätter in Tinte übersetzt wurden.

– Zu jeder Pflanze gibt es einen oder mehrere Zaubersprüche.

Zaubersilben, die in dem Namen der Pflanze enthalten sind.

Eine Silbe modifiziert die Wirkung der Pflanze

Ist die benötigte Silbe nicht im Namen der Pflanze enthalten, wird der Name geändert.

Oder eine andre Pflanze genommen.

– Der Name verändert die chemische Wirkung.

Verger schaute etwas ärgerlich auf.

– Sozusagen, konnte er sich nicht zu sagen entziehen.

Und bei welchen Vorstellungen werden die Silben und die Pflanzen benutzt.

– Ich sagte Ihnen doch schon, um jemanden verrückt zu machen.

– Oder zur Einweihung für einen bestimmten Gott.

– Sie heilen die Melancholie.

– Dazu muß man aber die Betonungen kennen.

– Und wie finanzieren Sie das alles? fragt Jäcki soziologisch, obgleich er weiß, wie anstößig es ist, in gehobenen französischen Kreisen von Geld zu reden.

– Meine Orisa und Vodun haben mich gleich zum Maître de Recherches im CNRS gemacht.

– Da kriege ich gelegentlich etwas Geld.

– Ich lebe sehr einfach.

– Sie sehen ja.

– Es gibt 16 Grundformeln

– Die werden 16 mal 16 mal variiert

– Es sind die Formeln der Geomantie nach denen in Europa noch im 16. Jahrhundert geweissagt wurde.

– Hier und in Afrika sind es Kauris.

– Die gemeinsame Wurzel liegt wohl in Indien.

– Vielleicht gibt es eine Verbindung zum I Ging.

– Und alles das haben Sie in Ihrem Zettelkasten.

– Ja.

– Zettels Traum.

– Die Afrikaner wissen genau, was sie tun.

– In Brasilien wird Sinea calymia bei gewissen Herzbeschwerden benützt.

– In Indien Rauwolfia

– In Afrika beide.

– Ich glaube der Unterschied ist lediglich zwischen Rauwolfia vomitoria und Rauwolfia serpentina.

– Aus der das Reserpin gewonnen wurde, sagt Jäcki vorlaut.

– Was ist denn das.

– Denicker und Delay entwickelten Anfang der fünfziger Jahre in Paris, sagt Jäcki aus einem Rauwolfiapräparat das Reserpin zur Chemotherapie der Geisteskranken.

– So?

– Es ist sozusagen eine Revolution

– Ach.

– In Afrika werden die Kauris geworfen, sagte Verger.

– Können Sie das.

– Ich bin Babalawo.

– Was ist das?

– Wahrsagepriester.

– Eingeweiht von Martiano de Bomfin

– Und am Königshof von Abomey.

– Toll, sagte Jäcki:

– Und glauben Sie daran.

– Nein,

– Es kommt etwas zu schnell, dachte Jäcki.

– Aber wenn man daran glaubte .. fügte Verger dazu und beendete den Satz nicht.

Verger war aufgesprungen und raffte sein Hüfttuch

Eine kurze schlangenhafte Windung lief durch seinen Körper und für einen Augenblick klapperte er mit den Lidern wie Marlene Dietrich und drehte die Pupillen gen Himmel wie Hans Henny Jahnn.

– Was meinen Sie damit, fragte Jäcki.

– Nichts doch.

– Das Universum der Afrikaner und der Afroamerikaner versuchte Jäcki ethnologisch zu resümieren, ist also in 16 × 16 Formeln geordnet, diesen Formeln entsprechen Beschwörungsformeln, Sätze, Wörter, Silben in welchen die Wälder, die Pflanzen eingefangen werden.

Das Bewußtsein ist also ein Baum.

– Wenn man in Bahia sagen will, jemand ist klug, sagt man: Er weiß ein Blatt.

– Aber das Thema brauchte einen Proust.

Verger schweigt.

– Ich habe Proust nicht parat.

– Wissen Sie, wenn man am Tag 12 bis 17 Stunden an seiner Kartei sitzt, dann kommt man nicht mehr zum Lesen.

– Weiß er, was er tut? fragte sich Jäcki.

Er könnte das Bewußtsein zweier Erdteile als Entwicklung der Pflanzenwelt darstellen.

Das Gehirn des Afrikaners als Kräutergartenrezept, als Nuß-schale
Er könnte wissen, was drin ist.
Da drin
Die Bohne von Dalis Don Quijote
Ein andres Wissen.
Das Bewußtsein der Afrikaner
Computer als schwarze Ars combinatoria
Das ganz Andre, genau, ganz.
Aber Ethnologie schien Jäcki hauptsächlich eine Auseinander-setzung zwischen Serpentina und Vomitoria zu sein.
Die Verwandlung von Papyros in Papier.

4.

Etwas panisch reißt Jäcki Irma mit
— Was ist denn los.
— Komm.
— Candomblés suchen
— Wo.
— Wir nehmen ein Taxi, fahren nach Capelinha und suchen Candomblés
— Wie?
— Einfach so. Ethnologie ist wie die Päderastie: Man muß viel zu Fuß gehen.
— Warum?
— Ich habe Angst, daß ich auch ein Blatt werde in einem Herbarium.
— Da habe ich keine Angst, antwortet Irma:
— Und warum Capelinha.
— Weil der Name so hübsch ist.

Jäcki und Irma verließen das halbfertige Haus, das sie gemietet hatten, gingen an die Straße, warteten auf den Bus, aber der kam nicht, ihre Vorsätze zu sparen gingen kapeister, sie nahmen doch eins von den eierigen Taxis, Volkswagen, denen der vierte Sitz rausgebrochen war, damit der Kunde besser einsteigen konnte, ein Bindfaden zum Türenschließen.
Es waren nicht die eleganten Flitzer im tödlichen Nebel der acht Autostraden von Rio
Die Käfer hüpften über den angefressenen Asphalt von Piatã
Nach Bahia rein, Achsen krachen, Reifen schlappten
Und meistens sahen Irma und Jäcki einen Toten.
Einen Ertrunkenen, einen Verunglückten, einen Ermordeten.
Es schien Jäcki, als sterbe man in Bahia öfter oder öffentlicher
Es gab Brotgeschäfte, die verkauften Papiersärge.
Capelinha de São Gaetano war Jäckis Landschaft.
Lokstedt.
Die Zone hätte Apollinaire es genannt.

Wo das Kleinbürgertum ausfranst.

Alex Erscheinung.

Sonne – durchschnittener Hals.

Und Lastwagenfahrer.

Die Weite am Rande der Stadt, wo der Wind aus Elbsümpfen und aus dem Niendorfer Gehölz herankommt.

Hier die schrill angemalten Fin de siècle Häuschen

Papayabäume neben Bretterverschlägen im Hinterhof.

Die Frucht, die nach Socken schmeckt.

Absonderlich, wie von einem manuelinischen Bildhauer entworfen.

Der Hügel lag da, ein halber Fußball mitten darüber hin die Hauptstraße.

Ein grünschlickiger Bach in der Mitte.

– Ach, ja, und dann sind sie alle schwarz.

– Und ich bin weiß.

Irma und Jäcki hatten es vergessen

Sie bemerkten so wenig die Hautfarbe, daß sie oft stundenlang von Djalma reden und erst, auf Eigentümlichkeiten seines Verhaltens hin, die er aus dem Bewußtsein heraus:

Ich bin schwarz.

Oder braun.

Oder Cafuzo, Crioilo, Caboclo,

oder was immer,

entwickelt hat, sagen:

Ach ja, Djalma ist ja.

Ja was ist er in Irmas und Jäckis Gesprächen?

Jäcki gewöhnte sich an zu sagen, zu denken:

Afroamerikaner.

Und das Wort kommt ihm genau so gräßlich vor

als wenn man im Protestantischen von den Toten als von den Dahingegangenen spricht.

Jäcki versuchte in Capelinha de São Gaetano ein Kind anzureden

Aber das war gar nicht so einfach

Das erste lief weg.

Das zweite fing an zu weinen.

Das dritte drückte sich blöd an einen Pfahl und sagte gar nichts.

Die junge Mutter kriegte die Zähne nicht auseinander:

– Wo ist denn hier ein Candomblé

Sie sagte:

– Hé

Sie spielt die Sklavin, dachte Jäcki

– Die Verblödete

– Die Faule.

– Dreckige

– Begriffsstutzige

Sie verstand nicht, was er sagte:

– Sie erwartet wahrscheinlich englische Sätze, so sehr, daß sie gar nicht hört, daß ich portugiesisch rede.

Dann wies sie mit einer widerlichen Bewegung nach oben, auf den Berg.

Irma und Jäcki gingen weiter.

– Ach so, sagte Jäcki.

– Wir sind weiß.

Es gab junge Frauen in wippenden, frischgebügelten schreiend rosa Minis, die lachten nur

Und freundliche Männer, deren gewaltige Hoden sich unter schneidenden Bügelfalten abzeichneten.

Jäcki raffte alles zusammen, was er an Turnlehrerunsensibilität aufbringen konnte

Und stand dann schließlich doch wieder vor einer verketteten Lattenpforte und rief wieder und eine Frau in pummeligen Nylonpuschen, Morgenmantel, Lockenwickler im glattpräparierten Kraushaar öffnete und sagte sie sei Witwe. Sie sei krank. 7 Kinder.

Sie wies auf ein paar schmutzige Tonkruken voller Federn, verrostete Haken, eine zerrissene Fahne.

Sie mache gar nichts mehr.

Ihr Candomblé sei zu.

Sie müsse was gegen den hohen Blutdruck haben.

Ob Jäcki und Irma ihr nicht was besorgen könnten, aus der Bundesrepublik.

Hier. Das nehme ich
– Es war ein Rauwolfiapräparat von Ciba
– Schon wieder Vomitoria oder Serpentina.
Es war kein ermutigender Beginn für Jäckis unabhängige Studien der afroamerikanischen Kultur.
Vergers Blätter hatten ihn eingeholt.
Die Kranke verwies sie an eine Malerin, die ein paar Schritte weiter wohnen sollte
Celina Costa Rocha.
Eine Dame
Sie hätte Gouvernante in den letzten Jahren des Imperiums sein können
Hier jetzt am grünen Bach.
Sie hat graue skeptische Augen.
Sie male nur, was man ihr in Auftrag gibt.
Seit 50 Jahren.
Alle Maẽs de Santo bestellten bei ihr Portraits
Portraits des Gottes, die dann in den heiligen Häuschen verschwinden.
Sie kenne alle. Alle Pferde. Und alle Götter. Auch einen Ogum des Meeres, der unten in seiner Höhle sitzt. Und den fürchterlichen Indianer für den bei der Einweihung jeder Zentimeter der Haut eingeschnitten wird und mit einer Feder gespickt.
– Jeder Zentimeter.
– Jeder.
– Sie verwandeln das arme Pferd in ein Huhn.
Und Jäcki riecht die Chance
Hier ist der Hofportraitist
Sie kennt mehr als der Papst
Wenn sie, Celina Costa Rocha bereit wäre Irma und Jäcki einzuführen.
Aber die Diskrete fürchtet wie alle Diskreten um ihren guten Ruf und sagt, daß sie sich nie interviewen lassen würde.
Sie sei die Portraitistin der Götter
Nicht einmal ein Portraitphoto würde sie gerne von sich sehen
Und mit aller Freundlichkeit schickt sie die beiden wieder raus

Irma und Jäcki stehen wieder zwischen lieben bunten Häuschen, am grünen Bach.

Im Hintergrund ein Papayabaum

– Gehen, sagt Jäcki.

– Man muß gehen, dann kommt man wohin.

Er nimmt Irma die Tasche mit den Leicas von der Schulter.

Jetzt protestiert sie nicht mehr.

Sie blinzelt in die schräge stehende Sonne und atmet auf.

Sie sind über die Wasserscheide des Hügels hinweg.

An einem barocken, barackenförmigen Bau hängt ein Schild:

Zentrum für geistliche Entwicklung.

Professor Manuel Roosevelt Ribeiro

Afrikanische Gottheiten

Zulassungsnummer soundso.

Sowas hat Jäcki überhaupt noch nicht gesehen.

Ein unterwürfiger Priester, der nichts ausdrückt, als Abweisung.

Nein, er würde gar nichts machen.

Nein, photographieren schon gar nicht.

Das Blutbad, um Gottes willen.

Ein paar kahlgeschorene dralle minderjährige Jungen umkichern ihn

Irgend etwas Furchtbares bereiten sie vor

Kräuterbesen liegen auf dem Tisch.

Scheren und Messer werden geholt.

Schüsseln voller stinkender Breie.

Nein, nein.

Vielleicht Professora Norma drüben

Wo?

In der Parallelstraße

Oben rechts, dann wieder rechts und dann links das Haus.

Gar nicht zu verfehlen

Sie werden schon die Trommeln hören

Adieu

Immer zu Diensten.

Und dann, als überfalle den Brasilianer ein schlechtes Gewissen wegen seiner Ungastlichkeit den Fremden, Weitergereisten ge-

genüber führt er sie an einen Altar im Freien. Unter einer gewölbten Glasscheibe ein graublaues verschimmeltes Marienbild.
Darum herum dekoriert Seeigel und weiße Koralle.
Meerstern ich dich grüße –
– Zulassungsnummer!
– Die Klarheit der Leute, die etwas Winziges Schlimmes hinter so viel Offenheit zu verbergen haben.

Es war, wie Roosevelt Ribeiro gesagt hatte,
die provinzielle Parallelstraße mit ihrem geraden grünen Bach,
den bunten Tortenfassaden, den Papayabäumen
geriet ins Wackeln vom Trommeln.
Jäcki nahm es noch wie etwas wahr, das ihn gar nicht berührte
Er versuchte die Rhythmen zu erinnern, die Kontrapunkte der verschiedenen Trommelfelle zu erkennen.
Mit seinem eigenen Herzschlag hatte es nichts zu tun
Er verglich es mit Sappho, dem sapphischen Elfsilber mit dem Enhoplios, mit Choriambus, Spondeus und Ionicus minore vel maiore.
– Das werd ich nicht studieren, sagte Jäcki zu Irma.
– Warum nicht.
– Ist es nicht das Interessanteste?
– Ich bin kein Musikologe.
– Wenn wir anfangen mit den Trommelrhythmen, mit den redenden Trommeln, sind wir verloren und brauchen den Rest unseres Lebens und du kommst nie zu deinem Blutbad
– Glaub ich wenigstens.

Vor der Torte aus der die Trommeln drangen stauten sich die Nachbarn.
Wilde Herren liefen hin und her.
Mädchen im Nachthemd.
Jäcki kannte noch nicht die afrikanische Rasselzeremonie zum Eintritt in den Tempel
Er half sich mit Lokstedter Konfirmationstakt.

Der Kodex der Oma genügte, wie es schien.

Die Mutter hatte ihm einiges von anthroposophischer Upper Class vermittelt.

Das klappte.

Die sehr helle Professora Norma nahm Jäcki und Irma in Empfang, als hätte sie die beiden für Standfotos erwartet

führte sie durchs Afroliving, Kunstcouchen, blinder Fernseher, Schauerrokoko, Wachsblumen in die Waschküche

Da war alles voll wie in einer Goldgräberschenke

Die Maẽs wie gepflegte Gräfinnen einer Wohlfahrtsveranstaltung

Die halbblinden Gangster und der schwarze Erzengel Gabriel – ach mit ihm durchs Paradies fliegen – hauen wie die Besessenen auf die Trommeln ein. Die Tür neben der Waschmaschine – da steht eine kleine Lazarusfigur mit zwei Hundchen drauf – die schedderige palmenverzierte Doppeltüre geht auf

Und heraus treten drei schwarze Mädchen mit weißen Punkten bemalt

Sie zittern leicht

Und Irma darf fotografieren.

Jäcki reißt automatisch die Arme hoch und die Blitze funktionieren

Und niemand verhaftet die beiden.

Den Verzauberten fällt auch nicht der Kalk von der Wange

Sie zerplatzen nicht unter dem Blitz und lösen sich in Staub auf wie ein Kartoffelbovist.

Jäcki ist gar nicht dabei beim Fotografieren und macht wahrscheinlich alles falsch mit dem Blitz.

Sie sind schöner als der Erzbischof in Scheyern.

Sie ergreifen Jäcki mehr als Meerstern ich dich grüße und Es ist ein Ros entsprungen.

Schrecklicher als das Rosa der Bombenteppiche

Sie sind die Hofdamen im »Glas Wasser«.

Sie sind die dürren Leichen auf den Fotos der Zeitungen der Militärregierung

Sie sind das ganz andre.

Diese Mädchen, in einer anderen Welt zitternd unter der Schminke
Taub und erweckt.
Stumm und in Zungen redend.
Blinde Seherinnen.
Sie schwimmen wie Insekten im Kristall.
Die Alte Welt zerfällt für Jäcki
Die Neue Welt tritt auf Jäcki zu
In Professora Normas Waschküche Lazarus.
Proust Adé.
Theater Adé
Selbst Alex Adé
Pozzi Adé.
Gruppe 47 Adé.
Dies.
Und Jäckis Idee es aufzuschreiben.
Genauer.
Ja.
Wissenschaft.

Der Papst war freundlich zu Jäcki.
Er hielt Jäcki lange Vorträge über die drei wichtigen Tempel der
Yoruba. Casa Branca, Menininha de Gantois, Senhora.
Namen.
Diese surrealistischen Namen
Von Schnulzen und Tangos und sonderbaren Salben. –
Man spricht sie fließend aus.
Denn man steht mit dem Unheimlichen auf du und du.
Dies sind die ältesten, die einzigen die es zu studieren lohne, die,
wie jeder wisse, natürlich nicht dreihundert Jahre alt seien, son-
dern nur 130, denn die Yoruba kommen erst nach 1830 nach
Bahia.
Der Preis war damals etwa 10 000 Dollar 20 000 heute.
Nach dem Verbot des Sklavenhandels.
Als Schmuggelware.
Wie die Götter.
Fast ein Tick Imagination, denkt Jäcki
– In Bahia gibt es fast eine Million Schwarze, sagte Verger.
– Und 600 und mehr Candomblés
– Etwa Dreiviertel der Bevölkerung gehen zum Candomblé
– Offiziell sind es Katholiken.
– Auch diejenigen, die so tun, als glaubten sie nicht daran, las-
sen über die Dienstboten bei den Vätern und den Müttern die
Heiligen arbeiten.

Verger beglückwünschte Jäcki, daß er sich mit Hansen-Bahia
gestritten hatte.
Verger konnte den deutschen Holzschneider nicht ausstehen.
Der hergereist war
Und sich in die bahianische Kultur drängte
Und sie in seiner eigenen Arbeit ausschlachtete.
In diesen fürchterlich groben Holzschnitten.
Alles, was die Europäer dann aus diesen Kulturen machen ist
gröber dicker.
Wie die amerikanische Musik.

Die ist jammervoll.

Bahia ist heiter.

Hansen-Bahia war reizend, vor 30 Jahren, als er ohne einen Pfennig in Bahia ankam.

Wie ich damals.

Jetzt gehört er dazu.

Und der Gouverneur mietet sein Haus, wenn die Königin von England empfangen werden soll.

Jäcki verglich in Gedanken Vergers Haus mit dem Haus von Hansen-Bahia.

Den Asketen mit seinem Batikwickel, seinen Blätterzetteln im Schuhkarton, und die rotgestaubten Eier

Der Papst Pierri besaß keinen Affenteppich von Kaiser Haile Selassie.

Verger war so begeistert über Jäckis Antipathie, daß er ihm so nebenbei drei Pflanzen nannte.

Eine Ranke am Strand.

Ipomoea, wie die Kartoffel.

Pes caprae

Ziegenfuß

Und die Mimose.

Mimosa pudica.

Die dritte hatte er vergessen, obgleich ihm klar war, daß es wichtige Pflanzen waren, Schlüssel für die Riten, denn sonst hätte der Papst sie nicht so beiläufig mit verkniffenen Lippen ausgestoßen.

Und der Papst hätte sie nicht auswendig gewußt.

Pierri gab sich Irma, der Freundin des etwas zu dürren jungen Mannes aus Deutschland gegenüber leutselig.

Der Papst ging mit Jäcki und Irma essen.

Ins Novo Continental.

Anschließend versprach er sie zu einer echten Königstochter zu führen.

Zu Olga de Alaketou.

Da hatte er auch Sartre und Simone de Beauvoir hingebracht und Olga hatte für die beiden Existenzialisten getanzt.

Jäcki konnte nicht ermessen, was es bedeutete, daß Pierri sie herumführte, wenn es Dulu gewesen wäre, die nie Freunde Freunden vorstellte, nie einen Namen nannte; aber in Frankreich da war das Jäcki selbstverständlich.

Wenn man in Frankreich Sartre kannte oder Braque oder Picasso und man fand den jungen Mann aus Deutschland interessant, dann stellte man ihn vor, stellte die Verbindung her.

Jäcki hatte das auch bei Dulu selbstverständlich gefunden und heftige Abwehr bei ihr ausgelöst.

Dulu gab sich englisch

Oder was man als Süddeutsche in Hamburg unter englisch verstand.

Der Schwerzugängliche:

— Sartre war dem Candomblé gegenüber völlig unsensibel, sagte Verger.

— Er fragte nur ununterbrochen:

— Was verdienen sie.

— Als ob das für die Trance die geringste Bedeutung hätte.

— Die Trance ist ja gerade daß eine arme Wäscherin, die von einem afrikanischen König abstammt, im Candomblé zu einer Heroin wird, zu einer Göttin

— Sartre interessieren Menschen nur wenn sie elend sind.

— Ich glaube, er würde alles tun, Menschen im Elend aufzusuchen, damit er sich zu ihnen herunterbeugen kann.

— Ich halte Sartre für dumm.

Jäcki hatte keine Lust bei dem guten Essen im Novo Continental, bei den komischen Krebsen, die man mit der weichen Schale aß, Siri Molé, schon wieder über Sartre nachzudenken.

Aber das mit der Wäscherin und der Königstochter und der Göttin beschäftigte ihn.

Waren die Wäscherinnen in Brasilien wirklich alle Königstöchter, so wie die Flüchtlinge aus Ostpreußen in der schlechten Zeit alle ein Rittergut besessen hatten?

Jäcki hatte sehr dichotome widersprüchliche Vorstellungen von Königen in Afrika, dicken, mukschen, schwarzen Riesen, denen die Witwen ins Grab nachhüpfen mußten, die ihre Söhne an den portugiesischen Königshof schickten, damit sie den Sklavenhandel lernten und die heutzutage alle in der Unesco führende Posten innehatten.

Afrikanische Könige hatten ihre Sklaven an die Portugiesen für je ein Gewehr verschachert

Jäcki, der Kaiser Wilhelm, Umberto von Italien und die Königin von England als Karikaturen empfand – warum sollte er nun vor Haile Selassie und Olga de Alaketou in Bewunderung zusammenbrechen!

Der dürre Papst Pierri schmatzend vor Andacht, wenn er von Olgas Sohn als einem schwarzen Prinzen redete.

Und diese das Herrschen beherrschenden Popanze richteten sie nicht selbst als Versklavte unter den Sklaven ein Schattenreich auf?

Ja, Olga hatte etwas Erlesenes, eine Maske, wie sie Apollinaire und Picasso und Ernst Ludwig Kirchner bewunderten, aus Ebenholz, wie dann in irgendwelchen Reiseberichten geschrieben würde.

Sie erwiderte nicht einmal den Gruß Irmas; nur zum Papst Pierri huschte sie und tuschelte ihren Heiligenkram.

Und der Dürre kam sich gebauchpinselt vor, weil die Sklavin, die eine Königstochter war sich ihm voller Ergebenheit näherte irgendwelche komplizierten Knickse und Wedelungen vollführte, übrigens die Frau, vor dem Mann dachte Jäcki – ganz abgesehen davon, daß es die schwarze Frau ist, vor dem weißen Mann.

Und der Papst beugte sich zu ihrem Nacken herunter und wedelte seinerseits etwas mit alten weißen Fingern.

– Der Narr, dachte Jäcki.

– Er tritt auf, gerade und französisch, mit den Privilegien der Wissenschaft und bildet sich ein, die Königstochter knie vor ihm, weil er irgendeinen obskuren Posten in der schwarzen Hierarchie innehat bei Senhora, Casa Branca, Menininha, bei irgendeinem Laubhüttenfest irgendeinen Bürzel abschneiden darf und irgendein afrikanisches Mit einer hölzernen Wurzel, Wurzel, Wurzel Wurzel dazu trällern; dabei hat die Königstochter es nur auf seinen Sartre, seinen Foucault, seinen Leiris abgesehen, auf das Musée de l'Homme und den CNRS das heißt auf das Französische Finanzministerium und das sitzt im Louvre und wird von Malraux gerade mit Sandstrahl saubergespritzt, damit es aussieht, weiß und makellos wie zur Zeit des Sonnenkönigs als man ohne Abgase kutschierte.

Der Stein wird von Lepra zerfressen und muß Betoninjektionen erhalten.

Doch das ist Gedankenflucht.

Der Ethnologe Pierre hatte die Steine der Göttin Oya von Bahia nach Nigeria zurückgebracht.

– Ja, das krönt schon ein Forscherleben, wenn man nicht nur zwei Haltungen miteinander verheiratet, die Unterdrückungsmimik des wissenschaftlichen Weltbildes und die kataleptische Starre des magischen sondern auch zwei Kontinente wieder vermählt, Afrika und Südamerika.

– So als schiebe der trockene Pierri auf dem Planeten die beiden pimmelförmigen Landmassen wieder ineinander

Dann gehörten São Luiz, Bahia und Rio ja genau in die Ecke von Togo, Dahomey und Benin.

– Kannst du dir erklären, warum Verger vor Olga so furchtbar devot war.

– Auch er war devot vor ihr?

Ich hatte es umgekehrt in Erinnerung.

– Ich habe nur ihre Devotion vor ihm beobachtet.

So verschieden erleben zwei Leute dieselbe Szene.

Und da soll es etwas wie Ethnologie geben.

Der Papst nannte Jäcki drei Pflanzen, die Mimose Mimosa pudica und eine Strandranke Ipomoea pes caprae und eine dritte die Jäcki gleich wieder vergaß.

Irma und Jäcki waren so übermütig geworden durch ihre ethnologischen Anfangserfolge – die gepunkteten Mädchen bei Professora Norma, die schüttere Zuneigung Pierris, daß Irma und Jäcki den Papst zu einem Standfoto ermuntern wollten, in dem staubigen roten Haus von Liberdade.

Der französische Fotograf wand sich vor der bundesdeutschen Fotografin wie eine Tochter des Schlangengottes Oxumaré beim Einweihungstanz.

Er war hinter dem leeren Tisch, auf dem nur der rotgestaubte Schuhkarton mit den Blätterzetteln stand aufgesprungen und sagte zögernd, denn er begriff sicher das ganz absurde Theater der Szene, europäischer Fotograf verweigert sich europäischer Fotografin auf Grund seiner kultischen Verpflichtungen in Mischreligionen und fand eine handwerkliche, eine zünftige Formel für seine Verweigerung.

Er hatte für eine Schweizer Illustrierte einen Aufsatz über das Fotographieren im Candomblé verfaßt

ein lügnerisches Märchen, von der Offenheit des europäischen Handwerkers und der Einsichtigkeit der schwarzen Mütter und Töchter, etwas für fortschrittliche Schweizer Museumsdirektoren, er hatte Jäcki geschildert wie er sich zu Anfang seiner Forschungen in ein wildes Tier verwandelte in seiner Berufsraserei und kleine Jungen und Mädchen, die am falschen Ort standen oder auf falsche Weise glotzten durch die Luft schmiß

— Ich liebte mich selbst nicht als Fotograf, sagte der Papst:

— Je mehr man weiß, je mehr man kennt, je mehr man in die afroamerikanischen Religionen eindringt, desto weniger fotografiert man sagte Verger zu Jäcki

Und drückte damit genau das Ersticken des Bewußtseins aus, das Zudrücken der Augen, das Behauchen der Glaskörper, das mit ihm, dem Sohn einer reichen Kaufmannsfamilie aus Lyon, Bordeaux oder Metz wohl stattgefunden hatte, Ecole Normale Supérieure, CNRS

Jetzt vor Irma erinnerte er sich an einen Pariser Journalistenspruch zurück und sagte, um die Ablehnung nicht allzu auffällig und exotisch zu machen

Ich stehe immer auf dieser Seite, nie auf jener.

— Das ist hübsch, fand Jäcki.

— Der Journalist, der sich seiner Klasse bewußt ist, der Fotograf, der nie im schwarzen Anzug beim Essen des Staatspräsidenten erscheint.

Der läßt sich nicht fotografieren.

Irma fand es lächerlich.

– Vielleicht ist er eifersüchtig, sagte Jäcki, auf deine Mamyaflex und deine Leica

– Er ist eifersüchtig auf mich, weil ich anschließend mit dir nach Hause gehe.

– Meinst du?

Verger nahm sie zu einem Candomblé mit, zu Vicente

Vor dessen Tempel gurkte ein mächtiger Halbwüchsiger auf einem neublitzenden Fahrrad herum.

Das ist ein afrikanischer Prinz, sagte Verger und durch seine blauen Augen, feines Craquelé, Eierschalen zerbrochen, in der Glasur zuckte ein kalter Blitz.

– Ein junger Gigolo, das sah Jäcki auf einen Blick.

Sexy.

Und er hat schon einen Bauch. –

Von Vicente wurde gemunkelt, daß er an Menschenopfern teilgenommen habe.

Er gehörte einer ganzen Sippe von Ogumpriestern an.

Kastrationen

Und Schächten von Babys

Verger stritt das ab.

Unten in der Baixa do Tubo

der Niederung der großen Abwasserrohre die zwischen Urwald und roten Lehmbergen eingezogen wurden da hatte Ogum befohlen sollte das Baby geopfert und mit Blättern gespickt an der Kreuzung liegen und die Ogumpriester hatten sich versammelt und die Polizei, der Staatssicherheitsdienst und das Heer seien auf den Beinen gewesen, vergebens, pünktlich, zur gebotenen Stunde lag das ausgeblutete Baby auf der Kreuzung mit Petersilie im Mund und nicht nur einmal, am nächsten Freitag ein neues und das Jahr drauf, jetzt, wieder.

Sie versammeln sich in der Bude aus Brettern und Pappe im fürchterlichen Kämmerlein liege der Jugendliche dem sie bei lebendigem Leibe die Hoden abdrehen und die Weichen einschneiden bis er verendet unter Blättern, Kränzen, Schleifen.

– Vicente gibt vor, er mache einen Gegekult, einen Kult des Hofes von Abomey aber das ist natürlich Quatsch.

Es gibt nur einen Kult der Gege in ganz Bahia.

Das ist Emiliano de Bomfin.

Auch wieder so ein Name.

Kulte der Könige von Abomey gibt es in Bahia nicht.

Höchstens am Amazonas, aber das steht auf einem anderen Blatt

– Warum geht er hin, wenn er ihn belächelt, dachte Jäcki.

– Was kommt hinter den offiziellen Ethnologensagen raus, wenn man dran kratzt

– Hinter den Besucherauskünften für Sartre und Botschafter und Delegation des französischen Kulturinstituts.

Die kleine Bretterbude war zum Fest brechend voll.

Nicht nur die properen Bewohner der Niederung mit der Abflußröhre, in ihren schrillen Minikleidern, deren Nähte etwas beutelten und weiße Honoratioren, Leute aus der Universität von Instituten, die durch Buchstabenhäufungen bezeichnet wurden, manche von der erschreckenden Weißheit, welche der afrikanische Untergrund erzeugte

Auch ganz schwarze Hausangestellte, die sich mit Pancake geschminkt hatten und aussahen als seien sie von einer fürchterlichen Blutkrankheit erfaßt

Sie schienen sich alle zu kennen, küßten sich ausgiebig über viele Ecken oder drehten sich ruckartig die Schulter zu

lispelten übereinander, vermieden sich einige schlaffe Helle bemühten sich um den Papst

Ein unheilgeladener Kurzer mit dem großen Kopf der Transvestiten boxte sich in die erste Reihe

– Das ist der Patenonkel des Prinzen von Ketou, tuschelte der Papst.

Die Trommler stritten sich.

Einer war schon abgehauen und wurde zurückgeholt

Dann ging es doch los

Eine Schwarze, die Jäcki in sich als Afroamerikanerin bezeichnete, obwohl er wußte, daß dies Wort rhythmisch in einem poetischen Text überhaupt nicht zu gebrauchen sei.

— Aber die Ideologie.

— Ja da sieht mans mal, dachte Jäcki.

— Aus rhythmischen Rücksichten bemüht man sogar ein Wort des Kolonialismus, wie Neger oder Schwarzer

— Und dann klassieren die revolutionären Kritiker der Gruppe 47 einen gleich als Reaktionär.

— Dabei ist es nur eine Frage des Beat.

— Ist Revolution eine Frage des Rhythmus.

— Das wäre aber schön.

— Das wäre eine Revolution.

— Eine Schwarze!

Warf die Steinzeitglieder hoch

Verwandelte sich in eine rasende vielarmige kinetische Götterplastik

Arme Fonteyn

Armer Nurejew

Arme Mary Wigman

Jäcki fingen die Gelenke an zu jucken

Irma zitterte der Drahtauslöser

Der Blitz feuerte die Besessene an

Irmas Züge verwandelten sich in eine Maske

Jäcki sah alles und hätte in der Mitte auseinanderklaffen mögen

Er sah die Empörung des Furienopferers Vicente

Die Betretenheit des Papstes.

Die rasende Provokation der Tänzerin

Irmas Konzentration die ihr unter der dünnen Haut in der Nähe der Augen pulste.

Das bißchen Mascara, das sie abends auflegte wurde vom Schweiß abgehoben.

Jäcki sah die Dicke, mit den gewaltigen Armen, die sich vor die Hergereiste lümmelte und Irma einige der schönsten Aufnahmen verstellte.

Und er fühlte, daß sie von ihm alle erwarteten, daß er eingriffe

Jäcki fühlte sich verantwortlich für die Riten, für die Fotos, für die Wissenschaft und für den Roman.

Es war nicht zum Aushalten.

Einer von den weichen hellen schwulen Anthropologen zupfte ihn an der Batterie des Blitzes und sagte:

– Das ist Adarun.

– Was.

– Der Tanz. Der heißt Adarun

– Ach so.

– Da wissen Sie gleich den Fachausdruck.

– Danke.

Eine Dicke fiel Irma um den Hals und auf die Glasaugen der Mamyaflex und verpatzte das Bild.

Und als Irma von den heiligen Frauen allmählich aus ihrer Trance gerempelt worden war und auch das Mädchen, das Adarun verfiel zusammensackte, sagte Verger:

– Der Sohn von Olga von Alaketu, der afrikanische Prinz, wissen Sie, ist nämlich Fotograph

– Ach so.

– Nicht sehr ernsthaft

– Er ist mehr so ein Schmarotzer, wissen Sie.

– Die haben als Priester und Angehörige einer der besseren Familien schon ein ganz gutes Leben.

Sie brauchen nicht zu arbeiten.

Für die Arbeiten und die Einweihung werden ganz schöne Summen bezahlt.

Vicente hat einen großen amerikanischen Wagen vor der Tür.

O, ja!

Sie nützen die Gläubigen schön aus

Ihre Macht geht so weit, daß, wenn eine Tochter nicht pünktlich bezahlt sie von der Trance überfallen werden und der Gott sagt:

Mein Pferd hat Sie betrogen

Es hat das Geld in der Tasche.

– Das Pferd hat das Geld in der Tasche.

– Der Gott reitet den Besessenen als sein Pferd.

– Oder als seine Tochter

– Auch Männer sind Töchter des Gottes.

– In Afrika tragen die Männer zur Einweihung die Haartracht der Frauen.

– Die Einweihung als totale Verschwulung des Kosmos denkt Jäcki, sagt es aber nicht, um den Papst nicht zu verwirren und von seinen Erklärungen abzubringen.

– Dieser Tanz da, dies Adarun, wie Ihnen der Kollege gesteckt hat.

– Wissen Sie, je wilder eine Trance, desto oberflächlicher

– In Afrika ist es oft nur so ein winziger Sprung, Riß

– Manchmal reden Sie mit jemandem und merken gar nicht, er ist längst in Trance gefallen

– Und die ist tief, tief.

– Je mehr man weiß, sagte Verger, desto weniger fragt man.

– Ich fotografiere gar nicht mehr sagte Verger.

– Er meint wohl, ich soll jetzt aufhören, fragte Irma

– Vielleicht so indirekt ja. Wie die Dithmarscher.

– Im Candomblé ist es wie in Dithmarschen beim Obersturmbannführer der Leibstandarte Adolf Hitler.

– Aber warum soll ich mir eigentlich von ihm was vorschreiben lassen

– Er hat uns hergebracht.

– Wir können im Candomblé schließlich nicht unter den Gesetzen der europäischen Gastfreundschaft auftreten.

Verger begann zu blinzeln.

Er knotete sich ein Batiktuch

Und der weiße lange dürre Prokurist begann zu schlenkern,

der Maître des Etudes, des CNRS begann seinen furchtbaren Tanz zu tanzen.

Jäcki konnte nicht hinsehn.

Jäcki sah in sich den eigenen Tanz, den er aufgeführt hatte, eben nach Hitlerjugend, Bombenteppichen B.B.kellerschrumpfleiche und KZfoto auf der Titelseite in den Kammerspielen, mein Herz ist im Hochland angefeuert durch Herrn Wiemann den Regisseur, durch Souffleuse Inspizientin, Regieassistenten und Beleuchter ein Geschlackere, Gehample, etwas Dünnes zu Hochaufgeschossenes, Gutturales

Sie mochten ihn alle nicht mehr ansehen

So peinlich war er.

– Die Ethnologen sind die Heiligen, dachte Jäcki

Das Zeitalter der Beschreibung von Forschern hat begonnen.

– Haben Sie den Hund gesehen, fragte Verger beim Weggehen.

– Welchen Hund.

– Den Dackel auf dem Altar von Ogum.

Jäcki ärgerte sich, daß er durch die Verzückung der Allgemein-
überlegungen die Beobachtung eines Details vernachlässigt
hatte

Und was für eines Details

Einen geopferten Dackel unter Federn, Kerzen, Blättern, Fliegen.

6.

Und nun zum Blutbad.
Jäcki wußte, wenn sie eine Chance hätten, ihre Wette zu gewinnen, dann nur bei Dona Norma.
Die vornehmen alten Yorubatanten, nie.
Bei Roosevelt Ribeiro?
Beim Hundefütterer Vicente?
Jäcki stellte alles an, was er konnte
Er spielte sich nicht gerade als Zuhälter auf, der Irma der Priesterin Professora Norma zuhielt oder, der den Gott Lazarus, Omolu, Babaluawe, Zakpata, den Gott der über Pest Lepra Pokken Syphilis Irma zuhielt
Jäcki hatte Mut
Jäcki verkaufte sich nicht, indem er versuchte die Götter, die Angehörigen der Besessenen, die Trommler, die einflußreichen Gräfinnen zu kaufen
Aber einen Kasten Bier spendierte er schon.
Und schämte sich.
Aber die Angst es zu verpassen.
Das neulich, das war die erste Puxada, die erste Saida
das Heraustreten nach 3 Wochen Einweihungseinsamkeit
Es folgte die zweite Puxada
Die dritte.
Sonnabend nachmittag die vierte.
Vier?
Ja, vier!
Und dann, am Morgen vor den Namen
Das Blutbad.

Jäckis Angst etwas zu verpassen.
Nicht klar genug zu beobachten.
Das Wichtigste nicht gesehen zu haben.
Das Entscheidende in seinen Aufzeichnungen zu vergessen.
Wissenschaft.
Neue Wissenschaft
Alles.
Vor allem wissen.

Wissen, was geht da vor.
Nicht irgendwelche Bände veröffentlichen und irgendwelche
Vorträge halten
Sondern wissen
Und das wie etwas ganz Kleines, Präzises
Was geht im Kopf vor.
Dalis Bohne.
Das Kino des Kopfes
Villons Diskurs mit seinem Herzen
Für dies Winzige, aber wirklich, wirklich alles!
Jäcki ging so weit mit Professora Norma die Opfertiere im
Matsch der Feira dos Meninos zusammenzuschachern
Er ließ sich von Irma dabei fotographieren
Dieter E. Zimmer verlangte ein Foto von ihm für die Zeit, für
die Rezension seines letzten Buches
Detlevs Imitationen Grünspan
Und Irma schickte das hin Jäcki, der Imitator, der Hirte kauft
mit Professora Norma die Opferziegen, die Angolahühner fürs
Blutbad.

Den Abend vorher breitete sich eine bikontinentale Mukschheit
aus, afrikanisch-brasilianische Labyrinthe, Lügen zwischen drei
Kontinenten.
Die Zeit.
Wann?
Das Blutbad.
Sie sagten sieben.
Jäcki richtete sich auf sechs
Denn zwar würde er nie den Wecker im Kopf der schwarzen
Gläubigen lesen können
Mal ging er vor, mal nach, mal auf den Punkt
Aber daß Professora Norma alles tat, um Irma und Jäcki zu spät
kommen zu lassen, war klar
Dann kam natürlich keines von den Eiertaxis, die einem sonst
den Nerv töteten.
Pünktlich um sechs bogen sie oben in die schlafende Provinz-
straße ein.

Leise ein Trommelgemurmel.
Aber Jäcki wußte.
Sie kamen zu spät.

Die Gangster, der Erzengel Gabriel, die versammelten Gräfinnen mochten Jäcki gar nicht ansehen.
Professora Norma war verschwunden
Aber die schedderige, palmenverzierte Doppeltür neben der Waschmaschine zuckte.
Sie zuckte
und war zum Anfassen nahe.
Hätten sie ihn zurückgehalten, wenn er darauf zugegangen wäre, Irma, die Sechsäugige mit schebbernden Mamyas hinterher und die Tür zum Allerheiligsten einstieß und sie blitzten, und das Blutbad schossen?
Die Doppeltür zuckte.
Dahinter geschah das ganz Unerhörte, das Ungesehene, Unwiederbringliche
Da wurde der Kopf gespalten.
Die Leiber zerrissen
Da wurden die kleinen Mädchen umgebracht und in einige wurden Colanüsse geknetet
Das Fremde.
Das Einmalige.
Das Äußerste.
Jäcki wurde übel.
Er wußte, er hatte die Wette verloren.

Die Doppeltür sprang auf.
Abgebrochene Entenfüße fliegen heraus
Die Doppeltür geht weit auf
Professora Norma mit blutverkrusteten Puschen sah Jäcki und Irma an.
Bat sie die beiden doch noch hinein.
Nein.
Es war aus.
Professora Norma sah sie an, aber nahm sie gar nicht wahr.

Ein weißer Tausendfuß, alle Mädchen des Schiffes verhüllt unter einem großen Laken flitzten an den Mamyas vorbei aufs Klo.

Professora Norma bat Jäcki ganz selbstverständlich ins Allerheiligste.

Da lagen die Reste des Furchtbaren
Geköpfte Böcke, Enten, die Mahlzeit der Götter, verschüttete Gallen, gebrochene Augäpfel in einem See aus Blut.

Jäcki intrigierte ein bißchen, kriegte Professora Norma dazu, daß Irma den Haufen der ermordeten Tiere knipsen konnte, den weißen Tausendfüßler, als er vom Gartenklo zurückkam.

Das gab es gar nicht als Foto.

Vielleicht.

Aber das interessierte ihn nicht.

Nur ein Geruch prägte sich wie die Trommeln ins Trommelfell in Jäckis Schleimhäute.

Nach Kerbel.

Nach dem Gott der Hunde fraß.

Nach Sarottischokolade

Und Bier.

7

Es war schmeichelhaft für Jäcki, daß er freien Zutritt zum Papst hatte.

Hansen-Bahia, das Diplomatische Korps, die Lehrer im Deutschen Kulturinstitut, die Anthropologen an Instituten, die Jäcki gelegentlich ausfragte einige Mütter und Väter der Heiligen wollten es nicht glauben.

Sie hielten Jäcki für einen Angeber, einen Hochstapler, wenn er von seinen Besuchen bei Pierri erzählte, erwähnte, daß der Papst ihm zwei Blätter genannt hatte und dann noch drei, daß er mit ihm beim Menschenfresser Vicente gewesen war und einen geopferten Dackel gesehen hatte.

Jäcki setzte sich über die Hürden und Schranken der Candomblégemeinde hinweg, indem er sie nicht sah

Pierris Vertrauen war schmeichelhaft für ihn, aber es bedeutete Jäcki nicht viel

Er hielt den dürren Menschen mit seinen Blätterzetteln für einen Schriftsteller dessen Bücher er gerade noch bereit war zu lesen

Sie waren trocken

Aber entbehrten wenigstens all des aufgeblasenen Quatsches, den Jäcki in der übrigen französischen Ethnologie zu entdecken glaubte.

Auch schienen die Angaben des Papstes zu stimmen.

Entgegen andren mehrbändigen Kompendien, wo jedes Datum falsch, jeder Ritus falsch gedeutet und jede Pflanze eine Lüge war.

Die Schilderungen des Papstes waren leichenhaft

Er trat ja nicht nur im Musée de l'Homme als Hexenmeister auf und im Apó Afonja als Professor des CNRS in jedem Umkreis mit einem doppelten Satz von Privilegien ausgestattet, er war auch beengt verkrüppelt in jeder seiner Welten, bei Vicente hatte er die Schächtungswunden zu zählen, die Früchte neben dem geopferten Dackel mit dem Schmeil-Fitschen zu bestimmen, und im Musée de l'Homme durfte er wohl nicht die Einweihungsgeheimnisse von Menininha de Gantois aufs Band sprechen.

Dies doppelt Beschnittene ließ eine Faszination vor dem Papst und seiner Arbeit gar nicht aufkommen.

Pierri ließ seine Kameras verstauben.

Das empfand Jäcki als einen Verrat des Franzosen an sich selbst.

Den mageren Mann und seine Blätterzettel umkreiste ein schlanker Mulatte
– Ein Pferd von einem Menschen
– Der schönste, den ich in Bahia gesehen hatte.
Aber Jäcki hielt sich mit Blicken und Hüften gänzlich zurück
Er wollte nicht die Gastfreundschaft des Papstes mißbrauchen um seinen schwarzen Mauersmann anzumachen.
Er hieß Antonio
Und drängte sich im Laufe der Wochen Jäcki auf.
Er kam wie zufällig nach dem Besuch im Viertel Liberdade auf Jäcki zu
Er führte Irma photographieren.
Jäcki erfuhr von seinen Lebensumständen
Und Jäcki notierte sie in ein bahianisches Schulheft für den Spiegel-Artikel.
Der Vater sei Anstreicher
Zwei Schwestern.
Ein Bruder
Antonio brachte sich mit Gelegenheitsarbeiten durch.
Auch bei Pierri.
Antonio sagte von sich selbst, er sei der einzige in der Familie der nichts tauge
Er mache jetzt einen Führerschein.
Dann wolle er als Lastwagenfahrer arbeiten.
Damit verdiene er 300 Cruzeiros im Monat.
Seine Freundin sei weggezogen.
Jetzt brauche er eine neue.
Mann oder Frau das sei ihm egal.
Vielen hier.

In der Stadt fände er Männer.

Geld natürlich, was sonst.

Eine Zeitlang habe er mit einem Franzosen zusammengelebt

Ach ja, wie alt sei er eigentlich.

20.

Antonio besucht Jäcki und Irma in dem unverputzten, halbfertigen Haus, die Drähte für die Steckdosen stechen aus der Wand.

Antonio will nichts essen.

Er hat schon zu Hause gegessen

Fejão

Bohnen.

Immer Bohnen.

Aber was andres will er nicht.

Sie gehen zu dritt an den Strand

Antonio taucht.

Er vollführt langsame Bewegungen unter Wasser, um Jäcki und
Irma darüber hinwegzutäuschen, daß er gar nicht schwimmen
kann.

Als Jäcki das nächste Mal Pierri besucht stellt sich Antonio hinter den Papst und vollführt eine Geste, als wolle er im Lastwagen den Gang einlegen.

Jäcki tut so, als habe er es nicht wahrgenommen.

Jäcki wurde bewußt, daß er sich über das Geschlechtsleben des
Papstes und Directeur d'Etudes gar keine Gedanken gemacht
hatte.

Jäcki interessierte an seinen Mitmenschen vor allem, was sie im
Bett machten.

Aber nur bei denen, die er im Bett haben wollte.

Seinen Roman über den alten Ethnologen und den jungen, der
sich aufdrängt und alles durcheinanderbringt konnte er sich
nicht vorstellen ohne Sex.

Jäcki würde darstellen müssen, wie der junge übrigens deutsche
Ethnologe bei Professora Norma beginnt einen der Trommler
wie wahnsinnig zu begehren.

Auch der hieß Antonio und war ein Familienvater mittleren Alters, dem ein paar Zähne fehlten.

Jäcki erriet an dem abgearbeiteten Körper einen wundervollen Arsch und vor allem einen überirdischen Schwanz, selten schwarze Lippen, der Erdteil als Aubergine

Doch das gab es hier oft.

Antonio, der Trommler aber verwandelte sich wenn er die schwierigen kontrapunktischen Rhythmen schlug –

das kitzelte Jäcki einmal die äolischen Maße der Sappho, die raffinierten archaischen Hexameter Homers in eine Verbindung zu bringen mit den verschiedenen Rhythmen der drei Trommler bei Professora Norma neben der Waschmaschine und weiter, die schmale Kontrapunktik Josquins des Prés, Okeghems aus der Zeit des hundertjährigen Krieges zu verbinden mit der afrikanischen Kontrapunktik zur Zeit der Hungersnöte im Staate Bahia. Jetzt.

Aber Jäcki war kein Musikologe.

Antonio verwandelte sich in einen Wagenlenker

Es hätte ihn nicht ein Athener gemeißelt sondern einer der prähistorischen Skulpteure von XX aus Benin.

Jäcki sah das Blut über Antonio rinnen

Er sah die Einweihungsnarben aus Stein

Und sah die großen geilen, blöden Augen des Wagenlenkers von Delphi.

Jäcki wagte nur gelegentlich zum Trommler hinüberzusehen.

Er würde nie versuchen, ihm die Hand auf den herausstehenden Globus des Arsches zu legen

Oder zwischen die Schenkel aus Stein zu fassen

Und mit der Hand die steinerne Aubergine zu seinem Mund anzuheben

Jäcki träumte davon, daß der Wagenlenker mit seinem von Narben gestreiften Gesicht über ihn stürzte,

ihm die Beine auseinanderriß, wie einem Strauch,

durch den man hindurchsteigt und Jäcki rüttelte,

stempelte, aufriß

Wenn der Blitz wie ein Zickzack durch die Narben fuhr

die Wunde des Mundes sich beruhigte, die Augen brachen

würde Jäcki merken, daß Antonio der Trommler in ihm drin das
Bewußtsein verlor.
Nie.

Verger fing an, durch die Geste des Lastwagenfahrers Antonio,
Jäcki sexuell zu interessieren.
Nicht daß er von dem dürren Papst mit den hellblauen zersprun-
genen Porzellanaugen aufgerissen werden wollte oder ihm das
Batiktuch von den Ziegenhüften reißen und den Gelehrten mit
der Nase in den Schuhkarton stoßen.
– Was macht er, dachte Jäcki
– Auch ein Greis hat ein Sexualleben.
– Auch das ist Gegenstand des ethnologischen Beschreibens von
Ethnologie
– Und eines Romans.
Jäcki stellte es so geschickt an, als wollte er den Papst gewinnen
Irma das Blutbad fotografieren zu lassen.
Der dürre Prokurist aus Lille oder Nantes begann über Wochen
für Jäcki der Gegenstand einer ethnologischen Koketterie zu
werden.

Jäcki tat so, als wollte er etwas über die Mütter und die Väter
rausbekommen.
Waren sie wirklich alle kesse Väter und Schwestern?
Der Papst ging Jäcki auch prompt auf den Leim.
– Sehen Sie den afrikanischen Prinzen mit dem Bauchansatz.
Er ist der Liebling des Ogumpriesters Vicente und existiert da
nicht schlecht mit.
In Bahia gilt es als männlich wenn man mit vielen Frauen koi-
tiert.
Männlicher ist es wenn man mit Männern stößt
Und am Männlichsten wenn man es mit einem Vater der Heili-
gen tut.
Der afrikanische Prinz braucht nicht zu arbeiten und besitzt in
der Favela vom Abflußrohr ein Fahrrad.
Alle Väter sind Tanten.

Und alle Mütter sind starke Persönlichkeiten, wie man das hier nennt.

Von da lenkt Jäcki den alten Forscher auf Afrika

Wie ist es denn da.

– Da ist überhaupt nichts.

– Oder wenn, dann nur ganz versteckt.

– Immerhin gibt es in Afrika einen Ausdruck für die Lesbierinnen.

Moala.

Reiben.

– Wie bei den Griechen.

– Tribaden.

– So.

– Weiß ich nicht mehr.

– Sie müssen wissen ich habe kein Abitur, sagte der Papst.

– Ich auch nicht, sagte Jäcki.

– Mein Buch über die Orisa und Vodun.. wurde von der Sorbonne auch so als These akzeptiert.

War der dürre Mann in seinem Batiktuch eitel?

Und dann sagte der Papst ganz nüchtern:

– Ja, ich bin ausschließlich auf Neger fixiert.

– Antonio natürlich.

– Wohl ausgerüstet

– und mit eleganten Beinen.

– Aber sehr langweilig im Bett.

– Gerne.

– Aber ich kann Ihnen nur abraten, wir haben ihn alle gehabt.

– Alle die Franzosen hier, Pithex und der Abbé.

– Da finden Sie doch in der Stadt für Ihr Geld was Besseres

– Da ist doch kein Mangel

– Ich erledige das sehr schnell.

– Ich bin nicht mehr bereit da irgendwelche Zeit zu investieren.

– Natürlich ausschließlich für Geld.

– Als Weißer und in meinem Alter.

In Rio schlafe ich immer in den billigsten Hotels.

Das sind Absteigen
Da kann ich die Jungen sowieso mit hochnehmen.
Das kann ich leider nicht machen, sagte Jäcki
– Wegen der Kameras meiner Frau. Die sind ihre Existenz.
– Meine nicht mehr.
– Eine Frau verändert das Leben eines Schwulen ganz schön.
Jäcki hätte den Papst schütteln können.
Wozu nur ein ganzes Leben leben und die Kontinente
und das bleibt nach.
Der Kassenbericht vom Supermarkt Pão de Açucar.

– Wegen des schwarzen Antonios hat er das doch alles einmal
angefangen mit den Steinen, den Kräutern, den Kontinenten,
dem CNRS + dem Adarun
– Warum weiß er nichts von der Homosexualität in Afrika, über
die nur Quatsch geschrieben wird sogar im Spartacus Guide,
dachte Jäcki.
– Ist es nicht die allererste Aufgabe eines Menschen sich selbst
zu erkennen und sein Verhalten in der Welt zu beobachten.
– Warum gibt er sich zufrieden.
– Ein kleines Wackeltänzchen vor dem geschlachteten Dackel
bei Vicente.
– Rotgestaubte Eier.
– Ein rotgestaubter Schuhkarton mit Blätterzetteln.
– Und ein Lastwagenfahrer, der ihm gegen Gebühren den Gang
schaltete.
– Das blieb vom Jugendtraum nach Schwarz.
– Von den Schluchzern nach dem Urwald, den Wilden nach Lö-
wen Menschenopfern Gold
– Von dieser ganzen Conquista.

8.

Jäcki vermeidet Antonio den Trommler bei Professora Norma
anzusehen.
– Ich fange schon an zu sublimieren.
– Wie Freud.
– Oder der Papst
– Und warum mach ich das alles? Die Features, die politischen
Artikel, die Kräuter, den Gehirninhalt, die Wissenschaft das Er-
kennen?
Weil er nur noch auf Schwarze stand.
Wie der Papst.
Seit dem dicken Osterhasen Charles.
Seit Eddie das Krokodil im Sahara getanzt hatte.
– Will ich hier anfangen zu verdrängen, der Wissenschaft halber.
– Weil der böse Sex die Religion stört und die Revolution?
– Die feine Konzeption von wissenschaftlich fundierter littéra-
ture engagée.
Was wäre das für eine Literatur?
– Gide!
– La Double Méprise.

Wie für Rio half Jäcki in Bahia de Todos os Santos der Spartacus
Guide.
Im Jahre 1970 war er schon zu einem dicken, länglichen Kom-
pendium angewachsen.
Die ganze runde Erde begann sich darin abzuzeichnen als ein
dicker Arsch.
Er gab für Bahia Plätze an, Kinos, wenig Toiletten, eine Sauna,
wo gar nichts los war, den Leuchtturm, und ein Hotel, das gar
nicht existierte.
Es war beruhigend, daß Jäcki seine unersättliche Gier vor sich
selbst als Arbeit ausgeben konnte, als Quellenstudium und Feldforschung für die strukturalistische Abhandlung über die afrobrasilianischen Religionen und als Backgroundinformation für
den Spiegelartikel.

Jäcki begann mit den Kinos.

Guarani und Excelsior

Moderne Kästen in denen niemand die alten Visionen auf dem Klo und neben der Vorführkabine vermutete.

Als er den Gang zum Parkett hochgeht, kann er gar nichts im Publikum erkennen.

Und auf die Leinwand guckt er kaum

Zu Alec Guiness in dem Expreß beim Postraub

Jäcki schiebt es auf die tropische Sonne.

Auf die unerbittliche, wie mediterrane Klarheit draußen.

Langsam heben sich die Schleier vom Publikum.

Zwischen normalen ineinander verliebten Liebespaaren läßt sich ein Zigeuner einen blasen.

Gelegentlich kommt der Platzanweiser mit der Taschenlampe

Im Gang oben stehen sie in einer Reihe hintereinander bis aufs Klo und sehen dabei auf den Orientexpreß.

Jäcki lernt die Bushaltestelle kennen und den Terreiro de Jesus, die schöne Aussicht neben dem Aufzug aus der Unterstadt, die verfallenen Paläste des Pelourinho, in die sich mit Pappen und Sperrholz die Absteigen hineingenagelt hatten.

Die Sänger und Tänzer aus dem Nordosten, die für einen höheren Preis, sagen wir hundert Mark um einen Bonbonstand eröffnen zu können, bereit waren in die Kirchen der frommen Stadt hinein ihren Arsch zu recken.

Jäcki besuchte die Quelle der Liebe wo es ein junger Mann in schwarzen Stiefeln drei Mal hintereinander aus Liebe tat und dann nicht mehr konnte, und der Seher kam, der Wirt, der verrückte Priester der Quelle der Liebe unter den Zimmern eine Krypta mit heiligen Betonstalaktiten und fragte:

Haben sie ihn remuneriert despachado wie die Götter

Und als Jäcki bejaht: Ja, die Quelle der Liebe vertrocknet nie

schwor Jäcki, er würde einmal eines seiner schönsten Kapitel über das Zimmer in einer Absteige von Bahia de Todos os Santos schreiben.

Jäcki fuhr zum Bahnhof hinaus, wo tatsächlich ein bißchen was

los war und streunte durch das Geschäftsviertel, um die Nacht-
wächter zu verführen
Er lernte die Straßen der Transvestiten kennen und die Straßen
der Nutten.

Die anständigen Frauen protestierten, wenn ein Taxifahrer über
den Pelourinho abkürzen wollte.
Die Bewohner der mittelgroßen schwarzen Stadt mußten den
langen Weißen mit dem auffälligen Bart für einen Irren halten,
einen Narren, einen Obsédé, eine Art Marsmenschen,
der täglich den Sängern am Terreiro de Jesus zuhörte
durch die Kinos hastete und zwischen den ruinierten Renaissancepalästen verschwand.

Eines Tages entdeckte Jäcki das Cine Pax in der Baixa dos Sapa-
teiros
Er mußte an den Kirchen vorbei, deren Ornamente wie unter
der Last des Goldes zusammengesackt waren.
Die Krüppel häuften sich vor den Tabernakeln.
Irma fotografierte dort
Ein dicker Mann in impekablem Anzug, dessen schöngekleidete
Frau eine Tüte mit Rinden vor die Bettler geworfen hatte
Rief:
Es ist schamlos, das Elend zu fotografieren.
Jäcki meinte daß er recht hatte.
Irma rief zurück.
Nicht das Foto ist schamlos, sondern das Elend.
Jäcki blieb baff.
Man mußte eine sehr steile Straße hinunter
Von der Jäcki zu träumen begann.
Sie wurde immer steiler und glatter
Jäcki lief immer schneller und schneller
Bis er aufwachte.
Auch die Bahianer hielten sich auf halber Höhe, halber Tiefe an
einem Telegraphenmast fest.
Unten die Baixa dos Sapateiros nach rechts – nicht weit von dem

kleinen Markt entfernt, wo die Mütter und Väter der Heiligen
ihre Kräuter für die Einweihungsgetränke kauften, das Cine
Pax.

Jäcki trat in es ein wie in den Bauch eines Walfisches.
Ein breiter Saal
Nur Hasten, Plätzewechseln, Rüberfassen in der letzten Reihe
stehen an der Balustrade Zum Engel der Hölle, Jeff mit Delon,
Jerry Lewis,
Ein Polizist der die normalen Liebespaare beim Küssen unter-
brach.
In der Osterwoche
Oben Christus am Ölberg
Unten Vaseline
Der Geruch des Urins zog die dicken Herren mit den zu kurzen
weißen Shorts an, Militärs, Polizisten
Die drei Kabinen waren immer besetzt
Einige stellten sich auf das Becken, um noch etwas von der Pas-
sion mitzukriegen während ihnen der Indianer einen blies.
Das nächste Mal ein Film über Cangaceiros
Einem Polizisten wird die Brust mit der Schere aufgeschnitten.
Der breite Saal brüllt vor Lachen.
Der Wal gurgelt.

Dann leert sich die Stadt
Das Terreiro de Jesus, der Aufzug, die Hauptstraßen
die Plätze werden von den Transvestiten eingenommen.
An einigen Kreuzungen sitzen noch die Bahianas.
Gewaltige Mütter in weißen gestärkten Kleidern, die bunten
Ketten der Götter am braunen Hals.
Sie sieden Bohnenklöße
Der Verkehr hat abgenommen.
Man hört die Vogelschreie der Transvestiten die sich um einen
Räuber streiten.

Die Traurigkeit der Schwulen, wenn die Geschäfte zumachen und auch die Kinokassen kein Billett mehr verkaufen.
Dann bleibt nur noch die Hoffnung auf den Taxifahrer
Ja, das wäre eine neue Ethnologie
Ein Jahr lang jeden Taxifahrer verführen.
Einen Lebensbericht
Seine sexuellen Angewohnheiten seine Wünsche.
Jeder Taxifahrer in Bahia de Todos os Santos ließ sich verführen.
Und da sie sich normal vorkamen, ließen sie sich auch ficken.
Nur gegen Geld.
Geld hieß: Ich lasse mich ficken.

Dann fuhr Jäcki nachts oft noch einmal durch die halbe Bucht aller Heiligen um eine ruhige Stelle zu suchen.
Eine Bucht wo nicht schon 100 leicht in der Nacht wippende Volkswagenkäfer versammelt waren.
Die Taxifahrer waren alle, fast alle sofort bereit mitzumachen,
Aber es durfte keiner sehen
– Wenn zwei Männer am Strand beim Ficken von der Polizei aufgestöbert werden kommen sie in die Zeitung.
Jäcki schnitt so einen Zeitungsartikel aus:
Die Lust führte in den Gerichtssaal
Ein etwas milchiger junger Mann im Raster
An der Brust ein Schild mit den Zahlen 027
Diario de Noticias, 3. März 1971, schrieb Jäcki mit Füllfederhalter an den Rand.
Der Homosexuelle Antonio Cosme verliebte sich in jeden Mann der ihm begegnete.
Schließlich stahl er, um Liebhaber kaufen zu können.

Wenn Jäcki in das halbfertige Haus zurückkam schrieb er Tagebuch.
Dann kochte er mit Irma
Muscheln zum Beispiel
Lamprettas hießen sie hier

Er machte sie an, wie er es bei Fioris in Montjustin gelernt hatte, mit Zwiebeln und Weißwein.

Irma hatte brasilianischen Champagner dazu eingekauft.

Stundenlang auf Irma liegen und über den Tag zu philosophieren wurde zu einer angenehmen Gewohnheit.

Irma schien das nicht zu mißfallen.

– Das wäre toll, sagte Jäcki

– Ich mache eine Feldforschung über Sex unter Männern

– Und wenn du das gleiche tätest – dann könnte man die Verhaltensweisen der Männer vergleichen.

– Dann wüßte ich endlich ob die Taxifahrer es mit Frauen anders machen.

– Besser? fragte Irma.

– Ob sie weniger langweilig sind.

– Ja.

– Aber du willst ja nicht

– Nein ich will nicht.

– Was gäbe das für ein Buch!

– Das wäre aber eine Untersuchung für Anthropos.

– Denn letztlich geht es mir ja nur um das Buch.

– Das Buch über Bahia.

– Nein, das Buch von der Schönheit des Mannes.

– Ich habe Nina vergessen, dachte Jäcki

– Das muß hinein und wenn Enzensberger dann zichmal über das schöne Material sagt:

L'embarras du choix.

Der Sargladen mit den Papiersärgen.

Die Leichen die auf dem Kopf fünf Kilometer zum Friedhof getragen werden.

Die Sektionen.

Die Nutten und die Strichjungen die am Sonntagnachmittag mal schnell zur Nina gehen.

Tote ansehen.

Die Enkel, die zugucken, wie Opa aufgeschnitten wird.

Pithex, der den Leichen seine Zigarre zwischen die Zehen steckt.

Das Buch von der Schönheit des Mannes.

Jäcki zögerte lange, ehe er zu dem Bestsellerautor ging, dem Kommunisten mit dem strahlenden Haus oben am kühlen Hügel, dessen Karrière Sartre geknüpft hatte in den Temps Modernes, der Bahia jetzt zur Buchmesse ausverkaufte.

Gefällige Nuttchen in Halbleinen, schnuggelige Anklage, schwere Jungs mit goldigem Herzen, genau das, was Hansen-Bahia dann vom Holzstock druckte

Folkloresammlung

Dienstboteneingang stand in Kacheln gebrannt an der Nebentür.

Zwei Möpse.

Der Bestsellerautor hatte in seiner Jugend ein Buch geschrieben

Kapitäne des Sandes.

Arme Jungen in den Lagerhallen am Hafen.

Auch etwas durch den Kosmos gerollt

Die Wunder der afrikanischen Mütter

Über den Candomblé, wie es Jäcki schütteln würde

dann lieber knochentrocken wie die Abhandlungen des Papstes.

Ethnologie als feuchte Prosa

Aber in den Sandkapitänen fühlte Jäcki ein mehr als parteipolitisches Engagement

Da war mal einer jung gewesen

Und hatte Hunger gehabt

Und vor einem Karussell gestanden ohne Geld.

Der Bestsellerautor, der Puffnovelist,

sah aus wie ein machistisches Weiblein.

Er empfing Jäcki freundlich.

Zeigte den Garten und die Folkloresammlung

Und sagte

Ich möchte mit jeder Frau auf der Welt schlafen.

Jäcki hätte ihn dafür umarmen können.

Ach, wenn er doch so schriebe.

Aber der Bestsellerautor wäre über eine solche Umarmung wohl gar nicht glücklich gewesen.

Ja, das wollte Jäcki

Wenn er ein Engagement, eine Utopie ein Paradies nennen sollte:

Jäcki wollte mit allen Männern auf der Welt schlafen.
Und Jäcki meinte, dies sei die Lösung aller Probleme.

Jäcki streifte nach dem Besuch wieder durch die Nacht.
Am futuristischen Denkmal unten vorbei, von einem Mitglied der Familia Bahiana, das es zu Ansehen gebracht hatte für 20 Millionen Cruzeiros angeblich hingestellt und versaute den Hafen mit den mehligen Segelschiffen die von der Toteninsel herüberkamen ganz.
Jäcki ging zum Stadion der Fonte Nova.
Fußball.
Das sollte 40 Millionen kosten.

Der Tankstellenwärter holte im Dunkeln einen langen dicken schwarzen Schlauch raus und sagte:
Uma Santa linda.
Eine schöne Heilige.
Jäcki faszinierte die Idee, daß der männlichste Mann
an seinem Geschlecht selbst umkippte ins weibliche.
Jäckis Bahia de Todos os Santos bestand aus schwarzen Gliedern
Er erwanderte sich den Plan der Stadt, wie man einen Körper streichelt.
Und er übersetzte das ins Hamburgische
Er schrieb es in seinem Roman über die Pubertät.
Eine Bucht aller Heiligen.
        Bahia de Todos os Santos.
        Bahia de Todas as Santas.

9

Jäcki hörte von einem Tempel im Urwald
Pedro de Batefolha
Und der Name gefiel ihm
Peter von der Blätterhaue
Peter der Blätterschüttler
Jäcki nahm den Bus nach Amarelina.
Den Weg unten Liberdade selbst ging er zu Fuß
An Casa Branca vorbei in halber Höhe auf den Bergen zu kleinen Häusern und Hütten.
Wenn man schnell hinsah, wie ein durchreisender Dichter, konnte man glauben es handle sich um eine Favela.
Vor der Casa Branca, inmitten der Götterbäume stand ein heiliges Schiff aus Beton.
Jäcki ging an der Einmündung zum Papst vorbei die gerade Straße rechts hoch
Da wurde es kolonial
Oder Kaiserreich.
Farbtöne, die Jäcki an Richard Oelze erinnerten
Hier schon Wald
Und eine weiße verschlossene Kapelle
Etwas von Genoveva und Lindwurm.
Dann das Bürgertum.
Breitere einstöckige Häuser.
Hier mußte man einen Wagen haben, um zum Supermarkt zu gelangen.
Agaven, an deren Blätterspitzen ausgeblasene Eier, wie große Früchte stecken.
Dann Senhora.
Der afrikanische Tempel.
Von außen konnte man gar nichts erkennen.
Scheunenartige Gebäude, die um große Höfe angeordnet waren.
Hier waren sie alle Mitglied.
Wie die zwölf Apostel, zwölf – wie hieß es noch – Obás
Die ganze Familia Bahiana.

Der Gouverneur, der Bestsellerautor, der Papst, Professoren.
Jäcki stellte sie sich vor, wie sie dort vor den Sklaven knicksten und hampelten und eifersüchtig jede kleine Gunst der schwarzen Mütter vor den anderen hervorkehrten.
Ich bin gut mit dem Volk.
Ich bin gut mit Xango.
In der Bundesrepublik hielt man sich einen Boxer
Es folgten Flächen, wo die Stadt Bahia de Todos os Santos den Urwald noch nicht ausgestampft hatte.
Große violette Rhizinusstauden über feuerfarbenen Lehmschlünden
Unter den Mangoriesen wohnten die tausend Götter und suchten unter den Kräutern hier die Kräuter, die sie in Afrika zurückgelassen hatten.
Es mußte stark geregnet haben.
Den Lehmweg durchkreuzten tiefe Schluchten.
Ein Lehmhaus an der Straße war weggespült worden.
Die Mauern rannen unter den Balken hinweg
Nach war das Skelett.
Silbrige Stämme, Äste, Zweiglein, die in der Form von Adern das Bauwerk durchzogen hatten und den Lehm der Mauern in der Trockenzeit gehalten.
Es war die afrikanische Bauweise.
Das Skelett des Hauses war ein afrikanisches Skelett.
In der Einöde stand ein Baum.
Vom Gewitter hohlgebrannt.
Aber er hatte überlebt
In der schwarzen schuppigen Höhlung standen Flaschen, kleine Porzellanteller und zwischen den Blättern hingen Handtücher
Diese etwas hausfraulichen Ingredienzien zeigten Jäcki an, daß sie den Baum in einen Gott verwandelt hatten.
– Sie werden sagen, der Gott hat von dem Baum Besitz ergriffen.
– Iroko.
– Loko.
– Oder ist der Baum der Gott.
Dann folgten Kleinbürgersiedlungen, Favelas

An den Telegraphenmasten hingen Lautsprecher, die über alle
Häuser den ganzen Tag Samba sprudelten
Kinder mit dicken Bäuchen
Der grüne Bach
Und wieder Mangos
Gebirge aus Ästen, Blättern, darin hingen wie an Bindfäden die
großen Früchte.
In einer weißen Mauer ein offenes Tor.
Hier drangen die Lautsprecher nicht mehr hin.
Das mußte der Tempel sein.
Hier wohnte Peter der Blätterrüttler, den Jäcki suchte.
Große Bäume
Verschiedene große Gebäude
Einige vom Regen umgelegt.
An einem wurden Maurerarbeiten durchgeführt
Etwas wie ein Wohnhaus.
Die Veranda.
Jäcki klatschte vorsichtig in die Hände.
Das Kammerspielgeräusch, wenn der Applaus zu Ende geht
Eine übelgelaunte schwarze Frau schlurrte auf die Veranda.
Sie war eben höflich
Der Vater arbeite.
Jäcki solle warten.
Jäcki wartete.
Er erspähte weiter hinten im Gelände eine Familie,
die vor einem umgitterten Baum stand.
In dem Baum hing ein weißes Tuch
Hinter dem Gitter rührte es sich, raschelte, der Wind fuhr in die
Blätter
Jäcki konnte nicht genau erkennen, was da vorging.
Aufstehen aus dem Schaukelstuhl wollte er nicht wieder,
er wußte, es würde als indiskret von der übelgelaunten schwar-
zen Frau aufgefaßt werden, die sicher hinter einer Jalousie stand
und den Fremden beäugte.
Jäcki schob den Kopf nach rechts nach links.
Auch hinter dem Gatter des heiligen Baumes hatte eine Ver-
schiebung stattgefunden.

Jäcki sah einen Mann, der dastand wie ein Brett in einem Nachthemd, die Hände wie beim Kommiß an der Hemdennaht und ein kleiner schwarzer Mann

fuchtelte mit zwei großen frischen Saunabesen an dem erstarrten Mann rauf und runter.

Die beiden verließen das Gatter

Der Starre löste sich, zog, wie bei Wilhelm Busch das Nachthemd über den Kopf und trat als mittlerer Angestellter in einem gelben Sonntagsanzug mit violetter Krawatte auf die Veranda.

Als letzter kam der kleine zarte Mann in einem unscheinbaren grauen Anzug.

Er hatte die Blätterbesen gerüttelt.

Er beachtete Jäcki nicht.

Ging ins Haus.

Die Familie verabschiedete sich von der übelgelaunten Frau.

Die Zikaden fingen wieder an, die Stille zu zersägen.

Die Insekten flirrten auf Jäcki ein.

Er sah die Bepflanzung der Veranda an.

Fast ein latinischer Blumenbalkon

Vasen, Töpfe, darin Geranien, Fuchsien, Basilikum, wie Jäcki ihn in Montjustin bewundert hatte.

Wenn er einen Wunsch äußern dürfte:

Er wollte ein mediterranes Haus haben aus Kalkstein,

das sich eben aus den umgebenden Bergen herausfügte

mit unregelmäßigen Fußböden und so einem Garten

mit Basilikum, Rosmarin und Oleander.

Das hier war kein mediterraner Garten.

Es war auch kein Basilikum dabei.

Jäcki kannte die Pflanzen nicht.

Auffallend eine, die sich hochrankte wie zur Zierleiste von

Runges Fischer un syner Fru

Pompeianisch doch.

Eher Second Empire.

Eine Blume künstlich oder giftig

Wie entworfen, nicht wie gewachsen.

Der kleine zarte Mann stand hinter Jäcki.

Er hatte sich umgezogen.

Er kam in weißem Leinen.

Es war wohl Pedro de Batefolha, der Blätterschüttler

Er stellte sich nicht vor.

Er gab Jäcki die Hand.

Vor dem scheuen, schwarzen Ernst der dem Mann eigen war, wußte Jäcki gar nicht, was er sagen sollte.

Er hatte kein Leiden.

Er kannte Pedros Riten kaum.

Er wußte nur, daß Pedro Kongo war.

Und er konnte nicht pardauz mit dem Blutbad kommen auf der Veranda, vor den Blumentöpfen

Sollte er die Wahrheit sagen:

Ich finde Ihren Namen so schön.

Jäcki verkleidete es etwas

Er sagte:

— Ich habe so viel von ihrem Tempel gehört.

Das stimmte.

Und:

— Ich finde die Bäume so schön.

Pedro lächelte zag.

Jäcki und der Blätterschüttler tauschten noch einigen bahianischen Smalltalk.

Die Kinder.

Ist Deutschland sehr weit.

Meine Familie wohnt in der Stadt.

Wir leben in Piatã.

Ah, am Meer.

Meine Kinder besuchen alle die Höhere Schule.

Ah, so.

Ich bin Angestellter bei der Stadt.

Dann wieder Schweigen.

Jäcki fühlte ein Reißen in sich.

Nur schnell weg.

Jäcki war schüchtern

So schüchtern, daß er in Ostrohe sechs Wochen den Bauernhof nicht verließ, ehe er nach Heide in die Stadt fuhr. Wenn nicht

dieser blöde Quatsch mit den Schwulen und den Nationalsozialisten in Deutschland gewesen wäre, hätte er mit Trygve zusammengelebt und nur mit ihm oder er wäre gar nicht das geworden, was man schwul nennt
und lebte mit Irma.
Jäcki brauchte nur wenig Menschen, die sehr.
Auch ziemlich langweilig,
Irma würde ihm, dem Unwilden, dann ganz schön auf der Nase
rumtanzen.
Irma war nur so gut, davon war Jäcki überzeugt, weil er so
schlimm war.
– Ich bin schüchtern, dachte Jäcki.
– Was hat mich nur zu dieser berufsmäßigen Taktlosigkeit ge-
bracht.
– Mit Männern für Geld in Pappzimmerchen mit Jungfrau Ma-
ria an der Wand gehen und Schweinkram machen.
– Und alte Herren nach Kräuterelixieren ausquetschen.
– In tausend Tempeln rumflitzen.
– Um das Blutbad zu knipsen.
– Eine ungeheure, blutige Angelegenheit, die Menschen unter-
nehmen, weil sie nicht mehr ein noch aus wissen.
Jäcki wollte sich schnell verabschieden.
Aber Pedro machte ein Zeichen mit seiner bewundernswerten
schwarzen Hand die innen ganz erbleicht war und schwarze
Handlinien aufwies.
Der Blätterschüttler holte einen Schlüssel aus dem Innern des
Hauses und ging mit Jäcki zu einem langgestreckten Bauwerk
hinüber.
Er klopfte dreimal an die Holztür, öffnete, sie betraten den Ge-
meinderaum des Tempels, Normas Waschküche, nur erweitert
ohne Waschmaschine, es hätte auch ein Shakertempel sein kön-
nen oder der ev. luth. Gemeinderaum mit Pastor Roager in
Hamburg-Lokstedt.
Pedro wendete sich nach rechts zog die Schuhe aus und klopfte
an eine nächste Holztür, dreimal und redete leise, ehe er auf-
schloß.
Jäcki hörte keine Antwort.

Der Blätterschüttler öffnete die Tür, ging hinein.
Auch Jäcki zog die Schuh aus, sah auf und sah
riesige, triefende, glänzende, schwarze Steinäxte.
Ein Raum ganz voller Gewittersteine
Unten kindergroß immer kleinere übereinander gestapelt
Von Fett oder vom Blut genährt
Menschen, Dackel, Embryos
Es war die schlimme Kammer.
Die glänzenden, schwarzen Steinäxte, welche die Afrikaner den
Indianern abgelotst hatten, starrten Jäcki prähistorisch an.
Was wäre das für ein Foto, dachte Jäcki und schluckte es herun-
ter.
Im zweiten Zimmer war Spielzeug winziger Tand, Silberkram
Märklin, Puppen, japanischer Import Hong Kong.
Das dritte Zimmer war von mystischer Stille.
Töpfe in denen die Toten wohnten
Weißgeschlemmte Tone
Das grüne Licht des Waldes wurde durch weiße Brautschleier
gefiltert
Die Töne der Außenwelt kippten weg.
Innen heraus aus sich hörte Jäcki die Schreie des Heiligen Jo-
hannes vom Kreuz, Kuhlmanns Kühle, er sah Schwester Silissas
weiß weggebundenen Hals
Cartacalo/la tanzte in ihm in langem Tüll auf dem Dach ihres
Schreberhäuschens in Lokstedt.
Exú, ein Hermes in Weiß ritt vorüber.
Der Hinkefuß rief, Hölderlin rief Io, Hiai, Hiai
Exú Exú.
Io Nachtwolke mein.
Ganz weiß.
Es war noch nicht vorüber.
Pedro schloß auch den dritten Raum wieder zu, zog seine
Schuhe wieder an und ging, als auch Jäcki sich seine Schuhe an-
gewackelt hatte mit ihm auf die Veranda hinüber.
Da saßen sie und schwiegen.
Aus dem Urwald klopfte es und klapperte.
Die übelgelaunte Frau wischte ein Kind sauber.

Jäcki sagte:
Das sind aber hübsche Blumen hier
Und wies auf die komisch altmodisch historistische.
Möchten Sie ein Zweiglein?
Sagte Pedro und machte keine Bewegung es zu brechen als
Jäcki bejahte.
Wahrscheinlich hätte ich das Geschenk abwehren müssen.
Der Blätterschüttler fing an, vor sich hinzubramarbasieren
über die Blätter.
Daß die Blätter sehr nützlich seien.
Daß man gar nicht genug wissen könne von den Blättern
Die schönen Blätter.
Ja die Blätter
Und die Blätter.
Überhaupt Blätter.
Jetzt ließ Pedro es zu, daß sich Jäcki verabschiedete.
Er knipste Jäcki einen Blütenstand, nicht höher als eine Hand
ab von der Blume, die Jäcki jetzt vorkam wie eine Goldschmie-
dearbeit aus der Renaissance oder wie ein Königsstab vom Hof
in Abomey.

Jäcki trug sie wie ein Ministrant durch die Favela.
Und Jäcki überlegte, ob Pedro de Batefolha, in der indirekten
Dithmarscher Art der Neger ihn nicht zu einer Forschung einla-
den wollte.
Man kann gar nicht genug wissen, hatte er von den Balkon-
pflanzen gesagt.
Konnte Jäcki etwas von den Pflanzen wissen?
Konnte er auf einem winzigen Gebiet in den drei Kontinenten
der afroamerikanischen Kultur Pedros Heilige Kräuter, das
Trancegetränk vielleicht nach strengen wissenschaftlichen Maß-
stäben von Sorbonne und CNRS wie der Papst beschreiben?
Den heiligen Urwald des Blätterschüttlers?

Es wurde Nacht.
Als Jäcki aus dem Urwald auf die Hauptstraße der Kleinbürger-
siedlung stieß, entdeckte er im Gebüsch Kerzenlicht.

Auf einem Porzellanteller lag eine gespaltene Melone
ein schwarzes Huhn ohne Kopf.
Der Kopf mit den grünen Lidern ein Stückchen weiter
eine Schnapsflasche
Darum herum Kerzen.
Das klappernde Insekt kam immer näher.
Es umkreiste Jäcki.
Er hörte es nur, er sah es nicht
Es entfernte sich und kam wieder mit klappernden Genossen
Kreiste im Dunkeln.
Jäcki wußte jetzt, daß diese Mahlzeiten am Kreuzweg die so
hübsch zubereitet waren, keine lieblichen Geschenke an die
Geister des Waldes darstellten, an den einbeinigen Indianer, an
eine irrende Hündin Hekate, an den Totenboten, an einen
schwarzen Hermes, den Gott der Zuhälter und der Diebe.
Die sorgfältigen Gerichte waren Gaben an Exú um Unheil zu
stiften Unglück Krankheit und Tod
Wer sich in ihren Umkreis begab zog das Verhängnis an.
Jäcki hatte alleine in der Nacht vor den bösen Kerzen keine
Angst.
Er hatte sich eben entschlossen, streng zu arbeiten, wissen-
schaftlich Descartes und Husserl, herauszubekommen mit wel-
chen Pflanzen, mit welchen Rezepten die Mütter und Väter die
Gehirnwäschen und die Trance ermöglichten.
Und jetzt hier vor der Melone, dachte er:
Ich glaube nicht daran.
Ich will den Glauben analysieren.
Ich glaube nicht, daß sie mit Melonen Unheil, Krankheit und
Tod beschwören.
Ich glaube es wirklich nicht.
Denn wenn ich es glaubte
Er nahm die Formulierung des Papstes wieder auf, aber der
hatte nicht weitergesprochen.
Dann ändert sich alles, was wir wissen und die ganze Welt.
Jäcki schlug das Zeichen des Kreuzes, das er im Waisenhaus ge-
lernt hatte.
Er schlug das Zeichen des Kreuzes mit dem Blütenstengel

den der Blätterschüttler ihm geschenkt hatte.

Ich glaube erst recht nicht an Jesus Christus.

Vielleicht war es dieser ganze in Verzaubern ertrunkene Abend, der ausführliche Gang durch Bahia de Todos os Santos, das dahingeschmolzene afrikanische Haus, das Äxtezimmer, die mystische Kammer und der behutsame schwarze Blätterschüttler, daß Jäcki aus seiner Waisenhauszeit die Kindergeste hervorholte.

– Schaden tut es sicher nicht.

– Und wenn der Teufel auf dem Porzellanteller sitzen sollte, nützt es.

Jäcki und Irma waren auf der Suche nach dem Blutbad.

Für Irma war es vor allem eine Angelegenheit von Belichtung, Brennweite und Geschwindigkeit, für Jäcki eine Angelegenheit des Satzbaus.

Jäcki stellte sich vor, wie, wenn er es nun endlich gefunden hätte, beschreiben würde.

In seinen Features für NDR, WDR, SWF hatte er Brasilien stenographisch hingefetzt, vereinfacht, übertrieben, abgerundet, stilisiert.

Er fürchtete fast, in die Bildende Kunst übertragen könnten seine Features ein bißchen so aussehen wie die Holzschnitte von Hansen-Bahia.

Jetzt hatte er sich zum Ethnologen entschieden.

Das war alles.

Jetzt mußte er alles darstellen.

Nicht emotional, oder spannend, oder innovatorisch, ex- oder impressionistisch sondern genau und vollständig, sagte er sich

Und er konnte sich eine genaue und vollständige Darstellung der afroamerikanischen Welt nicht vorstellen.

Da hatte Irma es leichter, wenn ihr Foto entzifferbar war, dann würde es zwar nicht unbedingt als Kunst gelten, aber in den Möglichkeiten ihres Metiers war sie dann genau und vollständig.

Wie sollten seine Texte werden.

Er hoffte manchmal er könnte etwas erreichen, wie die Darstellung von Blüten.

Pedro de Batefolhas kleiner Zauberstab gemessen und mit dünnen Instrumenten auf einem Lithographiestein ausgebreitet

leicht geschwungene, sepiafarbene Umgrenzungslinien und zarte blühende Farben, Blütenstand, Samenkapsel

die dicklichen Blätter der Fetthennengewächse,

getigert und an den Rändern der Blätter hingen rundum winzige Ableger, eine Fortzeugung, die nicht durch Stempel und Narbe geschah sondern durch Entstehung des Gleichen im Gleichen.

Vom Papst Pierri durften Jäcki und Irma wohl keine Hilfe fürs Blutbad erwarten, wenn er sich selbst nicht einmal fotographieren ließ, würde er sicher nicht seine Beziehungen zu den vornehmen drei klassischen Yorubatempeln aufs Spiel setzen, um Irma und Jäcki in den geheimsten und gefährlichsten Ritus der Stadt eintreten zu lassen.

Es kam ja noch etwas andres hinzu.
Jäcki überlegte, ob es nicht überhaupt, also quasi metaphysisch tödlich sein könnte, wenn man an etwas teilnahm was den Tod bedeutete, mit echtem Blut und mit einer ziemlichen Aufregung, Blackouts, Trancen, Gehirnwäschen und so weiter, aber nicht, um dann in einem nächsten Ritus aufzuerstehen mit neuem Namen, sondern nur, um es zu veröffentlichen, in den Entwickler zu tauchen und ins Fixierbad.
Ob nicht die Begehung, die Benennung tödlich sein könnte,
Sprich es nicht aus.
Unberufen toi, toi, toi, hatte er als Kinderdarsteller in den Kammerspielen gesagt.
Bahia de Todos os Santos war eine Stadt, das hatte ihm Hansen-Bahia gesteckt, in der täglich ein Kübelwagen mit Foltergeräten von einer Kaserne in die andre gefahren wurde, um Revolutionäre, Bauern, Saisonarbeiter, Studenten, Schüler zu foltern.
Nichts ärgerte Generäle die foltern so, als wenn man berichtete daß sie foltern.
Das Blutbad nun, dachte Jäcki, das täglich in mehreren der 600 oder 800 Tempeln der Stadt durchgeführt wurde aufzunehmen, hieß nicht nur, das, was unter den Göttern geschah, was in den Psychen losging – Irma würde auch das, was man gar nicht darstellen konnte, auch Amnesty International mit dem Jahresbericht nicht – in einem Cliché zusammenfassen.
Dies blutüberströmte Gesicht des Gläubigen mit den geschlossenen Augen schien Jäcki das Gesicht von Bahia de Todos os Santos in diesem Jahr zu sein, von Bahia de Todas as Santas
Und sicher konnten die Generäle und ihre Spitzel sich nicht vorstellen, was für Vögelchen aus Irmas dunkler Kamera im Spiegel herausflattern würden, aber daß die beiden in einem ihnen

selbst noch nicht deutlichen Verfahren, das auszudrücken versuchten was vorging, das würden die Generäle und die Spitzel riechen, Blutgeruch in der Nase,

Wenn Jäcki nachts aufwachte schlug die Idee auf ihn ein, er könnte das Blutbad wenn er es erreichte, bezahlen müssen, das wäre ihm, wie er so leichtfertig im Morgengraun weiterdachte egal, aber Irma, wenn nun ihr Gesicht
blutüberströmt zwischen Blättern dahinsinke,
an den Glasaugen ihrer Objektive das Blut antrocknete.

Würde Vicente Irma und Jäcki helfen, mit seiner Crew in der Niederung des Abflußrohres, die sich zusammen in Favelahäuschen trafen um junge Männer zu schlachten.
Sie hatten zu viel zu verbergen
Oder Professor Araujo
Der Päderast
Mit seinen fürchterlichen Scheren und Rasiernäpfen.

Professora Norma besuchte Jäcki nicht mehr.
Antonio der Trommler gab sich betreten, als er Jäcki am Pelourinho begegnete.
— Wir sind alle ganz traurig daß Sie nicht mehr kommen.
Jäcki wollte nichts unversucht lassen
Die bepunkteten Wunderwesen der Götter hatten sich in zwei junge Mädchen mit fürchterlichen Glatzen und eine Frau in den Wechseljahren verwandelt, die in Professora Normas Küche durch Abwaschen und Aufwischen die Honorare für die Einweihung zusammenschuften mußten.
Der Trommler sagte:
— Norma hätte Ihnen alles geben müssen.
— Nachdem wie Sie hier aufgetreten sind.
— Und wie Sie dazugehörten
— Wir finden Norma hätte Ihnen alles geben müssen
Und Norma selbst vertröstete Irma, mit etwas verstockten Gesichtszügen auf das nächste Mal.
Und Jäcki las ihr ab, daß Professora Norma sie auch das nächste Mal betrügen würde.

Oder übertölpeln, liebenswürdig
Und das war schlimmer.

Der unmethodische Jäcki entwickelte nicht gerade eine Methode aber doch so etwas wie Praxis
Erfahrung in den Tempeln, mit den Müttern und den Vätern, ihren Mukschheiten und Understatements
Er lernte, wie man es in der Bundesrepublik auszudrücken begann damit umzugehen, umzugehen mit den Herrscherattitüden und den Unterwerfungen.
Er, der in sich keinerlei masochistische Neigungen verspürte unterwarf sich den ehemaligen Sklavenmüttern und Sklavenvätern in seiner ethnologischen Raserei.

Beging Pedro der Blätterschüttler ein Blutbad?
Er sagte nichts über den Kult, wenn Jäcki der sich schon wie ein Depp vorkam, sonnabends den Tempel im Urwald besuchte, Pedro ihn in die fürchterlichen Kämmerlein führte oder an den eingekleideten Baum Tempo, Loko, Iroko, wo die Krankheiten hausten und der Tod, wo Pedro irgendwelchen kleinen Angestellten der Stadt in Vorstadtkleidern, die im verrosteten amerikanischen Wagen herausgefahren waren, mit Saunabesen Allergien, Pilzbefall und Bösen Blick abschüttelte.
Pedro führte ihn durch den Wohntrakt mit den düsteren verstaubten Empfangszimmern.
Die Läden waren zu und die Urwaldsonne beleuchtete gerade einen Ebenholzschnörkel an den Prunkstühlen.
Da hing der Ahne, der Urschüttler, der Gründer des Tempels unter verschimmelndem Glas.
Bernhardinho de Batefolha, in einem Foto aus den brasilianischen dreißiger Jahren das aussah wie von der Lokstedter oder Glogauer Jahrhundertwende von Jäckis Oma.
Ein verstopfter Mensch, schwärzlich, wie ein Freimaurer, er könnte auch einer Mördersekte angehören, entsetzliche Suppen ausgelöffelt haben und auf Kopfjagd gegangen sein.
Ein Foto wie Jäcki es nur aus gerichtsmedizinischen Akten oder aus dem Nachlaß von Reedern kannte.

In unserem Tempel ist noch nie fotografiert worden, sagte der zarte Pedro unerschütterlich.

Jäcki begriff, daß die Väter, die Mütter selbst im Sonntagsanzug mit den beuteligen Schulternähten zum anerkannten Lichtbildner der Stadt gehen wollten um dort, als Animisten erniedrigt, als anormale Gesellschaften, als Farbige in einen Pariser Sessel gepfropft zu werden und beleidigt sich selbst dann mit schrägen goldenen Fotographeninsignien verziert als solche nostalgische Karikatur in Händen zu halten.

Pedro würde Irma nicht einmal in die Blaubartkammer lassen mit den horrenden triefenden Steinen, geschweige denn zum Blutbad blitzen – wenn er überhaupt eins beging.

Nicht einmal das war rauszukriegen.

Jäcki lernte alle die Schweigen.

Die Listen,

Die Fallen

Die sekundären Riten die sich unter Ethnologen an den Riten der Götter entlang entwickelten wie Favelas um die Prachthäuser der ehemaligen Hauptstadt

Er lernte die Taktlosigkeiten

Die Ökonomie der Frage

Die Zielstrebigkeit

Die Schärfe, Entwaffnung, den Schnitt ins Gesicht ins Bewußtsein

die Überrumpelung

Jäcki tat so, als würde er geduldig

All das Gerumpel einer geistlichen Kolonisierung das Jäcki oft interessant genug fand, weil er ja vierhundert Jahre Kolonialismus, wie er meinte in vier Monaten noch einmal wiederholte, daß er zögerte, ob er dies, die Fieber und Erschlaffungen der Weißen die Hitze, das Schwitzen der Ethnologen nicht lieber zum Gegenstand seiner Forschungen machen sollte, als das Urmaterial, das Blutbad, die Kotsuppe, den geschächteten Dakkel

Aber das stand ja nicht isoliert.

Die Könige von Abomey wollten ja auch die Gewehre haben

Ein Gewehr für einen Kriegsgefangenen, einen Sklaven.

Jäcki interessierte die Reinheit nicht.

Ihn interessierten die Mischkulturen, die Mikroorganismen rituelle Strahlenpilze und Antibiotika die sich entwickelten zwischen dem ewigen Louis XIV., eines Sartre, einer S. d. Beauvoir, eines Verger und den Ägyptern und Professora Norma und ihren Sklaven oder zum Beispiel zwischen Mãe Bébé der Krankenschwester die sich, im Kalkül einer wissenschaftlichen Betätigung ausgedacht hatte, daß sie als Mutter der Götter mit Einweihungen mehr verdienen konnte als im Krankenhaus durch Spritzen.

Aber Jäcki war das egal.

Das war die Realität der Religionen, die sich in Bahia de Todos os Santos mischten.

600 oder 800 unreine Tempelchen die täglich neue Mütter und Väter vor sich hinzeugten nur drei im Jahr es würde Tausende Tempel in zehn Jahren ergeben.

Und wenn Mãe Bébé ihnen das Blutbad ermöglichte?

Auf den Dias stünde nicht geschrieben ob es das Blut in der Hochheiligen Casa Branca, das Blut des reinen Apo Afonjá oder der erlesenen Menininha de Gantois sei

Oder eine zuckende innige Teresa von Avila unter dem Folterstrahl bei Mãe Bébé

Allein schon der Name

Mutter Baby.

Da kam Peter Bichsel nicht drauf.

Sie hatte es aus einer kinderreichen Familie aus den Tausenden hungernden Arbeitslosen, die sich in Bahia de Todos os Santos begegneten bis zur Schulbildung gebracht, hatte wie immer den Leiter einer Clínica beim Kerzenessen bezirzt und war zur Oberschwester aufgestiegen; jetzt hatte sie vor eine kleine Bretterbude mit einigen Tunten und Transvestiten, die sie amüsierten, nach der Einweihung zu einem einflußreichen mächtigen Gotteshaus zu verwandeln in dem jährlich 10, 30, hundert zuckende Pferde der Götter durch Katalepsie, Trance und Blutbad eine erquickliche Rente für Mutter Baby abwarfen.

Jäcki erkannte das deutlich

Es interessierte ihn nicht.

Er wollte das Blutbad für Irmas Dias.

Mãe Bébé wollte Geld.

Sie war gewandt, dialektisch, sie mußte sich als schwarze Mysti-
kerin zwischen den Systemen dreier Erdteile genauso in Zwi-
schenschichten auskennen, wie der Kinderdarsteller und Romancier Jäcki oder der Papst des Musée de l'Homme.

Sie lud Jäcki und Irma zu Festen.

Sie gab sich großzügig.

Ihre Aussagen fielen wie vorgeprägte Münzen aus einem Dadl-
automaten.

Auch Professora Norma hatte solche Formeln:

– Ich bin arm

– Ich habe nie Glück.

– Ich muß jeder meiner Töchter die Einweihung bezahlen.

– Sie leiden Hunger in der Einweihungszelle

– Ich habe 20 Leute täglich durchzubringen

– Ich selbst bin schwanger

– Mein Mann bringt nur das Existenzminimum aus dem Erziehungsministerium nach Haus.

Irma sagte Jäcki:

Sie hat einen Eisschrank.

Ich habe es genau gesehn

Der Eisschrank war bis obenhin voll.

Mutter Bébé schürte Hoffnungen.

Sie zeigte die Einweihungszelle.

Sie öffnete den Laden durch den von außen das Foto des Blut-
bades in günstigem Licht möglich gewesen wäre.

Und sie dachte nicht daran, ihre erste große Einweihung durch
Irma und Jäckis Blitze im Klatsch der Götterstadt scheitern zu
lassen, das sah Jäcki.

Er begegnete ihr noch einmal –

die verlorenen Geschenke, der Kursus im Goetheinstitut für den
Sohn etc. waren Jäcki egal sie waren ihm peinlich genug über so
etwas redet man nicht

Die gewandte Oberschwester hatte sich in eine Opferschneiderin aus Benin verwandelt

Auf dem Boden lag ein verkrumpeltes Life oder Match

Beschissene Fotos, fand Jäcki.

Eine Beleidigung für Irma sie mit so etwas in Verbindung zu bringen.

Die sind gefälscht sagte Mutter Baby.

Ich kenne die Leute, die den Amerikanern das Blutbad für 1000 Dollar verkauft haben.

Sie haben viel Geld dafür bekommen.

Sie haben die Journalisten in den Wald geführt und einen kleinen Jungen als Mädchen ausgegeben und ein paar Ziegen geschlachtet und ein bißchen besoffen rumgegrölt.

Weil sie Angst hatten vor der Rache der Götter.

Das ist nichts wert.

Das Blutbad ist mehr wert.

Die Assoziation der afroamerikanischen Kulte. Es gab also schon einen Verein?

Will sie jetzt vor die Tür setzen, wegen Verletzung des Einweihungsgeheimnisses.

Der Leiter der Assoziation ist zur Polizei gegangen und hat erwirkt daß der Candomblé geschlossen wird.

Der Priester kriegte anonyme Telefonanrufe.

Er wurde mit Mord und Totschlag bedroht.

Einer der da im Wald mitgemacht ging sofort nach Rio.

Einer bettelt heute auf dem Terreiro de Jesus.

– Also, sagte sie im gleichen Atem:

Für ein paar Millionen mache ich Ihnen eins, im Wald

Für ein paar Millionen hieß ein paar Tausend

Mil Reis – also ein paar Tausend Mark.

Für ein paar Millionen will ich das Original sagte Jäcki jetzt genauso großartig – er hatte es von Held gelernt mit dem Atem umzugehen.

Er konnte es auf Befehl.

Kommen Sie morgen zu mir um sechs Uhr früh.

Jäcki hatte verstanden, worauf ihre Periphrasen und Ellipsen hinausliefen.

Er hatte richtig kalkuliert.
Er wollte es noch steigern:
– Mit den Kameras und Blitzen.
– Mit allem. Ich öffne Ihnen die Läden und Sie machen in Ruhe das Echte.
Jäcki wollte es ihr leicht machen.
Er nahm ihr die peinlichen Sätze von den schmal gekrampften Lippen.
– Und was ist das Echte wert.
– Zehn Millionen, sagte die Plastik aus Benin
Klapp!
– Bin ich bei Wolli und Maulwurf und Reimar Renaissance-fürstchen, dachte Jäcki:
Und Wolli würde sich ja noch umsonst blutig ficken lassen.
– Freier bin ich am Hauptbahnhof
Aber ehe er in sich in ein Jammergeschrei über die Käuflichkeit auch dieser Popkultur ausbrach überlegte er, daß es die Päpste waren, nicht Pierri der Papst, die die Welt mit Columbus und den portugiesischen Königen in einen universellen Kontakthof verwandelt hatten.
Und wäre Herodots Mater Aegyptia Bébé billiger gewesen?
Zweitausend Dollar wiederholte Jäcki so gierig er konnte und hoffte, daß seine Augen dabei glänzten
In der Spannung hatte Mutter Baby nun doch einen kleinen Zucker
Sie wippte langsam mit der linken Hüfte
– Fast so als versuchte sie einen Pups leise abzuschieben und hoffte nun, daß er nicht allzu unglaublich stinkt.
Jäcki stand auf
Er ergriff die nicht mehr schöne schwarze Hand von Mutter Baby – sie war zu fett – und küßte sie langsam, richtig, nicht wie Raddatz das machte bei der Buchmesse nur so drei Zentimeter darüber einen Luftschmatz.
Jäcki kam wieder hoch und sah Mutter Baby in die Augen und freute sich daß ihr die Pupillen abschwammen nach oben, in die Stirnhöhle rein.
Jäcki sagte mit aller Eleganz einer verwundeten Tunte, mit dem

Ausdruck größtmöglicher Verlogenheit, die haargenau stimmte und saß:

Mutter Baby, eine Freundschaft ist mehr wert als zehn Millionen.

Ich weiß, Sie würden sich Ihren Glauben nicht für 10 Millionen abkaufen lassen. Sie wollen mich auf die Probe stellen.

Und jetzt wurde er wütend, sein Atem zerschlug die Wörter, er verhaspelte sich:

Und ich, selbst wenn ich sie hätte, würde Ihnen das Blutbad nicht für 10 Millionen abkaufen.

Da käme ich mir in meiner Arbeit also, ich mir viel zu erniedrigt vor.

Und ging.

Bei Mutter Baby versuchte er es nicht noch mal.

Irma und Jäcki fuhren nach Manaus.

Papageienschwärme über dem Rio Negro.

Eine Wolke von Vögeln, die sich im Wenden grün färbte.

Nachts im lecken Boot auf der Suche der großen Seerose, die nach Königin Viktoria benannt wurde.

Wasser Stämme

Jäcki dachte er trete auf ein Krokodil.

– Nein, die Augen der Krokodile blitzen auf, rot.

Um die Kathedrale schwule Indianer.

Irma und Jäcki fanden den portugiesischen König Sebastião wieder, in dem Tempel am Amazonas

Sebastião kam über das Meer, um seine Mutter zu suchen.

São Sebastião sei Yapaná, Omolu, Ogum, Oxossi

– So weht die wahnsinnige Erlösersage, vom jungen König, der mit 18 im Wüstensand verschmachtete in den Urwald herein.

Das Blutbad fanden sie auch bei Mutter Papagaio nicht, nicht bei Mutter Zulmira und nicht bei Mutter Lobo.

Recife.

Der Klavierlehrer und Priester Alcides da Praia Rocha und sein hübscher Matrose verliebten sich beide in Jäcki, aber, Jäcki, der sich für ein Blutbad verkauft hätte, hatte keine Chance

Professor Alcides und sein hübscher Matrose fanden ein Blutbad scheußlich. I gitt, nein, die Götter ja, die Caboclos der Indianer, die Jungfrau Maria, Xango. Xapanna und der Doktor Eousorio aber ein Blutbad?
– Das ist sowohl unhygienisch als gesetzeswidrig.
Jäcki lernte das Cine Gloria kennen den Markthallen gegenüber, Orgien auf dem Klo, im elektrischen Schatten, auf dem Rang ein großer Neger mit versilbertem Kräuselhaar saß, ein schwarzes Glied wie ein drittes Bein im Schoß, auf das setzten sich im Laufe einer Vorstellung während Nurejew und Fonteyn auf der Leinwand das Bein hoben alle Tunten der Stadt und hüpften zur Musik von Prokofjief gurgelnd vor Wegwurf auf und nieder.
Als Nurejew und Fonteyn fertig waren
hielt der Neger das Glied immer noch in die Höhe
wie eine schwarze Gewitterkerze
Und als das Licht anging stülpte er, wie damals Bruno Quasnijak, als Tante Hilde ins Zimmer trat, den Hut drüber.

Nach Aracaju.
Da gab es ein Schlangenrestaurant.
Jäcki zwang Irma hin.
Sie hätte viel lieber Hammel gegessen oder Filet oder Schwertfisch
Jäcki wollte Kröte, Schnepfe, Python und Krokodil.
Es war keine Verfressenheit
Und die Idee der Endangered Species war noch nicht modern
Jäcki inszenierte ein Foto um den dicken Koch umgeben von seinen Irma entsetzenden Zutaten, vor sich ausgeweidete Leguane die mit den Zehen noch einen Ochsenfrosch am Bein martern, der verzweifelt versuchte zu entkommen.
Jäcki achtete darauf, daß bei den mythischen Tieren immer auch die Omopackung mit drauf war und das brasilianische Spüli
Irma grauste
Als dem Ochsenfrosch die Haut abgezogen wurde, meinte Jäcki

er dürfe es als Reporter nicht verpassen und da Irma schon ganz übel vor ihrem Teller mit Krokodilskoteletten saß, nahm er ihr die Leica von der Schulter und versuchte den dicken Koch und den dicken Frosch in einen passenden Rahmen zu bringen.
– Du mußt draufhalten, schrie Irma, entriß ihm die Kamera und hielt auf das blutige Geschmatze aus Händen, Häuten und abgeschnittenem Kopf.
– Tue ich es aus Gier?
– Nein.
– Vielleicht ist bei mir nur die Fähigkeit Mythen, Geschichten, Schichten, Strömungen zu dokumentieren auf eine widernatürliche Weise entwickelt.
Doch die Schlange schmeckte ihm.
– Ich könnte keine Schlange runterkriegen, sagte Irma.
– Es gab eine Zeit, da liebtest du mich, sagte Jäcki:
– Und aßest mir zuliebe Schnecken und Austern.
– Austern esse ich auch heute noch. Aber Schlange?
– Vielleicht ist es auch als Rache für die Bibel.
Jäcki entdeckte in den Plastikstühlen des Schlangenrestaurants, in der Omopackung, in den blutigen Eingeweiden des Leguans die Küche der Sammler und Jäger
Er sah in dem dicken Koch und seinen Ochsenfröschen nicht nur zwei Kontinente zusammenschießen, den schwarzen und den indianischen
sondern Entwicklungsschichten, Vegetationswellen
Die Küste, die unendlichen Küsten und den Wald.
Er sah – während Irma weiter das Krokodilsleg herunterwürgte den Waldläufer, der in Wolkenkratzern aus Gras vorüberschritt und den schwarzen Taucher in Bergen aus Kristall.

Der Koch dankte es ihm.
Jäcki hatte von Glauben an zu murmeln gefangen, von Zeremonien, von Riten
Und der Koch hatte dazu mümmelnd den Kopf gewogen.
Vom Blutbad.
– Blutbad, sagte der Koch lächelnd.
– Ich habe da eine Freundin, sagte er.
– Nanã!

– Nanã?
– Ja Nanã.
– Wie komisch.
– Warum?
– Ich schreibe ein Buch, sagte Jäcki:
– Da kommt eine Nanã drin vor.
– Das ist so eine Göttin.
– Ich weiß.
– Ihre Opfer werden nur mit einem Holzmesser getötet.
– Sie wissen aber viel, sagte der Koch.
– Sie macht die Schöpfung noch einmal.
– Ja.
– Mit Fröschen.
– Ja.
– Aus Matsch.
– Macht Ihre Freundin das?
– Sie ist fünfundneunzig.
– Sie können sie ja mal fragen.
– Wissen Sie, was ich suche?
– Nee.
– Das Blutbad.
Der Koch riß einen Zettel aus einem Heft
Er schrieb auf das Millimeterpapier einen Empfehlungsbrief an
Nanã.

Nanã war zweiundneunzig und genauso lang und dürr.
Sie sah aus, wie ein General aus dem Revolutionsheer des Lam-
pião.
Sie verliebte sich in Irma.
Nanã versprach das Blaue vom Himmel herunter.
Sie hatte ihr Leben lang und das war fast ein Jahrhundert lang
auf einen Tempel gespart.
Den würde sie nun im Herbst einweihen.
Mit Erzbischof Gouverneur und so weiter.
Jäcki wußte nichts von dem anderen Blutbad, das in Aracaju
stattgefunden hat.
– Ja, mit Blutbad ja.

– Hundert Blutbäder.

– Klar, Sie dürfen fotografieren.

– In drei Monaten also.

– Jetzt haben wir es erreicht, sagte Irma, als sie mit einem Bus mit Klo, klimatisiert nach Bahia zurückkehrten.

Die Klotür flog immer in den Kurven auf, wenn man drin saß.

Und der ganze Bus stank.

– Glaubst du ein Wort von dem, was Nanã sagt.

– Ja.

– Ich nicht.

– Klar.

– Das sagst du nur, weil du sexuell von ihr abhängig bist.

– Paß bloß auf, für das Blutbad bei Nanã mußt du hinhalten.

Jäcki mit dem Versprechen des Blutbads bei Mãe Nanã wurde ruhiger

Er konnte es sogar ertragen zu einem Totenfest bei Pedro dem Blätterschüttler eingeladen zu sein, Irma mitzunehmen und sie nicht fotografieren zu sehen.

– Das ist ein sehr vornehmer Ritus, sagte Jäcki.

– Eigentlich müßte ich im geheimen die Gesänge mitschneiden.

– Und warum tust du es nicht?

– Das ist gegen die Gesetze der Gastfreundschaft.

– Ist es nicht auch gegen die Gesetze der Gastfreundschaft eine neunzigjährige lesbische Priesterin solange zu beflirten, bis sie einen das Blutbad fotographieren läßt.

– Ja.

– Also?!

– Ich bin mit Nanã nicht befreundet.

– Ich auch nicht.

– Aber ich bin mit Pedro nicht richtig befreundet.

– Aber dieser Wald.

– Also wenn ich mich je einweihen lassen würde

– Ich meine, ich werde mich nie einweihen lassen.

– Dann wäre es bei Pedro als Ogã da Folha.

– Was ist das.
– Der Priester, oder der Würdenträger, der die Blätter zu betreuen hat.
– Ich bin nicht mit Pedro de Batefolha befreundet.
– Und?
– Dann kann ich ja die Gesänge aufnehmen.
– Und wie willst du das machen.
– Ich tue den Cassettenrecorder in den einen Beutel der doppelten Handtasche von Selbach.
Das Mikrofon verstecke ich zwischen den beiden Beuteln.
Am Mikrofon ist das Pausenhebelchen.
Das schiebe ich hoch, wenn es losgeht.
– Ich verrate die Religion, sagte Jäcki:
– Was hat Genet im Tagebuch eines Diebes geschrieben?
– Die Deutschen sind Diebe.
– Bist du Deutscher?
– Nein Halbjude
– Und gläubig?
– Nein.
Die Toten lagerten zwischen den Bäumen
Die Gemeinde in Weiß.
Sie sprachen im Flüstern.
Die Götter kamen nicht.
Jäcki versuchte sich die umständlichen Tänze einzuprägen die mit Totenpfennigen ausgeführt wurden.
Benetzte Kalebassen klangen wie getrommelte Schädel
Doch zwei Götter kamen.
Iansa die Göttin des Feuers fürchtet die Toten nicht
Und Ogum, der Eisengott.
Iansa entstürzte mit einem Schrei in den Wald wo die Erinnerungsstücke des Toten, sein Stuhl, sein Hut, seine Ketten, seine Uhr vergraben wurden oder in einem Strom versenkt.
Als die Gräber zurückkehrten, durfte man sie nicht ansehn
Cocunda de Yaya, die alte Priesterin drehte Irma zur Wand.
Als es vorbei war, durften Irma und Jäcki den Heiligen Wald noch lange nicht verlassen.
Irma hatte die Cassette auf dem Klo gewechselt

Und Jäcki brannte darauf, zu wissen, ob der Apparat funktioniert hatte.

– Die Toten lauern bis zum Morgengrauen in den Ästen.

Auf der Veranda lümmelte die Totengemeinde herum.

Es gab Kaffee

Die Vögel in den Bauern schrien.

Pedro führte Irma in den Gemeindesaal, es wirkte fast, als wolle er sie ermutigen von den Totentrommeln, den Kerzenstummeln, dem verstreuten Mehl und den kleinen Münzen ein Foto zu machen.

Irma versteckte ihr schlechtes Gewissen hinter stolzem Schweigen.

Als die Sonne aufgegangen war fuhren Irma und Jäcki mit den Trauernden auf einem Lastwagen nach Bahia rein.

Das lag im ersten roten Licht.

Jäcki schaffte es, eine Einladung zum Jahresfest Eduardo Ixexas zu erhalten, der war aus Ixexa und sprach fließend Ixexa – und hundert Jahre alt.

Ach, es gab so furchtbar viele Themen.

Jäcki hätte sich zerreißen können.

Ganz abgesehen von seinen Verpflichtungen als politischer Journalist mit einem Vorschuß vom Spiegel.

Als Kameraassistent von Irma

Synkretismus zum Beispiel.

Glauben sie an die Jungfrau Maria oder an Jemanha.

Der Rhythmus und die Melodien der Trommeln.

Die Kunst der Fuge der Trommeln.

Können Trommeln reden

Und was heißt das?

Reden sie in der Art des Morsens oder imitieren die Trommler den Ausdruck der menschlichen Stimme?

Die Gehirnwäsche.

Alltag!

Die Menschen in Bahia de Todos os Santos bestanden ja nicht nur aus Ekstasen, Schwänzen, Krankheiten, Folter und Kräutern.

Wie erzogen sie ihre Kinder.
Was kochten sie
Hygiene.
Candomblé und Revolution, natürlich
Candomblé als eine Art naiver Surrealismus.
Die surrealistische Revolution von Professora Norma.
Altäre als Assemblagen.
Pop Art
Minimal.
Psychoanalyse
War das nicht alles ein Blödsinn.
Alle die Kirchenwaschungen, die Feste für Jemanha, die Puppentaufe
Das würde er nie ganz ausschreiben
Für den Spiegel, für sein Buch.
Schon gar nicht für seinen Roman
Und das Blutbad.
Romantik, Exotismus. War das nicht schlechtester Hans Henny Jahnn?
Jeder Jahresbericht von Amnesty International war entsetzlicher.
Über die Gesten einer Religion Buch führen
Sich selbst unter die Lupe nehmen, wie eine Pflanze,
ein endloses Tagebuch über das Milagre de São Joaquim
Ethnologische Gesten als biologische Formen.
Listen.
Litaneien.
Sollte er sich nicht auf sich selbst konzentrieren, auf sein Land, auf die deutsche Philosophie zum Beispiel und welches Unheil sie Jäcki von allem Anfang an angerichtet zu haben schien bis in ihre letzten Blüten?
Anstatt die Ideologie brasilianischer Generäle im Spiegel zu behandeln
Und die Schilder Ordem e Respeito, Ordnung und Respekt in den Candomblés entsetzt neben den von der Trance Aufgelösten zu notieren.
Tagebuchberge, Riten, wie zu einem Herbarium gepreßt.

Sollte er sich nicht lieber auf den alten Mann begrenzen, der den edlen schwarzen Körpern nach, aus Paris, Pétain, Mauriac heraus, geflohen war und der nun dürr, in eine Batik gehüllt saß vor rotgestaubten Blätterzetteln in einem Schuhkarton und der einen mauligen Antonio für

einmal ohne Küssen zehn Cruzeiros gab

Und das fand Antonio fürstlich.

Küßte aber dafür doch nicht.

War da nicht alles drin.

War das nicht das Thema der Befreiung von Europa seit Hekataios, bis hin zu Rimbaud und seinen verhungerten Domestiken, zu Hans Henny Jahnn und seinen kosmischen Südafrikavisionen, zu Lévi-Strauss und seinem steinzeitlichen Bewußtsein und zu Jäcki selbst.

Wie war das eigentlich mit Irma?

War sie auch romantisch, exotistisch, historistisch, im- und expressionistisch?

Jäcki kam sie vor wie eine üppige Steinzeitvenus,

so schwer, daß er sie gerade mit zwei Händen aufheben konnte

Sie stand – so schien es Jäcki – ganz schwer, in sich ruhend würde es in einem feinen Roman wohl genannt werden, wo sie stand –

Etwas übertriebene Körperausbuchtungen

Wo sie stand.

Kamera um.

Selbst wenn sich Jäcki entschieden hatte, Bahia de Todos os Santos, Bahia de Todas as Santas zu verlassen, den neuen Beruf des Ethnologen, den engagierten Spiegeljournalisten an den Nagel zu hängen und als deutscher Romanschriftsteller auf einem Bahnhof in der Bundesrepublik weiterhin Romane zu produzieren, die von Hölderlin handelten, von der Mauer, von den Indianern in Bonn und den Gehirnwäschen in Mainz – praktisch wäre es schwierig gewesen sich zu lösen

Jäcki hatte zu viel unternommen.

Er war in ein Geflecht von Handlungen eingewachsen wie eine Grassode in Rasen.

Er hatte zum Beispiel an Hagenbecks Tierpark geschrieben wegen dem Löwenzahn und dem Wolfszahn, den Mãe Bébé für eine Arbeit benötigte.

Und Hagenbeck antwortete.

Mit dem sturen Briefkopf, mit Fernsprecher, mit Carl Hagenbeck Tierpark Hamburg-Stellingen Tierhandel lagen auf Jäckis dunklem Kolonialtisch in dem halbfertigen Haus von Piatã plötzlich die Dinosaurier, die Betontiere, die Schreie der Affen, das Brüllen der Löwen am Abend vor dem Terrorangriff

Als Hamburg brannte liefen die Büffel in der Kaiser Friedrichstraße herum.

Schlangen fraßen die Äpfel in den Schrebergärten.

Später schlüpfte er mit Alfred Wöbke durch die Löcher des Zauns.

Mit dem durfte er nicht spielen, denn Alfred Wöbke aß Krähen und rohe Frösche.

Sie wanderten durch den verwahrlosten Tierpark.

Die Urzeit schlief.

Die Wildnis harrte.

Sie spielten Indoche und Trapper.

Jäcki hatte es alles beschrieben.

Den Brand von Hagenbecks Tierpark.

Die Kinderspiele.

Die Befreiung durch die Alliierten.

Das neue Theater, das aus der ganzen Welt in die Kammerspiele hineinschwabbte nach zwölf Jahren Lesediktatur durch Goebbels

Eurydike, Meine Nichte Susanne, Wir sind noch einmal davongekommen

Jäcki hatte es alles beschrieben, in dem Roman, der jetzt in Deutschland erschien.

Die B.B.kellerschrumpfleichen.

Das Mammutbaby in den Kammerspielen

Den Hunger

Und die Währungsreform.

Jäcki fing an zu fiebern, wenn er daran dachte.

Hatte er es richtig geschrieben?

Die Stimmung, die Wehmut, die Sehnsucht.

Die zerbröckelnden Ruinen, der Rost, der die Ämter und Bunker des Schreckens zerfraß.

Die Spiele der Zeit vor der Pubertät.

Die Schnecken.

Didi Hagenbeck war ein freundlicher Junge gewesen, der Jäcki und Jürgen Kühl auf dem Schulweg begleitete.

Es war nicht nur daß er älter war und anders roch und ein erster Bart seine Oberlippe beschattete daß Jäcki etwas Fürchterliches und Bewundernswertes zwischen Didis hübschen Beinen aufwachsen sah ja, das würde Jäcki beschreiben müssen in seinem Roman über die Pubertät, diese Gefühle, die gar nicht wußten, was sie sollten

Didi umwehte vor allem etwas von Löwen, Schlangen, Dinosauriern und roter japanischer Brücke.

Und jetzt war es ein Brief, Luftpostzwiebelpapier,

getippt von einer Sekretärin, und eine Unterschrift, blaue Tinte, Montblanc,

Wahrscheinlich Goldfeder, dachte Jäcki

Carl Hagenbecks Signatur oben in der Mitte,

Ein Medaillon mit einer Portraitzeichnung, der Tierhändler, den

Mutti noch in Buden und Zelten am Neuen Pferdemarkt besucht hatte. Exotenschau
Inhaber:
Carl-Heinrich Hagenbeck
und Dietrich Hagenbeck
Fernsprecher.
Telegramme
Carl Hagenbeck
Nochmal
Tierpark Hamburg-Stellingen Tierhandel
Jäckis Name
c/o Instituto Alemão
Avenida 7 de Setembro 210
Bahia-Salvador Brasil
Hamburg, den 29. 3. 71.
DH/A
Lieber Jakob!
Es tut mir herzlich leid, aber leider kann ich Dir weder einen Wolfs- noch einen Löwenzahn besorgen.
Es ist mir auch, ehrlich gesagt, schleierhaft, wie ich Dir so einen Zahn beschaffen soll.
Absatz.
Ich habe inzwischen mit dem Zoologischen Museum telefoniert, die natürlich ganze Gebisse da haben, aber keine herausrücken wollen, da sie diese natürlich – zweimal natürlich – für ihre Sammlung gebrauchen.
Absatz.
Es tut mir leid, daß ich Dir nicht helfen kann.
Und dann nach rechts gerückt:
Mit freundlichen Grüßen
Dein
jetzt Montblanc
Dietrich
Bankkonto und so weiter
Bahnstation: Hamburg-Altona. Leergut: Hamburg-Stellingen.
Gerichtsstand und Erfüllungsort: Hamburg.
Das wars.

Würden sie in Hamburg sagen.

Das blieb von Löwen, Mammutbabys Terrorangriff,

B.B.kellerschrumpfleichen, Pubertät, Sturmwind.

Praktisch.

Syntaktisch.

Das war der Jargon, der Jäckis Forschungen in der Heimat erwartete

Heimat deine Sterne.

Sie leuchten mir wie ein Diamant.

Das war die Stimmung auf welche Jäckis Romane trafen.

12

Jäcki schnitt einen Artikel aus dem Estado de São Paulo aus
Eine Zeitung, wie er sie sich in Europa oder Afrika nicht vorge-
stellt hätte
So schwer wie drei Telefonbücher
Eine Zeitung wie ein Meer
Wenn er das mit den Zeitungsromanen bei Rowohlt nach dem
Krieg verglich
Eine Nummer des Estado de São Paulo
Zehn Rotationsromane in eins
Steinbeck Die Straße der Ölsardinen
Zehrer Der Mensch in dieser Welt.
Faulkner Licht im August
Plivier Stalingrad
Alles das ging bequem in eine Nummer des Estado de São
Paulo, den Jäcki gegenüber vom Aufzug am Gouverneurspalast
kaufte.
Schwarze Indianer schon geortet
Die Expedition der Funai, welche nach nomadischen Indianern,
die auf Kanus leben und die Fazendeiros von Goias an der
Grenze mit Bahia mit ihren ständigen Attacken erschrecken,
ausgezogen ist, ortete bereits fünf Niederlassungen der soge-
nannten schwarzen Indianer.
Jäcki fängt an zu träumen.
Er sieht den Urwald
Die Flüsse aus Inkagold
Und die Cáravellen der europäischen Mörder, Zuhälter, Nutten,
Strichjungen und Beichtväter,
lauter Wolli Köhlers, Pierri Vergers, Reimar Renaissancefürstchen, Schwester Silissas, Pastor Roagers
Er sieht die ganze Sahara Bar mit allen Stämmen Afrikas versklavt mit Keuschheitsgürtel, Eisenmasken, vorgeführt wie
Zuchtbullen
und die Flüchtlinge die vor Reich-Ranickis ausreißen mit Bam-
busboten, in Blätterhütten sich zusammentun kakaofarbene und
rote, wie sie genannt werden, schwarze Indianer.

Die schwarzen Indianer mischen die Blätter von der Küste, der Küste jenseits und die Blätter von den Flüssen, die von den Anden herunter treiben, aus der Richtung der anderen Küste her.

Mischen.

Treiben.

Schwarze Indianer

So etwas wie Duldung.

13.

In der Bundesrepublik ging es gar nicht so recht mit Jäckis literarischer Karrière
Im Januar hatte er noch als Bestsellerautor mit D.E.Z. korrespondiert
Und D.E.Z. postwendend freundschaftlich geantwortet.

Ihr Brief, für den ich im übrigen vielmals danke, kam mir gerade recht. Ich hatte nämlich den Plan ausgeheckt, die Rezensionswüste unserer Literatur mehrfach im Jahr durch das aufzulockern (ich weiß schon, die aufgelockerte Wüste...), was in den literarischen Zeitungen Frankreichs seit langem gang und gäbe ist: zu den wichtigeren Büchern gibt es nicht nur Besprechungen, sondern auch entretiens avec l'auteur, oft in der ganz saloppen Form von propos cueillis. Ich habe keine Ahnung, ob das in Deutschland geht, wir sind so verkrampft und ständig in der Furcht, etwas nicht ausreichend Tiefsinniges zu fragen und zu antworten; während ich das ganze Vorhaben nur dann für sinnvoll hielte, wenn man einen ausreichend lässigen Stil dafür entwickeln könnte. Ich würde es jedenfalls gerne einmal versuchen, und zwar selber, weil sich die andern Mitarbeiter scheuen würden, so richtig dummerhafte und naive Fragen zu stellen, die die einzigen sind, auf die ich mir interessante Antworten vorstellen kann – die würden sich vermutlich nach den dominierenden Einflüssen im Schaffen des betreffenden Autors erkundigen, wogegen ja auch nichts einzuwenden ist, aber ich fragte lieber, wieso Sie sich diesen Schutzumschlag ausgedacht haben und was Sie in Brasilien treiben und wie sich Detlev zu Jäcki und beide zu Hubert Fichte verhalten, und so weiter. Kurz und gut, ich würde das gerne zum Erscheinen Ihres Romans einmal mit Ihnen versuchen, wenn Sie bereit wären, sich darauf einzulassen. Der Nachteil ist, daß Sie so weit weg sind und man das Ganze besser mündlich machen sollte; aber es ließe sich natürlich auch schriftlich probieren – indem ich Ihnen ein Schock Fragen aufschreibe, Sie mir die beantwortbaren darunter beantworten, und ich Ihnen eventuell dann noch ein paar Zwischenfragen nachreiche. Die Hauptsache wäre, daß wir uns nicht so vornehm umschleichen. Sollten Sie einverstanden sein, so geben Sie mir doch bitte bald Nachricht, damit ich Ihnen schnell die Fragen-Auswahl schicken kann.

Im Hamburger Pressewesen hat es einige Eruptionen gegeben, aber man müßte wohl schon ein ganz verbohrter Seismograph sein, um sie noch in Brasilien zu registrieren. Darum erspare ich Ihnen Einzelheiten und wünsche Ihnen, daß es Ihnen gut gehen möge und Sie das in Ihre Erfahrung bringen, weswegen Sie die Expedition unternommen haben.

Herzliche Grüße, auch an Ihre Frau.

Jäcki sagte zu.

Ich freue mich sehr über Ihre Zusage. Da die postalische Verbindung nicht die schnellste ist und das »Interview« spätestens zusammen mit der Rezension, also auf jeden Fall gleich nach dem Erscheinen des Romans erscheinen soll, damit dann auch die anderen Rezensenten schön daraus abschreiben können (sie würden den Gedanken natürlich weit von sich weisen, aber ich weiß, wie gierig sie sich in Wirklichkeit auf Selbstaussagen stürzen), habe ich mich gleich heute nacht hingesetzt und eine Reihe von Fragen aufgeschrieben; es ging mir eigentlich etwas zu schnell, manches hätte ich gerne geschickter gemacht, vieles habe ich ganz zu fragen versäumt. Fragen, die Ihnen gar nicht gefallen, können Sie einfach ignorieren; und da das Ganze sowieso eine gestellte Sache ist, können Sie ruhig auch Fragen umstellen oder Rück- oder Gegenfragen dazuerfinden, da wir wahrscheinlich keine Zeit haben werden, diese eigentlich notwendige Prozedur auf die natürliche Weise, nämlich in einem brieflichen Hin und Her, stattfinden zu lassen – gut wäre es, wenn es dennoch möglich wäre. Meine Fragen sollen Sie keinesfalls zu essayistischer Ausführlichkeit verführen – Sie können mich auch mal ganz grob und kurz abfertigen.

Ich bin ziemlich gespannt und grüße Sie derweilen sehr herzlich.

1. Wie ist der Titel Ihres neuen Romans zu verstehen? ›Grün-span‹ – das ist ein Beatschuppen auf der Großen Freiheit in Hamburg; aber »Detlevs Imitationen«? Wen imitiert Detlev? Von wem wird Detlev imitiert? Was heißt hier überhaupt Imitation?

2. Sicher werden Sie jetzt zu hören bekommen: das hatten wir ja alles schon. Detlev in seiner Familie, im Krieg, nach dem Krieg – den kennen wir aus dem »Waisenhaus«; und über ein Hamburger Lokal mit seinen Typen hätten Sie schließlich auch schon einmal einen Roman geschrieben, die »Palette«. Also: Sie wiederholten sich. Wiederholen Sie sich?

3. Schreiben Sie eigentlich an einem einzigen großen Buch, einen roman fleuve, von dem bisher nur Bruchstücke existieren?

4. Wie müßte dieser Roman heißen?

5. Diese schroffe Gegenüberstellung von Detlev- und Jäcki-Passagen, Lokstedter Kleinbürgertum und St. Pauli, Kindheit und Gegenwart, diese geplanten Brüche jetzt statt der Kontinuität des »Waisenhauses« und dem zersplitterten, aber geraden Verlauf der Palette – was ist die Absicht dahinter?

6. Wie verhält sich Detlev zu Jäcki, wie verhalten sich beide zu Hubert Fichte?

7. Sie haben Mathematik getrieben in den Jahren, die Sie mit diesem Roman verbracht haben. Wie hat sich das auf das Buch ausgewirkt?

8. Wie sind Sie auf die Ausstattung der beiden letzten Romane gekommen, erst die Goldfolie, jetzt das arabische Muster, das sicher auch Schule machen wird? Ich meine: in welchem Verhältnis stehen hier äußere Erscheinung und Inhalt?

9. Sie haben gesagt: Sie möchten eine Art Naturgeschichte der Sensibilität schreiben. Was meinen Sie mit Sensibilität?

10. Und was könnte der Gebrauchswert für den Leser sein?

11. Wieso kommen Sie auch in diesem schaurigen Kapitel über

die Luftangriffe auf Hamburg auf die Homosexuellen zu sprechen? Das wirkt auf mich wie ein Sog...

12. Ist es so ganz falsch, Gewalt und Brutalität als die offenen oder geheimen Bezugspunkte Ihrer Bücher zu sehen?

13. Stehen Ihre Beschäftigung mit den Typen von St. Pauli, mit Zuhältern und Mördern, ihre langen Reisen nach Portugal und Marokko in Zusammenhang damit?

14. Haben Sie über Gewalttätigkeit etwas in Erfahrung gebracht, was sich auch außerhalb Ihrer Romane, hier zum Beispiel, sagen und zusammenfassen läßt?

15. Wie stehen Sie jetzt, als Autor, den Leuten aus der Palette und aus St. Pauli gegenüber da? Fühlen sie sich verraten, geschmeichelt, ertappt, entstellt?

16. Die langen Passagen über Detlevs Initiationen in das Theater – sind die biographisch zufällig vorhandener Stoff, oder hat diese Theaterwelt eine Bedeutung darüber hinaus?

17. Ist die Aufsplitterung Ihrer letzten beiden Romane in kurze unverbundene Szenen, Sie sprechen von »takes«, pragmatisch entstanden, oder kommt sie aus einer bestimmten ästhetischen beziehungsweise apperzeptiven Theorie?

18. Da diese Tätigkeit ja inzwischen ihre Unschuld und Selbstverständlichkeit eingebüßt hat: Warum schreiben Sie Romane? Um die Welt zu bewegen? Weil Sie etwas bemerken und wissen, von dem Sie glauben, die anderen sollten darauf aufmerksam gemacht werden? Um sich über sich selbst zu verständigen? Als Kompensation für irgend etwas? Oder?

Antworten:

1. Detlev imitiert Mozart, Kleist, den »Frieden«, das »Mammutbaby«, das »Christkind« und die »Marquise von O.«. Ich imitiere Detlev. Das Buch ist eine Auseinandersetzung zwischen zwei Figuren: Detlev und Jäcki; zwischen zwei Sprachschichten.

2. »Detlevs Imitationen« beginnen dort, wo das »Waisenhaus« aufhörte. »Das Waisenhaus« spielt im Frühsommer 1943.

Detlevs Imitationen 1943 bis 1949. Die »Palette« war ein Versuch über eine Gruppe von Hamburger Gammlern. »Grünspan« ist ein Versuch über Theater, Szenisches, Tanz auf St. Pauli.

3. Ja. Roman Fleuve? »Fluß ohne Ufer«? Vielleicht »Roman-Delta«.

4. »Die touristische Entwicklung in der zweiten Hälfte des zwanzigsten Jahrhunderts«.

5. Um das zu erklären, brauche ich ziemlich genau die 255 Seiten meines neuen Romans.

6. Namen sind schwierig. Als ich das »Waisenhaus« schrieb, suchte ich einen Namen, den eine Mutter 1935 einem Halbjuden gibt. Nicht gerade Siegfried, aber auch nicht Ephraïm. Detlev schien mir auf eine diskrete Art »arisch«. Als ich die »Palette« schrieb, dachte ich weniger an Jaqueline Kennedy als an einen Schulkameraden. Jetzt saß ich da mit Jäcki und Detlev. Es gibt Leute, die werden von verschiedenen Personen mit verschiedenen Namen gerufen. Oder im Konfirmationsunterricht anders als auf der Universität.

Mein Verhältnis zu Jäcki und Detlev? Wenn man von Fetischisten umgeben ist, spricht man von Fetischisten. Die Afrikaner in Bahia benützen blonde Zelluloidpuppen, lassen sie taufen oder durchstechen sie mit Nägeln, schlagen ihnen die Hände ab oder opfern sie als Votivgaben. Wenn man versucht, aus Votivgaben Personen zusammenzusetzen, fehlen meistens die Oberarme und die Oberschenkel, Münder und Augen existieren doppelt, auch der Magen, einmal innen, einmal außen, die Geschlechtsteile fallen zu groß aus.

7. Ich hoffte die Sprache der Mathematik auf die Literatur anwenden zu können.

»Höhenlinien sind (meist kotierte) Linien gleicher Höhe in der Eintafelprojektion.« Bis jetzt gelingt es mir nicht.

8. In gar keinem. Ein Buch soll hübsch aussehen.

9. Empfindsamkeit.

10. Darauf könnte ich antworten: Was ist der Gebrauchswert der Tagebücher von Paul Léautaud?

Oder: Gebrauchswert interessiert mich nicht.

Oder: Selbsterkenntnis.

Oder: Einwickelpapier.

Gegenfrage: Und was antworten Sie? –

»Gebrauchswert« ist kein Kriterium für einen Versuch.

11. Ich möchte nicht, daß Sie in diesen Sog geraten. Es ist kein Hobby homosexuell zu sein und 1943 bedeutete es in vielen Fällen das Konzentrationslager.

Gegenfrage: Sie haben mich mißverstanden. Es wirkt auf mich, als sei es ein Tick, eine Manie, als könnten Sie sich nicht davon befreien. –

Sicher. Andererseits gibt es wenige Untersuchungen über die Homosexualität im Dritten Reich. Da wollte ich etwas Quellenmaterial liefern.

12. Nein.

13. Erst in zweiter Linie. Die Typen von St. Pauli sind für mich keine Typen, sondern meine Freunde. Ich habe Mörder und Zuhälter interviewt, weil ich wissen wollte, wie sie zu Mördern und Zuhältern geworden sind. Erst jetzt, wo mir mit zunehmender Beschäftigung immer unklarer wird, aus welchen Impulsen gewisse Schwadrone handeln, fällt mir ein, daß in meinen Aufzeichnungen Gewalttätige sich selbst interpretieren und vielleicht typisch sind.

Frage 14 bitte streichen.

15. Ich habe niemanden verraten und niemandem geschmeichelt. Es hat sich niemand bei mir beklagt, daß er entstellt worden sei. Gelegentlich werde ich von Außenstehenden angegriffen, daß ich bürgerlicher lebe als Figuren meiner Bücher. Vielleicht: Ich habe eine ägyptische Vase. Keine Waschmaschine, kein Auto. Ich lebe in einer Mietwohnung, ohne Sparkonto, ohne Lebensversicherung, ohne Krankenversicherung, ohne Bausparvertrag, ohne Kinder, in wilder Ehe und Schulden.

16. Die Theaterpassagen der 40er Jahre erhalten ihre Bedeutung durch Jäckis szenische Erlebnisse der 60er. In dem Buch stellen sie die eine Hälfte einer Epoche dar, die im »Grünspan« ihr Ende findet.

17. Bis jetzt war es mir nicht möglich, eine größere Arbeit anders als aus Splittern zusammenzusetzen.
18. Weil ich nie etwas andres wollte, weil ich nichts andres kann. Weil ich glaube, daß es im Augenblick nicht zu viel deutsche Literatur gibt, sondern zu wenig und wir Gefahr laufen, in ein Halbalphabetentum zurückzufallen.
Weil es vielleicht einige Leute gibt, die sich für das interessieren, worauf ich sie aufmerksam machen möchte und um mich über mich selbst zu verständigen.

Dieter E. Zimmer schrieb:
– Ich komme gerade aus Frankreich zurück und finde nicht nur Ihre Antworten, sondern auch die Besprechung Ihres Buches vor. –
Jäckis Ohren klopften in Piatã
War das nicht lächerlich.
Ihm hier, umgeben von den Zauberern dreier Weltteile, von den Leichen der Nina Rodrigues, dem Elend des brasilianischen Nordostens, Gehirnwäschen und Blätterkosmen, von Pedro dem Blätterschüttler
Ihm klopften die Ohren vor einer Kritik Marcel Reich-Ranikkis.
Dieter E. Z. schrieb:
– Um das schlicht –
Da wußte Jäcki Bescheid.
Und er begann zu schwitzen
Wie unter Trommeln oder wie mit den Strichjungen in den Pappkammern der Absteigen in den Renaissancepalästen des Pelourinho.

Dieter E. Z. schrieb:
Ich komme gerade aus Frankreich zurück und finde nicht nur Ihre Antworten, sondern auch die Besprechung Ihres Buches vor. Um das schlicht und ohne Umschweife zu sagen: es ist ein Verriß ohne Pardon und von einer beträchtlichen Schärfe. In einem endlosen Brief habe ich M. R.-R., der zur Zeit in Schweden und darum telefonisch nicht belangbar ist, auseinandergesetzt,

inwiefern ich seine Argumente schief, oberflächlich, nicht überzeugend finde; aber ich bin sicher, daß meine Einwände kein Komma in seinem Artikel verrücken werden, im Gegenteil, vermutlich wird er sich seiner Meinung danach nur noch sicherer wissen. Ich schreibe Ihnen das nicht, um mich bei Ihnen dafür quasi zu entschuldigen, das wäre schäbig, sondern weil ich unter diesen Umständen besonders froh bin, daß wir zusätzlich das Interview haben, und weil ich es gerne an einigen Stellen noch etwas verbessern möchte – nicht ohne einen nicht ganz fairen Seitenblick auf die Rezension. Ich schicke Ihnen also zweierlei: die Maschinenabschrift Ihrer Antworten, mit der Bitte, sie auf ihre Richtigkeit hin durchzusehen, insbesondere die Eigennamen und alles Portugiesische, dessen hier niemand mächtig ist; sowie ein paar zusätzliche Fragen; wenn Sie es über sich bringen können: beantworten Sie sie unesoterisch, denn in dieser Umgebung könnte Ihnen jede originelle Vertracktheit als Arroganz ausgelegt werden – wobei ich es Ihnen noch nicht einmal verdenken könnte, wenn Sie diesen Rat nun gerade nicht befolgen; dennoch gebe ich ihn.

Also.

Auf meine Frage 4 (wie Ihr Roman heißen sollte) sagen Sie: »Die touristische Entwicklung in der zweiten Hälfte des zwanzigsten Jahrhunderts«. Darauf möchte ich fragen: »Wie bitte?«

Auf meine Frage 5 (nach der Konfrontation von Detlev- und Jäcki-Welt) sagen Sie, für die Darlegung Ihrer Gründe brauchten Sie genau die 255 Seiten Ihres Romans. An dieser Stelle möchte ich fragen: »Gut. Aber heißt das auch, daß Sie den Einwand, die beiden Welten ständen völlig beliebig und unverbunden einander gegenüber, einfach einstecken würden?« (Und an dieser Stelle hielte ich etwas mehr als ein »Nein« oder vielleicht auch »Ja« für angezeigt.)

Auf meine Frage 7 antworten Sie mit einem Zitat aus einem mathematischen Buch. Erlauben Sie mir dazu die Gegenfrage: »Könnten Sie das erklären?« Oder auch: »Ich verstehe kein Wort.«

Nicht unbedingt nötig, aber vielleicht doch hilfreich wäre vielleicht ein Satz der Erklärung zu Ihrer Ein-Wort-Antwort »Empfindsamkeit«, schon im Hinblick auf jene Leser, die an einen bestimmten, ziemlich vergangenen historischen Stil denken, wenn sie »Empfindsamkeit« hören.

Aber wichtiger als alles das wäre die Einfügung folgender drei weiterer Fragen, für die dann eher anderes wegzulassen wäre:

A. Schon in der »Palette« war Ihre Orthographie nicht die offizielle. In dem neuen Buch auch nicht; auch sind manche Namen, ist manches Fremdsprachige nicht geschrieben, wie es die Regeln verlangen. Aus Gleichgültigkeit? Oder aus Absicht?

B. Hat die kindliche Perspektive Detlevs Sie gehindert, erwachsene Ansichten über Detlevs Erfahrungen und ihre Gründe zu äußern? Und wenn ja: war diese Dispensation für Sie angenehm, oder war sie ein störender Zwang? (Ein Kommentar hierzu wie zu der Konfrontation von Detlev- und Jäcki-Welt wäre als Lesehilfe das Allerwichtigste!)

C. Sehen Sie in Detlevs und Jäckis ganz speziellen Erfahrungen einen stellvertretenden, einen symbolischen Sinn?

Es ist dringend, glauben Sie mir. Auch ist Literatur schließlich kein Spiel, die Frage, ob diese nachgestellten Fragen »fair« sind oder nicht, ist in Wirklichkeit keine – es sind Fragen, auf die Antworten zu haben manchen Lesern etwas bedeuten könnte, und darum müssen sie einfach noch gestellt werden. Und zwar, auch das noch, in großer Eile, und ganz schnell brauchte ich die Antworten, lange kann ich die Sache nicht aufhalten; ich brauchte auch gleich die Ermächtigung, notfalls an einigen Stellen zu kürzen, weil es mit den Zusätzen vielleicht zu lang wird.

Etwas nervös und sehr herzlich, Ihr . .

Jäcki wäre beinahe vom Kolonialsessel gepurzelt.
Es half nicht, daß er wußte, daß es seine eigene Schuld war.
Warum maß er dem Popanz solche Bedeutung in seinem Werk zu?

Die Verrisse mehrten sich.
Rolf Becker schrieb im Spiegel.

Was?

Schrie Jäcki fast im Foyer des Instituto Alemão.

Und wie sich die Leiter des Deutschen Kulturinstitutes dem Bestsellerautor gegenüber auf spöttische Bewunderung geeinigt hatten, so befleißigten sie sich jetzt nach Verrissen in der FAZ, in der Zeit einer herablassenden Bagatellisierung.

— Natürlich, ein Verriß, sagte Herr Föhr.

Und Jäcki fühlte, wie sein Gehirn hin und herschwabbte.

Carl Hagenbeck.

Didi.

Die Dinosaurier.

Das Mammutbaby

Mein Herz ist im Hochland.

Die Marquise von O.

Die schwierigen Vorgänge eben bevor die Pubertät beginnt

Die Zone.

Schnelsen, Eidelstedt, das Niendorfer Gehölz

Die B.B.kellerschrumpfleiche

Und alle tanzenden Schwarzen, der geliebte Wolli, Raimar Renaissancefürstchen mit seinem wunderhübschen Schwanz und das »Grünspan«.

Kamen nicht an.

Vielleicht hatte er es nicht so simpel, so schlecht dargestellt wie Herr Vormweg, Herr Baier behaupteten

Auf jeden Fall hatte Jäcki es nicht so zu präsentieren gewußt, daß es ankam.

Und wenn das ein Vorteil wäre?

Jäckis Karrière war hin

Denn wer würde Jäcki verteidigen?

Peter Rühmkorf.

Der von der Oevelgönne?

XXX

Jäckis Karrière war hin.

Das hatten die flüchtig geschriebenen Zettelchen erreicht.

Und, wer weiß, vielleicht sollten sie das ja erreichen.

Die Trilogien des Achtjährigen in der Laube des Opas.

Die Gedichte.

Die Mäuse

Der Essay über den Surrealismus.

Die Schilderungen des Ramses, des Trinkers, der toten Frösche.

Die vielen Theaterstücke beim Schafehüten

Der Neubeginn.

Noch einmal bei sehr kleinen Texten anfangen

Allmählich erst längere.

Ein Romanchen über das Waisenhaus

Dann 300 Seiten Palette.

Bestseller

Und jetzt sein Meisterwerk

Das diffizilste!

Grünspan.

Ein simples Buch! Alles umsonst. Vorbei. Aus.

Nichts bezahlt man so teuer, wie einen Bestseller, dachte Jäcki.

Nein sicher nicht.

Fritz J. Raddatz?

Heissenbüttel?

Hans Mayer?

Sein zartes vorpubertäres Bücherpflänzchen.

So diffizil, daß sie es als simpel einstufen könnten.

Jürgen Manthey hatte einen hübschen Satz:

Sie wissen nicht, wohin sie es tun sollen

Und da klemmt dann die Schublade.

Wieder Dalis Portrait von Don Quijote mit der Bohne.

XXX

Der Mörder verteidigte ihn.

Hans Peter Reichelt

Und James Water schrieb mit zarter Schrift auf zartes Papier

Er bereitet einen Magister of Arts in Australien vor

über Jäckis Grünspan.

Und so flatterig war der Ethnologe selbst geworden, daß ihm dies Auftrieb gab.

Daß er sich entschloß, auf seinen Fehlern zu beharren.

Und genau das weiterzumachen, was Reich-Ranicki, Lothar Baier und Heinrich Vormweg so ungern lasen.

Er begann seinen Roman

Versuch über die Pubertät.

Er hatte lange darüber nachgedacht

Er begann den Hymnus auf Trygves Schwanz und Gerd Walters Arsch, die Beschreibung der mystischen Leidenschaften in Hamburg mit einem düsteren Bild aus Bahia de Todos os Santos.

Und er wußte, dies erste Kapitel würde ihn noch mehr Leser und Übersetzungsrechte kosten als der gekonnte Verriß von Marcel Reich-Ranicki, aber es ging nicht anders.

Pubertät

Und dies Bild war zuerst da.

Das Zerschneiden des violetten Mannes durch den Franzosen Pithex in der Nina Rodrigues.

14

Jäcki hoffte nach seiner Hinrichtung in der Bundesrepublik, daß der Leiter des ethnologischen Institutes am Pelourinho nicht auch so ein kurzer verstopfter geblähter mit riesigem Transvestitenkopf sei, schnappend vor Bedeutsamkeit, mit glühenden, beleidigten basedowschen Augen, die er in der Art von Schriftstellerkongressen rollte.

Jäckis schlimmste Befürchtungen wurden nicht enttäuscht.

Ein ganzer Wiesengrund von Literaturagent, Tagungsteilnehmer, Akademiemitglied saß da vor ihm.

Aber nicht in der schwachen mitteleuropäischen Ausprägung sondern synkretistisch, indianisch, japanisch,

afrikanischer

Mit gewaltigen Händen, Schultern wie ein Ringer,

Schwul wie das ganze Tuskulum aggressiver als Reich-Ranicki.

Das war ein Intellektueller der schlug in die Fresse, kein Schreibtischtäter, der wollte nicht eine Lyrikerin managen sondern den Pelourinho sanieren.

Jäcki faßte zusammen.

Wäre Jäcki doch nie in dieses Büro gegangen.

Hätte er auch diesen Intellektuellen vermieden wie alle die anderen Professoren, Mitglieder der Familia Bahiana, und des Diplomatischen Korps.

Gegen den hier war der Poltergeist Hansen-Bahia ein Hamlet.

Jäcki verstand plötzlich, warum Pierri der Papst sich so abkapselte und versuchte mit keinem was zu tun zu haben.

Aber Jäckis Sucht nach dem Blutbad, die nach seiner Abschlachtung in der Zeit durch M.R.R. nur noch zugenommen hatte ließ ihn nicht einmal vor ethnosoziologischen Instituten haltmachen

Und nun saß er da, vor dem bahianischen Professor.

Er fürchtete sich.

Corello da Cunha Murango redete lieb.

Er saß in einer ziemlich umfangreichen, frisch gekleisterten Büroetage auf dem Pelourinho und hatte um sich Statistiken über

Marginalität und Syphilisation, Karteien über Transvestiten, Rahmenprogramme, Listen aller Kultzentren,
800 Tempel, wenn Jäcki sich richtig erinnerte.
In den Rahmen hingen noch keine Türen
Und von Büroraum zu Büroraum glitten riesige Burschen, einer geiler als der andre, Halbindianer, aber zwei Meter groß, Negerringer, dürre Sylphen mit Aktentaschen huschten
Sie räkelten sich über die Stempelkissen, sanken auf die Akten nieder, daß ihre engen weißen Shorts knackten, kitzelten Corello da Cunha Murango unterm Kinn, dessen schwarze große Augen aufblitzten und der unter dem Schulterklopfen seines Harems aufgurrte.
Corello gab sich begeistert von Jäckis Besuch.
Er warf die muskulösen Arme in die Luft, wie die Sambistas beim Karnaval und schlug bei geschlossenen Augen mit dem Kopf hin und her.
Ja, ja, ja.
Bahia sempre Bahia
Ninguem segura mais este Paris
Fehlte nur noch, daß er schrie:
Ay Ay Ay Maria, Maria aus Bahia.
Ich bin Maria von Bahia
Ordem e Respeito
Schrie Corello.
Ich werde Ihnen helfen, bei Ihren Recherchen über die Veränderung des Bewußtseins
Ich werde Ihnen alle Kräuter geben, die ich von der Einweihung weiß.
Ach was, Pierri.
Pierri weiß gar nicht so viel.
Seine Akzente sitzen falsch.
Kommen Sie morgen.
Ich gebe Ihnen alle meine Blätter
Mit den Namen. Ich habe sie bestimmen lassen
Und die afrikanischen Formeln.

Corello besuchte Jäcki und Irma in dem halbfertigen Haus in Piatã mit seinem ganzen Harem.

Der schwere Mann sank auf der zarten asketischen Kolonialbank nieder, hielt sich seine Pranken vors Gesicht als wolle er weinen und sagte:

O, Gott, ich rede von Geschmack.

Wenn ich das hier sehe.

Diese Sparsamkeit der Einrichtung und nur vom Äußersten.

Diese Disziplin

Und wupps war er wieder weg.

Irma fand ihn putzig.

— Sie ist nicht schwul dachte Jäcki,

— Sie kann es sich leisten.

Corellos Haremsinsassen stellten Jäcki vor dem Gerichtsmedizinischen Institut nach

Sie sagten:

— Klar ist Corello schwul.

— Das weiß die ganze Stadt.

— Aber keiner wagt etwas gegen ihn zu unternehmen.

— Er geht in die Zuhälterkneipen und sucht Streit.

— Er prügelt sich gern.

Corello lud Jäcki und Irma zu fetten Feijoadas ein.

Corello sagte, Simone de Beauvoir habe ihn als Fußballer beschrieben.

Corello sagte er sei Oya.

Oya? sagte Jäcki.

Ich dachte Logum Edé.

Oder Omolu und Exú.

Der Teufel

Oya, Oya, Oya, geworfen und mit den Kauris bestätigt.

Sie fachsimpelten weiter.

Corello gab vor, er kenne den Froschkult für Nanã Buluku.

Die nur mit einem Holzmesser schlachte.

Er habe zugesehen

Alle sieben Jahre nur

Es sei zu teuer.

Die Schöpfung des Universums aus Schlamm.

– Ein Stier wird dabei geschlachtet.
– Ich lasse Sie meine Aufzeichnungen sehn
Ein Stier?
Das kam Jäcki verdächtig vor.
Rindfleisch und Froschschenkel, das paßte nicht.
Doch so schlich Corello sich in Jäckis Vertrauen, daß der ihm gestand, wie er den Totenritus bei Pedro de Batefolha mitgeschnitten habe und ohne zu zögern warf Corello die Arme in die Luft
– Aber ja.
– Klar
– Immer mitschneiden
Und daß Jäcki die Absicht habe, beim hundertjährigen Eduardo Ixexa aus Ixexa das gleiche zu tun.
– Klar. Immer mitschneiden.
– Das geht doch sonst sowieso alles den Bach runter.
Und zur Besiegelung ihrer unheimlichen Vertraulichkeit gab der Mann mit dem großen Schädel und den muskulösen Armen Jäcki seine Kräuter
Mit den afrikanischen Formeln zu jeder Pflanze.

Jäcki empfand es als einen Betrug am Papst Pierri,
daß er sich vom eilfertigen Corello Blätter zustecken ließ.
Er wußte nicht warum.
Corello war Professor Pierri Directeur des Etudes Jäcki ein Schriftsteller aus der Bundesrepublik, der sich bemühte etwas über die Veränderung von Bewußtsein zu erfahren.
Jäcki tat nichts Heimliches, nichts Verbotenes
Doch drinnen in seinem dunklen Kino klopfte es, so als würde mit der Hand übers Mikrophon gefahren.
Jäcki hätte sich nicht mit Corello einlassen sollen
Was sollte diese Polyandrie in der Forschung.
Pierri hatte sich ihm geöffnet.
Pierri hatte Jäcki zwei Pflanzen anvertraut
Die Rauwolfia serpentina und die Rauwolfia vomitoria, mit denen vor zwanzig Jahren, als Jäcki im Institut Français Mon-

taigne, Charles d'Orléans, Proust und Daudet buchstabierte, Deniker und Delay eine neue Psychiatrie entwickelten.

Nicht mehr Ödipus, Medea und Orest,
Sondern Ciba, Schlumberger, Carlo Erba.

Die Seele?

H_2O_2

Drei Blätter hatte der Papst Jäcki gegeben.

Ipomoea pes caprae
Mimosa pudica
Und noch eins
Das hatte Jäcki sogar schon vergessen.

Pedro der Blätterschüttler hatte Jäcki einen schmiedeeisernen Kultgegenstand mit Schellen und Kugeln aus Blüten und Blättern geschenkt

Und nun kam Corello da Cunha Murango und drängte ihm glucksend einen ganzen Haufen auf.

15

Jäcki stand wieder vor den angeketteten Latten in Liberdade und rief nach Pierri, dem Papst.

Der ließ sich heute bitten.

Dann kam er doch

Halbnackt wie immer.

Das Batiktuch um die Hüften.

Er klapperte mit den Lidern vor Freundlichkeit, verdrehte die Augen

Er schickte Antonio gleich los, Coca Cola zu holen.

Jäcki sagte nichts.

Pierri spielte den Beschäftigten.

Jäcki kostete noch einmal den leeren Raum aus, die staubigen eisernen Kisten, den ethnologischen, afrikanischen Gegenstand an der Wand, die rotgestaubten Eier und auf dem leeren Tisch den Schuhkarton mit den ausgefransten tausenden Blätterzetteln.

Die Stämme

Die Yoruba.

Pierris, des Papstes Yorubafimmel

Das war von der Conquista nach.

Von den Caravellen voller Villons, Josquins des Prés,

Juans de la Cruz, Jean Genets, Ernst Weiß'

Von der Revolution gegen alle die Philipps II., Louis' XIV.,

Kaiser Wilhelms

Vom Schäumenden, Wilden, vom Zerhacken der Riten und Etiketten:

Diese faule, unbegeisterte Routine.

Und gelegentlich mal ein Hupferchen.

Jäcki kam sich schneller vor.

In vierzig Jahren fünf Blätter zum Verändern des Bewußtseins

Das war doch etwas wenig

Wenn der Papst mehr wußte warum sagte er nicht mehr.

Warum schrieb er nicht das Große Werk über das Bewußtsein aus Kräutern

Den großen Dialog zwischen Villon und seinem Herzen als Dialog zwischen Basilikum und Ipomoea pes caprae?

Vomitoria und Serpentina treten sich gegenseitig in den Tüll?

Jäcki ließ aus seiner Hose die Liste flattern voller Blätternamen zur Einweihung.

Er fing an, sie aufzusagen wie die Ballade
von der Dicken Margot.

Erst maulte der Papst.

Dann kicherte er.

Dann ging ein kleiner Blitz durch die grünen Porzellanaugen.

Pierri nahm den Schuhkarton vom Tisch und stellte ihn hinter seinen Stuhl.

Der Papst stützte die Arme an, er sah Jäcki in seiner Litanei gerade an.

Dann fielen dem Papst die Augen zu.

Als Jäcki geredet hatte, sagte er gar nichts mehr

Er sagte noch:

Intéressant.

Excellent.

Félicitation.

Jäcki hatte bald das Gefühl, daß er nun aber gehen müsse.

16

Sollte Jäcki der fiktiven Vorstellung von einem Roman über zwei
schwule Ethnologen, einem jüngeren und einem alten zuliebe,
das Elend ignorieren, seinen Spiegelaufsatz gefährden.
Der Papst würde nicht mit ihm in die Hungergebiete ziehn.
Der Hunger interessierte ihn nicht.
Nur die Stämme, die Yoruba, und sein Schuhkarton.
Ganz zu Anfang hatte er mal gesagt
Lepra.
Natürlich gibt es Lepra in Bahia de Todos os Santos.
Lepra hat es immer gegeben.
Warum sollte es auch kein Lepra geben.
Jäcki konnte nichts Aufklärerisches in solchen Äußerungen ent-
decken.
Der Papst Pierri war nicht der Überzeugung, daß es den Armen
besser gehen sollte.
Er glaubte nicht an den Fortschritt
Er war nicht davon überzeugt, daß es dem Menschen besser
gehe, wenn er im Überfluß lebt.
Der Papst war entsetzt über die Verschwendung in Europa.
In Afrika sei jede Kiste ein wertvoller Gegenstand.
In Paris liegen die schönsten Kartons im Ascheimer.

Newsreel

Freitag, den 19. März:
Jornal do Brasil:
Bahianisches Gericht verhängt erstes Todesurteil in Brasilien
seit Schaffung der Republik.
Der neunzehnjährige Teodomiro Romeiro dos Santos wurde am
18. März 1971 um 17 Uhr 10 von einem militärischen Sonderge-
richt zum Tode verurteilt, der 26jährige Paulo Pontes da Silva zu
lebenslänglicher Haft.
Teodomiro und Paulo waren am 27. Oktober als Terroristen festgenommen worden und mit Handschellen gefesselt.

Teodomiro gelang es, einen Revolver aus der Tasche zu holen und einen Polizisten zu erschießen. Paulo saß gefesselt daneben.

Der Ankläger, Antonio Brandão de Andrade, der vor seiner anderthalbstündigen Anklagerede das Zeichen des Kreuzes machte, äußerte:

– Bescheidenheit beiseite, meine Anklagerede war ausgezeichnet. Vielleicht die beste meines Lebens.

Der neunzehnjährige Teodomiro bat, bei der Urteilsverkündung nicht anwesend sein zu müssen.

Paulo Pontes da Silva teilte Journalisten in einer Verhandlungspause mit, daß er während der Untersuchungshaft Mißhandlungen ausgesetzt war.

Im Quartel do Barbalho sei er wiederholt gefoltert worden.

Die Angeklagten können Berufung gegen das Urteil einlegen. Aber es findet sich kein Rechtsanwalt in Bahia, der es wagte, den neunzehnjährigen Teodomiro zu verteidigen und zu verhindern, daß der gefesselt der Tat zusehende Paulo unschuldig den Rest seines Lebens ins Gefängnis muß.

Fahrt nach Irece in das Dürregebiet im Staate Bahia:

Vor Feira Sant'Ana elende Hütten um eine Zuckermühle.

Vor Jacobina ein Tümpel, wo die Frauen Wasser holen.

Auf der Straße ein verdurstetes Rind. Hunde und Geier fressen daran.

In Jakobina wird ein offener Sarg mit einer Kinderleiche zum Friedhof getragen.

Von Jacobina nach Irece verkehrt ein Jeep als Gemeinschaftstaxi.

Vollgepropfte Lastwagen fahren uns entgegen – die Arbeiterfamilien werden in den Norden zurücktransportiert.

An einem Stop eine Familie mit vier Kindern.

Die Frau trägt einen Säugling. Fliegen saugen sich an seinen Lidrändern fest.

Der Mann war aus dem Norden gekommen, um in Irece Arbeit zu finden. Er hat eine Woche herumvegetiert und macht sich jetzt auf den Rückweg, denn das Gerücht verbreitet sich, im

Norden habe es geregnet. Regen bedeutet Arbeit. Er hat kein Geld mehr. Die Familie ist zu Fuß. Sie haben tausend Kilometer vor sich. Er schwingt das riesige Zuckerrohrmesser und lächelt. Wie lange hat er noch die Kraft, es hin und her zu schwingen?

In Irece steht ein Lastwagen, auf dessen Pritsche Bänke montiert sind. So dicht, daß etwa 90 Personen darauf gepfercht werden können. Die Fahrt nach Pernambuco zurück kostet 20 Cruzeiros, weniger als 14 Mark. Die Präfektur gibt zwei Cruzeiros, eine karitative Vereinigung nochmal zwei; den Rest müssen sich die Arbeitslosen aus den Rippen schneiden.

Ein zwölfjähriger Junge hat seine Familie verloren. Sie ist auf irgendeinem anderen Laster zurücktransportiert worden.

Er läuft weinend herum und bettelt die Elenden an.

Ihm fehlen zehn Mark.

Ein Händler aus Irece sagt:

— Die Gemeinde hat 70 bis 80 000 Einwohner.

— Von der Dürre sind hier in der Region etwa 200 000 Menschen betroffen.

Ein paar hundert Familien besitzen zwischen tausend und zweitausend Hektar Land. Das wird in Brasilien nicht als Großgrundbesitz angesehen.

— Die meisten Bauern haben Anwesen von 20 bis 50 Hektar hier in der Gegend. Nicht nur Ackerland. Es sind auch Weiden dabei.

— Die meisten Familien, die aus dem Norden einwandern, wollen sich hier fest ansiedeln.

— Vor fünf Jahren hatte Irece Stadt 6 000 Einwohner. Heute sind es 16 000.

— Vor einem Jahr fehlten hier die Arbeitskräfte. Die Besitzer zahlten bis zu 6 Cruzeiros für acht Stunden Arbeit am Tag, 4 Mark.

— Die Regenzeit ist von März bis Oktober.

— Dieses Jahr ist der Mais verdorrt. Die erste Bohnensaat auch. Wer ein zweites Mal Bohnen gesät hat, könnte vielleicht noch was ernten.

– Die Armen sind natürlich am meisten getroffen. Aber auch die Begüterten haben Schwierigkeiten bei den Banken.

– Bis heute sind 3 000 Saisonarbeiter aus dem Norden zwangsweise zurücktransportiert worden. Wie viele hergezogen sind, kann ich nicht sagen. Viele sind am Straßenrand gestorben und ohne Totenschein auf den Feldern eingescharrt worden.

– Die meisten Geburten werden nicht eingetragen.

– Kinderkrankheiten, Deshydratation, Vitaminmangel, Wurmbefall sind hier am häufigsten. Beulenpest wird durch den Rattenfloh übertragen. Ratten sind wegen des Mais hier häufig.

Rattenvernichtung stinkt. Das mögen die Leute nicht.

In einigen Dörfern sind 30 Prozent der Bevölkerung lungenkrank. Pocken werden jetzt durch Massenimpfungen bekämpft.

– Lepra gibt es auch. Die Kranken werden in kleinen Laubhütten auf den Feldern versteckt.

– Der Sklavenhandel ist noch nicht zu Ende. Voriges Jahr kam ein Lastwagenfahrer aus Pernambuco mit Leuten, die in Irece arbeiten wollten. Sie hatten nicht genügend Geld, um die Reise zu bezahlen. Der Fahrer sprach mit einigen Fazendeiros, die bezahlten ihm das Fahrgeld für die Passagiere und eine Prämie pro Kopf. Er lieferte die Leute ab. Sie waren auf Grund der Schulden den Fazendeiros rechtlos ausgeliefert.

– Hier ist es nicht üblich, den fest angestellten Landarbeitern einen Lohn zu zahlen. Wenn sie Kleidung oder Medikamente benötigen, wenden sie sich an den Fazendeiro und der gibt ihnen das Dringendste. Auf diese Weise hält der Landbesitzer die Arbeiter in völliger Abhängigkeit und spart.

– Das Brunnenwasser in Irece ist kalkhaltig und zerstört die Gare des Bodens. Es ist mit Amöben und Würmern verseucht.

Das Regenwasser aus den Tümpeln ist noch gefährlicher. Übrigens leben die Erwachsenen ganz gut mit Amöben. Wer als Kind nicht daran zugrunde geht, braucht sie nicht mehr zu fürchten.

– Es gibt hier eine kostenlose medizinische Betreuung. Die Patres sind daran beteiligt. Deshalb kommen die Leute auch ohne Mißtrauen.

– Auf die ca. 70 000 Einwohner der Gemeinde Irece kommen
vier Ärzte. Aber wer kann sich schon einen Arzt leisten.
– Eine Hebamme registrierte bei 150 Geburten 75 Totgeburten.
In der Stadt gibt es ungefähr 250 Prostituierte.
– In Brasilien kann man sich nicht scheiden lassen. Oft lassen
sich die Männer einmal kirchlich trauen und ein zweites Mal
mit einer zweiten Frau standesamtlich.
– Die Frau wird wie eine Sklavin gehalten. Der Mann darf alles,
die Frau nichts. Sie soll arbeiten und Kinder kriegen.
Manche Frauen haben in ihrem Leben zwanzig Geburten. Die
Hälfte der Kinder werden groß.
Die Familien haben wenigstens sechs Kinder.
– Es gibt keine Sozialversicherung.
– Die Müttersterblichkeit ist groß.
– Die Lebenserwartung liegt hier bei 47 Jahren etwa.
– Homosexualität kommt nicht vor.
– Nur 50 Prozent der schulpflichtigen Kinder könnten einen
Schulplatz finden, vorausgesetzt, daß die Eltern die Kinder in
die Schule schicken. Als Lehrerinnen arbeiten irgendwelche,
kaum vorgebildete Mädchen. Schule findet einmal in der Woche
statt.
Es gibt in der Gemeinde Irece fünf Gymnasien. Sie kosten 10 bis
30 Cruzeiros im Monat. In der Stadt Irece besuchen 300 Schüler
das Gymnasium, 50 Schüler besuchen Abendkurse – das sind
alles in allem 5 Prozent der begabten Schüler.
– Das Essen der Arbeiter besteht aus Reis, Mais und Bohnen.
Gelegentlich Pökelfleisch. Es herrscht allgemein Vitaminmangel.
– Von den Ansässigen verhungern wenige.
– Die Saisonarbeiter leben hauptsächlich von Kaktusfeigen.
– Die Arbeiter lesen nicht. Früher kam nicht einmal die Zeitung
nach Irece.
– Die meisten sind Katholiken. Oberflächlich. Es gibt auch Protestanten, Spiritisten und natürlich den Candomblé.
– Um die ansässigen Arbeiter auch in Notzeiten beschäftigen
zu können, wurden die Frentes de Trabalho aufgestellt. Gab es
in der Landwirtschaft keine Arbeit, wurden sie auf dem Bau

beschäftigt. Sie bekamen dann zwei Cruzeiros am Tag – etwa
eine Mark vierzig. Jetzt bei der Trockenheit werden alle Rück-
lagen verbraucht und niemand beginnt mit neuen Bauvorha-
ben.
– Auf den Fazendas gibt es keine körperlichen Strafen mehr.
– Alkoholismus ist häufig.
– Weniger Verbrechen als sonst unter der Landbevölkerung.
– Häufiger Idiotismus. Erbanlagen. Inzucht. Syphilis. Alko-
hol.
– In Irece Stadt gibt es fünf Polizisten. Jeder Arbeiter, der auf
das Polizeikommissariat gebracht wird, kriegt erst mal Prügel.
Mit dem Knüppel. Oft werden die Leute blutig geschlagen.

Antworten eines Arztes aus Irece:
– Irece Stadt hat 15000 Einwohner, die Gemeinde 60000. Auf
diese 60000 kommen sechs Ärzte, nicht vier.
– Im ersten Lebensjahr sterben hier 70 Prozent der Säuglinge.
50 Prozent der Kinder erreichen das Erwachsenenalter. Die
Müttersterblichkeit liegt bei 20 Prozent.
– Typhus und Beulenpest treten epidemisch auf. Pest auch en-
demisch.
– 90 Prozent der Kinder haben Amöben. Lepra tritt mehr in den
angrenzenden Regionen auf – aber auch hier.
– Das Tetrex aus den Apotheken muß alles heilen.
– Pocken werden durch die Gastarbeiter aus Pernambuco eingeschleppt. Besonders häufig ist die viszerale Leishmaniasis. Pa-
rasiten blähen den Leib auf. Milz, Leber, Knochenmark werden
befallen. Ohne Behandlung endet die Krankheit nach einigen
Monaten tödlich. Die Chagaskrankheit ist verbreitet. Sie wird
durch die Raubwanze übertragen und ruft Veränderungen an
Herz, Leber und Milz hervor. Eine wirksame Therapie ist immer
noch nicht gefunden.
– Durch Unterernährung hervorgerufene Rachitis.
– Alle Reichen benützen hier empfängnisverhütende Mittel, 50
Prozent der Mittelklasse, aber nur 10 Prozent der armen Bevölkerung.

– Ein Fünftel der Bevölkerung kann als Mittelklasse angesprochen werden.

– Vier Fünftel verdienen nicht einmal den gesetzlich festgelegten Mindestlohn, sondern oft weniger als drei Cruzeiros am Tag, zwei Mark.

– Die Lebenskosten in Irece liegen höher als in der Großstadt Bahia.

– Die Armen wenden sich bei Erkrankungen zuerst an den Curador, den Kurpfuscher. Wenn der keine Abhilfe schafft, wenden sie sich an den Apotheker, der ihnen meistens Tetrex gibt – die Kranken können natürlich ihren Zustand nicht richtig charakterisieren. Im äußersten Fall wenden sie sich an einen Arzt.

– Elektrizität gibt es nur in den Häusern der Mittelklasse.

Montag, den 1. Februar:
Jornal do Brasil:
João Alves Torres Filho, genannt Joãozinho da Gomeia, der »König des Candomblé«, fährt nach São Paulo, um eine Einweihungszeremonie zu leiten.

Freitag, den 5. Februar:
Diario de Noticias:
Die Sonne verbrennt alles in Irece. Die Bohnenernte ist völlig zerstört, der Mais vertrocknet.
Jornal do Brasil:
Joãozinho da Gomeia erleidet einen Herzanfall und wird bewußtlos ins Krankenhaus Las Clinicas in São Paulo eingeliefert. Seine Mutter, die 82jährige Maria Vitoriana Torres, begleitet ihn und zahlreiche Candomblépriester.

Sonnabend, den 6. Februar:
Diario de Noticias:
200 000 Menschen auf 500 Quadratkilometern sind von der Dürre betroffen.

Die Rinder verdursten.

Hungernde Arbeiter aus dem Nordosten werden für 60 Cruzeiros an Fazendeiros im Süden verkauft. Zweimal im Monat verlassen drei Lastwagen voll den Bundesstaat Sergipe . .

A Tarde:

Die Arbeiter werden nach Parana, in den Mato Grosso und nach São Paulo verkauft.

Freitag, den 12. Februar:

A Tarde:

1 000 Ausgehungerte besetzen Arapiraca.

600 Ausgehungerte besetzen Craibas.

Dienstag, den 16. Februar:

A Tarde:

Joãozinho da Gomeia befindet sich in einem aussichtslosen Zustand. Er schwebt zwischen Leben und Tod. Er liegt mit offenen Augen und spricht mit den Anwesenden. Er erkennt niemanden.

Montag, den 1. März:

Jornal da Brasil:

900 Ausgehungerte besetzen vier Märkte in Pesqueira, Pernambuco. Sie rauben 100 Säcke mit Nahrungsmitteln.

Dienstag, den 16. März:

Jornal do Brasil:

Joãozinho da Gomeia wird an einem Gehirntumor operiert. Der Tumor erwies sich als bösartig.

Donnerstag, den 18. März:

Jornal do Brasil:

200 Ausgehungerte besetzen Parambu und wollen Nahrungsmittel aus einer Kaserne rauben. Die Polizei kann es verhindern
und nimmt elf der Aufständischen fest.

Freitag, den 19. März:
Um 9 Uhr 30 endet der Todeskampf von Joãozinho da Gomeia.
Er stirbt 56jährig im Krankenhaus Las Clinícas von São Paulo
an Gehirnkrebs.

Sonnabend, den 20. März:
Jornal do Brasil:
»Er starb als König des Candomblé.
Er soll als König begraben werden!«
Joãozinho da Gomeia wird in der Medizinischen Fakultät von
São Paulo einbalsamiert und in einem Kombiwagen der Präfek-
tur nach Caxias überführt.
Die Leiche trifft um 16 Uhr 05 in seinem Tempel in Duque de
Caxias ein. Als der Körper in das Haupthaus, Gonga, gebracht
wird, beginnen die Trommeln zu schlagen. Die Zeremonie
Sirum beginnt. Der Leichnam ist in eines der Festgewänder des
Candomblé, das Abada, gekleidet.
Die greise Mutter willigt ein, daß Joãozinho da Gomeia nicht in
Bahia, sondern in Caxias beigesetzt wird.
Der Sarg wird auf einen Tisch gestellt. Valentim, der Oga Alabe,
der älteste Würdenträger des Tempels, der die Gesänge für Iansa
und Oxossi kennt, beginnt den Ritus. Es sind einige der ältesten
Iaorixas von Brasilien anwesend:
Ebame Gifai,
Tião de Iraja,
Djalma de Lau,
Mãe Natalina,
Paulo de Oxossi.
Jetzt muß der Tote entfernt werden und das Oxu.
Der Geist des Toten soll aus dem Körper gelöst werden.
Im Hintergrund steht ein mit einem weißen Tuch bedeckter

Stuhl. Darin sitzt der Egum von Joãozinho da Gomeia und wohnt der Zeremonie bei.

Drei Widder werden geopfert. Tião de Iraja nähert sich der Leiche in dem Sarg und gießt etwas Blut über den Kopf des Toten, wäscht ihn anschließend mit dem Abó, einer Kräutermischung, die zu den Einweihungsriten benützt wird.

Er ritzt den Kopf des Toten an und entfernt das Oxu, den Geist der Götter, der vor 41 Jahren durch den Priester Jubiaba in Bahia in den Kopf Joãozinzos versenkt worden war.

Damit endet die Verbindung des Körpers mit den Göttern.

Es ist eine umgekehrte Einweihungszeremonie.

Tião de Iraja ist der einzige, der diesen Ritus ausführen darf.

Niemand, der von Joãozinho eingeweiht worden ist, hätte das Recht, den Kopf des toten Priesters zu berühren.

Sonntag, den 21. März:

Die Beerdigung soll um 16 Uhr stattfinden.

Vorher treffen die Bischöfe Dom José Antonio da Silva und Dom Hugo da Silveira ein:

Wir stehen hier als katholische Geistliche und wollen einem Candomblétempel unsere Ehre erweisen.

Die brasilianische katholische Kirche möchte ihrem Schmerz über den Tod eines Candomblépriesters Ausdruck geben, der ein guter und reiner Mensch war. Wir möchten der ständig wachsenden Familie seiner Anhänger unser Beileid aussprechen. Er diente den Armen und erfüllte die Gebote seiner afrikanischen Religion.

Der Sarg wurde unter Candomblégesängen zum Friedhof getragen. An der Pforte fand das Sirum Silé statt. Der Leichnam wird dem Iku, dem Friedhof, der Erde der Egum übergeben.

Es findet ein seltsames Hin und Her statt, die Gläubigen bitten die Götter, das Ago, die Erlaubnis zum Betreten des Friedhofs zu erteilen.

Als der Sarg in die Grube gesenkt wird, blitzt es und Regen fällt.

Die Trauergäste heben die Arme auf und klatschen und strecken dem Himmel Blumen entgegen.

Sie rufen:

Sarava! Iansa! Sarava!

Wenn ein Sohn der Göttin Iansa stirbt, den sie besonders liebt, schickt sie ein Gewitter.

Jetzt beginnt das Axexe, da aber Joãozinho da Gomeia Tata de inkissu war, der am längsten amtierende Priester ganz Brasiliens, wird das Axexe nicht sieben Tage dauern, wie gewöhnlich, sondern ein ganzes Jahr.

Freitag, den 2. April:

A Tarde:

Präsident Medici gründet eine Informationsschule.

Die Schule soll Zivilpersonen und Militärs in der Verbreitung von Nachrichten und Konterinformationen ausbilden.

Geleitet wird die Schule von einem Brigadegeneral.

Dienstag, den 23. März:

Jornal do Brasil:

1 000 Ausgehungerte besetzen Cupira und bleiben so lange, bis die Nahrungsmittelreserven des Paters Gomes erschöpft sind.

Mittwoch, den 24. März:

Jornal da Bahia:

Bewohner von Cidade de São João, die der Hunger irrsinnig werden ließ, kämpfen mit den Geiern um das Aas eines Rindes.

Mittwoch, den 31. März:

A Tarde:

10 000 Rinder verdursten in Sergipe.

Bauer wird verrückt und tötet seine Frau und das Vieh.

In einigen Gemeinden sind die Straßen von Rinderleichen verstopft.

6 000 Ausgehungerte verlassen Sergipe.

Freitag, den 2. April:
Jornal do Brasil:
700 Ausgehungerte bedrohen die Stadt Altinha.

Freitag, den 9. April:
Jornal da Bahia:
Hunderte von Ausgehungerten besetzen die Stadt Sera Talhade.
In Biritinga werden 50 000 Rinder verdursten, wenn es nicht zu
regnen beginnt.

Mittwoch, den 14. April:
Jornal do Brasil:
3 000 Ausgehungerte besetzen Agua Preta. Ein 28jähriger Mann
stirbt, ehe er etwas zu essen erhält.

Freitag, den 16. April:
A Tarde:
Präsident Medici reist in den Nordosten. In Recife wird er die
Ehrenmedaille von Pernambuco in Empfang nehmen. Am
Montag wird er den historischen Park von Guanarapes besichti-
gen und nach Brasilia zurückkehren.
Der Totengräber in Deodora wurde verrückt, er konnte seine
sechs Söhne nicht mehr ernähren. Die Präfektur schuldete ihm
neun Monate den Lohn.

Donnerstag, den 22. April:
Jornal do Brasil:
1 000 Ausgehungerte besetzen Palmares zum zweiten Mal und
plündern Läden.

Dienstag, den 2 Mai:
Jornal do Brasil:

32 Prozent der nicht schulpflichtigen Kinder im Ceara leiden an Unterernährung 2. und 3. Grades. Nur 29,8 Prozent haben normales Gewicht.

Donnerstag, den 4. Mai:
Jornal do Brasil:
2 000 arbeitslose Zuckerarbeiter drohen, die Stadt Cortez zu besetzen, wenn man ihnen keine Arbeit gibt.

Sonntag, den 7. Mai:
Jornal do Brasil:
6 000 Zuckerarbeiter in Pernambuco erhielten drei Monate keinen Lohn.

Jäcki und Irma fahren im Bus zurück.
Der Bus braucht für 200 Kilometer 24 Stunden.
Vollgestopft mit Familien, die vom letzten Geld nach São Paulo wollen.
Kinder übergeben sich.
Eine Familie hat in Irece sechs Monate während der Dürre umsonst gearbeitet.
Ein Greis, sein Sohn, dessen schwangere Frau, ein junger Mann, ein Junge. Die schwangere Frau trägt einen Säugling. Der Landbesitzer stellte das Saatgut und die Geräte. Der Ertrag sollte geteilt werden. Die Familie arbeitete vom Hellwerden bis zur Dunkelheit – wenigstens zwölf Stunden am Tag. Morgens etwas Café. Mittags Bohnen. Abends Bohnen.
Die erste Ernte gelang. Das bracht 2 000 Cruzeiros – also 1 000 Cruzeiros für fünf Arbeiter in sechs Monaten, bei zwölf Stunden Arbeit täglich – etwas mehr als 20 Mark im Monat für jeden.
Die zweite Ernte ist vertrocknet. Sie haben umsonst gearbeitet.
Der Greis kann nicht lesen und schreiben. Der junge Mann hat als Sechszehnjähriger zwei Monate in einem Alphabetisierungskurs gelernt, seinen Namen zu schreiben.

Sie stehen vor den Kneipen der Fernfahrer, wenn die Reifen des Busses gewechselt werden, und sehen den Essenden zu.

Sie wollen in São Paulo Arbeit finden.

An einer Haltestelle der Abschied eines Arbeiters, der auch nach São Paulo will:

Seine Frau krümmt sich vor Weinen. Sein Junge weint. Der Mann umarmt seinen Bruder lange. Er gibt der Mutter zum Abschied die Hand. Er sieht den Jungen kurz an. Seine Frau sieht er nicht an und steigt in den Bus.

Assis war Bandit.

Ein nackter Sarg. Kleckernde Ölfarbe: Francisco de Assis – Franz von Assisi.

Auf dem Friedhof Dom Bosco begleiten einige Neugierige das Begräbnis von Francisco de Assis L. Salles, 21, der seine Mutter kaum kannte und der seinen Vater haßte.

Daneben das übliche Foto:

Der Tote und seine Verfolger. Sie weisen auf die Einschußlöcher in der Leiche und sehen stolz und lächelnd in die Kamera.

Lange Zeit versetzte Assis São Paulo in Angst und Schrecken. Jetzt können zig Raubüberfälle und Morde zu den Akten gelegt werden.

Er war ein Meter siebzig groß, rachitisch. Er starb bei einem Fluchtversuch.

45 Kugeln im Körper.

Und wenn die Hunde seinen Kadaver auf meiner Schwelle fressen, ich würde ihn nicht als meinen Sohn begraben.

Assis beschuldigte den Vater: Du hast meine Mutter umgebracht! Assis wurde im Bundesstaat Rio Grande do Norte geboren.

Er blieb dort bis zu seinem vierzehnten Lebensjahr.

Als Francisco drei Jahre alt war, starb die Mutter bei der Geburt einer Schwester.

Der Vater zog mit den Kindern nach São Paulo.

Assis fand Arbeit als Obstverkäufer und verdiente 60 Cruzeiros, 40 Mark, im Monat.

Mit 18 Jahren stahl er dem Vater das Geld für die Miete und floh.

Der Vater zeigte ihn bei der Polizei an.

Er wurde in Campinas verhaftet.

Er wurde nach Hause zurückgebracht. Er hatte bereits acht Frauen. Er schlug seine Brüder und kam erst im Morgengrauen nach Hause.

Er floh zum zweiten Mal und nahm die Geliebte des Vaters, Genesia da Silva, mit.

Itaquera.

Vila Joanisa.

Jardim Miriam.

Santa Clara.

Cidade Ademar.

Cidade Dutra.

Parque São Lucas.

Rio Bonito.

Vila Missionaria.

Pedreira.

Die Legende von Franz von Assisi und seiner Räuberbande.

Eine rote Tasche.

Zwei Revolver, einen 38er und einen 45er.

Maria das Dores, eine seiner Geliebten, gab der Polizei einen Tip. Aber er entschlüpfte. Sie stürzte sich vom dritten Stock eines Hauses in São Paulo. Sie fürchtete seine Rache. Sie starb allein.

Claudia setzte alles daran, ihn wiederzusehen:

– Er hat das alles nicht getan!

Hundert Überfälle. Zehn Morde.

Als er durch die Avenida Santa Caterina ging, wurde er von einem Militärpolizisten entdeckt.

Francisco de Assis schlief, als er eingezingelt wurde.

Am 3. März 1971 um 10 Uhr 50 wurde Franz von Assisi begraben.

Wie immer zündeten Unbekannte ein paar Kerzen an.

Gisèle Binon-Crossard, eine französische Anthropologin, hat sich von Joãozinho da Gomeia in die Riten des »Candomblé Angola« einweihen lassen.

Joãozinho da Gomeia erzählte ihr sein Leben:
– Ich wurde in Inhambupe im Staate Bahia geboren.
– Mein Vater, meine Mutter waren Katholiken. Ich ging viel in die Kirche. Die Neffen des Pfarrers waren meine Schulkameraden.
– Ich habe bei der Messe ministriert und ein rotes Gewand angezogen, wie ein Chorknabe. Gut, ich hatte eine religiöse Tendenz. Ich mochte den Candomblé nicht und verstand nicht viel davon. Spiritisten gegenüber war ich abweisend.
Meine Großmutter väterlicherseits war Afrikanerin. Sie lebt immer noch. Sie ist 109 Jahre alt. Sie wurde an der nigerianischen Küste, in Lagos, geboren und kam nach Brasilien, als sie 18, 19 Jahre alt war.
– Eines Nachts, als ich in einer Hängematte schlief, fühlte ich, wie die Hängematte zu schaukeln begann. Ich wachte auf. Als ich die Augen öffnete, war es hell im Zimmer und vor mir sah ich eine Silhouette, eine Person, einen Indianer.
– Er war voller Federn und hatte eine Lanze in der Hand, Pfeile. Ich erinnere mich nicht genau, denn ich empfand damals ein großes Entsetzen und ich erinnere mich nicht genau an alles. Ich war damals 12, 13 Jahre alt.
– Er streckte einen sehr langen Arm aus und sagte zu mir: Morgen, wenn du hinausgehst, wirst du etwas glitzern sehen. Nimm es! Das wird dir Glück bringen.
– Ich stieß einen Schrei aus und erschreckte die ganze Familie. Ich durfte den Rest der Nacht bei meinen Eltern schlafen. Ich verlor jeden Mut. Ich schlief nie wieder in einer Hängematte.
– Also am Morgen stand ich auf und ging in den Kolonialwarenladen. Ich arbeitete in einem Kolonialwarenladen. Und ich sah tatsächlich einen glitzernden Stein.. aber ich sammelte ihn nicht auf und guckte nicht hin, denn ich hatte Angst.
– Von diesem Tag an hatte ich Angst, in dem Haus meiner Mutter zu schlafen. Ich schlief im Haus meiner Tante. Meine Tante schlief im ersten Zimmer, ich im zweiten.
Eines Nachts stand ich auf, denn ich mußte urinieren. Ich legte mich wieder hin. Da hörte ich im Gang ein Geräusch, als rollte dort eine kleine Kinderkarre. Ich dachte, es sei der Onkel,

der immer sehr früh aufstand, um die Kühe zu melken. Die Tür ging auf, alles wurde hell. Es war keine Lampe. Die Quelle der Helligkeit konnte ich nicht sehen. Eine kleine Karre kam herein. Sie sah aus wie eine viereckige Kiste und war mit einem roten Tuch bedeckt. Sie hatte keine Räder. Ich konnte keine Räder entdecken. Ich hörte ein Geräusch, das dort herkam, wo die Räder sein mußten, aber ich sah keine Räder. Die kleine Kiste kam ans Bett heran. Ich war sehr entsetzt. Ich war wirklich wach, denn einige Minuten vorher war ich urinieren gewesen. Ich hatte mich gerade wieder hingelegt. Auf der Kiste standen zwei umgestülpte Gläser. Unter jedem Glas war eine Puppe. Diese Puppen sprachen, aber ich verstand nicht, was sie sagten. Sie bewegten den Kopf, sie bewegten die Arme, sie bewegten ihre kleinen Beine .. und sie machten allerhand Sachen. Und ich blieb stumm. Ich konnte nicht schreien. Ich konnte nicht aufstehen. Ich mußte dableiben und ihr Affenthater mit ansehen. Als ich endlich einen Schrei ausstoßen konnte, kam meine Tante. Ich erzählte ihr, was vorgefallen war und sie nahm mich mit in ihr Zimmer.

Ich wollte nicht länger im Haus meiner Tante schlafen und ging zu meiner Großmutter mütterlicherseits, die in derselben Straße wohnte. Dort sah ich nie mehr das Geringste. Mir kam die Idee, daß ich von zu Hause weglaufen müßte ..

Ich floh um fünf Uhr morgens ..

Papa und mein Onkel setzten mich auf ein Pferd und brachten mich nach Hause zurück ..

– Ich setzte mir in den Kopf, daß ich noch einmal weglaufen müßte. Aber alle paßten auf.

Ich zankte mich mit allen und sagte zu meiner Mutter, wenn sie mich nicht gehen ließe, würde ich beim Dorfrichter sagen, daß sie mich mißhandelte. Ich benahm mich infernalisch.

Eines Tages gab sie nach und ich verließ Inhambupe.

Ich kam in Bahia an. Ein Verwandter brachte mich in einer Kolonialwarenhandlung unter. Ich verdiente 25 Cruzeiros. Ich arbeitete den ganzen Tag. Ich schlief auf drei Kisten mit Säcken, in denen Trockenfleisch gewesen war. Ich schlug mich durch. Ich lernte städtische Manieren, ordentlich zu reden, Konversation zu machen. Ich fand eine Stelle, wo ich 30 Cruzeiros verdiente.

– Ich kriegte Kopfschmerzen. Solche Kopfschmerzen, daß mir die Courage fehlt, davon zu sprechen. Ich weiß nicht, ob sie von meinem Orixa kamen oder ob es eine richtige Krankheit war. Ich ging zu meiner Verwandten, zu allen Ärzten, je mehr Mittel ich nahm, desto schlechter ging es mir. Man riet meiner Verwandten, mich in einen jener Tempel mitzunehmen, die ich nicht kannte.

– Meine Verwandte nahm mich zu dem seligen Severiano mit, der unter dem Namen Jubiaba bekannt war.

– Er sagte, daß ich wiederkommen müßte, daß ich eingeweiht werden müßte. Das, was ich hätte, käme von meinem Orixa. Meine Verwandte müßte noch andere Sachen machen. Sie tat, was er ihr sagte und mir ging es besser.

– Nach einem Monat kamen die Kopfschmerzen wieder. Ich ging wieder zu ihm. Diesmal ließ er mich nicht wieder nach Hause gehen. Er machte alles, was zu meiner Einweihung notwendig war.

– Ich besuchte den Candomblé von Jubiaba bis zu seinem Tod. Ich ging auch zu seinem Axexe. Nicht ganz bis zum Schluß, denn in der dritten Nacht gab es einen Aufstand gegen mich.

– Einige gingen so weit zu behaupten, ich sei schuld am Tod des Vaters Jubiaba.

Ich war gerade 19 und hatte selbst schon sechs Mädchen eingeweiht. Mein erster Candomblé war auf der Straße nach Liberdade, Nummer 561.

– Eines Tages nahm der »Schwarze Stein« von mir Besitz. Jetzt glaube ich, daß er es war, der mir erschienen ist, als ich 12, 13 war. Als er eintrat, waren alle Leute überrascht. Jetzt war ich eingeweiht, aber er war mir nie erschienen.

Während der kurzen Zeit, die er blieb, redete er mit den Leuten, hörte den einen an, den anderen und sagte, daß er nächsten Mittwoch wiederkommen würde.

Als er gegangen war, sagte man mir, daß ein Indianer gekommen sei, der »Schwarzer Stein« hieß, daß er sich um die Leute gekümmert hätte.

– Am nächsten Mittwoch kamen doppelt so viele Personen. Als ich wieder Luft kriegte, hatte ich das Haus voller Leute und wußte nicht, wohin damit. Ich zog nach Gomeia.

– Im Februar 1946 machte ich eine Reise nach Rio. Als ich ankam, verbreitete sich die Neuigkeit: Joãozinho da Gomeia ist in Rio! – Der eine besuchte mich, der andere sagte mir guten Tag. Einer kam mich konsultieren, ein andrer bat mich um eine Arbeit. Ehe ich Luft holen konnte, waren neun Monate um. Ich fuhr weg. Als ich wiederkam, mietete ich ein Haus in Caxias.

Joãozinho da Gomeia konnte tanzen, tanzen wie keiner.

Tanzte er sich in das Allerheiligste des Priesters Jubiaba hinein, wie in das Wohlwollen des bahianischen Volkes, der Bürger von Salvador und Rio?

Große amerikanische Wagen parkten vor seinen Tempeln.

Er liebte den Fußball nicht.

1940 war er das letzte Mal im Kino.

1945 heiratete er, doch die Ehe wurde, kinderlos, bald wieder getrennt.

Joãozinho erteilte brieflich religiöse Ratschläge in allen Lebenslagen.

Er hatte in einer Boulevardzeitung eine Kolumne.

Er wurde zum Prototyp des effeminierten Candomblégeistlichen.

Er soll den kräftigen Buben seiner Gunst auf der Straße nachgelaufen sein und schrieb vielzitierte Liebesbriefe an viele schwarze Männer.

1956 machte Joãozinho Schlagzeilen:

3800 Umbandageistliche wollten ihn aus ihrem Verein ausschließen, weil er unter dem Namen Arlete als Transvestit beim Karnaval aufgetreten war.

Aber die Kaurimuscheln, die zur Entscheidung geworfen wurden, sprachen ihn frei. Er wurde verwarnt und trat beim nächsten Karnaval wieder als Transvestit auf.

Er gehörte der Sambaschule Imperio Serano an.

Der candombléfeindliche Diktator Getulio Vargas war sein Freund.

Präsident Kubitschek, der Gründer von Brasilia, ließ Joãozinho da Gomeia zu geheimer Beratung in den Präsidentenpalast rufen.

Joãozinho, der Abkömmling von afrikanischen Sklaven, der Stromer aus dem Nordosten, die verachtete, beneidete Tunte nützte und genoß diesen Augenblick. Mit barockem Hofstaat, unter Federn und Fächern, androgyn, negroid, zog er zum Rendezvous mit der Staatsmacht.

Afrikanische Könige korrespondierten mit ihm.

Eine weiße Studentin der Sorbonne ließ sich von ihm einweihen.

In 41 Priesterjahren heiligte er 4 777 Novizen.

Der Taxifahrer sagt:

– Joãozinho ist tot.

Er starb an demselben Tumor, wegen dem er vor 41 Jahren zum Candomblé gekommen ist.

Wenn er durch die Straßen von Bahia ging, stießen sich die Leute an und sagten: Da geht Joãozinho da Gomeia.

Bispo de Paris mault vor sich hin, als Jäcki ihn fragt, ob Joãozinho nun wirklich der König des Candomblé gewesen sei.

Offen Schlechtes über den Toten zu sagen, verbietet der Takt des Afrikaners und die Furcht vor der marodierenden Seele des Toten. Eine Wäscherin klagt Bispo de Paris ihre schlimmen Erfahrungen mit dem Pais de Santo.

Sie leidet an nervösen Störungen und wollte eingeweiht werden.

Ein Priester verlangt von ihr 1 800 Cruzeiros – 1 200 Mark.

– Ich bin Wäscherin und verdiene 80 Cruzeiros im Monat, wie soll ich das bezahlen?

Ein anderer Pai versichert ihr, sie habe Feuer im Bauch und verkauft ihr für 40 Cruzeiros ein Mittel, das ihr nicht hilft.

Ein dritter sagt, sie sei von einem Toten besessen, und gibt ihr einen bitteren Kloß, an dem sie fast stirbt.

Schließlich geht sie ins Krankenhaus, wo man sie mit Injektionen und Pillen behandelt.

Sie kann jetzt schlafen und hat keine Anfälle von Raserei mehr.

Aber sie sucht noch immer einen Pai de Santo, der sie einweiht, damit sie endgültig von ihrem Leiden befreit werde.

Am Freitag will Bispo de Paris weiter mit ihr darüber verhandeln.
Er sagt:
— Es gibt Leute, die bezahlen noch viel mehr als 1 200 Cruzeiros, um eingeweiht zu werden. Joãozinho da Gomeia hat 5 000 Cruzeiros für eine Einweihung genommen. Ich verlange nur die Unkosten für die Opfer und die Ernährung. Aber ich habe Pech. Zu mir kommen nur die Armen und ich muß ihnen auch noch die Opfertiere bezahlen. Deshalb habe ich noch nicht einmal mein Wohnhaus fertig bauen können.

Lazaro, der Fotograf:
— Vor vier Jahren wurde ein Mann obduziert; jeder Tote wird in Bahia obduziert. Man fand eine schwarze Masse im Magen und verdächtigte einen Pai de Santo des Giftmordes. Aber der Priester war der Freund eines Polizeikommissars und die Affaire wurde niedergeschlagen.
Die Sekte der Eguns, der Totenpriester auf der Insel Itaparica, kennenzulernen, ist sehr schwer. Es ist auch gefährlich. Sie tragen bei den Festen mit Kräuterabsuden getränkte Kleider. Wer diese Kleider berührt, bekommt lepraartige Geschwüre, die nur sehr schwer wieder heilen.
Innen ist ein Gummibelag angebracht, um die Tänzer zu schützen.
Lazaro hält es für unmöglich, in der Stadt Bahia ein echtes Blutbad zu fotografieren.

Am Freitag, dem 7. April, schreibt Antonio Monteiro, ein bahianischer Priester, in der Zeitung »A Tarde«:
Niemand wird Priester, Pai de Santo, Babalorixa, ohne die verschiedenen Einweihungsgrade Iawo, Ebame, Voudunce, Filho do Santo durchlaufen zu haben. Das kann 21 Jahre und mehr dauern.
Jeder in der afrobahianischen Welt weiß, daß Joãozinho nie geheiligt worden ist. Man hat ihn weder geschoren noch bemalt.

Er erhielt nie das »Deka«, er erhielt nie die Kalebasse von Ifa, um wahrsagen zu können. Er durfte sich nicht Olwo nennen, das heißt »Seher«.

In den Häusern der Ketou und der Ewe sah man ihn ungern, da er einen unmoralischen Einfluß auf die Gläubigen hatte. Seine ersten Versuche in Rio wurden von den Adepten der Umbanda nur ungern gesehen. Die Polizei nahm ihn mehrere Male fest, weil er »Ebo«, böse Zauberfetische, an die Wegränder legte.

Als auf der Schwelle des Landwirtschaftsministeriums ein Ebo niedergelegt worden war, nahm die Polizei Joãozinho erneut fest.

Er folgte seinem Schicksal.

Er verdiente ein Vermögen und gab es mit Transvestiten und jungen Eingeweihten wieder aus.

Mittwoch, den 14. April:
Jornal do Brasil:
Außenminister Scheel wird auf seiner Brasilienreise den Vertrag über die nukleare Zusammenarbeit zwischen Brasilien und der Bundesrepublik Deutschland bestätigen.

Sonntag, den 18. April:
Jornal do Brasil:
Außenminister Scheel eröffnet in Brasilia die Bundesdeutsche Botschaft. Sie hat 15 Millionen Cruzeiros gekostet.

Industriegemunkel:
– Magirus Deutz muß entweder den südamerikanischen Markt aufgeben oder unerhört aufstocken.
– Magirus hat den Mercedesbussen in Brasilien den Rang abgelaufen.
– Magirus wird sich eventuell ganz auf Rußland spezialisieren.
Vielleicht ist das Gerücht aber auch nur ein Trick der deutschen Firma, um mehr Zuschüsse von der brasilianischen Regierung zu erhalten.

– Volkswagen wird von São Paulo aus den ganzen Kontinent beliefern.

Mittwoch, den 21. April:
Axexe für Joãozinho da Gomeia.
Für Joãozinho werden zwei Axexe veranstaltet, eines eine Woche lang in seinem Tempel in Caxias, ein zweites jetzt hier in seinem alten Tempel in Gomeia.
Es soll gegen acht Uhr abends beginnen.
An einigen Bäumen des Heiligtums brennen Kerzen.
Autos fahren vor. Viele kommen zu Fuß. Einige in teuren Anzügen.
Der Friseur, der auch bei der Totenmesse war, in Soie Sauvage.
Weiß ist de rigeur. Weiß ist die Farbe der Trauer.
Der riesige Versammlungsraum ist noch leer. In der Mitte, von einem Laken verdeckt wie eine Leiche, Kultgegenstände. Die Gemeinde klönt in den anderen Räumen des Heiligtums und trinkt Café.
Über allen Türen und Fenstern sind ausgefranste Palmblätter angebracht.
Mãe Samba betritt den Versammlungsraum. Sie schiebt die neue Herrscherin über den Candomblé des Verstorbenen vor sich her. Die Götter haben ein achtjähriges Mädchen dazu erwählt – wohl um jahrzehntealte Mißgunst unter den älteren Priesterinnen und Priestern zu besänftigen.
Das kleine Mädchen wird von den unwirschen Gläubigen hin und her gestupft wie eine unmündige Königin.
Etwa 300 Trauergäste treten ein. Jeder bekommt einen dünnen Palmstreifen um das Handgelenk gebunden. Mit dem weißen Puder Pemba wird ein kleines Kreuz auf die Stirn und die Brust gezeichnet.
Mãe Samba tupft das Pemba auch auf die Lider und in den Nacken.
Das elektrische Licht wird ausgeknipst, drei Kerzen, entzündet.
Mãe Samba beginnt die Gesänge des angolesischen Totenrituals.

Alle klatschen dreimal hohl in die Hände, treten klappernd mit den Füßen hin und her.

Das große weiße Tuch wird von den Kultgegenständen gehoben: Neun Opfergerichte.

Zwei Vasen mit je vier Fahnen – rot, rosa, weiß, schwarz.

Auf dem Boden ein Häufchen Sand.

Drei Schüsseln, in denen halbe Kalebassen liegen.

Drei Tonkrüge.

Auf jede der Kalebassen wird mit zwei Stöckchen geklopft, die Tonvasen werden mit den Händen oder mit kleinen Palmenmatten geschlagen.

Auch Antonio setzt sich nun hin und beginnt den Rhythmus zu klappern, der anzügliche, proletarische Antonio als Totenmusikant für den reichen, angesehenen Joãozinho.

Vielleicht stand er in einem zarten Verhältnis – oder in einem nicht allzu zarten Verhältnis zu dem Toten, und er sitzt heute nicht nur wegen rhythmischer Qualitäten hier.

Trommeln dürfen beim Axexe nicht geschlagen werden.

Knochengeräusche.

Spielte man früher mit Beinknochen auf Schädeln?

Rippen auf Elefantenskeletten?

Im deutschen Märchen spielt der Junge auf den Knöchelchen seines Bruders.

Jetzt das Opfer für Exú, der auch beim Totenfest günstig gestimmt werden muß. Zwei Mädchen tragen gelbes und weißes Mehl auf dem Rücken hinaus.

An der Tür stehen zwei Mädchen mit Palmwedeln, um den Toten den Eintritt zu verwehren.

Göttergesänge, zwei Reihen von singenden, tanzenden Töchtern des Toten bilden sich.

Mutter Samba ruft energischer und energischer die Götter an, mit fragenden und gebietenden Gesten.

Einzelne Frauen tanzen außer der Reihe vor den Schüsseln und Krügen.

Frauen und Männer nehmen Münzen auf, tanzen, geben die Münzen an andre weiter. Die Münzen werden abgelegt, etwas Sand verstreut, etwas Mehl.

Der Münzentanz geht stundenlang.

Charons Pfennige?

Mãe Samba verläßt den Raum. Sie wird von Würdenträgern und von den beiden Mädchen mit den Palmwedeln begleitet. Sie bleibt im Dunkeln an einigen Bäumen stehen, redet mit dem Toten:

Sie ruft:

– Joãozinho!

Weinen.

Aufschrein.

Schluchzen.

– Mein Kleiner!

– Morgen ist alles besser.

Jäcki dürfe nicht in der Zone zwischen den beiden Palmwedlerinnen stehen. Dort seien die Geister der Toten.

Mãe Samba sagt, er solle wieder hineingehen; das dürfe er nicht sehen.

Sie sagt es sehr zart, sehr liebevoll und traurig.

Einige Töchter werden von den Göttern besessen, stürzen aus dem Versammlungssaal nach draußen. Männer mit Ruten folgen ihnen nach und bringen die von den Göttern gerittenen »Pferde« wieder zurück.

Mutter Samba kümmert sich um jede einzelne, leiht ihr eigenes Brusttuch her, um ihnen den Schweiß abzutrocknen.

Die mondänen Gäste verziehen sich.

Die Tänze gehen weiter.

Schließlich bleiben nur noch 100 Töchter, um ihrem verstorbenen geistlichen Vater das Geleit zu tanzen.

Einem weinenden Mann redet Mutter Samba zu.

Schlafende an den Wänden des Versammlungsraums.

In den anderen Räumen wird Café serviert und das afrikanische Gericht Caruru, verschiedene Gemüse, die mit getrockneten Krabben und Schinken zusammengekocht sind.

Gegen vier Uhr nachts sagt der immer noch auf seine Kalebasse einklappernde Antonio:

– Acabou!

– Es ist zu Ende.

Aber der Pai Valentino intoniert einen neuen Gesang. Nach einer halben Stunde sagt Pai Valentino:
– Acabou!
Die Palmfasern an den Handgelenken werden aufgeknüpft.
Die Kultgegenstände werden wieder zugedeckt.
Elektrisches Licht an.
In Taxis oder Privatwagen geht es nach Hause.
Bahia ist zu dieser Stunde wie ohne Leben.
Arme Schlafende in den Hauseingängen.

Jäcki schreibt in sein Tagebuch:
Psychosomatische Störungen nach dem Anhören des Schlagzeugs:
Wir stehen nachts auf und übergeben uns.
Durchfälle.
Allergische Reaktionen.
Unsere Denkfähigkeit verändert sich.
Dumpfheit.
Wir werden unaktiv, kritiklos, erinnerungslos.

Gegenüber dem Busbahnhof lebt eine Familie im Freien unter einer großen Reklametafel.
»Calcigenol fürs gesunde Wachstum!«
Die Familie hat sich ein paar Blechkanister, Pappe, Lumpen zusammengetragen.
Sie haust dort seit vierzehn Tagen.
Jeder kann sie sehen.
Die Arbeiter. Die Reisenden. Die Priester. Die Polizisten. Die Taxifahrer und ihre Insassen.
Einige Steine dienen als Feuerstelle.
Die Frau kocht eine Mehlsuppe.
Der Mann hängt besoffen herum.
Die Kinder liegen mit vor Hunger rot verfärbten Haaren auf den Pappstücken.
Vor einem Monat hat sich die Familie in Pernambuco auf den Weg gemacht.

Ohne Geld.

Der Mann wollte im Staat Bahia Arbeit finden.

Als die Dürre ausbrach, versuchten sie es in der Großstadt Salvador.

Vier Kinder sind unterwegs an Erschöpfung gestorben.

Die beiden letzten liegen im Sterben.

Niemand hilft ihnen.

Niemand sagt ihnen auch nur, daß die Hauptkirchen der Stadt von dem Bruchteil des Gelds, das sie an Bordellen und Absteigen verdienen, eine Armensuppe verteilen.

Der Mann erbettelt genug, um sich betrinken zu können.

Er ist dabei, den Verstand zu verlieren.

17

Kiwitt. Kiiwitt.

Jäcki schreckte hoch.

Kiwitt.

Es war noch nicht hell draußen.

Die dünnen Türen des halbfertigen Hauses bebten

Kiiwitt.

Der Vogel

Wie ein Frosch und wie eine Peitsche.

Seit einigen Tagen hatte er in der Dämmerung zu schreien begonnen.

Es mußte ein sehr bekannter Vogel sein, denn auf den Märkten
gab es kleine Tonpfeifen zu kaufen, die einen ähnlichen Ton er-
zeugten.

Kiwitt.

Jäcki kriegte eine Gänsehaut.

Irma lag wie ein Kind mit geballten Händen und hörte nichts.

Jäcki richtete sich aus den Trümmern des Morgentraums auf.

Oma. Folter. Ein Kaninchen. Irgendwas mit der Buchmesse.

Er wälzte sich aus dem Bett, um Irma nicht zu wecken

ging in den unmöblierten Nebenraum und öffnete

den dünnen Fensterladen.

Es regnete wieder in leichten Windlinien.

Die Strahlen des Regens kamen gleichmäßig schräg herunter.

Dahinter fächelten die Palmen im fahlen Licht vor Sonnenaufgang.

Niemand

Kiwitt.

Auch den Vogel sah er nicht.

Das einzige Zeichen von Menschen war die Chaussee

Leer.

Naß.

Und das Kreuz.

Das Marterl für einen Verkehrsunfall.

Oder war es ein Mord?

Das Betonkreuz war kaum zu erkennen hinter den grauen Streifen des Regens.

Wo saß der Vogel.

Hatte er sich versteckt?

War er aufgeschreckt worden, weil eine Truppe im Anzug war, die Gläubigen eines Tempels, die einen gefesselten Jungen schächteten ehe sie ihn als Opfer für Jemanha, die Jungfrau Maria, die Nixe ins Meer versenkten.

Zog Lampião verhungert auf Bahia de Todos os Santos los.

Kamen die Spitzel mit ihrem Kübelwagen voller Folterinstrumente.

Lag die Bande Jugendlicher hinter der Backsteinmauer auf der Lauer und wartete nur darauf, daß Jäcki den Laden wieder schloß, um in das halbfertige Haus einzubrechen.

Ein Tritt genügte gegen eine der vielen dünnen Haustüren und Irma und Jäcki und die Kameras lägen offen vor ihnen da.

Jäcki sah nach der Truhe.

Sie war nicht aufgerissen.

Die Heiligen standen unverrückt auf dem Deckel und schienen sie mit ihren verstümmelten Gesichtern zu bewachen.

Kiiwitt.

Jäcki klapperten die Zähne, wenn er an die Foltern dachte.

An die Cangaceiros im Cine Pax.

Was hatten sie von Lampião erzählt.

Sägen, Bohrer, Drähte, Wasser.

Was war das Schrecklichste

Schon bei Villon

Die Cocacolaflasche aus dem Eisschrank zerschlagen

genügte schon.

Irma.

Jäcki hatte Irma! schreien wollen.

Er erstickte den Schrei in sich.

Sieben Jungen würden kommen.

Das genügte.

Die klamme fahle Morgenstunde, wo das Blutbad geschehen war

Man sah nicht

Nur die Tür schlapperte leicht hin und her

Der Vogel schrie Kiwiitt.

18.

Newsreel:

Der Professor stellt Jäcki und Irma dem berühmten C. vor. C. ist niemand anderes als der Besitzer einer schwulen Absteige, die fünfmal so viel kostet wie die anderen.

C. meint, er müsse Jäcki von irgendwoher kennen, und der Professor versucht immer wieder, C. von einem Irrtum zu überzeugen. C. erklärt auch, Jäcki sei ein Bild der Keuschheit, der Heilige Joseph, und Irma eine der vielen Jungfrauen Maria, Oxum, eine der Göttinnen des Meeres.

Sie gehen an den vormittags noch unbenutzten Stundenkammern vorbei. Dazwischen eine Grotte mit den Wundern des Heiligen Lazarus. Anthropomorphe Gebilde aus Beton und Stein. Kleine Jahrmarktsstatuen der Heiligen Rochus und Lazarus, der Götter Omolu und Obaluae.

Im Keller Barockzement – ein Altar für den Heiligen Georg.

Jetzt versteht Jäcki, warum C. seinen Kunden so horrende Tarife abverlangt. Er will damit die Betonaltäre weiterbringen.

Ein Zimmer für die Meergöttin Jemanha. Sie müssen sich auf den Boden legen, um ihre Gestalt in dem verästelten Gebilde aus Tropfzement zu erkennen – Jungfrau Maria und Nixe.

Eine Falltür führt in den Raum Exús, des Teufels. Um alle Gefahren von ihnen abzuwenden, geht C. als erster hinunter und führt Jäcki und Irma bei dem Gott der Kreuzwege und der Pforten ein.

C. redet ununterbrochen. Es ist das Reden der Schamanen, der Transvestiten. Dieser Redeschwall mit spezifischen, rhetorischen Figuren ist bei allen gleich: Bei Testanière in der Provence, bei Cartacalo/la in der Lokstedter Schrebergartenkolonie, bei Quirinus Kuhlmann und bei Mohammed – allen gemeinsam dieser Rausch nicht mehr abreißender, göttlicher Wörter. Sicher war es auch bei dem Heiligen Hieronymus schwer, wieder aus der Tür zu kommen.

Zwanzig Mark für Kerzen nimmt C. gern.

Regen:
Jäcki sieht nichts.
Der Strom fällt aus.
Jäcki riecht kaum etwas in der Dunkelheit.
An Geschmack denkt er nicht, auch nicht an Berührungen.
Durch sein überdimensional ausgedehntes Gehör besteht die Welt nur aus Tropfen und Fröschen.
Fröschen wie Esel.
Fröschen wie Vögel.
Fröschen wie Michael.
Fröschen wie Hammer und Meißel.
Fröschen wie »Hilfe!«.
Fröschen wie Preßlufthämmer.
Fröschen wie Kreissägen.
Fröschen wie Wiener Sängerknaben.
Fröschen wie Autos.
Fröschen wie Frösche.
Unken unken.
Ochsenfrösche.
Unken Frösche?
Fröscheunken unken.
Unkenfrösche fröschen.
Fröschefrösche fröschen.

Was geschieht, wenn es 24 Stunden in einer Favela regnet:
Die Lehmhäuser werden weich und sinken zusammen.
Alles naß:
Die Decken, die Kleidung, die Haare, das Mehl, die Bohnen, die Dochte, die Streichhölzer, die Holzkohle.
Die Dosen mit Milchpulver fangen an zu rosten.
Amöben und Lungenschnecken werden in das Brunnenwasser gespült.

Einige hundert Meter von dem Candomblé des Joãozinho da Gomeia, wo die Nächte durch für den Toten im Trockenen getrommelt wird, sind Häuser abgerutscht.

Die Leichen einer Familie liegen auf dem Asphalt.

Sie werden gerade zugedeckt zum Abtransport.

Als die Arbeiter sehen, daß Irma einen Fotoapparat hat, decken sie die Leichen noch einmal auf, legen sie dichter zusammen und heben die toten Kinder an, damit sie auch auf dem Foto erscheinen.

Dienstag, den 27. April:

Jornal da Bahia: Diluvium in der Stadt!

Tribuna da Bahia: 53 Verletzte. 18 Tote. 30 eingestürzte Häuser.

A Tarde: Ein leichter Anstieg der Kinderlähmung.

Jornal da Bahia: Die Wetterstation erklärt, die starken Regenfälle seien durch eine Kaltluftfront aus dem Süden bedingt.

Bis 21 Uhr gestern fielen 216,8 mm Regen; der stärkste Regenfall in den letzten vier Jahren.

Tribuna da Bahia: Herr Präfekt, ein Tag Regen und die ganze Stadt steht unter Wasser!

– Heute wurden in Salvador die größten Regenfälle seit 14 Jahren gemessen.

– Glauben Sie, damit könnte man den Zustand erklären, in dem sich die Stadt befindet?

– Ich bin nicht dafür verantwortlich. Dieser Zustand dauert bereits 400 Jahre.

A Tarde: Der nordamerikanische Botschafter ist in Bahia eingetroffen und will den Fortschritt in der Stadt feststellen.

Im Palacio da Aclamaçao, dem Beifallspalast des Gouverneurs, verteilt man Essen an die Obdachlosen. Das Packpapier füllt den Garten an; es sieht aus, als habe sich das vornehme Gebäude erbrochen.

Mittwoch, den 30. April:

Jornal da Bahia: 100 Tote.

Tribuna da Bahia: Notzustand für dreißig Tage ausgerufen.

Jornal da Bahia: Millionenschäden.

Tribuna da Bahia: Erdrutsch.

A Tarde: Größte Tragödie in der Geschichte der Stadt.

Tribuna da Bahia: Wasser fehlt in der ganzen Stadt. Jegliches Brunnenwasser vor dem Trinken abkochen.

Jornal da Bahia: Poliomyelitis unter Kontrolle.

Tribuna da Bahia: 140 Tote. 2000 Verletzte. 3000 Obdachlose.

Tribuna da Bahia: Playtime..

— Einer der feuchtesten und regenreichsten Nachmittage..

— Um so wärmer und gastfreundlicher..

— Fröhliche und spontane, wenn auch untadelige Gastfreundschaft der Judy Watson..

— Sympathie der geehrten Botschaftersgattin Suzanne Rountree..

— Lag über dem Haus der Ton der Rosen..

— Porzellantassen und zwei Silbertabletts..

— Tee oder Schokolade..

— Garçons..

— Verschiedene Tische von österreichischen Stühlen umgeben..

— Anziehend und schlank, von gutmütigen und geprägten Zügen..

— Kanariengelbe Seide..

— Chanel..

— Im kleinen Schwarzen..

— Chanel..

— Shantung..

— Midi..

— Aufgedruckte Pastellfarben..

— Tablett mit tausend leckeren Sachen..

— Weitere Rosen in vielfarbenen Tuffs..

— Erfrischungen gereicht..

— Für Nichtraucher Konfekt..

— Garçons..

Der Empfang in der Residenz des amerikanischen Konsuls für die Gattin des Botschafters der USA.

Tribuna da Bahia: Die Amerikaner gestehen: Wir foltern Zivilpersonen in Vietnam.

Evakuierte in der Baixa dos Sapateiros:
— In unsere Wohnungen hat es immer hereingeregnet. Die
ganze Einrichtung ist hin. Wir übernachten bei Freunden, mit
30, 40 anderen Obdachlosen.
Andere kampieren auf der Straße in einem geschützten Winkel.
— Der Staat kann uns doch nicht helfen.
— Es gibt 5000 Obdachlose. Soviel Geld hat doch der Staat gar
nicht.
Eine 65jährige besitzt nur noch das, was sie auf dem Leib hat.
— Ich habe keine Kinder, keinen Mann, keine Verwandte.
Eine 70jährige sitzt stumm auf einer Insel im Wasser und ver-
sucht, verjährte Zeitschriften zu trocknen.

Präsident Medici erhöht in seiner Ansprache an die Arbeiter
zum ersten Mai die Mindestlöhne auf 151,20 und 225,60 Cruzeiros je nach Region.
Der Mindestlohn wird erwachsenen Arbeitern für 30 Arbeitstage, 240 Arbeitsstunden im Monat, gezahlt.
Im letzten Jahr sind die Lebenskosten um 20 Prozent gestiegen.
Der Mindestlohn von Mai 1971 hätte im Mai 1970 einen gerin-
gen Fortschritt bedeutet. Jetzt bleibt die Erhöhung bereits hinter
der Verteuerung der Grundnahrungsmittel zurück.
Die Verelendung wird für etwa 80 Prozent der Bevölkerung also
bis Mai 1972, bis zur nächsten Erhöhung, noch zunehmen.
Welcher Arbeitgeber ist bereit, den Mindestlohn zu zahlen?
Wer hält sich an die täglichen acht Stunden Arbeitszeit?
Was erhalten Kinder?

Dienstag, den 4. Mai:
A Tarde:
Antonio Monteiro berichtet vom letzten Tag des Axexe für Joãozinho da Gomeia.
Das Axexe beginnt in der Nacht des 21. April und endet am 28.
mit einer Missa Solemnis, »Eça«, in der Kirche des Pelourinho,
die von Negern erbaut worden ist.

Die Besucher des Axexe gehen zu Mãe Samba, Sambadiamungo, und werden mit einem weißen Gipspuder, Pemba, betupft. Sie schließen die Augen und Mãe Samba zeichnet ein kleines Kreuz auf die Stirn, auf jedes Augenlid, auf die Brust.

Jetzt ist der Besucher gereinigt und er braucht die Toten nicht mehr zu fürchten. Vier Ogã heben nun ein Laken von den heiligen Gegenständen und dem Schlagzeug.

Sechs Alabas, Schlagzeuger, setzen sich dahinter auf eine sehr niedrige Bank.

Dem Mann von der Straße, Exú, dem Götterboten wird geopfert: Zwei Teller mit Maismehl, ein Krug mit Wasser und eine brennende Kerze werden ihm geweiht.

Eine Tochter der Göttin Iansas bringt es nach draußen ins heilige Gelände.

Als sie zurück ist, gießt ein Ogã Palmöl, Honig, Wein über das Schlagzeug – über drei umgekehrte Kalebassen und drei Tonkrüge. Alle diese Gegenstände sind neu.

Die Kalebassen werden mit kleinen Holzstöcken, Akidavi, geschlagen, die Krüge mit der Hand und mit kleinen geflochtenen Fächern.

Die Schlagzeuger lösen sich ab. Es sind insgesamt 18. Je sechs.

Die Gesänge sind von der Nation Angola.

Rechts steht Mãe Samba, links Sandra, beide beginnen die Trauertänze und die Töchter folgen.

Die Kultgegenstände liegen zu einem Dreieck geordnet. Sie sind von zwei großen Marios, geflochtenen Palmblättern, umgeben.

Palmblätter wehren die Toten ab.

Neun Teller mit Opfergaben für die Egum stehen bereit – die Mahlzeit der Toten.

Von elf bis Mitternacht wird der Tote gerufen.

Von Mitternacht bis ein Uhr werden die Götter angesungen; man beginnt mit Iansa. Sie hat als einzige Macht über die Toten.

Das Gebet Angorossi, das Gebet um Vergebung, wird vom Babalorixa Valentim gesungen.

Schreie:

– Rirro! Uo!
Der Fetisch der Göttin Iansa, das Alukare, und ein Metall-
schwert werden beim Tanzen geschwungen. Das Alukare ist das
Schwanzbüschel eines Opferstiers.
An der Eingangstür steht ein großer Krug mit dem Einwei-
hungsgetränk Abó. Die Gläubigen benetzen ihre Finger damit,
um vor den Toten geschützt zu werden.
Gegen drei Uhr morgens beginnt der wichtigste Teil des
Axexe.
Es wird jetzt in der Nation Ketou gesungen:
– Axexe Lonan.
Es wird geschrien:
– Rirro! Rio! Uo!
Währenddessen bereitet man das Carrego der Egum, die Last
der Toten, vor.
Alle Gegenstände aus dem Tempel, die während des Axexe ge-
braucht worden sind, und die Kleider des Toten werden an ei-
nem von den Göttern bezeichneten Ort im Wald oder am Strand
niedergelegt.

Donnerstag, den 29. April:
A Tarde: 104 Tote. 1400 Häuser durch Erdrutsch und Regen
zerstört. 7000 Obdachlose.
Tribuna da Bahia: 534 mm Regen, die größte Menge seit
1903.
A Tarde: Typhusgefahr.

Die Obdachlosen, die erst im Mercado de Curtume unterge-
bracht waren, sind in die Essobaracken transportiert worden.
Unter Polizeibewachung.
Drei Polizisten stehen am Eingang des Geländes.
Fünf Polizisten am Eingang zu der hallenartigen Baracke.
Zementfußboden. Schlamm. Im Schlamm Bretter, auf denen die
Leute schlafen.
Keine Decken. Keine Matratzen.
Mücken.

Essen wird gespendet. Für alle hat die Spende nicht gereicht.
Die Familien haben durchschnittlich sieben Kinder.
Die Mütter waschen die Wäsche in den Regenpfützen vor der Baracke.

Die Flüsse sind durch Rinderleichen aus dem Landesinnern mit Typhus verseucht.
Durch die Überschwemmung der Flüsse geraten die Bazillen in die Trinkwasserreservoirs.
Die Behörden geben zu, daß sie das Trinkwasser nicht mehr ausreichend filtern können.

Professor Valmor de Almeida Barreto von der Geologischen Fakultät in Bahia sagte vor fünf Jahren Erdrutsche voraus.
Er teilte die Ergebnisse einer Untersuchungskommission, dem damaligen Erzbischof Dom Eugenio Sales mit.

Freitag, den 30. April:
Dom Eugenio Sales sendet dem Gouverneur ein Telegramm, in dem er mitteilt, daß er für das Volk von Bahia bete.

Im Beifallspalast des Gouverneurs sammeln die Damen der Gesellschaft die Modelle der vergangenen Saison ein und tragen die Reste ihrer Hausapotheken für die Opfer zusammen.
Die Diener reichen in weißen Handschuhen Sandwiches und Erfrischungen:
– Alle helfen wir! Alle!

Im Mercado Popular sind ungefähr hundert Familien untergebracht. Sie hausen in den ehemaligen Verkaufsständen.
Das Wasser steht acht Zentimeter hoch.
Keine Matratzen. Einige schlafen auf den Tonbänken.
Die meisten Kinder laufen nackt herum und tragen riesige, aufgedunsene Bäuche vor sich her.
Eine Toilette für alle.
Immer die gleiche Geschichte:

– Vor einer Woche kam der große Regen. Dann ist unser Haus zusammengefallen. Jetzt haben wir nichts mehr.
Dabei fassen sie sich demonstrativ an die wenigen Kleider.
Sie sitzen teilnahmslos herum.
Irmas Apparat erregt Fröhlichkeit:
– Ein Foto! Ein Foto!

Maria, die Psychologiestudentin, berichtet, im Gerichtsmedizinischen Institut »Nina Rodrigues« liegen Haufen von ertrunkenen Kindern. Die Mütter suchen die ihren darunter hervor.

Sonntag, den 2. Mai:
Jornal do Brasil: Der Papst betet für die Opfer von Bahia.

Montag, den 3. Mai:
A Tarde: Kinderlähmung und Hepatitis.

Dienstag, den 4. Mai:
Tribuna da Bahia: Zwei Fälle von Typhus.
Drei Pockenfälle.

Mittwoch, den 5. Mai:
Jornal da Bahia: Kirche weist Vorwurf der Unterlassungssünde zurück.
Essen für die Obdachlosen fehlt.

In der Essobaracke sind die einzelnen Familien jetzt durch Seile abgetrennt. Jede Familie hat etwa 4 Quadratmeter zur Verfügung.

Sonnabend, den 8. Mai:
Tribuna da Bahia: Vergiftetes Milchpulver im Hafen. Es hätte

nicht viel daran gefehlt und 2223 Säcke vergiftetes Milchpulver wären von der Bevölkerung verzehrt worden. Das Milchpulver, eine Gabe der brasilianischen Bischofskonferenz, sollte kostenlos verteilt werden. Es ist mit Ätzsoda vermischt und lagert in Schuppen drei.

Die Erlaubnis, das Milchpulver zu fotografieren, wurde nicht gegeben.

– 35 Fälle von Kinderlähmung.

In Arembepe, einem afrikanisch wirkenden Fischerdorf nahe Salvador, schützen die Einwohner ihre Lehmhäuser vor dem Regen mit Bastmatten, die sie außen an die Wände stellen.

In Arembepe sind die Häuser bewahrt geblieben; es hat allerdings auch keinen Erdrutsch gegeben wie in der Stadt.

Auch in Arembepe Kinder mit Bäuchen, die so dick sind, wie die Kinder hoch – hier am Meer wie in der Essobaracke in der Stadt.

Mittwoch, den 12. Mai:

Jornal da Bahia:

Achtung, eine neue Krankheit! Leptospirose!

Sie wird durch Ratten übertragen und greift Nieren und Leber an. Es gibt kein Mittel dagegen. 12 Fälle im Krankenhaus Couto Maia.

– Promiskuität in der Essobaracke.

Viele Mütter beklagen sich, daß einige Ehepaare sogar am Tage Geschlechtsverkehr hätten, ohne auf die herumspielenden Kinder Rücksicht zu nehmen.

Die Polizisten vergewaltigen die jungen Mädchen.

C. redet ununterbrochen von den Göttern und betreibt zwischendurch eine Männervermittlung für begüterte Schwule.

Heute ist Sonnabend und in den Absteigen des heruntergekommenen Palastviertels Pelourinho stehen die Paare Schlange.

C. führt Jäcki noch einmal durch die Falltür hinunter.

Er hat ein Zimmer für die Toten hergerichtet.

Es ist weiß getüncht, in der Mitte ein schwarzes Kreuz mit einem langen weißen Band.

– Die Toten der Regenkatastrophe suchen mich heim. Ich leide ihr Leid und ich muß Feste für sie begehen, um sie zu besänftigen.

Als Jäcki wieder an der Gartenpforte von Liberdade rüttelte
war sie nicht nur mit der Kette zugebunden
Das Vorhängeschloß war abgeschlossen.
Jäcki rief vergeblich nach Verger.
Schließlich kam der deutsche Popkünstler von nebenan und
sagte, Verger sei nach Afrika gereist.
Jäcki kannte diesen Plan des alten Ethnologen.
Dennoch:
Jäcki war wütend.
Das war eine Frechheit.
Die Hauptperson reist einfach aus dem Roman weg, in eine
Realität, Ibadan, Abomey, die der Autor nicht einmal nachphan-
tasieren kann.
Das Material wird der Fiktion untreu
Das hat es ja noch nie gegeben.
Das ist nur umgekehrt erlaubt.
So sind die Ethnologen
Verkehrt herum.
So sind die Schwulen.
Da ein bißchen Kartei und Löschpapier
Da ein bißchen Trance
Und ein Viertelchen, eingekauft, Samenerguß.
Weg sind sie.
Jäcki packte der Ekel
Er wollte weg.
Jäcki war von der Realität, von dem Verrat des Materials so ent-
setzt, daß er froh war, aus Bahia und seinen Leptospirosen weg-
fliehen zu können in den Sozialismus.
Zu Allende.
Nach Chile.
Was?
Der Dichter läßt sein Material im Stich?
Der Dichter verrät seinen Roman?
Den Roman vielleicht.
Aber den Funk findet er ja wieder, den Spiegel, die Zeit.

Das politisch engagierte Feature.
Der Romancier, der sich zum Ethnologen mausern wollte,
landet wieder beim Journalisten
Ein Interview für die Zeit.
Jäcki wird Christian ein schönes Feature schreiben
Nur aus Interviews mit Ministern.

20

Es könnte doch einmal sein, daß alles sehr schnell ginge.
Daß nicht die Zeit und die Welt explodierten –
implodierten – wie Peter M. sehr genau richtigstellte –
Sondern Jäcki.
In einem etwas zu kleinen Einzelzimmer läge er
Erkrankt an einem erhabenen verruchten Kakaduleiden
für das es keine Heilung gab
5 Operationswunden.
Schläuche
Jäcki als Wunderlichplakat der Galerie Brockstedt
Und dieser Roman über die Ethnologie. Rio Bahia Amazonas
Brasilien 1969 Brasilien 1971 Brasilien 1981 sei fertig
in einer ersten wilden Fassung runtererzählt um den Erdteil
darzustellen und die beiden Ethnologen davor, die versuchen
ihn intriguierend auf die Schultern zu hieven.
Nur ein großes Kapitel fehlte noch.
Die Gegenbewegung gegen Jäckis Faszination vor den Riten
die Gegenbewegung auch gegen Jäckis Zwang Riten zu verletzen
Sozialismus.
Genauer:
Sozialdemokratie.
Allende war in Chile durch Wahlen an die Regierung gekommen und gab vor, sich dem demokratischen System mit sozialistischer Regierung zu unterwerfen
Das interessierte Jäcki
Da wollte er hin.
Das wollte er sehen.
Das schien ihm die Lösung, für Leptospirose Todesschwadron, Folter und Hunger, Hunger, Hunger, Hügel voller Favelas, eiszeitliche Brutalität nur noch Messen
Das war ein Schritt weg von der Analyse des Verhaltens, der Riten, der Sprache, die Jäcki sonst beschäftigte.
Von der Befreiung der Sexualität, die Jäcki das wichtigste schien.

Denn was nützte es, wenn man den kleinen Kindern täglich einen Liter Milch verordnete, um sie in den gleichen Haß, die gleiche Sinnenfeindlichkeit, die gleiche Verachtung der Liebe und des Körpers hineinzupressen, die seit 2000 Jahren regierten, dachte Jäcki

Die mehr Verheerungen angerichtet hat als der Hunger und die Ausbeutung.

Gegen Hunger und Ausbeutung, Jäcki dachte Hunger und Ausbeutung konnte man sich auflehnen

Gegen die Sinne kann man nur verstoßen.

Von einer Geisteskrankheit, Dr. Freud selig, dachte Jäcki, kann man nur geheilt werden.

War diese Reise ins sozialistische Chile so etwas wie Jäckis Arbeit beim Abbé Pierre Groùes.

Ein Irrweg, den er teuer würde bezahlen müssen.

Es gibt keine engagierte Literatur, dachte Jäcki

Das Kriterium der Literatur ist, daß sie sich nicht bindet.

Die einzige, die nicht gebunden werden kann.

Jäcki interviewte Allende und seine ganze Regierung

Für Jäcki begannen zehn neue Jahre.

(Jäcki fing an mit Wörtern unvorsichtig umzugehen.

Er dachte Hoffnung.

Und vor allem, aber das merkte er noch rechtzeitig, er benutzte in seinem Feature über den Kupferhandel das Wort Bourgeois.

Und da konnte ihn auch nicht die Tatsache beruhigen, daß der alte Fontane, der sehr alte Fontane, als er ein bißchen zu Gerhart Hauptmann herüberzusehen begann, das Wort Bourgeois in eben dem Sinne gebraucht hatte.

Das schlimme Faktum blieb: Jäcki hatte ein Schlagwort

den Opportunismus – Schlagwort und Opportunismus übrigens –

übernommen.

Der abgründige Herr Rübenach sah Jäcki von unten an und sagte:

So, nun sind auch Sie von der Macht fasziniert. –

Das war nicht so.

Trotzdem würde Jäcki diesen Satz Rübenachs nie vergessen.)

Aber für alles dies wäre es nun zu spät.

Die Nacht vor der Operation korrigierte Jäcki den Brasilienroman ohne ein Chile Kapitel, und vertraute ihn vor der Narkose Irma an.

Er ging nicht drauf.

Vielleicht war es ja, man sagte hoffnungslos.

Aber er fing zwischen Glockengeläut, Schmerzspritzen und Schläuchen an zu denken.

Er war zu schwach, um zu schreiben

Jeder Buchstabe tat im Darm weh

Irma wollte er nicht diktieren.

Wenn er ganz kurz noch einmal doch wieder schreiben könnte.

Wenn er das große Chile Kapitel ganz gerafft doch noch fertig kriegen könnte

Was wäre es dann, das er ergänzte?

– Herr Präsident, bis zum 24. Juni dieses Jahres sind eine Million einhunderttausend Hektar Land in Chile enteignet worden. Was hat sich durch die Agrarreform für den armen, ausgehungerten Landarbeiter geändert?

Dr. Salvador Allende Gossens:

– Für den Landarbeiter hat sich das Leben von Grund auf geändert, denn wir haben den Nationalen Rat der Landarbeiter gegründet, die Provinzräte und die Kreisräte der Landarbeiter. So im ganzen Land organisiert nehmen die Landarbeiter mit den Staatsangestellten zusammen an den Plänen teil, welche die Enteignungen und die landwirtschaftliche Entwicklung bestimmen. Auf diese Weise geben die Landarbeiter ihre Meinung über den Zustand der Ländereien ab und tragen dazu bei, die Arbeitsbedingungen einzustufen wie auch die Lebensumstände der Leute, die auf den Ländereien arbeiten. Und so tragen sie zum ersten Mal in der Geschichte eine Bedeutung. Außerdem bilden die Arbeiter der enteigneten Ländereien eine Siedlungsgemeinschaft, das heißt, sie übernehmen die Aufgabe, das Land so lange weiter zu bearbeiten, bis eine endgültige Form gefunden worden ist. Das Gesetz fordert, daß das Land geteilt werden kann und den Landarbeitern das Besitzrecht übergeben werden darf: und das Gesetz legt ebenfalls fest, und wir teilen diese Auffassung, daß Genossenschaften gegründet werden sollen. Früher waren diese Siedlungsgemeinschaften anders organisiert. Der Landarbeiter in der Siedlungsgemeinschaft war ein Angestellter, denn die Verantwortung dafür hatte ein Staatsangestellter. Heute legt jeder in der Siedlungsgemeinschaft die Normen für die Arbeit mit fest: der landwirtschaftliche Techniker hilft dabei. Für jede Siedlungsgemeinschaft ist ein Bankkonto eingerichtet worden, so daß die Arbeiter selbst ihre täglichen Einnahmen bestimmen. Sie haben ihre eigene Buchführung und dadurch sind die Landarbeiter gezwungen, ihre eigene Arbeit und die ihrer Genossen zu bewerten. Etwas, das es vorher nicht gegeben hat. Früher arbeiteten einige in einer Siedlungsgemeinschaft gut und andre schlecht..

Sie verstehen also, daß der Landarbeiter heute seine Existenz und sein Leben völlig verändert hat.

– Das Problem der landwirtschaftlichen Entwicklung..

– Ich will Ihnen ein Foto zeigen..

In Europa, nein, in einigen Ländern Lateinamerikas hat man dies Foto veröffentlicht und behauptet, ich sei auf dem Flugplatz und würde sogenannte sowjetische Soldaten empfangen und das sei das Kreuz, der Stern von Stalin. Und dabei ist das der Oberbefehlshaber des chilenischen Heeres und dies ist mein Adjutant und das sind zwei chilenische Soldaten in Magallanes. Das ist die Uniform, die die chilenischen Soldaten tragen und da es damals sehr kalt war, hatten sie mir einen Mantel geliehen für die Manöver und eine Mütze, damit mein Sombrero nicht naß würde. Und das ist die Insignie des chilenischen Staatspräsidenten. Stellen Sie sich vor und das hat man in einigen Zeitungen veröffentlicht und behauptet, der Präsident empfängt eine Delegation von sowjetischen Offizieren.

– Das Problem der landwirtschaftlichen Entwicklung ist die Berufsausbildung des Landarbeiters. Was ist da unternommen worden?

– Das stimmt. Es gibt einen großangelegten Plan des Institutes für Technische Ausbildung, ICIRA, des Institutes für Ackerbau und Viehzucht, INDAP, und der Korporation für die Agrarreform, CORA, und andrer landwirtschaftlicher Einrichtungen, einen gemeinsamen Ausbildungsplan. Sie verstehen, es ist ziemlich schwer, die Ausbildung für die Landwirtschaft zu beginnen und gleichzeitig, sagen wir mal, das kulturelle Niveau zu heben. Die Regierung von Herrn Frei bildete 35 000 Landarbeiter aus. Wir haben in der Gegend von Cautin sicher, nur in sehr elementarer Form, das Berufswissen von 40 000 Landarbeitern in den ersten drei Monaten des Jahres erweitert. Das Ausbildungsprogramm sieht 600 000 Landarbeiter vor, in drei Jahren etwa. Wir haben jetzt die Schwierigkeit, daß wir dafür nicht genügend Staatsangestellte zur Verfügung haben. Wir haben etwa 2000 Staatsangestellte dafür. Wir sind in Verbindung mit dem Institut für Landerziehung, das von der Kirche geleitet wird, in Übereinstimmung mit dem Erziehungsministerium und ohne jede Schwierigkeit. Dies wird ebenfalls dazu beitragen, eine massive Berufsausbildung innerhalb der Grenzen der Umwelt der Landarbeiter. Wir müssen die modernen Medien benützen, Filme, Diaprojektoren, Schulfernsehen, Ausbildungsbusse.

– Besteht jetzt die Möglichkeit, daß ein befähigter Landarbeiter die Universität besucht?

– Tatsächlich ist der Prozentsatz der zur Universitätsausbildung befähigten Landarbeiter sehr klein.

– Aber es gibt Landarbeiter, welche die Universität besuchen?

– Ja, aber sehr wenige. Diese hauptsächlich durch das Institut für Landerziehung. Es gibt für den Landarbeiter eine mittlere Ausbildung. Dort wird auch für die Universität, sagen wir, ausgewählt. Es gibt Abendkurse und Nachmittagskurse.

– Einige Bauern behaupten, daß Ungerechtigkeiten bei der Enteignung vorkommen; Gewaltakte würden begangen und Besitze von weniger als 80 Hektar, die nicht unter die Landreform fallen dürften, wenn sie gut bearbeitet sind, würden rücksichtslos enteignet: Rinderzucht- und Saatbauspezialisten jage man unnötigerweise davon. Was ist die Wahrheit?

– Die Wahrheit ist, daß in jedem Entwicklungsprozeß Ungerechtigkeiten begangen werden, aber diese Ungerechtigkeiten sind nicht so groß, daß sie dem Gang der Agrarreform schaden könnten.

Es stimmt, wir haben Schwierigkeiten gehabt, aber es stimmt auch, daß 400 Landbesitze ohne Schwierigkeiten übergeben worden sind. Die Besetzungen von Höfen haben nicht einmal ein Prozent des chilenischen Agrarbesitzes betroffen. Darüber hinaus sieht das Gesetz Appellationsgerichte vor, so daß der Besitzer, der glaubt, in seinem Recht verletzt zu sein, sich beschweren kann.

Nun hat es Fälle gegeben, wo die Landarbeiter sich sehr brüsk verhalten haben. Aber das ist sehr selten geschehen.

Es hat einen Prinzipal gegeben, der infolge eines Herzinfarktes gestorben ist bei der Nachricht von seiner Enteignung.

– 80 Hektar, gemessen am besten Boden Chiles, können, wenn sie intensiv bearbeitet werden, ihren Besitzer zu einem reichen Mann machen. Besteht nicht die Gefahr, daß die kleinen Landbesitzer, deren Land nicht enteignet wird, eine neue Klasse der Privilegierten bilden, besonders im Vergleich zu der armen Indianerbevölkerung des Südens, die in Cooperativen arbeitet. Denken Sie daran, eine Verflechtung der beiden Gruppen zu ermöglichen oder soll später jeder Landarbeiter in Chile Landbesitzer sein?

– Wir glauben tatsächlich, daß jeder chilenische Landarbeiter nicht auch Landbesitzer werden kann, weil dies die Entwicklungsplanung sehr erschweren würde. Wir glauben, die ideale Arbeit ist, Cooperativen zu gründen und in den Gegenden, wo es gerechtfertigt ist, staatliche Güter anzulegen, um dort einen landwirtschaftlichen Komplex industriell zu betreiben, wie zum Beispiel in Magallanes. Dies eignet sich besonders, um einen Versuch in industriellem Ackerbau und industrieller Viehzucht von einiger Wichtigkeit zu unternehmen.

Wir glauben logischerweise, daß die kleinen Besitzer, wenn sie die Entwicklung der Arbeit in den Cooperativen sehen und die staatlichen Zuschüsse, von selbst kommen werden und sich den Cooperativen anschließen. Wir haben z. B. die Zinsen der Banken, die 25 % betrugen, nein, 32 % betrugen, 25 % für die Landwirtschaft, auf 12 % für die Cooperativen gesenkt und auf

11 % für die Siedlungsgemeinschaften. Das ist eine Verminderung des Bankzinses um die Hälfte. Als Nächstes haben wir die mittelfristigen und kurzfristigen Kredite erleichtert. Außerdem haben wir Erleichterungen für die Bezahlung des Kunstdüngers geschaffen. Im letzten Jahr produzierte Chile 600 000 und einige Tonnen Salpeter, Nitrat. In diesem Jahr sind wir dabei 900 000 zu produzieren. Wir wollen, wenn möglich, den Landwirten den Kunstdünger zum Selbstkostenpreis liefern. Darüber hinaus werden wir eine größere Menge von Phosphaten einführen. Indem wir den Preis des nationalen Kunstdüngers senken, erreichen wir im Durchschnitt mit dem Preise des eingeführten Kunstdüngers eine bessere Versorgung der Landwirte. Man muß in Rechnung stellen, daß unser Salpeter subventioniert ist, daß der Staat monatlich drei Millionen Dollar bezahlen muß, um die Arbeit in den Salpeterminen aufrecht zu erhalten. Nun, wenn wir über 30 % mehr produzieren, sind wir in der Lage, die Minen zu fast 80 % zu finanzieren. Außerdem haben wir den internationalen Preis des Salpeters erhöht, was seit dreißig Jahren nicht geschehen ist. Und der internationale Markt mußte es hinnehmen, daß wir diese Preise ansetzten. Darüber hinaus produzieren wir Jod in einer ansehnlichen Menge. Wir sind dabei, 3 bis 4 Millionen Tonnen Jod zu produzieren und haben den Preis für ein Kilogramm Jod um $ 1,50 erhöht. Gut, Erhöhung des Preises und Erhöhung der Produktion von Salpeter und Jod erlaubt es uns, ein gravierendes Problem zu lösen, das die Regierung monatlich drei Millionen Dollar kostete, um die Salpeterminen zu unterhalten, wo jetzt 5 Millionen mehr anfallen.

– In welcher Phase befindet sich die Nationalisation des Kupfers und die Verstaatlichung der Banken?

– Die Nationalisation des Kupfers soll im Kongreß am 11. oder 12. dieses Monats ausgesprochen werden. Wir werden morgen oder übermorgen entscheiden, ob wir vielleicht oder auch nicht gegen einige Vorkehrungen Einspruch erheben. Die Banken sind praktisch zu 80 % verstaatlicht.

– Gibt es ähnlich wie in der Landwirtschaft. .

– Was die verstaatlichten Banken anlangt, so wollen wir sie spezialisieren. Wir schaffen z. B. eine Bank für die kleine Industrie,

eine Bank für den Handel, eine Landwirtschaftsbank, eine Fischereibank.
– Gibt es für die Verstaatlichung der Industrie ebenso wie in der Landwirtschaft eine untere Grenze?
– Ja. Wir haben so etwas besprochen, von Grund auf die Monopole und die großen Unternehmen zu verstaatlichen. Sie kontrollieren in Wirklichkeit den Markt ganz bestimmter Produkte. So haben wir im Falle der Textilindustrie gehandelt. Wir meinen, daß sich mehr oder weniger 100 Unternehmungen in das staatliche Wirtschaftsareal einfügen müßten in einer Situation, in der Chile 35 000 Unternehmungen aufweist. 110 oder 120 Unternehmungen werden davon betroffen. Wie Sie sehen, ist der Prozentsatz ziemlich klein. 10 % wären 3500, 1 % wären 350. Was weiter? Sprechen Sie ruhig weiter.
– In Chile gibt es ungefähr 1500 Industriearbeiter, die seit Ihrem Regierungsantritt an Universitätskursen teilnehmen. Technischen Kursen. Denken Sie an ein Programm, das den Arbeitern, die immer noch in harten Bedingungen leben, die hart arbeiten, wenn sie die Universität betreten, die Möglichkeit gibt, nicht nur ihre Nützlichkeit zu steigern, sondern ihre Gedanken zu erweitern und ihnen ein intellektuelles Vergnügen bereitet?
– Sicherlich. Es handelt sich nicht nur darum, ihnen eine berufliche Möglichkeit zu geben, sondern ihren kulturellen Gesichtskreis zu erweitern. Darin haben Sie recht, und dies ist unsere Absicht.
– In der Bundesrepublik erleben wir nach 20 Jahren einer christlichdemokratischen Regierung ebenfalls einen politischen Wechsel. Welche Beziehungen wird die chilenische sozialistische Regierung mit der Regierung eines sozialdemokratischen Kanzlers unterhalten?
– Wir wünschen die besten Beziehungen. Wir haben das ausgedrückt. Und haben gesagt, daß die Aufnahme diplomatischer Beziehungen mit der Deutschen Demokratischen Republik in keiner Weise bedeutet, wir wünschten keine besseren Beziehungen zur Bundesrepublik.
– Die Situation eines Willy Brandt ist sicherlich nicht sehr leicht. Es gibt eine Opposition, die vielleicht daran interessiert ist, daß

Irrtümer geschehen. Die Opposition der Christ-Demokraten ließ bei der Regierung der Bundesrepublik anfragen, was mit den deutschen Besitzungen in Chile geschehen werde. Wird Ihre Regierung in dieser Angelegenheit der Regierung der Bundesrepublik ein Dilemma ersparen?

– In einigen Fällen ja, in anderen nein. Zum Beispiel: Wir müssen das Gesetz der Agrarreform auch auf Investitionen anwenden, welche Deutsche, die in Deutschland leben, geleistet haben. Sie sind Herren von landwirtschaftlichen Besitzungen mit einem chilenischen Verwalter, der sich um das Land kümmert. Dies ist nicht möglich. Wenn wir das Gesetz auf die Chilenen anwenden, müssen wir es mit größerer Notwendigkeit auf Ausländer anwenden, die nicht in Chile wohnen. Andererseits, z. B. haben wir eine Firma enteignet, die pleite war. Sie hatte deutsche Maschinen gekauft und nicht bezahlt, es handelt sich um »Bellavista-Tomé«. Wir prüfen gerade, auf welche Weise wir Deutschland die Maschinen bezahlen, obgleich wir die Firma verstaatlicht haben. Anderenfalls wäre die Firma pleite gegangen und die Maschinen wären verschleudert worden. Übrigens muß noch berücksichtigt werden, daß der Besitzer dieser Firma ausgekniffen ist.

– Denken Sie zum Beispiel daran, die Firmen Bayer und Merck, an denen es große deutsche Beteiligungen gibt, zu verstaatlichen?

– Nein. Wir haben diese Möglichkeit noch nicht ins Auge gefaßt. Was wir vor allem wünschen ist, gestützt auf das Bakteriologische Institut von Chile, auf das Laboratorio Chile und die Einkaufszentrale der Öffentlichen Fürsorge einen Staatsorganismus zu gründen. Dieser könnte regulierend auf die Preise wirken. Es gibt Marken von großem Ansehen, und wir haben Interesse daran, daß sie hier weiterproduzieren. Das Problem ist, sie müssen derart produzieren, daß die Medikamente von der Bevölkerung erworben werden können. Aus diesem Grunde wurde ein staatliches Formular gedruckt, das mit der diffusen Menge von Sorten aufräumt. Es gibt 6ooo pharmazeutische Produkte. Das erklärt die außerordentliche Verschwendung für die Werbung.

In Buenos Aires war die Zeit pünktlich.

Wie konnte es auch anders sein.

In Buenos Aires herrscht das Gesetz der Ewigkeit

Und in Buenos Aires wird die Zeit gedruckt.

Da Jäcki Salvador Allende interviewen sollte schlossen sich Irma und Jäcki 10 Tage in ein Art Deco Hotel ein und lasen von morgens bis abends spanische Zeitungen.

Abends gingen sie aus und tranken argentinischen Champagner.

Jäcki versuchte die Unterwelt zu entdecken.

Aber unter Generalstiefeln gibt es keine Unterwelt.

In den Kinos, an den Wochenenden drängelten sich Tausende von Schwulen umeinander rum, aber hatten nicht genügend Abstand vor Gier und Angst, um überhaupt etwas Vernünftiges zuwege zu bringen.

Eines Vormittags ging Jäcki an der Nationalbibliothek vorbei.

Er überlegte, daß Die Geschichte der Ewigkeit präzise ist und fragte den Portier:

El señor Borges ya llegó?

Como no.

Segundo piso la tercera puerta a la derecha.

Jäcki ging hinauf.

Er klopfte und stand Borges und seiner Sekretärin gegenüber.

Jäcki stellte sich vor.

Borges sagte:

Dans cinq minutes s'il vous plaît.

Jäcki wartete im Flur auf einer frischen Holzbank.

– In fünf Minuten spreche ich Borges, dachte Jäcki.

Er hielt Borges mit Genet und Borroughs für den großen Dichter der Zeit

Aber keiner, weder Genet noch Borroughs hatte so einen wundervoll verwirrenden Satz formuliert, wie der Leiter der Biblioteca Nacional in Buenos Aires.

Wenn es die Ewigkeit Zeit gibt,

zitierte sich Jäcki Borges

Und Jäcki zweifelte nicht daran, daß es kein Ende der Zeit geben konnte.

Dann hat dies hier, Jäcki auf Borges wartend schon unendlich viele Male stattgefunden.

Jäcki hatte nie daran gedacht, den alten blinden Mann aufzustören.

Er hatte immer geglaubt, es sei unglaublich schwer, mit tausend Sekretären von Victoria O'Campo und Gallimard, Empfehlungsschreiben, die in dunklen Vorzimmern endeten, dem New Yorker und vielen Ferngesprächen.

Es war ein Witz gewesen als Jäcki den Portier unten fragte.

Es war die Überlegung:

Hat das Genie der Ewigkeit und der Infamie auch noch eine handwerkliche Existenz

El señor Borges lo está esperando.

Der Eintritt in die Bibliothek von Babylon.

Borges' Gesicht aus Uruk.

Entschuldigen Sie, ich habe mein ganzes Deutsch verlernt.

Nach Frankreich zogen zwei Grenadier

Die waren in Rußland gefangen

Und als sie kamen ins deutsche Quartier

Sie ließen die Köpfe hangen.

Ich mache Isländisch.

Was wollen wir sprechen.

Sie einigten sich auf Französisch.

Sie sind aus Hamburg

Wie sagt man auf missingsch Ich?

– Ick,

Leipzig, Perthes, sagte Borges zu Irma als sie ihn fotographieren durfte.

Wie sagt man auf sächsisch Ich?

Jäcki war so verzaubert, daß er keine einzige vernünftige Frage stellte, nicht um ein Interview bat

Und wen hätte er lieber interviewt.

Es war eine Viertelstunde mit dem Gedächtnis der Welt als reiner Goldstaub.

Borges, der Heine zitierte und wissen wollte, wie Ich in den deutschen Dialekten ausgedrückt wird.

Und natürlich Montevideo.

Das Schloß des Grafen von Lautréamont.

Ein Haus wie eine Morchel,

Eine Morchel, aber groß wie der Eiffelturm.

Ein hochragendes Labyrinth von Wohnungen.

Als hätte Dubout die Cité Radieuse von Le Corbusier ausgeführt.

Hier waren die Chants de Maldoror entstanden.

Hier hatte Isidore Ducasse die Phantasien über die Belagerung von Montevideo entworfen

Und hier spielten alle säuischen Anekdoten von Plattscheck.

El Elefantizo.

Die Geschichte, von der verheirateten Nutte die aus Scham im Schwesternkittel bediente und ihre Kunden auf eine Chaise percée setzte.

Bis sie verwitwet und endlich freizügig, den Kittel ablegte und sie verhungerte.

Unter ganz Montevideo wühlten die Tupamaros.

Die Widerstandskämpfer gegen die Generäle, die sich einen indianischen Namen zugelegt hatten.

Sie sollen es im Widerstand zu einem eigenen Krankenhaus gebracht haben.

Jäcki sah schon die Wohnmorchel kippen

Oder aus allen Waben die Tupamaros gucken und rote Flaggen am Schloß des Grafen de Lautréamont hissen.

Daß es aussah, als hätte sich die Morchel blutig gestoßen.

Von schwul nicht die Bohne.

Jäcki suchte wie verrückt.

Nichts zu finden.

Die Hauptstadt zu klein?

Zu viele Generäle.

Zu viele Tupamaros.

Zu diskret?

Vor allem wollte Jäcki in Chile wissen, ob ein sozialistisches Regime Allendes, das den hungernden Kindern einen Liter Milch am Tag, den hungernden Schwulen ihr Achtelchen Sahne zubilligte, oder ein Sechzehntel.

Denn Jäcki, der sich in diesen zwei Monaten zum Sozialismus entschied, einem sehr eigentümlichen Sozialismus gewiß, da der orthodoxe philosophische ihm täglich durch Bevölkerungsexplosion und Technokratie – auch marxistischer Technokratie widerlegt wurde.

Wie sollte man angesichts des Eisgebirges an den stetigen Fortschritt der Menschheit glauben?

Jäcki war nicht bereit, die eine Revolution, die gegen Christentum und Idealismus für die andre gegen den, wie heißt es Imperialismus, zu verraten.

Nein, Jäcki gab als Schwuler vor dem Sozialismus nicht klein bei. Nach jedem Interview mit einem Mitglied der Regierung Allende ging er in eines der Dampfbäder mitten unter die Glieder des Volkes von Santiago de Chile

Ins Catedral. Ins Las Delicias, wo man unten unter indianischen Arbeitern duschte und sich oben zu Partouzitas traf

Décadents mit Eselsschwänzen und dazu immer ein junger Indianer mit einem andinen Götterarsch, der sich klagend von allen ließ.

Es war eines jener Etablissements, das durch hohe Komplizenschaften zu jeder Zeit, überall eine jede Revolution überstehen würde.

Denn die Schwulen, das war Jäckis Überzeugung, sind die älteste Revolution, die permanente, die nie überwunden wird

Eines Tages brachte eine Art Bildzeitung die Schlagzeile: Die verhafteten Tunten sind. Und die ganze Titelseite voll mit ausgeschriebenen Namen und Adressen, und Berufsangaben.

Jäcki legte es dem Justizminister auf den Tisch.

Ist das die neue Sexualpolitik der Regierung Allende.

Um Gottes willen, nein, ein durchgedrehtes Massenblatt.

Jäcki legte es dem Landwirtschaftsminister Chonchol auf den Tisch, der unter einem schönen, grauen, trostlosen Stadtbild von Bernard Buffet die Agrarreform ausarbeitete.

Ist das die neue Sexualpolitik der Regierung Allende?

Um Gottes willen, nein, sagte Chonchol.

Ein orthodox kommunistisches Massenblatt.

Sie wissen, Allende war nicht der Präsidentschaftskandidat der Kommunisten.

Das war Pablo Neruda.

Und Jäcki hatte das Blatt auch beim Interview mit Allende mit.

Und wenn Allende nicht weggemußt hätte –

Seine Tochter kam rein und flüsterte ihm eine sozialistische Katastrophe ins Ohr.

Ist es die Tochter, die in Havanna Selbstmord beging?

Wo beging die Schwester von Allende Selbstmord?

Jäcki hätte auch am Präsidentenkamin die Frage nach der neuen Sexualpolitik gestellt.

Jäcki hatte Vertrauen zu Allende.

Er hätte sich von ihm eine Hepatitis behandeln lassen.

Jäcki wußte nicht, wo bei dem beunruhigten gemütlichen Mann, der nett zu Jäcki und Irma sein wollte die Masken aufhörten und das empfindende Fleisch begann.

Auf jeden Fall war die Mimik gut eingearbeitet

Und Jäcki wußte: Allende wurde nicht gestürzt aus einem Mangel an List.

Eher aus einem Zuviel an Ruse.

Jäcki erinnerte die erste Pressekonferenz

Alle die Löwen der Meinung der Welt saßen da.

Die Korrespondenten der Monde, der N.Y.T., der Prawda.

Ausgeleuchtet von der nationalen, sozialistischen Television durch sexige junge Techniker, die alle einen Vollbart trugen.

Jäcki fürchtete in einem Meer von Kompetenz die Besinnung zu verlieren.

Dann kam Allende, mit einer präsidential Atlasschärpe, die etwas zu breit war.

Schweigen

Der Regierungschef des dürren Zipfelchens Südamerikas, das sie alle so ärgerte, die USA, die UdSSR, ja China und die Bundesrepublik, so furchtbar ärgerte, wie ein Hühnerauge, saß da und die Haie der Weltpresse starrten ihn an.

Pressechef Jorquera wurde sehr nervös und fing an mit beiden Armen zu wedeln, um einen Sturm der Neugierde zu provozieren, der fehlte

Jäcki stellte sich nach weiteren drei Minuten Leere vor und fragte

Nach Pressefreiheit.

Eine würdevolle, nichtssagende Floskel.

Jorquera wedelte weiter.

Immer noch Leere

Jäcki fragte nach der Duldung gegnerischer Literatur – im Hinblick auf Cuba

Allende etwas gereizt bleibt allgemein.

Wedeln

Nichts.

Jetzt Jäcki was er wirklich meint.

Und Borges

Allende wütend:

Chile sei seit mehreren Jahrhunderten eine literarische Nation

Und jetzt wollte er darüber nicht länger reden.

Na, dann ist es ja gut, dachte Jäcki

Ich wollte ja bloß deine Pressekonferenz retten.

Jorquera wedelte, wedelte, wedelte.

Aber Jäcki hatte sich so gesetzt, daß es aussah, als vertiefte er sich in seine Akten und könne Jorqueras Wedeln nicht mehr wahrnehmen.

Die Pressekonferenz wurde aus Mangel an Fragen abgebrochen.

Und ehe Jäcki aus seinen Notizen über Saunen, Parks, Hotels, indianische Gerichte, in der Agrarreform ermordete Samenbullen aufsehen konnte, stand Allende mit seinem Admiral schon neben ihm und entschuldigte sich.

– Off the record.

– So macht man das also.

– Für die Geheimdienste wird der Décadent zusammengedonnert.

– Privat lädt man ihn zur Schmunzelstunde ein.

– Ein Interview für die Zeit?!

– Como no!

Zweimal konnte der Staatchef nicht.

Und Jäcki hatte wieder zwei Nachmittage verloren.

Er ging ohne große Triumphgefühle ins Catedral und in das Delicias.

Die einst blühenden Kinos von Santiago waren wohl doch durch die Titelseite der Bildzeitung eingeschüchtert worden.

Nur an wenigen Ecken im Dustern drückten sich 50 Männer durcheinander.

Wie in Buenos Aires.

Gar nicht, um was zu machen, sondern wohl nur, um sich in einem Menschenknäuel heftig zu empfinden:

– Es gibt mich noch!

– Wir sind noch da!

Vielleicht war es auch Jorquera, der diese Fallen nach 6 Wochen antichambrieren erfand.

Carlos Jorquera, ein sozialistischer Macho, ein Weltjournalist durch seine Sprache

Santiago, Buenos Aires, Cuba, Mexiko, Madrid. Die Philippinen!

Ein Sensationsjournalist, der es zum Regierungssprecher gebracht hatte und jetzt die Kollegen gängeln konnte – und gar die aus der Bundesrepublik!

Das dritte Mal wartete Jäcki und machte noch eine Probe mit dem Cassettenrecorder

Der blieb stehen.

Carlos verließ angeekelt den Raum.

Von jeder Pore Jäckis sah ein Auge auf Jäckis Fingerspitzen.

Er nahm tief Luft.

Und zerlegte den ganzen Recorder.

Noch eine Probe.

Er ging.

Jäcki und Irma wurden zum Präsidenten gerufen.

Carlos Jorquera war verschwunden.

Aber Jäcki sollte ihn wiedersehen.

In ein paar Jahren

Flughafen.

Venezuela.

Carlos Jorquera hatte monatelang im Konzentrationslager gesessen.

Seine Familie,

Seine Mutter.

Er war ausgetauscht worden, schrieben die Zeitungen.

Er stand allein am Flughafen

Jäcki und er umarmten sich.

Carlos umarmte ihn heiß.

Sie weinten lange aneinander.

Dann sagte Jäcki:

Ich besitze nichts – außer meinem Kredit.

Und er händigte Carlos seine American Express Karte aus.

Das wies Carlos zurück.

Er war wieder ein gejagter, jagender Journalist geworden.

Der Pressesprecher, der Leiter des Informationsbüros, das war ganz von ihm abgespellt.

Carlos Jorquera gab Jäcki eines Abends im Parque Central ein Interview.

Hinterher standen sie noch einen Augenblick auf dem Parking

Dann trennten sie sich.

– Carlos, die Medien verbreiten, daß es keine politischen Gefangenen mehr in Chile gibt, daß die Militärjunta den letzten politischen Häftling befreit hat. Ist das wahr? Was bedeutet diese Nachricht?

– Nein, das ist nicht der Fall. Die ersten politischen Gefangenen wurden noch am Tag des Militärputsches gemacht. Vom ersten Augenblick an wurden sie verschieden eingestuft. Ich selbst war politischer Gefangener, Kriegsgefangener, Gemeinverbrecher, Häftling des Ausnahmezustands, derart, daß ich nie wußte, was ich wirklich war, denn wenn ich Kriegsgefangener gewesen wäre, hätte ich mich auf die Genfer Konvention berufen können. Ich kann dir versichern, ich war immer das, was mir am meisten schadete. Diese meine Erfahrung ist die Erfahrung von Abertausenden von Genossen. Ich bin einer der ganz wenigen Überlebenden der Moneda. Es sind vier Jahre seit dem Militärputsch vergangen, und noch immer ist keine Erklärung abgegeben worden, was die übrigen engen Mitarbeiter von Präsident Allende anlangt, die mit ihm in der Moneda waren und die mit mir waren. Niemand hat ein Wort gesagt, was Ärzte betrifft – wie Enrique Paris, Eduardo Paredes, Rodolfo Pincheira, Rechtsanwälte wie Arsenio Poupin, so angesehene Nationalökonomen wie Jaime Barrios etc. etc., und sie haben auch nicht gesagt, wo ihre Körper begraben wurden, wenn sie sie überhaupt begraben haben – und das seit dem 2. September 1973. Bei der grenzenlosen Fähigkeit zur Lüge, die die Junta auszeichnet, ist es nicht erstaunlich, daß sie behaupten, es gebe keine politischen Gefangenen mehr. Und Erich Schnacke, der sozialistische Senator, der mit uns auf der Isla Dawson war?

Und der Rechtsanwalt Carlos Lazo? Ich könnte dir Tausende von Namen geben, von Genossen, von denen wir nicht wissen, wo sie sind. Diaz Ytturieta von der Kommunistischen Partei, Mario Zamorano, der Professor Fernando Ortiz, Ponce, Lorca, Lagos, von der Sozialistischen Partei. Wo sind sie? Wir Exilchilenen haben lange Listen von Verschwundenen den Vereinten Nationen übergeben. Wo sind unsere Genossen? Die 119, die die Militärjunta in Argentinien verschwinden ließ? Wo sind sie? Bernardo Araya, ein Gewerkschaftskämpfer, von mehr als 70 Jahren. Wo ist Bernardo Araya? Wo ist die Frau von Bernardo Araya? Wo sind die Söhne von Bernardo Araya? Die Enkel von Bernardo Araya?

Eine Junta, die zum Mord fähig ist, die Leichen verschwinden läßt, ist wohl auch imstande, eine so große Lüge zu formulieren und zu behaupten, es gäbe keine politischen Gefangenen mehr in Chile. Mein ganzes Land ist ein Gefängnis. Alle, die keine Parteigänger der Junta sind, leben als politische Gefangene.

– Ist es dir möglich, von deinen Erlebnissen in den Lagern der Junta zu berichten?

– Ich wurde zahlreicher Verbrechen angeklagt: Waffenschmuggel, Rauschgiftschmuggel, Spionage für Fidel Castro, Spionage für die Sowjetunion, ich weiß nicht, ob sie mich nicht auch der Spionage für Venezuela anklagten – in offiziellen Publikationen, in Chile sind alle Publikationen offiziell, denn es gibt keine Pressefreiheit – mit Fotos, Fetzen von Briefen, die meine Teilnahme an antidemokratischen Verschwörungen demonstrieren sollten. Sie klagten mich an, Häuser zu besitzen, Villen. Ich betrat dieses Land, Venezuela, 1975 mit drei Dollar; das war mein ganzer Besitz, nach 30 Jahren Journalismus – sie konnten mir nichts beweisen, denn da gab es nichts zu beweisen. Sie behaupteten das gleiche von den Genossen, bezichtigten sie des Raubs, des Diebstahls; sie konnten ihnen nichts nachweisen, denn nichts davon stimmte. Unser Lebensstandard als Beamte der Regierung hatte sich wesentlich verschlechtert im Vergleich zu unserem Lebensstandard vorher – in dieser Hinsicht hält jeder von uns den Vergleich mit jeglichem Mitglied der Junta aus.

Herren, die vier, fünf Villen besitzen! Wie viele Mitglieder der Junta haben sich Haciendas in Paraguay gekauft! Wieviel Geld haben sie aus dem Land gezogen und auf Schweizer Banken deponiert! Sie besitzen die modernsten Wagen. Das ist das Leben der Herren, die sich als Päpste der Tugend und Reinheit ausgaben. Das Volk hat in diesen Jahren lernen können, wer wir waren und wer sie sind.

Und Präsident Allende haben sie drei Päckchen Zimt vorgerechnet.

– Welche Foltern gab es in den Lagern der Junta?

– Ich hatte das »Glück«, als einer der Hierarchen des Marxismus eingestuft zu werden. Armer Marx! Die wichtigste Folter uns gegenüber bestand darin, uns vor den 200, 300, 400 einfachen Genossen in erniedrigenden Situationen zu zeigen, einen Exminister, einen Vizepräsidenten der Republik, einen Generalsekretär einer Partei, den Rektor einer Universität zu einer erbärmlichen Plackerei zu zwingen und zu sagen: Das waren eure Führer!

Ich möchte nicht von der herkömmlichen Folter sprechen, von den Stromstößen an den Genitalien, das weiß jeder, da ist jeder durchgegangen. Ich spreche von einem anderen Typ von Folter: Wir hörten drei Monate nichts von unseren Familien. Sie simulierten Erschießungen, Kämpfe zu welcher Stunde der Nacht immer. Es handelte sich um einen Plan, uns moralisch zu degradieren, denn sie wußten, daß die vulgäre Folter uns festigen würde, anstatt uns zu zermürben.

Nach der Isla Dawson hielten sie mich in einem Verlies. Ich kann nicht sagen, wie lange. Ich sprach mit niemandem. Ich hatte zwei Meter, um mich zu bewegen. Ich wußte nicht, war es Tag oder Nacht. Ich wußte nicht, wo ich mich befand. Ich wurde in ständiger Angst gehalten. Sie wollten mich in einen Fetzen verwandeln, um mich beliebig beschuldigen zu können. Ich hatte ja nicht einmal die Möglichkeit, einen Rechtsanwalt zu Rate zu ziehen.

Sie unterzogen uns einer wissenschaftlich ausgeklügelten Folter. Die Ernährung – wie uns ein Arzt, der mit uns gefangen war, feststellte, Dr. Edgardo Enriques Froedden – war darauf ausgerichtet, unseren Willen zu schwächen. Es wurden Erfahrungen angewendet, die in anderen Konzentrationslagern gemacht worden waren, besonders in Deutschland – es scheint sich um einen Potassiummangel zu handeln. Einen befällt eine Sucht zu urinieren, Tag und Nacht.

Auch mußten wir den ganzen Tag über, ohne Ruhepause rennend, Säcke mit Steinen schleppen. Die meisten von uns hielten stand, ich war unter denen, die am wenigsten standhielten. Ich fiel oft. Physisch hielt ich nicht stand. Moralisch doch.

– Wie steht man das durch? Was empfindet man dabei?

– Es gibt kein Rezept. Es hängt sehr vom Gemütszustand ab. Ich hielt durch, was ich durchhalten konnte. Vielleicht hätte ich anders nicht durchgehalten. Sie haben meine Töchter nicht in meiner Gegenwart vergewaltigt.. Ich kann nicht sagen, ob ich da standgehalten hätte und sie mich dann meinem Volk als Denunzianten und Verräter hätten hinstellen können.

Wir haben auf der Isla Dawson viele Psychopathen kennengelernt. Offiziere, die mit Granaten vor unseren Tellern standen. Wir dachten nur: Wenn wir sterben, sterben wir. Jetzt müssen wir essen. Offiziere, die uns mit dem Löffel das Maschinengewehr in den Mund stießen: Offiziere, keine Soldaten. Es gab auch Mormonen unter den Offizieren, die uns nachts bilden wollten und die Psalmen mit uns lasen und uns segneten und die uns sagten: Bei der geringsten Bewegung schießen wir euch nieder. Aber ich bin sicher, genauso, wie ich mich an diese Psychopathen erinnere, werden wir nie einige menschliche und zivilisierte Gesten von anderen vergessen, die auch Uniform trugen. Es gibt immer Menschen, die anders sind.

– Hat es Folter unter den vorhergehenden Regierenden gegeben, unter Allessandri, Frei und Allende?

– Die Folter war in Chile praktisch unbekannt. Ich erinnere mich sogar, als La Gangrène von Henri Alleg erschien, ein Buch, das von der Folter während des Algerien-Krieges handelt, sagte man in Chile: Wie entsetzlich! Wie grauenvoll. Welch ein Glück, daß es bei uns niemals so etwas geben wird.

Nun, es gab schlechte Behandlung, Brutalitäten üblicherweise den Gemeinverbrechern, den Gaunern gegenüber auf den Polizeiwachen. Die engsten Mitarbeiter Allendes unternahmen seit dem Beginn der Regierung der Unidad Popular die größten Anstrengungen, damit auch dem schlimmsten Verbrecher gegenüber keine Folter angewendet würde. Wir hatten einen neuen Menschen zu formen, mit neuen Worten und, logischerweise, kein Revolutionär kann ein Folterknecht sein. Ein Folterer steht auf der letzten Stufe der menschlichen Unwürdigkeit und niemals kann ein Folterer unser Genosse sein. Niemals. Die Folter als eine vorbedachte Sache, die demjenigen, der sie ausführt, Vergnügen bereitet, ist das unseligste, das die menschliche Art hervorgebracht hat. Unsere Regierung unternahm Anstrengungen, um solche Polizeipraktiken auszurotten, als politisches Mittel gab es die Folter nicht. Unter der Regierung Allende gab es keine politischen Gefangenen, niemals, der größte Teil des Parlamentes, der gegen uns war, wäre sonst inhaftiert worden und der größte Teil der Journalisten.

– Wie erklärst du dir, daß plötzlich aus einem so menschlichen und so kultivierten Volk, wie dem chilenischen, eine ganze Maschinerie der Folter hervorgehen kann, eine Armee von Folterknechten und Mördern?

– Das ist eine der große Fragen, die wir Chilenen uns stellen und auf die wir keine Antwort haben. Ich habe bis jetzt noch niemanden getroffen, der darauf eine Antwort gehabt hätte. Wenn man die Folter in Chile betrachtet, hätte man Lust, seine Zugehörigkeit zum chilenischen Volk zu verleugnen. Glücklicherweise gibt es eine große Anzahl von Chilenen, die sich dagegen auflehnen, die dagegen ankämpfen. Wir machten sehr, sehr schmerzliche Erfahrungen und wir wünschten, den anderen Völkern begreiflich zu machen, daß kein Volk immun gegen den Faschismus ist. Diese Erfahrung machen wir unter vielen Schmerzen. Von diesen Greueln wird sich Chile nie mehr erholen. Ich habe nie eine Erklärung dafür gehört oder gelesen. Und es kann dafür keine Erklärung geben.

– Im Augenblick wird viel von den Menschenrechten gesprochen. Du bist Politiker. Du kennst die Mechanismen der Macht. Welche praktischen Möglichkeiten siehst du, die Regierungen dazu zu bewegen, daß sie nicht foltern, morden, Konzentrationslager unterhalten?

– Es scheint mir, daß rein rhetorische Erklärungen zu nichts führen. Pinochet wird daraufhin nicht aufhören zu foltern und zu morden, Präsident Carlos Andres Perez von Venezuela hat vor kurzer Zeit eine Formel vorgeschlagen, die mir adäquat zu sein scheint. Es sollte ein übernationaler Organismus geschaffen werden, der die Menschenrechte in den einzelnen Ländern kontrolliert und Strafen über diejenigen Länder verhängt, welche die Menschenrechte verletzen, nicht allein moralischer Art, sondern auch im Rahmen der Wirtschaftsbeziehungen. Ich glaube, ein wirksames Mittel, um die Foltern in Chile zu beenden und um das Verschwinden von Menschen zu beenden, was ein größeres Problem darstellt als die Foltern, heißt, die Junta ökonomisch zu blockieren.. Die Junta in Chile hält sich nur aufgrund ausländischer Hilfe. Die Produktion im Lande, so schätzen die konservativen Fachleute, ist auf ein Niveau von vor 30 bis 40 Jahren zurückgefallen.

Der Putsch von Pinochet war die Folge einer ausländischen Intervention. Wir verlangen, daß die ausländischen Interventionen in Chile aufhören. Pinochet erhält mehr Geld von den USA als Allessandri, Frei und Allende zusammen. Das ist eine unverschämte, offene, beweisbare Intervention. Wir haben bewiesen, daß die USA die Urheber des Militärputsches waren. Wir machen einen Unterschied zwischen der Administration Nixon-

Kissinger und der Administration Carter-Vance. Wir wissen, daß es einen Unterschied gibt. Wir sagen Carter: Intervenieren Sie nicht länger! Wenn Sie in Ihren Aussagen über die Menschenrechte konsequent bleiben wollen. Intervenieren Sie nicht länger! Lassen Sie Ihre Hände von unserem Land! Und wir Chilenen werden die Probleme in unserem Land selbst regeln.

Die USA finanzieren die Politik der Junta, und Carter kann das nicht ignorieren, denn wir haben es mit konkreten, offiziellen Fakten belegt vor der Regierung, vor dem Weißen Haus, vor dem State Department. Die USA wissen, was sie Pinochet am Tag kostet. Sie kritisieren Fidel Castro, weil er täglich eine Million Dollar von der Sowjetunion annimmt – ich muß Fidel Castro nicht verteidigen, Fidel Castro verteidigt sich selbst –, aber ich sage den Nordamerikanern: Pinochet kostet dreimal mehr; er kostet die USA drei Millionen Dollar am Tag.

– Es gibt verschiedene Versuche der Selbstkritik von Mitgliedern der Unidad Popular. Was waren deiner Meinung nach die großen Fehler der Unidad Popular und der Regierung von Allende?

– Ich muß erst einmal sagen, daß ich kein Militant der Unidad Popular bin. Ich kämpfe für keine Partei. Ich war ein enger Mitarbeiter des Präsidenten Allende nach einer Freundschaft von mehr als 20 Jahren. Klar, wir haben viele Fehler begangen. Alle Regierungen begehen Fehler. Sicher, unsere Fehler waren besonders groß. Es ist uns bewußt, daß die letzten Monate der Regierung des Präsidenten Allende sehr gespannt, sehr hart waren. Und die Leute sind umnebelt von diesen letzten Monaten. Aber es wird vergessen, daß wenigstens die ersten zwei Jahre der Regierung des Präsidenten Allende die besten Jahre waren, die das Volk in der Geschichte Chiles erlebt hat. Das Volk fühlte sich würdiger, es war heiterer, es hatte eine offene Zukunft. Die ganze Würde der menschlichen Persönlichkeit wurde respektiert. Es gab keine politischen Gefangenen, keine Pressezensur, keine Verfolgung. Das sage nicht ich allein, das sagen alle Ausländer, die damals in Chile waren. Dies Beispiel bezauberte die Welt. Ein winziges Land, wie das unsere, das sich in ein Leuchtfeuer verwandelte, dessen wichtigstes Fundament die menschliche Persönlichkeit war. Klar, wir haben Fehler begangen. Aber wir dürfen nicht vergessen, daß der Kampf, um Allende zu Fall zu bringen, bereits begann, ehe er an die Machte gelangt war und von seiten des mächtigsten Gegners, den es gibt, von seiten des CIA. Die Leiche des Generals Schneider ist Zeugnis für das, was ich sage. Unter diesen Bedingungen hielten wir drei Jahre aus. Drei Jahre.

– Sowohl bei der Rechten als auch bei der Linken gehört es zum guten Ton, Allende als politisch, taktisch unfähig hinzustellen..

– Welcher andre Politiker hätte das Geschick und die Fähigkeit besessen, unter solchen Bedingungen drei Jahre an der Macht zu bleiben? Auch hatten wir die große Masse des Volkes auf unserer Seite. Deshalb wurde uns der Krieg erklärt, deshalb wurden unsere Genossen massakriert, deshalb wurden wir bombardiert, deshalb wurden unsere Streitkräfte in eine Besatzungsarmee im eigenen Lande verwandelt, die das eigene Volk erniedrigen mußte – das letzte, das elendste, zu dem man Soldaten zwingen kann. Diese Situation dauert an. Wo gibt es ein Regime auf der Welt, das in Friedenszeit den Ausnahmezustand und die Polizeistunde mit Ausgehverbot aufrechterhält. Die des Marxismus Verdächtigen sind im Exil oder ermordet. Eine Million Chilenen leben außerhalb des Landes, zehn Prozent der Bevölkerung.

Aber ich will einer Frage nicht ausweichen. Welches waren unsere größten Fehler? Es fehlte an Koordination, was die ökonomischen und die politischen Ziele anlangt, und das schuf eine politische Isolierung – keine soziale, denn wir hatten immer die Mehrheit des Volkes auf unserer Seite, aber die politische Isolierung, die uns die Mehrheit im Kongreß kostete, in den Tribunalen, in den Kontrollinstanzen, die Mehrheit in den Organisationen des Establishments. Es fehlte an Einigkeit, die alltäglichen Details anzugehen.

Ein anderer großer Fehler war, daß wir die Streitkräfte für unantastbar hielten und für ein Element der Mäßigung den Putschversuchen gegenüber, die es ja schon immer in Chile gab. Auch da irrten wir uns. Wir haben unsere Irrtümer sehr teuer bezahlt. Aber auch jetzt, im Exil, herrscht keine politische Einheit, wie sie unter allen antifaschistischen Kräften herrschen sollte.

Es gibt immer noch Leute, die streiten darüber, ob die Junta faschistisch sei oder nicht. Vielleicht irre ich mich, aber das ist mir egal. Wichtig ist mir, daß sich so viele Kräfte wie nur möglich, in Uniform und ohne Uniform, vereinen, um diesen faschistischen Krebs – sie nannten uns den marxistischen Krebs – in Chile auszurotten.

– Es gab eine Fraktion der Linken, die der Regierung der Unidad Popular vorwirft, das Volk nicht bewaffnet zu haben, und darin den Grund für den Sturz Allendes sieht.

– Diese Meinung wurde auch oft im Exil vertreten und ich habe immer darauf geantwortet: Wie soll man ein Volk bewaffnen, mit welchen Typen von Kanonen, mit welchen Typen von Panzerfäusten? Ich kann mir den Präsidenten Allende schlecht vorstellen, wie er durch das Land fährt und vom Lastwagen aus fragt: Genossin, welchen Typ von Maschinengewehr hättest du gerne? Hast du einmal eine Panzerfaust abgeschossen?

– Nein.

– Die Genossen glauben, daß es damit getan ist, Pistolen und leichte Maschinengewehre zu verteilen. Was nützt das gegen eine disziplinierte und trainierte Armee? Waffen zu haben, ist etwas anderes als Waffen zu gebrauchen. Und außerdem, wie sollten wir die Waffen verteilen, über die Gewerkschaften, über die Parteien, über die Pfarreien? Was für Waffen? Wie sollten wir 500 000 Personen bewaffnen, ohne daß die Streitkräfte es wußten?

Und ohne daß der CIA es wußte.

– Bist du also wie ich der Meinung, daß der Versuch Allendes, das Volk zu bewaffnen, innerhalb eines Monats zu einem Bürgerkrieg geführt hätte?

– Nicht mal in einem Monat. Außerdem war es nicht durchführbar. Wir hätten wohl vorgezogen, daß die Waffen in Händen von verantwortungsbewußten Menschen gewesen wären und nicht in Händen von verantwortungslosen. Wünschen ist etwas anderes als durchführen. Wir hätten auch ein gerechteres Regime in Chile gewünscht. Und sieh, was uns zugestoßen ist.

– Welche Hilfen erhielt die Regierung Allende von den sozialistischen Staaten, von der Sowjetunion, von der Deutschen Demokratischen Republik, von Rumänien, Bulgarien etc.?
– Ich möchte mich nicht auf ein nichtkapitalistisches – offiziell nichtkapitalistisches – Land im Besonderen beziehen. Sie haben uns geholfen und wir danken ihnen. Sicher, einige halfen uns eher auf Grund unseres geographischen Standortes denn auf Grund unseres politischen Standpunktes, denn einige helfen auch Pinochet weiter, so als würden sie sich keine Rechenschaft darüber ablegen, daß die Regierung Allende zu Ende ist. Aber das ist ihr Problem. Erlaube mir, daß ich darauf bestehe: Das chilenische Problem werden wir Chilenen selbst lösen, wenn die fremden Länder es uns erlauben und nicht länger in Chile intervenieren.
– Welche kapitalistischen Länder haben an der chilenischen Erfahrung eines neuen Sozialismus Anteil genommen?
– Unser Experiment, unsere Erfahrung begeisterte jeden, der sich für gesellschaftliche Prozesse interessierte. Viele Vorschläge und Versuche, die Präsident Allende in die Praxis umsetzte, sehe ich heute wiederholt von politischen Führern wie Carrillo in Spanien und Berlinguer in Italien. Wenn ich einige Artikel in europäischen Zeitungen lese, habe ich die Empfindung, als hörte ich Allende. Ich wiederhole: Wir erhielten solidarische Hilfe von den sozialistischen Staaten. Aber wieviel solidarischer, wieviel brüderlicher war die Hilfe von Cuba. Ein kleines Land. Ein Land im Kriegszustand. Ein belagertes Land. Ein Land, das wirtschaftlich blockiert wurde – ich erinnere, welchen Eindruck es auf uns machte, als die 40 000 Tonnen Zucker aus Cuba ankamen. Das war wirkliche Hilfe, das war konkrete Hilfe.
– Wie war die Stellung der Bundesrepublik Deutschland der Regierung Allende gegenüber?
– Wir hatten ausgezeichnete Beziehungen zu allen Staaten. Wir nahmen uns vor, uns nicht in Probleme einzumischen, für die wir keine Lösungen bieten konnten. Es gab Leute, die meinten, wir hätten uns im Nahen Osten für die Arabische Sache stark machen sollen, gegen Israel. Klar, von einem ideologischen Standpunkt aus unterstützen wir die Sache der Palästinenser.

Aber wir verteidigen auch die Existenz eines Staates Israel. Was Deutschland angeht, so hatten wir ein gutes Verhältnis zur Bundesrepublik und zur Demokratischen Republik.

– Carlos, glaubst du, daß eine intensivere Zusammenarbeit zwischen der Regierung der Unidad Popular und den bundesrepublikanischen Sozialdemokraten den Sturz Allendes hätte vermeiden können?

– Wie? Durch ökonomische Hilfe?

– Die Bundesrepublik war, glaube ich, der größte Käufer chilenischen Kupfers, das über die Anaconda erworben wurde . .

– Außerdem beschlagnahmte die Bundesrepublik in Hamburg ein Schiff mit chilenischem Kupfer . . Nun, es ist möglich. Klar, eine intensivere Hilfe, nicht nur von seiten der Sozialdemokratie, sondern von allen Antifaschisten. Wieviel größer war aber die Verpflichtung der Länder aus dem sozialistischen Lager, uns zu helfen. Unsere Regierung war sozialistisch und wir haben es gesagt, daß wir sozialistisch waren. Die größte Hilfe hätte von sozialistischen Ländern kommen müssen – und sie kam. Aber sie war nicht ausreichend. Sie war nicht ausreichend, auch was die Geheimdienste dieser so entwickelten Länder anlangt. Wußten sie nicht, daß diese schreckliche Verschwörung gegen Chile geplant war?

– Sie wußten es oder sie wußten es nicht?

– Das frage ich. Wenn es Servicios de Intelligencia waren, müssen wir annehmen, daß sie es wußten, sonst wären es Dienste der Dämlichkeit.

– Wie erklärst du dir, daß Nixon, im Augenblick der Annäherung zwischen den USA und der Sowjetunion, es wagen konnte, den Putsch der Generäle in Chile zu unterstützen, ohne seine ganze Außenpolitik in Gefahr zu bringen?

– Die Geheimdienste konnten die Intervention des CIA erst nach dem Militärputsch entdecken? War es nicht schon beim Streik der Lastwagenfahrer klar, daß der CIA ihn finanzierte? Wir hatten nicht die Macht, ihn aufzuhalten. Hätten die Großmächte, die sich in wohlbehüteten Sälen zusammensetzen, nicht auch über den Fall Chile verhandelt?

– Die Regierung Willy Brandt hatte große Schwierigkeiten damals, die Ostverträge durchzubringen. Sie benötigte jede Stimme. Auch Stimmen der christdemokratischen Opposition. In diesem Kontext mußte die eilige diplomatische Anerkennung der DDR durch die Regierung Allende als ein wenig freundschaftlicher Akt der Regierung Brandt gegenüber erscheinen. Gab es keine Möglichkeit, daß Chile die DDR später anerkannte?

– Es ist wahrscheinlich. Ich weiß es nicht. Du meinst, es wäre besser gewesen, pragmatischer, angemessener für uns? Aber unsere Regierung hatte auch ihre Prinzipien. Das Problem der beiden Deutschland betraf uns nicht direkt. Ein anderer konkreter Fall: Kuba. Wir, besonders Präsident Allende, wurden heftig kritisiert, daß wir, ich glaube, es war am fünften Tag, daß wir an der Regierung waren, die Beziehungen zu Kuba wieder aufnahmen. Es gab viele »besonnene« Kräfte, die äußerten: »Caramba, wagen Sie sich nicht zu weit vor, übereilen Sie sich nicht.« Nun, für uns waren die kubanischen Genossen eine Prinzipienfrage mehr als praktisches Ermessen. Und als wir die Beziehungen zu Kuba wieder anknüpften, empfanden wir eine große Genugtuung, wir fühlten uns würdig. Diese Würde, dies Gefühl der Erfülltheit erscheint nicht im Steueraufkommen. Eine Regierung kann viel Geld einnehmen, aber der Posten Würde läßt sich nicht in Dollar, nicht in Rubeln, nicht in Mark, in keiner Währung ausdrükken.

– Wie verhielt sich die Botschaft der Bundesrepublik Deutschland den durch die Junta Verfolgten gegenüber?

– Die Regierung der Bundesrepublik schickte eine Delegation auf die Isla Dawson. Das war sehr wichtig für uns. Es hat uns erstaunt. Wir wußten jetzt, wenn sie uns töteten, würden sie uns nicht umsonst ermorden. Unser Tod, unsere Ermordung, unser Verschwinden würde in der Welt bekannt werden, und das ist eine große Befriedigung für einen Gefangenen, der seines Lebens nicht sicher ist. Ich weiß außerdem, daß die Regierung der Bundesrepublik direkt zugunsten vieler Genossen intervenierte, insbesondere zugunsten der Genossen der Radikalen Partei. Wir hörten auch, daß die Genossen der DDR eine wichtige Arbeit in Chile leisteten, um die Junta bloßzustellen; einigen gelang es, die Junta irrezuführen – sie gaben sich als Staatsangehörige der Bundesrepublik aus. Sie haben gefilmt und Dokumentationen über die Foltern und die Konzentrationslager hergestellt. Beide Deutschland haben uns also geholfen, wir haben eine Schuld beiden Deutschland gegenüber, beide waren wirksam und beiden müssen wir danken.

– Es wurde gesagt, daß sich die Botschaft der Volksrepublik China geweigert hätte, den Verfolgten der Junta Asyl zu gewähren..

– Ich habe genau das gleiche gehört. Ich war nicht Augenzeuge. Aber ich kenne keinen einzigen Genossen und keine einzige Genossin, der von der Volksrepublik China Asyl gewährt worden wäre. Auch scheint mir, daß die Volksrepublik China ausgezeichnete Beziehungen mit der Regierung Pinochet unterhält. Es scheint, als hätte sie nicht wahrgenommen, daß ein Militärputsch stattgefunden hat. Für sie sind chilenische Faschisten und chilenische Antifaschisten dasselbe..

Viele Länder wollen nicht mit der Junta brechen und verbergen ihre Haltung mit dem Vorwand: Wir sprechen mit der Junta, wir verhandeln wegen der politischen Gefangenen.. Es gibt andere Länder, die weiter wertvolle Dienste leisten: Schweden, Rumänien. Sie öffneten ihre Botschaften und retteten Tausenden von Genossen das Leben. Viele Genossen leben in der Sowjetunion, die Sowjetunion hilft ihnen. Wir sind dankbar dafür. Es wundert uns nicht. Das Gegenteil würde uns wundern. Für die Sowjetunion empfinden wir Dankbarkeit und großen Respekt.

– Als wir uns im Frühjahr 1975 sahen, berichtetest du mir, Allende habe die Moneda verlassen wollen, um auf der Straße zu sterben. Du hättest ihm gesagt: Salvador, du mußt in der Moneda sterben!

– Allende wollte nicht auf der Straße sterben, es war klar geworden, daß es unmöglich geworden war, den Widerstand in der Moneda fortzusetzen. Wir hatten mehrere Stunden gekämpft. Im Gebäude gegenüber, es war, glaube ich, das Ministerio de Obras Publicas, im oberen Stock hörten wir einen Widerstandsherd schießen. Wenn es nun die Möglichkeit gegeben hätte, die

Straße zu überqueren, in das Gebäude zu gelangen, um den Widerstand von dort zu leiten, klar. Ich hielt es für unausführbar. Und auch bestand die Gefahr, daß der Präsident als ein Mann betrachtet würde, der den Kampf fliehen wollte. Seine Absicht war nicht zu fliehen, sondern an eine neue Front zu gelangen. Das ging vor. Aber schließlich, wenn man sterben mußte, war es besser, an einem historischen Ort, wie der Moneda, zu sterben – und es geschah, was jeder weiß.

Dieser Plan sollte wie folgt ausgeführt werden: Wir wären in Gruppen hinausgetreten und hätten eine Allee aus unseren Körpern gebildet und Allende wäre schnell in der Mitte hindurchgelaufen. Es war unausführbar, wir wären völlig ungedeckt gewesen. Die Panzer waren in der Straße. Es gab keine Möglichkeit, das auszuführen.

– Wie starb Olivares?

– Ich fand ihn von einer Kugel getroffen im Sterben. Ich nahm die Gasmaske ab, um die Ärzte zu rufen. Der Präsident hörte meine Schreie, er kam herunter, denn wir waren im Erdgeschoß. Der Präsident sagte mir, Augusto habe keine Möglichkeit zu überleben. Ich umarmte den Präsidenten, auch er hatte die Augen voller Tränen. Für den Präsidenten war »El Perro« einer der engsten, loyalsten, uneigennützigsten und entsagungsvollsten Mitarbeiter gewesen. Für mich war er wie ein Bruder. Der Präsident befahl Waffenruhe und bat um eine Minute Stille für Augusto Olivares. Einige Augenblicke später besetzte die Truppe die Moneda.

– Warst du dabei, als Allende starb?

– Ich war einige Meter entfernt auf der Treppe. Es kostet mich viel, darüber zu sprechen.

Allende wollte nett zu Jäcki und Irma sein.

Beide waren ihm sympathisch.

Aber die revolutionäre Situation:

Die jedes Plumeau explodieren lassen konnte.

Daß immer Allendes Tochter aus der Portière treten konnte mit Rußland an der Strippe, State Department, Willy Brandt,

Peking, Valéry Giscard d'Estaing, Peron, machte, daß Allende seine beunruhigte Gemütlichkeit benützen mußte, um Jäcki taktisch zu begöschen.

Und so zeigte er ihm Silberbecher, Schiffe, Politikernippes.

Auch bei Allende mußte Jäcki das tun, was er am meisten haßte – er mußte – wie beim bundesdeutschen Botschafter – die Regeln der Gastfreundschaft verletzen

Und wie der allerletzte Journalist, sein Interview in den Mittelpunkt rücken.

Wahrscheinlich hätte Allende mit ihm lieber über Gabriela Mistral und über Bordeauxweine geredet

Jäcki sprach von den Arbeitern.

Er hatte in den Universitäten gelesen:

Der Arbeiter hat..

Der Arbeiter muß..

– Irgendwelche sexige Quickmarxisten, Fils à Papa, der sie bei Marcuse oder Bloch oder Mandell studieren ließ, schüttelten sich schnell Rezeptchen zusammen, was der Arbeiter hat

– Der Arbeiter weiß seit einigen 10 000 Jahren was er braucht, er lebt die Utopie, er bewältigt die Umwelt.

– Der Arbeiter muß.

– Könnten die Fils à Papa nicht vielleicht den Arbeiter fragen, was er möchte?

fragte Jäcki Allende.

Und der listige Bonvivant verstand ihn

Er sollte der einzige Revolutionär sein, der das verstand.

– Da haben Sie recht, sagte er.

Mit einigem Schnaufen bereitete sich Jäcki auf die nächste Frage vor, mit Bildzeitung und Schwulen.

Aber da trat das uralte Verhängnis wirklich aus der Portière.

Die Tochter übermittelte ihrem Vater etwas, das ihn bleich werden ließ.

Noch ein paar Ausleitungsbagatellen über die Osterinsel.

Das Interview war zu Ende.

Vielleicht wäre Allende in die Luft gegangen.

Wie Nyerere

Allende hatte auf einer Wahlveranstaltung gesagt:

Zwei Dinge kann man mir nicht nachsagen, daß ich ein Dieb sei und schwul.

Aber die sozialistischen Studenten, die Jäcki berichteten, lachten nur darüber

Und auch Jäcki beschloß erst noch einmal Fünfe gerade sein zu lassen.

Ließ er zu oft Fünfe gerade sein?

Die Arbeiter der Textilfabriken schenken der Regierung 2 Arbeitstage.

Fünfe gerade.

Die Sonderspur für den Justizminister.

Fünfe gerade.

Die Titelseite der Bildzeitung

Ob Allende den hungernden Kindern noch lange einen Liter Milch zusichern konnte?

Und ob Salvador wirklich nicht das Achtelchen, das Sechzehntel, das Zweiunddreißigstel Sahne für die hungernden Schwulen vergaß?

Die Osterinsel.

Das ganz andre.

Das anders ganz Andre.

Dies sind die Antipoden.

Eine Landschaft aus Bowlers.

Alles abgerundet

Und Gärten, in Höhlen unter der Erde.

Haufen abgegessener Hände.

Ein Blau, so heftig mit violettem Tang.

Nur Dürer hat einmal auf einem Aquarell ein solches Blau hingekriegt.

Die Mohais, die Männer aus dem Riesengebirge mit den langen Nasen.

Stehen wie die Mohgötter in langen Reihen.

Würde Jäckis Oma gesagt haben.

Wenn eine 12 Meter hohe Flutwelle kommt, legen sich die Mohais hin

die Zehen zum Himmel, wie Tote.

Jäcki zieht Irma hoch an den Vulkanrand, wo die Mohais halbfertig aus der Lava gucken.

Oben im kühler gewordenen Licht war die Werkstatt, wo man die Götter herstellte.

Hundert Mohais schlafen ihren hundertjährigen halbfertigen Schlaf

Jäcki und Irma haben sich zwei Fischer zu Freunden gemacht

Sie nehmen Jäcki mit hinaus.

Ein Hai beißt in der schwarzen Unendlichkeit des Pazifik die dicke Perlonschnur durch. Und da steht Jäcki, der abgebissene Angler.

Die Fischer ziehen aus der Schwärze Hummerfallen.

Sie bieten Jäcki Hummer an.

Ja morgen.

Bei den Mohais.

Sie reden von Tahiti und Valparaíso

als sprächen sie von Entfernungen Blankenese Hauptbahnhof.

In Valparaíso, o Gott, was haben sie da alles erlebt!

Sie wackeln mit den Hüften und stoßen sich gegenseitig an und kichern.

Übrigens gibt es zwei Krankenpfleger auf der Osterinsel, die haben was Komisches,
O la la, ganz neue Sitten auf die Osterinsel gebracht.
Die beiden Fischer scheint es nicht zu entsetzen.
Morgen Hummer bei den Mohais.
Irma hat die Götterwerkstatt fertig fotographiert.
So schön hatte es noch nie jemand aufgenommen.
Eine Woche lang Kraxeln mit 2 Leicas 2 Mamyas
und zehn Objektiven.
Es wird eine der schönsten Serien von Irma.
Epoca stiehlt sie in Milano
Alle Fotos in der Redaktion verschwunden.
Irma ist müde im Wind des Vulkans.
Es dämmert.
Nun Hummer.
Aber die beiden Fischer haben noch keinen dabei
Wo wollen wir denn Hummer essen.
Zwischen den Mohais
Das hat noch nie einer getan.
Vier Hummer für uns vier.
Und ein paar große Feuer.
Dann fangen die Mohais an Ringelpiez zu tanzen um den Vulkan
Die beiden Fischer ziehen ihre Badehosen an.
Nehmen zwei Speere
Tauchen ins blaue blaue Wasser.
Und nach einer Viertelstunde kommen sie mit vier großen violetten Hummern an, die noch zuckten
Jäcki hat Treibhölzer geschichtet.
Die Fischer helfen ihm dabei.
Aus dem kleinen Zelthotel gibt es chilenischen Weißwein.
Das Feuer geht im Dunkeln so hoch, wie die Göttergestalten.
Die Mohais rollen mit den Augen, sie wackeln mit den Nasen.
Sie zucken mit den Mündern.
Die Fischer legen Irmas und Jäckis Hummer zum Rösten.
Sie selbst verstecken sich hinter den wildbewegten Nasen der Mohais und zerreißen die Hummer mit den Fingern.

Jäcki macht es wie sie.

Roher Hummer.

Hier draußen gegessen hat noch kein Tourist.

Und die Mohais durch das Feuer zum Leben gebracht.

Unsere Vorfahren lebten auf Flößen.

Monatelang.

Sie vertrauten sich den Driften an.

Und eroberten die anderen Inseln.

Sie aßen die Hände ihrer Feinde.

Das war es.

Sehr kurz.

Selbstverständlich, wenn noch Zeit wäre, würde Jäcki genau auseinandersetzen, welche Überlegungen ihn zum Sozialisten machten.

Er würde Diskussionen anführen, Geschichtliches,

Warum sagte Bundeskanzler Willy Brandt:

Wenn Salvador Allende nach Helsinki zum Treffen der Sozialdemokraten eingeladen würde, erschiene er nicht? –

Warum konnten Allende und Brandt sich nicht begegnen.

Jäcki würde vieles zur bewaffneten Revolution äußern.

Zur Gewaltlosigkeit.

Gandhi dämmerte wieder auf.

Er würde sich darstellen, wie er Briefe entwirft, Briefe schreibt – an die Zeit, an den Bundeskanzler, an den Bundespräsidenten, an den Entwicklungsminister.

Es wären viele ehrbare Gedanken, die viele junge Leute in dieser Zeit denken.

Und vielleicht störte es gar nicht, da ja alle sie kannten, wenn sie hier fehlten.

Vielleicht war es wichtiger, daß Jäcki nicht klein beigegeben hatte, daß er den Liter Milch für das hungernde Kind, dem Scheffelchen Sahne des hungernden Schwulen gleichgesetzt hatte.

Und dabei würde es bleiben.

Jäcki kam aus Chile zurück. Von der Osterinsel zurück.
Bahia war kleiner geworden.
Es war fast so, als käme er aus Othmarschen nach Lokstedt
zurück, zu dem Rotdorn der Kindheit, der Brausebude,
dem Milchmann
Und alles war eingeschrumpft.
Die Eichen, das Haus von Quasnijaks, die Quitte war ganz
verschwunden und der Milchmann verkaufte die Milch in Tü-
ten.
Eine Welt erkennen. Bahia war ganz dahinten. Seine Finger wa-
ren zu dick.
Ganz Brasilien für den Spiegel beschreiben.
Oder gar einen Roman, der ja weder die Hilfen der Wissen-
schaftlichkeit bot, also an Feldforschung längs, Statistiken, Zita-
ten der Mütter
Ein Roman, der auch nicht fragmentarisch sein konnte,
wie ein Zeitungsbericht
Ein Roman war das Gewissen der Welt.
Drumherum.
Jäcki hatte Mühe, die Fäden wieder aufzunehmen
Die Familia Bahiana kam ihm zwergenhaft vor.
Der kommunistische Bestsellerautor, mit seinem gekachelten
Dienstboteneingang, der Folklorewand und den Pudeln, das fal-
tige Macho-Weiblein, das auf allen Frauen der Welt rumjuggeln
wollte, wie seine Werke in alle Sprachen der Welt übersetzt wur-
den.
Hansen-Bahia, der rosane, der an einem Auftrag fürs Dürer
Jahr schnitzte
Norma, die schon wieder weiter einweihte
Da war doch etwas mit einem Ritus in der unheimlichen
Frühe
Und Kräuter, die man den Novizen zur Gehirnwäsche in den ge-
spaltenen Schädel stopfte
Ein alter dürrer Mann hatte das alles notiert auf dünne Zettel,
die er sich selbst schnitt und die am Rande ausfransten,

Blätterzettel in Schuhkartons oder Keksdosen.
Richtig.
Er aß nur Eier
Wie eine Blindschleiche
Und war eine graue Eminenz, halbnackt mit dicken gelblich
weißen Haaren auf der Brust
In ein Batiktuch gehüllt.
War da nicht was mit schwul
Der Papst
Und Sartre.
Der Papst machte es nur noch für Geld und fotografierte gar
nicht mehr und ließ sich nicht fotografieren.
Er wollte tanzen.
In Trance fallen.
Er war Directeur de Recherches
Und Jäcki hatte sich mal furchtbar empört, daß er mit den
Trancen die Wissenschaft betrog und mit der Wissenschaft
die Trancen.
Ja, so ein wichtiges Thema der Wissenschaftskritik.
Empirismus sozusagen.
Man konnte es an Herodot festmachen.
Der reisende Schwule. Exotismus.
Der das verraten hatte, weswegen er einmal ausgezogen war.
Nun wurde es schon deutlicher.
Jäcki hatte Exotismus einmal als Kritik am Idealismus
aufgefaßt.
Aber gerade umgekehrt
Der Kampf Material, Form.
Jäcki hatte doch sogar mal daran gedacht einen Roman über ihn
zu schreiben.
Der alte Ethnologe, der ganz unbeweglich geworden ist und nur
noch Akzente setzt
Der ein Weltenthema hat, Bewußtsein als Blätter, als Musik.
Die ganze Entwicklung der Menschheit vom Entstehen der
Farne über die Jäger und Sammler hin über Orpheus bis zu
Marcel Proust.
Und der das fahrlässig verpusselt.

Weil er sich selbst nicht begreift.

Gott, lag das alles weit weg.

Und der junge flinke gierige Ethnologe, der sich bei dem alten einmischt und ihm seine Welt durcheinanderbringt

Ein richtiger Roman, mit einer Intrigue

Jäckis letzter Roman war ja so ein Bombenerfolg geworden in der Bundesrepublik.

War das noch wichtig.

Und Corello Murango gab es auch noch.

Den Fußballspieler mit dem großen Transvestitenkopf, den Boxer, die eitle Göttin Oya

Und Nanã die Schlammutter hatte Jäcki und Irma das Blutbad versprochen.

Jäcki brauchte sich gar nicht aufzuregen

Und es gab einen Garten der Götter, einen heiligen Wald mit Bäumen aus Afrika

Und Pedro, Peter den Blätterschüttler, dem hatten sie einen Gesang gestohlen

Mystisch-ontologischer Quatsch.

Und der hundertjährige Eduardo Ixexa aus Ixexa, der Ixexa sang hatte Irma und Jäcki zu seinem Jahresfest eingeladen

Und Irma hatte sich damals vorgenommen:

– Wenn ich schon nicht bei den ganz heiligen Festen fotografieren darf, dann nehm ich wenigstens die Gesänge auf.

– Das ist mir ganz egal.

O ja und dann gab es auch noch das Einweihungsgetränk.

Kupferpreis

Umschuldung und Einweihungsgetränk.

Einen Erdteil beschreiben.

Jäcki sah sich nicht als Atlas, der in Rio in dem überhöhten Tortenministerium eine Weltkugel aus weißem Gips bewältigte

Jäcki hatte Mühe die Fäden zusammenzubringen

Das Cine Pax zum Beispiel

Die Passion mit Urin

Und die Cangaceiros aus dem Nordosten sangen noch immer auf dem Terreiro de Jesus

Und das Gold in den Kirchen schwärte vor sich hin.
Und Joãozinho da Gomeia die heilige Mischreligionstucke
war tot
Erinnern Sie sich.
Ja, man hatte fast eine Intrigue zusammen
Der Papst Pierri, Corello, der ihm lieb lächelnd Kräuter genannt
hatte, Pedro mit dem schrecklichen Zimmer
Norma und Nanã die um Jäcki mit ihren Blutbädern eiferten
und der Gouverneur und so weiter
Die Autos nachts am Strand
Die bloßgestellten Tunten in der Zeitung
Sie hatten ein halbfertiges Haus für ein Jahr gemietet.
Jäcki fand den großen Stuhl wieder, den Tisch,
die Chaiselongue
Die Drähte aus der Wand.
Jäcki erinnerte sich, daß der Kübelwagen mit den Foltergeräten
jeden Tag von einer Kaserne zur anderen fuhr.
Nina Rodrigues.
Ethnologie der Ethnologie.

Und während Jäcki den Kupferpreis studiert hatte und die Agrarreform, war hier weitergelebt worden.

Der Papst war viel zu freundlich, als Jäcki wieder an den angeketteten Latten der Gartenpforte rüttelte und Pierri in der Batik endlich öffnen kam.

Pierri sah blendend aus, fand Jäcki

Seine Haare waren in Afrika gewachsen und der frische Wind vom anderen Stern, hatte ihn etwas von der lauernden bahianischen Kleinbürgerlichkeit verlieren lassen.

Er rührte sich, kreiste, holte trockene heilige Schoten, die er Jäcki einpackte, damit könne man bei den heiligen Müttern und Vätern ein Wunder erreichen.

Der Papst sprudelte über, er habe in Afrika auf einigen fünfhundert Zetteln die Akzente gesetzt und bereite sich für einen Aufsatz über die mnemotechnischen der Afrikaner vor.

– Wie englische oder französische Nursery Rimes.

Unter der Bräune, unter dem Beatlehaarschnitt war der Papst gealtert, fand Jäcki. Jäcki fand ihn entmutigt, fast ein bißchen getrübt, wie nach einem winzigen Schlaganfall.

Er wollte Jäcki nichts mehr mitteilen, das fühlte Jäcki unter den vielen Berichten heraus.

Der Papst hatte sich zurückgezogen.

Jäcki fühlte nun zum zweiten Mal, daß er gehen sollte.

Als Jäcki sich verabschiedete wußte er, und er wußte nicht warum, nur Schwarze konnten einem so ohne etwas zu tun etwas zu verstehen geben, daß er nicht wiederkommen durfte.

Der Roman zwischen dem alten und dem jungen Ethnologen war zu Ende.

Das war ein netter Wiederanfang in Bahia de Todos os Santos, Bahia de Todas as Santas.

Beim hundertjährigen Eduardo Ixexa aus Ixexa als er sich anschickte sein Jahresfest zu feiern, erging es Jäcki und Irma nicht besser.

Es sollte ein Fest sein, hatte Corello Murango ihnen erklärt, bei dem es keine Trommeln gibt

Der hundertjährige Eduardo würde drei Tage lang, wie ein klagender Stein, alle Götter anrufen

Irma und Jäcki traten auf, die Tasche mit den beiden Säcken vorbereitet alles eingestellt, nur der Pausenhebel brauchte hochgeschoben werden

Sie hüpften über den grünen Bach vor der Tür.

Betraten das koloniale grelle Tortenhäuschen.

Im verschnörkelten Wohnzimmer, Television, Heiligenfiguren, japanische Brücke, Eisschrank waren alle Ixexa der Stadt in engen Sonntagsanzügen versammelt.

Eine üppige junge Dame in Satin und Föhnwelle schlängelte sich auf Jäcki zu und begrüßte ihn, Pancake, verheißungsvoll.

Dann mit giftiger Süße Irma zugewendet.

— Wollen Sie nicht ablegen.

— Ich habe eigentlich nichts abzulegen

Im Hintergrund wurde Gemurmel laut.

Jäcki und Irma wurde zu trinken angeboten

Die Ixexa bezogen Jäcki burschikos mit ein.

Eine zweite üppige junge Dame schlängelte sich auf Jäcki zu und begrüßte ihn und sagte zu Irma:

— Darf ich Ihnen Ihre Tasche abnehmen, das belastet nur, wir schließen sie hier vorne ein, dann fühlen Sie sich ungezwungener

— O, ich hätte keine Angst, sagte Irma genauso locker:

— Ich habe volles Vertrauen.

— Aber ich behalte meine Tasche gerne.

— Brillen und so.

Die alten Lieder begannen.

Der Hundertjährige sang seine Ahnen ab.

Den Schiffskatalog
Die Wettkämpfe.
Er gurgelte mit dem verkrampften Understatement des hundert-
jährigen Heiligen.
Irma löste unauffällig den Pausenhebel.
Die Gemeinde ging nach hinten, am Schlafzimmer vorbei
In die schattigen Räume des Sehers, der zum Bramarbasieren,
die Lider über die Augäpfel gekrampft hatte und lächelte, als sei
er blind.
Noch eine üppige junge Dame mit Föhnwelle schlängelte sich
auf Irma zu und sagte:
– Sie geben jetzt Ihre Tasche ab.
– Hier können Sie nicht mitschneiden.
Das war sehr peinlich.
Nun fingen Jäckis Riten und die Riten Eduardo Ixexas aus Ixexa
an in Jäckis und Irmas herumzuzappeln
Und die Riten des Ritenverrats, des Ertapptseins, der deutlichen
Lüge.
Jäcki mußte jetzt empört sein.
Er mußte gehen.
Und Irma mußte ihm empört und auf ihn einredend,
beschwichtigend folgen.
Jäcki ging nicht gern.
Er hatte das Gefühl, Eduardo Ixexa, der Hundertjährige würde
dies Jahr 1971 zum letzten Mal die tausendjährigen Gesänge
singen – wenn Borges nicht recht hätte mit der Geschichte der
Ewigkeit und Ixexa nicht unendlich viele Mal schon zum letzten
Mal Ixexa gesungen hatte und unendlich viele Male wären Irma
und Jäcki empört und beschwichtigend an dem Phantasie-
schrank vorbei zum grünen Bach hinaus geschritten.
– Aber so empfindet man nicht, Jäcki hatte das Gefühl, daß
Homer da drinnen sang und er hätte Homers Skandierungen
mitschneiden können und war von einem biblischen Engel mit
Föhnwelle aus dem Paradies geschubst worden.
Jäcki und Irma hatten nichts klauen wollen.
Jäcki hatte Corello gefragt ob sein Institut, ob der Papst die Ge-
sänge des Greises aufgenommen hätten

Und Corello hatte verneint.

— Dann tue ich es, hatte Jäcki erklärt:

— Mit dem Doppelsack mit Loch

— Denn die Gesänge der Ixexa sterben mit Eduardo Ixexa hinweg

— Ich würde es nicht wagen, hatte Corello mit glühenden Augen geäußert.

— Ich auch nicht, Jäcki:

— Aber Irma tut es.

— Sie hat nicht einmal ein schlechtes Gewissen.

— A propos Corello, sagte Jäcki

— Woher wußten die das wohl.

— Vielleicht gibt es wirklich so etwas wie Sehergabe, sagte Irma.

— Oder sie merken an winzigen Bewegungen, daß wir was verheimlichten.

— Und daß da was mit der Tasche war.

— Aber sie sagten mitschneiden.

— Doch Sehergabe also.

— Das glaube ich nicht.

— Und Corello?

— Wieso Corello!

— Ich habe Corello als einzigem davon erzählt.

— Keinem anderen?

— Nein.

— Ich bin verschwiegen.

— Sehr verschwiegen.

— Corello ist was andres. Corello ist ein Wissenschaftler. Ich hätte nie gedacht, daß Corello einen Kollegen verpfeift.

— Corello ist eingeweiht und kriegt seine Schlappertrance wie der Papst.

— Ja, das ist es eben.

— Was mußt du auch plaudern, wenn wir was Heimliches vorhaben

— Meinst du Ixexa würde plaudern.

— Corello da Cunha Murango.

Da gibt er einem Limonade, nennt einem das Kräutlein Nies mit

Lust und schickt dann, nachdem er einem die Würmer aus der Nase gepuhlt hat bei Nacht und Nebel aus seinem Harem einen von seinen Riesenstrichjungen zu Ixexa.

– Das mußt du dir mal vorstellen..

– Wir sind eben zu naiv.

24

Das Blutbad war schließlich Irmas Angelegenheit.

Jäcki entschloß sich das Einweihungsgetränk Abó zu erforschen.

Das Blutbad, wenn sie es überhaupt zu menschenwürdigen Bedingungen bekommen würden war ein schwarzweiß Foto im Spiegel und zwei, drei, vier, fünf Fotos in dem strukturalistischen Band über Bahia de Todos os Santos.

Jäcki entschloß sich, der Gehirnwäsche auf den Grund zu gehen; die Veränderung des Menschen, von der im Augenblick der halbe Globus faselte an einem winzigen, chemischen Zipfelchen nachzuprüfen.

Pedro, der Blätterschüttler hatte ihn darauf aufmerksam gemacht, daß Jäcki selbst etwas tun konnte, daß nicht alles Wissen von der Verwandlung des Gehirns in einem Kräutertee im Schuhkarton des Papstes beschlossen lag.

Jäcki arbeitete wie ein Verrückter.

Er hatte noch zwei Monate bis zur Abreise Zeit

Bis das Geld alle war.

Würde er es schaffen?

Würde er wissen, wie sie den Menschen verändern?

Würde er sich in einen Baum verwandeln?

Jäcki konstatierte, daß es nicht ein Einweihungsgetränk Abó gab mit 17, 21 oder 41 verschiedenen Kräutern, sondern zig.

Welches war das wichtige?

Das für Xango?

Es gab einen Abó für die Waffen, einen für den Himmel, für das Wasser, einen für die Erde.

Für Oxala, Logum Edé, Nanã, Omolu, für Lazarus, den Heiligen Georg, für Santa Barbara.

Es war kein Ende abzusehen.

Und dann sagten die heiligen Mütter und die heiligen Väter – die kessen Väter und die Schwestern frech:

Wir wissen gar nicht, von was Sie reden.

Am Morgen vor der Einweihung tanzen wir durch den Ur-
wald.
Der Gott pflückt die Blätter die er braucht.
Nicht wir.

Um da etwas Ordnung reinzukriegen, entschloß sich Jäcki tatsächlich, wie ihm der Papst beim ersten Besuch geraten hatte,
ein Herbarium anzulegen.
Er hob jetzt das Jornal da Bahia auf, das Jornal do Brasil, den
Klotz der Sonnabendausgabe des Estado de São Paulo.
Er nahm die fleischige Schmiedearbeit der Folha da Fortuna,
des Wunders des Heiligen Joachim und klappte das schwam-
mige Papier mit der Druckerschwärze darum, zeichnete die Zeitung mit dem Namen der Pflanze, und, wenn er ihn in der Flora
da Bahia gefunden hatte, mit dem lateinischen Namen.
Zum Pressen legte er den dicken Sklavenhandel von Pierre Verger darauf oder die zwei Bände des Candomblé Angola, die
Anormalen Gesellschaften von Nina Rodrigues und Romane
von Amado und Aluizio Azevedo.
Jäcki pflückte am Strand die Ipomoea pes caprae, die blühte violett und preßte sie auch.
Mimosen zu pressen, war ihm zu blöd.
Jäcki kaufte die Pflanzen die der Papst ihm genannt hatte im
Mercado Modelo
Jäcki fing an, in den Märkten der Stadt, die Buden aufzusuchen,
wo Pflanzen, getrocknet und frisch, in Bündeln von der Decke
sprossen, Holzstücke in Packen vor dem Eingang, eingelegte
Wurzeln auf den Regalen, Ketten, Perlen, Heiligenfiguren.
Oft wenn er aus dem Cine Pax kam, ermüdet, befriedigt, ruhelos
von den Orgien im durchwateten Urin, hastete er weiter zu dem
kleinen Markt in der Baixa dos Sapateiros, kramte eine Liste aus
der Hosentasche und erwarb noch ein paar Kräuter für Omolu,
für Xango, für Obatala.
Bahia de Todos os Santos hatte sich für Jäcki in Bahia de
Todas as Santas verwandelt, in ein Salvador aus Nillen
aus Paus, aus Hölzern, wie sie in Rio gesagt hatten, Pau Brasil,
Brasilholz; die Hölzer schlugen aus,

es verwandelte sich in eine Bucht aller Kräuter.

Jäcki wurde getäuscht auf den Märkten.

Einige Kräutermuttchen packten dem' Fremden irgendwelche Büschel zusammen, irgendwelche Namen nennend.

Einige verkniffene hagere Schwarze gaben ihm absichtlich ein Blatt für ein andres an, um ihn zu verwirren.

Jäcki lernte einen Kräutersammler kennen, der die Märkte belieferte, bei dem fing er nun an, die heiligen Blätter zu bestimmen, die er von den Müttern und Vätern genannt kriegte, Blätter, die er in keiner der ethnologischen Veröffentlichungen genannt fand, die auch Corello da Cunha Murango nicht auf seiner Liste hatte, die nicht mit wissenschaftlichem Namen in der Flora da Bahia standen.

Der Kräutersammler brachte ihm für einen Namen für Espada de Iansa fünf verschiedene Varietäten.

Jäcki fürchtete zusammenzubrechen.

Er begriff, daß es nicht Bösartigkeit, Götterintrige, Verachtung des Weißen war, wenn eine heilige Mutter, der er ein Kräuterbüschel vor die Nase hielt einen anderen Namen kannte als ihre Konkurrentin, daß ein heiliger Vater Jäcki nicht einen neuen Gott nannte, um den jungen Ethnologen in ein Labyrinth auszuliefern –

Die Götter hatten widersprüchliche Rezepte zur Verfügung, ein Name bezeichnete X Blätter, ein Blatt hatte X Bezeichnungen und das nicht nur in Bahia de Todos os Santos in der Bucht aller Heiligen sondern auch in Rio, Manaus, Recife, Aracaju und São Luiz de Maranhão

Die Blätter aus dem Süden, die Blätter vom Amazonas schwabbten herein

Ein Irrgarten aus Märkten, Dialekten, Stämmen, Zeit.

Jäcki hatte wenig Zeit.

Daß er von den Händlern und den heiligen Müttern getäuscht würde, war eine Täuschung gewesen.

Jäcki überlegte, ob er die Besen und Wurzeln, die Büschel und Blätter, die Folhas da Fortuna, die Wunder des Heiligen Joachim nicht an den Nagel hängen sollte

und mit dem Kräutersucher durch die Urwälder des Staates Bahia schweifen.

Auf der Lauer liegen nach einer Blüte.

Den schwarzen Indianern begegnen.

Schmetterlinge beobachten.

Keinen Roman schreiben über den trockenen Papst Pierri

Keinen politischen Artikel für den Spiegel über Folter und Waffenhandel

Keinen Essai aus Blätterzetteln und getrockneten Herbarien.

Sondern einen Roman über Indsche und Trapper.

Wilde Tiere, Goldsucher, Lagerfeuer und Löwen.

Jäcki legte sich eine Liste an.

Eine Liste ist immer nützlich.

Er suchte in allen Papeterien der Stadt große Bogen

Er fand nur 2 × Din A4 mit Karos für doppelte Buchführung oder den Pythagoras.

Es blieb ihm keine andre Wahl.

In die trug Jäcki nun alle Namen ein, die er auf Zettel notiert hatte.

Zuerst das Wunder des Heiligen Joachim von Pedro, dem Blätterschüttler, der alles ausgelöst hatte

Dann die zwei des Papstes.

Und die drei des Papstes Pierri.

Dann alle anderen, die er auf Märkten, in Tempeln, in Büchern erfahren hatte.

Als wichtigsten Informanten ließ er dann sieben Karos frei für Pedro de Batefolha.

Er würde ihn fragen, welcher Gott regiert dies Blatt

oder für welches Einweihungsgetränk wird dies Blatt benützt.

Dann sieben Karos für den Kräutersammler, sechs Karos für Maria Katendé, sechs Karos für andre Informanten.

Widerwillig räumte er Corello da Cunha Murango sechs Karos ein.

Nicht, daß er ihm wegen der Intrigue bei Eduardo Ixexa aus Ixexa keine Blätter mehr glaubte.

Aber er wollte Corello nichts in seiner Forschung zu verdanken haben.

Die Kräuter, die er auf der Liste hatte, versuchte er auf den

Märkten einzukaufen – und da die Portionen oft groß waren und er sie nicht teilen und zurückgeben konnte ohne nicht noch verdächtiger oder lächerlicher vor den heiligen Teeständen zu erscheinen, kam er oft mit kleinen Säcken beladen, selbst ein wandelnder Busch, ein wandelnder Baum Loko, Tempo, Iroko in Piatã an.

Einige der Blätter waren dick wie Fetthennengewächse

Sie trockneten zwischen den dicken Lagen Jornal da Bahia, Estado de São Paulo nicht, sondern verfaulten.

Das Mädchen kriegte Angst vor den zunehmenden raschelnden Besen, die durch das halbfertige Haus flogen, wenn man eine der vielen dünnen Außentüren aufließ.

Sie hatten ja ein Mädchen.

Jäcki fand das furchtbar.

Einen Domestiken beschäftigen.

Bezahlen.

Arbeit zuordnen.

Korrigieren.

Jäcki war Domestik gewesen und Arbeiter, mit der Stellung kam er zurecht.

Nicht damit:

Sie waschen die Gläser nicht heiß genug ab.

Das überließ er Irma

Er würde ohne Mädchen auskommen.

Aber er sah ein, daß Irma nicht den ganzen Tag mit ihren Ziegelsteinen in der Fototasche rumschleppen konnte, Leichen, Riten, Elendsviertel aufnehmen.

Die Einkäufe im Supermarkt Zuckerhut machen

Lampretten kaufen

Und brasilianischen Champagner.

Und dann noch den Abwasch

Und Laken waschen

Und Bügeln.

Jäcki hatte genug mit seinen Blättern, seiner Pubertät und Xango zu tun.

Er konnte es auch nicht.
Außerdem gaben sie einer Favelabewohnerin – wie hieß das? –
Brot und Lohn.

Eines von den vielen adretten Mädchen, die sich vorstellten engagierten sie also
Und Jäcki machte schnell, damit es vorüber war einen horrenden Lohn aus.
Er bezahlte, was er in der Bundesrepublik bezahlen würde.
Nach zwei Mal erschien sie dann auch nicht mehr.
Der nächsten gab er weniger, immer noch mehr als die Bauunternehmer nebenan mit ihren goldenen Wasserhähnen
Auch das ging nicht gut.
Der dritten bezahlte er, was alle bezahlten.
Ging dann aber schnell hoch.
Irma und Jäcki hatten nun also ein mauliges schlurrendes Kind
von sechzehn, die mit niedlichen Brüdern Cousinen Schwestern
Töchtern ankam, die Handtücher einweichte bis sie faulig rochen.
Den Eisschrank plünderte
Und drei der schwarzen Kauris von der Osterinsel stahl
Jäcki überlegte, ob das in seinen Roman gehörte
Der Papst und die Hausangestellte.
Jäcki verwandelte sich in einen Candombdépriester, um das
Mädchen zu erschrecken
Und am nächsten Tag lagen die schwarzen Kauris wieder da
Und noch viel mehr
Murmelsteine von Irmas Ketten, die das Mädchen und ihre
Schwestern geschickt herausgeknotet hatten.
Jäcki spielte gut den Donnerer Xango.
Nein. Das führte zu weit.
Das blieb anekdotisch.

Das Haus, das Jäcki und Irma am Strand von Piatã
in einem frischgeplanten Villenviertel gemietet hatten,
sollte als Wochenendhaus für einen Bankangestellten dienen.

Es war dünn gebaut, eben trocken, noch nicht fertig gemalt
Aus den Wänden kamen verschiedenfarbige Drähte.
Es roch nach frischem Beton.
Das Haus begann sich zu verwandeln.
Der Living das Sofa, das Entrée der Zwischentrakt
füllten sich mit Kräuterbergen.
Nur das Schlafzimmer blieb frei davon, denn Irma fürchete
Schlangen, Mäuse und vor allem Kakerlatschen.
Auch in der Küche standen Pakete mit eingelegten Holzstük-
ken.
Das Herbarium stapelte sich mannshoch, zum Beschweren eine
halbe Bibliothek.
Der Geruch des frischen Baues schlug um.
Es begann nach Urwald zu riechen, nach Kompost, Bier, Kakao
und Schimmel
Nach Dürre
Es war der Geruch, der Jäcki am ersten Tag bei Professora
Norma entgegengeschlagen war
Als die geschminkten Mädchen zum ersten Mal aus der Einwei-
hungszelle traten.
Der Geruch hatte ihn begleitet zu Mutter Baby, bei Pedro de Ba-
tefolha, im Norden bei Papagaio und Nanã
und jetzt hatte er ihn hier, bei seinem Essay, bei seinen Tagebuchaufzeichnungen und den ersten Skizzen für seinen Roman
über die Pubertät selbst erzeugt.

Jäcki lernte Maria Katendé kennen.
Sie verkaufte Bohnenklöße in Amarelina und sogar Corello da
Cunha Murango sprach von ihr mit hochgewölbten Brauen als
einer der besten heiligen Mütter der Stadt.
Ja, Kräuter, sie weiß Kräuter.
Sie begriff was Jäcki wollte.
Warum er das alles unternahm.
Maria Katendé ist von Jäckis Liste fasziniert.
Namen von Pflanzen und Göttern, konstatiert Jäcki über Marias
Bohnenklöße sind für Maria, die lesen kann nicht mehr wolkige

Kräfte in einem dunklen Cine Pax des Hirns sondern Buchstaben, die man hinschreiben kann und ablesen.
Ja, sie ist bereit Jäcki auf einen Zettel die 21 Blätter
für das Einweihungsgetränk des Gottes Xango hinzuschreiben
Natürlich nicht gleich.
Und nicht alle.
Zwei Blätter, zwei Fragen, höchstens drei, hat man bei einem Besuch gut
Dann befällt auch Maria Katendé die Furcht.
Jäcki fühlt, daß heute gar nichts läuft.
Maria Katendé überfällt die Plauderwut einer rasenden Profanation, wie in Trance singt sie die Geheimnisse
heraus, aber nicht die Geheimnisse, die Jäcki will
nicht die 17, 21, 41 Geheimnisse des Einweihungsgetränkes für Xango.
Oder sie hat Pech.
Neben dem Topf mit den Bohnenklößen ist ihr das Köfferchen mit dem Verdienst gestohlen worden.
Sie arbeitet seit 22 Jahren in Amarelina.
Sie ist eine der größten Mütter der Stadt.
So etwas hat es in Bahia überhaupt noch nicht gegeben.
Einer alten, heiligen Bohnenfrau den Verdienst stehlen.
Maria braucht Zement für ihren Tempel.
Sie erwartet nicht, daß Jäcki ihr hilft.
Sie würde ihn nie um Entlohnung ihrer Information bitten.
Aber sie freut sich doch, als Jäcki ihr einen Sack Beton in die Favela schleppt.
Wo Maria Katendé mit ihren Göttern und heiligen Töchtern existiert.
Jäcki beschließt, das Einweihungsgetränk Abó für den Gott Xango unter der Anleitung von Maria zuzubereiten.

Schade, daß der Papst eingeschnappt war und Jäcki wußte nicht warum.
Er hätte gern die Informationen des Kräutersammlers
Marias Gebrauchsanweisung bei dem Papst gegengecheckt.

Irma hatte Jäcki aus der Stadt einen Packen von 50 Karteikarten mitgebracht.

Irma hatte einen ungeheuren Riecher für angenehme einfalls-reiche Geschenke, die Jäcki in der Arbeit weiterbrächten.

Niemand schenkte so intelligent wie Irma.

Aber da Jäcki nicht bereit war an das gute Gute im Menschen zu glauben, sah er in Irmas Mitgebringsel auch so etwas wie Ironie – nein so dumm war Irma nicht, daß sie der Ironie bedurfte – Witz, vielleicht sogar Spott.

Jäcki ging daran, die Zeitungen des Herbariums aufzuklappen und die getrockneten Blätter nicht auf Zetteln zu fixieren wie der Papst Pierri das tat, sondern auf feste Karteikarten, die er in einen ausrangierten Schuhkarton einordnete.

Alles blüht in Pedros Wald.

Auch die Heiligen Pflanzen in den verrosteten Kanistern
vor dem Tempel.

Pedro kommt aus dem Innern des Hauses.

Der zarte schwarze Mann trägt vorsichtig einen porzellanenen Suppenteller.

Der Teller ist vollgefüllt mit dem feinen, gesiebten Sand
der Königshöfe
Angefeuchtet.

Daraus sprießen hervor weiße streichholzdünne Stämme, die senfgrüne Blätter entrollen zu einem Dach über dem Suppentel-ler.

Es hat etwas von einem japanischen Holzschnitt.

Das stechende Weiß des Tellers, das Elfenbein der Stämme, sandfarbener Sand und das grelle helle Grün.

Pedro schenkt Jäcki diesen Zauberwald im Suppenteller
Es seien Obi.

Cola

Coca Cola denkt Jäcki.

Aus Afrika.

Die er hier gepflanzt habe.

Jäcki trägt den Teller mit dem kleinen Wald vorsichtig aus dem

Urwald durch die Favela, Liberdade, beim Papst vorbei in das halbfertige Haus am Strand, das sich zu einem Blätterhirn verwandelt wie Jäckis Hirn in ein Kräuterhaus, in einen Schuhkarton mit Zetteln.

In seinen Adern fließt grünes Blut.

25

– Und meinst du, dachte Jäcki, einem imaginären Partner entgegen, einem Professorenkollegen, oder Journalisten zu, oder für einen Leser seines Romans:

– Corello da Cunha Murango würde sich schämen.

– Pas du tout.

– Er brüllt einen auch noch an.

– Grölt rum, als hätte er einen seiner Assistenten vor sich oder irgendeinen schwulen Veterinär in der Kneipe, der es nicht wagt ihn richtig zu ficken, weil er Angst hat er kriegt einen Tripper und verpaßt ihn noch in der gleichen Nacht seiner Frau, der Mutter seiner 7 Kinder.

– Nicht etwa, daß ich brüllen durfte, was hast du getan, blöder Provinzgelehrter, der es nie zum Directeur de Recherches im CNRS bringen wird, beschränkter feiger Revolutionär, deine Ideen zur Veränderung würde der Spiegel nun bestimmt nicht drucken, Schleicher, beim Gouverneur und bei den amerikanischen Erdölgesellschaften.

Ich möchte nicht wissen, wie dein Pelourinho aussehen wird, was du mit den zerbröckelnden vollgeschissenen Renaissancepalästen vorhast, den Pappabsteigen, den Nutten, den Zuhältern, den Strichjungen, mit Nina Rodrigues und dem heiligen Elsässer Pithex, dem Bauchaufschneider, Babyeinleger.

Eine Fußgängerzone und Fachwerkviertel.

– Was hast du getan?

– Bist hingeschlichen in deiner Eifersucht zu Eduardo Ixexa aus Ixexa und hast ihm Irmas Trick gestochen mit dem Doppelsack und dem Pausenhebel.

Oder eine von deinen prallen Haremsdamen.

Meinetwegen.

Ist mir ja egal.

Ich bin kein Musikologe.

Ich hatte dich gefragt, ob dein dämliches Institut es bereits auf Konserven hätte.

Du hast Nein gesagt.

Jetzt schillerte Jäckis Du bereits in die direkte Rede bei Corello hinüber.

Eine vorgestellte Anklage selbst.

Da habe ich mich erst bereit erklärt die Gesänge mitzuschneiden. Denn du mit deinen religiösen Verpflichtungen, Geheimbünden, Familia Bahiana, und vor allem mit deiner Faulheit du hättest dich doch nie aus deiner Position dazu aufgerafft.

Machst mir das kaputt.

Blöde Ethnologentrine.

Machst es aus Tuckeneifersucht überhaupt kaputt.

Nun ist es den Bach runter.

Das Ixexa von Eduardo Ixexa aus Ixexa.

Der Hundertjährige singt vielleicht nächstes Jahr sein Fest nicht mehr.

Weg.

Für alle Ewigkeit

Nie wieder.

Nie?

Die Geschichte der Ewigkeit und der Infamie?

Nie, aus, Pustekuchen!

Paß bloß auf, daß ich aus dir keinen Roman mache.

Das sagt man alles zurück.

Hält sich zurück und schreibt.

Und dann fängt der Frosch selbst an zu grölen, der blöde Oya.

Die ausländischen Professoren hätten alle Informationen gestohlen.

Paternalismus.

Vaternalismus.

Jean Paul Sartre. Die Verdammten dieser Erde.

Dieses verdammte reizende Ehepaar Sartre Beauvoir.

Und dann schreiben sie auch noch über alles, was sie nicht verstehen.

Wie behandelt der Papst denn die Afroamerikaner

Mit Paternalismus.

Bastide

Dilettante.

Alles Betrunkene, Verblödete.

Er, Corello da Cunha Murango lebe in einem faschistischen Staat

Er müsse mit dem Gouverneur um den Pelourinho ringen.

Er versuche das beste daraus zu machen.

Ich sei dilettant.

Turist. Sartre Turist. Bastide. Dilettante. Levi-Strauss, Turist Tourist inconsciente.

Er hat ja recht.

Brüllt er da rum.

Da geb ich ihm aber contra.

Mich anbrüllen.

Der dicke Spießer aus seiner gehobenen Familia Bahiana

Er sei doch wohl nicht im Elend groß geworden.

Er habe sein kolonialistisches Abitur doch wohl nicht in einer Favela abgelegt

Und hielte seine schwachsinnigen Vorlesungen über den Inzest doch wohl nicht vor den Bettlern von São Francisco

Eine feige kleinbürgerliche Tunte sei er

Ich, jawohl, ich habe mein Geld für die Oberschule und so weiter.

Terrorangriff und so weiter

Erfrierungen zweiten Grades meiner Mutter.

Hagenbeck.

Schlangen in den Kirschen

Und der Bruder von Lotte Brakebusch an Ödemen.

Arbeitslosenunterstützung.

Da fällt dem Frosch aber das Kinn runter.

Nee sagt er.

Das nicht.

Da habe er nicht durch müssen.

Na siehste.

Und dann kommt er doch wieder raus, der internationale Schwulenjammer.

Nicht akzeptiert.

Seinen Schwarm müsse er als seinen Sohn ausgeben.

Und überhaupt das außergewöhnlich runde Stück Fleisch sei viel zu simpel für ihn

Schnuff, schnuff.

Und er erzeuge Angst, er, Oya, Corello da Cunha Murango.

Alle ließen sich von ihm anbrüllen
Schneuz schneuz
Batida.
Freundschaft Freundschaft
– Wenn Sie Bücher brauchen, ich leih Ihnen alles.
– Die Werke von Pierri und so.
Tartüffe!

26.

An diesem Mann erlebte Jäcki die Erfüllung des Traums.

Nicht, daß der einen Trick konnte, wie Gisela Uhlen.

Daß er sich von einem der surrealistischen Fin de siècle Häuser zu hoch, zu dünn, zu weiß, in einer düsteren Stunde ablöste

Wie Orpheus, wie Jean Marais, Marlon Brando oder Raf Valone

Mit jenem Gang der Träume, die Füße treffen im Voranschreiten immer auf einen unsichtbaren Strich, Kim Novak, ein Strudel, und der Rücken bleibt aufrecht und unbewegt

Es begann ganz banal.

Ich glaube am Aufzug neben dem Gouverneurspalast

Ein großer kräftiger schwarzer Mann.

Dann über das Terreiro de Jesus

São Francisco im Golde winkte herüber.

Jäcki ging an der Nina vorbei.

Über die Planken, in den Renaissancepalast hoch, der schielende Wirt hatte etwas frei.

Die Pappzelle.

Die Kerze.

Im Flackern zog sich David aus, er hieß José der Bacchus von Michelangelo oder der Christus mit den zitternden Haaren und der Gänsehaut an den Backen vor Kühle.

Aus Onyx.

Michelangelo hatte einen Stricher im Bett und machte daraus den David von Michelangelo.

Ich habe auch einen Stricher im Bett und mache daraus auch den David von Michelangelo.

Aber ich bin nicht Michelangelo

Und er ist schwarz.

Und das ist viel wunderbarer als ein Kunstwerk.

Er ist viel gefährlicher als der David, dachte Jäcki

Und viel gefährlicher als irgendein Gianni, oder ein Fabricio, der dem alten Mann vielleicht eins vor die Nuß haut oder nicht mal anfaßt.

Jäcki versuchte verzweifelt an einen Film zu denken, Marlon

Brando zu zitieren, oder ans Pantheon zu denken, an den kleinen Elefanten.
Im Bett lag der schwarze Mann und bewegte sich.
Jäcki versuchte sich an Materialien zu erinnern, Onyx, Kakao, Auberginen
An Landschaften, Höhlen, Gebirgszüge, Nils Holgersson oder Gulliver
Auch Beispiele aus der Mythologie:
Die vielbrüstige Diana der Epheser.

Er war ganz da.
Und blieb ganz da.
Wichste sich über Jäcki
Riß ihm die Beine auseinander und ließ sich sogar ficken
Und lag dann da immer noch.
Das war sehr gefährlich.
– Prima, dachte Jäcki
– Realität.
– Existenz.

Jäcki hatte sich angewöhnt, in Bahia über Lokstedt zu schreiben.
Über die schmalen Lüste in den Schrebergärten.
Harald Vogel wollte nicht
Und Uwe kam es gleich.
Eberhard Draheim war noch nicht so weit.
– Eberhard muß ich sehr schön darstellen, dachte Jäcki.
– Klaus Hauff am Zaun, nein in der Kohlenkammer.
– Bernd Münnemann zählte die Stöße, während der Vater Laterne um die Büsche lief.
– Ein Vogel wurde vom Vögeln wach.
– Schade, daß man in einem ernsten Buch keinen Kalauer bringen darf.
– Auf Trygves Bauch versteckte sich Signe unter dem Federbett.
– Das sah fürchterlich aus.
– Wie geschwollen.

— Und als ich an Gerd Walter besoffen herunterglitschte, haute mir Mutti vor dem ganzen Ensemble eine runter.

Strindberg, Sartre, Beckett sachte schon am Horizont.

Engagement.

Wenigstens in der Landwirtschaft wurde ordentlich geleckt und gestoßen.

In der biologisch dynamischen Anbauweise traten erneut Verklemmungen ein.

Und Jäcki schwor sich:

Nie wieder.

Nie wieder lieben.

Sex pur

Wenn Sex pur.

Weltenumarmung

Nicht die Erfüllung.

Des Traums.

Der Traum ist die Erfüllung

Dachte Jäcki, als der da vor ihm lag so schön daß Jäcki blinzeln mußte und schwarz

Die Erfüllung des Traums ist ein Pleonasmus, dachte Jäcki

Entweder Erfüllung oder Traum.

Jäcki hatte sich angewöhnt zwischen beidem zu leben.

Zwischen Bildern und Schlamm.

Wie Fische im Brackwasser.

Bi

In Othmarschen über den Candomblé schreiben.

Über Irma an Mario denken.

Bikontinentalität.

Eins ganz.

Das konnte Jäcki nicht.

Die Reinheit fand Jäcki furchtbar

Die Reinheit gibt es nicht.

Die Dinge selbst existieren nicht.

Sie existieren nur in der verschiedenen Helligkeit von flackernden Kerzen aus Pappkuben in zerstörten Renaissancepalästen.

Nicht Körper ficken. Die Möglichkeit, der Traum, die Geschichte.

Die Erfüllung ist die Sehnsucht.

Einfach da sein, das konnte Jäcki nicht.

Das war ja furchtbar.

– Wenn das Unerreichbare da ist, brechen die Träume entzwei
Und man erkennt, sie sind leer.

– Aber das ist ja der Tisch der Sehnsucht, der nie leer wird.

– Der scheißidealistische Tisch der Sehnsucht.

– Der Tisch der Sehnsucht, der nie leer wird, weil er nie voll war.

Deshalb bezahlte Jäcki doch auch.

Um den Traum zu haben, den Mann, den er mit Liebe und Sehnsucht nie gekriegt hätte.

An den Bahnhöfen und am Aufzug kann man sich für zwanzig Cruzeiros mit seinem Traum verabreden.

Das war doch Jäckis Utopie

Und jetzt lag da der Christus von Michelangelo aus Onyx und Kakao und spritzte

Und Jäcki kriegte es mit der Angst.

Und er bezahlte, obgleich der Michelangelo gar kein Geld wollte

Nur schnell um nicht vom Traum, wie von einer stürzenden Steinfigur erschlagen zu werden.

Er bezahlte wie der Papst schnell.

Wie der Papst Pierri.

27

Jäcki hatte bei Professora Norma wieder jenen Schwebezustand erreicht zwischen Puxadas, Blutbad und Namenstag, der ihm eingaukelte, sie würden Sonnabend früh vielleicht das Blutbad fotografieren dürfen.

Freitag, den X.X. sollte bei Nanã die Eröffnung ihres Lebenswerkes stattfinden, mit Erzbischof und Gouverneur, wie sie es Irma vor drei Monaten versprochen hatte

Mit Blutbad.

Jäcki neigte eher zu Professora Norma.

– Professora Norma hat uns schon einmal mit dem Blutbad an der Nase herumgeführt.

– Wenn ich mir vorstelle, da fahren wir an einem Donnerstag in den stacheligen Norden und erwarten, daß du an einem bestimmten Morgen, wie vor einer Ewigkeit versprochen, das Blutbad aufnehmen darfst.

Daß es stattfindet.

Daß es wenn es stattfindet nicht gestern war oder erst in vierzehn Tagen..

Sie fuhren mit dem Bus nach Aracajú.

– Wenn Nanã das Blutbad heute nacht nicht veranstaltet, müssen wir noch in der Frühe am Freitag zurück ohne zu schlafen, damit wir eine Chance haben, ins Blutbad bei Professora Norma am Sonnabend früh reinzukommen.

– Daß die Blutbäder sich auch so stauen müssen.

– Vor allem ist auf die alten Nanãs kein Verlaß.

Vor dem Tempel der Nanã in Aracajú war feiner, gesiebter Sand gestreut.

Lauter nackte Birnen brannten zur Feiertagsbeleuchtung.

– Ich hatte doch recht, auf Nanã, die Schlammutter zu vertrauen, sagte Jäcki

Die weichen Würdenträger und die Kulthelferinnen, mit dem kräftigen Haarwuchs an den Beinen, mit denen Jäcki sich vor ein paar Monaten angefreundet hatte, taten so als kennten sie die beiden nicht wieder.

– Fest?

Nie gehört.

– Blutbad.

Nein.

– Nanã

– Wer?

– Nanã!

Jäcki wurde wütend

– Nanã!

– Ach so Nanã.

– Nanã ist ganz krank.

Die fast Hundertjährige fühlte sich wirklich nicht gut.

Ihre Augen waren erloschen.

Sie erinnerte sich gar nicht an ihre Verliebtheit in Irma.

– Nein. Sie würde heute gar kein Fest machen.

Blutbad.

– Was ist denn das?

– Fotografieren?

– In meinem Tempel hat noch niemand ein Foto gemacht.

Jäcki fielen die Arme runter.

Irma setzte sich mit ihren Mamyaflexen.

Nanã mümmelte in ihrer Chaiselongue vor sich hin.

Die Kulthelferinnen spielten Indignation vor weißen Eindring-
lingen.

Jäcki holte ein Beutelchen aus seinen engen Jeans, auf das die
Würdenträger immer schon gestarrt hatten.

Er stellte das Beutelchen auf die Chaiselongue vor der unpäß-
lichen Nanã.

Jäcki nahm einfach Irma die Fototasche weg riß den Reißverschluß auf und holte einen eingewickelten Kubus hervor

Mit gekringeltem schrillem Zierbindfaden.

Jäcki knotete umständlich den Zierbindfaden heraus.

Zum Vorschein kam eine weiße bedruckte Schachtel

Eine Schwarze war darauf gedruckt in afrikanischen Tüchern
einen Korb auf dem Kopf mit schwarzweißen Tomaten oder Klö-
ßen.

Jäcki hob den Deckel von der Schachtel und kippte eine
schwarze Kugel daraus hervor – etwa so groß wie Omas Kartof-
felklöße.

Er legte sie Nanã auf der Chaiselongue vor den Schoß
Nanã war viel zu erschöpft, um zu reagieren.
Die schwarze Kugel duftete leicht
Die Würdenträger und die behaarten Kulthelferinnen schnubberten.
Sie begriffen:
Sabão da Costa.
Eine ganze Kugel, nicht wie hier kleine Stückchen, der in Brasilien von Kanitz hergestellten Imitation, die als schwarze Seife von der afrikanischen Küste für die Einweihungswaschungen in Aracajú auf dem Markt – wie Jäcki das letzte Mal notiert hatte – zu horrenden Preisen verscheuert wurden.
– Sabão da Costa.
– Nun was, drückten die Würdenträger aus.
Jäcki öffnete sein kleines Beutelchen.
Und er legte der Schlammutter Nanã zwei vertrocknete schwarze Schoten aufs Bett
Eine längliche Nuß.
Zwei frische violette Colanüsse
Nanã fing an mit den Lidern zu klappern.
Jäcki legte ein ganzes Wahrsagespiel von Kauris aufs Bett.
Großen
Irma hatte ihre Kette aus Dakar opfern müssen.
Und als letztes legte Jäcki eine schwarze, wie eine Schnecke riesige Kauri von der Osterinsel auf Nanãs Bett.
Die Würdenträger und Kulthelfer kamen ängstlich näher.
Und was ist das, fragte Nanã mit starren Augen.
Das ist Bedjeregum, afrikanischer Pfeffer.
– Das ist Orobo.
– Das ist Cola.
– Frische.
– Das sind 21 Kauris zum Wahrsagen.
– Und die schwarze Kauri.
Eine schwarze Kauri gab es nicht unter den heiligen Requisiten der Religionen der afrikanischen Leute an der Küste Brasiliens.
– Das ist eine schwarze Kauri, sagte Jäcki:

– Für.
– Für?
Jäcki hätte sagen können für Exú, den Totenbegleiter, den schwarzen Hermes
Oder für Omolu, Babaloawe, Sakpata Xapanna, den Herrn über Pest Pocken Syphilis und Lepra.
Nanãs Sohn.
– Für Nanã, sagte Jäcki.
Nanã zupfte sich die Bluse zurecht.
– Und für wen ist das alles
– Das habe ich Ihnen mitgebracht von der Küste, log Jäcki und log nicht.
Denn von der afrikanischen Küste waren die Schoten, die Orobonüsse, die Colanüsse und von der Küste waren auch die Kauris, von der Küste kam auch die glänzende gesprenkelte schwarze Muschel, von einer anderen Küste, einer ganz fernen kleinen Küste von der Osterinsel.
Nanã sprang auf und die Sabão da Costa trudelte durchs Zimmer über den feinen Sand.
Ja, ich mache ein Fest, schrie sie.
Ja, ich eröffne meinen Tempel, auf den ich mein Leben lang gespart habe.
Ja, ich schlachte einen ganzen Haufen Tiere
Ja, ich mache ein Blutbad
Und sie darf fotografieren und blitzen
Ja, ja, ja.
Sie umarmte Irma und tanzte Polka mit ihr.
Die Würdenträger und die Kulthelferinnen erkannten jetzt auch Jäcki wieder.
Sie versammelten sich um Nanãs Chaiselongue und starrten die Schoten und die Kauris an.
Sie wagten nicht, sie zu betasten.
– Um vier gehts los heute nacht.
– Frisch gewaschen. Sauber.
– Und ganz in Weiß, wenn ich bitten darf.

Jäcki und Irma gingen in das große moderne Hotel vom kolonialen Aracajú.

Ein Glaskasten, dessen rumpelige Waben für Handlungsreisende das gleiche kosteten, wie das unerhört distinguierte Ouro Verde in Rio de Janeiro.

Hundertundzehn Mark.

Es war jetzt Mitternacht.

Jäcki ließ Irma allein und ging in die Miramar Bar, die im Spartacus Guide als schwul angegeben war.

Das Miramar war ein Lokal mit Steelband für die Seeleute mit brillanten schwarzen Tänzern wie das Sahara auf der Reeperbahn Puff inbegriffen mit magischem Blaulicht, das die weißen Hemdenkragen der Schiffer aufleuchten ließ, als trügen sie Zahnpastaschlingen um die gierigen Hälse.

Hier mußte Jäcki verdammt mit seinen Blicken aufpassen.

Das war nicht das bürgerliche und revolutionär aufgeweichte Rio

Das war harte Provinz

Norden.

Messerhelden

Faustrecht

Cowboys

Und Raddampfer.

Hier konnte er sich das Gespött der ganzen Stadt einhandeln

Gelyncht

Mit einer zackig geschlagenen Bierflasche im Arsch.

Da er einen Bart trug konnte ein gieriger Blick von Jäcki als Kastrationsversuch aufgefaßt werden

Mit Jäcki selbst als Blutbad enden.

Aber Jäcki wußte seine Backen zu drehen, seine Augäpfel seine Hoden und seinen steifen Schwanz, als seien es Kauris und heilige Schoten

Ein geiler Seemann, der zwei Nutten befummelte sprang auf Jäcki an der Musikbox zu und sagte ihm:

Warte gleich

Ich steck nur noch schnell bei den beiden Tanten einen weg und verschwand mit den Nutten.

Jäcki überlegte, ob er beleidigt sein sollte und das Lokal verlassen.

Aber nachdem er die einzelnen Schichten dieses modernen Gedichtes mit einem kritischen Apparat versehen hatte

entschloß er sich zu bleiben

Und schon nach zehn Minuten kam der Cowboy, riß ihn hinter Pappwände und holte seine Pistole raus

Schoß in Jäcki rein immer noch mal und nach dem dritten Mal legte er sich auf den Bauch und der Mond ging auf wie eine Sonne, und Jäcki fickte, fickte, als sei es seine Hochzeitsnacht mit dem Cowboy in Aracajú.

Dann hatte der Cowboy genug.

– Kennst du Nanã

– Ja, sagte der Cowboy.

– Sie macht heute ein Blutbad.

– Das ist doch nichts besonderes

– Doch.

– Nein. Weißt du, daß Nanã schon lange tot ist.

– Sie ist ein lebender Leichnam.

– Sie ist gar nicht sie, sondern eine andre.

– Ihre Seele ist schon lange weg.

– Deshalb ist sie oft so müde und schließt sich immer mit ihren geistlichen Töchtern ein.

Jäcki ging über den schwarzen verwaisten Markt

Da wisperten ihn die Transvestiten an.

Aber er hatte keine Lust mit Transvestiten.

An der Fähre im Schlamm warteten die Männer, welche die Taue befestigen mußten.

Einige Familien suchten Krebse mit Kerzen.

Auch da war alles voller Paare, die schrien den Mond an.

Ein Fischer stieg Jäcki zu den Duc d'Athen nach.

Jäcki hatte sich nie einem Fischer verweigern können

Die glänzenden Körper.

Im Hotel fragte Irma.

– Was heißt eigentlich sauber?

Sauber, damit meint Nanã ohne Geschlechtsverkehr – wie früher in der katholischen Kirche zur Zeit von Thomas von Aquin, drei Tage vor der Kommunion kein Ficken und so weiter.
– Und was heißt weiß.
– Weiß heißt weiß.
In Jäcki war ein unwiderstehlicher Hang zur Profanation.
Er fand das ziemlich widerlich, denn er sagte sich so ganz konnte er einer Religion nicht entkommen sein, so ganz konnte er sie nicht nur beschreiben wollen, wenn er so sehr dem Zwang ausgesetzt war, sie zu profanieren, sie in den Schmutz zu ziehen
Schlimmer in den Schmutz zu ziehen, der ihm keinen Schmutz bedeutete, der fast schon wieder einen Heiligen Schimmer hatte, wie der Schlamm Nanãs mit ihren Kröten und der Schöpfung
Irma und Jäcki legten sich hin, aber sie schliefen nicht
– Komm, jetzt machen wir noch ordentlich Schweinkram, bis es losgeht
Besudelt, feucht voneinander kamen sie zum Blutbad der greisen, lesbischen Nanã, aber in Weiß.
Sie hatten im Hotel versucht, von den Kellnern wenigstens einen weißen Frack für Jäcki auszuleihen, aber in Aracajú trug man zum Dinner natürlich nur Schwarz
Jäcki hatte sich ein Laken wie eine Toga umgeworfen und hatte Irma eine Tischdecke unter ihre Kameras geschnürt
Sie kamen sich vor wie Rummelrummelrögen oder Betriebsausflug und schämten sich sehr.
Aber die hohe Greisin sah zufrieden auf ihre zipfeligen weißen Gäste
Sie fand das ganz richtig wie sie sich bemüht hätten so weiß wie möglich zu erscheinen.
Zuerst geschah etwas fürchterlich Geheimes in einem winzigen Pappverschlag
Etwas Jappendes, Schwarzes, Suppenterrinen, Steine, Hoden
Das Tier lebte noch.
Enten watschelten.
Irma konnte gar nichts erkennen, um die Entfernung ein-

zustellen und Jäcki hatte nicht den richtigen Abstand für die Blitze.

Dann wurden sie in das Allerheiligste geführt, wo die Kranken und die Novizen bewußtlos auf den Blätterbetten lagen.

Aufrecht im Rascheln von gebauschten, gestärkten nach Bier und Kakao riechenden Kunstseidedamasten.

Da geht es um Positionen um Suppenterrinen und Trophäen am Altar

Die Schlachter stehen bereit, die Opfertiere an der Leine, Herden von Angolahühnern, Enten, Puter watscheln durch das heilige Haus.

Irma auch aus List, fängt an furchtbar aufs Knöpfchen zu drükken und den Blitz auszulösen

Und prompt ist da auch so eine Nebenmutti und fängt an Coloratur zu singen

Aber das nicht..

Und überhaupt..

Die Reinheit des Glaubens..

Foto Foto Foto..

— Knips sie, brüllt Jäcki Irma an.

— Warum. Ich finde sie blöde und häßlich außerdem ist ihr Kleid das doofste von allen.

— Knips sie

Jäcki verliert die Nerven:

— Es handelt sich um Adler.

— Wie!

— Doch nicht um Freud.

— Ich denke nicht daran.

— Knips sie oder ich schlachte dich.

Irma kommt sich erniedrigt vor.

Jäcki ist das jetzt ganz egal.

Und nun zeigt auch Irma, daß sie in Leipzig mal Agnes Bernauer gesehen hat und geht erhaben vor der Mutti in die Knie und dreht eine halbe Stunde am Teleobjektiv

Die Coloratur verstummt

Nun ist alles in Ordnung

Nanã kommt und gibt das Zeichen, daß der Ogã da Faca

der Messerbewahrer die Enten hochnimmt
Einer nach dem anderen werden die Novizen im Schumm,
die geistig Gestörten, die mit Menstruationsbeschwerden
an das Altarmauerchen geführt und über ihren Scheiteln
werden die Ziegen, die Enten, die Hunde geschlachtet
Hekatomben.
Fällt der erste Tropfen Blut auf die Hand
schreien sie auf.
Galle, Scheiße, Jappen
Jäcki wird schlecht
Er muß kotzen
Irma lehnt sich bleich an die Rückwand des Tempels
In ihren Händen die Mamyaflex zittert so, daß sie nicht scharf-
stellen kann.
Jäcki fängt plötzlich an mit Irmas Augen zu sehen.
Er hat vier Augen auf der Stirn.
Er sieht mit Irmas Objektiven
Jäcki würgt raus:
Setz die Sonnenbrille auf, dann erkennst du die Farbe vom Blut
nicht so.

Als alles vorüber ist liegen die Kranken und die Eingeweihten
wie Gefolterte und verschiedene blutgestreift wieder auf ihren
Kräuterbetten.
Die Hohe Nanā kniet sich zu den abgegurgelten Bälgen herun-
ter und reißt Lungen aus, spaltet die Lebern und verteilt die rie-
chenden Organe auf Suppenteller
Irma und Jäcki verabschieden sich und sagen Dankeschön
Jäcki pfeift im Morgengrauen die Jupitersymphonie.
— Komisch, daß man sich danach so heiter fühlt
— Ich bin nur müde und habe rasende Kopfschmerzen, sagt
Irma.
— Du hättest vielleicht doch ohne Brille draufgucken sollen.
— Ich habe durch den Sucher gar nichts erkannt.
— Ich sah nur immer die Äser fliegen und daß meine Tischdecke
immer voller wurde
— Das war wohl das Geheimnis von Ödipus

– Wie.
– Die rausgeschnittenen Augen.
– Ich verstehe nicht.
– Artaud auch nicht.
– Sag doch mal.
– Die griechische Tragödie
– Und?
– Katharsis
– Was heißt das
– Ich kann kein Griechisch.
– Einer hat mir das mal falsch übersetzt, als Runterauf-schwung.
– Ein anderer: Reinigung.

Der Rio San Francisco, den der Klavierlehrer Professor Alcides
so rührend besungen hatte, lag wie Blei
Jäcki ahnte die Epopöen die sich auf diesem Wasser mit seinen
Untiefen und Untieren zutrugen
Der Rio San Francisco umarmte das halbe Land wie einen Bu-sen
Alle die Iliassen die ihn hinunterzogen, die Städteplünderer Ver-gewaltiger Conquistadoren Ausweider und Goldsucher
Tausende von Kilometern ein Fluß aus Hunger Sisal und Blut
Sic.
Köchern, Fäusten und Mörsern. Villon.
Und Eisen
Die zweite Woge aus Messern, Macheten, Karabinern und Man-telhaken
Der Rio San Francisco im violetten Abendlicht der Rückkehr
würde für Jäcki immer nach Xique Xique riechen und nach er-mordeten Kranichen.
Professora Norma in der Bucht aller Heiligen guckte ganz irri-tiert, daß Jäcki und Irma gar nicht mehr nach dem Blutbad frag-ten.

28

Das Glücksblatt hatte Jäcki Pedros Wald geöffnet.

Milagre de São Joaquim.

Das Wunder des Heiligen Joachim.

Pedro war mit Blätterschütteln in dem heiligen Bezirk des Gottes Tempo oder Loko oder Iroko beschäftigt und Jäcki verlor sich in den Pfaden des Einweihungswaldes.

Mit dem blühenden Stäbchen hatte alles begonnen und nun stand er hier.

Umknistert von Insekten

In der unheimlichen Stunde.

Die Wohnhäuser der Götter aus Afrika verfielen.

Da hinter harmlosem Astgeflecht mit Lehm ausgefüllt harrten die Schreckenskammern.

Da wohnte das Krokodil

Der Elefant.

Die Python.

Kleine furchtbare Schlangen, die ihresgleichen vernichteten und verschlangen.

Die Bäume dieses Urwaldes waren sorgfältig gepflanzt worden, nach einem göttlichen Plan.

Die Samen waren im Darm herübergeschmuggelt über ein Meer von Blut 1915, 1830, 1496

Jetzt standen sie hoch und klapperten

Warteten

Starrten Jäcki an.

Daß aus seinen Fingerspitzen Knospen brechen

Seine Fußsohlen festwurzelten

Sein Gedärm sich erbrach und zur Erde stürzte als Schierling

Und seine Augen erblindeten als Cattleya

Als weiße schuldige Orchideen, die der Ledermann ihm schenkte

Pedro hatte ihm einen Cola Cola Wald ins Herz gepflanzt

Er hatte ihm einen weißen Porzellanwald geschenkt und der wuchs, wuchs, nahm Besitz von ihm.

Jetzt stand Jäcki hier und der zarte Blätterschüttler hüpfte un-

sichtbar um ihn herum, eine Motte, ein Grigri, ein Schmetter-
ling, er stolzierte als Cattleya verwandelt, um die Bäume und
wartete, daß Jäcki zusammenbrach und der Porzellanwald in
seinem Herzen aufwüchse in den großen hinein, den Heiligen
Wald, den Urwald
Ah, die Blätter.
Die Götter
Die Zettel.

Jäcki und Pedro der Blätterschüttler hatten nicht geahnt, worauf
sie sich einließen.

Jäcki kam jetzt oft.

Er hatte alle Namen der Pflanzen, er hatte die lateinischen Bezeichnungen auf große Bogen mit Rechenkaros aus seinen Notizen kopiert und dahinter die Auskünfte seiner Informanten, also
die des Papstes, die Corellos – aber auf beide wollte er nicht zurückkommen, die Auskünfte des Kräutersammlers waren ihm
wichtig, die von Maria Katendé am wichtigsten war es ihm, was
Pedro zu den Kräutern äußerte

Welcher Gott beherrscht welches Blatt

Jäcki hatte nicht begriffen, daß der Name der Gott ist.

Er saß mit Pedro auf der Veranda.

Im Rücken die dunklen Räume mit den vergammelnden Fotos
der Ahnen, der Vorgänger, der Gründer.

Vor sich den Plaudergarten, die blühenden heiligen Gifte in
Konservendosen, rostigen Kanistern, Tonkruken.

Jäcki fragte:

Welcher Gott regiert das Blatt Milagre de São Joaquim.

Pedro wollte ihm gerne den Gefallen tun.

Jäcki begriff nicht, wie schwer es war für Pedro zu antworten.

Er hustete.

Er kriegte allergische Hustenkrämpfe

Sein Hals wurde rot.

Die Adern schwollen an.

Manchmal zeigte Pedro nur noch schnell nach oben, gen Himmel, um eine Göttergruppe zu bezeichnen.

So saßen sie beide – zwischen Gefälligkeit und Pflicht, zwischen
Klatschsucht und Eidesschweigen, Zucht und Auflösung,
die Kinder spielten um sie herum mit kaputten roten
Plastiklastwagen und die Heiligen Frauen schlurrten
verängstigt und drohend um die beiden in Erkenntnis
vereinten Männer.

Jäcki hätte alles auf diesen Donnerstag gesetzt

Aber nach zweihundert Pflanzen kriegte Pedro keinen Ton mehr
heraus

Jäcki solle morgen wieder kommen.
Dürfe er die Liste wieder mitbringen, das Rechenpapier.
Gerne.
Pedro lächelte schwach.
Er verstehe schon, daß man forschen wolle, unterrichten.
Er würde seine Kinder ja auch in die Schule schicken und nicht
in die Einweihungskammer.
Auf morgen also.

Als Jäcki den nächsten Tag wieder nach Batefolha zurückkehrte,
fühlte er, daß Pedro nicht da sei
Er glaubte nicht an eine metaphysische Qualität der Abwesen-
heit, der Täuschung, der Lüge, der Flucht, die sich ihm stofflos
vermittelte.
Es waren winzige, kriminologische, meßbare Indizien.
Die fester als üblich zugerammelte Pforte.
Die wie zugenagelte Tür zum Versammlungsraum, die sorgfältig
gleichmäßig verschlossenen Fenster.
Niemand empfing Jäcki.
– Pedro hat mich doch betrogen, dachte er.
– Auch Pedro hat mich betrogen.
– Es war eine Ausflucht, mit dem Kommen Sie morgen wieder.
– Eine geschickte Ausflucht.
– Er wußte, darauf würde ich anbeißen, reinfallen.
Die Fenster des Wohnhauses waren zugenagelt.
Jäcki war noch nicht Ethnologe genug, um die feinen Palmenfa-
sern an den Brettern nicht nur zu sehen, sondern sie auch zu le-
sen.
Er brauchte kein Ethnologe zu sein
Er begriff, was geschehen war.
Die Hohlform der zarten Gestalt des Blätterschüttlers
schlug auf ihn ein.
Jäcki klatschte leicht in die Hände
Sein Klatschen verwandelte sich, ohne daß er es wollte in das
Klatschen des Axexe etwas lauter erst abnehmend,
nicht wie in den Kammerspielen, das Gepatsche, rhythmisiert
mit Bravo oder Buh.

– Freud, dachte Jäcki
– Ein Freud'sches Verklatschen
– Ich klatsche für einen Toten.
Langsam schlurrte aus dem Dunkeln des Wohnhauses eine
große Gestalt.
Es war der zweite Mann
Der immer gewartet hatte. Mit geröteten Augen
Er hatte den Gründer erlebt Bernhardino de Batefolha, er hatte
dessen Nachfolger erlebt 15 Jahre lang und dann Pedro
– Der Bote, dachte Jäcki
Sie begrüßten sich
Der zweite Mann bot Jäcki den Schaukelstuhl an.
– Pedro ist nicht da, sagte der Bote.
– Das dachte ich mir
– Pedro ist tot, sagte der zweite Mann und deutete mit dem Kopf
schräg zu den zugenagelten Fenstern hin, wo Jäcki jetzt deutlich
die Palmenfasern erkannte, Ogums Palmenfasern, die Palmen-
fasern des Hundefressers, Hodenschneiders, des Eisens, des
Messers des Knabentöters Palmenfasern, um die Toten abzu-
wehren von den Häusern der Lebenden.
Jäcki sah, daß nicht nur die Lider des zweiten Mannes rotge-
weint waren, seine Sklerae waren rot, von Blut durchschossen.
Pedro hatte sich schon in einen Feind verwandelt, einen irren
der unsichtbar die Wohnhäuser umstrich und ausgesperrt
wurde.
– Ja, er ist gestern abend nach Hause und saß drinnen bei sich,
Fernsehen. Zeitung.
– Und da streiten sich an seinem Zaun zwei laut.
– Und er geht raus und fragt, sie kennen ihn, warum sie sich
denn streiten oder so.
– Da haut der eine ihm mit einem großen Holz auf den Kopf,
sagt der Bote leichthin,
– Pedros Schädel zertrümmert, dachte Jäcki
– Diese Stadt ist eine böse Stadt dachte Jäcki
– Sie liebt nur die Toten.
– Sie ist auf Menschenraub gegründet.
– Sie kann nichts Zartes, Schönes dulden.

– Die Folterinstrumente werden in dieser Stadt herumkut-
schiert
– Pedros Schädel ist zertrümmert.
– Sie haben ihn schnell in die Nina Rodrigues geschafft.
– Da haben sie ihn gleich seziert.
– Aber es war ja alles klar.
– Heute morgen haben wir ihn beerdigt.
– Schon wegen der Hitze, sagte der zweite Mann, fast lä-
chelnd
Leicht. Konversation. Pardon, nicht Hölderlinübersetzung und
die kreischenden Schauspieleleven im Deutschen Schauspiel-
haus Besenbinderhof.

Jäcki setzte sich neben den Porzellanteller mit dem Cola Cola
Wäldchen
und schreibt ein Kapitel seines Romans Versuch über die Puber-
tät zum Gedächtnis an Pedro.
Er nimmt sein Tagebuch hervor und schlägt in dem dicken
Schulheft mit gelblichem Papier und Linien den Karnaval auf.
Karnaval in Bahia de Todos os Santos, im schwarzen Rom.

'Zu Anfang nur der Ton.
Anschwellen. Sich vorstülpen.
Damit war es vorbei.
Wir kamen aus dem nach nassem Mehl riechenden Palast –
Raumunterteilungen mit feuchten Steppdecken, Pappquadraten
und Spählöchern, dazu die Jungfrau Maria, ein Strauß Plastik-
blumen, eine leere Make-up-Hülse, ein Spiegel, ein Stuhl, das
Waschschüsselchen voll vergiftetem Wasser (Leptospirose, Pest,
Lepra, Pocken, Lues, Hakenwürmer, Würmer an Lungen-
schnecken, Boubas), eine Rolle von grauem Toilettepapier,
Ratten und die graziösen Riesenschaben und Lehm, der aus den
Ästen, die das Mauerwerk aufrechthalten, rutscht.
Der Schweiß bedeckt unsre Gesichter – sein schwarzes, mein
weißes – mit kleinen Halbkugeln aus Flüssigkeit.
Die Kröte.

Der Ton, den die Kröte nach einer langen Pause wieder ausstößt.
Es gibt ein Instrument, das diesen Ton imitiert.
Die Dauer eines Krötentons vor dem lichtarmen Park (für Farb-
dias zu dunkel).

'Nach zwei Jahren war es ein Haus im senkrechten Tageslicht.
Kolonialer Nachjugendstil.
Irrationale Treppen und Treppchen, Brücken, die zu isolierten
Pavillons führen, Nischen mit Betonbetten und Spülvorrichtun-
gen, Vorratskammern, Eisschränke, aufgestapelte, im Gebrauch
grau verfärbte Kistchen aus dünnem, ungehobeltem Holz, im-
mergrüne Gewächse, übergrünte Steinsitzende und das Gold-
fischbecken aus Zement.
Ein Lieferwagen.
»Nina Rodrigues«.

'Der Tischler erzählt, der Gerichtsmediziner stelle die Bierfla-
sche auf das Betonbett und trinke während der Arbeit; er
klemme seine Zigarre den Toten zwischen die Zehen oder die
Lippen und rauche dann weiter.
Das vergaß ich.
Der Krötenton erhält einen anderen Hof.
Die Heimlichkeit, die Unheimlichkeit der grünen Denkmals-
männer löst sich auf.
Das Abwasser zwischen den heruntergekommenen Palästen der
Stadt Salvador ist dünner geworden und fließt schneller. An die-
sem Punkt verflüchtigt sich die Angst.

'Immer sonntags, nicht nur sonntags kommen die in den angrenzenden Palästen arbeitenden Mädchen und erkundigen
sich nach frisch Verunglückten. Sie bewegen sich flinker als die
Angehörigen und Freunde, die durch spiegelnde Scheiben zu
erkennen versuchen, was im Innern des Instituts geschieht.
Die Anziehung.
Die Kinderliedvorstellung.
– Da sägt er den Kopf ab. Schneidet er den Bauch auf. Hackt er
die Knie durch. Wickelt er den Darm ab.

Die Bewegungslosigkeit.

Das dem Schwitzen in den Pappkammern der Paläste ganz Entgegengesetzte. Das Starren auf das Bewegungslose. (Meine Augen bewegen sich nicht mehr!) Vorn liegt ein Junge mit vollgepinkelter Haut. Watte an den Beinen. Eine Flüssigkeit aus dem nicht sorgfältig genug wieder zugenähten Unterleib durchnäßt die letzte Sonntagshose.

Auch die Fliege – die bei wenigen Vorstellungen von Toten fehlt – fehlt nicht.

Der konfektschachtelartige, lateinamerikanische Sarg: Pappe, Holzverstärkungen – wie ein Modellflugzeug; in einem Spanaeroplan tritt der Negerjunge seine Himmelreise an. »Des schwarzen Nils Holgerssons wunderbare Reise mit den Wildsärgen.« Daneben, dahinter der verunglückte Arbeiter – ein sargförmiges Stück Teppich aus weißen Iris.

Irisblüte über Irisblüte auch über den halb von den Lidern bedeckten Iris des verunglückten Arbeiters.

Nur die Nasenlöcher, die gefalteten Hände und die gelben Gummisohlen stechen aus den Blüten hervor.

Es riecht nach Meer.

'Der Satz:

– L'idée de meurtre évoque souvent l'idée de mer, de marins.

ist richtig. Ich hatte ihn schöner, falscher in Erinnerung:

– L'idée de mer évoque souvent l'idée de meurtre.

Die Leichen riechen nach Meer.

Ein schwarzer Wagen mit der Aufschrift »Gerichtsmedizinisches Institut Nina Rodrigues« fährt in den Hof.

Der Chauffeur und der Beifahrer springen ab, klinken den Fond des Lieferwagens auf und laden zwei Blechzuber ab – darin eine Frau im blutigen Kleid, ein Kopfverletzter, ein sandiger Junge.

Es sind Schwarze – Blut an der hellen Unterseite der Füße.

Man hat ihnen handgeschriebene Zettel mit Bindfaden am Handgelenk befestigt. Einer der Trauergäste erklärt, was er nicht weiß, und bewegt die Tücher an den Toten, hebt weg, deckt wieder drüber, hebt noch mal weg.

Der Beerdigungsunternehmer tritt auf und trägt den silbrigen Sargdeckel vor sich her für den verunglückten Arbeiter.

Ein junger Mann treibt die Trauernden von den Blechzubern weg und hängt zwischen Haupthaus und Lieferwagen eine Eisenkette ein. Der Deckel wid über die Iris, die Nase, die gefalteten Hände, die gelben Kautschuksohlen gepreßt.

Eine Frau fängt an, den Satz zu rufen, der bedeutet:

– O, mein Sohn, jetzt kommst du nie mehr zurück.

Sie werden ihn drei Kilometer zum Friedhof tragen, mit dem Sarg und den Totenblumen in der Rushhour hin- und herspringend.

Der Mainzer Buchdrucker ist in Brasilien ein Vorname und buchstabiert sich – als sei es ein Druckfehler – mit M. Guttemberg, im Fußballweltmeisterschaftshemd, hakt die Eisenkette wieder ab.

– Ich bin fünfundzwanzig. Ich arbeite schon acht Jahre hier.

Der Mann im Zuber unternimmt nichts mehr gegen die Fliege.

Sie wechselt zu dem ertrunkenen Jungen hinüber.

Der Mann sieht mich schräg von unten an.

Es entsteht der oft beschriebene Schreck darüber, daß eine Leiche menschlich blickt.

'Die Augenblicke der Lebendigen setzen sich aus den Phasen von unbelebten Glaskörpern zusammen.

Er ist an seinen Kleidern ertrunken.

Der Hinterkopf des Negerjungen löst eine Empfindung in mir aus, die sich nicht durch Adjektive übersetzen läßt – abbilden läßt.

Die Fliege wieder.

Die etwas zu langen, sandigen Wimpern.

Ich habe im Halbwachen davon geträumt, die vom Träumen leicht bewegten Wimpern eines Afrikaners neben mir zu beobachten. Jetzt, wo es mir in Wirklichkeit zustößt, bewegen sich die Wimpern nicht mehr.

Das Blut ist noch rot. Daneben gelatineartige Flecken.

Ich frage Guttemberg, damit er es verneint, ob die aufgestapelten grauen Spankisten auch Särge seien.

– Für Embryos, sagt er.

Ein Mann sagt mit einer angenehmen Stimme:

– O homen é nada.

Das heißt:

– Der Mensch ist nichts.

Jetzt soll der kleine Junge mit der nassen Hose weggetragen werden. Guttemberg hängt wieder die Eisenkette ein.

Die Spielkameraden schwirren im Hof herum, zeigen auf die Brücke, die nasse Hose, entdecken im Kühlschrankpavillon hinter einer Mattglasscheibe die Leiche eines winzigen schwarzen Mädchens im Tüllrock.

Eine Frau beginnt Blüten von den Stengeln zu schnippen und legt sie in gleichmäßigen Abständen auf den Jungen im Sarg.

Zugeschraubt, angefaßt, weggetragen.

Ein Backfisch weint als einziger und viel zuviel.

»Der Mensch ist nichts« führt mich in den Sezierraum. Auf einem Metallbett ein Mann mit einer Jacke über dem Gesicht.

»Der Mensch ist nichts« nimmt die Jacke hoch.

– Ein schöner Mann, hätte man auf der Straße gesagt. Wie eine Quitte.

»Der Mensch ist nichts« faßt das Bein des Toten an, winkelt es nach rechts ab, um die Zerstörung der Gelenke vorzuführen.

»Der Mensch ist nichts« spült sich die Hände ab. Er benützt keine Seife. Er gibt mir zum Abschied die Hand. Er läßt sich gern »Herr Doktor« nennen. Er hat schräggekrampfte, harte Finger.

»Der Mensch ist nichts« macht eine Verbeugung, wie man sie in Deutschland beigebracht kriegt.

Vielleicht muß er sich überwinden, eine lebendige Hand anzufassen. Für ihn: Eine Leiche hat warmes Blut.

Draußen kommt mir Luis entgegen.

Er rennt mit mir in den nach nassem Mehl riechenden Palast und zwischen den durchlöcherten Pappwänden oymeln wir uns halbtot.

'»Der Mensch ist nichts« begrüßt mich in Gummischürze, Guttemberg fehlt.

Ein andrer Gehilfe faltet die blutige Pyjamajacke um den Unfalltoten; der starre Körper schlägt polternd gegen die Kopfstütze des Metallbetts.

Um das Geschlechtsteil der Leiche ist alles rot desinfiziert. Der Gehilfe hebt die beiden Füße des Toten zusammen hoch und läßt die hellblaue Pyjamahose über die Beine rutschen. Ich kann nicht sehen, ob das Geschlechtsteil noch beweglich ist.

Kein Mitleid.

An diesem Begriff hängt alles.

Ich kann kein Mitleid mit einem Toten empfinden.

Das Wort »Mitleid« ist das beste der schlechten.

Ein Diakonissenwort.

Die Leiche hat keine Empfindungen. Mit ihrem Nicht-Leid kann ich nicht mitleiden.

Ich kann mir nicht vorstellen, nichts zu empfinden. Nicht: Warum empfinde ich nichts? Sondern: Ich empfinde nichts mehr.

Keine Empfindlichkeit mehr für den hübschen Verunglückten, ebensowenig wie der polternde Gehilfe.

Ich poltere nicht, das ist der Unterschied.

So habe ich zum Verlust bestimmter Reaktionen nur so lange benötigt, wie es braucht, den sich selbst den Pyjama über den empfindlichen Körper ziehenden Mann in das häßliche Stück Leiche zu verwandeln, das man hastig rüttelt und für den Kasten mit der Silberpappe herrichtet.

Im Vorübergehen nimmt »Der Mensch ist nichts« etwas Fett, hellblütig von einem metallnen Bett.

Da fall ich um um ein Haar kipp ich um um ein Haar um etwas Fett aus den Latschen den Pantinen den Schuhen.

Haar und liegengebliebenes Schuhwerk sind die Spuren des Todes. In Haiti weinen die Novizen, nachdem sie ihre Schuhe auf einen Haufen gelegt haben.

(Schuhhaufen, Till Eulenspiegel, norddeutsche Tiefebene.)

In Haiti erwürgt man die Toten aus Mitleid noch einmal oder sticht ihnen mit einer Nadel durch die Schläfe; denn die Scheintoten, die mit Blättern, Rinden Vergifteten müssen die Gräber wieder verlassen und arbeiten nachts für den Zauberer, der sie beerdigen ließ.

Die Identifikation mit der blutigen Leiche klappt nicht mehr. Weil ich nicht weiß, was ein anderer empfindet und nicht mehr empfindet? (Wenn ich in diesem Versuch davon ausgehe, daß bewußte Empfindlichkeit Identifikation bedeutet.)

Meine Aufmerksamkeit registriert nur noch einen gleichgültigen, gleichungültigen Gegenstand, an dem der Gehilfe herumzerrt.

Ist das nicht mehr rückgängig zu machen?

Die Vorstellung aber von etwas Fett, das nach meiner Obduktion und Verscharrung übrig bliebe und von lebendigen Fingern eingesammelt würde, verursacht mir fast Fallen in Bewußtlosigkeit.

»Der Mensch ist nichts« hat unter seiner Glatze wieder ein aufgeklärtes, sensibles Gesicht zur Verfügung und führt mich zum Treppenabsatz hinaus, wo wir auf die Bucht blicken mit all ihren afrikanischen Versatzstücken und der vielzitierbaren latinischen Klarheit.

'Ich erzähle Irma davon.

Um es loszuwerden, wie man sich angewöhnt hat zu sagen.

Ich okuliere durch meine Erzählung Realität; durch Mitteilung entsteht keine Verminderung der Bilder, sondern eine Verdoppelung. Was geschieht mit ihr, der ich erzähle?

Kopiere ich ein Farbdia auf Schwarz-Weiß-Fotopapier, entstehen gesetzmäßige, aber für mein Auge unvorhersehbare Veränderungen in den Helligkeitswerten.

Welche Unfähigkeit meiner Erzählung ruft in Irmas Vorstellungen das Furchtbare am Unterleib des toten Jungen nicht hervor?

Welche Entsetzen hat Irma zur Verfügung, die sie in die unbesetzten Felder zwischen meinen Begriffen einschaltet? (Der Leser kann sich nicht mit ihr, der ich erzähle, gleichsetzen; Irmas Reaktion kann meine Erlebnisse in der »Nina« noch beeinflussen.)

Aber vielleicht assoziiert sie den dulzesten Liebesmorgen der Provence, die noch nicht ganz getrocknete Feuchtigkeit von Ergüssen zwischen den an der Scheide verletzten Beinen. Loswerden – Bewußtwerden durch wiederholte Spiegelung, Wegspiegelung.

Blinde Stellen und sich häutendes Quecksilber – in der Erinnerung, im Raum, in der Zeit, in der Identität, in der Empfindlichkeit.

'Irma begleitet mich – diesmal liegen auf den Betten einige Säuglinge. Ich fürchte, daß es ihr vorkommen muß, als habe man ihr vor einem Monat diese Säuglinge herausgeschnitten und hielte ihr noch einmal die ablappenden Reste vor.

Es hat keinen Sinn, sie danach zu fragen, denn in dieser Umgebung, wo sich unser Zusammenhang zu verschieben beginnt, würde sie vielleicht meine Vermutung als ihre eigene Assoziation ausgeben müssen.

»Der Mensch ist nichts« ist kein Arzt, sondern auch nur ein Zuhalter und Zurechtleger, wie der aufgedunsene Guttemberg im Weltmeisterschaftshemd.

– Es macht mir nichts aus.

– Ich habe sieben Kinder.

– Mein Vater war Freimaurer.

Er führt uns nach draußen und macht wieder auf die landschaftliche Schönheit der Bucht aufmerksam.

'Irmas zweiter Gedanke sei gewesen:

– Ein kleiner Weitwinkel.

Sie sagt mir, daß »Der Mensch ist nichts« die toten Säuglinge gefühlvoll ausgebreitet hat.

'Prinz Karnaval besetzt die Paläste und Troglodyten. Maskierte Gepflegthäutige, verkleidete Geheimpolizisten und geschminkte Aussätzige als Aufmarsch der Dschunkenfischer.

An den Ellenbogen, an den Kniescheiben, Fußsohlen dringen die Würmer in die noch Lebenden und nisten sich ins Mark und in die Milz.

Das Haar des ausgelassenen Volkes färbt nicht der Friseur rot, sondern der Vitaminmangel.

»Der Mensch ist nichts« ist im Karnaval versackt, sagt Guttemberg. Draußen fährt ein Omnibus vor.

Die von Negersklaven kopfsteingepflasterten Straßen dürfen nicht von den öffentlichen Verkehrsmitteln benützt werden; sogar die Taxis schämen sich zwischen den venerischen Palästen.

Der Omnibus hält vor der Morgue und Guttemberg hat schon alles gerochen und rumpelt den Blechzuber heran und kopfunter lassen sie den anständigen Mann, der auf der Busfahrt erstickte und der lebendig nie durch dieses Viertel kam, die Stufen herab. Er hat Finger wie Borke.

Im Treppenhaus tippt der Wächter den Totenschein.

»Instituto Nina Rodrigues. Lista dos Cadaveres.«

Kadaverliste.

Der Gerichtsmediziner stellt seinen Volkswagen im Hof ab. Mit ihm, dem mächtigen Sechzigjährigen, kommen alle die zauberigen Männer die Treppe hoch, mit den mächtigen Hüftpartien.

Pozzi, Lehrer Prelle, Kahn.

Auch der Gerichtsmediziner hat die dicklichen Verhärtungen der Gesichter von Leichenwäschern und Leichen.

Eine Schutzverfettung, die das Geschützte dem ähnlich macht, wovor es schützen soll?

Ironischer bei ihm. Zwischenräume zwischen Fett und Ausdruck.

– Warum interessieren Sie sich für die Toten?

Ich denke, daß er schmalschultrige Epheben ertasten möchte und daß er den Zauber der Liebe nur erfahren hat im Geruch der Verwesung oder für bare Münze, denn welcher Junge träumte von einer freiwilligen Tropennacht mit dem Sezierer?

Und für mich verwandelt er sich in den umfangreichen Gegenzauberer, der den mich in dreißig Jahren enger und enger schnürenden Körperzauber kaputtschneiden könnte.

Das ist die Antwort auf seine Frage. Denn ich interessiere mich nicht touristisch für die Toten, sondern für das Auseinanderfallen des Bildes, das mich ausmacht.

– Warum malte Rembrandt?

Der Gerichtsmediziner lacht und läßt uns rein.

Es ist auf den ersten Blick ein Ägyptisches Museum – Mummies Room.

Aber die Ägypter präparierten die Mumien, um den Zauber

einige Jahrtausende länger anhalten zu lassen, imitierten Haus und Hof und das Lebendigsein des Hausherrn, um die Wiedererkenntnis, die Identifikation in alle Ewigkeit zu ermöglichen, während der Gerichtsmediziner die Embryos, Säuglinge, Schädel und Armpartien austrocknet der anderen Erkenntnis, der Analysis halber, und um schon beim Lebendige-Hände-Waschen – kühlende Feuchtigkeitsspritzer auf der schimmernden, atmenden Haut – in seinen Verwesungsbrotverdienst eingewiesen zu werden.

Der Gerichtsmediziner holt eine Pistole aus der Tasche – als ob ihm die Leichen hätten auflauern wollen!

Stellen ihm die Mörder seines Arbeitsmaterials ein Bein?

Die »Mütter« und »Väter« der sich mischenden weißen und schwarzen Religionen, deren Opfer ihm auf den Betontisch kommen?

Ein sechzigjähriger Sezierer, der Angst hat zu sterben.

Vielleicht erst recht?

Er zeigt uns ein Glasschränkchen voller herausoperierter Geschosse.

– Wir verfügen über wenig Geld zur Forschung.

– Wir arbeiten ohne Handschuhe.

– Man gewöhnt sich an alles.

– Wie schnell?

Zwischendurch in den Saal hinüber:

– Legt ihn schon rauf!

– Zieht ihm die Hose runter!

Die Geruchsnerven würden Düfte über lange Zeit reproduzieren; Exhumationen röche er noch nach vierzehn Tagen.

Er kennt Nordafrika.

Ägypten nicht.

Er nimmt uns mit hinüber.

Dort liegt jetzt der blaue Herr Pozzi auf dem Metallbett. Dahinter eine nackte Negerin, der mit tuffigem Leinen der Unterleib eingehüllt wurde und die Füße.

Guttemberg fürchtet, die Jungfraun steigen wieder aus dem Grab. Manche Leichenwäscherinnen entjungfern die toten Mädchen.

Pozzi behauptete, im Dreißigjährigen Krieg sei keine Leiche un-
gekost unter die Erde gekommen.

Liebt »Der Mensch ist nichts« seine Toten?

Ein lebendiger Neger bewegt sich um Herrn Pozzis violettes
Ebenbild, den Gleichnam des ehrenwerten Mannes aus dem
Omnibus der Stadt Salvador.

Die Widerstände vergrößern sich.

Ich schicke meine Scham vor, um in dieser Umgebung nicht
meine Neigungen zu analysieren, das rituelle Bild, das der
Schwarze mit dem Gerichtsmediziner jetzt anfängt aufzuheben.

Kulissenartig dahinter die barocken Pappsärge, die draußen die
ganze Stadt verzieren, Brotläden, Möbellager, Bars, als verende
man in diesem Hauptumschlagplatz der Sklaven öfter und
dringlicher.

Ich erinnere eine Zeit, da löste sich die Welt auf, als ich erfuhr,
der Kolonialwarenhändler sei gestorben.

Erziehung. Identifikation. Mitleid mit der Leiche – dem Gleichnam. Erziehung zu einem bestimmten Mitleid.

Die Reinemachefrau, die in der ehemaligen Kolonie Portugals
zwischen den stählernen Betten steht, hat diese Identifikationen
nicht; auch nicht die Trauergemeinde, die hereinsieht und die
Zerschneidung ihres Großvaters, Vaters, Onkels, Enkels, Sohnes, Freundes, Arbeitskollegen, Kirchenratsvorsitzenden, Bru-
derschaftsbruders erwartet. Andre Identifikationen.

Identifikationen unmöglich machen.

(Lamarcas Leiche nach der Folter sezieren.)

Selbsterkenntnis verhindern.

Das heißt Versklavung

Der Gerichtmediziner fängt mit den Augen an.

Um uns eins auszuwischen? Der Gerichtsmediziner dreht und
hakt zwischen den Lidern des Mannes, der mit freundlicher Zu-
stimmung zu liegen scheint.

– Er war blind, sagt der Gerichtsmediziner, als wir wegsehen.

Ich halte mich an diesem Unterschied aufrecht. Ich bin nicht
blind. Pozzi war nicht blind.

Der Gerichtsmediziner nimmt ein viel zu kleines Messer und
schneidet vom »Salzfäßchen« zwischen den Schlüsselbeinen

herunter, über die Brust, den Magen, bis in die Unterhose hinein.

Sezierer und Sezierter sehen sich so ähnlich, daß es wirkt, als schneide ein bleiches Double des Toten sich selbst auf.

Ich hatte immer geglaubt, diesen ersten Schnitt, der die ganze Form des Körpers in einzelne Leichenteile verwandelt, nicht zu überleben.

Während der Vorstellung davon fühlte ich das Messer an meiner Haut und konnte das Auseinanderfallen nur vermeiden, indem ich die Vorstellung abbrach. In Wirklichkeit trenne ich mich ab. Ich habe nichts mit der Leiche zu tun. Ich bin nicht blind.

Beim Abtippen geht das eine wieder in das andre über und ich fühle die Schmerzen bis in die Leber und Milz.

Der Weiße und der Schwarze reißen an den Fettschichten, dramatisch, handwerklich, rembrandt'sch.

Der Gerichtsmediziner hebt ein Stück Fleisch hoch.

– Herzinfarkt, sagt er und zeigt mit der Messerspitze auf einen bläulichen Flecken.

In mir stirbt eine Metapher.

Das ist eine Metapher. Das heißt:

Das Herz eines Trouvère ist tatsächlich etwas, das der eifersüchtige Schloßherr von Roussillon rösten konnte und seiner Frau auftischen.

Nachdem sie gegessen hat, zeigt Ramón ihr den abgeschnittenen Kopf des nicht mehr singenden Geliebten und fragt, ob es gut geschmeckt habe. Sie antwortet, so gut, daß sie nie etwas andres mehr essen wolle; und wirft sich aus dem Fenster.

Ich erinnere nicht, ob die Lungen herausgenommen werden.

Die Därme entstürzen nicht, sondern quellen hoch.

Die Hoden schneidet der Gerichtsmediziner dem Blinden nicht wie einem Opferbock oder einem Lederfetischisten heraus – vielleicht aus Rücksicht auf Irma.

Da käme der Kavalier durch – mit der Gallenblase in der Hand.

Der Schwarze beginnt das Blut in vollkommenen Kurven aus dem Brustkorb zu schöpfen.

Der Gerichtsmediziner schneidet die Niere auf.

Er will sich an uns rächen, nehme ich an.

Der freundliche Schwarze skalpiert jetzt den toten Herrn Pozzi.

Mit einem Taschentuch bedeckt er das Leichengesicht und führt das Messer rund um den fast haarlosen Kopf und klappt die Kopfhaut über die Augenhöhlen bis zur Nase herunter.

Und wie man es bei einer großen Kasperlevorführung in Hagenbecks Tierpark erwartet, holt der milde Mann jetzt einen Fuchsschwanz aus der Laube meines Großvaters und sägt Herrn Pozzi den Schädel auf.

Ich gehe ab und setze mich neben Irma.

Wir hocken vereinzelt und wissen nicht, an welcher Schicht des anderen sich der Fuchsschwanz im Augenblick befindet.

Irma starrt durch die Tür auf die zuckenden Schienbeine des Toten. Teil um Teil fällt jedes Organ, das ich mir in Halbträumen einverleibt hatte zu dem rituellen Körper meines sinnlichen Bewußtseins, wieder ab und heraus. Auf diesem Tisch wird einen Monat später Lamarca seziert. Wie den Räuber Lampion hat ihn die Armee mit Hubschraubern und Panzern gejagt, und, nachdem sie ihn aufgespürt, Finger um Finger zerstört, das Glied, Zahn um Zahn, und da er für die Presse nicht mehr wieder zusammenzunähen war, mußte der Gerichtsmediziner ihn für den Armeefotografen obduzieren, damit die wissenschaftlichen Schnitte die Schnitte der durch Wissenschaftler angeleiteten Folterer überschnitten, weinend.

Nahe den Troglodyten liegt der Vierzehnjährige aufgebahrt, mit kultischen Schnitten, rechts und links am Brustkorb. Getötet durch Trepanieren des Schädels, durch Abtrennen des eben reifen Geschlechtsteils? Er wurde Ogum geopfert.

Als ich wieder eintrete, ist das Profil des Toten halbiert. Noch immer hat er seinen Skalp vor den Augen; aber darüber ist das Innere draußen – das Gehirn liegt frei.

Nicht mehr.

Irma will versuchen – nach den abschließenden Verrichtungen: Hirn herausnehmen, Schädel zuklappen, Skalp überbinden, der Beerdigungsunternehmer mit dem Sarg auf dem Kopf ist eingetreten, zunähen – sie will versuchen, Negative beim Fotohändler abzuholen.

Draußen kommt mir Luis entgegen.

'Langsam verliert es an Deutlichkeit.
Ich nehme Sezieren auseinander, Pavillons, Umrisse, den Krötenton.
Emilia sagt, während des großen Regens haben sich die toten Kinder auf dem Fliesenboden gehäuft und die Eltern einzelne in die Höhe gehalten und wiederzuerkennen versucht.'

Jäcki meint, er dürfe sich nicht entmutigen lassen.
Nicht durch Pedros Tod.
Nicht durch seinen Mißerfolg in Deutschland.
Jäcki konnte nur eine Art von Text schreiben.
Das mußte er weiter tun
Wenn die deutschen Kritiker meinten, es sei ein Irrweg, dann taugt er eben zu nichts anderem als zum Beschreiten eines Irrwegs.
Die Pubertät aber schien ihm mit der Zerstörung des schönen schwarzen Körpers zu beginnen.
So war es ja auch wirklich. Erst kamen die Terrorangriffe, die B.B.kellerschrumpfleichen und die Leichenhaufen in den Zeitungen und dann erst die schwellenden Ärsche von Harald Vogel, Jürgen Kühl, Eberhard Draheim.
Mit einer kargen Klage über das Vergehen, denn nur sie gab der Begier ihre verzweifelte Macht
Er überlegte, ob er nun ausgerechnet eine Autopsie an den Anfang des Buches stellen sollte.
Nach seinem großen Mißerfolg.
Das würde doch nur noch mehr Leser verjagen.
Dann konnte er es nicht ändern.

Warum ging Jäcki abermals zu Corello, in das häßliche Viertel, im Schatten des Hochhauses, wo Iara Iavelberg, die Geliebte von Lamarca sich umgebracht hatte?

War es die immer wieder auftretende Konstellation zu dicken, aufgeblähten Männern, Pozzi, Pithex, und nun Corello?

Ganz blöde, Jäcki hatte gesagt:

– Ich finde Corello interessant.

Der Boxer, der einen eitlen Flußgott inkarnierte.

Der Schwule, der den Leuten ins Gesicht sprang, Prügel verpaßte.

Der Professor, der sich im kleinbürgerlichen Bahia unter den spießigen Müttern der Heiligen mit den drallen Riesen seines Harems bewegte daß sogar die Taxifahrer ihn nicht wegen seiner Kalbsaugen erinnern sondern wegen seiner Veranlagung.

Corello kunkelte mit den Generälen und arbeitete Pläne zur Sanierung des Pelourinho aus

Auch da war Jäcki nicht seiner Meinung.

Jäcki fand, man sollte den Pelourinho nicht sanieren sondern ihn so wie er war als Ausstellung deklarieren.

Den Nutten, Strichjungen, Leichenzersägern, Mördern ein anständiges Honorar als Museumsangestellte zahlen – unter der Bedingung, daß sie alles, was sie bisher taten, weiter täten zu Nutzen und Frommen von Betrachtern, Studenten, Professoren.

In Corello da Cunha Murango meinte Jäcki die Ansätze einer schwulen Lebensart zu erkennen, etwas, das, wie Jäcki meinte, immer wieder, im Laufe der 5000 Jahre, da Romane, Funkfeatures, Interviews, Spiegelartikel, Talkshows gemacht werden, zerstört worden war.

Etwas Schöpferisches, Eigenes.

Nicht nur ein flatterndes Reagieren

Nicht nur der Karnaval eines Universums, das sie nicht akzeptierte und das sie nicht akzeptierten.

Corello sagte, mit einem zarten Gelächle, das Jäcki dem Schrank gar nicht zugetraut hätte:

– Das Geschlecht der afrikanischen Götter ist unbestimmt, wie das Geschlecht der Engel.

Und damit umriß er für Jäcki nicht nur eine Kulturgeschichte der Angst

von den Assyrern bis zu Jean Cocteau und Hans Henny Jahnn

sondern Corello stürzte quasi naiv, so sah es Jäcki, in eine Benn' sche, schleimhafte Anfangsambivalenz, er setzte einem androgynen Weltbild ein hermaphroditisches Weltbild entgegen.

Jäcki war sehr stolz, daß er auf Corello da Cunha Murangos diskrete Äußerung so einen komplizierten Gedankengang in seinem Villon Kino formuliert hatte

Er war sich nicht klar darüber, daß er damit die Stilschicht seiner Romane und seiner ethnologischen Disziplin verließ.

Corello tratschte:

– Kubitschek sei schwul gewesen.

– Der Schöpfer von Utopopolis war schwul, der Architekt.

– Alle waren schwul?

– Alle Forscher der afroamerikanischen Religionen waren schwul.

Er selbst, Corello, Pierri, und so weiter, alle.

– Und Roger Bastide.

Corello erzählte, wie Roger Bastide in einem Candomblé ein Stuhl angeboten wurde und der Forscher, ehe er sich setzte, mit der Hand über die Sitzfläche fuhr.

Eine kleine Geste.

Die genau beobachtet worden war

Und in die komische Geschichte der Erforschung der afroamerikanischen Kultur, in die Geschichte der Conquista der Neuen Welt durch die Sorbonne eingemeißelt.

Klatsch.

Klatsch, Klatsch.

Klatsch der Mischreligionen, Klatsch der Universitätsprofessoren, Klatsch der helleren Tunten

– Roger Bastide, sagte Corello: auf französisch: Il ne l'a pas mérité.

Roger Bastide hat es nicht verdient.
Der Beginn eines schwulen Stolzes.
Eines schwulen Understatements:
Wenn einer in seinem Harem einen sehr Dicken hatte, sagte Corello da Cunha Murango:
— Il exagère, auf französisch.
oder:
— Un homme de goût
— Er übertreibt
oder:
— Ein Mensch mit Geschmack.
Diesen Kodex fand Jäcki witzig.
Er hatte ihn bei niemandem anderen beobachten können.
Was waren die billigen Hotels des Papstes dagegen.
Pierris schmale, schnelle Abrechnungen
Aber Corello war auch eine Generation jünger als der Papst.

Schwule durften sich immer nur ausleben von einem Spritzen bis zum nächsten, repetierte Jäcki:
Riten entwickeln für die Dauer einer Stange an der Wand.
Des Verlaufes von Tripper
Und zum Ermordetwerden
Beziehungsweise auf dem Scheiterhaufen
Aber auch da werden sie ja erwürgt, ehe sie zu lange zappelten.
In Corello sah Jäcki Ansätze zu so etwas wie einem schwulen gesellschaftlichen Gehabe
Nicht wegdrängen, aufdrängen.
Und außerdem war er zum Richter der Familia Bahiana bestellt?
Jäcki fühlte sich als Ethnologe der afroamerikanischen Forscher
Corello da Cunha Murango war für ihn eine Joya de Ipiranga, dessen Bibliothek, Wutanfälle und Harem er studierte
wie Ketten, Trancen und Kulthelfer.
Alles störte ihn an diesem Hochhausviertel.
Der Beton
Die fürchterlichen Verschwörungen

Das schmutzige Treppenhaus
Zu Corello hoch, das Licht ging wieder nicht
Gleich würde er in das geschmacklos mager eingerichtete
Wohnzimmer gesetzt werden, dem aggressiven synkretistischen
schwulen Frosch gegenüber.
Jäcki klingelte.
Nichts
Jäcki klingelte.
Jäcki wußte, daß Corello um diese Zeit zu Hause war
Jäcki klingelte.
Jäcki meinte ein Seufzen drinnen zu hören.
Corello machte nicht auf.
Jäcki klingelte nicht noch einmal
Er ging die Treppe hinunter.
Ihm kam eine Idee.
Er ging an das Fenster des Treppenhauses
Und sah im Dunkeln schräg zu Corellos Balkon hoch.
Da ragte etwas hervor
Wie ein Plättbrett.
Ein Wasserspeier von Nôtre-Dame.
Ein adlerförmiger Dämon
Jäckis Augen gewöhnten sich an die Dunkelheit.
Da oben lehnte Corello und starrte über den Wohnblock.
Conrad Ferdinand Meyer hat einen König so beschrieben, der
einen Blutbefehl zurücknehmen möchte.
Corello bewegte die Kiefer.
Er mümmelte tonlos etwas in die Nacht hinaus.
Warum hatte er nicht aufgemacht.
Was spann Corello da oben über Bahia de Todos os Santos hin
Was waren Corellos Ängste in seinem Zimmer?

Die Mannschaftswagen der Militärpolizei fahren durch die Stadt.
Auf den Bänken jeweils etwa 50 Polizisten in frisch gebügelten
Uniformen mit Maschinenpistolen.
Sie besetzen das Gerichtsmedizinische Institut »Nina Rodrigues«.
Militärpolizisten gucken aus jedem Fenster.
Militärpolizisten versperren die Treppe, wo sonst die weinenden
Hinterbliebenen stehen.
Haben die Leichen in den Kühlschränken die Revolte begon-
nen?
Haben die Leichenwäscher revoltiert?
Oder sind Leichen eingeliefert worden, deren Zustand nicht be-
kannt werden darf.

Sonnabend, den 18. September:
A Tarde:
Lamarca stirbt im Staate Bahia.
Die Geliebte des Exhauptmanns Iara Iavelberg beging in einer
Wohnung in Pituba Selbstmord, als die Polizei vor einem Monat
das Haus stürmte. Ihre Leiche blieb mehrere Tage in der Mor-
gue – »Nina Rodrigues« –, da man hoffte, daß ihr Liebhaber,
der Terrorist Lamarca, versuchen würde, ihrer habhaft zu wer-
den.
Der Terroristenchef Lamarca wurde gestern niedergemacht.

Hunderte werden verhaftet, gefoltert.
Nach ihren Aussagen werden weitere Hunderte verhaftet, gefol-
tert. Es ist gleichgültig, ob sie zum Widerstand gehören oder
nicht. Kinder, Schüler, Studenten, Lehrer, Bauern, Arbeiter.
Es wird täglich in mehreren Kasernen gefoltert.
Die Instrumente werden täglich von einer Kaserne zur anderen
transportiert.
Soldaten und Polizisten werden im Foltern ausgebildet.

Im Gerichtsmedizinischen Institut sagt uns João:
– Wir arbeiten Tag und Nacht!

Es ist ein harter Beruf. Ich kann sie nicht fotografieren lassen.
Ein Fotograf, der die Leiche Lamarcas fotografiert hat, sitzt im
Gefängnis. Die Armee hat 300 Fotografien von Lamarcas Lei-
che hergestellt und an die Presse verteilt.
João holt den Totenschein von Lamarca.
Es sind blutige Fingerabdrücke darauf.
João weint. Er liest den Totenschein noch einmal laut vor.

Jäcki schnitt nicht mehr aus.
Jäcki legte Zeitung um Zeitung weg.
Und der Hubschrauber kreiste.
Das war das Geräusch des neuen Krieges.
Es war nicht mehr das Pfeifen der Bomben.
Das hohe Sirren des Aufklärungsflugzeuges
Das Zerplatzen der Flak
Der Luftmine.
Es war das Knattern des langsam kreisenden Hubschraubers
Der sich senken würde wie eine Todeshermes
Hubschrauber so groß wie Schiffe.
Ganze Dörfer ausradieren mit Hubschraubern.
Das Geräusch der Polizeiverfolgung.

32

Hansen-Bahia, der ranschmeißerische Holzschneider, der rosane, der allen Leuten seine Puffbesuche aufdrängte, der ein kleines Zauberhaus in einem Kokoswald von Bahia errichtet hatte mit Heiligenfiguren und Affenteppichen, von Haile Selassie, nur vom Erlesenen, saß besoffen in einem Restaurant in Piatã am Meer

Er spielte mit den Schalen von Seekrebsen, Siri Molé in afrikanischem Öl und grölte auf Jäcki ein.

Sein Gesicht hatte sich durch das Alter, durch das fette Essen, durch die Batidas zersetzt.

Zwischen den einzelnen Partien kippten Gefühlsbrocken hervor

Erinnerungsschütt

Wieder die Königin von England

Wieder Philip von Mountbatten.

– Ich sage: Mein Herz ist in England

– Und da antwortet der doch glatt: And where do you sell?

Wieder:

– Ich bin Brasilianer.

– Ich habe Interesse, daß positiv über mein Land berichtet wird.

– Sonst könnte ich natürlich Unannehmlichkeiten haben.

– Pierri ist übrigens von der anderen Fakultät.

Jäcki haßt die gepflegten Ausdrücke am meisten.

Er findet, es stünde Hansen besser an zu sagen:

– Die schwule Sau.

– Auch einer, den Hitler besser vergast hätte.

Hansen sagt:

– Ich hasse Deutschland.

– Auch das noch.

Und nun zum vierten Mal die Geschichte, wie er verhindert hat, daß die Politische Polizei jemanden verhaftet hat.

– Ich habe das E. K. Eins.

Wieder die Rechtfertigungen, daß er seinen Sohn rausgeschmissen hat.

– Als er »Alter« zu mir sagte, habe ich ihm rechts und links eine runtergehauen
– Da hat er gekratzt, wie eine Frau.
– Und mich in die Hand gebissen.
– Und Sie haben ihm keine mehr runtergehauen.
– Nein?
– Sehn Sie.
– Jetzt kommt die larmoyante Phase
Mit den roten fettigen Fingern ins Haar.
Tränen und Batida.
– Ich bin ein Versager.
– Natürlich, nach 10 Batidas ist jeder ein Versager.
– Ich gehöre nirgends hin – nicht nach Blankenese und nicht zur Familia Bahiana.
– Aber das stimmt doch gar nicht.
– Von der Höh verkauft Ihre Holzschnitte.
– Und der Gouverneur von Bahia lädt Sie zu seinen Cocktails
– Reden Sie kein dummes Zeug.
– Was wissen Sie.
– Hat man dafür gelebt, daß man von von der Höh gehandelt wird und vom Gouverneur von Bahia einen Bourbon ausgegeben kriegt.
Unsere Generation ist doch mal aufgebrochen Jugend, Menschheitsdämmerung, afrikanische Kunst, gegen die Ausbeutung.
– Den Frühtau zu bergen, wir gehn trallalla
– Ich bin ein Versager
Wieder.
– Versager in der Schule.
– Prügelknabe.
– Deshalb wollte ich mich in der HJ profilieren.
– Elternhaus SPD
– Eisverkäufer in Rom
– Dann Marine.
– Da habe ich es auch zu nichts gebracht.
– Maul verbrannt
– Strafversetzung.
– Wissen Sie was ich gemacht habe nach dem Terrorangriff

– Ich mußte mit den KZlern für Dr. Graefe die Leichen aus den Luftschutzkellern kratzen.
– Die B. B.kellerschrumpfleiche.
– Den Ausdruck haben Sie noch nie gehört.
– Doch. Ich hab das Buch von Graefe gelesen
– Die Obduktionsbefunde.
– Ich habe es in meinem letzten Buch beschrieben.
– Aber ich habe es gemacht.
– Ja, ja, ich verstehe. Der Intellektuelle und der Handarbeiter
Wissen Sie ich hab da unten gesessen, als die Minen runterfielen
und 1944, die Bombenteppiche.
Um ein Haar und sie hätten mich, Hansen-Bahia – als
B. B.kellerschrumpfleiche da auch raus gekratzt.
– Ich weiß wovon Sie reden.
– Was Sie nicht wissen: Die KZler waren froh über die Arbeit.
Denn sie kriegten Schnaps. Daß sie bei dem Geruch nicht um-
kippten
– Ich kam in die Klappsmühle.
Eine Krankenschwester rückte mir den Kopf zurecht
Und ließ mich Linolschnitte machen
– Ach so.
– Frau Dr. Froboes schrieb an Himmler, daß man mich aus den
B. B.kellerschrumpfleichen herausholen sollte.
– Daraufhin wurde ich an die Ostfront versetzt.
– Später kam Hitler auf die Idee des Begabtenschutzes.
– Ich genoß dann Begabtenschutz.
– Was hieß das.
Aber Hansen hört Jäckis Frage nicht mehr.
Wieder Greinen.
Mit den vom afrikanischen Öl roten Händen fährt er sich durchs
Haar.

33

Corello da Cunha Murango, der Professor an der UFBA, der Universidade Federal da Bahia hatte Jäcki in seiner Wut das letzte Buch des Directeur de Recherches beim CNRS aufgedrängt, die Abhandlung des Papstes über den Sklavenhandel.

Es war ein dickes Buch, mit einem langen Titel.

Flux et Reflux de la Traite des Nègres entre le Golfe de Benin et Bahia de Todos os Santos.

Der Papst liebte lange Titel:

Notes sur le Culte des Orisa et Vodun.

Bahia de Todos os Santos.

Bahia de Todas as Santas.

Sogar seine Aufsätze hatten lange Titel

Wäre der Kult der Götter von Abomey durch die Mutter des Königs Ghezo nach Saint Louis de Maranhon gebracht worden?

In diesem Fall war der Titel länger als der Aufsatz.

Jäcki dachte:

Wahrscheinlich intriguiert Corello da Cunha Murango deshalb so viel weil er keine langen Titel hinkriegt.

Os Obás de Xangó.

Da stimmte jedes Komma, jeder Akzent.

Das war keine Kunst.

Für

Detlefs Imitationen. Grünspan.

brauchte man schon mehr Mut.

Es war ja auch prompt schiefgegangen.

Für

Flux et Reflux de la Traite des Nègres entre le Golfe de Benin et Bahia de Todos os Santos

mußte man sich schon ganz schön sicher vorkommen.

Ganz schöne Muskeln haben

Und

Le Culte des Voudun d'Abomey aurait-il-été apporté à Saint Louis de Maranhon par la mère du roi Ghézo?

Das war dann die reine Hybris.

Der dürre Mann im Batiktuch und mit seinem Schlottertanz.

– Der es sich leistet auf Sarte und seine Einleitung zu Die Verdammten dieser Erde herunterzusehen.

– Der die Lepra lobt.

– Er läßt die schönen schwarzen Männer nur noch in einer kleinlichen, kleinmütigen Sklaverei an sich heran.

Es war eine trockene Lektüre

Mehr Apparat als Fleisch.

Jäcki kaute auch den Apparat durch.

Der Papst war in die Archive der Stadt hinuntergestiegen.

Wo die alten Revolutionäre, die alten Folterknechte getrocknet und gebündelt lagen, zwischen Zeitungspapier wie die Pflanzen eines Herbariums.

Druckerschwärze, Lettern, Amulette.

Die Aufsässigen Mohammedaner kannten ein Alphabet, das sie als Amulette trugen.

Für die Analphabeten waren es Laute, Kringel, Zeichen und Töne der Götter, für die Alphabetisierten Revolution, Veränderung, Kassiber, die konnte man schreiben, durchstecken, lesen, wie Maria Katendé, die von Buchstaben fasziniert war, ihm das Rezept des Kräutergiftes zur Einweihung durchsteckte, Jäcki schrieb es auf Millimeterpapier und sie las ihre eigenen Laute erstaunt mit bewegten Lippen, welche die Buchstaben in der Luft abbildeten.

Die Candomblés hatten keine Bücher

Was wußte Jäcki davon?

– Aber die Bücher sind nicht das Agnus Dei

– Wie bei den mohammedanischen Revolutionären

– Sie konnten schreiben.

– Das war der Fortschritt, der Umbruch, die Säkularisation, Jäkkis Kräuterlisten! Serpentina und Vomitoria.

Das Buch des Papstes war scheußlich umbrochen.

Die Anmerkung zu einer Seite schlängelte sich unten oft über drei weitere Seiten hin.

Aus Gründen des Umfangs des Platzes waren ganze Kapitel in den Anhang verbannt.

Jäcki fand:

Pacifico Licutan.. fut condamné pour »être un des plus grands et distingués d'entre eux« à recevoir 1000 coups de fouet, en un lieu à indiquer plus tard, et qui, sans être dans les rues soit cependant un lieu public.

Jozé Congo, comme il était esclave de Gaspar et, donc, supposé au courant de la conspiration, fut condamné à 600 coups de fouet.

..

Les rapports de police montrent que cette peine du fouet était infligée aux endroits suivants: Campo da Polvara, Campo Grande et Agua de Meninos; la peine était donnée à raison de 50 coups par jour, ce qui nécessitait le déplacement, pendant une demi-journée, d'un greffier et de quatre fonctionnaires de la police, dont les émoluments étaient réglés par les propriétaires des esclaves.

Ces coups de fouet étaient donnés en conformité de l'article 60 du Code pénal, tous les jours ouvrables où le condamné pouvait les supporter, et n'étaient normalement suspendus que si sa vie était en danger.

Dans les papiers dressés par les greffiers de service, on peut constater que Lino, esclave de José Soares de Castro, ou de la sœur Feliciana de Jesus, condamné à 800 coups de fouet, les reçut par 50 à la fois, les 10, 11, 12, 15, 16, 17 février; 3, 4, 5, 6, 10, 11, 12, 13, 14, 16 mars.

Pacifico Licutan, esclave du chirurgien Antonio Pereira de Mesquita Varela, reçut ses 1000 coups de fouet les 10, 11, 13, 14, avril, 8, 9, 11, 13, 18, 19, 20, 21, 22, 23, 30 mai, 5, 6, 10, 11, 12 juin.

José, esclave de la veuve Maria de Souza, reçut ses 1000 coups de fouet les mêmes jours.

José, esclave de Gex Decorsted, reçut les 800 auxquels il était condamné les mêmes jours, mais termina le 5 juin.

Sabino, esclave de Bernardo V. Ramos, moins résistant, reçut ses 600 coups de fouet les 10, 11, 13 avril, 19, 20, 21, 22, 23, 30 mai, 5, 6 et 10 juin.

Agostinho, esclave du couvent de la Merced, reçut 500 coups de fouet les mêmes jours que Pacifico, terminant sa peine le 19 mai.

Francisco, esclave au même couvent, n'ayant pu recevoir les siens les 13 et 18, ne termina que le 19 mai.

Luis, esclave de Bernardo Monteiro, qui était le moins résistant du lot, vit suspendre l'exécution de sa peine après le 11 mai, et termina de recevoir ses 500 coups de fouet les 15, 16, 17, 19, 20, 22 juin seulement.

L'interruption des coups de fouet entre le 14 avril et le 8 mai est justifiée par une note au juge municipal Vicente d'Almeida Caetano Junior le 2 mai, où on lui fait savoir que »le médecin ayant examiné l'état des condamnés, estime que seulement deux d'entre eux, prénommés José l'un et l'autre, esclaves respectifs de José Marinho et de Falcão, sont en état de pouvoir continuer à subir leur sentence, tous les autres sont dans l'impossibilité de la supporter, en raison de grandes plaies ouvertes qu'ils ont aux fesses«.

Le 18 septembre 1835, une note du médecin Prudencio José de Souza Britto Cotegipe certifiait au même juge que »les nègres africains condamnés au fouet: Carlos, Belchior, Cornelio, Joaquin, Thomaz, Lino, Luiz, qui sont à la prison de la Relation, sont dans un état tel que s'ils continuent actuellement à subir lesdits coups de fouet, ils pourraient peut-être en mourir«.

Ce fut le cas d'un certain Narciso, Nago, esclave de José Moreira da Silva Macieira, dit José Bixiga, qui fut pris les armes à la main à Agua de Meninos et condamné à 1200 coups de fouet, qui ne résista pas au traitement infligé. Hospitalisé à la »Santa Casa da Misericordia«, le 29 janvier 1836, il y trépassa le 27 mai 1836.

1836

Platen reist in Italien.

Auch das war Pierre.

Der große Pierri

Der unerreichbare

Der den Wunden der Afrikaner nachspürt im Staub der Archive.

Unbeirrbar.

– Was hieß für ihn Proust?
– Was Racine?
– Das war Tacitus!
– Eine solche Passage habe ich nie geschrieben dachte Jäcki ohne Neid.
– Das Leid gelang ihm.
– Die Vernichtung der Körper.
– Die Fremde zerrann ihm in Zettel.

34

Da kommen wieder die Kübelwagen der Polizei.
Auf der Pritsche längs, in der Fahrtrichtung Bänke und grau-
blau gekleidete Polizisten mit Sturzhelmen in einer Reihe 50
oder so.
Jäcki hat sie nicht gezählt.
Geile Kerle.
Enganliegender Stoff
Und die dicken Knüppel
Gelbe, frisch mit Bohnerwachs gewienerte Holzknüppel
halten am Terreiro de Jesus.
Nicht weit von den vielen Kirchen mit dem klumpenden Gold
zackig runter, ausstrahlen
Die Cangaceiros verpissen sich
Die Fliegenden Händler mit Kämmen Unterhosen Stoßband
fliehen.
Die Soldaten pfeifen sich den Weg mit Trillerpfeifen frei
Eine Frau in Lumpen suchen sie sich raus
Treten auf sie ein
Ein Knäuel aus Uniformen und blitzenden Holzknüppeln
Gandhi Gandhi Gandhi
Als Jäcki da ist, haben sie die Blutüberströmte schon in den Kü-
belwagen geladen.
Jäcki rennt wie ein Affe hinter dem Wagen her
Er weiß, daß er ihn nicht einholen wird
Er rennt hinter dem langsam fahrenden Kübelwagen her
Und die Soldaten lachen auf ihn runter
Und fassen sich an den Schwanz
Und Jäcki rennt immer noch.
Durch die Busse durch.
In Richtung Aufzug
Elevador Lacerda.
Da bremst der Wagen auch schon.
Vor dem Polizeikommissariat halten sie an und werfen das blu-
tige Bündel runter. Sie schleifen die blutende Frau übers Pfla-
ster

Ziehen die Frau da rein, wo immer die Liste mit den Candom-
bléveranstaltungen für die Touristen angeschlagen ist.
Hunderte stehen rum. Die gucken alle zu. Wie im Cine Pax.
Jetzt hat Jäcki die Soldaten zu fassen.
Er faßt sie nicht an.
Er hat sie eingeholt
Und in seinem schrillen Tuntenmut pöbelt er auf sie ein
Sagt was er zu sagen hat
Was alle sagen möchten
Was jeder sagen würde
Sie lassen die Frau los
Die Soldaten lachen nicht mehr und machen die Münder auf.
Die blutige Frau wartet noch ein bißchen
Dann schleicht sie sich an Jäckis Gekreische längs
bei der Candombléliste vorbei ins Helle, ins Freie.
Die Soldaten sagen noch was Drohendes
Dann drehen sie sich weg und gehen in ihr Büro
Jäcki kommt wieder zu sich
Ein älterer Mann in kurzer weißer Hose über feist strampelnden
Beinen, faßt ihn an der Schulter und schiebt ihn weg aus dem
Kommissariat, bei den Bussen durch, über den Terreiro de Jesus,
runter zum Pelourinho.
— Was machen Sie denn bloß, sagt der Mann zu Jäcki.
— War das eine Verwandte von Ihnen.
— Nein, sagt Jäcki.
— Ja, kennen Sie denn den Gouverneur gut.
— Nein
— Können Sie wenigstens Jiu-Jitsu
— Nein.
— Ja, haben Sie denn keine Angst
— Doch.
— Ich bin non violent müssen Sie wissen.
— Was ist das?
— Gandhi.
Der Mann versteht nicht.
— Ich kann gar nichts machen.
— Ich kann mich bloß anfassen lassen, sagt Jäcki.

– So ein bißchen aufplustern kann ich mich.
– Aufplustern kann ich mich wenigstens.
– Schlagen werde ich nie.
– Wir sollten uns alle mehr aufplustern!
Da läßt der Mann ihn schnell stehen.

35

Jäcki sagte sich:

Warum muß ich mich eigentlich diesem Tuntengetue unterwerfen.

Afroamerikanische Geheimniskrämerei hoch hochbürgerliches französisches Understatement.

Ich bin ordinär.

Ich bin das Lokstedter Kellerkind.

Ein Jahr über war ich mit dem Papst zusammen und nun sage ich Aufwiedersehen, wie es sich gehört.

Neben der Zubereitung des Zaubertrankes hatte Jäcki bei Professora Norma versucht alle Riten der Einweihung herauszukriegen

Wann die Opfer für Exú stattfanden.

Also jeden Morgen früh das Bad mit dem Einweihungstrank.

Und trinken?

Ja, trinken, auch.

Wieviel?

Ein halbes Glas voll.

Jeden Tag?

Ja, jeden Tag.

Also 21 Tage lang.

Ja 21 Tage lang

Und dann

Dann kommt der Ritus des Bewußtseins

Pois a obrigação da consciência.

Es würde in einem Roman verdammt schwer sein, alle die technischen Ausdrücke über die Runden zu kriegen.

Im ethnologischen Essai konnte man Anführungsstriche setzen:

»Obrigação da Consciência«

Übersetzen konnte man es nicht.

Obrigação hieß Obligation, Verpflichtung, Bedankung

Und einen poetischen Ausdruck finden, der alles das

Ausdrückte.

Zeremonie des Bewußtseins.

Ritus des Bewußtseins.

Was ist denn das, fragte Jäcki Professora Norma.

Das Bewußtsein wird zerbrochen

Se quebra a consciência

Die Bahianer mit ihrem Portugiesisch können einem konszient sagen.

Bewußtsein.

Ein Wort, das bei einer Lesung der Gruppe 47 oder im Literarischen Colloquium kaum durchgegangen wäre

Es fiel so ganz aus der bundesdeutschen literarischen Stilschicht.

Und als Jäcki begriffen hatte, was Professora Norma da sagte

Hatte sie auch begriffen.

Ließ nichts weiter raus.

Murmelte noch was von Stroh der Küste, also der afrikanischen Küste.

Von Eiern.

Und weißem Porzellan.

Ein paar Blätter die Jäcki nicht so schnell mitkriegte. Sie vernebelte ihre Spuren wie ein Tintenfisch.

Jäcki brachte dem Papst zum Abschied das Zerbrechen des Bewußtseins mit

Der Papst hüllte sich in eine Wolke von Freundlichkeit.

Da war nicht mehr durchzukommen.

Traurigkeit den Papst Pierri zu verlassen empfand Jäcki nicht.

Es fing so an, als sollte es ein interessanter Roman zwischen ihnen beiden werden.

Ein vegetarischer übrigens zwischen dem jüngeren und dem älteren Schwulen.

Ein Kräuterroman

Und dann verschloß sich der schlenkernde bikontinentale Greis plötzlich wie eine Seeanemone.

Jäcki wäre so gerne traurig gewesen den Papst Pierri zu verlassen.

Jäcki betrauerte Pedro den Blätterschüttler

Von allen den Strichjungen nahm Jäcki voller Trauer Abschied, das war das Wichtigste gewesen, die wundervollen Glieder und die schwarzscheinenden Monde.

Vom schielenden Absteigenwirt verabschiedete sich Jäcki traurig.

Vom Besitzer des halbfertigen Hauses,
Von der Hilfe, welche die schwarzen Kauris geklaut hatte
Von Professora Norma traurig
Sie guckte schief nach unten.

Sie hatte ein schlechtes Gewissen, weil sie ihn mit dem Blutbad übers Ohr gehauen hatte.

Jäcki mußte trotz Abschiedsmusik lachen.

Norma wußte nicht, daß Nanã Jäcki und Irma geholfen hatte
Das Blutbad war längst im Kasten.

Und Norma konnte nicht ahnen, wie wichtig Jäcki ihr einziger Satz war
Se quebra a consciência.

Durch die hüpfende Freundlichkeit des Papstes war nicht durchzukommen.

Da war er wieder ganz Louis Quatorze hoch Obá von Benin.

Sie zerbrechen das Bewußtsein, sagte Jäcki.

– Ach, wirklich.

– Haben Sie das schon mal gehört?

– Nein. Nie.

– Hat das Zweck da weiter zu forschen?

– Warum nicht.

– Nächstes Mal also.

– Wir fahren.

– Schon?

– Adieu.

– Adieu.

– Obrigação da Consciência ça sonne intéressant.

Sagte der Papst noch, als er Jäcki immerhin zur Lattenpforte brachte.

– Nächstes Mal, dachte Jäcki

– Also nie.

– Ich werde nie das Geld haben, um weiterzuforschen.

– Ich werde nie wieder nach Brasilien kommen.

Er sah Pierri nach, der mit französischer Nonchalance in sein leeres Haus zurückwankte.

Nun wurde Jäcki doch ganz melancholisch

– Es müssen ja nicht heftige Beziehungen sein, an denen man seine heftigen Empfindungen anbringt.

Die verzogenen Schultern des Greises, das Batiktuch, die schrägen Waden, mit denen er die Art-Deco-Treppen des Musée de l'Homme hochstieg und seine Xango-Tänzchen drehte.

– Ich werde den Papst Pierri nie wieder sehen.

36.

Der Höhepunkt kam etwas hastig
Nach weiteren zwei drei Säcken Beton für Marias weißen Tempel hatte Jäcki das Einweihungsgetränk für den Gott Xango, von ein paar dunklen Punkten abgesehen, zusammen.
Es brodelte in einer kultischen, ungeweihten Kruke
verströmte einen Duft nach Tante Hildes Kleiderschrank
und warf Schaum wie Bier
Kurz bevor er Bahia de Todos os Santos verließ überwand sich Jäcki und ging in die botanische Abteilung der Universität von Bahia UFBA
Vielleicht würden sie ihm bei der Bestimmung der 17 Pflanzen des Gottes Xango behilflich sein können
Botaniker sind freundlicher als andre Wissenschaftler.
Der Umgang mit Pflanzen läßt sie die Menschen lieben.
Sie waren gerne bereit, die 21 Doppelblätter des Jornal da Bahia und des Estado de São Paulo entgegenzunehmen zwischen denen Jäckis Präparate der Heiligen Blätter getrocknet und gepreßt lagen.
— Wenn wir Ihnen auch nicht viel Hoffnung machen können
— Die Priester kennen mehr Pflanzen als wir
— Ein Drittel der Flora von Brasilien, ein Drittel der Flora von Bahia de Todos os Santos ist überhaupt erst erforscht und herbarisiert.
— Aber wir tun was wir können.
Jäcki verabschiedete sich.
— Übrigens Heilige Pflanzen.
— Wissen Sie, daß wir das Herbarium eines französischen Forschers hier haben
— Nein.
— Wir nennen ihn scherzhaft den Papst.
— Ich kenn ihn.
— Kommen Sie mit. Ich zeigs Ihnen.
— Ich weiß nicht, wir sind etwas kühl miteinander, ich möchte nicht in die Geheimnisse des Papstes ohne seine Erlaubnis eindringen.
— Papperlapapp!

– Er hat sein Herbarium hier an der Universität abgeliefert, damit es den Forschern und den Studierenden zur Verfügung steht.
– Wir sind kein Tempel sondern eine Lehranstalt.
– Sie sind ein Forscher.
– Hier ist das Herbarium.
– Bedienen Sie sich.

Die UFBA hatte die alten Zeitungen des Papstes durch riesige flauschige Löschblätter ersetzt, in denen die zerbröckelnden Leichen der Kräuter lagen.
Der Papst hatte sie mit Klebepapier und Tesafilm festgeklebt und an den Rand in einer Mädchenschrift aus der französischen Provinz die Namen notiert, die Namen aus Bahia de Todos os Santos, von der Küste der Neuen Welt und die Formeln der afrikanischen Küste – mit Akzenten, falschen wie Corello da Cunha Murango lästerte.
Mit einer Art Ehrfurcht blätterte Jäcki die Löschblätter um.
Plötzlich kam ihm das komisch vor
Er blätterte schneller
Die getrockneten Samenstände begannen zu rieseln, die Blüten stäubten.
Jäcki kannte die 50, 100 Einweihungskräuter, die hier gebündelt lagen, er kannte die wissenschaftlichen Bezeichnungen die er für die Seinen und für sein Einweihungsgetränk nicht zusammen hatte.
Auch die afrikanischen Buchstabengruppen, die Akzente kamen ihm bekannt vor.
Der Papst hatte sie ihm nicht gesagt.
Jäcki selbst hatte nicht in Afrika herbarisiert und Akzente gesetzt.
Im Traum waren sie ihm auch nicht gekommen.
Corello.
Corello da Cunha Murango wieder.
Es waren Corellos Pflanzen Namen, Formeln, Akzente.
Aber warum hatte Corello, der Professor der UFBA sie nicht als Herbarium hier deponiert?

Es waren die Pflanzen des Papstes.

Corello hatte sie abgeschrieben.

Und sie Jäcki mitgeteilt als eigene Blätter Formeln Akzente ausgegeben, um Jäcki zu imponieren.

Nein.

Es war anders.

Jäcki ahnte, was der Papst beim ersten Besuch angedeutet hatte, wohl ohne zu wissen, was er sagte.

Die Wörter konnten die Wirksamkeit der Pflanzen verändern.

Nicht die Pflanzen waren das Einweihungsgetränk.

Es waren die Wörter

Das würde Jäcki in seinem Roman schreiben.

Die Wörter waren das Gift.

Die Wörter waren das Zerbrechen des Bewußtseins

Corello da Cunha Murango hatte die Namen benützt,

um Jäcki und den Papst auseinanderzuintriguieren

Und das war ihm gelungen.

Mit Blättern hatte er die Blätter zum Schweigen gebracht.

Der Roman war durch den Roman zerbrochen.

Jäcki hatte keine Lust im Kinokämmerlein seiner Gedanken wieder auf Corello da Cunha Murango einzubrüllen.

— Was hast du getan?

— In deiner schwulen Intriguensucht? Kommst mit deinen idiotischen Feigenblättern

— Hast Blätter abgeschrieben vom Herbarium des Papstes in der UFBA und sie als die Deinen ausgegeben

— Und redest auch noch schlecht über den Papst und verbreitest, seine Akzente stimmten nicht.

— Und gibst mir seine Blätter auf Zetteln um uns auseinanderzubringen.

— Das wäre ja noch gar nicht so schlimm, denn wer krähte schon danach ob Jäcki und der Papst Pierri nicht mehr on speaking termes sind.

— Aber mich meiner Hauptperson zu entfremden

— Meinen Roman zu gefährden.

Jäcki hatte keine Lust zu Corello zu rasen und ihm Vorwürfe zu machen.

Der Möbeltransporter mußte bestellt werden.

Er hatte überhaupt keine Lust mehr zu all der Ungenauigkeit des Romans.

Einweihungsgetränk, das war ein Romanwort.

Schon Abó war zu viel, das war wie Gauguin oder Senghor.

Selten ging schon so etwas, als Muskatnuß in Püree

Aber welche Pflanzen.

Wofür man sich monatelang auf den Kopf stellte

Da gähnte Marcel Reich-Ranicki nur.

Ein simples Buch hieß es dann.

Akzente.

Betonungen.

Ein gelebtes Ethnologenleben

Ein gelebtes schwules Ethnologenleben –

Zwei gar?

Die Leser interessierten nur Ungenauigkeiten.

Jäcki kotzte es an, daß bei Blätterbeschreibungen in Romanen der Kenner nie etwas lernen konnte – wo er schon in den Kompendien der Sorbonne nur falsche Namen und falsche Bestimmungen erfuhr.

Jäcki sehnte sich nach der präzisen Zerstörung des Bewußtseins in seiner Analyse

– Analyse heißt Auflösung.

Roman ist Schöpfung

Man tut so als sei man Gott.

Allwissend, trotz der Diskussionen der Erzählerposition in der Gruppe 47. Quatsch. Getue.

Forschung ist Zweifel

– Den Begriff des Europäischen Wissens, wollte er schreiben

Und er unterschlug sich daß Wissen als Macht deklariert worden war.

Er wußte, auch er trat als Conquistador auf mit seinem Begriff des Europäischen Bewußtseins

Aber eines hatte er geschafft, wandt Jäcki gegen sich selber ein: Verraten hatte er nicht.

Den doppelten Verrat hatte er nicht begangen

Sich bei Maria oder beim toten Pedro halbwach in dem schrecklichen Häuschen geschüttelt, geschoren mit Karteikarte in der Hand geritzt und im Blut gebadet mit Kugelschreiber

Er war nicht aufgetreten bei der UFBA und im Musée de l'Homme, als der Eingeweihte, der Weithergereiste vor dem die Galeriebesitzer zitterten und der Trancen im »Select« am Montparnasse mimte.

Was er hatte, hatte er bewußt.

Und es stand allen zur Verfügung.

Darin war er sich mit dem freundlichen Botaniker in der UFBA einig

Er würde in seinem Essai die Materialien genau angeben, die er erfahren hatte.

Die Dinge Rilkes, dachte Jäcki.

Er trank das Einweihungsgetränk für den Gott Xango

Und er bot auch Irma davon an.

– Wir trinken den Abó.

– Schreibt Jäcki in ein dünnes Heft ohne Linien, in der ausgeruhten Schrift, zu der er nach einigen Monaten fern von Hamburg fähig ist – in das Tagebuch, das er sich wegen des Aufsatzes im Spiegel angewöhnt hat.

– Wir trinken den Abó von Maria Katendé für Oxalá.

Jäcki macht einen Fehler.

Aber das macht nichts.

Der Fahrer des Möbelwagens, der die Antiquitäten zur Spedition bringt, will mit Jäcki durchaus einen Umweg in den Busch machen.

– Bei mir eine dämpfende Wirkung im Lauf der ersten Stunde.

– Nach zwei Stunden leichte Störung der Konzentrationsfähigkeit

– Linien auf einer Karte kann ich nur schlecht verfolgen.

– In der Nacht darauf starke Kopfschmerzen.

– Am Morgen mehr als üblich Gedächtnisstörungen

– Verwechseln von Namen etc.

– Am Tag nach dem Trinken immer wieder das Gefühl ich sei noch in Bahia.

Jäckis Schrift verändert sich.

Es ist die Hamburger Schrift.
Flüchtig
Durcheinandergeratene Richtungen
– Irma, nach 2 Finger hoch Wasserglas Abó.
– Und Bad.
– Die ersten zwei Stunden keine Reaktion.
– Starke einseitige Kopfschmerzen dann.
– Als würde der Kopf durchgeschnitten.
– Dann Druck auf die Tränendrüsen.
– Technische Lust zu weinen.
– Etwa sechs Stunden danach Verwechseln von Bewegungen.
– Irma will sich die Nase kratzen
– Sie berührt ihre Stirn.
– Acht Stunden danach starke Kälteempfindung.
– Mir auch kalt.
– Fast Schüttelfrost.
– Noch den nächsten Tag Kopfschmerzen und Benommen-
heit.
– Am nächsten Morgen krampfartiges Gefühl im Innern des
Schädels hinten.
– Ich sage zu Irma:
Wenn man sich vorstellt, daß die Mädchen jeden Tag ein Glas
davon trinken, jeden Tag damit gebadet werden und die Dinge
durch die Poren aufsaugen, 21 Tage lang oder gar 90 Tage
lang.
– Es ist unglaublich, was sich in den Kinos tut.
– Im Marrocos blasen sich die Männer gegenseitig im Par-
kett.
– Im zweiten Stock des Kinos, wo früher der Ball der Puppen
und Gedörrten stattfand wird auf den Klos gefickt. Die Türen
klappern
– Im Iris mit den vielen Eisentreppen in allen drei Rängen
– Irma 38,2 gestern.
– Heute 35,8
– Ich Kälteempfindungen auch nachts.
– Lange Träume.

Haben die Tagebuchaufzeichnungen Jäckis die Trance
das ganz andre, das Fremde, die Veränderung, den Gott, den
Neuen Menschen, das Zerbrechen des Bewußtseins zerstört?
Oder haben die Blätter die Aufzeichnungen auf den Blättern des
Tagebuchs zerbrochen?

Jäcki entwirft den Schlußsatz der Pubertät:

Das Magische war für ihn die große Einbettung ins Instink-
tive.
Davon ist nach ein Betonbett mit der zerschnittenen Leiche La-
marcas.
Der Mensch ist kein Baum.
Jäcki lebt wieder in einer ganz säkularisierten Welt.

Kann man das einer Frau zumuten?
Wenn Jäcki von der Central do Brasil kam roch er
noch nach Kakao oder nach brasilianischem Holz
Pau Brasil sagten die Männer und rüttelten an ihren Gliedern,
die wie Äste abstanden.
Jäcki konnte sich dreimal in den Absteigen waschen
und duschen, hinter Maschendraht.
In den Barthaaren blieb etwas hängen von dem Duft nach Sahne
und Gürteltier.
Daniel Caspar von Lohenstein läßt es Octavia von Kaiser Nero
ziemlich genau beschreiben
Dann hüllte Irma ihn ein mit Balanciaga und vielen anderen,
die Gerüche hatten auf der Welt in den zehn Jahren
ihres Zusammenlebens zugenommen, Personen,
die nur aus Toilettewassern bestanden drängten sich
zwischen Fleisch und Blut.
Da mittendrin ein Steinzeitduft, den zu beschreiben Jäcki ein-
deutigeren Kollegen überlassen würde,
Irma als Dordogne Venus noch mal mit einem Spritzer Tigerin,
Stute und Kuh.
War das einer Frau zuzumuten?
Kaum hatte sie sich geöffnet und schrie die Vokabeln einer ganz
frühen Sprache gegen die distinguierten Wände des Ouro Verde
– hastete Jäcki davon
in Toiletten, Saunas, Kinos.
– Eine Frau hat nie genug, so empfand es Jäcki.
– Wenn man sie dreimal fickt, so fühlte er es, will sie viermal.
Nach Blumen, Parfums, nach Wein Kotelett, Macumba und Mo-
zart geht es für sie weiter tiefer immer noch eine weitere Schicht
blättert sich auf, neue Riten, unbekannte Gesänge, andre Götter,
andre Akzente, Tees, Kräuter.
War das einem Schwulen zuzumuten?
Jäcki wußte nicht mehr ob er Männchen oder Weibchen war?
Schwul, was heißt schwul?

Die Bekennenden Homosexuellen würden ihn ja als Aufweichler, als Reformisten einstufen.

Und die Bekennenden Normalen!

Und Bisexuelle als Kategorie gab es gar nicht.

Kaufen Sie mal bei Erxleben in der Waitzstraße oder auf der Avenida da Nossa Senhora de Copacabana als Mann ein Damenparfum Ma Griffe oder Chanel für sich selbst.

Da handhabt jede Drogistin den Zerstäuber als Vergaser.

Konnte man dies leben?

Jäcki stellte fest, daß er mit allen Männern, die er geliebt hatte nicht schlief

War Irma daran schuld.

Kann man da von Schuld sprechen.

Jeder ist was er ist und daran ist er selbst schuld.

Wann war in ihm und wo etwas ausgeätzt worden oder eingebrannt, daß er der das Buch von der Schönheit des Mannes schrieb, der die Männer so sehr liebte und mit solchem Überschwang, daß er sie alle wollte, den einzigen nicht lieben konnte, der ihn liebte – sondern dann Irma.

Wenn seine etwas kraftmeierische Bisexualität nun nichts andres wäre, als ein doppeltes Unvermögen?

38

Das mit Alexis würde Jäcki ganz sicher nicht in seinen Roman
hineinnehmen.
Wozu davon reden?
Jäcki redete auch zu Irma nicht von Liebe.
Es war doch alles gesagt
Alexis war mazedonischer Abstammung
Ein riesiger blonder Mann.
Er sah aus wie ein Löwe
Und dabei so einen Tick verfremdet und Karnaval.
Jäckis Liebe schildern
Da hätte er weit hinten anfangen müssen.
Tief in der Kindheit
Das tat er nicht einmal in seinem neuen Buch
Das handelte nur von der Pubertät.
Wo sich das mischt zum ersten Verrat, zur ersten Verweigerung,
zur Unmöglichkeit.
Und dann wird ein Jäcki daraus und ein Pierri, der Papst.
Jäcki würde den jungen Ethnologen schildern und den alten
den aufdringlichen und den faulen, den gierigen und den
weisen und ein bißchen Professora Norma drum herum
Pedro den Blätterschüttler, das Cine Pax
Jäcki würde Reinhard Baumgart und Marcel Reich-Ranicki und
Rosa von Praunheim nicht befriedigen können,
in ihrer Sehnsucht nach der anständigen normalen
schwulen Zweierbeziehung.
Alexis das wurde zuviel.
Seine ganze Atmosphäre auf dem Lande, irgendwo im Innern
von Brasilien, der einmal in der Woche nach Bahia kam, seine
Frau besuchen, ein langes Mädchen aus einer der besten Fami-
lien der Stadt.
Die studierte Psychologie.
Und dann gehen sie gemeinsam in das Terreiro Viva Deus
Der Ingenieur und die Psychologiestudentin wurden Würden-
träger da, der eine mußte schlachten, sie mußte Perlenketten
knüpfen

Vor allen Dingen mußten sie beide viel bezahlen.

Doch das wäre schon ein Thema.

Das junge Paar vor den blutigen Religionen.

Die steifen Menschenbündel, die wie Mumien in ihrer Trance ins Einweihungshaus getragen wurden.

Überhaupt die ganze Crew.

Die Jäcki und Irma an den Wochenenden aushub,

essen gehen, schwimmen, surfen

Und die Liebespaare duschten bei Jäcki solange unter der elektrischen Dusche, man bekam gelegentlich einen Schlag, bis die Seife ganz verbraucht war.

Alexis verliebte sich in Jäcki

Das wird zuviel.

Er hob ihn in die Luft

Jäcki hob Alexis in die Luft.

Und Alexis sagte:

Stark wie ein Löwe.

Sie erzählten von Menschenopfern.

Und Jäcki, um die normalen Paare zu schocken, erzählte von den schwulen Absteigen

Und der Ingenieur und die Psychologiestudentin wollten partout mit Jäcki in die schwulen Absteigen gehen.

Wenn Jäcki Alexis berührte kriegte der einen hoch

Aber Jäcki wollte den verheirateten Mann nicht in eine Verwirrung stürzen, von der er nicht wußte, wie er selbst damit fertig werden könnte.

Auch würde Morni viel besser passen.

Morni das Wunderkind.

Batiker aus Israel, der mit Papagei und Ara und Manager am Pelourinho wohnte

Und voller Verachtung von den Bahianern sprach.

Meine Geldbörse ist hier mein bester Freund, hatte Morni zu einem Strichjungen vom Pelourinho gesagt.

Morni wäre ideal.

Klug, jüdisch klug, Jäcki empfand zum ersten Mal Hieb und Stich mit einer jungen Klugheit, die so alt war wie die Menschheit, halb seine Klugheit

Und Morni war sehr sexy.

Und Künstler war er auch noch.

Das wäre vielleicht die einzige Schwierigkeit geworden.

Jäckis Unternehmungen eines Hagestolzes

Neben den sehr gefälligen Batiken von Morni, die sich auch noch verkauften.

Im Bett wäre Morni nicht gefällig.

Da war er so schroff wie Jäcki.

Unverschämt kam er aus dem Atelier und begrüßte Jäcki mit einem Steifen in der Hand

Aber das wäre ein Roman von zwei schwulen Judenjungen,

der eine in Israel groß geworden, der andre in Lokstedt,

die sich in Bahia de Todos os Santos über Wachstöpfchen stoßen

Das war so schwierig zu beschreiben.

Da paßte nichts daneben, nicht Irma mit ihren Fotos

Nicht Corello da Cunha Murango mit seinen Intriguen

Nur die beiden.

Und war das dann noch Jäcki und Jäckis Roman?

39

Jäcki mußte sich ranhalten.

Im Spiegel konnte er nicht über die Kräuterintriguen von Corello da Cunha Murango schreiben.

Über das Zerbrechen des Bewußtseins

Über Serpentina und Vomitoria.

Bewußtsein, Blätter interessierten die überhaupt nicht.

Jäcki betätigte sich als politischer Journalist.

Er ging in die Unterführung der Central do Brasil, wo immer noch Hunderte von Arbeitslosen aus den Favelas der Vorsehung und der Rocinha ihre schwarzen Schwänze Urwaldästen vergleichbar in die Katarakte von Villeroy und Boch und Françoise Sagan rüttelten.

Jäcki wird ganz schwummerig bei dem Gedanken, daß er einen Aufsatz über Brasilien für den Spiegel schreiben muß.

Der Ethnologe kann sich immer ins nächste Papier retten.

Der Romancier, besonders der bundesdeutsche kriegt Spesen für seine Zweifel.

Der Journalist muß da sein.

Muß wissen, was los ist.

Wenn er für den Spiegel schreibt muß er ein besserer Schriftsteller sein als Frisch, ein bedeutenderer Philosoph als Bloch, er kennt die brasilianische Politik besser als Medici und versteht mehr von der Atombombe als Abs.

Der Spiegeljournalist hat Ratschläge zu erteilen, nach denen die Welt geordnet zu werden hat.

Der Spiegeljournalist gab dem neuen Menschen mit großem N Ratschläge.

Die Spiegeljournalisten waren die neuen Menschen.

Die an jeder Revolution mit Spesen teilnahmen.

Die zu jedem Krieg jetteten.

Die jeden Revolutionär bezahlen konnten.

Und jedes Gefühl im Archiv durchchequen ließen.

Nicht Marx veränderte die Welt.

Sondern Gauß.

Orgien am Strand
In wildem Zuckerrohr.
Gegenüber dem Varig-Gebäude am Flughafen Santos Du-
mont
Die Indianer kriegen einen hoch.
Die Flugzeuge fliegen hoch.
Pimpertag im Marrocos.
Jäcki arrangiert Orgien in den vollgespritzten Hospedarias am
Bahnhof.
Einmal nimmt er die Strichjungen die nebeneinanderstehen
hoch
Während er den einen fickt, tastet ihm sein Freund an den
Arsch.
Der fühlt, daß es nicht Jäckis Hand ist und dreht sich um und
sagt zu seinem Freund:
Was soll denn das?

Jäcki geht wieder zum Morro da Providencia hoch,
Am Felsenloch existieren immer noch einige Hütten.
Drei Jahre nach der Katastrophe
Festgekrallt
Trotz der Versprechungen des Gouverneurs
Als Jäcki die Favela betreten will, tastet ihn ein junger Mann
nach Waffen ab.
Was soll das?
Ein Sozialhelfer?
Oder ein Bandenchef der das Eindringen der Gegengang fürch-
tet?
Einer fragt Jäcki, ob er Stoff kaufen will.
Jäcki verneint.
Die Bewohner laden ihn ein, näherzutreten.
Wie damals
Als die Hütten in den Krater gerutscht waren.
Jäcki will nicht nähertreten.
Er ist dabei zu überlegen, ob die Favelas den Spiegel interessie-
ren.

Die Zeit fand seine Frage an Allende:
Wie geht es den Arbeitern in Chile?
naiv.

Jäcki hat sich angewöhnt, im Kino seines Kopfes das Ödland
mit dem wilden Zuckerrohr dem Varig-Gebäude gegenüber
das Paradiesgärtlein zu nennen.
– Die Jüngeren machen alle beides.
– Das hat sich in drei Jahren geändert
Aus den Zuckerrohrbüschen gucken vier nackte Sohlen ver-
schiedener Farbnuancen.
Wie in einer Witzzeichnung.
Zwei mit den Zehen nach oben, indianisch.
Dazwischen zwei mit den Zehen nach oben, Kakao.
Jäcki verharrt.
Der große Indianer richtet sich hoch und sieht durch das Zuk-
kerrohr und winkt Jäcki.
Jäcki bändelt mit einem hübschen Schwarzen an.
Der sagt:
– Ich kann nicht mehr.
– Ich hab schon dreimal.
– Das macht nichts.
Ein zweiter stellt sich dazu und sagts ganz zart:
– Kriegst du keinen hoch, weil du dich schämst?
Der hübsche dreht seinen Kopf beiseite und nickt kaum merk-
lich.
– Meine Mutter hat es meinem Vater gesagt, daß ich mit Män-
nern gehe, sagt der hübsche.
– Meinen Vater hat das nicht weiter aufgeregt.
– Reg dich nicht auf, hat er gesagt, als ich jung war, hab ich das
doch auch gemacht.

Am Museum für moderne Kunst eine Polizeistreife.
Sie laden auch tatsächlich einen Schwulen in die grüne
Minna.

Aber auch das Paradiesgärtlein würde Herrn Wild und Herrn Augstein vom Spiegel nicht vom Hocker reißen.

Wieder beim Chefredakteur.
Er hat zum zweitenmal eine Lungenentzündung
Vorher Mumps.
Da wurde sein einer Testikel riesenhaft groß.
– Testis unus, fällt Jäcki ein
– Villon!
– Testis nullus.
Der Chefredakteur wendet sich vom Marxismus ab.
Er findet es ganz gut, daß im Candomblé junge Leute ge-schlachtet werden
Er glaube jetzt ganz naiv an magische Dinge.
An die Heiligen Väter.
– Hesse, denkt Jäcki.
– Herr der Ringe.
– Castaneda.
– Jesus Christus liegt in der Luft.
– Roberto Carlos, der meckernde Epigone des meckernden Aznavour.
– Es war nicht zufällig, daß wir uns in Hamburg begegnet sind.
Magisches ins Theater einbeziehen.
Er sei von Fidel Castro entsetzt.
Über Allende verzweifelt.
– Warum?
– Weil man ihm von allen Seiten Schwierigkeiten macht.
– Von allen.
– Ja. Das wirst du sehen. Die Amerikaner, die Russen, die Chi-nesen. Sogar die Deutschen
Die Opposition in Brasilien sei völlig zerschlagen.
Er könne in seiner Zeitung gar nichts mehr bringen über La-marca
Nicht mal das, was das Journal da Bahia brachte, als er einen Reporter als Totenwäscher einschmuggelte und das zerschnit-tene Glied schilderte.

Er könnte nicht einmal bringen, daß danach die ganze Crew des Jornal da Bahia ausgewechselt worden sei.

– Die Sprache des Schweigens.

– Was?

– Auf dem Theater die Sprache des Schweigens.

Jäcki schildert ihm, um ihn zu ärgern, das Verhalten von Corello da Cunha Murango.

Er sagt, das sei typisch.

Dafür gebe es sogar einen Ausdruck:

Bahianischer Abgeordneter.

Er habe nach seinen letzten Brechtinszenierungen ein kleines Anwesen in den Bergen vor Rio erworben.

Von dort habe er auch ein Dienstmädchen mitgebracht.

– Ich will das Volk, sagte er, in meinen Inszenierungen verwenden.

Das Dienstmädchen sei aus protestantischer Familie.

Die Stadt die Sünde.

Seit sie in Rio lebt, spreche der Vater nicht mehr mit ihr.

Er nehme ihr das Geld ab und schweigt.

Sie wollte die Stadt kennenlernen.

Sie kann sehr schlecht lesen und schreiben.

Sie sei sehr wild.

Sie knalle die Gläser auf den Tisch, daß sie zersprangen.

Auf dem Lande entschlüpfte ihr ein Kaninchen

Sie verfolgte es über Stunden.

Sie beschlich es.

Und stürzte sich dann mit dem ganzen Körper darauf

Und hat es.

Der Chefredakteur schwärmt davon.

Solche Instinktreaktionen möchte er dem Dienstmädchen erhalten.

Er spricht viel vom Volk.

Er schätzt 70 % Analphabeten in Wirklichkeit.

– Ist das eine Zahl, die ich dem Spiegel verkaufen kann, denkt Jäcki.

– Oder ist das off the record.

– Wer hat das geprüft.

– Wie will man solche Zahlen chequen?

Die Kinder versuchen dem Dienstmädchen das Lesen beizubringen.

Sie verachten das Mädchen.

Es geht kaum weg.

Besucht nur ihren Bruder.

Hat oft Kopfschmerzen und keinen Freund.

Als Jäcki geht, küßt ihm der Chefredakteur vor seiner Frau, vor Irma ganz zart an den Hals.

– Schwul wird Mode, denkt Jäcki. Wie der Candomblé.

– Die Wolkenkratzer des neuen Rio wiederholen die Struktur der Berge um die Bucht von Guanabara, denkt Jäcki:

– Wie das romanische Tympanon der Kathedrale von St. Lazare die Linien der Äcker und Bäche und Büsche von Autun wiederholt

Der Gaucho fährt Jäcki durch das frische Geschäftsviertel im Zentrum.

Mit der Dämmerung leeren sich die Hochhäuser.

Im Dunkeln ist die neue Innenstadt von Rio verlassener als der Jungfernstieg.

Niemand auf der Straße zum flirten.

Alle hundert Meter ein Wächter in der Uniform der privaten Wach und Schließgesellschaften.

Der hat nur Angst vor Artigas und Jäcki.

Einmal rechts, einmal links unter der vertikalen Wüste

Dann wieder links.

Durch einen glitzernden quadratischen Torbogen

Ein Quadrat ganz unten in einer Schlucht aus Glas und Stahl.

Und da sind tausend schwarze Männer am lutschen, knutschen und ficken

Wenn man das Muster kennt, den unsichtbaren Faden hält, kommt man hin.

Jäcki geht zu Militärattachés.
Er besucht schillernde Persönlichkeiten.
Männer von denen es heißt, sie seien Agenten.
Sie seien gut unterrichtet.
Jäcki begreift was eine Backgroundinformation ist.
Eine Deep Backgroundinformation.
Das ist nicht seine Welt.
Das heißt, er würde nie einen Roman darüber schreiben wollen.
Einen Kriminalroman ja.
Ein Schwuler in einer Zeitungsredaktion.
Aber eine Agentenstory
Nie.
Allende hatte ihn interessiert als Epopöe.
Er würde für Rübenach, Christian Gneuss und Peter Michel Ladiges eine schöne Epopöe darüber schreiben.
Am Zipfel von Amerika versucht ein Idealist die Welt zu verändern.
So, wie sich Jäcki eine Epopöe vorstellte.
Stimmen.
Die Stimmen der Minister, die Stimmen der Arbeiter, der Bauern, der Stricher
Ministerien und schwule Saunen.
Ein schwuler engagierter Schriftsteller erlebt in Südamerika die einzig mögliche Epopöe.

Hier in Rio die Militärattachés und die Agenten langweilten ihn zu Tode.
Wichtigtuerische Bauchredner.

– Die Adenauerstiftung fürchtete, daß das Projekt der CDU innenpolitisch schaden könne
stand plötzlich in Jäckis Tagebuch.
– Jetzt wird ausgearbeitet.
– Attaché, kein Spion.
– Wünsche der Brasilianer trägt er nicht vor.
– Hatte mit von Holleben ein hervorragendes Verhältnis
– Dem Botschafter und zugleich auch dem Verteidigungsminister unterstellt.

– Faszinierend.

– Grundsatzanweisung: keine Waffengeschäfte

– Bei leichten Waffen ist eine eventuelle Abweichung denkbar

– Das sage ich Ihnen im Vertrauen.

– Als obere Grenze Maschinengewehre

– Also pfeifen die Spatzen es bereits von den Dächern.

– Im Interesse der Stabilisierung von hohen Kapitalinteressen.

– Die Franzosen wollen zuviel.

– Z. B. Mirages und einen Flugzeugträger.

– Beobachtung dieses Raums für die Freie Welt wichtig.

Erst Angst.

Dann Todessehnsucht.

Schreibt Jäcki in sein Spiegeltagebuch.

– Zitronen in der Pißrinne des Central do Brasil.

– Meine Ehrfurcht vor Perversionen.

– Ich pinkle die Zitronen voll.

– Draußen Razzien.

– Zwei Grüne Minnas, in welche die minderjährigen Nutten von der Bushaltestelle reingepfropft werden.

– Panzer der Firma Vigorelli São Paulo sind in Bolivien fotografiert worden.

– Deutsch Brasilianische Bankgeschäfte.

– Deshalb war Abs hier

– Drehtürverfahren.

– Atomvertrag

– Die Bombe.

– Bauchredner, denkt Jäcki

Jäcki meint, er könne ohne solches Gerede den Spiegelartikel nicht schreiben.

Und warum schreibt er im Spiegel?

– Ich bin ein engagierter Schriftsteller.

– Ich will etwas verändern.

– Ich will auf den Grund dessen, was geschieht.

– Wie.

– Wie erfährt man wirklich was.

Jäcki hat den Eindruck, die Bankiers, die Agenten, die Militär-attachés mit ihrem Background und ihrem Deep Background handeln wie kurzsichtige Schauspieler vor gemaltem Gestühl.
Indische Elefanten auf Rollen im Postamt von Rabindranath Tagore Kammerspiele.
– Ohne das Geld vom Spiegel, hätten wir nicht ein Jahr in Bahia de Todos os Santos –
– Bahia de Todas as Santas, das Blutbad studieren können und die Kräuter im Kopf.

Irma sagt:
– Brasilien, weißt du was das ist.
– Nein.
– Ein Land von 30 Millionen Einwohnern..
– 100 Millionen Einwohnern, dachte Jäcki – aber er wollte sie nicht unterbrechen.
– das außergewöhnlich hohe Auslandskredite und Investitionen genießt und das für seinen Boom 60 Millionen,
– Ach so, dachte Jäcki:
– 70 Millionen Schwarze.
– 70 Millionen, verbesserte sich Irma in einer Quasi-Sklaverei hält, damit sie für das brasilianische Wunder in Bergwerken schuften, Straßen bauen, Kakao anbauen
– Und geil die Wirtschaftsminister und die Soziologieprofessoren ficken.

Artigas der Gaucho erzählt von den Schwulenmorden.
Die seien noch schlimmer als die Foltern in Bahia de Todos os Santos
Oder die Morde der Todesschwadron.
Blumen, Scheiße, Aufknüpfen, Festessen, pornographische Inschriften an der Wand, Bauchaufschneiden bis in die Leber hinein.
Mario de Sá Carneiro sei gar nichts dagegen.
Und die Tucken bereiten ein Gift aus Farbentferner und gemahlenen Glühbirnen.

Das bereitet der eine Freund dem anderen zu.
– Wenn du mich verläßt, trinke ich das.
Der Freund verläßt ihn und er trinkt es wirklich.
Eine völlige Auflösung – ohne zu sterben
Als hätte man gar keine Widerstandskräfte mehr.
Haare und Zähne fallen aus.
Die Haut verfault wie bei einer Leiche.

– Die Ansiedlung von Kleinbauern an der Transamazonica hat
sich als sehr problematisch erwiesen.
– Der Boden des Urwalds ist sehr humusarm.
– Die Bäume leben von ihren unmittelbaren Vorgängern,
– Ohne viel fruchtbaren Boden zu bilden.
– Die Leute brennen den Wald ab.
– Der Stickstoff entweicht.
– Der Boden gibt eine gute Ernte
– Die zweite Ernte ist schon schlecht.
– Dann muß neuer Wald abgebrannt werden.

In der Favela Rocinha, nicht weit von Niemeyers Hotelturm
nicht weit von der kleinen Urwaldvilla des Schöpfers von Utopo-
polis, wird umquartiert.
Hunderte Häuser abgerissen.
In einer Siedlung von 200 000 Personen.
Die Familien sitzen zwischen den brennenden Resten.
Die Polizei fährt mit Benzin herum.

– Weißt du, wen ich auf der Avenida Nossa Senhora da Copaca-
bana getroffen habe, rief Jäcki ins Ouro Verde hinein.
– Wen?
– Dreimal darfst du raten.
– Sag mal.
– Bastos
– Bastos?

– Wie geht es ihm.

– Ich habe ihn nicht gesprochen.

– Es war so die happy hour, so entre chien et loup, wenn es unerträglich heiß wird, in der Dämmerung und die Wolkenkratzer schwitzen die Tunten aus.

Die ganze Nossa Senhora besteht dann nur aus dicken Schwestern.

Ich weiß gar nicht ob er mich erkannt hat.

Er sah mich an

Und sah gleich wieder weg.

Du weißt, wie das ist.

Das heißt du weißt nicht, wie das ist.

– Nein.

– Aber so was gibt es auch unter den Normalen.

– Witold, als ich mit Phil Peagler über den Boulevard St. Germain ging, zwei Tage vor seinem Tod, sah mich nicht.

– Ein Freund in Begleitung eines Negers, das ist peinlich.

– Man will ihn schonen.

– Und begreift nicht, wenn man so ein normaler Klops ist, daß diese Schonung die fürchterlichste Folter bedeutet.

– Ich kann mir das schon vorstellen, sagte Irma.

– Ja, vorstellen kannst du es dir.

– Wunderlich.

– Ich geh mit Eddie, der ganz schwarz ist durch die Colonnaden

– Wunderlich war nicht nur diskret, er gab sich englisch, was so ein Lithograph für Hamburg Reeder als englisch auswendig gelernt hat.

– Was tat Wunderlich.

– Er ging auf die andere Straßenseite.

– Doppelte Schonung, sagte Irma.

– Ja.

Ich schwul und Eddie schwarz.

– So sensible Verhaltensweisen gucken sich die Tunten dann von den normalen Onkeln ab.

– Schade, daß Bastos wegsah.

Jäcki erinnerte sich, daß er Irma beim Fotografieren
von Bastos' Haus in Bahia geholfen hatte.
Irma sah die Einrichtung vor sich.
Jäcki erinnerte Stative. Objektive.
Irma die Belichtungszeiten.
Den Einfall des Lichtes auf den Keramikhund mit Flügeln
Die neoklassizistischen Portraits.
Pop und Kolonial.
Irma erinnerte was Bastos zwischen Kokosmilch und violetten
Auberginen sagte:
– Ich bin glücklich in meinem Haus.
– Mit meinem Freund.
– Das ist meine Welt ganz.
– Aber ich würde auch jeder Zeit gerne sterben, hatte Bastos ge-
sagt, als sein Freund rausgegangen war, um Eiswürfel zu holen.
– Ich bedaure nichts.
– Nichts läßt mich wünschen, daß ich leben sollte, wenn ich
sterben könnte
– Bahia nicht, fragte Irma.
– Nein. Bahia nicht.
– Der Candomblé.
– Ach du lieber Gott.
– Die schönen Menschen?
– Nein.
– Die Kunst?
– Die Kunst auch nicht.
– Wenn ich male möchte ich lieber immer schon schnell zu
Ende sein.
– Ihr Haus, Ihre Welt, das schönste Haus in Bahia de Todos os
Santos?
– Nein. Auch nicht.
Blitzschnell sah Jäcki noch einmal alle die Häuser, die Irma fo-
tographiert hatte in der Neuen Welt, wo Jäcki den Blitz hielt und
das Stativ umstellte.
Der Tempel von Wanderlino mit der Jungfrau Maria unter dem
runden Glas von weißen Korallen und Seeigeln umgeben,
Castro Maya in dem Park.

Die perverse Süße Paris' und des brasilianischen Kaiserreiches
Hansen-Bahias Haus, aller Geschmack Äthiopiens,
Affenteppiche, alles nur vom Besten, Negus, Queen Viktoria,
Dom Pedro Segundo, Hansen-Bahias Wundersammlung.
Das Haus Pierris des Papstes hatte Irma nicht fotografieren dür-
fen, die leere Höhle, die rotgestaubten Eier, die eiserne Seekiste
den Schuhkarton mit den Blätterzetteln
– Weißt du, sagte Jäcki zu Irma:
Bastos hat sich sehr verändert.
Er war doch so eine adrette brasilianische Puppe.
– Und jetzt.
– Ist er ausgetrocknet, als hätten sie ihm Fleckenwasser gegeben
und ihn zu lange in einer Einweihungszelle hungern lassen.
– Jetzt ist er keine Puppe mehr, sondern einer von den Gedörr-
ten vom Tuntenball.
– So schnell geht das.
– Nur drei Jahre.

40

So kehrte Jäcki heim wie ein Kauffahrteischiff mit dickem
Bauch:
Es trug schwarze Muscheln von der Osterinsel,
eine Sexualität Chiles,
Die Geschichte der Ewigkeit in der Erstausgabe,
eine Fotografie von Lautréamont und die Akten der Belagerung
von Montevideo,
Köpfe aus dem Nordosten
Leichen und Kochkunst, Nina Rodrigues' Anormale Gesell-
schaften, Tempelkleider.
Irmas zweihundert Filmröllchen: Gesichter und Hände, Blut.
Blutbäder verborgen unter chemischen Schichten, warten auf
den Entwickler und das Fixierbad.
Material: Tagebücher, Interviews, Features und Essays.
Und Material, das er wegschmiß.
Wie lange hatte er an der Arbeit über den Inneren Film geses-
sen?
Die ging über Bord
Auch die ganze Dokumentation über Isidore Ducasse,
Maldoror und die Horrores de la Guerra de Montevideo,
sowie Trance und Katalepsie in der Kimbanda von Arembepe.
Man kann nicht alles aufheben.
Sich selbst als Urgrund betrachten.
Jedes Zettelchen ist wertvoll.
Kauffahrer zur Not, Museumsdirektor nein
Kauffahrer wirklich?
Nicht auch Pirat?
Sklavenhändler?
Seelenhändler?
Hatte der Ethnologe, hatten Verger und er etwas zu tun mit dem
Dreieckshandel:
Venezianischen Schmuck nach Ouidah, Sklavenhandel nach
Bahia de Todos os Santos
Tabak minderwertiger Qualität nach Afrika zurück?

War das die Tradition des Europäischen Wissens, von der Jäcki
in seinem Essay über das Einweihungsgetränk Abó sprach?
Tradition, auf die er sich berief?
Den schmiß er nicht weg.
Mit diesem Wissen glaubte er im Spiegel die Welt zu verändern.

III.

Der Fluß und die Küste

Jäcki schien derselbe.

In Rio wieder der Geruch von Sumpf und Auspuffgasen.

Der Turm aus Gischt in Copacabana sprühte etwas weniger hoch.

Ja, der Strand war verlegt worden, mit riesigen Sandstrahlgebläsen.

Oben segnete noch immer der Zuckerhut Christus mit seiner Geste aus Beton.

Roberto Carlos sang noch immer Jesus Christus

Es war ein meckernder Roberto Carlos Epigone, der Jesus Christus sang, wie damals Roberto Carlos selbst als meckernder Epigone des meckernden Charles Aznavour Jesus Christus gesungen hatte.

Dieselbe Rasanz.

Bei 130 wischt der Taxifahrer stereotyp immer wieder sein Lenkrad ab.

Irma und Jäcki wohnten wieder im Ouro Verde

Im Ouro Verde vergißt sich so leicht der Hügel der Vorsehung.

Irma ruhte sich wieder gern nach dem Flug etwas aus.

Jäcki wollte wieder alles auf einmal, beißen, ficken, tauchen, ins Meer.

Sogar der Ananasmann ist wieder da.

Etwas Silber auf seine schwarzen Locken gestäubt.

Wieder ein Orangeadeschlepper, der schwitzend das eisige Faß über der Leber trägt

Und dann duschen

In die Nacht.

Praça Tiradentes.

Das Marrocos gab es noch

Das Iris.

Central do Brasil.

Rio schien das alte.

Nachts brannten Kerzen im Sand.

Als wäre alles noch einmal zu beginnen.

Die Copacabana-Nacht.

Das winzige flackernde Gelb

Die Vorstellung des Körnigen, Kieseligen.

Und das heiße Stearin, das einen fast verbrennt, wenn es bei Prozessionen auf die Hände tropft.

Vom Waisenhaus in die Stadtpfarrkirche hinunter.

Als sehe Jäcki es zum ersten Mal.

Das Ansaugen, als hätte er inzwischen nicht die Feuerleute gesehen auf den haitianischen Chausseen.

Die fackelnschwingenden Mahifrauen des Königsreichs von Allada, Dakodonu, Abomey.

Er war in Afrika gewesen.

Die einsamen Kerzen in der rosa Schwärze des Strandes von Copacabana, als hätte er allen Zauber wieder noch vor sich.

Flöße, den Driften nach.

Auf der Osterinsel nagen die Seefahrer Hände ab.

Die Handknochen werden zu Haufen geordnet.

Die Männer brachten Pflanzen mit, die jetzt in Lavahöhlen ausschlagen.

Weiter.

Zum nächsten Gebirge.

Indianer verbergen die Samen in Lamasätteln.

Hoch, an den Rand des Schnees.

Runter.

Im Rachen der Krokodile.

Die amerikanischen Ibisse putzen den Krokodilen von Laeticia die Zähne.

Riten.

Victoria Regia.

Am Rio Madeira und am Amazonas.

Da langen aus Ägypten die anderen Blätter an.

Die der Brandgesichter.

Herodots Ibis putzte dort den heiligen Krokodilen die Zähne.

Deren Samen waren vom Kilimandscharo hochgeweht worden, nach Theben, ins Delta.

Grüner Staub mit Gold aufgewogen.

Korn um Korn und Kern wieder hinabgeschmuggelt nach Meroe und an den Niger.

Im Darm versteckt, im Schiff von der alten schwarzen Welt in die neue, rote.

In Manaus mischt Mutter Zulmira die Kräuter des Waldes mit den Blättern des Meers.

Sie hat es von Johanna Papagei gelernt und von Lobão, das heißt der Große Wolf, von der lesbischen Priesterin.

– Meine Vorstellung – das wird klar – von der Begegnung der afrikanischen Botanik mit der Botanik der Inkas ist nicht sehr rational.

Das nächste Bild ist voller Staub.

Zerplusternde Hölzer.

Fetzen.

Agotime.

Die versklavte schwarze Königin.

– Ich stelle sie mir in einer wüsten Ebene vor.

Eine schielende Greisin im schmutzigen Kinderkleid.

Das taube Auge.

Ein Haus aus Geäst.

Der Lehm bröckelt ab.

Am Horizont Palmen – aber nicht als Ausdruck des fernen Überflusses – Insektenbefall, Kümmernis.

Das Heiligtum verstaubt.

Keine bunte Figur.

Der Hüter des Tempels fährt einen Laster.

Er trägt den Schlüssel zum Allerheiligsten immer bei sich.

Er kehrt erst in 14 Tagen zurück.

Die Urenkelinnen antworten in beleidigtem Tonfall.

Der geweihte Chapeau Claque zerfällt auf einem Stoß von Zeitungen.

Ein Foto:

Die hohe Schwarze mit dem weißen Gouverneur und dem weißen Bischof.

Scharen grätiger Hunde.

Sie kratzen sich die breiten Wunden.

Ick bünn aal dor!

Immer war Pierri schon da, wie der Igel.

Immer fängt alles mit Pierre an.

Pierre ernährt sich nur von Eiern – wie eine Blindschleiche.

– Ich weiß gar nicht, ob das stimmt.

Essen Blindschleichen Eier?

Und Igel?

Lehmstaub bedeckt die Karteikarten und seine eiserne Truhe.

1971 konnte Pierre sich noch einreden, daß er lebte, wie die, deren religiöses Verhalten er verfolgte.

1981 war es klar, daß er sie beeinflußte und über einen Priester, den er beriet, nutznoß.

Er sucht mir den Artikel von 1953 aus der eisernen Truhe hervor.

Wäre der Kult der Götter von Abomey durch die Mutter des Königs Ghezo nach São Luiz de Maranhão gebracht worden?

Er schrieb:

Saint Louis de Maranhon.

Ein langer Titel.

Fast länger als der Aufsatz.

Pierre zitiert Hazoumé.

Er zitiert Herskovits nicht.

Gelehrtenintrigen.

Gesten.

Wäre der Kult der Götter von Abomey durch die Mutter des Königs Ghezo nach Saint Louis de Maranhon gebracht worden?

Ich bin das Goldtröpfchen.

Ich bin der übervolle Weise.

Mit dem englischen Understatement.

Der Franzose, der sein Gelbes vom Ei niemandem aufdrängen will.

Durchlaucht in afrikanischer Steinzeit.

Pierre sagt:

– Ich habe Proust nicht mehr parat.

– Ich will ihn schnell wiederlesen.

– Da lesen Sie mal schnell.

– Stimmt es, daß die alten Priesterinnen alle lesbisch sind?

– Ich habe nie über homosexuelles Verhalten in Afrika geforscht.

– Schade.

Ist der Kult der Götter von Abomey durch Agotime, die Mutter des Königs Ghezo nach São Luiz gebracht worden, dann hat Pierre es als erster zurückhaltend und unübersehbar kundgetan, indem er die Funde von Hazoumé und Herskovits und Costa Eduardo noch einmal abschrieb, einen Konditional hinzufügte und eine lückenhafte Götterliste; ist der Kult es nicht, stellt es sich heraus, daß Agotime es nicht war, hielt Pierre sich als erster angemessen zurück, still die Vorläufer entblößend, seine eingeweihten Zweifel dokumentierend durch Fragezeichen und Konditional.

In Cartagena de Indias schlug der Heilige Pedro Claver mit der Peitsche zwischen die Afrikaner, wenn sie ihre heiligen Tänze tanzten.

Ich lese in Cartagena de Indias bei Friedman, die Walter Rodney zitiert:

1792 schrieb der König von Bissau an den portugiesischen König und bat um die Rückgabe der Untertanin Ijala – der Königin Mutter – die nach Maranhão verschleppt worden war.

Noch eine Erwähnung der Königin Mutter.

Agotime oder die Ijala.

Oder beide.

Oder Rodney hat was durcheinandergebracht.

Walter Rodney. Oxford 1970. Clarendon Press.

Walter Rodney ist tot.

Das Buch ist vergriffen.

Clarendon Press hat ausnahmsweise auch kein Leseexemplar mehr.

Randy versucht es über Geo.

Fernleihe.

Auch das klappt nicht.

Ijala, die Königin Mutter aus Bissau.

Königin Mutter Agotime.

Beide im kleinen São Luiz de Maranhão.

Oder keine.

Vielleicht nur Zitate, welche die Afrikaner erfanden, um Sklavenhalter und Anthropologen zu verwirren.

Um die Nebensklaven in Geheimnisse zu verstricken.

Wo nur Elend ist.

Leere.

Die jungfräuliche Elisabeth und Maria Stuart.

Beide mit dem Pißpott in der Hand.

– Ich seh sie unter den römischen Rundziegeln der Rumfabriken und Faktoreien.

Sie wissen beide, wie man mit Sklaven umgeht, die Sklavinnen und noch in Lumpen würden sie sich nie überhastet bewegen.

Man stolpert nicht.

Man klagt nicht.

Mit Verachtung beobachten die hohen schwarzen Erniedrigten jeden Fehler in der Verachtung ihrer kleinen erbärmlichen Besitzer.

Sie sind immer noch unter den Sklaven die Königinnen.

– Was habe ich mit Königinnen zu schaffen?!

Sie strafen gepeitscht weiter in ihrem Lumpenstaat den Hofmarschall und den sündigen schwarzen Schattensänger, den Schattenkoch, die Schattenfegerin – mit Sprüchen, die niemand mehr versteht und die sie selbst nie verstanden haben.

Sie begegnen sich.

Agotime.

Ijala.

Die eine mit grünem Star, die andre betrunken.

Sie klappern mit den Tabakspfeifen und möchten sich die Puschen ins Gesicht werfen.

Jäcki ist nicht derselbe.

Er hat den Spiegelartikel geschrieben.

Das Allendeinterview ist in der ganzen Welt kommentiert worden.

O ja!

Jäcki wurde in Brasilien als Ratte bezeichnet.

Jäcki hatte etwas verändern wollen.

Nicht gerade den neuen Menschen.

Jäcki mochte kein großes N.

Aber verändern oder so.

Jäcki hatte nichts verändert.

Mit seinen feinen schwulen Fingern

Allende wurde ermordet.

Die russische Botschaft in Chile nahm keine fliehenden Revolutionäre auf.

Die chinesische auch nicht.

Nyerere führte die Prügelstrafe in Tanzania ein.

Für Homosexuelle gab es Konzentrationslager.

Dafür hatte Jäcki gelebt

Alle Honorare seiner Romane in seine politischen Interviews gesteckt.

Auf Grenada wurden die Rastafaris gegen ihren Glauben mit Fleisch genudelt.

In Nicaragua gab es Zensur.

Reich-Ranicki hatte Jäcki nicht erstickt.

O, nein.

Jäckis Karrière als Romancier war gerettet.

Jäcki hatte einen neuen Roman geschrieben.

Und sogar den Fontanepreis dafür bekommen

Es gab Schwule, die verdankten ihm ihr Coming out.

O, ja.

Die Bomben auf Jäcki und Jäckis Welt, hatten sie geschrieben.

Jäcki war ein umstrittener Autor.

Was wünschte man sich mehr?

Jäcki war nicht derselbe.
Jäcki hatte alle afroamerikanischen Religionen hinter sich.
Er hatte die traditionelle Therapie der Geisteskranken in Afrika
hinter sich
Er hatte unterrichtet.
Er hatte eine neue Ethnologie entworfen
Gegen Plato, Thomas von Aquin, Galileo Galilei, Hegel, Freud.
Gegen den deutschen Idealismus, gegen den Existentialismus,
das war sowieso das gleiche, gegen den Strukturalismus.
Jäcki hatte einen Vortrag in der Frobenius Gesellschaft gehal-
ten.
Bestimmt:
Er hatte Lévi-Strauss angepißt
Und gesagt, daß er Rimbaud und Bataille und Leiris für Heuch-
ler hielt und Kolonialisten.
Er durfte ja keinen auslassen, den er sich zum Feind machen
konnte.
Und Peter Hamm hatte sein Rundfunkmanuskript fotokopieren
lassen und mit allen Tippfehlern in der Bundesrepublik kursie-
ren lassen.
Der Begriff des Europäischen Wissens – Jäcki konnte sich tot-
lachen.
Jäcki hatte für Homer, Sappho, Hekataios, Martial, Athenaios,
Charles d'Orléans, Villon, Quevedo, Platen, Azevedo, Colette
plädiert.
Er war sogar gehört worden.

Jäcki war nicht derselbe
Jäcki war nicht nur ernüchtert, enttäuscht – das war er
oft in seinem Leben gewesen.
Jäcki mußte sich sagen, daß er am Ende sei.
Das stimmte nicht.
Er war nicht am Ende, er schien derselbe wie vor zehn Jahren,
bei leidlicher Gesundheit, er wirkte jugendlich elastisch;
er hatte umsonst gelebt.
Auch das war ungenau.
Er hatte vergeblich gelebt

Denn wenn er versuchte zusammenzufassen, was sein Ideal gewesen war, seine Idee, sein Unterfangen, dann doch wohl Riten aufzulösen

Von Modell, Modulen, Getue weg zu einer klaren Einfachheit.

Der Hirte,

Nein nicht der Hirte, Schafe sind das dümmste und dekadenteste, was rumläuft, die könnten sich ohne Schäfer gar nicht mehr alleine durchbeißen

Bauer, in der Provence

Auch Bauer war Vermassung, Horte, Massen-Vorratswirtschaft

Gandhi als sexiger Jäger und Sammler.

Nun war es das Absurde, daß Jäcki der die Auflösung der Riten des Lokstedter Protestantenhauses, die Ohrfeigen des Goetheaneums, des Zynismus des bundesdeutschen Nachkriegsprovinzialismus predigte, wie kaum einer von Formen, Etiquette, Riten, Zeremonien fasziniert gewesen war.

Das mußte dem Papst Pierri genauso gegangen sein.

Seine Auflehnung gegen das Parteibuch des evangelisch lutherischen Großvaters und gegen das Gebetsbuch der unehelichen biologisch dynamischen Mutter begann bei Schwester Silissa, Schwester Appia, Schwester Cecilia, denen sogar noch das Doppelkinn unter den schwarzen Schleiern weggebunden wurde mit gestärktem Leinen.

Vom Arbeitsamt floh er in die Riten des französischen Literaturbetriebes, in die Romanischen Kirchen, aus der Restauration der 5oer Jahre zum Obersturmbannführer der Leibstandarte Adolf Hitler, von Rowohlts Rotationsromanen und der Gruppe 47 zu Professora Norma, Xango und dem Zerbrechen des Bewußtseins.

Ein bißchen schwülstig – wenn auch 17mal umgeschrieben hatte er es vor seinen letzten Roman gesetzt:

'Plötzlich – aber vielleicht vorbereitet durch langsam zur Oberfläche geschwemmtes Material – entdeckte ich, daß alle meine Versuche bisher nur eine Bewegung verrieten: zurückzufinden in frühere Schichten.

'Ich beschloß, von nun an die Handlungen einzuteilen in magische und vom Magischen abgelöste.

'(Wobei ich den Begriff des Magischen für meinen Gebrauch etwas umwandelte.)
'Ich überlegte, ob nicht auch meine Vorstellungen in der Pubertät Ritualisierungen wären, wie die Zeichensprache der Aderflügler, Schwurgifte und wie das Schminken von Novizen.'
Das war ein bißchen an den Begriffen und an den Tatsachen entlang geschlittert
Vielleicht versuchte er von verrotteten Riten, zu weniger verrotteten zu gelangen
Axiome zu erkennen, wo die fürchterliche Freiheit in der er sich befand, und in der er allein existieren konnte gehalten würde.
Dies hatte ihn an Irma gebunden.
Dies war sein absurder Versuch der Bisexualität:
Gandhi und Madame Houpflé
Deshalb war er zu Allende gefahren
Und zu Pedro de Batefolha.

Sozialismus?
Was war 81 aus 68 geworden?
– Aus den Revolutionären wenn sie den langen Marsch durch die Redaktionen angetreten
Jünglinge mit grauem Haar die nicht alt werden konnten,
– wenn sie in die Präsidentensessel paßten,
verantwortungslose Provinzpotentaten, die mit ausländischen Maschinenpistolen Arbeiter niederschossen.
Die afroamerikanischen Religionen?
Beschäftigungstherapie für arbeitslose Doktoranden.
Geldgierige Hausangestellte und Transvestiten die ihresgleichen ausbeuteten.
Die Forschung
Scharlatanerie
Die Gay Liberation?
Kraft durch Freude. Hitlerjungen, die bei Zarah Leander nasse Augen kriegten wie Hermann Göring und G.G.

Sex?

Ja.

Es funktionierte noch.

– Ich sollte mich nicht beklagen.

– Die Bahnhöfe.

– Ich kriege zehnmal am Tag einen hoch

– und meistens kriege ich dreimal am Trag einen rein.

– Nicht alle machen in der Sauna die Tür mit den Zehen vor mir zu.

–'Irma scheine ich nicht zu enttäuschen.

Das Fieberchen kam gelegentlich noch.

Aber eher in Form von erhöhter Temperatur.

– Und wir essen, was wir wollen.

– Wir können unsere Arbeit machen.

– Was will man mehr.

– Ich habe sechs Romane geschrieben, dachte Jäcki.

Ich habe alle Forschungen hinter mir.

Irma hat alle Fotos gemacht.

Ein paar Zeremonien noch zur Vervollständigung.

Ein paar Sagen:

Die vom Sohn in die Sklaverei verkaufte Königin Agotime.

Und Nanã Bulukus geheimer Ritus.

Die Schöpfung der Welt aus Matsch.

Mit Kröten oder Fröschen.

Das Holzmesser, das älter ist als das Eisen.

Riten aus der Steinzeit.

Und das Bewußtsein.

Ewig das Bewußtsein.

Die Obrigação da Consciência

Die Gehirnwäsche.

Serpentina und Vomitoria.

Die Chemotherapie der Geisteskranken.

Ein ewiger Schmeil-Fitschen.

Der Neue Mensch.

Die Veränderung des Menschen.

Blind vor sich hinwursteln, wie alle.

Das Gehirn als Nuß

Als Blätterkasten.
Die Begegnung der Botanik der Inkas mit der Botanik der Afrikaner am Amazonas.
Verschiedenartiges Zerbrechen des Bewußtseins.
Gedanken als grüne Verzweigungen.
Ja, das faszinierte Jäcki noch immer.
Scholastik.
Systeme die durchdrehen.
Faule Routine, die Jäcki dem Papst Pierri vorgeworfen hatte.
Endlose Verästelungen
Auch ein Bild aus der Pflanzenkunde.

Irma hatte Angst vor den großen Wellen.
– Vor zehn Jahren haben wir hier das Tauchen gelernt, sagte Jäcki
– Und jetzt machst du schlapp.
Jäcki versuchte alles.
Witze.
Grobheit.
Zwang.
Überredung.
Erpressung:
– Wenn du mich in den Wellen antickst, darfst du mir einen blasen.
– Siehst du, du liebst mich nicht mehr.
– Früher ranntest du den ganzen Strand hinter mir her, um mir einen blasen zu können.
– Du hast mich nie lassen.
– Das stimmt, ich steh eigentlich nicht dadrauf.
– Die Kinder haben überhaupt keine Furcht vor den großen Wellen.
– Solange sie nicht einmal fast ertrunken sind.
– Die Furcht vor dem Wasser scheint nicht vererbt zu werden.
– Man lernt sie.
– Ja. Man lernt sie, sagte Irma.
Irma zwang sich.

Die Angst war stärker.

Kam die Welle angeröhrt schlugen ihre Hände nach den Seiten hin aus.

Jäcki sah schnell weg.

Er hätte alles für Irma getan, nur, daß sie die Angst verliert.

– So sieht es also aus, wenn die Zeit vergeht.

– Irmas zarte Hände, die nach den Seiten hin ausschlagen.

Jäcki hatte Angst gehabt, nach Brasilien zurückzukehren.

Wegen des Spiegelartikels.

Jäckis Ernüchterung hatte seine Neugier getötet.

Aber er war damals nicht fertig geworden mit Professora Norma.

Was war das für ein Ritus mit Stroh, Eiern, weißem Porzellan zum Zerbrechen des Bewußtseins.

Ist der Kult der Götter von Abomey durch Agotime, die Mutter des Königs Ghezo nach São Luiz de Maranhão gebracht worden.

Wie ging es dem Papst?

Tanzte er noch immer als schlotterichte Königin mit einem Lappen um die Hüfte?

Hatte er endlich sein Buch über die Kräuter fertig?

War die Trance eine Vergiftung durch Blätter oder durch Wörter?

Die Blätter der Inkas, der Anden, die sich mit den Blättern der Küste mischen und mit den Blättern der afrikanischen Küste.

Jäcki hielt es nicht länger aus.

Brasilien im Zeichen der schwulen Befreiung!

Er beschloß vorsichtig zu sein und alles zu riskieren.

Die Todesschwadrone existierten weiter.

Stand er wegen des Spiegelartikels auf der Abschußliste?

Er war sich im klaren, daß er nie auf einer schwulen Toilette verhaftet werden durfte.

Und er hielt es auch für besser, nie die Botschaft der Bundesrepublik anzurufen.

Jäcki beschloß mit Irma Concorde zu fliegen.

Da wurden sie schon vor dem Einchequen in Paris vom brasilianischen Geheimdienst durchleuchtet

Wenn sie Jäcki in den teuren Vogel ließen, würden sie ihm wohl auch in Rio nichts tun.

Hoffte er.

– 5. Mai 1981
– Paris.
– Leer wie 1952.
– Wegen der Wahldebatte Mitterrand-Giscard im Fernsehen.
– Ein Adeliger, der wegen ein paar Diamantensplittern von Kaiser Bokassa stürzt.
– So runtergekommen muß man sein.
– Paris.
– Hier stimmen die Farben noch.
– Einige Formen stimmen noch.
– Aber die deutschen Grüns und das Bauhaus fangen auch hier an zuzuschlagen.
– Wie immer der erste Gang zur Sauna Penthièvre, gleich um die Ecke vom Elysée Palast.
– Seit zwanzig Jahren.
– Helmuth, der Buchhändler, nannte sie mir.
– Die Proust-Frau, die Colette-Frau, die Cocteau-Frau, die ewige Pariser Frau mit der Katze ist tot.
– Keine Philosophie mehr vor dem Dampf.
– Aber Achill ist noch da.
– Dem Sohn fehlt das heilige Feuer.
– Der Mann, der das Ticket in der Sauna Penthièvre verkauft, darf nicht schwul sein.
– Bains Vapeurs – das ist nicht irgend so eine schwule Emanzen-Sauna.
– Penthièvre, das war die klassische schwule Sauna vor der Befreiung
– Der Sohn ist zu unterwürfig.
– In einer guten alten schwulen Sauna wird man mürrisch behandelt, wie bei Cölln oder in einem guten alten englischen Restaurant.
– Unterwürfigkeit ist aggressiv.
– Und prompt:
– Sonntags ist jetzt geschlossen.
– Der faule Hund
– Soziale Rechte und Gottesdienst – das geht nicht zusammen.

– Sonntags zu.
– Damit ist die Penthièvre hin.
– Sie hatte begonnen als einer der ganz wenigen Geheimtips.
– Als es in Paris nur eine einzige schwule Bar gab.
– Und ein paar Arabersaunen.
– In der Penthièvre konnte man sehr prominenten Damen und Herren aus der ganzen Welt an den Schwanz fassen.
– Dann kam der Schwulen Boom.
– Und viele blieben weg, gingen in die Europa Sauna, Louis le Grand an der Oper
– Die Araber blieben Penthièvre
– Und die Greise.
– Penthièvre wurde der Treffpunkt für Greise die Araber liebten und für Araber die Greise liebten.
– Jäcki war da ein Backfisch und kriegte kaum einen ab.
– Sonntags um zwei war der Höhepunkt.
– Da hatten die Araber eine Woche lang gespart und Couscous gegessen.
– Der Sohn schließt die Sauna Penthièvre am Sonntag.
– Valery Giscard d'Estaing stürzt über Diamantengries.

– Concorde.
– Die Gesten der Stewardessen.
– Gleichberechtigt hochmütig unterwürfig.
– Stuyvesant und Versailles.
– Ihr Lachen.
– Sie müssen klasselachen und dürfen doch nicht so lachen, als seien sie eine von den reichen Tanten mit dem Goldgeklunker und den Erbsen-Diamanten.
– Riesige Frisuren, wie die Herzoginnen im Glas Wasser.
– Herablassend unterwerfen sich die Gäste.
– Sehr guter Wein.
– Eine große Dose Kaviar.
– Irma bemerkt beim Hinausgehen in Rio, daß die Upper Ten die Concorde in eine Favela verwandelt hatten.
Dreck.
Papier.

Decken.
Flaschen.
Alles durcheinander.

– Wir verlassen den vornehmen Aluminiumvogel und gehen durch leere Gänge, an leeren Postenhäuschen vorbei, der ersten, gefährlichen Kontrolle entgegen.
– Die Schalter sind unbesetzt.
– Wir gehen weiter durch den blitzenden modernen Flughafen.
– Wir holen die Koffer
– Weiter.
– Es ist Morgen.
– Es ist Rio.
– Keine Kontrollen.
– Natürlich.
– Diese Klasse hat so wenig Zeit.

– Daß ich keinen Stempel in den Paß gedrückt habe, bietet Vorteile.
– Ich kann bei jeder Kontrolle im Landesinnern sagen:
– Ich bin eben eingereist und am Flughafen saß kein Polizist.
– Ich brauche nie um eine Aufenthaltsgenehmigung nachzukommen.
– Auch bin ich nicht im Computer.
– Wenn die Computer schon in dem leeren, blitzenden Flughafen funktionieren.
– Es hat einen Nachteil.
Wie soll ich wieder raus?
– Sie werden es bei der Ausreise gar nicht merken.
– Vielleicht ist es sogar rechtmäßig.
– Concorde-Gäste werden nicht gestempelt.
– Ist das die Abertura?
– Die Öffnung der Generäle?

Rio ohne Militärdiktatur!
Rio ohne Militärdiktatur?

Büchermesse.

Jäcki erwirbt Nunes Pereiras Buch über die Casa das Minas, auf der Praça Floriano, in Rio.

Freitagabend.

Auch in Rio Stoßverkehr.

Tausend Schwule kurven um die Stände mit Büchern.

Kein einziger Ledermann.

Nunes Pereira: A Casa das Minas. Culto dos Voduns jeje no Maranhão.

Das Haus der Mina. Kult der Vodu-Götter der Ewe im Amazonas.

Auch in Rio sehen Bücher jetzt aus wie Verpackungen von Freizeitgeräten.

Ein furchtbares Orange, wegen dem sechs Gebrauchsgrafiker jeder drei Nervenzusammenbrüche erlitten haben.

Schwarze schnuggelige Lettern mit weißen Punkten als Glanzlichtern – Buchstaben wie nasse Lakritzen.

Als sollten Bücher auch in Rio gelutscht werden und nicht gelesen.

Asymmetrisch auf dem Cover das vergrößerte alte Foto eines kahlköpfig wirkenden Pharao, der eine langstielige Pfeife hält.

Dieser Pharao heißt Maria Andreza Ramos – es ist die alte Priesterin der Casa das Minas, die den Tempel im Nordosten Brasiliens ein halbes Jahrhundert leitete.

Negersklaven im Amazonas

Nanāburuku

Sudanneger

Dahomey

Ewe Nago Fon Mahi

Gigantische Gestalt eines Frobenius

1900

Die germanische Familie

1942

Matriarchat

Greise Jungfraun

Hosana
Nackte Brüste
Trance
Bad der Steine
Hundeessen
Epidemien
Das alte Gesetzesbuch
Tobossi
Der heilige Baum
Geheimsprache
Altes Gold
Tabus
Krebse
Rochen
Strafen
Marihuana
Polizeiliche Verfolgung
Eisen
Einfluß des Islam
Spiritismus
Yggdrasil
Die anormalen Söhne der Könige
Natürlich eine inzestuöse Verbindung
Der Panther Agassu
Schreckliche Konsequenzen
Der Opferer
Am Amazonas
Am Rio Madeira
Ahuasca
In Rio Branco
Päderast Einweihung Menschenopfer Freimaurer Priesterin-
nenmord
1942 verfaßt.
1979 zum zweiten Mal gedruckt.
Der Autor.
Verschollen.
Tod.

Unbekannt wo.
Groß-Rio hat zehn Millionen Einwohner, zwölf, fünfzehn – wer
hätte sie gezählt?
Nichts bleibt von einem Autor als ein orangefarbenes Cover mit
Lakritzebuchstaben.

Schichten
Immer Schichten aus Lehm, Kaolin, Erz.
Immer Schichten aus Zeit.
Jäcki meinte daß er nie anders gedacht habe, als doppelt –
auf Zeit bezüglich und auf Erde.
– Ablagerungen sind nicht möglich ohne Schichten.
dachte Jäcki und:
– Kontinente sind immer auch Geschichten.
In der Buchhandlung vom Copacabana Palace, neben vielen
Veröffentlichungen des Papstes über die Götter Afrikas, das alte
Bahia und so weiter, der Papst Pierri schien seine Eisenkisten zu
leeren, fand Irma ihr Fotobuch über die afrobrasilianischen Re-
ligionen.
Es war ganz kaputtgeblättert von den Brasilianern, die es anse-
hen wollten, die zu arm waren, um es zu erwerben.
Jäcki dachte:
– Irma reist jetzt ihren eigenen Fotos nach.
– Ich reise meinen Sätzen nach.
– Ich reise mir selbst nach.
Schichten.

Schlagzeilen. Zeilen, die erschlagen, von Erschlagenen.
Médici feiert Goldene Hochzeit
Der ehemalige Präsident.
Der General, der Chef des Geheimdienstes als Opapa.

Mindestlohn:
1971   120 Cruzeiros = 100 DM
1981   8400 Cruzeiros = 230 DM

Eine Nacht im Ouro Verde:
1971   120 Cruzeiros
1981   8400 Cruzeiros

Jornal do Brasil:
17,5 % der aktiven männlichen Bevölkerung von Rio haben Schwierigkeit, Arbeit zu finden.
Schwierigkeit.

Eine Bombe explodiert im Rio Centro.
Die Rechten schmeißen Bomben, um zu beweisen, daß die Linken Bomben schmeißen
Die Abertura des Präsidenten Figueiredo soll verhindert werden.
Die Öffnung des Generals Figueiredo soll zugebombt werden.

Der Hotelboy im Ouro Verde weiß, daß François Mitterrand die französischen Präsidentschaftswahlen gewonnen hat.

Die Polizei findet in Duque de Caxias Bananen.
Bananen sind Sprengkörper.

Am 11. Mai 1981 starb Bob Marley in London an Gehirnkrebs.

Hungernde rauben die Stadt Pombal in Paraiba aus.
1971.
1981.

Der weiße Taxifahrer an der Central do Brasil sagt zu seinem schwarzen Kollegen:
Eu não gosto de macaco.
Ich mag keine Affen.
Die Central do Brasil flattert nachts von Zeitungen.
Arbeitslose legen die Zeitungen zum Verkauf zusammen.

Jäcki rechnet Mitterrands Idee nach, die Arbeitslosigkeit zu überwinden:

Arbeitslosenunterstützung in Arbeitsplätze stecken.
Mit Beteiligung der Arbeitgeber.
Die Arbeitszeit der Arbeitenden kürzen
10 Millionen Franzosen arbeiten.
2 Millionen sind arbeitslos
$^1/_{10}$ mehr muß an Lohn bezahlt werden bei gleicher Produktion
und Rendite.
Je 2000 DM Lohn. Je 700 DM Arbeitslosenunterstützung
2 Millionen mal 2000 DM sind 4 Milliarden Verdienst
2 Millionen mal 700 DM sind 1,4 Milliarden Arbeitslosenunterstützung.
Es fehlen 2,6 Milliarden.
Von den 4 Milliarden Verdienst fließen 50 % an Steuer wieder
an den Staat zurück, die er von Arbeitslosen, die weniger besteu-
erte Güter erwerben nicht erhält.
Das macht 2 Milliarden.
Es fehlen immer noch 0,6 Milliarden.
Bei dieser sehr optimistischen Rechnung.

Mitterrand ist ein Freund Fidel Castros.
Regis Debray wird sein Berater für die III. Welt
In der Favela Lagoa Barra wird mit dem Einreißen begonnen
Noch ehe die Leute ihre Habseligkeiten zusammengepackt ha-
ben.
Sinatra kommt nach Brasilien.
Eintritt umgerechnet 1500 Mark.
Le Monde kostet 15 Mark am Kiosk des Ouro Verde.
Jean Fauvet:
.. établir le socialisme au prix de la liberté ou sacrifier la justice
pour défendre la liberté.

Jornal do Brasil (25. 5. 81):
Die Schwester Salvador Allendes, die sich am Sonnabend umgebracht hat, wird in Havanna begraben.
Am 12. 10. 1977 tötete sich Allendes Tochter Beatriz in Havanna, die Sekretärin und Mitarbeiterin Allendes.

Warum töten sich so viele Verwandte Allendes in Havanna,
denkt Jäcki.
Ich habe sie gekannt.

Plebiscit für die Abtreibung in Italien.
69 %.
Der Papst verliert.
Trotz des Attentats.

Die Geschichte der Nanã,
Jäcki flieht seine Mutter.
Er beginnt in Rio de Janeiro die Geschichte seiner Mutter.
Die Geschichte der Nanã

Avenida Atlântica.
Früher Liebespaare.
Heute Jogger.

Zu Joãozinho da Gomeia.
Ich reise einem Toten nach.
Sein Terreiro verkettet.
Mãe Samba ist auch tot.
Mãe Ilesi.
Nach einem Axexe für Omolu hatte Mãe Samba mit einem Wa-
gen einen Unfall.
Sie stürzten in einen reißenden Fluß.
Sie wurde weggespült.
Sie starb mit zwei anderen zusammen.
Einer hielt sich verletzt stundenlang an einem Ast.
Er überlebte.
Die kleine schwarze Königin lebt noch.
Die Nachfolgerin Joãozinho da Gomeias war damals 8 Jahre
alt.
Sie konnte den Tempel nicht leiten.
Joãozinhos leerer Tempel.

Joãozinhos Wohnhaus.
Das leere Schlafzimmer Joãozinhos.
Möbel wie im Hotel Fontainebleau
Falsches weißes Rokoko.
Das Schlafzimmer des schwulen Priesters, eine Gruft, in der die
Zeit mit der Luft hinter geschlossenen Fensterläden stille-
steht.
Wo sind die Seufzer?
Wo der Samen, der Speichel, der Kot?
Knochen. Staub.
All das zerbrochene Bewußtsein.
Die Götter rülpsen die Toten hoch in der Besessenheit.
Ich erfahre, daß Gisèle Binon-Cossard, die Anthropologin,
die Schülerin von Roger Bastide an der Sorbonne, die Freundin
des Papstes Pierri, die eine zweibändige These über den Tempel
von Joãozinho da Gomeia geschrieben hat, die von Joãozinho
eingeweiht wurde, einem Tempel in Santa Cruz da Serra vor-
steht.

Zu Gisèle Binon-Cossard.
Zum Candomblétempel einer französischen Intellektuellen.
Santa Cruz, hoch kühl
Der Tempel sehr ordentlich.
Fast schweizerisch
Gepflegter Garten.
Rasen.
Die Heiligenhäuschen wie Lauben.
Es fehlt der Zug von Understatement.
Und es fehlt der blutige Müll, das was Beuys und César
mühsam in die Wohnzimmer der Kunstsammler karren.
Gisèles Tempel ein bißchen so, als würde der Kultusminister
einer französischen sozialdemokratischen Regierung
Ausschnittbogen herstellen, für Laubsägearbeiten
in dem Institut Français:
Monsieur Durand errichtet einen Candomblétempel.
Es ist gemein so was zu denken.

Aber der flirrenden Formulierung zuliebe denkt Jäcki das Gemeine.
Ein freundlicher alter Neger bringt uns zum Bus
Vielleicht kommt Gisèle erst sehr spät aus dem Institut Français zurück.

Wieder zu Gisèle Binon-Cossard
— Wie stellst du dir Gisèle Binon-Cossard vor?
— Wie eine Mischung aus Tante Hilde und Frau Waage.
Genau so ist die französische Candomblépriesterin.
Sie gibt sich sehr lind.
Eine ihrer geistlichen Töchter ist vom Regen durchnäßt.
Gisèle holt ihr ein trockenes Hemd.
Sie spricht ganz sanft
Hinter Tante Hilde lauert eine sehr unruhige Person.
Ganz klare harte Augen.
So ist ihre These.
Sie wirft jeden Mittwoch bei Sasso die Kauris.
Da könnten wir sie immer treffen.

Alle die vielen kleinen Päpste Pierri, die jetzt nach Afrika fahren, mit den Steinen von Göttinnen, die Riten vergleichen und Kräuter austauschen.
Es gibt keine Verhaltensweise, keine beschriebene, veröffentlichte Verhaltensweise mehr, die nicht nach einer Inkubationszeit massenhaft kopiert wird.
Schwul wird Mode.
Der Papst Pierri wird Mode.
Wann wird Jäcki Mode?

1971 wurde jedes Fest der afroamerikanischen Religionen in Brasilien von der Polizei kontrolliert.
1981 fliegt Herr Lody vom Kultusministerium nach Recife und nach Bahia, nach Porto Alegre und nach Ouro Preto und nach Brasilia.

Er bringt einen heiligen Stab mit fürs Museum und eine Statue, ein Gewand und eine Pflanze, eine Trommel und Cassetten und Videotapes.

– Ich habe unzählige Bücher über den Candomblé verfaßt.

– Ich schreibe gerade an einer Untersuchung über Nanã.

Alle schreiben gerade an einer Untersuchung über Nanã.

– Edison Carneiro ist vor zehn Jahren gestorben.

Herr Lody ist ein schöner Mann.

Er könnte aus einem Bild von Raffael gesprungen sein.

Wenn der florentinische Prinz redet, verwandelt er sich in ein Huhn in der Bahnhofshalle.

Er gackert durch den Palacio de Catete, den Palast aus der Kaiserzeit, wo das Kultusministerium untergebracht ist.

Es scheint nur einen einzigen Telefonanschluß zu geben.

Er wird fünfmal ans Telefon gerufen.

Jäcki und Herr Lody sprechen nach den Unterbrechungen rituell über die Unterbrechungen und nicht über die Riten.

Zum Schluß:

– Nunes Pereira ist lange tot.

– Nein! Nunes Pereira lebt! Er lebt hoch oben in Santa Tereza!

Auffahrt nach Santa Tereza.

Je höher, desto ärmer, hatte in den dreißiger Jahren ein strukturalistischer Bestsellerautor behauptet.

Je höher, desto lauschiger die Besitztümer, Rampen, Renaissancebalustraden – aus dem XIX. Jahrhundert, Efeu, Jaguars.

Den Hang hinab die riesige Favela, als hätte sich in zehn Jahren in Rio nichts verändert.

Nicht weit davon, in einer Kurve, das Haus, in dem Nunes Pereira, 86, leben soll.

Aus einem kleinen Fenster guckt ein dürrer Greis mit einem Knopf im Ohr – das Hörgerät.

Ich klingle.

Der Greis oben rührt sich nicht.

Aus der Sprechanlage eine elastische Stimme.

Ich gebe mich zu erkennen.

Es ist Nunes Pereira.

Er versteht mein Portugiesisch.

Die Tür schnappt auf.

Nunes kommt mir auf dem Gang entgegen.

Der Schattenriß eines Boxers.

Im roten Bademantel.

Weiß gepuderte Füße.

Er hat sexige Hände – mit breiten Falten, wie von einem Mantel.

Das Haar weiß.

Schlohweiß nennt man das und die makellose Farbe ist mir ebenso unangenehm wie das Wort.

Alterslose Augen – nicht wie gebrochenes Porzellan im Regen.

Nunes ist ein Chinese.

Ein Indianer.

Ein sehr dunkler Indianer.

Er mischt Französisch mit Deutsch.

Er liest Herodot im Text.

Und da er vor den brasilianischen Akademikern damit angeben kann, kann ich vor ihm damit angeben, daß ich es auch tu.

Wir trinken eine Flasche Rotwein aus.

Heute sind alle Fenster zu.

Die Sprechanlage bleibt still.

Ich klingel ein zweites Mal.

Jetzt kommt Nunes doch.

Sein Gesicht ist grau.

Gelb.

Er hat einen changierenden Anzug an.

Er holt eine Flasche Rotwein aus dem Eisschrank.

Jetzt taut er gleich auf, denke ich und schäme mich des Kalauers.

Nunes zeigt mir den Brief von Pierre.

Ein Brief des achtzigjährigen Papstes der afroamerikanischen Studien an den sechsundachtzigjährigen Propheten.

Und über beiden schwebt als Meerstern der afroamerikanischen Studien die jungfräuliche Lydia in Miami – achtzig auch sie.

Pierre lobt herablassend Nunes' Buch A Casa das Minas.

Nunes möchte gerne von Irma fotografiert werden.

Gerne gibt er mir ein Interview.

Er zeigt mir eine priapische Plastik.

– Das bin ich.

– Grandeur nature, frage ich.

– Nein. Meiner ist kleiner. Aber kleine sind aggressiver. Manche kriegen einen großen wegen des Eigengewichts gar nicht in die Höhe. Wußten Sie übrigens, daß Pierre ein passiver Päderast ist?

Zum Piepen!

Ethnologentratsch.

Gisèle über den Papst,

Lydia über den Papst,

Nunes über den Papst,

der Papst über Corello,

Corello über alle.

Ich sehe den fast neunzigjährigen grauen Chinesen vor mir an, der den großen Holzpimmel wie eine Puppe im Arm hält und erlasse ihm die den Macho beleidigende Gegenfrage:

– Woher wissen Sie das so genau, haben Sie mit dem Papst Pierri geschlafen?

Obwohl es eigentlich beleidigend für einen Alten ist, daß man schweigt, um ihn zu schonen.

Aber Nunes ist schon wieder weiter:

– Proust ist der Größte. Manchmal furchtbar langweilig. Aber er ist der Größte.

Nunes will noch ausgehn.

Nach Copacabana.

Was macht er dort?

Das Taxi rüttelt uns durch.

Als wir im Stadtzentrum ankommen und ich aussteige und dem Chauffeur Nunes' Ziel sagen möchte, hat Nunes vergessen, wo er hinwill.

Er spricht von den Indianern an der Grenze Venezuelas.

445

Ich will Nunes nicht erschrecken.

Ich zeige ihm meine Interviewfragen.

– Ich finde Ihre Fragen vorzüglich, sagt Nunes. Aber ich würde das Interview ganz anders bauen.

Ich empfinde das als eine Tautologie.

– Nunes Pereira, der Student der afrobrasilianischen Kultur betrachtet Ihr Werk mit großer Aufmerksamkeit und Bewunderung.

In Deutschland sind Sie unbekannt.

Hätten Sie Lust, in großen Zügen Ihre Entwicklung zu schildern?

– Ihre Worte machen mich, auf der Höhe meines Alters, eitel.

Ich bin in den Achtzigern.

Ich habe die Hoffnung, die Hundert zu erreichen – wenn die Welt bis dahin weiterbesteht.

Mein Leben entwickelte sich in Maranhão, einer Landschaft, die heute noch zum Amazonasbecken gerechnet wird, an den Ufern des Flusses Bacánga, in der Bahia de São Marcos.

Diese Bucht hat einen großen Einfluß auf mein Leben.

Ich interessiere mich für die Mythologie der Griechen und Römer.

Ich schrieb die Legenden der Indianer meines Landes auf.

Ich begann mein Leben mit einer Legende.

Als ich ein paar Monate alt war, brachte mich meine Mutter auf die andere Seite der Bucht.

Sie weckte in mir das Interesse an aquatischen Mythen.

Keine Mutter darf einen Säugling über die Bucht nach Alcantara bringen, ohne daß er getauft ist.

Im Wasser wohnt ein Nöck, ein Meermann, ein Alter.

Er taucht auf, reißt das ungetaufte Kind an sich und verschwindet damit in den Wellen.

Meine Mutter legte mich unten im Schiffsbauch, über dem Kiel, auf den Bauch.

Der Nöck konnte mich nicht sehen.

Das Leben fängt mit einem Mythos an.

Ich bin Mythoman, um ehrlich zu sein.

Ein Kind, das dem Nöck entkommt, ist zum Reisen bestimmt.

Ich bin zweimal geboren worden.

Ich muß reisen.

Wenn ich nicht reise..

Seit einem Jahr bin ich nicht gereist.

In meiner Bibliothek hier in Rio und in meiner zweiten Bibliothek in Manaus, die ich dem Instituto de Pesquisa anvertraut habe, finden sich unzählige Bücher über die Mythologien der Völker.

Mein Vater stammte aus dem Maranhão, wie ich.

Aus dem Innern, aus Pedreiras.

Mein Großvater besaß eine Fazenda.

Er war ein großer Sklavenhalter.

Er war pansexuell.

– Was heißt das? Bisexuell? Er liebte Männer und Frauen?

– Um Gottes willen!

Er bemächtigte sich vieler Sklavinnen, um die Anzahl der Arbeitskräfte zu vermehren.

Alle Pereira im Maranhão sind Produkte der sexuellen Aktivitäten meines Großvaters.

Mein Vater war Schuhmacher.

Aber da die Bedingungen für diesen Beruf im Maranhão nicht sehr günstig waren, handelte er auch mit Schuhen.

Zu dieser Zeit lernten die Söhne wohlhabender Eltern im Maranhão immer auch ein Handwerk.

Im Alter von drei Jahren verlor ich meinen Vater.

Mein Vater war ein Bohemien gewesen.

Nach seinem Tod fand ich ein Heft mit Versen von ihm und mit Zeichnungen.

Die Familie meines Vaters waren Weiße.

Sie stammten von Portugiesen ab.

Auf dem Grunde meiner Persönlichkeit ist ein Bohemien.

Ich blieb bis zu meinem fünften Lebensjahr bei meiner verwitweten Mutter in Belém.

Sie war Näherin.

Sie nähte für viele Familien.

Auch für die Lemos.

Antonio Lemos war der einflußreiche Politiker, der damals in Belém alle die großen modernen Bauwerke ausführen ließ.

Ich spreche von der Zeit der Jahrhundertwende.

Durch eine Initiative kamen alle Intellektuellen des Landes nach Belém.

Dona Maria Lemos war Lehrerin.

Ich freundete mich mit ihrem Sohn an und wurde von der Familie nach Rio auf die Schule geschickt.

Erst in ein Internat in Petropolis, dann auf das Gimnasio de Santa Rosa in Niteroi.

Dort lehrten die Salesianer.

Ich bin ein dankbares Tier.

Die Salesianer sind große Pädagogen.

Wir wurden alle vom erzieherischen Genie des Dom Bosco berührt.

Mit 16 oder 17 ging ich ins Pará zurück.

Ich hatte eine Tante, die mit einem Gerichtspräsidenten verheiratet war.

Ich schrieb mich als Jurastudent ein.

Im sechsten Semester ließ mich mein Onkel rufen und verlangte, daß ich das Jurastudium aufgäbe.

— Warum?

— Sie spielen.

— Mein Onkel, Sie spielen auch.

— Sie trinken gern.

— Der Herr trinkt selbst.

— Sie essen gern und gut.

— Mein Onkel, Sie auch.

— Sie sind ein Schürzenjäger.

— Wie Sie.

— Sie können nur ein bestechlicher Richter werden. Lassen Sie die Juristerei.

Ich wurde Veterinär.

Das Landwirtschaftsministerium schickte mich nach Rio Grande do Norte.

Ich arbeitete am Amazonas und in Roreima.

Damals fing ich an, mich für die Indianer zu interessieren.

Ich bereiste Guyana und Peru.

Der Abglanz dieser Reisen macht mein Werk aus.

– Wann waren Sie in Guyana?

– 1918.

– Und wann heirateten Sie?

– 1918.

Ich hatte mich in Dona Maria Ribeiro verliebt.

Ich habe von ihr zwei Kinder.

Ich habe Enkel und Urenkel.

– Welches ist Ihre früheste Erinnerung?

– Sie ist sehr kurz.

Sie zeigt bereits meine Vorliebe für Feuer.

Meine Eltern verließen das Haus.

Ich blieb in der Obhut einer Sklavin.

Es gab damals noch kein elektrisches Licht im Haus.

Wir hatten Kerzen.

Ich nahm eine Kerze und zündete die Bettvorhänge an.

Wenn ich heute ins Zentrum von Rio gehe, möchte ich die Hochhäuser alle anzünden.

– Erzählen Sie mir von Ihrer Mutter.

– Sie ist noch in meinen kleinsten Gesten gegenwärtig.

Sie können sich nicht vorstellen, wie groß ihr Einfluß auf mich war.

Noch heute, als alter Mann gehe ich mit hochgerecktem Kopf, denn sie sagte immer:

– Brust raus.

– Kopf hoch.

– Arme gerade.

– Sie sind kein Verbrecher. Halten Sie sich gerade.

Ihre Art bei Tisch zu sitzen.

Die Art zu essen.

Leute zu bewirten.

Sie war außerordentlich intelligent.

Manchmal spüre ich die Gegenwart meiner Mutter noch heute – wenn ich einen Fehler begehe.

Mein Temperament ist das Temperament eines Bohemien.

Manchmal möchte ich Verlaine sein – nicht in seiner sündhaften Verbindung zu Rimbaud.

Ich möchte nachts von Bar zu Bar gehen, mit Fiedeln und Frauen.

Ein Freund sagte mir:

– Sie sind ein Grieche der Décadence.

– Anakreon.

– Frauen. Trinken. Spielen.

Ich liebe Anakreons Poesie.

Ein Mann aus Maranhão ist immer ein Poet oder ein Schuhmacher.

Mein Vater war beides.

Ich fing früh an, Gedichte zu machen.

Ich habe sie nie veröffentlicht.

Meine Selbstironie ist ziemlich entwickelt.

Ich bin Mitglied der Akademie der Schönen Literatur von São Luiz.

Ich wurde mehrere Male für die Brasilianische Akademie nominiert.

Als sie das große Gebäude der Brasilianischen Akademie bauten, sagte ich:

– Je höher das Gebäude, desto niedriger die Kultur.

– Ihre Mutter gehörte der Casa das Minas an.

– Meine Mutter war portugiesischer Abstammung, Indianerin und schwarz.

Ihr Haar war gekräuselt.

Ich lernte die Casa das Minas kennen, weil meine Mutter dort eingeweiht worden war.

Als ich geboren wurde, weihte sie mich dem afrikanischen Vodun Bade.

Als ich noch klein war, sagte der Gott Kpoli Bodji: – Warum geben Sie mir nicht diesen Kleinen?

So kommt es, daß ich zwei Vodun zugehöre: Bade und Kpoli Bodji.

Auf Grund ihrer Stellung in der Casa das Minas sollte sie die Nachfolgerin der großen Mutter Maria Andreza werden.

Aber sie starb vor Mãe Andreza.

Sie starb 1918 am Amazonas an der Spanischen Grippe.

– Im Jahr Ihrer Hochzeit.

– Als Junge war ich bei allen großen Festen in der Casa das Minas dabei.

Es beunruhigte mich sehr, wenn meine Mutter in Trance fiel.

Bei jedem Fest.

Manchmal sogar zu Hause.

Sie kam im Hause meiner Tante an.

Sie war schon in Trance.

Meine Tante legte sie bäuchlings auf ein weißes Laken und zündete eine Zigarre an.

Die Bewohner des Hauses knieten nieder.

Sie legten zwei Finger an den Nacken meiner Mutter und sie sagte wahr.

Sie erteilte Ratschläge.

Es wurde gesungen und Weihrauch abgebrannt.

– Wer war Mãe Andreza?

– Eine große Figur.

Aus Afrika wurden Geschenke geschickt.

Puppen.

Interessante Gegenstände, die alle nach ihrem Tode verschwanden.

Meine Mutter hatte gewollt, daß ich Pater würde.

Aber sie entdeckte sehr bald meinen Charakter und sagte:

– Sie sind pansexuell.

– Sie sind ein mystischer Bock.

Ich wurde so geboren.

– Sie schreiben von einer Verbindung zwischen Freimaurerei und Casa das Minas – war das eine alte Tradition?

– Ja.

Ich glaube, diese Tradition kam schon aus Afrika.

Bei der Sklavenbefreiung in Brasilien spielten die Freimaurer eine wichtige Rolle.

– War Mãe Andreza Freimaurerin?

– Nein.

Nur auf Haiti und in Louisiana gab es weibliche Freimaurer.

Ich war schon als Kind bei den Festen der Freimaurer dabei.

Aber ich bin nie richtig eingeweiht worden.

Wenn ich demnächst nach Belém fahre, werde ich bitten, daß man mir dort, in der Loge Renascença, diese Gefälligkeit erweist.

– Sie nennen sich selbst pansexuell.

Es gibt von Ihnen ein priapeisches Porträt – wie war das sexuelle Leben in São Luiz um das Jahr 1900?

– Es gab Bordelle, es gab eine geheime Prostitution.

– Wurde die Homosexualität toleriert?

– Sicher.

Man nannte die Homosexuellen Veado und Cualira.

Das heißt Arschlyra.

– Woran arbeiten Sie?

– Ich schreibe eine Studie über die Kommission von Rondon.

Sie setzte sich aus den brillantesten Wissenschaftlern der Zeit zusammen – Mediziner, Botaniker, Anthropologen.

Ich fahre demnächst nach Kuba und will anschließend nach Afrika, um die Riten der Casa das Minas mit den afrikanischen Riten zu vergleichen.

Ich bin ein bißchen traurig, so alleine zu leben.

Ein Mensch, der allein lebt, ist stark, sagt man.

Trotzdem.

Ich kriege jetzt Telefon.

Dann kann ich Dona Morte – die Dame Tod anrufen.

Ich bin unruhig.

Ich bin ein Nomade.

Ich bin der Natur gegenüber so neugierig.

Der Tod meiner Frau hat mir nicht viel ausgemacht.

Ich scheue mich nicht, das einzugestehen.

Ich bin Bohemien.

Aber in meinem Alter kann ich nicht mehr als Bohemien leben.

Bars. Musik. Nachtleben. Diskussionen.

Das ist vorbei.

Assez!

Wenn Dona Morte großzügig ist, kann ich diese Arbeiten noch fertigbringen.

Mein Name bei den Freimaurern ist Antäus.

Ich lebe in der Stadt.

Ich wohne gemütlich.

Ich esse gut.

In meinem Alter..

Ich bin nicht krank.

Aber wenn ich in den Amazonas zurückkehre, dann wächst meine Kraft.

Es zieht mich an den Amazonas.

Das Alleinsein ist sehr traurig.

Das Herz ist noch jung.

Der Körper ist es nicht mehr.

Und man sieht die Mädchen.

Alleinsein stärkt.

Ich habe keine Hausangestellte.

Ich habe Angst, daß ich von einer Reinemachefrau hier allein, in meinem Alter überfallen werden könnte.

So ist das heute.

Sie würden mich zwingen, Schecks auszustellen.

Irma hat Kameras und Objektive und den Blitz in Einkaufstaschen versteckt.

Wir mustern jeden Taxifahrer und nehmen erst den dritten.

Ehe wir in Santa Tereza über die Straße gehen und bei Nunes klingeln, sehen wir uns um, ob drüben nicht eine Bande steht, die jetzt auch eine Leica bei einem Hehler unterbringen kann.

Nunes kommt nicht.

Nunes ist nicht da.

Ich würde weggehen.

Außerdem ist es gefährlich in Santa Tereza so lange vor einem Haus zu stehen.

Irma wartet einfach. Auf die Idee, daß Nunes von seinen Ausflügen verspätet heimkehren könnte, bin ich nicht gekommen.

Die Straße ist ganz leer.

Die Straßenbahn fährt vor.

Junge Männer aus der Favela haben sich draußen angeklammert.
Die Straßenbahn hält.
Fährt wieder ab.
Und vor der Mauer, wo niemand vorher stand, steht Nunes.
Das weiße Haar wie eine Schneewehe weithin sichtbar.
Er hat den grau-violettchangierenden Anzug an.
Er kommt forsch über die Straße und küßt Irma die Hand.

Jäcki trifft die französische Anthropologin und Candomblépriesterin Gisèle bei dem französischen Fotografen Sasso, der mit Wilma einer geistlichen Tochter von Gisèle zusammenlebt.
— Das wäre ein ethnologischer Bericht:
— Die intellektuelle Candomblémammi interviewen und ihr Opfer.
Wilma und Gisèle sagen zu.
— In einem Jahr, sagt Jäcki.
— Wenn wir aus dem Amazonas zurück sind
— In einem Jahr und einem Tag.
— Kehren die Toten nach Afrika zurück.
— Dans un jour dans un an
— Das ist Françoise Sagan.
— Nein, Racine.

Gisèle Binon-Cossard führt mich zu dem Strauch
Orelha de Macaco
Sie erklärt den Gebrauch.
Und wo sie es her hat.
Ich frage sie, ob sie einen Ritus des Bewußtseins kenne.
Obrigação da Consciência.
Sie hat den schwimmenden Blick der Afrikaner.
Sie will vor mir die närrische Afro Mutti spielen.
Dann erinnert sie, daß ich etwas von den Kräutern weiß,
nach Lydia und nach Pierre Verger.
Die Professorin der Sorbonne macht in ihrem Heiligen Gesicht den Rücken gerade.

Sie erzählt mir den Ritus.
Sie nennt mir die Namen der Pflanzen.
Und auch die lateinischen Bezeichnungen.

Mãe Ilesi erzählt in Joãozinhos verödetem Schlafzimmer vom
Einweihungsritus für Nanã
Die Schöpfung der Welt aus Matsch.
Mit Fröschen und Kröten
Die Mädchen werden in einer Grube voll Matsch begraben
Mãe Ilesi erzählt vom Wald.
El Monte von Lydia Cabrera.
Des Papstes Pierri Zettelwald im Schuhkarton.
Heute gibt es keinen Wald mehr, der taugt.
Joãozinho mietete einen Bus und verbrachte einen Tag mit sei-
nen Töchtern im Wald.
Heute gibt es keinen Wald mehr, der taugt.
Doch.
Wo.
In Bahia.
Nein.
Bei wem
Im Tempel von Pedro de Batefolha.
Pedro ist lange tot.
Seit zehn Jahren.
Wie Joãozinho.
Sie starben im selben Jahr.
Jäcki hört die Blätter rascheln, die Zettel knistern.

– Das ist komisch, denkt Jäcki.
– Wenn man nicht mehr forschen will, dann erzählen sie einem
alles.
– Wenn man sich auf so einer kitschigen Reise in die Vergangenheit befindet, dann kriegt man die Obrigação da Consciência,
das Matschbad für Nanã, die Krötenopfer und den Heiligen
Wald.

– Dem Juwelier

Amsterdam-Sauer gegenüber der schwule Strand.

– Koketterie.

– In dem Moment, wo sie festgestellt haben, daß man auf sie steht, interessierte es sie nicht mehr.

– Oder wollen sie nur den zweiten Liebesbeweis.

– Wie Wolli, der Zuhälter.

– Abweisen, Nein-Sagen, um nach dem zweiten Anlauf Ja-Sagen zu können?

War Jäcki nicht zu abgebrüht, sondern zu schüchtern?

– Praça Floriana in Rio de Janeiro abends, wie Christopher Street im Village von New York.

– Toller als Christopher Street.

– Tausend Schwule.

– Stehen.

– Reden.

– Christopher Street jagen sie hinunter.

Carlos.

Seine Mutter darf es nicht wissen.

Deshalb bitte keine Lutschflecken.

– Welle der Nacht.

– Meerwidder und Delphine

Aus der Metro rasen die Männer in die Klos der Central do Brasil.

Im Kino Marrocos

Das ganze Parkett bebt.

Ein taubstummer schwarzer Gigant.

Als es ihm kommt, klammert er sich an Jäcki

Er stößt gurgelnde Schreie aus, die er selbst nicht hört.

Eine kleine, zarte, hellhäutige Tunte hat es beobachtet.

– Ela quer falar.

– Sie will was sagen, sagt er über den Taubstummen.

War Rio das alte?

5.

Unsere Zeit in Rio ist abgelaufen.
Jetzt raus.
Ich sage zu Irma:
– Noch sind unsere Immunkräfte noch nicht geschwächt.
– Noch haben wir weder Amöben noch Malaria noch Bilharziose.
– Wir sind noch nicht überfallen worden und noch nicht verhaftet.
– Wenn wir wirklich den Austausch von Kräuterrezepten im Amazonas studieren wollen – zwischen Negern und Indianern und den Einfluß der Riten der verschleppten Königin Agotime, dann los, auf, auf!
– Und zwar ans tiefste Ende, nach Rio Branco, fast an die Grenze von Bolivien und Peru!

Nachtflug.
Alle schlafen.
Nur die Stewards schnattern ohne Unterbrechung.
Ein Getränk bekommt man bei Vasp nicht.
Das letzte Mal flogen wir bei Tag – unten Tausende von Kilometern Wald.
Wie eine Schambehaarung über dem Boden mit der dünnen Krume, die sich eben von den abfallenden Blättern der Urwaldbäume erhält.
Für Nutzbau zu zart.
Wie viele Kilometer Wüste sind es inzwischen?
Wie viele Indianer gibt es weniger – an Schußwunden krepiert und an vergifteten Miedern?
Wie viele tausend Bauern sind vergeblich hergeflogen und hungern jetzt im Elend?

Morgens um vier kommen wir in Manaus an.
Freihandelszone.
Jede Nummer der Fotoapparate und der Objektive wird aufge-
schrieben.
Das dauert eine Stunde.
Leere Asphaltbahnen in die Stadt hinein.
Gleichmäßig ausgeleuchtet.
Viele Geflügelfarmen.

Manaus.
Flußhafen.
Am 5. Juli 1850 gegründet.
284 000 Einwohner.
Nur?
Die zweite Zahl
388 000
im Führer ist auch untertrieben.
Im Touristenprospekt steht 800 000.
Wer zählte die Bewohner der Elendsviertel?
Manaus ist von Brasilia 3400 km entfernt.
Von Belém auf dem Flußweg 1700 km.
Auf den Straßen sind es nach Belém 5200 km.
Nach São Paulo 4000.

Pflanze einen Baum im Amazonas.
Pflanze einen Baum in der Sahara.
Pflanze einen Baum in der Wüste Negev.
Pflanze einen Baum in Chile.
Eine stilisierte Hand, stilisierte Keimblätter und stilisierte Wur-
zeln.
Überall die gleichen.
Ein Designer.
Eine Dekorationsfirma.
Sekretärinnen.
Ein Budget.
Ein Auftraggeber.

Ein Geschäftsessen.
Pflanze einen Baum im Amazonas.
Das steht da.

Ich erinnere noch die Kathedrale.
Als ich das erste Mal vor zehn Jahren hier war, lag sie nachts unbeleuchtet.
In den Portalen die zartere Zärtlichkeit der Indianer.
In einer Schule oder einem Seminar lag ein großes Insekt.
Halbverschimmelt in der Flußluft.
Es fliegt starr geradeaus.
Was auf seinem Weg steht, wird gestochen.
Es ist sehr giftig.
Ich erinnere Mutter Zulmira.
Sie erzählte mir von dem Einweihungsgetränk für Xango.
Von den Kräutern, die sie aus Rio, aus Bahia, aus Recife kommen läßt und von den Pflanzen, die sie aus Manaus wegschickt in den Süden, mit Boten, per Schiff.
Der Tempel lag weit draußen vor der Stadt – unter hohen schwarzen Bäumen, aus denen ein Seim troff.
Man gelangte auf matschigen roten Wegen zu Zulmira.
Man mußte an mehreren Baptistenkirchen vorbei.

Zulmira?
Nie gehört.
Candomblé?
Gibt es nicht in Manaus.
Es gibt Umbanda.
Es gibt Umbanda, Macumba, Spiritismus, Mesa Branca, Kimbanda, Pajelança, Cura – Candomblé gab es vielleicht früher einmal.
Aber die alten Negerinnen sind alle tot oder weg.
Zulmira?
Wir werden von einem Ende der Stadt ans andre geschickt.
Ich hoffe, die Baumgruppe wiederzuerkennen und den langgestreckten Tempelbau mit dem Wellblechdach.

Die Bäume sind weniger geworden in Manaus.

Die Hochhäuser haben zugenommen.

Elektrische Orgeln, Fernseher, Transistor, Cassettenrecorder.

Die Tümpel zwischen den Favelas sind mit Bierdosen bedeckt.

Wenige Kolonialbauten mit römischen Rundziegeln.

Nackt und von einem Mörder vergewaltigt – heißt der Film.

Gegenüber ein Lehmweg.

Dahinten ist es, sagt der lungernde junge Mann. Ich bringe Sie hin.

Es ist kein gemütlicher Spaziergang, den Kinoschuppen im Rücken, die grünen Kotbäche zwischen den Beinen.

Die arbeitslosen Jugendlichen tragen ein Messer in den Jeans.

Unser Führer sieht unglücklich aus und gierig.

Er hat gelbe Augen und eine zu lange Nase.

Ich führe Sie hin unter der Bedingung, daß Sie mir was bezahlen.

Es sind hundert Meter.

Nebbich.

Mãe Zulmira?

Ja.

War es immer hier?

Ja. Wir haben einen Teil des Tempels eingerissen und die Bäume abgeholzt. Sie wurden zu groß.

Noticia, den 11. Juni 1981:

Tremendão verhaftet.

Der Kommissar sagt:

Innerhalb einer Stunde muß er spucken, sonst..

Eine Seite Leichenfotos.

Die Morgue.

Unfälle.

Ermordete.

Eine Kinderbande reißt zwischen den Duty Free Shops die Mülleimer um und sammelt die Plastiktüten.

– Ich kündige Sie bei Geraldo P. in Manaus an, hatte Nunes Pereira in Rio de Janeiro versprochen.
– Geraldo ist der Mann, der alles über die Religionen am Amazonas weiß.
– Er wird Ihnen gar nichts sagen.
– Er sitzt auf seinen Informationen.
– Aber er ist auch zu faul, um selbst was zu schreiben.
– Er sammelt Bücher und Zeitungsausschnitte und Karteikarten.
– Als ob er das alles einmal mit in das Kämmerchen an der Friedhofsmauer nehmen kann.
– Was ich am meisten im Himmel entbehren werde, sind meine Bücher, sagte Nunes Pereira.

Geraldo P. hat keinen Brief von Nunes Pereira erhalten.
Er ist trotzdem bereit, mich am Sonnabendabend bei sich zu empfangen.
Das Holzhaus des mittleren Bürgertums, das vor fünfzig Jahren am Rande der Stadt mitten im Urwald errichtet wurde – heute eine fast baumlose Gegend.
Ich sehe mich um, als ich über die Straße gehe.
Geraldo P. hat ein konventionelles Gesicht; er könnte Nuntius sein oder den Frauenmörder spielen.
Darunter der nackte Oberkörper eines sechzigjährigen Intellektuellen.
– Der Nunes schickt Sie?!
– Mein Haus ist Ihr Haus!
– Ja, die afrikanischen Religionen am Amazonas.
– Da waren schon manche hier.
– Ich habe Métraux herumgeführt und Herskovits und Verger.
– Die Königin Agotime!
– Wer wüßte da nicht gern Genaueres!
– O, und die Drogen der Indianer in den Einweihungsgetränken der Afrikaner – das ist ein interessantes Gebiet.
– Ja.
– Kommen Sie doch einmal mit.

Wir gehen nach hinten, der Veranda zu, wo ich die Familie in Hängematten sitzen sehe.

Enge Gänge.

Bücher rechts und links.

Dann ein Arbeitszimmer.

Metallene Kommoden für Karteien und Aktentaschen.

Leitzordner.

Überbürdete Schreibtische.

– Sehen Sie, es kann nichts über die Kultur der Neger in Manaus geschrieben werden, ohne mich.

– Das ist hier die letzte Veröffentlichung – ich glaube es war ein Kanadier.

Er reicht mir die Broschüre herüber.

Auf jeder Seite ist mehrere Male der Name Geraldo P. mit Tinte unterstrichen.

– 1500, der Amazonas wird von Pinzon entdeckt.

– Das haben wir auch schon mal woanders gelesen.

– 1616 – die Portugiesen lassen sich in Forte do Presepio nieder, das ist Belém, wie Sie wissen.

– 1657 – um 1657 – geschenkt! kommen die Jesuiten aus Maranhão und machen die ersten Indianer seßhaft. Die indianischen Riten mischen sich mit dem katholischen Glauben.

– Schön, nicht? Na, meinetwegen.

– Das ist angeblich die Entstehung der Pajelança, von Pajé, der Schamane.

– Wers glaubt, wird selig.

– 1682 schon die ersten schwarzen Sklaven im Amazonas. In Belém wurde direkt aus Bissau und Cacheu importiert.

– Der Naturalist und Reisende Alexander Ferreira soll 1786 im Amazonas 247 Sklaven, 635 Weiße und 5760 Indianer gezählt haben.

– 1849 finden wir die erste Erwähnung von Festen mit Trommelbegleitung in den Siedlungen flüchtiger Negersklaven.

– Also das stimmt.

– Ich kann es Ihnen zeigen.

– Hier, bei Bales: The Naturalist on the River Amazonas.

– Meins ist die Londoner Ausgabe von 1892.

– Vier Jahre später kam die Dampfschiffahrt in den Amazonas.

– Der Schmuggel mit Gummi hatte begonnen.

– 1871 nimmt Gummi den ersten Platz bei den Exporten ein.

– Die Kautschuksammler wurden von Negern aus Maranhão beaufsichtigt. So kam die Religion der Maranhensen her.

– Das sind meine eigenen Nachforschungen.

– Die Kaurimuscheln für die Kulte wurden aus Alagoas importiert.

– Rush.

– 1877 eine der großen Dürren im Nordosten. Tausende suchen Arbeit am Amazonas.

– Zur Zeit des Gummirushs führen Literaten den Kardezismus ein.

– 1894 wird die Spiritistenvereinigung des Amazonas gegründet. Das ist eine interessante Information.

– Es ist die dritte in ganz Brasilien.

– Nach Rio und..

– Ja, ich weiß auch nicht.

– Bahia?

– Im selben Jahr wird die Oper gebaut.

– 96 erhält Manaus als zweite Stadt in Brasilien die Elektrizität.

– Was das mit dem Candomblé zu tun haben soll, weiß ich auch nicht.

– 1902: Schwimmdocks. Nachtleben. Modejournale – hat auch nichts mit der Umbanda zu tun, Wissensballast, Soziologenprahlerei!

– Keine genauen Informationen über afrobrasilianische Tempel in Manaus vor 1900.

– Hier stehts: Informationen von Geraldo P.:

– Der älteste Tempel im Morro da Liberdade wurde von Joana Maria da Conceção aus dem Maranhão um 1900 gegründet.

– Ihre Nachfolgerin heißt Quintina.

– 1943 übernimmt Zulmira den Tempel.

– Ja, die Zulmira, die Sie kennen.

– Zulmira ist eine der wichtigsten Figuren.

– Der nächste Tempel hieß Alagoanas, weil der Priester João aus Alagoas kam.

– Der dritte, der ist es, der Tempel Santa Barbara wurde von Maria Rita Estrela da Silva gegründet.

– Wie wollen Sie das einem Pariser oder einem Nordamerikaner verständlich machen, was das bedeutet.

– Maria Estrela gründete ihren Tempel in Seringal Mirim.

– Sie war die Tochter von Sklaven.

– Sie war in der Casa das Minas eingeweiht worden.

– Da, wo der Nunes ein und aus ging, als er fünf Jahre alt war.

– Sie war noch von Mãe Luiza gewaschen worden, von Zomadonu persönlich, wenn Ihnen das was sagt.

– Maria Estrela arbeitete mit Antonia Lobão zusammen, die war als Kind noch Sklavin gewesen.

– Maria gründete den Tempel um 1911 – nicht 1908. Die Leute wissen nicht, wovon sie reden.

– Maria Estrela starb 60 mit 88 Jahren.

– Lobão starb 64 mit 80 oder 90, einige behaupten mit 125 – aber prüfen Sie das mal nach.

– Lobão kam aus Maranhão, aus Codó. Das war sprichwörtlich für Homosexualität.

– Maria Rita Estrela und Lobão galten als lesbisches Paar.

– Nein, von Zulmira habe ich es nie gehört.

– Joana Papagei übernahm dann den Tempel.

– Sie war sehr geschickt.

– Sie kam von den Indianerriten her.

– Sie versammelte um sich alle die eingeweihten Töchter aus dem Maranhão.

– Joana Papagei starb 72.

– 77 wird der Tempel aufgelöst, Familienzwist.

– Jaja, Mãe Angelica. Mãe Rosario. Efigenia, Pedro Tartarugeiro, der noch von Joana Gama herstammte, Miguelina, Norvinda, Chico Beleza, Djanira, Astrogilda.

– Das hat er alles von mir.

– Hier steht es auf Englisch: Geraldo P. sagt:

Neue Kultformen entstehen zwischen 1941 und 1945 durch den Einfluß der Nordestinos.

– Die Umbanda wird eingeführt.

– Zwischen 1970 und 1977 kommen sogenannte Batuques. Zwei der Priester sind in Bahia eingeweiht worden.

– 1971 gibt es 40 Searas in Manaus, das steht in der Zeitung. Ich frage mich, ob sie es nachgezählt haben.

– Seara, das heißt indianische Riten aus dem Bundesstaat Seara.

– Der katholische Pfarrer verdammt die afrobrasilianischen Riten – na, klar!

– 73 kam ein Herr von der Umbandavereinigung aus Rio.

– Die können Sie vergessen.

– Was wollen Sie wohl bei den Vereinen über die afrikanische Königin Agotime und über die Kräuter der Indianer erfahren?

– Das sind geldgierige Priester, die von Lokalpolitikern bestochen werden, damit sie Wählerstimmen aus dem Potential der Gläubigen herbeischaffen..

– Es gab sogar eine Kolumne in der Noticia.

– Damit wollte sich ein Politiker eine Anhängerschaft gewinnen.

– Zulmira ist immer noch die Verläßlichste.

– Sie kennt das Veveu, den Trank zur mystischen Bestrafung.

– Ich habe so etwas bei ihr erlebt.

– Sie singen Abiéé, abiéé.

– Und stoßen sich, besessen, den Fuß zur Strafe an einem Stein blutig.

– Einmal mußte eine mit Blaulicht ins Krankenhaus gebracht werden, weil sie soviel Blut verloren hatte.

– Sie wurde genäht.

– Zulmira kennt das Banho Fino.

– Und den Gesang fürs Amassi.

– Es ist jetzt Jahre her, daß ich nicht bei ihr war.

– Sehen Sie mal, hier, mein Heft, das sind meine Aufzeichnungen.

Geraldos Sohn fährt mich ins Hotel Imperial zurück.

– Nein. Mein Vater war kein strenger Vater. Er war eher mütterlich.

– Er hat eine sehr schwere Jugend gehabt.
– Sein Vater war früh gestorben.
– Er hatte es schwer, hochzukommen.
– Er fürchtete immer, wir könnten Wärme und Schutz entbehren.
– Manaus, das ist einfach.
– 750 000 Einwohner.
– Die Hälfte der aktiven Bevölkerung arbeitslos.
– Die Hälfte der Einwohner in Favelas.
– Es gibt keine andre brasilianische Stadt, die so gewalttätig ist, wie Manaus.
– Aus dem Innern kommen die Männer, um Arbeit zu suchen.
– 2000 Leute sind aus der Freihandelszone entlassen worden.

Cine Guarani.
Das schwule Kino von Manaus.
Ich hatte es mir gleich gedacht.
Eher verfallen.
Eine Holzkonstruktion.
Verschimmelnde Pseudopracht der Gründerjahre.
Drinnen zurückhaltend.
Die zarten Orgien der Provinz zu den unkonventionellen Zeiten am Nachmittag – in Brunsbüttelkoog soll man sich morgens um sechs zur Rushhour an den Fähren die Uhr aufziehn, sagt F.
Auf der Leinwand ein Karatefilm.
Die harte Sorte.
Das Ende: Der eine Kämpfer reißt dem anderen das Geschlechtsteil aus.
Dann ein Dokumentarfilm über tierärztliche Ausbildung in Brasilien.
Aonde o animal è gente – wo das Tier wie ein Mensch behandelt wird.
Auf einer Riesenbahre wird ein Rehpinscher – bis zum Hals in weißem Tüll – zur Operation gefahren.

Newsreel.
Zeitungsausschnitte. Jäcki am Bettrand.
Noticia, den 16. Juni:
Gatte verteidigt die Ehre seiner Frau und wird erstochen.
Mann von Rauschgifthändlern verstümmelt.
Soldat am Markt niedergestochen.
Busschaffner will Fahrgast töten.
Student von Taxifahrer verprügelt.
Ehefrau engagiert zwei Totschläger, um Ex-Gatten ermorden zu lassen.
Messerstecherei.
Schießerei.
In einsamem Haus erwürgt.

Ich gehe zu Zulmira.
Ich habe wenig Lust dazu.
Sie hatte mir vor zehn Jahren die Zusammensetzung des Einweihungsgetränkes für Xango erklärt – nun ist ihr heiliger Baum gefällt und der Garten mit den kultischen Pflanzen verödet.
Sie wollte schönes Papier von mir, weil sie einen Empörungsbrief über die Situation der Religion an die Föderation in Rio verfassen will.
Ich habe in ganz Manaus kein schönes Papier gefunden.
Nur im Supermarkt ein häßliches Paket in einer Plastikhülle.
Das kleine Mädchen bittet mich ins Wartezimmer.
– Mãe Zulmira schläft noch.
Hat sie mich nicht mehr erwartet.
Oder der Trick der alternden Priesterin?
Ich sehe sie im Nebenzimmer auf der Plastikcouch liegen.
Das Mädchen weckt sie.
Zulmira ruft:
– Ich komme schon.
Sie bereitet sich lange vor.
Als sie kommt, hat sie ein glänzendes Gesicht, fast fiebrig.
Sie hat sich die Haare mit einer Chemikalie geglättet und die Lippen geschminkt.

Sie freut sich über das Papier.

– Es ist genau das, was ich mir vorgestellt hatte.

– Ich werde aufschreiben, wie es ist.

– Der Candomblé in Manaus ist tot.

Mãe Juana ist tot.

Papagei, Sie wissen.

Das Terrain wurde verkauft.

Der Tempel wurde abgerissen.

Mãe Angelica ist tot.

Ihr Tempel verwahrlost.

Ich mache keinen Candomblé mehr.

Mein Mann hat den heiligen Baum gefällt.

Es war keine Gameleira.

Vielleicht war es eine Cajazeira.

Ich habe die heiligen Krüge zerstreut.

Und zerbrochen.

Das Pegi ist ganz leer.

Die Vodun haben mir nicht geholfen.

Sehen Sie mein Bein an.

Ich bin sehr krank.

Und die Vodunci, meine geistlichen Töchter – ach, du liebe Zeit, faul, geldgierig, unerweckt.

Wenn Sie wüßten was los ist.

Ich will weg hier.

Nur noch Umbanda.

Geld.

Die Streitereien zwischen den verschiedenen Umbandavereinigungen.

Drei.

Und die Politiker kommen.

Und Geld.

Und die Polizei.

Erpressung sogar.

Ich will jetzt nicht reden.

Aber ich schreibe es auf – auf das schöne Papier, das Sie mir mitgebracht haben.

Zu den Festen kommen nur noch besoffene Caboclos in die Tempel.

Besoffene Indianergeister.

Sie wollen Schnaps aus großen Gläsern trinken.

Leute, die kurz vorher Geschlechtsverkehr gehabt haben, nehmen an den Zeremonien teil.

Frauen gehen mit Frauen in die Nacht hinaus und Männer mit Männern.

Sie wollen es genau wissen.

Ich werde es Ihnen genau sagen.

Also 70 Tempel insgesamt.

1968 wurde die Föderation gegründet.

15 Mitglieder heute, also Priester, die einen Tempel leiten.

Dann gibt es noch den Conselho Federativo.

Da sind 26 Tempel drin.

Stellen Sie sich vor, was am 10. Mai 1975 geschehen ist.

Es gab einen Streit zwischen Mutter Salsa und Mutter Carminha, weil Mãe Carminha für das Essen bei der Sitzung 30 Cruzeiros verlangt hat.

Von dem dritten Dingsda, von der Cruzada, von dem dritten Verein habe ich nie etwas gehört.

Eudocia ist 43.

Dann Zulmira, ich.

Carlito in Seringal Mirim.

Carminha geht auch nach Belém.

Zumar kommt aus Bahia. Er ist ein Transviado, wenn Sie verstehen, was ich meine.

Zulmira Tucuchi im Morro da Liberdade.

Adoca.

Chiquito.

Valdeci.

Umamezai im Largo do Limão.

Das sind die, die noch Respekt haben vor der Religion.

Der Rest.

Als der Papst kam, war ich schon im Krankenhaus.

Man hat ihm keine Bittschrift der afrikanischen Tempel in Manaus überreicht, wie es nötig gewesen wäre.

Man hat verhindert, daß er mit den Gläubigen des Candomblé zusammenkam.

Ach, ich!

Die Vodun haben mich verlassen.

Der Baum ist tot.

Ich mache nur noch Umbanda.

Ich bin 1926 in Codó geboren.

Ich bin Maranhense, das können Sie glauben.

Mit 14 wurde ich eingeweiht.

Mina.

Ich bin Mina.

Ja, in der Casa das Minas.

In einem Haus der Mina.

Rasiert.

Geschnitten.

14 Tage lang.

Man trinkt.

Ich verlor das Augenlicht.

Ich verlor die Zunge.

Meine Schwester war Mãe Angelica.

Meine Tante war Quintina.

Meine Großmutter heißt Efigenia.

Ich gehöre Obaluae.

Ja.

Ich erinnere den Namen Sakpatä.

Mein Tempel heißt:

Hé hé epanda.

Das afrikanische Haus von St. Lazarus.

Obaluae.

Sakpatä.

Omolu erinnere ich nicht.

In der Umbanda besucht mich Vovo Missa.

Und Memeya.

Und der Herr Raimondo.

Ich kenne das Weihnachtsbad.

Den Abó auch.

Den Amassi.

Die Prüfung für Iansa wollen Sie wissen?

Palmöl sieden.

Die Hände rein.

Ich habe es mit meinen geistlichen Töchtern gemacht.
Stellen Sie das Ding an.
Ich sing Ihnen:
Averekete.
Exú.
Maruwo, Maruwo – weiß ich, ob das Mawu ist.
Ogum.
Leguingui.
Odure.
Kope Miman.

Zulmira singt.
Den Gesang für die Blätter hat sie vergessen.
Ihre Pupillen zucken hin und her.
Rechts und links ohne Halt. Sie treffen sich nicht mehr auf dem Gegenübersitzenden, um ihn aufzunehmen und sein Bild zu fixieren.

Der Taxifahrer ein wilder Neger.
Ich will zum »Krokodil«.
Er hat Lust.
Wir suchen einen ruhigen Ort.
Fünf Polizisten bedrohen fünf Jugendliche.
Revolver liegen auf dem Boden.
Sie müssen sich mit dem Gesicht gegen die Mauer stellen und die Hände hochnehmen.
Mit erhobener Pistole fassen die Polizisten ihnen an den Arsch.

Das Krokodil sei bis ein Uhr nachts normal.
Ab eins kommen die Schwulen.

Geraldo P.:
– Sie wollen etwas über die Kräuter aus dem Amazonas wissen – ob die Rezepte der Indianer die Rezepte der Afrikaner beeinflußt haben und umgekehrt.

Es wird Sie interessieren, daß Laura, aus der Casa das Minas in
São Luiz im Tempel von Rita Estrela hier die Pflanzen verwaltete und Kräuter in den Tempel von São Luiz schickte.
Ich glaube, in der Casa das Minas wurde Ahuasca verwendet.
Aber sie nannten es nicht Ahuasca sondern Caabi oder Capi.
Ahuasca heißt die Banisteria caapi, Spruce, auch Banisteriopsis,
Morton – in Bolivien und Peru.
– Hier nennt man es Caabi, Cipó, Santo Daime.
– Der Caabi, also Caá Bi von Caá, Kraut, kam vom Rio Abuná,
und aus Laeticia, Iquitos. Auch Mãe Esperanza hat in ihrem
Tempel in Porto Velho, Sie erinnern sich, die Urwaldeisenbahn,
sie hat Ahuasca für die Götter der Afrikaner angewendet.
– Das Ganze fing an mit Raimondo Costa, einem Neger aus
Maranhão.
In den 30er Jahren gründete er in Fortaleza do Rio Abuná einen
Ahuasca-Kult.
Er hatte in Peru und Bolivien als Kautschuksammler gearbeitet
und dort Yage, Ahuasca kennengelernt.
– Er nannte seinen Tempel: Tomadorão do Ahuasca.
– Ende der 30er Jahre hielt sich Raimondo Costa in Manaus
auf.
– Er hatte einen heiligen Gesang, den die Geister ihm im Ahuascarausch diktiert hatten.
– Warten Sie!
Geraldo P. holt eine Karteikarte.
– Sie sangen: Lopuna Manta.
– Der Nunes schreibt von einer schwarzen Königin, die am
Amazonas ein Dorf regiert, das nur von entlaufenen Sklaven bewohnt wird – ich weiß.
– Ich weiß nicht, ob sich das wissenschaftlich erhärten läßt.
– Agotime!
– Agotime war vielleicht eine Frau aus Jena.
– Sie wurde möglicherweise von König Agonglo aus den Mahi-Bergen geraubt.
– Ihr Vater war König und Priester.
– Sie gehörte einem Kloster des in Dahomey gehaßten und gefürchteten Gottes Sakpatä an.

– Etwa zur Zeit der Terreur der Französischen Revolution heiratete König Agonglo die Agotime in Dahomey.

– Sie war die Mutter, oder die rituelle Mutter Ghezos.

Ihr Stiefsohn Adanzan wurde König, verbannte seinen Halbbruder Ghezo und verkaufte seine Stiefmutter Agotime nach Brasilien.

– Und weil sie traurig war und nicht länger jung, wurde sie viele Male verkauft.

– Als Ghezo in Dahomey an die Macht kam, tötete er alle Nachkommen Adanzans.

– Ghezo ließ seine Mutter suchen und nach Dahomey zurückbringen.

– Ghezo wurde auf einem Feldzug erschossen.

Man hielt seinen Tod geheim.

Erst viel später erklärte man ihn anläßlich einer Pockenepidemie für tot – Sakpatä habe ihn heimgeholt.

– Agotime hatte in Brasilien, in São Luiz den Kult ihrer königlichen Ahnen eingerichtet.

Jetzt wartete sie das Grab ihres Sohnes Ghezo.

– Aber vielleicht war sie gar nicht nach Afrika zurückgekehrt.

– Vielleicht lebte sie versteckt am Amazonas.

– Ich glaube schon, daß es Agotime war, die schwarze verkaufte Königin, welche die Casa das Minas in São Luiz vor fast 200 Jahren gründete, wenn es sich auch nicht wissenschaftlich einwandfrei ausweisen läßt.

– Früher, während der afrikanischen Riten hier in Manaus, ich meine zu Zeiten meines Vaters, als die Oper gebaut wurde, und Caruso hier sang und das Schiff über den Berg getragen wurde, Sie wissen schon, Mick Jagger spielte es ja jetzt im Film, da riefen die Gläubigen hier zwischen den Gesängen.

Ghezo! Ghezo! Ghezo!

Geraldos Sohn fährt mich wieder zurück.

– Ich studiere Geschichte.

– Früher wurden die Indianer von den Weißen auf die Bäume gejagt und runtergeschossen.

– Die Indianer verweigern sich der Technokratie.

– Sie laufen von den Straßenbauarbeiten weg und aus den Fabriken.

– Der erste Gummirush war 1877.

– 1912 kam der totale Kollaps.

– Während des Zweiten Weltkriegs wurden die Alliierten vom asiatischen Gummi abgeschnitten.

– Die Amerikaner versuchten den Gummiexport aus dem Amazonas zu beleben.

– 1943 ein zweiter Boom.

– 250 000 Arbeiter werden im Gummi beschäftigt.

– 1946 ist es zum zweiten Mal aus.

– Mit den Generälen 1964 kommt die Freihandelszone.

– Man hat versucht, Kleinbauern aus den Trockengebieten an der Transamazonica anzusiedeln.

– Das ist gescheitert.

– Die dünne Krume des Waldbodens gibt kaum zwei Ernten her.

– Der Stickstoffkreislauf ist zu eng.

– Jetzt versucht man es mit Agrarindustrie.

– Kakaoplantagen und Kautschukplantagen.

– Wenn es so weitergeht, steht am Amazonas in zwanzig Jahren kein Baum mehr.

Jäcki schneidet aus:
Noticia, den 17. Juni:
Eine Frau wird morgens in Gegenwart ihrer Kinder von einem Einbrecher getötet.
Wegen 7000 Cruzeiros.
Nicht einmal 200 Mark.
Der Polizeikommissar sagt:
– Ich lasse ihn jagen.
– Lebend will ich ihn nicht.
Manchete, den 17. Juni:
– São Paulo.
Gefängnis.

José Antonio Borgès – Strafe 250 Jahre Gefängnis.
Paulo Edmundo de Souza – Strafe 700 Jahre Gefängnis.

Geraldo P. küßt Irma zur Begrüßung die Hand.
– Deutschland.
– Deutsche Literatur.
– Die Nobelpreisträger. Böll, Hesse, Mann, Hauptmann.
– Hauptmann?
– Ja: Wußten Sie das nicht?
– Das glaube ich nicht.
Geraldo P. holt einen Auswahlband Literatur der Nobelpreisträger. Er hat Recht.
– Übrigens, der Nunes hat mir gestern geschrieben.
– Er hat Sie beide angekündigt.
– Sie wissen, daß man ihn erst nicht in die Akademie von Manaus aufnehmen wollte.
– Als die Akademie gegründet wurde, sagte man: Der Nunes ist ein Neger. Er verunziert das Bild der Akademie, wenn wir nach den Sitzungen die Freitreppe hinunterschreiten.
– Wie Balzac, der nicht in die Académie Française gewählt wurde, weil die Unsterblichen fürchteten, der Autor der Comédie Humaine würde am Ausgang von seinen Gläubigern verhaftet.
– Beim Gründungsessen stieß der Nunes die Flügeltüren auf und rief:
– Ich bin ein besonderer Neger.
– Ich beschmutze die Akademie nicht von hinten, sondern von vorneherein.
– Da konnten sie nicht mehr anders, als ihn aufnehmen.
– Als jedes Gründungsmitglied einen klassischen brasilianischen Dichter als seinen Patron nennen sollte, nannte Nunes den Neger-Symbolisten Cruz e Souza.
– Unter Getulio Vargas wurde die Post geöffnet.
– Endlich fanden sie etwas beim Nunes, den sie als Kommunisten verdächtigten.
– Er bekam einen Brief aus Frankfurt.
– Auf deutsch.

– Ich lernte durch Zufall später die Übersetzerin kennen und sie sagte mir: Ich habe nie im Leben einen so schweinischen Text gelesen. Sogar von Flagellation war die Rede. Der Brief kam von einer deutschen Geliebten des Nunes.

– In Natal lebte Nunes mit einer Freundin zusammen, die ihn zum Kokainschnupfen verführte.

– Der Nunes rannte in den Straßen herum, einen Zylinder auf dem Kopf und schrie: Ich bin der Größte!

– Von einem Tag auf den anderen beschloß er, sich zu entwöhnen.

– Er schickte die Frau weg.

– Er ging in die Wälder. Er lebte dort allein und kam entwöhnt zurück.

– Dann gewann er im Spielkasino.

– Er holte sich eine Französin ins Hotel und verließ das Zimmer 14 Tage nicht mehr.

– Vor ein paar Jahren besuchte er uns hier mit einem Indianermädchen.

Der Nunes sagte: Wir wollen mal sehen, ob wir ihn noch von den Toten erwecken.

Er ging in unser Schlafzimmer mit der Indianerin.

Wir saßen hier draußen und spielten Karten.

Es dauerte Stunden.

Da schrie der Nunes drinnen:

– Er ist auferstanden.

– Er lebt.

– Er ist auferstanden.

Ich?

Nein.

Ich schreibe nichts.

Die Plätze sind verteilt.

Ich will niemanden verletzen.

Die Anthropologen haben sich Brasilien aufgeteilt.

Ich möchte niemandem auf den Schwanz treten.

Ich war zweimal Direktor des Gefängnisses von Manaus.

Es war eine gemütliche Zeit.

Ich fand Diebe so interessant.

Früher gab es hier nur Diebstähle und Morde aus Leidenschaft.

Räuber gab es nicht.

Auch keine Raubmorde.

Bis zu meiner Pensionierung schreibe ich nichts.

Ich gebe auch keine Interviews.

Sie kennen die Geschichte von dem englischen Reisenden, der in São Luiz beim Diner das schöne Gebiß der schwarzen Dienerin lobte?

Als er abgereist war, ließ ihr die Herrin die Zähne ausbrechen.

Die schönen, traurigen, lächerlichen Affen in den Käfigen des Luxushotels Tropical mitten im Urwald.

Wir alle wie sie.

Ich, Fritz, Paul Wunderlich.

Nur Irma hat nichts Äffisches.

Jäcki schneidet aus:

Critica, den 21. Juni:

Antenor da Rocha Guedes, der »Kater«, 22, versuchte, sich bei seiner Verhaftung mit einer Gilletteklinge zu töten.

Als er ins Polizeiauto gebracht wurde, begann er zu weinen.

Der »Hase« versuchte, einen Polizisten zu erschlagen und mußte mit äußerster Härte von anderen Polizisten daran gehindert werden.

Es ist nachts um halb eins.

Ein nackter, zehnjähriger Junge läuft vor der hellerleuchteten Kathedrale auf mich zu.

Er trägt ein Schiffchen aus Borke in der Hand.

Er fragt nach dem Bus.

Wird die Mutter schimpfen?

Er weiß nicht wohin.

Er ist irr.

Was soll ich tun?

Rio Branco:

Wenn der große Regen kommt, ist die Stadt abgeschnitten. Die Zufahrtsstraßen weichen auf.

Es gibt hier keine großen Urwaldbäume mehr. Die Stadt wirkt eher wie eine Schrebergartenkolonie. Einige Hochhäuser. Ein Hotel mit edlem Parkett aus rötlichem Holz vom Amazonas. Staub. Hippies. Vollgepengt. Auf der Suche nach Ahuasca.

Für schwulen Untergrund zu klein.

Rio Branco:

Die Stadt kommt in der Encyclopaedia Britannica nicht vor.

Hauptstadt des brasilianischen Bundesstaates Acre. Am 28. Dezember 1882 gegründet.

Meine Großmutter war sechs Jahre alt.

Etwa 50 000 Einwohner.

Gummi. Paranüsse – die heißen hier Coco de Pará. Viehzucht.

Fischfang in den Flüssen Acre, Juruá, Madeira, Purus.

Autovertretungen: Chrysler, Ford, General Motors, Toyota, VW.

Nunes' Vision!

Die Vision des greisen Literaten Nunes Pereira:

Zehn Kilometer von Rio Branco entfernt

Eine Kapelle für São Francisco de Canindé

Geometrische Zeichnungen

Stilisierte exotische Blumen

Ein beunruhigender und faszinierender Symbolismus

Ich fing an unruhig zu werden

Ihre Augen traten aus den Höhlen

Meine Hände wurden von karphologischer Unruhe – to kárphos heißt das dürre Reis – ergriffen

Meine Augen traten aus ihren Höhlen

Wie auch die der Kinder

Eine Dame spie aus dem Fenster

Die Musik aus den Eingeweiden der Fiedel

Einer der Gläubigen schien sich über das Gesicht die Maske eines Hirten der Aimara aus dem Hochland der Anden gestülpt zu haben

Ein Tuxuana der Taria
Ein mongolischer Schamane
Ich fing an zu laufen
Grüne Blüten weiß gesprenkelt
Es waren drei ineinandergeringelte Schlangen
Unter dem Einfluß der Alkaloide des Ahuasca
Des Yage
Im Hotel Chui
Figuren des Hieronymus Bosch und Giorgio de Chiricos.

Wir wollen Mückenspiralen kaufen. Man schickt uns von einem Supermarkt zum anderen. Es gibt komplizierte Röstgeräte, Echoschall zur Bekämpfung der tödlichen Insekten – Räucherkerzen, Räucherspiralen gibt es nicht. Der letzte Supermarkt, wo es ganz bestimmt Mückenspiralen geben soll, liegt fünf Kilometer vor der Stadt. Als wir ankommen, ist er schon geschlossen.
Ich frage den Taxifahrer, ob er Manuel Araujo kenne, den Priester des Blauen Schlosses.
– O, das ist ganz einfach!
Zehn Minuten später stehen wir vor dem Ahuascatempel – eine Anlage, halb Kalvarienberg, halb Minigolf.
Betonkreuz, Schule, Kirche mit Barockeinschlag, eckiges Privathaus, Sägewerk, Favelahütte, Ziegelei, Gemüsegarten.
Manuel Araujo empfängt uns in seinem Büro.
Er und seine Gehilfen tragen die blauen Uniformen von südamerikanischen Admirälen in einer Ausstattungsoperette; dazu haben sie die Mützen afrikanischer Wahrsagepriester auf. –
Araujo ist ein Mann an die sechzig.
Seine vielen Kinder spielen ihm um die Beine und auf dem Schoß.
Die junge Indianerin, seine Frau, bringt ihm das Heilige Buch ins Büro.

Johanni trägt die Gemeinde weiße Uniform.
Die Priesterinnen im weißen Hosenanzug mit Sonnenbrille se-

hen aus wie lesbische Flakhelferinnen. Im Tempel hängt vor
dem Allerheiligsten ein Vorhang voller Applikationen – er erin-
nert mich an die Fahnen am dahomeyischen Königshof.
Rosenkreuz und Sägefisch aus Satin.
Davor ein Tisch. Eingezäuntes Gestühl für die Erleuchteten.
Rechts und links, außerhalb der Umzäunung das Gestühl fürs
gläubige Volk.
Ob ich auch einen Schluck probieren möchte?
Yage.
Ahuasca.
Daime.
Santo Daime.
Amor – Liebe. Luz – Licht. Fé – Glaube.
Nein, danke. Ich bin der Forscher. Ich möchte die Standpunkte
nicht durcheinanderbringen. Das akzeptieren sie.
Rechts vom Vorhang geht es in das Rauschstübchen, wo man das
heilige, rötliche Getränk – als habe man die Transamazonica in
einem Erfrischungsgetränk aufgelöst – ausschenkt. Etwa fünfzig
Leute stellen sich zum Trinken an – eine Schlange Männer, eine
Schlange Frauen. Sie leeren das Wasserglas. Schütteln sich.
Einigen tränen die Augen.
Araujo erklärt:
– Das Ahuasca kann lange stehen.
– Das Getränk kann sehr alt werden.
– Es dient der Konzentration.
– Die Babys kriegen es, ehe sie die Muttermilch zu sich neh-
men.
Araujos Frau sagt:
– Ich habe das Ahuasca gehaßt, als ich Araujo heiratete.
– Ich wollte es nicht nehmen.
– Ich bekam Gebärmutterkrebs.
– Das Ahuasca hat meinen Gebärmutterkrebs geheilt.
Sie ist so überzeugt, daß sie auf mein: Nana?! gar nicht mehr
antwortet.
Araujo:
– Die Schwangeren nehmen Ahuasca bis zum neunten Mo-
nat.

– Die Kinder werden dann als Daimisten, als Ahuasqueiros geboren.
– Zur Geburt verabreicht man es den Kreißenden.
– Den Sterbenden kann man es geben.
– Aber es hilft ihnen nicht mehr. Sterben müssen sie nun mal.
– Es gibt zwei Sorten von Ahuasca. Einen für die Brüder der Gemeinde und einen für mich.
– Gelegentlich kriegen die Brüder was von dem starken.
– Die ausgekochten Strünke nehmen wir im Gemüsegarten als Kunstdünger.
– Ich bin Freimaurer und empfange den Gouverneur des Bundesstaates hier im Tempel.
Die Würdenträger setzen sich nach dem gemeinsamen Trinken um den Tisch. Zitterig geht der Vorhang auf, als sollte nun gleich in der Turnhalle der Engel mit dem Laken erscheinen. Der Altar wird freigegeben. Ein Macumbaaltar mit vielen Heiligenfiguren, Blumen, Kerzen.
Die Männer sitzen rechts im Kirchensaal, die Frauen links. Dreißig Männer, die Hälfte schwarz. Vierzig Frauen, wenig Negerinnen sind darunter.
Vorsänger.
Pater Noster.
Ave Maria.
Credo.
Frucht Deines Leibes.
Nachzügler werden von den betreßten Aufsehern nach hinten in das Rauschstübchen gewinkt. Vier Hippies kommen. Araujo schüttelt unerbittlich den Kopf. Nüchtern hauen die Hippies wieder ab. Nun wollen sie auch nicht an den Hymnen teilhaben.
Eine Erleuchtete kotzt aus dem Fenster.
Eine Alte steht in der Umzäunung auf.
Sie schnauft so stark, daß ich fürchte, gleich fällt ihr die Sonnenbrille von der Nase und zerschellt auf dem Kirchenboden.
Die Alte pfeift durch die Nase wie ein Nachtvogel.
Sie teilt, dumpf, der Gemeinde etwas rasend Wichtiges mit.
Immer wieder vom Pfeifen unterbrochen.

Die Zeremonie endet draußen am Musikpavillon mit Verstärker und Mikrofon.

Frische Hymnen – Musikparaden sind durch das Fernsehen bis nach Rio Branco gedrungen. Die Diktatoren mit der Darmolmütze und die lesbischen Flakhelferinnen rocken gebenedeit im Kreis herum für die Jungfrau Maria, für die Alten Afrikaner, für Sägefisch und Seejungfrau.

Manuel Araujo gibt mir ein Interview:

– Wir sind christlich-apostolische Spiritisten.

– 1940 gründete der Prophet Daniel diesen Tempel hier und gab ihm den Namen Casa de Jesus.

– Daniel Pereira dos Santos war ein Engel erschienen mit einem blauen Buch.

– Daniel war ein Freund des Negers Irenäus.

– Daniel nahm Ahuasca, Yage, Daime, wie er es nannte, um sich geistlich zu erheben.

– Das Ahuasca erleichtert es einem, ein Medium zu werden.

– Das Kraut öffnet das Licht; die Liane gibt Kraft.

– Das Kraut heißt Raina, Chacrone. Es gibt sieben Arten, zwei davon werden benützt.

– Die Liane wird Jugubé, Mariri genannt, Borrachera; es gibt sieben Arten, drei werden benützt.

– Eine ist die wichtigste. Der Weiße Daime wird nicht benützt. Der Rote Daime – Das Meer – man erträgt es nicht. Der Daime Caboclo – Der Indianer, Der Wald. Der Gelbe Daime – die Indianer nennen ihn Arara. Das Geheimnis der Sterne. Der Neger Irenäus nannte es Ahuasca; Daniel nannte es Daime.

– Ich komme aus dem Ceara. Ich wuchs in Rio Branco auf. Bis zu meinem 35. Jahr lebte ich ein wildes Leben. Ich hatte viele Frauen. Ich trank. Ich spielte. Ich spielte mit ein paar Kumpanen den Leuten in den Bars das Geld ab.

– Ich hatte Visionen.

– Ich ertrug kein Wasser mehr. Ich wagte nicht mehr zu schwimmen.

– Ich besuchte den Propheten Daniel.

– Er betete mit mir ein Vater Unser.

– Ich fühlte, wie mein Wesen aus meiner Existenz glitt.

– Weit, weit, fern vom Körper.

– Ich konnte denken währenddessen.

– Ich sah ein Licht.

– Ich kam im Unsichtbaren an.

– Von dort sah ich auf mich selbst herunter und sah, in welchem Zustand ich lebte.

– Feuer.

– Ich fühlte mich brennen.

– Der Heilige Franziscus von Chagas kam mit einem Buch. Er sang einen Psalm. Er blätterte die Seiten um.

– Das Feuer linderte sich.

– Eine Brise kam auf.

– Ich arbeitete 45 Tage in der Casa de Jesus. Ich reiste weiter im Unsichtbaren. Ich erhielt jeden Tag Instruktionen. Daniel sagte mir, ich sollte wählen: Den Weg der Lüste oder den Weg der Bekehrung. Im Unsichtbaren wurde ich eingeweiht. Es sind geheime Mysterien.

– 1958 starb Daniel. Er desinkarnierte sich. Er starb in meinen Armen.

– Die Hüter des Tempels wählten Antonio Geraldo als Leiter des Hauses. Das ist der Mann, von dem Nunes Pereira in seinem Buch spricht. Er lernte ihn kennen, als der Nunes durch den Amazonas reiste, auf der Suche nach Ahuasca.

– Antonio war ein Diktator. Er war verheiratet und hatte acht Kinder. Er nahm die Frau eines geistlichen Bruders zur Geliebten. Wir sagten nichts.

– Ich hatte Visionen: Ich sollte das Haus Jesu leiten.

– Als die Geliebte Antonios starb, nahm er sich eine 18jährige als Sekretärin.

– Meine Visionen häuften sich.

– Antonio mußte gehen. Er irrte umher.

– Ich war damals Laborant des Gesundheitsministeriums. Ich erbte ein großes Stück Land und verteilte es unter meine geistlichen Brüder. Ich gab auch Antonio zwei Parzellen. Die eine konnte er wieder verkaufen; auf der anderen sollte er sich von dem Geld ein Haus bauen. Als Antonio von seinen Irrfahrten zurückkehrte, machte er einen eigenen Tempel auf. Da, am Eingang zur Casa de Jesus, auf dem Land, das ich ihm geschenkt habe, arbeitet er jetzt mit Schwarzer Magie, um sich zu töten.

– Der Neger Irenäus kam aus dem Maranhão. Er zog durch den Amazonas. Er arbeitete in Bolivien und Peru. Dort lernte er das Ahuasca kennen und brachte es nach Rio Branco.

– 1932 gründete Irenäus seinen Tempel. Er war der erste, der das Ahuasca hier zur Vergeistigung benützte. Sonst hatten es nur die Kautschuksammler getrunken, am Sonntag, statt Kino.

– Irenäus nannte es König Ahuasca. Es war ein seltsamer Mann. Sehr verschwiegen.

– Der Prophet Daniel hat nicht viel von ihm lernen können, denn wenn Irenäus kam, redete er kaum.

– Irenäus starb 1971. Seine Anhänger spalteten sich. Motta ging nach Cinco Mil. Der andre blieb in Santo Alto.

– Ahuasca ist ein Heilmittel. Es heilt den Darm. Die Leber. Grippe. Die Blase. Die Mandeln. Entzündungen. Krebs.

– Wenn wir Daime getrunken haben, empfangen wir Jemanha und den alten Afrikaner mit seiner Frau und die Verwunschenen, die Encantados, den König Jacaréaçu, den jordanischen König, den Sägefisch.

– 1962 wurde ein Rauschgiftprozeß gegen uns angestrengt. Wir haben gewonnen.

– Denn unsere Aufgabe ist es – die Aufgabe des Hauses Jesu ist es – die Wächter auszubilden für das Jüngste Gericht.

– Seit ich in dem Hause Jesu regiere, habe ich die Schule errichtet, ich habe den Tempel gebaut und unser Wohnhaus und die Ziegelei.

Auf dem Grab des Negers Irenäus steht eine bronzefarbene Büste:
Meister Imperator/Raimundo Ireneu Serra/15. 12. 1892 – 6. 7. 1972.
Eine gerade Straße.

Hell glänzt der Lehm, als sei er naß. Schlittern mit dem Wagen. Vom Staub rotpelzige Blätter. Zeburinder. Sumpf. Knickwege. Bläuliche Haine.

Da der Tempel Cinco Mil.

Ein bemalter Giebel, ein Feuerbild, das durch die grünblaue Landschaft flammt.

Hier wird Ahuasca in Plantagen gebaut. Hippies quartieren sich ein.

Yage-Kuren.

Um vier Uhr morgens ist es noch dunkel.

Juni am Rio Madeira – nicht Juni in Hamburg an der Elbe.

Der junge Mann, der nachts das Hotel Chui bewacht, steht draußen vor dem Eingang und sieht in den Park hinüber. Zwischen Bänken und Bäumen rennt eine junge Frau herum. Sie redet ununterbrochen:

– Das war ein netter Herr. Der hat mich bei sich aufgenommen. Ich habe in seiner Wohnung gearbeitet. Ich kriegte etwas zu essen. Bohnen und Fleisch und Brot und Käse und.. Ich habe vergessen, was ich sonst noch alles bekommen habe. Ich bin sauber. Ich wasche mich ordentlich. Ich durfte in der Garage schlafen.

Sie kommt über die Straße. Im Gehen kämmt sie das lange, glänzende Haar. Sie bittet den Wächter um Wasser. Der zwinkert mir zu. Er geht ins Hotel, langsam, und holt das Glas Wasser. Die junge Frau ist schon wieder in den Park hinübergerannt und der Hotelwächter steht da, mit dem Glas Wasser in der Hand.

Manuel Araujo kommt nicht.

Es schlägt fünf.

Der Frühstückskellner kommt.

Er horcht in den Park hinüber.

Die junge Frau sagt schon wieder ihre Geschichte auf.

– Sie gehört eingesperrt, sagt der Frühstückskellner.

– Ich rufe jetzt bei der Polizei an. Ich werde sie abtransportieren lassen.

Er deckt mein Frühstück im verlassenen Eßsaal an und läßt nicht locker, bis ich mich setze und esse.

Um sechs fährt Araujo in einem kleinen Laster vor.

Auf der Pritsche sitzen die Ahuascasucher.

Ich soll mich vorne reinsetzen, neben Araujo; ich würde lieber draußen sitzen, oben mit den anderen, nicht beim Chef drinnen, so als ginge es zur Arbeit aufs Feld.

Wir schlittern mit dem Laster auf dem glattgeschliffenen roten Lehm der Transamazonica wie über Eis.

Abgenagte Savanne.

Schedderige Häuser von Rinderzüchtern.

Schlamm drumherum, Küchenwasser, Morast.

Unverdauliches Gras steht auf den abgefressenen Weiden hoch.

Zebus.

– Wo hängt die Liane?

– Hier noch nicht. Sie zieht sich immer weiter zurück. Man muß manchmal sechzig Kilometer in den Wald hinein fahren, ehe man einen vernünftigen Stamm findet. Das meiste Ahuasca für die Feste kommt jetzt aus Peru und Bolivien.

Wir biegen von der Hauptstraße ab.

– Der Wald hier heißt Capoeira. Sekundärwald. Urwald, aber schon einmal abgeholzt und wieder aufgeschossen.

Es sieht aus wie Friedrichsruh oder der Grunewald.

Nicht der Ächzende, verfaulend Explodierende, wo die Lebewesen in Schichten übereinander spazieren – unten das aristotelische Gewürm, dann Geziefer, darüber Panther und Pardel, oben schlanke Indianer auf Steigen aus Borke und Gras.

– Wo hängt die Liane?

– Nicht wo die Banana Brava steht. Nicht wo der Bambu Branco steht.

Am Straßenrand ein umgekipptes Auto, überrankt wie ein Komposthaufen.

– So geht das hier, sagt Araujo.

– Was sind das hier für Transportmöglichkeiten?! Die Kleinsiedler kriegen keine Kredite. Wenn sie aufmucken, werden sie umgebracht. Die Regierung garantiert nicht einmal die Preise. Und wo ist eine Schule für die Kinder? Und ein Supermarkt für die Hausfrau? Die meisten Kleinsiedler sind wieder abgehaun, zu den großen Industrieprojekten. Da gibt es Arbeit und Geld, wenn es da auch härter zugeht.

Araujo hält an einer Lichtung.

Der Capoeira ist hier noch einmal geschlagen worden; nur noch Baumstümpfe und leichte Sprößlinge.

Die Ahuascasucher springen von der Pritsche.

Der hübsche José.

Der junge Gangster.

Der kräftige Sanfte.

Der Tätowierte.

Der afrikanische König mit den silbernen Locken.

Der alte Riese.

Und Bichi.

Sie trinken Daime aus einer haarigen Feldflasche.

– Man muß Daime trinken, ehe man sich auf die Suche macht. Sonst läßt es sich nicht finden. Und der Wald verschließt sich. Wollen Sie auch mal?

Ich?

Wenn die Liane nun böse wird, wenn ich mich verweigere?

Ich trinke.

Es schmeckt wie Molke mit Wermut.

Ich merke nichts.

Cipó.

Daime.

Santo Daime.

Ahuasca.

Yage.

Ich merke nichts.

Keine grüne Blüten. Kein Feuermeer. Keine Schlangen. Keine Propheten. Kein Blaues Buch.

Wir stolpern durch kniehohe Stauden auf ein Dach zu, ein Dach eben über dem Boden, auf niedrigen Stützen. In Brusthöhe ein Bretterboden.

Eine alte Indianerin sitzt dort.

– Dürfen wir in Ihrem Wald nach Ahuasca suchen?

– Es ist nicht mein Wald, sagt die Indianerin.

– Es ist der Wald meines Sohnes.

Sie bedauert, daß wir nicht länger bleiben wollen und mit ihr schwätzen.

Die Lichtung endet mit einer geraden Kante. Dahinter wieder Wald, haushoch, nicht so hoch wie Wolkenkratzer. Schluchten, Wurzeln.

Die Männer tanzen darüber hin.

Ich überlege, daß ein Kranich nicht durchs Unterholz schreitet, ein Kranich schon gar nicht mit Teleobjektiv – es war klug von Irma, zu Hause zu bleiben. Ich glaube auch, Frauen dürfen nicht mit zum Ahuascasuchen.

Der hübsche José ist mit dem sanften Starken im Gehölz untergekrochen.

Die Männer sind einer nach dem anderen verschwunden.

Nur Araujo bleibt neben mir, wie um mich zu beschützen.

Und wenn sie beschlossen hätten, mich auszusetzen? Vielleicht entfernt sich Manuel Araujo jetzt sachte von mir, wenn ich ihm den Rücken zukehre, taucht er im Gezweig unter; er läßt mich an diesem Ort, wo es kein Entrinnen mehr gibt.

Hinter den Schritten der Männer her schwellen die Sprachen der Tiere hoch.

Der Peitschenvogel.

Ich würde die Schläge des Peitschenvogels als letztes wahrnehmen, die Peter Michel Ladiges für den »Pedro Claver« im Hörspiel mit Minetti eingeblendet hat.

Klopfen.

Rascheln.

Sirren. Wie in Pedros Garten in Bahia.

Buchstaben klappern durch die grüne Luft.

Wir rutschen zu einem Flüßchen hinunter.

Über Stacheln, unter morschen Stämmen durch.

Ich habe Araujo verloren.

Ich entdecke eine Versammlung von schwarzen Käfern. Sie tragen erschreckende rote Zeichen auf dem Rücken und sitzen zu einem japanischen Idiogramm verzahnt am Stamm.

Nur noch die Rufe der Ahuascasucher.

Da ist Araujo wieder und führt mich zu dem Busch Raina.
– Das ist die zweite Pflanze, die wir für das Getränk brauchen. Wir haben sie zu Hause angepflanzt. Ich nehme keine Blätter mit.
Hier sind keine Lianen mehr.
Zurück.
An der Indianerin unter dem Dach vorbei.
Eine Hängematte, zwei Decken, zwei Töpfe, drei Steine für das Feuer.
Bye bye!
Die anderen trinken noch einmal aus der haarigen Flasche.
Wir besteigen den Laster.
Bichi und der Tätowierte sind verlorengegangen.
Sie rufen »Bichi«.
José geht auf die Suche. Der alte Riese hinterher.
Nun sind alle Viere flöten.
Einer nach dem anderen verschwindet wieder im Wald. Ich bleibe als letzter zurück.
Wenn ich nun auch noch zurückrenne und wir uns alle verlören?
Da ist Bichi.
Nun fehlt nur noch José.
Auch Bichi hat kein Ahuasca gefunden.
Nur getrunken haben wir.
Endlich trödelt auch der hübsche José aus dem Wald hervor und wir fahren wieder ab. Zwischen Araujo und dem alten Riesen entwickelt sich ein komplizierter Streit. Der Alte, das verstehe ich, sei mitgenommen worden, um die Ahuascasucher an eine Stelle zu führen, wo die Liane in rauhen Mengen wächst. Jetzt wischt sich der alte Riese übers Gesicht und redet von Kreuzungen und einer Hütte. Er findet sich nicht mehr zurecht.
Raupenschlepper schaben den Urwald an.
Wurzeln liegen nach oben gewendet, haushoch. Zersplitterte Stämme. Abgerissene Flechten. Es sieht aus wie Wundränder unter einem Mikroskop.
Der afrikanische König schreit auf.
Bremsen.

Wir rennen dem Schwarzen nach.

Da.

Das ist Daime. Da hängt einer. Ein guter. Ein alter. Wie ein vergammeltes Barthaar. Aus den Bäumen zwanzig Meter runter.

Oder wächst diese Liane von unten hoch? Hält sie sich nur an den Stämmen? Saugt sie nicht daran? Ich kann nicht erkennen, wo sie oben endet. Ich kann nicht verfolgen, wo sie unten bleibt, Stachelstämme, Moos, Plunder verdecken das Erdreich. Ich selbst stehe auf einem vermorschenden Stamm.

Der afrikanische König schlägt mit der Machete die Liane durch.

Gelbes Holz. Vier schrundige Stämme ergeben am Schnittpunkt die Form eines Kreuzes.

Schäumend drückt der Saft raus. Er rinnt wie aus einem Schlauch.

Die Ahuascasucher halten sich die Liane an den Mund und trinken.

Klettern. Messer. Hauen. Späne. Reißen. Äste. Ziehen. Splittern.

Keine Blätter.

Ein kleiner Baum – er hat den Durchmesser eines Menschen – wird einfach umgehaun.

Er soll die Liane zu Boden reißen.

Die Liane dehnt sich, schüttelt den Baum ab.

Der sanfte Starke zieht sich am Stamm hoch.

José sieht ihm von unten nach.

Ich hole den Autanstift raus und biete ihn José an.

– Das brauch ich nicht. Mich beißen die Mücken nicht.

Es stimmt. Sein nackter brauner Körper ist ohne Makel, kein schwarzes Insekt, kein Blutstropfen.

Hoch über uns schwankt der sanfte Starke, auf allen vieren über einen Ast, als sei es eine Brücke.

Beinahe wäre Bichi das Messer ins Auge gefallen.

Dem sanften Starken ist die Machete beim Klettern entglitten.

Der alte Riese will auch mal was zeigen. Er wühlt sich durch Blätter und Stacheln und bringt die Machete zurück. Er wirft nicht hoch genug. Auf halber Höhe bleibt die Machete im Astwerk hängen. Der oben kann nicht ran. Unten rütteln wir vergeblich an den Stämmen.

Der sanfte Starke brüllt:

– Die Bienen!

Stürzt, rutscht, trifft neben uns auf – Blut, Äste, Blätter.

– Da oben sind die Bienen. Da geh ich nicht wieder hoch. Da oben können wir die Liane nicht kappen.

Sie stehn unschlüssig.

Der eine zieht die Liane mal in die eine Richtung, dann ein andrer in die andre.

Der schwarze König will den dicken Baum fällen, an dem die Liane zu hängen scheint.

– Pflanz einen Baum im Amazonas.

– Ich finde das ist ein Mord.

– Hier ist ein Baum ein Feind.

– Aber vielleicht bleibt der dicke oben mit der Krone hängen und dann war die ganze Arbeit in der Hitze umsonst.

– Das werden wir ja sehen.

– Und wenn wir erstmal alle gemeinsam ziehen?

Sie folgen meinem Lokstedter, meinem Dithmarscher Praktikantenvorschlag.

Jeder schleppt einen Schwanz des Ahuasca mit, sucht sich einen sicheren Standpunkt, auf Stämmen und Stachelpalmen, bis auf die Straße stehen sie.

Nachdem wir alle gemeinsam gezogen haben, zieht uns die Liane schwingend zurück, von Stämmen und Straße weg, hoch.

Der Ahuasca stürzt.

Der Tätowierte ist nicht schnell genug weggesprungen.

Das Ende der Liane peitscht seinen Arm blutig.

Der Ahuasca ist im unteren Drittel abgerissen, wäre er ganz auf uns herniedergestürzt, hätte er uns in Schlingen gefesselt und wir wären alle erschlagen worden.

Araujo will eine witzige Geschichte erzählen:

– Ich habe einmal über meinem Kopf einen Daime abgeschlagen – an dem ich selber hing. Ich landete weich in den Armen eines Baums; es war eine Stachelpalme.

Die Ahuascasucher haben noch immer nicht genug.

Der sanfte Starke hat sich von den Bienen erholt und klettert noch einmal hoch, um wenigstens die Machete loszueisen. Er schlägt den Rest der Liane auf halber Höhe durch. Unten werden die Stämme in mannslange Stücke gehackt und auf die Pritsche geladen. Der Laster ist voll – aber nicht voll genug. In Araujo kommt der Bauer durch, der ein Heufuder so hoch belädt, bis es kippt.

Mittagspause.

Gekochter Mandioka. Portugiesische Ölsardinen aus der Dose. Brot.

Das gute Brot von Rio Branco.

Ein Neger kommt auf dem Fahrrad die Urwaldstraße längs.

In den matschigen Spuren der Raupenschlepper knickt das Vorderrad ein.

Bichi ruft ihm entgegen:

– Wo gibt es hier noch Daime.

Der Neger steigt wackelnd vom Fahrrad:

– Weiter vorn hab ich schönes Ahuasca gesehen, gar nicht weit von meinem Haus. Ich führ euch hin, wenn ihr wollt. Und wenn ihr mit der Arbeit fertig seid, kommt ihr zu mir auf eine Tasse Café – zur Unterhaltung.

Araujo geht nicht auf den Mann ein.

Der läßt nicht locker:

– Ich kenne Sie. Sie haben ein Blaues Schloß. Ich weiß alles. Ich war mal bei Ihnen, mit meiner Frau.

Araujo schweigt. Der Neger steigt auf sein Fahrrad. Es knickt unter ihm ein. Die Tasche baumelt. Wir packen das Geschirr zusammen und verlassen die von den Ahuascasuchern zersplitterte Stelle.

Der Urwald liegt kreuzweise aufgepflügt.

– Ich weiß, es war nicht weit von hier, sagt der alte Riese.

– Ich habe die Orientierung verloren. Das letzte Mal gab es hier noch nicht alle diese frischen Straßen.

– Ich möchte gerne ein paar Wäscheleinen nach Hause bringen, sagt Araujo und hält.

Die Ahuascasucher schwärmen nach allen Seiten aus.

Ich bleibe mit Araujo zusammen.

Als der Motor zu ticken aufhört, fangen die Baumfrösche zu singen an.

Eine Affenherde spaziert durch die erste Etage und macht Blödsinn. Sie halten ein Parlament ab und werfen Äste auf uns herunter.

Araujo sieht an den Stämmen hoch und zieht an stacheligen, daumendicken Lianen.

– Man braucht sie nur auf die richtige Länge zu schneiden und zwischen Pfähle zu hängen, dann hat man die schönsten Wäscheleinen. Die Wäsche hält sich an den Stacheln ohne Wäscheklammern. Diese Liane ist zig Meter lang. Aber sie kommt nur schwer. Vor allem darf man nicht nach oben sehen, ehe man dran zieht. Dann hat man keine Chance.

Fünf, sechs, acht wunderschöne Wäscheleinen hängen aus dem Urwaldbaum.

Ich sehe nicht nach oben.

Ich zieh.

Ich zieh noch mal.

Donner. Blitz. Ich will weg. Die Wäscheleinen halten mich fest. Neben meiner Schulter saust ein fünf Zentner schwerer Kloß runter. Ein schwarzer Parasit aus dem die Wäscheleinen sprießen, anmutig mit Orchideen bewachsen.

Die blühn.

Meine Wade hat was abgekriegt und mein Daumen ist kaputt.

Araujo führt mich zum Laster und gießt mir Ahuasca auf die Wunden.

– Trink ein bißchen.

Dann geht er daran, seine Wäschleinen aufzuwickeln.

Die andern kommen, als sie von meinem Daumen hören und bedauern mich.

Das tut gut.

Die haarige Flasche geht herum.

Ich spüre immer noch nichts.

Doch.

An den Zähnen.

Wie am Morgen, beim letzten Mal, nach der Liebesnacht.

Etwas Fieber und die Schwierigkeit sich zu erinnern: Was wollte ich eigentlich eben? –

Der Neger wartet schon auf uns.

Er steht allein an der roten Straße, hundert Meter von seiner Hütte entfernt.

Er springt vor den Laster, um Araujo zum Halten zu zwingen.

Hinten kommt die schwarze Frau aus der Hütte. Sie bleibt am Pfosten stehen und redet leise vor sich hin. Wir hören kaum ihre Laute. Ich sehe nur, daß sie die Lippen bewegt.

– Sie müssen sie gar nicht beachten. Sie ist verrückt. Sie redet den ganzen Tag.

Araujo erwidert:

– Hier kommen nur selten Leute vorbei, die stoppen. Die Raupenschlepper halten hier doch nicht. Sie will sich auch mal bemerkbar machen.

– Ich möchte Sie gerne zum Café einladen, sagt der Neger. Ich hatte es Ihnen versprochen. Aber wissen Sie, was passiert ist? Ich komme eben mit dem Fahrrad aus Rio Branco zurück. Ich packe alles aus und da merke ich, daß gar kein Zucker im Hause ist. Ich kann nun nicht dreißig Kilometer zurückfahren, um Zucker zu holen. Und Café ohne Zucker, das schmeckt doch nicht. Nächstes Mal.

Ich fragte Araujo, ob wir Irma auf der Rückfahrt abholen können.

Araujo antwortet nicht.

– Auf der Rückfahrt darf niemand zusteigen, sagt der afrikanische König.

Vor dem Tempel wird abgeladen.

Die Kinder springen auf die Pritsche des Lasters.

Eine alte Frau schreit:

– Auf den Daime springen!

Araujo sagt:

– Du nicht. Frauen nicht. Fremde nicht. Aber die ihn gesucht haben, dürfen ihn besteigen.

Araujo lädt mich und Irma nicht für morgen zum Kochen ein.

Aber der afrikanische König läßt nicht locker, bis Araujo nicht anders kann und mich bittet, mit Irma zu kommen.

Jetzt darf ich ihm die Einladung nicht ausschlagen, schließlich ist er ein Prophet.

Der hübsche José und der sanfte Starke gehen zusammen weg.

Sie winken, ich soll mitkommen. Aber Araujo läßt mich nicht gehen; er will noch etwas mit mir besprechen.

Das waren nun die Blätter der Indianer.

Der Amazonas als großer Garten der Waldläufer.

Jäcki denkt an den afrikanischen Garten von Pedro dem Blätter-schüttler.

Dahinten in Bahia de Todos os Santos irgendwo tief unter dem Horizont.

Bahia de Todas as Santas.

Das ist so weit weg.

Porto Velho.

Nachts.

Die Straßen flackern.

Ein rotstichiges Farbdia.

Brennende Holzstöße vor den Häusern.

Die Johannifeuer brennen in den Wolken aus Staub.

Die Wut der Armen, Holz zu vernichten.

Ein Bettler mit einer aufgemalten Lepraschwäre.

Schmales schwules Leben in den übermenschlichen Betonröhren des Kanalisationsbaus.

Porto Velho.

Flußhafen am Rio Madeira.

Hauptstadt des Bundesstaates Rondonia.

Gegründet am 2. Oktober 1914.

Zwei Jahre nachdem die Eisenbahnlinie eingeweiht worden war.

Die Eisenbahn durch den Urwald nach Riberalta in Bolivien ist nie fertiggeworden.

Der Urwald ist verschwunden – die Eisenbahn fährt das kleine Stückchen noch immer.

40 000 Einwohner, steht im Führer.

150 000 Einwohner, sagt der Taxifahrer.

Ich weiß es. Ich habe bei der Volkszählung 1980 mitgemacht.

Reis. Kakao. Café. Bohnen. Gummi. Holz. Fischfang, steht im Führer.

Bohnen und Gummi halten keine zwei Luxushotels heute mehr am Leben.

Mineralien, sagt der Taxifahrer. Wolfram.

Der Staat enteignet die kleinen Landbesitzer.

Ich habe meine Parzelle rechtzeitig verkauft.

Die Restaurants hier sind schon alle in der Hand von Japanern.

Ary ist um die neunzig.

Er kann den fast neunzigjährigen Freund Nunes nicht gut leiden und mümmelt die Verwünschungen eines Homme de lettres gegen den Homme de lettres.

Ary sitzt morgens um zehn im botanischen Garten seiner Villa und trinkt eine Flasche Whisky aus.

Phallisches zieht Ary an Nunes hervor.

– Nunes hat mich nie als seinen Informanten genannt, sagt Ary.

– Er ist sehr unzuverlässig in der Dokumentation.

– Mein Buch!

– Ja!

– Arys!

– Unfertig.

Ob es je fertig wird?

– Ich kenne alle Riten der Stadt seit fast einem Säkulum.

– Ich habe alles gesammelt.

– Herbarien!

– Bald ist es fertig.

– Es wird eine Sensation, wenn es erscheint!

Die violetten Lippen klaffen schon.

Das Wort erstickt im Schleim.

Das fast vollendete Buch.

Pierres, Gisèles, Geraldos, Nunes', Arys. Peters Kartoffel.

Meins.

Die Welt besteht aus fast vollendeten Büchern.

Waldelirio gilt hier als der Chef, als der geistliche Führer der afroamerikanischen Priester von Porto Velho.

Er wohnt in einer verfallenen Hütte.

Wir müssen durch dicke Pfützen, über nasse Bretter, um ihn zu besuchen.

Waldelirio sitzt vor einem schmutzigen Umbandaaltar.

Er hält eine Plastikflasche in der Hand.

Amassi steht daraufgedruckt. Das magische Bad der Alten Afrikaner. Eine Firma in São Paulo stellt es her.

Waldelirio ist aufgequollen von Grippe und niest.

– Kommen Sie mir nicht zu nahe.

– Stecken Sie sich nicht an, sagt er.

– Eine versklavte Königin aus Afrika, sagt er und niest.

– Ich habe davon gehört.

– Sie wurde hier Mariana genannt.

– Sie war sehr groß.

– Einen Meter siebenundneunzig.

– Sie wog 107 Kilo.

– Sie starb in Maranhão, in São José do Ribamar.

– Es gelang ihrem Sohn nicht, sie nach Afrika zurückzuholen.

– Ghezo.

– Ja.

– Hier riefen sie Ghezo zwischen den Zeremonien.

– Ghezo, Ghezo, Ghezo, sagt Waldelirio und niest.

Ich möchte ihn nicht überanstrengen.

Er hält mich fest.

– Ghezo erscheint hier in einem Schiff, als Heiliger Sebastian, das ist Xapanna, Omolu.

– Andre sagen, er ist der König Sebastião.

– Ich weiß es, ich, nicht Ary!

– Ich habe die Papiere von Mãe Esperanza.

– Nicht Albertino, nicht Petronilha.

– Ich habe die Papiere alle nach Rio zu einem General geschickt.

– Da hatte Esperanza immer gewohnt, wenn sie in Rio war.

– Esperanza bezahlte nichts, wenn sie verreisen wollte.

– Sie nahm kein Flugzeug, das durfte sie nicht.

– Aber sie nahm den Dampfer.

– Sie sagte: Ich will nach Rio.

– Und dann ließ man sie nach Rio fahren.

– Sie starb im Alter von 133 Jahren.

– Es ist alles Quatsch, was die Leute erzählen.

– Albertino und Petronilha sind ihre Nachfolger.

– Sie haben sich Esperanzas Tempel geteilt.

– 1946 hatte Albertino bei Esperanza zu arbeiten angefangen.

– Er wollte Esperanza den Tempel abkaufen, stellen Sie sich mal vor.

– Also: Am 29. Juni 1913 – fast auf den Tag vor 68 Jahren wurde der Tempel der Heiligen Barbara hier in Porto Velho von Esperanza Rita da Silva gegründet. Es gab die Stadt noch gar nicht.

– Sie war in Maranhão eingeweiht worden und kam mit Ireneu dos Santos und mit Antonio dos Santos.

– Und mit einem Schwarzen, der Béné genannt wurde.

– Es war die Zeit des Eisenbahnbaus.

– Die Frauen, alleinstehende Frauen, zogen den Arbeitern nach.

– Am 4. Dezember 1913 wurde ein Frühstück im Tempel der Heiligen Barbara gegeben.

– Und der Baum der Weisheit gepflanzt, eine Akazie, ein Simbú.

– Das war damals auch das Symbol der Freimaurer.

– Am 29. Juni 1928 fiel Chica de Macaxeira im Tempel von Esperanza um.

– Sie wurde von einem Vodun besessen.

– Chica de Macaxeira war eine helle Mulattin, die Tochter einer Sklavin der Bitencourt.

– Sie war von den Bitencourt in Manaus großgezogen worden.

– Mãe Esperanza hatte keine Kinder.

– Aber sie hatte 18 Adoptivkinder.

– Esperanza hätte als reiche Frau sterben können, aber ihre Kinder fraßen alles auf.

– Einer ihrer Söhne war verrückt.

– Er war lange weg.

– Esperanza heilte ihn schließlich.

– Heute ist er Chauffeur der Präfektur.

– Nun gab es zwei große Tempel in Porto Velho: Den von Esperanza und den von Chica de Macaxeira.

– 1942 kam die Kimbanda nach Porto Velho – so eine Art Umbanda, aber sie arbeiten nur fürs Böse.

– Chica Macaxeira trank Blut.

– Die Leute waren entsetzt.

– Dann fing auch Esperanza damit an, aber im Geheimen, nur um sich zu verteidigen.

– Esperanza hatte eine Buschmeisterschlange in ihrem Tempel; Chica hatte eine Cananinaschlange.

– Zwei Mal hat Chica versucht, Mãe Esperanza umzubringen.

– Sie schickte der Alten was zu essen.

– Aber Esperanza sagte: Stell das Essen da in die Ecke!

– Nach einer Weile kam Chica und wollte sehen, ob es gewirkt hatte.

– A, Chica!, sagte Esperanza.

– O, dein Essen, Vielen Dank. Ich hatte noch gar keine Zeit, um es zu probieren. Aber hol es doch mal.

– Chica wollte nicht.

– Doch, hol es mir mal.

– Chica mußte gehen und den Topf holen.

– Deck es auf für mich, bitte, sagte Esperanza.

– Chica konnte nicht anders und nahm die Damastserviette ab und darunter wimmelte es schon von Würmern und Skorpionen und Schlangen und Kakerlatschen.

– O, Chica, sagte Mãe Esperanza.

– Mit mir doch nicht.

– Mit mir nicht. Ich bin eine Alte Afrikanerin, eine Sklavin Chica, Chica.

Der kurze niesende Waldelirio verwandelt sich in die hundertjährige Esperanze, die hohe, schwere und er spielt ihr mächtiges Wimmern.

– Mit mir doch nicht.

– Zwei Mal.

– Esperanza tanzte noch mit 122 Jahren.

– Dann tat sie, was sie nicht sollte.

– Sie übertrat das Kisila.

– Sie aß, was sie nicht durfte. Schildkröte.

– Sie erlitt einen Schlaganfall.

– Sie verlor ihre geistige Regsamkeit.

– Sie starb 1974 mit 133 Jahren.

– Chica hat sie um vier Jahre überlebt.

Ich will gehen.

Waldelirio niest mich an und zwingt mich zum Bleiben.

– Heute gibt es fünf wichtige Terreiros in Porto Velho:

– Petronilha in der Rua Bolivia.

– Albertino, Vila Tuchi.

– Dann Hilton aus Rio.

– Pedrinas aus Rio.

– Und mich.

– Ich mache Umbanda, also niederen Spiritismus, wie sie sagen, ich bete weniger zu den Toten, mehr zu den Geistern der Natur.

Ich wollte versuchen, etwas über die Kräuter zu erfahren, aber ich will nun, da er eine natürliche Pause in seinen Reden macht und er mich nicht noch einmal fordernd anniest, mich schnell wegwinden.

– Die Pflanzen, sagt Waldelirio.

– Das Ahuasca.

– Die Gummisucher tranken schon immer Ahuasca, zum Vergnügen, nicht aus Religion.

– Gabriel, der jetzt die União Vegetal leitet, half in den fünfziger Jahren bei Chica aus.

– Später lernte er die Ahuascariten von Joachim Loch im Ohr kennen und fing seine Kirche da an, die União Vegetal.

– Ich wollte es zwei Mal probieren.

– Aber jedesmal wurde ich schon gestraft, ehe ich es überhaupt zu mir nehmen konnte.

– Es ist gefährlich.

– Wenn Sie Ahuasca trinken, sterben Sie an Leukämie, an Diabetes oder an Wasserbauch.

– Man kriegt weiße Flecken, die aussehen wie Lepra.

– Sehen Sie sich bloß vor.

Und niest drei Mal.

Ich sage dem Taxifahrer:

– Rua Abuna.

– Ach, Sie wollen zum Ahuasca, zur União Vegetal.

Im Tempel der União Vegetal spricht Raimundo Carneiro Braga zu Jäcki vom Schicksal der Pflanzen und von der Entstehung seiner Religion:

– Mestre Gabriel gründete diesen Tempel im Jahre 1961.

– Er war im Seringal gewesen und hatte in Bolivien gearbeitet.

– Es gab damals schon andre Häuser, die das Ahuasca zur Andacht benützten.

– Zehn Jahre später starb Mestre Gabriel.

– Es gab damals schon ein Haus in Manaus, es folgten São Paulo, Brasilia, Bahia, Jilparana, Campinas, Rio Branco.

– Am Amazonas sind wir frei.

– Im Süden müssen unsere Anhänger mehr oder weniger geheim vorgehen.

– Wir sind Spiritisten, wir gehören aber nicht der Spiritistenvereinigung an.

– Mestre Gabriel erfand den Namen União Vegetal.

– Das Vegetal besteht aus zwei Pflanzen: Mariri oder Daime und Chacrona.

– Chacrona ist ganz sicher kein Coca.

– Wir pflanzen die beiden hier neben dem Tempel an.

– Beide werden zusammen ausgekocht.

– Es gibt noch ein zweites Getränk, dazu benötigen wir neun Pflanzen.

– Jeden Sonnabend haben wir Gottesdienst.

– Wir erzählen in unseren Hymnen die Geschichte der Pflanzen, wie sie, von den Inkas her, auf uns herniedergekommen sind.

– Außerhalb des Amazonas sind die Lianen schwer zu beschaffen.

– Wir verschicken sie nach Bahia und in den Süden.

– Tucunacá und Caupuri.

– Es gibt eine Geschichte von der Herkunft der Lianen, wie sie entstanden sind, wie sie auf unseren Planeten kamen, vor Tausenden von Jahren – das ist eine Geschichte nur für Eingeweihte.

Hirsio:
– Das Wild, die Affen haben sich bis Jilparana zurückgeflüchtet.

Albertino in seinem Zaubergarten.

Ein freundlicher alter schwuler Indianer.

Er ist sehr nett zu Irma.

Sein Tempel ein Lattenschloß.

Auf dem Umbandaaltar steht auch eine Buddhastatue.

Er schwingt Papageienfedern in der Hand.

Der Schamane.

Cartacalola.

Antonin Artaud.

Immer wieder Wolli Köhler.

Freddie.

H. C. Artmann.

Professor Rocha.

Wenn ich Albertino nach einem Blatt frage, läßt er es von einer schwarzen Dienerin suchen.

Die Kunst der Afroamerikaner ist Geheimniserhaltung.

Nicht Geheimhaltung.

Sondern Geheimnisse erhalten.

Albertino, der Gangster.

Der Mãe Esperanza den Tempel abschachern wollte.

Eine Frau kommt mit einem dicken, etwa vierjährigen Jungen.

Sie läßt ihn von Albertino mit den Papageienfedern behandeln.

– Ich komme aus São Paulo, sagt sie.

– Erst war ich Spiritistin.

– Dann Rosenkreuzerin.

– Dann Esoterikerin.

– Dann wechselte ich zum Rationalen Christentum über.

– Dann Candomblé.

– Jetzt folge ich der Macumba bei Herrn Albertino.

Die verschiedenen Gesichter von Petronilha:

Das geschwollene, harte.

– Qual è o assunto?

– Was wollen Sie?

Die Priesterin.

Die Leiterin des Tempels.

Die Erbin der berühmten Mãe Esperanza.

Das Gesicht, aufblühend, mit sechzig, eines elfjährigen Mädchens.

Das Gesicht der keifenden Familienmutter.

Elegante dünne Beine.

Hände, blattartig, wie Edith Piafs Hände, als sie Non, rien de rien sang, kurz vor ihrem Tod.

Petronilha hat einen kräftigen, fleischigen Rumpf.

– Mãe Esperanza sprach wenig über die Religion.

– Gelegentlich mal eine kurze Erklärung, wenn man nicht aufpaßte, war es für immer vorbei.

– Sie nannte die Götter Vodun.

– Sie teilte ihren Tempel. Sie vollführte Zeremonien für die Indianer und für die Götter der Mina-Neger.

– Ja, sie rief Ghezo, Ghezo, Ghezo zwischen den Gesängen.

– Von der verkauften Königin redete sie nie.

– Jede Pflanze hat einen Herrn.

– Sie sang für jede Pflanze ein Lied.

– Fürs Ahuasca sang sie nie.

– Sie verwendete Ahuasca nur, wenn sie die Bäder für die Indianer zubereitete.

– Mãe Esperanza war mit sieben Jahren eingeweiht worden.

– Sie war die Cousine von Mãe Andreza aus der Casa das Minas in São Luiz de Maranhão.

– Esperanza hatte noch das Sklavenzeichen eingebrannt ins linke Bein.

– Sie ging mit Irenäus zusammen in die Einsamkeit – Salidão und verrichtete etwas, das wir nicht kannten.

– Ich habe es nie erfahren.

Ary sitzt schon wieder mit der Whiskyflasche im morgendlichen Unterholz vor seiner Villa.

– Mich hatte die Revolution von 1964 beauftragt, Porto Velho zu säubern, sagt er mit klaffenden Lippen, die sich nicht mehr ganz wieder schließen.

– Ich habe Porto Velho gesäubert.

– Ich wollte auch die União Vegetal schließen lassen. – Ich war Vorsitzender der Rauschgiftkommission.

– Aber ich wurde bedroht.

– Die Leute da haben gute Verbindungen. Sie sind über ganz Brasilien verteilt. In São Paulo ist sogar ein General Mitglied.

– Sie können sich nicht vorstellen, wie gut man im Tucumaré ißt.

In jedem Restaurant von Porto Velho ißt man gut.

Sogar im Nobelhotel.

Beefsteak Alho et Oleo.

Liebevoll werden die großen Knoblauchstücke auf dem Fleisch angeordnet – so als handle es sich um die weißen Punkte auf dem Gesicht einer Eingeweihten.

Aber das Tucumaré.

Fische.

Tucumaré.

Tambaqui.

Peixe Dorado.

Caranguejo – Krebs.

Flußfische. Fischnamen der Indianer.

Die klare Küche der Waldläufer.

Quellwasser, Kartoffeln, Knoblauch, Tomaten, Kräuter zur Suppe gemischt.

Und dazu Zuckerrohrschnaps mit Limonen oder schlanken, unverpantschten brasilianischen Wein.

Albertino:

– Mãe Esperanza starb 1974 mit 130 Jahren.

– Sie war wirklich im Maranhão eingeweiht worden, zusammen mit der berühmten Mãe Andreza in der Casa das Minas.

– Von Mãe Hosana oder sogar noch von Mãe Luiza.
– In der Einsamkeit – Solidão.
– Esperanza hatte nie Verkehr mit Männern.
– Es war eine Gruppe alleinstehender Frauen inmitten der Eisenbahnarbeiter, die für die Götter tanzten.
– Esperanza hat nie eine Einweihung vollzogen. Sie hat nie eine Novizin geschoren.
– Sie sang für Mawu, den Gottvater der Ewe.
– Mawu, Zomadonu, Kpoli Bodji, Azili.

Petronilha holt eine verrostete Schachtel.
Sie sucht Mãe Esperanza im Sarg.
Sie wühlt ein Korktäschchen aus der Schachtel hervor.
Ein Babyfoto.
Die Reproduktion eines alten Porträtfotos.
Die böse Zauberin.
Der kindlich aufgerissene, brutale Mund.
Farbfotos.
Rötliche Bäume, blaustichige Gewänder.
Petronilha mit Fächer.
Schief Albertino.
Ein paar Nylonstrümpfe kramt Petronilha aus der rostigen Dose hervor.
Da ist es.
Eine Postkarte.
Zwanzig auf dem Boden hingestreckte geistliche Töchter in Weiß – wie Matten.
In der Mitte der offene violette, mit Silberpapier verkleidete Sarg mit der Hundertdreißigjährigen.
Jäcki meint die dürren Arme zu erkennen.
Das Gesicht der Toten ist verstellt durch das Bild der Heiligen Barbara.
Die letzten Minuten vor dem Grab.
Wie lang braucht eine Fotografie, um zu verwesen?
Petronilha schenkt Jäcki die Postkarte mit der eingesargten Esperanza Rita da Silva, die geboren wurde, als Hölderlin noch lebte.

Weiter!
Bethlehem!
Belém.
A Cidade de Nossa Senhora do Belém do Grã Pará.
Hauptstadt des Bundesstaates Pará.
Größter Hafen des Amazonas.
Nüsse, Jute, Pfeffer.
Fast eine Million Einwohner.
Die Bevölkerung hat sich in den letzten zehn Jahren verdoppelt.

Es ist schon Nacht.
Wir fahren durch Belém.
Alte vornehme Häuser.
Wassertanks vom Fin de siècle.
Parks.
Ich stelle mir Bordeaux so vor.
Moderne Hotels – Zimmer wie Sardinendosen, in denen ein kalter Konservenwind bläst.
Am Fluß Guama ein Touristenhotel für lockere Leute.
Rechts und links Fabriken, Nutten, Rauschgifthändler, Straßenräuber.
Alles was Schlimmes in der Stadt geschieht, geschieht hier.
Der Fluß so glatt und drüben die Toteninsel von Böcklin.
Stille Boote gleiten vorüber.
Und tausend Mücken steigen aus den Tümpeln zwischen den Hütten hoch.
Ich schmeiße mich in den Schlips und Irma zwängt sich in die große Afghanenfessel – am ersten Tag ist das vernünftig, man wird in einem Touristenhotel dann nicht wie ein Einbrecher behandelt.
Am ersten Abend gehen wir im Hotel essen.
Danach noch ein bißchen am Fluß längs.
Irma kriegt es mit der Angst.
Sie weiß auch nicht warum.
Wir kehren in das lockere Hotel zurück.

Im Luxushotel sind Nylonlaken.
Jäcki und Irma kaufen Baumwolltücher und waschen sie täglich
und hängen sie zum Trocknen aus dem Fenster über den stillen
Fluß.

Napoleon, der Leiter der Anthropologischen Fakultät an der
Universität des Pará, sieht anders aus, als seine Kollegen.
Bukolischer.
Aber ein bißchen von den geblähten düsteren Männern ist auch
an ihm.
Der Nunes hat ihm geschrieben und Jäcki und Irma angemel-
det.

Nachts.
Schwule Bar Woodstock an der Uferstraße.
Als ich weggehe, sagt der Portier:
– Kehren Sie sofort ins Hotel zurück.
– Hier sind nachts Banden.
– Die rauben Sie aus, wenn Sie hier spazierengehen.
Jäcki sieht Gruppen von Jugendlichen zwischen den Hütten am
Markt.
Zwei verstecken sich auf einer Veranda, als die Polizei vorüber-
fährt.

Napoleão überhäuft sie mit Geschenken. Bücher, Artikel, Foto-
kopien.
– Warum machen Sie das?
– Weil der Nunes Sie schickt!

Abends zu Napoleão
Großbürgerliche Wohnung im Etagenhaus.
Amazonasbarock
Eine Iansa Statue in einer Art gotischen Stils.
Und der berühmte Xango aus Alagoas.

Napoleons Frau, eine sehr hübsche weiße Dame aus bester Familie – mit Fettsteiß.
Napoleão berichtet, daß er aus bester Familie stamme
Portugiesen.
1650 im Amazonas angekommen.
Sein Vorfahre verliebte sich in eine Indianerin.
Der König wollte keine Heiratsgenehmigung geben.
Der Conquistador ließ den Kaplan rufen, zeigte ihm vom Fenster aus den Galgen und sagte:
Entweder traust du mich – oder ich lasse dich henken.

Jäcki interviewt Napoleon:
– Professor Napoleon! To the real Expert, dem wahren Kenner, haben Ihnen die Leacocks in die Abhandlung über die afroamerikanischen Riten in Belém do Pará geschrieben.
Und das stimmt.
Warum gibt es von Ihnen – außer den hundert Essais zu Detailfragen – noch nicht die große Summe über die Batuques von Belém?
– Hubert, das ist ein ganz persönliches Problem.
Als wir 1966 anfingen, teilte ich mir die Arbeit mit Anaiza. Ihre Doktorarbeit über die Batuques beruht also nicht nur auf ihrem sondern auch auf meinem Material. Ich stehe am Ende meiner Karriere und es scheint mir ungerecht, daß ich ein Buch herausgeben soll, ehe ihre Doktorarbeit im Druck erschienen ist.
– Das Buch der Leacocks heißt Spirits of the Deep und geht damit von Eduardo aus, der erkannt hat, daß die verzauberten Wesen, die Geister der umbandaartigen Kulte von Belém – und auch vom Maranhão – in der Encantaria, auf dem Grunde des Meeres hausen. Stimmt das eigentlich?
– Viele dieser Geister kommen aus der indianischen Pajelança, die man hier in Belém auch Cura nennt, es sind Heilriten, die von der Umbandistenvereinigung Jurema genannt werden; diese Geister leben im Wasser, in der Luft, in den Flüssen, in der Tiefe.

Es sind die Geister und Heiligen eines Volkskatholizismus; sie werden gerufen, wenn der orthodoxe Katholizismus die Probleme des Volkes nicht mehr lösen kann.

Die Batuques sind eine Reaktion des Volkes auf den Hunger, die Arbeitslosigkeit, die sozialen Ungerechtigkeiten.

Wir wollen nicht übertreiben, der Batuque ist keine Protestreligion, es ist eine Erwiderung des Volkes in einem System der Anpassung.

– Im ersten Satz der Leacock wird die Absicht der Untersuchung aufgedeckt:

Description of . . a contemporary non christian sect.

Ist der Batuque Ihrer Meinung nach eine nichtchristliche Sekte?

– Der Batuque ist keine Sekte. Das Wort Sekte setzt den Prozeß der Abwegigkeit voraus. Der Batuque ist für mich eine Volksreligion.

– Christlich oder nicht?

– Christlich und nicht.

Christlich, ja – katholisch nicht.

Die Klassifikation Hochreligionen – primitive Kulte ist eine rein verbale. Kultur kann auf mündlicher Überlieferung und auf schriftlicher beruhen.

Es gibt keine Religionen erster, zweiter, dritter Kategorie.

Die Religion ist eine der Möglichkeiten, menschliche Beziehungen auszudrücken.

Religion ist, Religion existiert, in Büchern kodifiziert oder oral.

Ein Kult besitzt eine integrierende Kraft, in der Synagoge, in der Kathedrale ebenso wie im Batuque.

– Der Tod des Sorbonne-Professors Roger Bastide wurde, einem Gerücht nach, durch einen Ihrer Briefe hervorgerufen.

Sie schrieben ihm, daß zwei Tage in Belém vielleicht nicht für das Studium der Batuques ausreichten.

Wie erscheint einem brasilianischen Wissenschaftler diese Kolonisierung des ethnologischen Rohmaterials durch nordamerikanische und europäische Wissenschaftler – durch Bascom, Levi-Strauss, Sartre, Bastide, Verger etc.

– Ich habe den Brief geschrieben.

Bastide wollte in Belém die Caboclos Farristas sehen.

Ich arbeite über den Batuque 15 Jahre lang und habe 5 oder 6 Mal solche Caboclos Farristas angetroffen.

Professor Bastide wollte diese Caboclos in zwei Tagen antreffen.

Kolonialismus?

Jeder Ethnologe hat seine Gruppe. Die Indianer, mit denen ich arbeite, behandelten mich immer als Professor. Ich hatte einmal vier Monate lang bei ihnen gelebt und kehrte dann ein zweites Mal in ihre Ansiedlung zurück. Für fünf Monate. Wir hatten eine sehr gute Beziehung. Sie behandelten mich mit großer Menschlichkeit. Ich mußte sie schon am frühen Morgen segnen. Segnen Sie mich, Vater. Segnen Sie mich, Professor. Es war Paternalismus. Sie besuchten mich. Sie tranken Café in meinem Haus.

Dann kam eine Hungerszeit über das Dorf. Die Männer zogen nachts auf die Jagd und zum Fischen. Sie brachten nichts mit nach Hause. 15 Hungertage. Alle meine Vorräte waren erschöpft. Sie hatten alle meine Konserven aufgegessen. Reis, Makkaroni, Bohnen, alles, was sie sonst nicht aßen. Ich hatte Nahrungsmittel aus Belém angefordert, aber es vergingen weitere 15 Tage, ehe die eintrafen.

Morgens kam ein Indianerjunge mit einer Schale, darin lag eine Makkaroni und ein kleiner Fisch. Er brachte sie nicht zu seiner Familie. Er hatte sie selbst nicht gegessen. Er trug sie zu mir.

Zwei Tage danach kamen die Tage des Überflusses. Es gab Jagdfleisch, Fische und die Nahrungsmittel aus Belém waren eingetroffen.

Sie nannten mich nicht mehr Vater, Professor. Sie sagten: Guten Tag, Nanna.

Guten Tag, Nannoa.

An diesem Tag taufte er mich.

Von diesem Tag an fühlte ich mich als Nambé.

Ich bin ein Nambé.

Die Nambé sind meine Gruppe.

– Sie kennen die Geschichte des Forschers, der seine eigenen Vorräte zurückhielt und die Heuschrecken der Indianer fraß?

– Bei den Nambikwara.

Ich kenne sie.

Unsere Kollegen Levi-Strauss, Roger Bastide, Pierre Verger, Edison Carneiro betrachten sich als Herren der Gruppe. Sie allein verstehen die Gruppe. Wenn ein andrer Kollege auf gewisse Probleme aufmerksam macht und sie passen nicht in das theoretische Modell, werden sie ignoriert.

»Der Indianer hat Unrecht«.

»Der Indianer lügt«.

»Der Pai de Santo lügt«, denn was er sagt, paßt nicht ins theoretische Modell.

– Die afrobrasilianischen Studien befinden sich in einer neuen Phase.

7000 Tempel in Bahia, 30 000 Tempel in Rio, 42 000 Tempel in Rio können nicht mehr allein in den Kategorien eines João do Rio und eines Nunes Pereira analysiert werden.

Fotobände, TV, Kinderbücher, Werbung, Schallplatten füttern die Untersuchungen über den afroamerikanischen Synkretismus in den Synkretismus zurück.

Auch in Afrika werfen die Bokonor die Wahrsagekette nach der Abhandlung von Maupoil, die Kubaner lernen ihre kultischen Gesänge aus den Büchern von Lydia Cabrera, Pierre Verger berät einen bahianischen Priester bei der Gründung eines Tempels und eine Doktorandin von Roger Bastide hat in Rio einen Tempel der Nation Ketu eröffnet.

Eine nächste Ethnologengeneration wird möglicherweise die Irrtümer eines Bastide und eines Verger als echte Riten der Nago beschreiben.

– Die erste Phase von Nina Rodrigues brachte eine historisierende Beschäftigung hervor. Man interessierte sich vor allem, woher die Brasilianer stammten.

Dann verfielen Nina Rodrigues und João do Rio dem gleichen Fehler: Wie später Artur Ramos beschäftigten sie sich fast ausschließlich mit den Yorubariten, den Riten der Nago. Sie hätten die Möglichkeit gehabt, noch die Sklaven selbst nach einer Vielfalt von anderen Einflüssen fragen zu können.

Die Situation heute ist anders.

Die moderne Anthropologie in Brasilien, besonders die Gruppe um Ottaviani an der Universität von São Paulo, befaßt sich mit der Stellung des Negers in einer Klassengesellschaft. Man studiert die Verbindung der Religion zur übrigen Gesellschaft.

In Belém haben Sie auf der einen Seite die sogenannten afrobrasilianischen Religionen und auf der anderen den Kardezismus, den reinen Spiritismus.

In der Mitte steht die Umbanda.

Wenn man vom Spiritismus absieht, haben Sie in Belém also: Jurema, Nago, Umbanda und die Varianten: Mina-Nago, Umbanda-Nago, Umbanda-Mina, Umbanda-Moloko.

Wer nimmt an diesen Kulten teil?

Das Stadtproletariat, das am Ort der Tempel wohnt, in den Gebieten, die unter dem Meeresspiegel liegen und regelmäßig überflutet werden.

In der ungemischten Umbanda haben Sie bereits die untere Mittelschicht, die Mittelschicht und die oberen Schichten der Gesellschaft.

Bei Kardec, im Spiritismus finden Sie nur die mittlere Oberschicht, die Spitzen der Gesellschaft.

Die räumliche Verteilung der Kulte in Belém unterliegt gesellschaftlichen Diskriminierungen: Die spiritistische Vereinigung findet sich im teuersten Geschäftsviertel, die Terreiros der afroamerikanischen Religionen in den Slums, die Umbanda liegt dazwischen.

Entsprechen die Batuques nun dem, was man in den Vereinigten Staaten die Kultur der Armut genannt hat?

Vielleicht.

Der Typ der Religion ist Funktion der Vermögensverhältnisse.

Jedes Individuum jedoch besucht die Jurema, den Batuque, die Umbanda, sobald es bei den orthodoxeren religiösen Experimenten keine Lösung für seine Fragen findet.

Die Forschung wird in Zukunft Beispiele herausgreifen.

Man wird sich nicht das Ganze vornehmen, sondern Teile analysieren.

Aber ich glaube auch, daß wir hier in der Universidade do Pará mit wenigen Leuten in fünf Jahren alle Informationen zusammengebracht haben und umfassend über die Religionen am Amazonas veröffentlichen können, Anaiza, Geraldo und ich.

– Sie haben eingeräumt, daß ein Priester in Belém ständig mit Roger Bastide korrespondiert, daß ein andrer die Publikationen von Pierre Verger im Schrank verbarg – wie wollen Sie verhindern, daß Sie ein vorgeblich afrikanischen Pflanzenrezept veröffentlichen, das vielleicht nur die Fehler eines Corello da Cunha Murango reproduziert.

– Wenn wir das hier sicher vermeiden könnten, dann säßen wir nicht in Belém als Anthropologen, sondern als reiche Wahrsager in Monte Carlo oder Las Vegas.

– Wir befinden uns mitten in der Ethnologie der Anthropologen.

– Darauf wird es hinauslaufen. Ich werfe hier in Belém die Kauris. Ich habe den Priestern hier das Wahrsagen aus den Kaurimuscheln beigebracht.

– Napoleon, Ihre Vorfahren kamen 1616 am Amazonas an.

Bis 1888 wurden hier ungefähr 50 000 Negersklaven, direkt aus Afrika oder über andere brasilianische Häfen eingeschleppt.

Von 1755 an, unter der Regierung Marias I. wollte der Marques de Pombal, der sich ein Freund der Indianer nannte, durch die Verschleppung von Afrikanern den Indianern helfen.

Wie vor ihm Las Casas.

War diese Ideologie des Marques de Pombal im Jahre 1755 hier noch demographisch relevant?

– Ja.

Vor allem durch die Sklaventransporte der Campanhia do Grão Pará e Maranhão.

Es herrschte damals ein Imperium von heilsspendenden Krämern. Sie wollten entweder versklaven oder bevölkern.

Seelen wollten sie retten und rechtfertigten damit die Sklaverei.

Es ist das Gleiche, was die brasilianische Regierung heute mit den Indianern macht.

Seit Las Casas war der Indianer ein Mensch – der Neger war eine Sache.

– Peça de India.

– Der Indianer adaptierte sich nicht an das landwirtschaftliche System der Portugiesen. Er war Sammler, Jäger, Fischer. Er brannte Wald für seinen Ackerbau ab. Die Portugiesen brachten neue Praktiken und Geräte, der Indianer weigerte sich, damit umzugehen, der Schwarze konnte es.

– Mãe Doca, die Priesterin aus Maranhão gilt als Gründerin des Kultes der Batuques in Belém. Sie kam in der letzten Phase des Kautschukbooms – vor 60, 70 Jahren.

Was gab es vor ihr an religiösen Riten in Belém?

– Darüber haben wir keine Untersuchungen.

Das einzige ist eine kleine Studie von Anaiza und mir auf Grund von Zeitungsmeldungen.

Die Polizei verbietet Batuques, Trommeleien in der Nacht, Magie, Fetische, welche die stillen Vororte von Belém stören – Belém hatte im vorigen Jahrhundert 30 bis 40 000 Einwohner.

– Afrikanische Riten oder indianische?

– Immer auch afrikanische, denn es wird von Trommeln gesprochen.

– Die Auskünfte über das Auftreten von Mãe Doca sind widersprüchlich. Mal liest man, auf der Höhe des Kautschukbooms – also 1890 – dann wieder: um das Jahr 1913, also zur Zeit der Rezession, als auch die anderen alten Afrikanerinnen an zu wandern fingen: Mãe Joana traf in Manaus ein, Mãe Esperanza in Porto Velho.

– Man weiß es nicht genau. Ich habe oft mit ihr gesprochen. Sie sagte, sie sei in der Casa das Minas in São Luiz de Maranhão eingeweiht worden. Raimundinha behauptet, Mãe Ines kam als erste im letzten Drittel des XIX. Jahrhunderts. Dann erst Mãe Doca.

– Aber sie gründete erst 1934 einen Tempel.

Was brachte sie?

– Eine Mischung von Riten der Nago und der Ewe.

Sie weihten weder Töchter und Söhne ein, noch weihten sie jemanden zum Priester.

Sie rasierten und schnitten nicht.

Ich sah hier in Belém nur ein einziges Mal raspar e catular – das ist der Fachausdruck.

Das war im Haus der Ida Carlos – aber die war in Bahia einge-weiht worden und hatte solche Zeremonien von dort einge-führt.

Hier macht man nur den Santé – hier wird nur der Kopf gewa-schen.

– Mãe Doca sei in den Batuque eingeweiht worden. .

– Batuque ist hier der Oberbegriff für alle Kulte, in denen ge-trommelt wird.

– Mãe Doca brachte also um 1910 ein Gemisch von Riten der Ewe, der Fon und der Yoruba nach Belém.

– Ja.

– 1921 kommt Alan Kardec, das heißt, der Hohe Spiritismus nach Belém.

– Er wird wohl von der Nachhut der französischen, englischen Unternehmen eingeführt worden sein, Unternehmen, die zur Zeit des Gummibooms gekommen waren und weiter blieben.

Die Einführung des Kardezismus hier ist wichtig; das ist mir noch nie aufgestoßen.

– Sie beschreiben die Einführung der Umbanda in den 40er Jahren – brachte Dona Maria Aguiar die Umbanda nicht schon zehn Jahre vorher von Rio nach Belém?

– Dona Maria mischte alles. Es gab die Palmas, das Händeklat-schen der indianischen Riten und den Tambor, das Trommeln der Afrikaner. Dona Maria mag in Rio an einer Umbandazere-monie teilgenommen haben, aber richtig begann es erst in den 40er Jahren durch die Arbeiter und Unternehmer, die während des Krieges aus dem Süden kamen.

– Zur selben Zeit haben wir die Verfolgung, Polizeirazzien, Zer-störung der Tempel, Plünderungen durch die Polizei, welche einigen Intellektuellen, die sich gut mit der Polizei standen, eine Sammlung von afrikanischen und afroamerikanischen Kultge-genständen anlegen.

Wann war das genau?

– Immer im Estado Novo, Getulio Vargas, zwischen 1937 und 1945.

– Auch auf Haiti wurden Razzien und Verbrennungen um das Jahr 1943 ausgeführt, die Renonce genannte Kampagne der ka-tholischen Kirche.

Während dieser Zeit der Verfolgung breitet sich die Umbanda am Amazonas aus – hat das Eine mit dem Anderen zu tun?

– In der Umbanda wurde in die Hände geklatscht, nicht getrommelt. Die Umbanda störte nicht.

Die Trance ist nicht so tief.

– Seit 1964, seit der Revolution der Generäle, gewinnen umbandistische Vereinigungen an Einfluß; ist das eine vorgebliche Liberalisierung zur besseren Kontrolle?

– Es hat ideologische Gründe.

– Das Gesetz der brasilianischen Republik sah Religionsfreiheit vor. Tatsächlich hat die Polizeikontrolle der afrobrasilianischen Tempel erst vor vier Jahren – 1977 – aufgehört.

Die afrobrasilianischen religiösen Vereinigungen wurden am 12. August 1967 durch das Gesetz 892 zu gemeinnützigen Institutionen erklärt.

Ist das ein Fortschritt?

– Ja.

Zu Anfang war die Polizeikontrolle. Jetzt kann getrommelt werden, ohne daß die Polizei um Erlaubnis gebeten werden muß.

Sie fragen die Umbandavereinigung um Erlaubnis.

– Aber es wirkt doch so, als übe der Schatzmeister der Vereinigung eine ungebrochene Tyrannei über die Batuques von Belém aus.

– Natürlich hat das in Brasilien alles mit Politik zu tun.

Alle großen politischen Leader in Belém besuchen den Batuque. Sie wollen gereinigt werden, sie lassen im Batuque für sich arbeiten etc. Und mit der Zeit arbeitet dann der eine Tempel für den einen und der andre Tempel für einen anderen Politiker.

– Menininha de Gantois in Bahia für Antonio Carlos Magalhães.

– Wenn nun die Gouverneurswahlen herankommen, ist es für einen Kandidaten wichtig, die Unterstützung eines Kultes zu haben, das kann 30 bis 40 000 Stimmen bedeuten.

– Im Gegensatz zur Ausbreitung der flacheren Umbandariten ist es in Belém seit 15 Jahren Mode geworden, sich rasieren und schneiden zu lassen, man fährt dazu nach Maranhão und nach Bahia.

Wie wurde hier früher eingeweiht?

– Man nannte es Catimbó.

Es waren Kenntnisse, die vom Vater auf den Sohn vererbt wurden – besondere Einweihungszeremonien gab es nicht.

– 1965 schätzten die Leacock in der Föderation von Belém 139 Tempel, Anaiza nennt 192. 2600 Medien, 10 000 Gläubige.

– Heute sind es viel mehr.

Etwa 700 Tempel, Nago, Jurema, Umbanda, wenigstens 20 000, wenn nicht 30 000 Gläubige.

– Etwa 40 Gläubige je Tempel – ohne die Kinder zu rechnen.

Sie sagten: Fast alle Priester und Priesterinnen des Batuque in Belém sind homosexuell.

– Die Heiligen, die Encantados sind doppelgeschlechtlich, es ist auch ein Charakteristikum der afrikanischen Götter.

Nehmen Sie einen Pai de Santo wie Manuel da Joia. Er empfängt Dona Jarinha – mit falschen Wimpern, geschminkt, mit Schaumgummibrüsten und Perücke.

Könnte er so in eine katholische Kirche gehen?

Es gibt die Ostentativen.

Es gibt Männer, die sagen: Sou bicha.

Und Lesbierinnen, die sagen: Sou tricha.

Aber es gibt auch die Verklemmten.

Es ist schwer zu quantifizieren. Sie können nicht statistisch vorgehen.

– Warum nicht, wenn man vernünftige Parameter setzt.

Wie viele von denen, die sich offen als Bichas und Trichas erklären, haben Kinder?

– Sie haben alle Kinder.

– Die meisten gehen auch mit Frauen.

– Ja.

– Wäre es da nicht richtiger – und weniger diskriminierend, von Bisexualität zu sprechen?

– Ich kenne lesbische Priesterinnen, die sind nicht verheiratet und haben keine Kinder.

Der Priester Pai Chico Legua wurde von seinem Lover ermordet und der Neger, den Sie in der Föderation gesehen haben, der wohnt da, weil ihm ein Geliebter das Haus über dem Kopf angesteckt hat.

– Die Föderation hat sich bald nach ihrer Gründung 1964 gespalten.

War die Abspaltung der Ordem Cristã eine moralische Reaktion der Machos gegen die Bichas?

– Es war eine moralische Reaktion.

Der Schatzmeister der Föderation wird als Person nicht geschätzt.

Er repräsentiert die bürokratische Macht. Er hat die Funktion der Polizei übernommen.

Er ist dabei Listen aufzustellen. Die Tempel, die bisher noch nicht in diesen Listen sind, weigern sich einzutreten, denn sie müssen Beitrag bezahlen. Auch arbeitet die Föderation mit der Polizei zusammen und kann leicht einen Tempel als illegal erklären.

Um die Genehmigung zu erhalten, muß man eine Prüfung ablegen. Trance mit Prüfung.

Der Schatzmeister wirkt wie die letzte Bicha, aber er ist auch verheiratet.

Aber die Ordem Paraense de Umbanda Cristã spaltete sich nicht nur aus moralischen Gründen ab – sie steht dem sogenannten Hohen Spiritismus nahe.

– In der Ordem Cristã gibt es keine Homosexuellen?

– Nein.

– Eine delikate Frage: Der Einfluß der Freimaurer auf den Batuque.

– Die Freimaurer gehen oft in den Batuque – aber nur wenige Priester sind Freimaurer.

Ich habe Ihnen die schöne Fahne in der Universität gezeigt. Sie stammt aus dem Terreiro des Priesters Manuel Colaço, der um das Jahr 1971 gestorben ist. Sie wurde für den afrikanischen Gott Olorun gestickt und stellt ein Freimaurersymbol dar: Ein Auge in der Sonne, ein Strahlen-, Flammenkranz darum.

Manuel Colaço war aus dem Maranhão gekommen.

– Warum besuchen Freimaurer den Batuque?

– Sie gehen hin, wie jeder andre auch, wie die gläubigen Juden zum Beispiel. In Belém gibt es Japaner, die im Batuque tanzen. Es gibt japanische Batuque-Priester.

– Die Freiheitsbewegungen der Neuen Welt sind mit der Freimaurerei verknüpft. Welche Rolle spielte die Freimaurerei bei der Befreiung der Neger am Amazonas?

– Eine sehr wichtige Rolle.

Die großen Leader der Republik waren Mitglieder der Loge Großer Orient Brasiliens.

Als das Gesetz des Ventre Libre – Sklavenkinder waren frei – und das Gesetz zur Freilassung der Siebzigjährigen proklamiert worden waren, mußten neue Arbeitskräfte eingeführt werden. Seit 1850 kamen Holländer, Italiener, Franzosen, Belgier, Spanier, Deutsche, die alle Arbeit wollten, vor allem in den Kaffeeplantagen des Südens.

Die Befreiung der Sklaven kam nicht den Negern zugute; sie war von den Weißen für die Weißen organisiert.

– Hatten Neger Zutritt zu den Logen im Pará?

– Ich habe in Gesprächen mit alten Freimaurern nie von Negern gehört.

– Und nach 1888?

– Doch.

– Haben Sie im Batuque von Belém die alten Einweihungsproben beobachten können?

– Ja.

Ich hatte nie geglaubt, daß man ohne Schaden über glühende Kohlen gehen könnte. Ich habe mir den Fuß des Mannes angesehen. Er hatte keine Verbrennungen. Er hatte die Hand in siedendes Öl getaucht und war über Glut gegangen. Man macht es für einen Exú, den Teufel, Santiriri und für das Peixinho do Mar, das Fischlein im Meer:

Acendo o fogo

Que queiro dançar

Peixinho, peixinho, peixinho do mar.

Acende o fogo

Que o peixinho quer dançar.

– Anaiza spricht von der rituellen Flagellation während der Einweihung.

– Das habe ich nie gesehen.

Aber ich sah den Tambor de Peia. Die Gläubigen machen eine

Art Autokritik, während getrommelt wird. Der Heilige kommt über den Gläubigen und straft.

– Straft? Wie?

– Er stößt den großen Zeh gegen einen Stein. Einer schlug derart gegen den Stein, daß eine Vene durchstoßen wurde und das Blut hervorspritzte – er wurde ins Krankenhaus gebracht.

– Gibt es Riten auf dem Friedhof?

– Hier nicht. Es gibt den Tambor de Chorro, sieben Tage nach dem Tod, im Haus des Verstorbenen. Und den Tambor de Alegria 30 Tage danach.

– Keine Kimbanda?

– Nein. Die Polizei läßt das nicht zu. Die Friedhöfe sind in Belém nachts abgeschlossen.

– Wie heißt die Mãe de Santo, die eine Legende von Ihnen erfand?

– Es war keine Mãe de Santo, es war ein Botaniker in der Universität.

Als ich in die Akademie gewählt wurde, stand in der Zeitung, ich sei ein Unsterblicher geworden. Mãe Amelia wollte wissen, was ein Unsterblicher ist. Da sagte der Botaniker, ein Unsterblicher sei etwas wie ein Encantado des Batuque.

Ein Encantado hat eine Legende. Er erfand also die Legende, daß ich, Napoleão immer am Ufer der Universität sitzen würde und Elai, mein Assistent brächte mir regelmäßig eine Coca Cola. Eines Tages aber hätte Elai die Coca Cola gebracht und den Professor nicht gesehen, sondern nur eine große Schlange, die durch das Gebüsch davonglitt.

– Der Nunes!, sagt Napoleão.

– Ein Freund hat uns einen kleinen, sehr wertvollen Teppich aus Persien mitgebracht.

– Bei seinem letzten Besuch, war der Nunes total besoffen.

– Er pinkelte bei uns in der Wohnung auf den kleinen, sehr wertvollen Perserteppich.

– Der Nunes war so besoffen, daß er einfach zu pinkeln anfing.

– Am nächsten Tag kam er ausgeschlafen und sauber rasiert bei uns an und entschuldigte sich bei meiner Frau: »Gnädige Frau, Sie müssen denken, daß ich ein alter seniler Mann bin, der nicht länger an sich halten kann.« – »Ich denke gar nichts«, sagte meine Frau. »Ich frage mich nur, wer macht mir meinen kleinen, sehr wertvollen Perserteppich wieder sauber!« – »Ich werde ihn mitnehmen und in Rio persönlich in die Reinigung geben«, sagte der Nunes. – »Dann bin ich ihn auch noch los!« rief meine Frau. »Nein, nein, der vollgepinkelte Teppich bleibt in Belém und das Mädchen weicht ihn ein.«

– Vielleicht war das überhaupt das Motiv: Der Nunes wollte den kleinen, sehr wertvollen Perserteppich gerne haben und im Suff steckte er durch das Pinkeln Besitztum ab.

Denkt Jäcki.

In der Anthropologischen Fakultät ist es von zwei Klimaanlagen kühl.

Napoleãos Kameras und die Wechselobjektive liegen in einem Glasschrank.

Rotlicht gegen Pilze.

In einem Zimmer hat Napoleão einen Tempel des Batuque rekonstruiert.

Zwischen den graden Wänden der modernen Universität die Gegenstände aus Bretterbuden über stickigem Wasser.

Napoleão holt aus einem Schrank die heiligen Gewänder.

Sie hängen mit Mottenkugeln unter Plastikhüllen.

Jetzt umfangen sie keine rasenden Götter mehr – sondern die ruhige Wissenschaft umfängt sie.

In Plastik gewickelt liegen und stehen die Teufelchen und Amulette genau an der Stelle des Altars, wo sie auch im Kult liegen würden.

Napoleão wickelt eine Freimaurerfahne aus – sie wurde für den afrikanischen Gott Olorun gestickt.

Napoleão wirft sich eine heilige Decke über, die nach Mottenkugeln riecht.

Die Fransen hängen ihm über die Brille.

Er steht wie der Universitätsvodu vor den numerierten Teufelchen und den luftdicht verpackten Giften – Baron Prof. Dr. Dr. Hekate – Sonnabend.

Napoleão zeigt Irma und Jäcki die neue Universität des Pará.
Sie liegt am Fluß Guamá, hinter den Laboratorien und Hörsälen dehnt sich der Busch.
Eine Gruppe von Arbeitslosen hat begonnen zu roden und die ersten rechtwinkligen Gerüste für ein Haus auf Pfählen zu zimmern.
– Das ist Land der Universität, sagt Napoleão.
– Sie ist für 50 000 Studenten konzipiert worden.
– Wir werden die Favelados da evakuieren müssen.
– Und wenn sie nicht freiwillig gehen und ihre Hütten verlassen? Weil sie nicht wissen wohin und weil sie kein Erspartes mehr haben, um eine neue Hütte für ihre Familie zu errichten?
– Dann wird die Polizei hereingejagt.
– Das ist ein schweres juristisches und soziales Problem.
– Ja, das ist ein schweres juristisches und soziales Problem.

Jäcki schneidet auf der Bettkante aus:
Oft reißt er nur die letzte Seite ab:
Im »Liberal«:
Der Stadtstreicher Lucival Alfaia Mendonça, »Bangbüx«, wurde in flagranti ertappt, als er auf dem Markt von Belém ein paar Sandalen im Wert von 1600 Cruzeiros – etwa 25 Mark – stahl.
Er wollte fliehen.
Passanten hinderten ihn daran.
Er wurde derart verprügelt, daß sein Gesicht entstellt ist.
Die Militärpolizei verhinderte, daß er gelyncht wurde, und brachte ihn aufs Revier.
»Bangbüx« soll ins Gefängnis São José überführt werden.

Der »Liberal« ist die große Zeitung von Belém.
Man kann ihn überall in Brasilien kaufen.
Auf der letzten Seite stehen – wie in vielen anderen brasiliani-

schen Zeitungen auch – Berichte mit Fotos von Verbrechen, Unfällen, Autopsien.

Mann übergießt einen 7jährigen und einen 10jährigen Jungen mit heißem Wasser, weil sie zu laut waren.
Priesterin der Macumba übergießt einen Mann mit Kerosin und zündet ihn an, um den Teufel auszutreiben.
Sohn beißt Mutter einen Finger ab, weil das Essen nicht rechtzeitig fertig ist.
Friseur verdächtigt Kundin, seine Geldtasche gestohlen zu haben, und zerschneidet ihr das Gesicht mit einem Rasiermesser.
Macumbapriesterin wird während einer Zeremonie von dem Geist eines Hundes besessen.
Sie beißt einem Gläubigen ins Bein, das Bein entzündet sich und muß amputiert werden.
Neunjähriger ersticht seinen 26jährigen Schwager aus Wut.
Lesbische Friedhofswärterin ersticht die 52jährige Gattin eines Blinden.
Schiffsbesitzer besticht die Taucher nach dem Unglück auf dem Amazonas, möglichst wenig Leichen zu bergen.
Prostituierte beißt Freier ein Stück vom Ohr ab.
Leprakranker ersticht Geiger, weil er sich bei einem Fest weigert, das Lied »Carimbo da Vovo« zu wiederholen.
Der Bruder des Geigers sticht auf den einbeinigen Leprakranken ein.
Vierundzwanzigjährige zerschneidet 18jähriger aus Eifersucht das Gesicht mit einer Rasierklinge.
Ein Mann, der von einem Auto angefahren wurde, bleibt tagelang auf der Straße liegen.
Angeklagter wirft Richter das Holzbein ins Gesicht.
Junger Mann öffnet das Grab seines Vaters und bricht die Zähne des Toten mit einem Brecheisen aus für ein Amulett.
Junger Mann erschießt Passanten, weil der ihm auf seine neuen Tennisschuhe trat.
Dreizehnjährige in Zellen ohne Wasser und Toilette voller Ungeziefer.

Leiche begann während der Totenwache zu stinken. Der Beerdigungsunternehmer begießt sie mit Alkohol, eine Kerze fällt um, die Leiche verbrennt.
Newsreel.

Jäcki hatte wenig Lust, in Belém den schwulen Untergrund ethnologisch einwandfrei und vollständig zu katalogisieren.
Er fürchtete, daß er als ein Opfer, wie ein Missionar bei den Ogumpriestern oder bei den Indianern am Rio Negro, nicht auf einem Steinaltar sondern auf einem vollgespritzten Bett in einer Absteige von Bethlehem enden würde.
Das hätte er auch in Rio können oder in N'Gor
Aber hier, wenn er den Zeitungen glaubte, sah er gar keine andre Möglichkeit für den schwulen Ausländer, als ermordet zu werden.
Jäcki beschränkte sich also auf die drei Kinos, die im Spartacus Guide angegeben waren, nicht weit von Napoleons Wohnung entfernt.
Das erste, linke, war langweilig.
Im mittleren war viel los
Viel für die Provinz.
Die Klos waren dauernd besetzt.
Im rechten war eine komische Atmosphäre.
Lange Gänge, bis man zur Heiligen Pinkelrinne kam, an jeder Ecke stand ein Transvestit, flirtete aber nicht, machte auch keine Handelsangebote.
Jäcki schloß sich mit einem Studenten ein, der göttlich küßte, wie Wolli das nennen würde.
Da bummerte es auch schon an die Tür.
Polizei.
Die Transvestiten mußten die beiden verpfiffen haben.
Jäcki schloß auf
Eine Traube von Kinobesuchern, Polizisten, Transvestiten davor.
Der Student machte einen Hechtsprung, entglitschte.
Jäcki hörte ihn die Gänge runterrennen.

Ob er durchs Kino entkam?

Jäcki ließ sich verhaften.

Ganz Suffragette wurde er durchs Kino abgeführt, mitten auf den belebten Platz

Er pöbelte auf die Polizisten ein

Erklärte, er sei der bedeutendste, lebende deutsche Autor

Weil das vielleicht bei analphabetischen Militärpolizisten noch zieht,

Und einer der drei zupfte auch schon an Jäckis Hose, blinzelte, spannte den Stoff über seinem dicken Knüppel stramm

und wies mit dem Kopf nach draußen.

Jäcki tönte von der Botschaft.

Er wollte aus Belém sofort den Botschafter der Bundesrepublik anrufen.

Er wußte, daß es sehr gefährlich werden konnte, wenn offiziell bekannt wurde, daß der Verfasser der Spiegelserie in Bethlehem sei.

Er wußte, daß er hier nie telefonieren würde.

Er wußte, daß er mit ein paar Bier, von allem Geld das ihm blieb, den größeren Schein hatte er noch im Hotel in den Socken versteckt, gleich wieder frei war.

Jäcki machte das locker und sicher und sehr gay-liberation.

Und Jäcki schämte sich sehr, daß er in einem Hotel von Belém einen größeren Geldschein, für alle Fälle, in seine Socke steckte.

Er fand es unerträglich, daß er, wenn er einen freundlichen Mann küßte, auf einem Kinoklo von Bethlehem verhaftet wurde.

Und Jäcki ekelte es an, daß er sich mit fünf Bier freikaufte.

Der eine Polizist ließ Jäcki nicht aus.

Er kam ihm nach.

– Ich habe eine schöne Santa, sagte er

– Ich habe kein Geld mehr.

– Das macht nichts.

– Ich habe jetzt keine Lust.

– Ich mache es dir ganz schön, ich kann lange und oft, ich weiß einen sicheren Ort, sagte der Polizist.

Jäcki fragt Irma, ob sie ihn verließe, wenn sie die Kraft dazu hätte.

– Wieso?

– Weggehen hat ja auch etwas mit Koffertragen zu tun.

– Deine Frage ist falsch gestellt.

– Sie setzt voraus, daß das Bleiben weniger Kraft erfordert.

Jäcki schreibt es in sein Tagebuch.

Er findet Irmas Antwort sehr hart und sehr liebevoll.

Zwischen den Pfahlbauten der Favelas Pfützen.

Die Mücken brüten darin.

Irmas Durchfall hält etwas an.

Jäcki zwingt sie, noch fiebrig, sofort mit ihm nach São Luiz de Maranhão zu fahren.

– Dieser Fluß ist so schön und still.

– Die Boote der Indianer gleiten darüber hin zu den fernen Inseln der Seligen.

– Es ist der Fluß der Toten.

– Wir müssen hier sterben oder weiter.

Es sollte die Geschichte der Kräuter werden.

Die Bewegungen der Kräuter.

Und es wurden doch wieder nur die Bewegungen von Menschen den Amazonas hinunter.

Endlich die Bewegungen von Fingern auf Papier.

Die Spuren der Tinte.

Lettern.

6.

Als Jäcki und Irma in São Luiz landeten, konnte Irma gerade
noch stehen.
Das Taxi fuhr sie an verschiedenen Wasserflächen vorbei
War dies noch das Meer?
War das Brackwasser?
Sie fuhren über Brücken.
Eine gemütliche Stadt schien sie zu erwarten.
Jäcki fühlte sich an Heide erinnert oder Limoges
Häuser um eine Kirche gruppiert
Keine Hochhäuser.
Wenig Elendsviertel.
Neunzehntes Jahrhundert.
Als Jäcki und Irma das Hotel gefunden hatten, war es dun-
kel.
Sie entschlossen sich trotz Irmas Gastro-Enteritis zu einem fest-
lichen Empfangsessen, in Samt und Seide, ins Gourmet-Restau-
rant des ersten Hauses am Platz.
Das war dann auch danach.
Die Amazonaswärme war weggekühlt
Sie saßen wie im Gefrierfach.
Das Gaspacho hatte zu gären begonnen.
Kein Messer war hart genug um das kompliziert benannte Filet
zu durchtrennen.
Der Salat hatte verfaulte Stellen.
Der rote Bordeaux kam eisgekühlt wie Chablis.
Irma überlebte es.
Aber sie wollte gleich ins Bett.
Jäcki ging aus.
Jäcki nutzte die Courage der Ankunft
Noch hatte er nichts in der Lokalzeitung gelesen von Überfällen,
Razzien, Toten bei Verhören, Metzeleien der Fazendeiros, Ver-
giftungen von Indianern, von Mörderbanden und Schwulen-
morden.
Das erste Haus am Platz lag versenkt.
Es störte die Innenstadt kaum.

Jäcki stieg aus der modernen wie aus einer Versenkung hoch in die koloniale Kleinstadt.

Stark angestrahlt, für Touristen aus São Paulo, eine große Göttertorte in einer blausamten ausgeschlagenen Schachtel, etwas zu weiß, etwas zu dick, für den schüchtern glimmenden Mond und den altmodischen Platz, wo die Kleinstädter versuchen sich unter den Scheinwerfern zu arrangieren, Liebespaare auf gekachelten Steinbänken, Obdachlose nehmen die Abenddusche mit dem Schlauch der Stadtreinigung vor, neben einem vereinzelten Hippie.

Eine vertrocknete Fontaine, Nixe, Wassernot, leere Brausetüten, Nutten.

Jäcki kommt durch eine enge Straße.

Banken, Hotels, Supermärkte.

Die Wächter sehen fern.

Sie stehen vor vergitterten Fenstern und verfolgen die flatternden Bilder zwischen den Auslagen der Geschäfte.

Ein nächster Platz

Eher eine ausufernde Straße.

Verschiedene Ebenen

Rampen vor Kirchen und Klöstern

Colabuden, Garküchen in der Mitte, darum herum wieder Banken.

Und Schuhläden.

Ein greiser Exhibitionist, der ein riesiges schwarzes Glied vergeblich zwischen Mülltonnen schüttelt.

Penner, tanzende Transvestiten, Viehzüchter, aus dem Landesinneren, vermutet Jäcki, im Sonntagsstaat Nutten, dickliche Herren in kurzen weißen Hosen schmachten auf den Bänken.

Jäcki schwitzt.

Es wird heiß um diese Stunde

Jäcki ist begeistert.

Das ist sein Platz.

Viele einmündende Straßen, verschiedene Ebenen, Schutt, Bänke

Leichtsinn und Elend

Hier fühlt er sich wohl

Hier mündet die Große Straße.

Die Rua Grande

In den Hauseingängen streiten sich die Wächter mit Bettlern Kindern, ambulanten Händlern um die Schlafstelle.

Die Kinos sind noch nicht aus.

Von der Straße aus kann man durch die Wildwestfassaden auf die Leinwand sehen.

Caligula

Die Querstraßen hinauf, hinab kurven mittlere Herren in brasilianischen Volkswagen.

Flirt mit Gangschaltung, Einbahnstraße, Halteverbot.

Die Begierde wird durch die Straßenverkehrsordnung kanalisiert.

Die Maschinen zwingen die Schwulen zum Rückwärtsgang oder zu Umwegen, um die Ecken

Und dann könnte der Zuckerjunge bereits in die Binsen gegangen sein.

Oder unerreichbar durch eine Umleitung.

Cine Passeio, liest Jäcki

Kino Spaziergang übersetzt Jäcki es sich

Schmuddelig.

Eher modern.

Hier, denkt Jäcki.

Dies ist es.

Jäcki riecht die Treffpunkte.

Schon am Tage sieht er es einem Platz an, einem Kino, einem Holzlager, einem Musikpavillon.

Das Cine Passeio zieht Jäcki an.

Die Scherengitter der Notausgänge hoch klammern sich zerlumpte Jungen.

Sie sehen von außen die Schatten des Films.

Und sie starren auf den dunklen Gang an der Rückwand des Kinos.

Was tut sich da.

– Heute nacht will ich da nicht herein.

Noch nicht.

Die alte portugiesische Fontaine.

Der Waschplatz. Kopfsteinpflaster. Sklavenpflaster.

Zwei Schwarze stehen dort nur von Seifenschaum bedeckt.

Obdachlose denkt Jäcki

Wenn ich mir die versoffenen, dicken, dreckigen Penner am Hauptbahnhof in Hamburg dagegen vorstelle.

Jäcki geht an Athenischen Säulen vorbei.

– Das Gericht.

– Der Gouverneurspalast, der in den Romanen der Sklavenzeit als Bischofspalast vorkommt.

– São Luiz de Maranhão

Alles auch im Tortenstil und erleuchtet, wie auf einer Bühne

– Das Athen Brasiliens.

– Regierungshauptstadt des Staates Maranhão.

– Die Geburtsstadt des Nunes.

– Nunes als Herodot und Sophokles und Empedokles in eins.

– Und Aluizio Azevedo natürlich

– Aluizio, wer ist Aluizio?

– Äschylos, Euripides, Aristophanes?

– Nein für Aluizio gibt es keine Entsprechung in Athen.

– Weniger als eine Million Einwohner

– Wenn der Staudamm fertig ist und der Hafen für das Projekt Carajas, werden es bald zwei Millionen sein.

– Oder drei.

Die Wachsoldaten schlenkern mit ihren Maschinenpistolen und wollen mit Jäcki hinter die Büsche.

7

Das war eine seltsame Ankunft bei der Jäcki schon wieder an die Abreise dachte.

Sie würden nicht länger als eine Woche bleiben.

Irma konnte ja versuchen, die greisen Priesterinnen in der Casa das Minas zu porträtieren.

Jäcki würde ihnen die Pflanzenrezepte von Indianern und von den versprengten Afrikanern vorlegen, die er an der Peripherie, in Rio, Bahia, Manaus, Rio Branco, Porto Velho gesammelt hatte.

Hier kamen sie her, aus São Luiz de Maranhão, aus der Casa das Minas, von Agotime, der Königin Mutter, vom Hofe von Abomey, der Priesterin Zomadonus, die von ihrem einen Sohn in die Sklaverei verkauft worden war und von ihrem zweiten aus der Sklaverei zurückgekauft

Und dann könnten sie ihm die Pflanzen bestätigen, das Einweihungsbad, das Zerbrechen des Bewußtseins.

Oder sie könnten es bleiben lassen.

Jäcki war es egal.

Hast du eigentlich noch Lust, die afroamerikanischen Religionen zu erforschen? hatte Randy ihn bei Cölln gefragt.

Warum hatte er diese Reise eigentlich unternommen?

Lücken füllen?

Ein paar Riten zu Ende kriegen?

Ein paar Rezepte?

Eine Reise in die Vergangenheit?

Jäcki hatte mit Brasilien abgeschlossen.

Und er war noch nicht fertig damit.

Auf jeden Fall würde Jäcki sich nie wieder in die Haltung des knienden Ethnologen begeben, der einer maulenden Heiligen Frau versuchte die Würmer aus der Nase zu ziehen.

Jäcki und Irma entschlossen sich, bei den Toten zu beginnen

Bei der Supermammie des mystischen Bockes Nunes, bei Maē Andreza, die mit der Pfeife.

Nunes hatte vom Friedhof von São Pantaleão geschrieben.

Jäcki mochte den Namen.

Er hatte etwas von Hampelmann, Pandelairo, das heißt in Portugal Schwuler, Pantalon

São Pantaleão, die Heilige Hose.

Der Friedhof ein Marmorlabyrinth kaum unterschieden von einem in Marseille, Genua oder Lissabon.

Doch Jäcki hatte nicht die Absicht eine strukturale Abhandlung über Friedhöfe diesseits und jenseits des Atlantik zu verfassen.

Sie fragten den schwarzen Totengräber nach dem Grab von Mãe Andreza.

Er führte sie zum vornehmsten Grab des Friedhofs.

Der Totengräber nahm von Jäcki das Trinkgeld an.

Ein schwarzes Marmorharmonium für die schwarze königliche Priesterin

Ein faksimilierter Schriftzug.

Mãe Andreza schrieb also

Man hielt die Unterschrift der ins Jenseits Aufgelösten fest, verewigte sie in Bronze.

Ein Sonnendach für die Besucher.

– Klar.

– Alle ihre geistlichen Töchter kommen aus dem ganzen Amazonas um an ihrem Grab zu beten.

– Nunes aus Rio.

– Der Papst aus Bahia.

Jäcki bemüht sich zu entziffern:

– Raimonda Moreira Luvia. 8. 10. 75.

– Das Geburtsjahr meines Opas.

– 14. 2. 54.

– Ich war in Frankreich Schafe hüten und erfror mir in Cornis die Füße.

– Das Todesjahr stimmt.

– Luvia?

– Hieß sie Raimonda?

Am Ende seines Aufenthaltes in São Luiz wird Jäcki in der Stadtbibliothek aus den zerbröckelnden Zeitungen des Jahres 54 die ein Menschenleben alt sind, erfahren;

Am 14. 2. 54 wurde der General Raimondo Moreira Luvia beigesetzt.

Mãe Andreza, die Priesterin, war am Gründonnerstag, den 13. April gestorben.

Der schwarze Totengräber hatte die weißen Touristen an das prunkvollste Grab des Friedhofs geführt.

Er hatte sie zwischen Gipsengeln, Wachsblumen, verrosteten Konserven, Dosen, verglasten verschimmelten Fotographien durch, vom Grab der Priesterin weggeführt.

— Er wollte das Geheimnis um Mãe Andreza nicht verletzen, sagte Jäcki:

— Er beging die einzig mögliche Irreführung indem er das Wirkliche durch das Ähnliche ersetzte.

Er ersetzte genau das Todesdatum der heiligen Mutter durch das Todesdatum des Generals.

8.

Das war die Casa das Minas
– Über die es Abhandlungen gibt
– Die in Romanen beschrieben wird.
– Hat Königin Agotime, die von ihrem Sohn in die Sklaverei
Verkaufte, den Tempel in São Luiz de Maranhão gegründet.
– Oder ist das nur eine Ethnologensaga.
– Gibt es eine Schrift von ihr an der Wand?
– Bewahren sie die bestickten Sandalen, der längst zu Staub
Zerfallenen im Allerheiligsten auf?
– Hat sie einen Speer hinterlassen?
– War sie eine Amazone am Amazonas
– Akossi?
– Lepon?
– Kpoli Bodji?
– Zomfum Bedingã Boinzé
– Wo stammen die Götter her?
– Aus Bahia, von Pedro, dem Blätterschüttler, aus Abomey, wo
die Witwen ins Grab hüpfen mußten oder fern aus den Mahi-
Bergen, aus Timbouktu, aus Ethiopien, sind es Ägyptische Göt-
ter.
– Bin ich Herodot
Dachte Jäcki im Rausch der Namen, der Riten, der Schichten,
Geschichten, Ströme
Vor dem kleinen Kleinbürgerhaus der Rua São Pantaleão, die
Tempelfläche dahinter, die Fassade unterschied sich nicht von
den andren Fassaden
Einen grünen Bach gab es in der Rua São Pantaleão nicht.
– Warum gibt es keinen Teufel in der Casa das Minas
fing es in Jäckis Kopfkino wieder an.
– Der Teufel ist natürlich kein Teufel sondern Exú, Legba, der
Erdenkloß mit dem riesigen Pimmel
Jäcki hatte ihn in Afrika gesehen, in Abomey, glotzäugig be-
wachte er den Eingang der Häuser
Auf Haiti war er der Gott der Schranken.

In Rio ritt er in der Ferne vorbei
In Miami geleitete er die Toten über die Schutthalden.
– Hermes und Hekate in eins.
– Hermes ist ein Parfum.
– Psychopomp heißt das
– Pompier
– Der Gott der Zuhälter und der Diebe
– Hermes ist eine staatliche Importversicherung
– Und der Rheinische Merkur ist eine katholische Wochenzeitung.
Warum gab es Legba nicht in der Casa das Minas?
– Wo ist die königliche Schlange geblieben.
– Dan.
Deren Tempel Jäcki besucht hatte.
In Ouidah.
Dem Sklaven Ouidah.
Wo der König von Abomey seine Sklaven an die Portugiesen verscheuerte.
Juda nannte man es auch.
– Wer sind die Tobossi, die kleinen Mädchen die Prinzessinnen, die Minderjährigen, die sich in Perlenumhänge kleiden, wie geschrieben stand, einen roten Lappen auf dem Kopf, wie Hekuba, im Hamlet, in der Schlegelübersetzung, junge Herrscherinnen, Opfer von Mitschnackern, schwarz.
– Sie sind in Afrika unbekannt.
– Niemand versteht ihre Sprache in Brasilien
– Warum kein Eisen?
Um die Casa das Minas lag es voll mit Felgen, verrosteten Vergasern, Kardanwellen, Kesseln.
Jäcki sah die Schmiede das Land überziehn.
– Sie wühlen in den Eingeweiden der Erde.
Sie häufen Pyramiden aus Schlacke auf
Schotter geschaufelt auf dem Bahndamm hab ich heut von frühe bis spät.
Die rußigen
Der schwarze Mann.
Sie singen am Feuer

Sie schneiden, die Schmiede beschneiden, sie schlachten die Fremden und essen die Hoden auf.

– Womit wird in der Casa das Minas geschlachtet?

– Stammt Agotime aus der Steinzeit.

– Wurde die Nabelschnur von Nunes, dem Waldläufer mit einem Steinmesser getrennt.

– Steinmesser. Holzmesser. Nanã und Nunes. Frösche. Kröten. Krokodilsmumien?

Jäcki kam vor der Casa das Minas nicht zur Ruhe.

Irma neben ihm, merkte ein leichtes Zögern, ehe er die Schwelle des unscheinbaren Hauses überschritt, während im Kino seines Kopfes, Diskurs zwischen Herz und Geist, die ganze Entwicklung der sogenannten Menschheit abhaspelte

– Was für Drogen benutzen sie

– Müssen die Priesterinnen Jungfrau sein

– Entjungferte die Königin Agotime ihre Töchter mit einem Steinmesser

– Warum wird seit 1914 das Schiff der Prinzessinnen nicht mehr ausgerichtet.

– Was war das für ein Schiff der Prinzessinnen?

– Eine Tempelschändung.

– Brandstiftung

– Medea?

– Ikarus?

– Der Kult verendet.

– Auf diese Fragen werde ich keine Antwort erhalten, dachte Jäcki

– Ich bleibe eine Woche.

– Wenn die alten Frauen Lust haben, können sie meine Pflanzen aus dem Amazonas mit den Ihren vergleichen.

– Und dann hauen wir wieder ab

– Oder sie können es auch bleiben lassen.

– Ich will nicht forschen.

Und trat ein.

Hinter der Fassade schien sich für Jäcki das Bauwerk aufzulösen.

Das war ein falscher Eindruck.

Denn es war sehr da.

Gänge Türen Mauern Veranda Garten

Taipa, wie es genannt wurde.

Das afrikanische Mauerwerk aus Ästen und Lehm.

Auch hier Gummireifen und im Garten

Autowracks, Reste von Bussen.

Doch der Bau schien Jäcki nichts zu enthalten.

Er sah keine Zimmer.

Die Gänge führten nirgends hin, sie führten um etwas herum, das es nicht zu geben schien

Jäcki hätte in diesem Haus nie sagen können, hier ist es gemütlich oder: Hier gehöre ich hin. oder: Da ist mein Platz

Es schien ihm als säße man hier immer in Zugluft.

Jäcki schlug, wie er es gelernt hatte, ein paarmal mit den Händen zusammen und ihnen entgegen kam ein schwarzes Mädchen.

Sie hatte weiße zu Zöpfen geflochtene krause Haare.

Die standen rechts und links von ihrem Kopf ab.

– Jeder würde sagen, sie sieht aus wie ein Affe und natürlich darf man das nicht schreiben.

– Darf ich das denken, dachte Jäcki

– Denn für mich bedeutet ein Affe nichts Minderwertigeres.

– Ist das noch denken, wenn man sich fragt, ob man etwas denken darf.

– Affen tun was sie tun.

– Und sie haben Gesichter, die sind alt, wie die Erde.

– Die meisten Gesichter der Menschen sind heute nicht mehr älter als die letzte TV-Show.

– Die Trauer in den Gesichtern der Affen.

– Aber Trauer ist ein Wort, das kann ich auch nicht mehr gebrauchen, seit dem letzten Mitscherlich auf der Spiegel-Bestenliste.

– Die Augen der Affen.

– In Belém hatte ein Äffchen vor Irma gewichst.

Das greise Mädchen hatte makellose Waden

Ihr Gesicht wirkte auf Jäcki, als sei es aus dem Wald hervorgewachsen

Sie war den Wurzeln und Rinden verwandt
Jäcki wünschte, er hätte den Affenvergleich nie gedacht.
– Das greise Mädchen ist ein Baum
– Sie bewegt sich leicht, wie Blätter im Wind
Aber auf die Begrüßung hin, trat auch etwas Grunzendes, Linkisches Rheumatisches in der Greisin auf
Sie drückte aus, daß sie nicht verstehe, von was die Rede sei.
Sie erwartete von den beiden behängten langen Fremden wohl auch Amerikanisch oder Deutsch und war nicht geneigt, Jäckis Portugiesisch als Brasilianisch zu verstehen.
In den Augen des greisen Mädchens blitzte etwas vom Götzenbetrug, Einweihungsschändung, von verschmutzten heiligen Fahnen auf.
Eine Runde kam.
Eher angelatscht.
Sie könnte Bohnenklöße verkaufen.
Nicht nur
Auch wie bei dem greisen Mädchen, hatte sie etwas ganz besonderes in Gelenken, Haut, Blick, sogar in der Frisur.
Jäcki hätte in seinem Roman nicht beschreiben können, was es eigentlich war.
Aber da war es
Auch bei der Runden
Und eine in Dunkelblau war da, zart, maulend.
– Sie spielte das Dummerchen denen gegenüber, welche die Farbe der Menschenhändler in ihren Gesichtern trugen.
– Was heißt das, dachte Jäcki
– War Agotimes Sohn schwarz oder weiß.
– Wenn die Könige von Abomey nicht geil auf Gewehre gewesen wären, hätten die Portugiesen, Deutschen, Franzosen, Engländer Holländer die Hamburger, ihnen keine Kriegsgefangenen abkaufen können.
Es war schwer, den drei Damen auch nur die Hand zu geben.
So stellte Jäcki es sich am englischen Königshof vor.
Man vermeidet den Handschlag
Und wenn man drei Königinnen die immer bereite offene deutsche bundesrepublikanische Hand entgegenhielt, wurden einem

verzagte, unwirsche, verkrampfte drei oder vier Finger gebo-
ten.

Im Stehen sahen sie das Fotobuch an, das Jäcki und Irma in
Afrika, auf Haiti, auf Grenada jedes Heiligtum geöffnet hatte,
wie ein Blätterpaß.

Die drei Heiligen Damen waren nicht sehr begeistert.

– Unsere Religion ist sehr fein, sagte die Maulende in Blau,
wörtlich übersetzt.

Auch sie spielt das Dummerchen.

Das Erlesene

Dann kam nichts mehr.

Jäcki hatte das Gefühl, daß sie lieber schnell gehen sollten.

Und abreisen.

Wie angenehm.

Aus Konvention fragte er noch, ob sie nicht Lust hätten,
sich mal mit ihm über seine Pflanzen zu unterhalten.

Aber sicher doch.

– Hätten sie nein sagen sollen?

– Nein sagt man hier nie.

– Wann denn, fängt Jäcki wieder an.

– Ja, das ist schwierig

Pause.

Jäcki sagt auch nichts mehr.

– Jetzt haben die drei Jungfraun den schwarzen Peter.

– Am nächsten Mittwoch vielleicht mault die in Dunkelblau.

Ihr Gesicht ist jetzt ganz hart. Unerbittlich geschliffen.

Masken hat Jäcki so gesehn.

– In acht Tagen, sagt Jäcki.

– Vielbeschäftigte Damen in der Heiligen Hose, denkt Jäcki.

Er schweigt wieder

Und sie fangen an, sich zu überhaspeln.

– Vor zwei Tagen hatten wir einen Todesfall.

– Wir trommelten ein Zelin.

– Was ist denn das für ein Wort.

– Die Tränentrommel.

– Schade, daß Sie nicht da waren

– Sogar der Dr. Maneco aus Rio ist gekommen

— Der Nunes?
— Ja, der Dr. Maneco.
— Der Nunes ist in São Luiz?
— Ja.
— Wo wohnt er denn.
— Im Hotel Central.
— Der Nunes im Hotel Central in São Luiz de Maranhão
— Aber er ist sehr alt geworden und hinfällig, sagt die in Blau
als wollte sie sich an dem Greis rächen.
— Der Nunes im Athen Brasiliens.
Durch den Heiligen Garten, an den verwahrlosten Bäumen der
Götter vorbei, an Autowracks, Gummireifen flattert eine hohe
schwarze Dürre
— Sie hat die makellosen Waden nach denen die Priesterinnen
der Casa das Minas ausgesucht zu werden scheinen.
— Auch sie weiße Zöpfchen, die zur Seite abstehn.
— Sie hat das Gesicht eines versoffenen Schauspielers
— Sie bewegt sich wie ein neunzigjähriger schwarzer Back-
fisch.
Sie trägt schwankend eine Schnapsflasche in der Hand.

9

Nunes, der mystische Bock, Anakreon, der Indianer, Nunes, der neunzigjährige Waldläufer in São Luiz de Maranhão – Athen Brasiliens.

Jäcki raste gleich zum Hotel Central.

Das Hotel Central ist das typische erste Haus am Platz, das nicht mehr das erste Haus am Platz ist, wie auch am Amazonas Art Deco langsam durch Executive Style ersetzt wird.

Es war fünf Uhr nachmittags und Jäcki dachte, daß er den Nunes, um diese Zeit stören dürfe.

– Wenn er überhaupt da ist.

– Wenn es keine Ente ist.

Jäcki fragte an der Rezeption.

– Nunes Pereira.

– Ja. Er ist auf seinem Zimmer.

Das klang wie ein Märchen

Jäcki aus Othmarschen, 10 000 km entfernt, Nunes aus Santa Teresa 3200 km entfernt.

Die Kurven schnitten sich im São Luiz der Casa das Minas.

Die Mina 4500 km entfernt.

Nunes erkennt mich durchs Telefon.

Er spricht mit aufgeschreckter Stimme.

– Wie spät ist es.

– Fünf.

– Fünf Uhr morgens?

– Nein. Fünf Uhr nachmittags

– Ich schlafe noch.

– Ich bin müde vom Flug.

– Der Klimawechsel.

– In Rio war es schon kalt. Hier ist die Regenzeit noch fern.

– Wann wollen wir uns sehen? Um elf.

– Morgen früh?

– Nein, heute nacht

Um elf kam Nunes nicht.

Jäcki ruft wieder hoch:

– Seien Sie mir nicht böse.

– Ich bin stockbesoffen.

– Die Stadt hat mich eingeladen und ich muß sie alle besuchen und sie schütten mich voll.

– Wollen wir uns morgen mittag um eins sehen?

Nunes brachte alles durcheinander.

Um elf Uhr sah Irma ihn auf der Terrasse des Hotel Central sitzen und warten.

Um eins kam er nicht.

Irma und Jäcki warteten bis um zwei

Als sie gehen wollten, hielt ein Taxi.

Mühevoll stützte Nunes sich aus dem Sitz hoch.

Die weißen Haare wie eine Flamme.

Als er Jäcki und Irma klarkriegte, gab er sich charmant, der Frauenkenner, der Veterinär, dem alle Nutzrinder des Amazonasbeckens unterstellt sind.

Er lud Jäcki und Irma zu einem Drink an der Bar.

Dort war es ungemütlich.

Die billigen Stühle des Hotels, das Nunes als frisches Mitglied der Akademie, als erstes Haus am Platz in Erinnerung hatte

– Ich muß mich ranhalten, sagte Nunes:

– Die Stadt hat mich eingeladen.

– Athen ehrt den 90jährigen verlorenen Sohn.

– Sie haben mir jemanden zur Begleitung mitgegeben.

– Der soll verhindern, daß ich mit den Leuten spreche, die mich interessieren.

– Wenn man so alt ist wie ich, wird man eingeladen, wenn man kein Unheil mehr anrichten kann und nur noch mit Madame Morte ins Bett geht.

– Ich soll nach Kuba, ich soll nach Afrika.

– Ich will gar nicht nach Afrika.

Jäcki kam sich etwas kunstgewerblich vor als Nachwuchsethnologe im Angesicht des eingeborenen weißhaarigen Löwen.

Würde auch Nunes eifersüchtig auf seinen Adressen sitzen wie ein Säugling auf seinem Topf.

– Wo, fragte Jäcki:

– Ist das Grab von Mãe Andreza.

Auch die Augen des Nunes zuckten auf eine afroamerikanische Weise aus dem Blick Jäckis weg, an die Decke und von da auf die Tischkante.

— Das Grab von Mãe Andreza?

— Ich habe es nie besucht.

— Ich weiß gar nicht, wo es ist.

— Sie waren in der Casa das Minas.

— Ja, das sind besondre kleine Frauenzimmer.

Er schien nicht eifersüchtig zu sein.

Der alte Mann hortete nicht Adressen, Pflanzennamen, Riten wie der Papst

Nunes zog zwei Visitenkarten aus einem Brustbeutel, den er unter dem Hemd trug und schrieb Empfehlungen darauf – für eine Botanikerin und eine für Celeste, die Himmlische, die Leiterin der Casa das Minas.

Und dann verließ Anakreon, der Waldläufer Irma und Jäcki, er stolperte durchs Entrée des ehemals ersten Hauses am Platz. Morgen flog er nach Rio zurück.

— Wir drei sind wie die Laren, sagte Nunes zu Jäcki und Irma. Wir sehen uns immer wieder.

Jäcki hatte gar keine Lust, die Verabredung in der Casa das Minas einzuhalten.

Aber er sagte sich, er sei bei jedem Strichjungen pünktlich.

Wie könne er da die alten, schwarzen, heiligen Damen versetzen.

Auch sei er es ja gewesen, der um den Termin gebeten habe, nicht sie.

Zweitens müsse er die Visitenkarte vom Nunes abgeben.

Leise vor sich hinzeternd gegen Ethnologie, afroamerikanische Religionen, gegen preußische Pünktlichkeit ging er die Rua São Pantaleão entlang.

Das falsche Dummerchen und die Runde waren pünktlich da.

– Natürlich sind sie pünktlich da. Sie stammen von Königinnen ab.

– Wie sollen komplizierte Trommelrhythmen entstehen ohne Pünktlichkeit.

Sie baten Jäcki an einen langen Tisch in der Veranda.

Gegenseitig deckten sie ihre Vornamen auf.

Die Runde hieß Roxinha

Und die Blaugekleidete, die das Dummerchen spielte, das letzte Mal; heute nicht mehr, heute war sie die Mokkante, Deni.

– Die männliche Form des Frauennamens Denise?

Was nun?

Da saßen sie nun.

Jäcki holte sein Buch über die afroamerikanischen Religionen hervor

Und begann seine Blätter zu zeigen.

Er hatte gehört, daß in den geheimen Tempeln im Norden Haitis, bei den Mördersekten, die Priester mit Blättern erscheinen als Paß

Um sich auszuweisen legen sie Blätter vor.

Aber das genügt nicht.

Auf die Blätter hin beginnt der eine zu singen, um zu zeigen, daß er die Blätter kennt

Und der andre muß antworten, um vorzuweisen, daß er die Blätter nicht gestohlen hat, sondern auch ihre Formeln kennt, die Gesänge und jeden Refrain.

Jäcki beginnt mit einem zarten, starrgetrockneten Blatt, das er in Afrika erhielt, von einem Mann, der mit den Irren kämpfte.

Er konnte viele Geisteskrankheiten heilen und suchte in den Wäldern und zwischen den Feldern nach neuen Blättern, um alle Geisteskrankheiten zu heilen. Jäcki war mit ihm über die Hügel gelaufen. Der Arzt hatte es ihm abgebrochen.

Das Blatt zitterte in Jäckis Hand.

Er fürchtete, es würde zerbrechen.

– Wissen Sie, wie es heißt, sagte Jäcki

– Ja, sagten die beiden Heiligen Frauen in der Casa das Minas nacheinander

Sie sprachen den Namen nicht aus.

Melone von Sankt Gaetano wurde es in Bahia genannt.

Aber auch Jäcki schwieg.

Er blätterte in seinem Buch über die afroamerikanischen Religionen und zog das Affenohr heraus, das ihm die Schülerin von Roger Bastide gegeben hatte, den Lederlappen, der in Afrika über die Ohren der Novizen gebunden wird.

– Das kennt hier niemand.

Jäcki drehte es am Stengel zwischen Daumen und Zeigefinger.

– Nein. Wir kennen es auch nicht, sagte Deni.

Als letztes das Wunder von Sankt Joachim, dick und schrumplig.

Das hatte Pedro ihm geschenkt, der Blätterschüttler, der wurde ermordet.

– Die beiden kennen wir, sagte die Runde.

– Das dritte kennen wir nicht, und das brauchen wir nicht.

Jäcki holte jetzt einen Zettel hervor mit den Namen der Heiligen Pflanzen vom Amazonas, von Mutter Papagei, von Mãe Esperanza, Mutter Hoffnung, die mit 135 Jahren starb.

Als Jäcki sie abhaspelte, ging etwas wie Erstaunen oder Empörung über die schwarzen Gesichter der Frauen.

Sie standen beide, wie auf einen Befehl hin auf und zogen sich zurück.

Sie kamen hinter einer anderen Tür wieder hervor.

Die Runde trug ein durchsichtiges Plastikbeutelchen, knotete es langwierig auf und ließ Pflanzen auf den Tisch rutschen.

Ein kleines Labyrinth aus Stengeln, Blättern und Knospen.

Jäcki sah Irrsinn darin, Ohnmacht, Starre, vielleicht auch Heilung, beruhigte Schmerzen, Fröhlichkeit, aber das Gewirr von Kräutern, das wie sorglos geknickt war, zusammengestopft und wieder hervorgerissen, schien ihm eher nach Unheil zu duften, nach Beherrschung, Blattern und Strafen.

Die beiden Frauen rissen die verschiedenen Arten der Blätter auseinander

Dann zeigten vier schwarze Hände und zwei weiße darin herum, die Namen wurden wiederholt.

Jäcki hatte die richtigen in den Tochtertempeln am Amazonas erfahren.

Das war nicht viel

Das war eben genug, daß man ihn nicht abwies.

Daß er das Recht auf ein paar Fragen hatte

Und ihm nicht über den Mund gefahren wurde, wie dem armen Zögling in einem Waisenhaus.

– Und Ahuasca?

– Yage.

– Mariri.

– Santo Daime.

– Die Berge?

– Die Flüsse?

– Die Urwaldstege der Indianer

– Die Küste der Afrikaner.

– Das Blaue Buch des Jüngsten Gerichtes

– Und der Mensch ist ein Baum – des Papstes Pierris Formeln?

– Ja.

– Ja, hinten, neben der großen Küche wuchs ein Stock Ahuasca.

– Ja, als Mãe Andreza noch lebte taten sie Ahuasca in Bäder und Elixiere.

– Dann kam der Tempel herunter.

– Ich glaube, der Automechaniker hat ihn abgehauen, ausgerissen, sagte Deni

Jäcki bemerkt noch gerade eben die steinzeitliche Trauer der schwarzen Priesterin über die Felgen, Vergaser, Kardangelenke im Heiligen Garten.

Jäcki hatte es erfahren, bewiesen, daß die alten Damen des königlichen Kultes von Abomey das Rauschblatt der Inka benützten.

– Damit ist meine Forschung abgeschlossen und wir können endlich abreisen.

– Viel fotografiert hat Irma nicht.

Als Jäcki das nächste Mal in die Casa das Minas ging, erwartete er nichts Neues mehr.

Er kannte die Attitüden der Heiligen Frauen.

Er kannte ihre Blätter

An ihren Gesten und Ausdrücken würde sich ebenso wenig etwas ändern wie an ihren Blätterrezepten.

Zwar waren sie es gewesen, Deni und Roxinha, die ihn dazu gebracht hatten, noch ein, zwei Tage länger zu bleiben.

Nach den Blättern hatte Jäcki die Visitenkarte des Nunes für die Leiterin abgegeben, das harte viereckige Blättchen, mit einem kleinen Eselsohr, wie man das früher machte.

— Wir werden sie abgeben, hatte Deni gesagt, kommen Sie morgen wieder und holen Sie sich den Bescheid der Leiterin.

Jäcki kam sich wie im Arbeitsamt vor oder wie im Polizeipräsidium von Paris, wo auch nur Frauen regierten.

— Jetzt haben die alten Weiber es doch wirklich geschafft, daß ich zu erscheinen habe und auf was warte, dachte Jäcki

— Nun was hat sie gesagt.

— Die Leiterin hat gesagt, reden Sie nur weiter mit Roxinha und Deni. Das ist so, als sprächen Sie mit mir.

— Wir sagen alle das gleiche, sagte Deni mit schiefem Kopf und einem feinen säuerlichen Lächeln.

— Mater Caecilia.

— Ich heiße Celeste, sagte eine riesige schwarze Frau, die im Rücken von Deni und Roxinha aufgeschwollen war.

Sie bewegte ihre Fülle auf ganz leichten Füßen.

— Ich wollte Sie unbedingt kennenlernen.

Deni nahm ihren Blick von den Balken schräg oben langsam nach schräg unten auf Celestes kräftige Waden.

— Kommen Sie, setzen wir uns.

Und als sie saßen kam von hinten von der geheimen Küche her ein weißer Mann, hübsch, etwas übermüdet, wohlgenährt, er lächelte zu Jäcki hinüber, ihn nicht gerade begrüßend aber Jäcki auch nicht schneidend und verfehlte, neugierig und eingeschnappt fast den Ausgang.

– Das ist die Konkurrenz, dachte Jäcki:
– Der Soziologe aus São Paulo.

Beim nächsten Mal versammelte Celeste alle um den großen Tisch auf der Veranda.
Zu einer Palestra, wie sie das nannte.
Deni, die feine, die aufgegeben hatte, das heilige Dummerchen zu spielen, die mit dem verstellten Lächeln.
Roxinha, die Runde, die ihre Geheimnisse hinter mitteilsamer Mammiehaftigkeit zu verbergen weiß.
Tödliche Geheimnisse, vielleicht.
Luiza, der Backfisch, die sich, steinalt in ein Nachttier zurückzu-verwandeln scheint, in einen Ahuascastock.
Irma.
Celeste stellte den Soziologen aus São Paulo vor, den jungen, italienischen Mann, müde und wohlgenährt.
– Das ist Sergio.
– Sind Sie Botaniker, fragte die Konkurrenz die Konkurrenz.
– Nein Romancier. Und Sie.
– Anthropologe, kam es resigniert zurück.
– Was wollen Sie wissen fragt die Himmlische Celeste
– Was will ich wissen?
– Zerbrechen Sie das Bewußtsein?
– Hat die Königin aus Abomey, aus den Mahi-Bergen dieses Haus gegründet?
– Wer sind die kleinen Prinzessinnen, die fremden Mädchen?
– Ja, warum wird seit dem Ersten Weltkrieg nicht mehr einge-weiht.
– Welch ein Fluch liegt über dem Tempel?
– Und: sind sie alle Jungfrauen?
– Sind sie lesbisch?
Das fragte Jäcki natürlich nicht.
Jäcki wollte überhaupt nichts fragen.
Wich aus.
Er wollte nicht von neuem in das alte Spiel aus Verweigerung und Aufdringlichkeit hineingezogen werden, Verachtung und Anbiederei.

Dies vierhundert Jahre alte Spiel.

Fast drohte es ein Nachmittagsplausch zu werden auf einer brasilianischen Veranda kurz vor der Regenzeit

Da hielt es die hinterhältige Deni nicht mehr aus.

Das hätte Jäcki durch seine Ziererei geschafft.

Sie mußte jetzt etwas sagen.

Aber Celeste ließ sie nicht.

Sergio hatte ein Kontobuch herausgeholt und hakte Fragen ab.

Die Himmlische hielt, wie sie es nannte, eine Palestra.

Celeste sah sich schon als Professor, als Über-Nunes in der Akademie des brasilianischen Athens

Deni ließ sich nicht mehr zurückhalten.

Sie wollte jetzt auch etwas verraten.

Celeste redete frei weg

Deni piepste eine zweite Stimme dazu.

Dann übernahm sie die Führung.

Sie redete mit einem Male tiefer, kräftiger.

Sie sang.

Sie vergaß sich ganz.

Es redete aus ihr heraus.

Sie konnte gar nicht wieder aufhören.

Zomfum.

Eine Frau rast über Land.

Zumfum.

Sie schrie: Zumfum.

Rennt, bis sie in die Casa das Minas kam.

Sie zerrte ihre Tochter hinter sich her.

Die Alte wurde geheilt.

Die Tochter behielt man da.

Die Wassermutter mit den schwarzen Haaren aus Rauch erschien.

Der weiße große Mann mit dem weißen Turban.

Jäcki begriff.

Deni erzählte von sich selbst

Es waren ihre Ängste, ihre Erscheinungen die sie sang.

Ihre Ankunft in der Casa das Minas

Es war die Heilung ihrer eigenen durchgedrehten leiblichen Mutter.

Luiza trommelte mit der Faust auf den Tisch.
Sie grunzte leise.
Die Schwestern plapperten zuviel.
Hier wird nicht geredet.
Aber die Fragen Sergios verzahnten sich mit Jäckis Fragen.
Fragen sprangen auf die heiligen Mütter zu.
Das Schiff der Prinzessinnen.
Der Erste Weltkrieg.
Das Spanische Fieber.
Die Mutter des Dr. Maneco, des Nunes, Felicidade.
Das Glück
Der Fluch.
Die falsche Einweihung.
Frevel.
Eine der Schwestern erhielt eine Prinzessin.
Die kam ihr nicht zu.
Den Stummen steht keine Prinzessin zu.
Wer sind die Stummen.
Wenn du ein stummer Gott bist.
Wer ist ein stummer Gott.
Lissa.
Stumm.
Yoruba.
Mietgötter.
Lissa, die stumme behielt eine Prinzessin auf dem Schiff.
Die Götter wünschten, daß 12 Mädchen eingeweiht würden
— 1914.
Man hörte nicht auf die Götter, krähte Deni.
Man wollte Gefallen erweisen.
Genuschel.
Man wollte den Mächtigen, den Reichen, den Beliebten schmei-cheln,
Dem Präfekten, dem Gouverneur, was weiß ich.
Luiza.

Sollte mit aufs Schiff der Prinzessinnen genommen werden.

Vor siebzig Jahren, als sie jung war und hübsch.

Die jetzt hier am Tisch stand, auf der verfallenen Veranda und grunzte und trommelte, mit ihren Fäusten.

– Dann stünden wir heute nicht da, verlassen, entblößt, ohne eine einzige Prinzessin, ohne eine Mutter, die richtig eingeweiht worden ist

– Der Tempel verfiele nicht, verflucht.

– Aber Luiza war arm.

– Die anderen hätten für sie zusammenlegen müssen.

Man nahm eine Reiche statt ihrer mit.

Das war ein weiterer Frevel.

Das Schiff der Prinzessinnen wurde im Dezember 1914 losgeschickt

Zwei Monate später starb Mutter Quirina, die das Schiff leitete.

Mutter Hosana, die Chefin, starb beim Fest der Bezahlung.

Arcangela, die Mutter von Dona Flora, war eine der ersten, die starb.

Die Götter hatten ihr mitgeteilt, sie dürfe den Tempel nur durch die zweite Tür betreten.

Das ist die Tür, aus der die Toten herausgetragen werden.

Arcangela folgte dem Gebot des Vodun nicht.

Sie nahm an dem Fest teil.

Sie fand alles so hübsch

Bald war sie tot.

Almerinda starb.

Felicidade, die Mutter von Dr. Maneco, dem Nunes starb 1918 in Manaus am Spanischen Fieber

Jäcki wagt nicht sich zu bewegen.

Er sitzt wie mit Spinnenfäden an den schedderigen heiligen Stuhl gefesselt

Er fürchtet das falsche Wort zu sagen und alles zerspellt, wie die Wandbilder, die man in ihren leuchtenden Farben ausgräbt und die ungeschützt unter der neuen Sonne zerblättern.

Jäcki wagt kaum den Augapfel zu drehen.

Er sieht zu Irma

Auch sie sitzt geduckt unter der Litanei des Todes, wie unter den Donnerworten des Palamèdes Charlus in der Bibliothek des kleinen Herrn, der die Ratten folterte.

Wo die Erinnerungen in großen Duftbehältern aufgehoben wurden.

Sie reden

Sie singen

Sie plappern

Und Luiza grunzt

Und Sergio blättert in seinem Kontobuch und fängt an kreuz und quer zu fragen

Deshalb verfallen die Riten

Deshalb keine Schlachtfeste mehr

Kein neues Schiff.

Keine Prinzessinnen mehr.

Keine Mutter mehr.

Die alten Afrikanerinnen sterben hinweg.

Fruchtlos

Der Fluch. Die Katastrophe zu Beginn des Ersten Weltkriegs.

Sergio fragt und fragt.

Bald redet er mehr als sie und hat sie stumm gefragt

Dann klappt er das Kontobuch zu

Und es ist zu Ende.

Auf der Straße sitzt Dona Flora besoffen mit der Flasche im Arm.

Sie versucht mit den Automechanikern zu schäkern

Sergio fährt Jäcki und Irma noch zum Hotel.

Praia Grande.

Der große Strand.

Die Altstadt mit zerfallenden Palais aus der Kolonialzeit.

Jäcki fühlt sich an den Pelourinho in Bahia de Todos os Santos erinnert.

Dort gab es keine Speicherhäuser, wie hier am Fluß.

In einem barocken Hauseingang ein dünner Transvestit.

– Ich heiße Celeste.

Die Himmlische:

– Ich möchte mit dir sprechen.

Am nächsten Abend wieder ein Transvestit im barocken Hauseingang.

– Ich heiße Celeste.

– Ich möchte mit dir sprechen.

Ist es derselbe.

Ist es ein andrer?

Am Abend darauf sieht Jäcki sie beide

Beide dünnen Celestes.

Es sind Zwillinge.

Ein Flußfischer geht an ihnen vorüber und sagt:

As de pau.

Die aus Holz.

Die Frauen mit dem Holz.

Celestes

Santas.

Bahia de Todos os Santos

Bahia de Todas as Santas

As de pau.

Die himmlischen Zwillinge.

Die höllischen Zwillinge.

In São Luiz gibt es drei Celesten.

Sergio fragt Jäcki, ob er nicht bleiben wolle und mit ihm die Casa das Minas erforschen.

– Sehen Sie, ich muß eine Doktorarbeit darüber schreiben.

– Und ich kann gar nicht schreiben.

– Ich habe auch keine Ahnung von den afroamerikanischen Religionen.

– Ich kam vor 15 Jahren aus Rio und siedelte mich hier in São Luiz an, weil es mir gefiel.

– Eine verschlafene Kleinstadt.

– Ich freundete mich mit den Damen der Casa das Minas an.

– Langsam.

– Über 15 Jahre.

– Ich war diskret. Ich fragte nichts. Ich wollte nichts wissen.

– Ich wollte auch wirklich nichts wissen.

– Ich ging hin, weil ich sie nett fand und weil die Trommelei so seltsam war.

– Sie faßten Zutraun zu mir.

– Ich wurde reingezogen.

– Sie fingen an, mir von ihren Sorgen zu erzählen.

– Ich sah die Alten sterben.

– Und als es dann in der Universität von Natal um meine Doktorarbeit ging, schlug ich die Casa das Minas vor.

– Die waren nicht sehr begeistert.

– Die sind an Feldforschung heute gar nicht mehr interessiert.

– Die wollen mehr so abstrakte Themen Religion und Veränderung

– Sie verstehen.

– Aber ich kriegte dann doch die Casa das Minas durch

– Und jetzt sitze ich da, und weiß nicht, wie ich es anfangen soll.

– Ich hab da so ein Papier gemacht

– Das ist ein tolles Angebot, was Sie mir da machen, sagte Jäcki.

– Das ist der Traum sozusagen.

– Die Krönung eines Ethnologenlebens.

– Der Papst Pierri, Roger Bastide, Gisèle Binon, nein, Gisèle möchte ich da ausnehmen, Corello da Cunha Murango, sie würden sich die Finger danach lecken.

– Das vornehmste Haus der beiden Amerika.

– Und gezähmt in 15 Jahren Freundschaft.

– Offen.

– Empfangsbereit

– Ja, sagte Sergio und versuchte Jäcki den Mund wäßrig zu machen.

– Celeste hat sich zu ein, zwei Palestren, wie sie das nennt, in der Woche bereit gefunden

– Und auch Deni wird mich einmal in der Woche empfangen.

– Ich habe schon ein ganzes Kontobuch voller Fragen.

– Aber ich kann das nicht.

– Ich kann nicht so Interviews machen.

– Ich geniere mich auch ein bißchen.

– Und irgendwie ist es mir auch ein bißchen langweilig das ganze atavistische Zeug.

– Nein langweilig ist es mir nicht, sagte Jäcki.

– Es ist die Geschichte der Menschheit

– Aber ich habe keine Lust mich dem Ritus um die Riten zu unterwerfen.

– Ich habe Ihnen mein Papier mitgebracht

Sergio gab nicht auf.

– Analyse von Mischreligion und ethnischer Identität.

– Ja, da fängt es schon an.

– Was heißt Mischreligion.

– Das sind Wortfetische.

– Wissenschaftlicher Atavismus ist das.

– Da kriegen wir sofort Streit.

– Ich mein es ja auch gar nicht so, sagte Sergio.

– Das muß ich doch nur schreiben für meinen Doktorvater, damit ich mein Stipendium krieg.

– Mischreligion – haben Sie eine Religion gesehn, die nicht gemischt sei?

– Klar.

– Aber das sind so Vokabeln aus der Universität, das geht bei mir zum einen rein und zum anderen wieder raus.

– Hier: Es erscheint mir fundamental die Relationsformen zwischen Forscher und Erforschtem zu kennen.

Das muß Ihnen doch schon besser gefallen.

– Was heißt Relationsformen.

– Relationen sind Formen.

– Gut.

– Und warum ist der Forscher eine Person mit bürgerlichen Rechten

Und das Erforschte ist ein Gegenstand, Neutrum.

Erinnern Sie diesen Satz aus Herskovits über Agotime:

Und weil sie traurig war und nicht länger jung wurde sie viele Male verkauft.

– Ich habe Herskovits nicht.

– Es ist schwierig in Brasilien mit ausländischer Fachliteratur.

– Ich habe Herskovits mit.

– Ich kann ihn herleihn.

– Und was ist das, fragte Jäcki.

– Das ist mein Antrag für das Forschungsstipendium.

– Toll. Lassen Sie mal sehen.

Jäcki las und übersetzte:

Chronogramm.

Jahr 1981

Finanzierung CNPQ 1982

Jäcki las:

Vorbereitung 6 Monate

Ausarbeitung des Projektes

Vorstudien

Anfängliche Kontakte

Debatten

4 Monate.

Jäcki las:

Feldforschung 6 Monate

Interviews

Sammeln von Lebensgeschichten.

Teilnehmende Beratung, übersetzte Jäcki

Redaktion 5 Monate

Schreibmaschine

Kopien herstellen
Binden
Einleitung 5 Seiten
1. Kapitel 15 Seiten
2. Kapitel 25 Seiten
Insgesamt, las Jäcki unten:
150 Seiten.
Abrechnung.
– Genau, sagte Jäcki und gab Sergio den Voranschlag zurück.
Ein Blatt fiel runter.
Material:
20 Tonbänder K-7   300 Cruzeiros je
20 Filme 135   400 je
Papier
50 Hefte
Durchschlagpapier
Kopien.
Binden.
Entwickeln
Kleine Ausgaben bei den Gläubigen der
C. d. Minas   20 000 Cr.
Sieben Tage Spesen   30 000 Cr.
– Sehr genau, sagte Jäcki.

Jäcki dachte an Nunes
An den mystischen Bock, den Waldläufer, der fast ein Jahrhun-
dert durch den Urwald bis nach Guyana hochgetobt war um sei-
ne Büchlein zu verfassen, ohne bewilligtes Durchschlagpapier
Jäcki dachte an den Papst Pierri, der nur Eier aß und auf seinen
Reisen in Absteigen mit Pappwänden wohnte
Jäcki dachte an seine Reise mit Irma, an den Balanceakt
zwischen Bild und Text, Fiktion, Journalismus und Ethnologie
Er hatte den Versuch über die afroamerikanischen Religionen
mit dem Versuch über die Pubertät finanziert.
Ohne Spesenabrechnung.
Das dachte er, ist aus dem schwulen weltenverbindenden Wahn-
sinn geworden.

Kleine Ausgaben bei den Gläubigen der Casa das Minas 20 000 Cr.

Er gab Sergio auch den letzten Bogen zurück.

Der heftete alles wieder in seinen Ordner.

– Sie haben an alles gedacht, sagte Jäcki.

– Es erinnert mich an das Manuel d'Anthropologie von Marcel Mauss.

– O, das ist ein großes Kompliment, wer hätte die Ethnologie mehr beeinflußt als Marcel Mauss und sein Schüler Lévi-Strauss.

– Die Menschheit als Alsterhaus

– Was ist ein Alsterhaus?

– Ein Departmentstore in Hamburg.

– Und?

– Machen Sie mit?

Ich will nicht forschen.

Es gibt nur eine Forschung.

Ich selbst.

Oder: Mich selbst.

Und das Leben der Gefährten.

Babanató.

Massékuto.

Asuassi, auch Asuassizakorebaboi.

Im Waisenhaus.

Die Zucht der Musikstunden im Kloster.

Fünf Minuten Gold und Milde, als wir die Tiere auf die schwarzen Fahnen applizierten.

Der Keim der Haselnuß.

Der Termitenhügel.

Das Festspiel der Verwundeten.

Zuschandengeschlagene, die vom Öl meines Vaters genascht hatten.

Mein Vater zu Tode geschleift.

Seine Geräte verbrannt.

Die Städte rosa.

Dem Erdboden gleichgemacht, wie es hieß.

Asche in den Wind.

In der Grube Knochenreste.

Ich, geschoren, verschleppt.

Das ist keine Forschung.

Forschung erweckt die Vorstellung von Auftürmen, Eintreffen.

Es ist die Kunst, die anderen nicht durch das Abnehmen der Kräfte zu belästigen.

Ich bin verkauft worden.

Mein Sohn hat mich verkauft.

Ich habe Söhne gekauft.

Die Mühe der Überfahrten.

Mit altem Schmuck gewinnt man die Wächter.

Einfache Dinge erzählen.

Es ist Mode geworden zuzustimmen.

Trommeln.

Fahnen.

Die Sekretärinnen heißen Mitarbeiterinnen und decken die Beherrscher des Büros.

Adressenkarteien.

Für jeden Untertanen ein Stein im Sack.

Einen Stein im Brett.

Ich höre es an den Stimmen.

Es geht um Grammatik.

Die Leichen werden gesäubert und geschminkt.

Meine Vorfahren lagen zweitausend Jahre zur Besichtigung in der ausgehöhlten Mauer.

Das Sterben des Lastesels in Sidi Ifni dauerte zwei Tage. Er lag, ohne zu schrein, mit flatterndem Zwerchfell.

Niemand quälte ihn.

Niemand half ihm.

Er störte den Zugang zum Strand.

Er dreht die Augäpfel den Vorübergehenden nach.

— Ich überleg es mir, sagte Jäcki zu Sergio.

Jäcki dachte:

– Sergio hat mir angeboten, mit ihm gemeinsam die Casa das Minas zu erforschen.

Er kennt die Damen seit 15 Jahren.

Sie haben Vertrauen zu ihm.

Sie sagen ihm alles.

– Das ist doch toll, rief Irma.

– Ja, es ist die Krönung eines Forscherlebens.

– Soll ich das machen.

– Klar.

– Und du.

Was nimmst du auf.

Noch mal die Trance.

Noch mal den durchschnittenen Hammelhals

Ist es nicht ein bißchen, als würdest du deine eigenen Fotos reproduzieren

– Mir fällt schon was ein.

– Das mußt du machen.

– Ich glaube nicht.

– Ich hab keine Lust.

– Wir bleiben eine Woche und dann fliegen wir wieder weg und sind frei und reisen schön rum.

– Überleg es dir!

Jäcki sagte Sergio zu.

Früher rannte ich hinter dem Blutbad her und kriegte es nur mit Achen und Krachen

Jetzt will ich nicht, da erzählt mir Ilesi den geheimen Ritus für Nanã mit den Fröschen.

Jetzt, nach zehn Jahren erfahre ich von Gisèle, wie das Bewußtsein zerbrochen wird.

Celeste, die Riesin berichtet mir vom Ruin des Tempels der Könige.

Und Sergio, der eingeführte junge Ethnologe bittet den alten weisen Sack ihm bei der Forschung über den feinsten Tempel von zwei Kontinenten behilflich zu sein

Der Ethnologe wider Willen.

So eine Attitüde wie alte dickliche Tunten, wenn ihnen ein geiler Türke nachläuft.

I couldn't care less.

Ein Satyrspiel.

Ich werde vollbeladen mit Trepanationen, Irrentrünken, heiligen Allergien nach Othmarschen zurückkehren.

14

Ein Junge mit einer Schiebermütze zeigte Jäcki die schwule Absteige.

In Praia Grande

Wo tagsüber die Kontore funktionieren, Faktoreien wo Seile und Winden in den Fenstern liegen.

Wo nachts die Bummslokale buntbemalte elektrische Birnen aufhängen.

Da.

Eine Art Palais.

Vielleicht zweihundert Jahre alt

Jäcki erkennt die Mauern wieder

Das Kutschentor, in das eine kleine Tür eingelassen ist.

Hier stehen die beiden Celestes, die himmlischen Hühnchen, die höllischen und wackeln mit ihrem dünnen Popo.

Die Mauern aus Taipa.

Wie die Casa das Minas.

Erde, Astwerk, Feldsteine.

Dann Mörtel drüber.

Ohne die römischen Ziegel auf dem Dach würde dies Palais bei jedem Regen niedergewaschen werden.

Das Haus wird jedes Jahr neu gestrichen.

Regen und Schimmel blättern die Farbschichten auf wie ein Buch.

Die Eingangshalle.

In der Mitte hinten eine Treppe.

Löcher in den Stufen, Bretter darübergenagelt.

Durch die Löcher sieht man in die Wohnungen.

Der zweite Teil der Treppe liegt im Dunkeln.

Die Stufen sind schmal und hoch, eine höher als die andre

Die Freier, die Nutten, die Celesten, die Polizeikommissare steigen aufwärts, versteift als hätten sie Dengue

Die Säle oben sind mit Pappe, Leisten, bunten Tüchern in Verschläge unterteilt.

Nach hinten raus ein Hof, Balustrade, Schrott, Blumentöpfe, eine tröpfelnde Dusche.

Die Nachbarin verwaltet den Schlüssel.
– Sie wollen zu Battista?
– Battista ist noch im Amt.
– Battista kommt später.
– Wollen Sie auf Battista warten
– Oder gleich.
– Hinterher geben Sie bei mir den Schlüssel ab.

Die Nachbarin, die Battistas Schlüssel verwaltet ist tropfenförmig gewachsen.
Wie eine Steinzeitvenus aus Porphyr
Von Battistas Bett aus kann man in ihren Verschlag sehen.
Diskret verdient sie sich, umgerechnet fünfzehn Mark indem sie vom Balkon ihres Verschlages mit den Hüften winkt
Dann ist es ungefähr eine halbe Stunde dunkel bei ihr.
Und Jäcki und sein Begleiter können von Battistas Bett aus nichts bei der Schlüsselverwalterin erkennen.
Sie hat acht Kinder.
Drei leben mit ihr im Palais.
Die kleinsten.
Die schlafen in Pappkartons, während die Mutter das tägliche Brot auf der Couch verdient.
Wenn sie nicht schlafen wollen, werden sie auf den Gang gestellt.
Die tropfenförmige Steinzeitvenus hat einen festen Herrn.
Er ist Beamter und er schämt sich, wenn er Jäcki am Tage vor dem Hotel Vila Rica begegnet.
Er guckt schnell zur Seite
Er fürchtet begrüßt zu werden wie ein Schwuler.

Auf der anderen Seite von Battistas Stundenverschlag wohnt eine Indianerin mit einem Nachtmeer aus Haaren.
Sie weiß das und alle paar Minuten schüttelt sie verführerisch ihren Schopf.
Ihr Schädel ist zu groß und ihre Lippen scheinen aus Holz.
Wie viele dürre Freudenmädchen hier sieht sie aus wie ein Transvestit.

Fest geht sie mit einem blonden Indianer, der als Autoschlosser arbeitet.

Er rennt im Slip zwischen den Tunten rum die zu Battista wollen und Battista behauptet, er habe ihm hinten in der Dusche einmal einen geblasen.

Wenn Jäcki bei dem Freudenmädchen und dem blonden Indianer reinguckt, fängt er sofort an, einen Striptease zu machen.

Die mit dem Schopf langt ihm in den Slip und holt den Schwanz des blonden Indianers raus und macht die Bewegungen und schon steht er da, dick wie eine Christophine.

– Er kann immer, sagt die mit dem Schopf und sieht Jäcki vorwurfsvoll an.

Der blonde Indianer beginnt sich zu waschen, er dreht Jäcki den Rücken zu und zieht seinen Slip aus.

Gegenüber soll ein schwuler Neger vermieten.

Die beiden Zimmer hinten im Gang sind zugenagelt.

Außerdem begegnet Jäcki oft einem Dürren, der wohnt zum Hof hin und grüßt nicht.

Vor der Dusche hat die Zwergin ihr Arbeitszimmer.

Nach der Zwergin fragen vor allem Oberschüler, die kommen mit Kladden und Büchern die Treppe hochgestakt.

Unten wohnt ein rotblonder Transvestit und das schwarze Hausmeisterpaar.

Nachts rennt die Frau alle halbe Stunde mit dem Besen durch das Haus, weil einer der Freier durch die Treppe in ihr Schlafzimmer gespäht hat.

Manchmal erscheint sie auch mit der Machete

Jäcki grüßt sich nicht mit ihr.

Aber er fühlt, daß sie ihn mag.

Vielleicht, weil er mit ihrem Mann flirtet.

Jäcki fühlt, daß er von ihr nichts zu befürchten habe.

Sonnabendnachmittag baut der Mann eine Bar in der Eingangshalle auf.

Er verkauft maulig das Bier, denn er will nicht mit Battista verwechselt werden.

Beim zweiten oder dritten Besuch im Palais der Praia Grande lernt Jäcki auch Battista kennen.

Ein kleiner etwas gelblicher Mann, der in zu engen weißen oder geblümten Shorts herumläuft und Jäcki maulend eine feine Hand hinhält.

Battista ist ohne Jugend und ohne Alter.

Er könnte ein frischer Sechziger sein und ein früh verwelkter Dreißiger.

Jäcki weiß, daß man in ihm einen Antiquitätenhändler entdekken könnte, einen Bürovorsteher, einen Friseur.

Aber Jäcki entdeckt in Jäcki den Skriben, den Ägyptischen, den der Inkas, den Skriben aus Uruk.

Battista steht bei den himmlischen Hühnchen unten an der Ecke.

Battista winkt vom Balkon.

Battista bittet den Polizeikommissar rauf

Battista hält Valter den Polen fest.

Battista vermittelt den kleinen Jorge.

Battista kennt einen blonden Oberschüler, der kommt jeden Mittag und will.

Battista kriegt seinen Verschlag immer voll.

Manchmal muß man eine Stunde warten, bis ein vornehmes Paar fertig ist.

Und wenn zwei die Leidenschaft ihres Lebens aneinander entdeckt haben, mieten sie Battistas Verschlag für die ganze Nacht.

Dann muß er die ganze Nacht zu Hause bei seiner Familie schlafen.

Kommt Jäcki gegen acht, ist Battista gerade aus dem Amt gekommen und löffelt die Suppe, die ihm die tropfenförmige Nachbarin gekocht hat.

Er bietet Jäcki davon an.

Sie schmeckt besser als die Suppen im Hotel Vila Rica.

Vila Rica.
Weiße Kolonialmusik.
Die Leute hampeln an den Tischen, als kochten sie über.

Hotel: Missi Brasilia
Der Dampf.
Der Swimmingpool als Arsch dekoriert mit Punkt mittendrin.
Geschichte des Dampfes.
Spritzpistole.
Wunderlich (Seurat)
Irma Xango
Fellini Amarcord (Venezuela)
Diskotheken in New York
Missi Brasilia 1981 São Luiz de Maranhão

Die Düfte der Reisegruppe aus São Paulo
Drei, vier Herrenwasser
Und die gängigen Parfums der Damen aus Paris und New York
– etwas Japanisches noch dazu.
Auch hier das Vorurteil: Neger stinken.
Nicht die Duftorgel Des Esseintes'
Eine Kakophonie der Düfte.

In der Lobby des Hotels läuft ein Band mit Musik.
Und der Fernseher mit Musik und Cowboyfilm.
Dazu das Transistorradio eines Gastes.
Pseudodebussy.
Pseudopiaf.
Pseudobécaud.
Pseudourwald.
Pseudorock.
Barbra Streisand ist der Haarfestiger runtergefallen.
Wenn es wenigstens dumme Musik wäre
Aber jeder Takt ist gewürzt,
Dies Einglucksen.
Das Gurren.

Sergio kommt ins Hotel und hat mir ein Buch von Costa Eduar-
do kopieren lassen.
Er schenkt mir die Kopie.
Natürlich: Er schmeißt mit der Wurst nach der Speckseite.

Auch ist es ein Furchtgeschenk.
Aber kann man nicht ängstlich und gierig sein ohne sich die Mühe zu machen und ohne großzügig ein Buch zu geben?

Im Hotel ein kleines Essen für den Gouverneur.
Keine Lautsprecher.
Leise Guitharren
Ein Sänger ohne Verstärker neben dem Swimmingpool.

Im Hotel die Münder der Massenreisenden aus São Paulo:
Münder – wie auf einem Hügel vorgeschoben und ganz schmal.

Am Swimmingpool.
Der Beamte aus Brasilia.
Vom Rechnungshof.
– Ich komme gerade von einer Dienstreise aus Manaus. Man wollte mir 200 Hektar Land schenken. Man versucht es dort jetzt mit Agrarindustrie. Kautschukplantagen. Die Ansiedlung von Kleinbauern ist gescheitert. Die Banco do Brasil bot mir eine Million Cruzeiros Kredit pro Hektar. 10 000 Dollar pro Hektar Entwicklungskredit.

15

Wenn ich versuche, mit Deni, Roxinha, Celeste über die verges-
senen Rituale des Schiffes der Prinzessinnen zu sprechen, über-
fällt sie eine Art schülerhafter Niedergeschlagenheit.
– Wir wollen nach Afrika und die verlorenen Zeremonien su-
chen.
– Können Sie Ewe, Fon, Mahi, Yoruba?
– Nein. Wir verstehen nicht einmal mehr unsere eigenen Lieder
ganz.
– Und Französisch?
– Nein.
– Englisch?
– Auch nicht.
– Ich bring Ihnen Französisch bei, wenn Sie wollen, damit kom-
men Sie in Togo und Benin durch. Sie lehren mich die Pflanzen
und ich gebe Ihnen Französisch.
Celeste hat große Pläne. Sie will Englisch und Französisch auf
einmal studieren.
Deni und Roxinha verabreden sich mit mir zum Unterricht.
Es wird darum gehen, Frauen, die gewohnt sind, im Laufe von
Jahren magische Formeln zu übernehmen – Vokabeln beizu-
bringen, Formen der Grammatik – die kleinere technische Ein-
heit.
Sie müssen die Angst vor dem Lernen verlernen.

Ich habe ein paar französische Texte gekauft
eigentlich untauglich
Roxinha wiederholt mit guter Intelligenz, was ich vorlese.
Deni kopiert ganz schnell wie ich ausspreche.
Sie hat die schulischen Störungen der ganz großen Intelligenz –
des besonderen Geistes.
Sofort übt sie sich einige Fehler ein, von denen sie nicht mehr
loskommen wird.
Nachher kommt Celeste dazu und mit ihrer genialen Lippe
plaudert sie in fünf Minuten den Inhalt einer ganzen Stunde
auf.

Deni würgt das in sich hinein.
Roxinha fängt davor einfach an zu schweigen.
Unberührt sicher.

Deni kommt nicht zum Französisch.
Ich empfinde, daß zwischen Deni und mir ein Kampf begonnen hat, der andauern wird, unentschieden, in immer ähnlichen Figuren – wie lange ich auch bleibe.

Dienstag 18. 8. 81
Sie will am liebsten gar nichts sagen
Nicht den andern
Nicht Sergio und mir.
Sie möchte das Haus mit sich untergehen lassen.

Dienstag den 25. August 1981
Das erste Mal Französisch bei Deni Kennedy 56.
Von außen sieht es eben noch aus wie ein Lehmhaus.
Steine mit Mörtel verputzt, aber der Sand für den Mörtel ist röt-lich.
Eine in der Mitte geteilte Tür.
Draht und Bindfäden, um sie zu halten.
Ich werde den Draht und den Bindfaden im Gedächtnis behal-ten.
Das Gefühl davon an den Fingern erinnern.
Ich klopfe.
Ich sehe Deni durch die Ritzen.
Eine schöne helle Negerin kommt – wohl ihre Enkelin
Ägyptisch
Und wie raffiniert klassisch das Kopftuch.
Von innen wirkt das Haus groß.
Es ist ganz leer.
Ein Gang nach hinten zu einer gartenartigen Lichtung
links ein großer Raum, rötlich verputzt, geweißelt noch nicht.
Fernseher. Fußballplakat und zwei wackelige Stühle
Das Fenster zur Kennedy.
Staub und Lärm.

Deni läßt mich warten.

Dann kommt sie noch etwas naß im Gesicht und an den Haaren vom Nachmittagsbad.

Hier sehe ich deutlich, daß sie sich die Haare glättet

mit Spangen festklemmt. Oder tut sie es nur hier in ihrem Haus, ihrem Besitz um auf diese naive Art gegen den weißen Lehrer, der sie besucht, aufzutrumpfen.

Der schöne Schädel mit diesem raffinierten moosigen Haarbewuchs, verklitscht, gequält.

Warum macht sie das.

Sie verliert an Schönheit und weist durch die fürchterliche Striegelung doch erst recht auf den Unterschied hin zu dem als schön und erstrebenswert empfundenen Haar der Weißen.

Glaubt sie daß ein Detail aus einem Set von Eigenschaften genügt und der gesellschaftliche Kodex »glattes kultiviertes Haar« der Besitzerkaste ist erfüllt.

So wie der sechzigjährige Transvestit mit weißen Bartstoppeln sich Nylonstrümpfe anzieht und sagt: Ich heiße Evelyn?

Oder will sie raffiniert die Demutsgebärde vorgeben um den Unterschied verächtlich sehr genau zu markieren?

Deni wirkt in dem hohen leeren Raum schon als Besitzerin gegenüber den andern in den Baracken der Stadt am Rand des Wassers oder in den Wäldern

Ja in ihren Gesten, der Enkelin gegenüber, dem sexigen Bullen von Sohn gegenüber der im Gang devot vorbeigeht

ist sie schon Herrscherklasse, Besitzerklasse

aber versetzt mit den unverstellten und den gefälschten Gesten der Unterwürfigkeit mir gegenüber.

Ach, das schäbige Dach, in das es hineinregnet.

Deni hält einen Bindfaden in der Hand mit dem sie das Fenster zur Straße hin regelt.

Sie spricht leise.

Dieser Trick der Afroamerikaner um den Europäer auszuschmieren.

Wenn die Lastwagen vorüberfahren verstehe ich kein Wort.

Ich lasse Deni aus einem der hilflosen Schulbücher lesen

Etwas über Straßen und Brücken in der Touraine

Von ganz plumpen stumpfen immer wiederkehrenden Fehlern abgesehen singt sie meine Aussprache auf das Achtelchen eines Tons genau nach.

Doch ist dieses Vorlesen und Nachlesen kein freier Tausch zwischen Gleichgestellten und Gleichgesinnten.

Deni trotz ihrer Arroganz fällt in solchen schülerhaften Schumm, daß sie auch meine stümperhaften Übersetzungen ins Brasilianische mit Fehlern nachbetet als seien es Glaubenssätze

Ich verlange viel von ihr.

Wenn dort die Forscherei wieder losgeht mit Sergio will ich wenigstens hier im Französischunterricht andeuten, daß ich Deni die afroamerikanische Priesterin als mir ganz gleich auffasse, ihr zumute, was ich mir beim Französischlernen zumutete.

Ich pauke mit ihr die Zahlen bis sie ermüdet und nicht aus Trotz oder Schlamperei die Bezeichnungen durcheinanderwirft sondern aus Überanstrengung.

Sie will.

Ja. Noch weiter.

Ich will das lernen.

Warum dieser Wille?

War das Glaubensnotwendigkeit, in Dahomey mit Französisch die Riten wiederfinden – oder noch ein andrer Motor, ein andres Motiv?

Nach drei Stunden erschlafft sie

Und zwei drei Fragen zur Religion scheinen mir gestattet zu sein.

Sobald es dunkel ist redet Deni ohne abzubrechen und ich muß Schluß machen, weil sie sonst den Fleiß der Lernenden wieder ganz durch die Manipulationen der Gläubigen wegtunkt.

Donnerstag 27. August 1981

Sergio ist

Für Deni Herr Professor.

Er benimmt sich ihr gegenüber als Herr Professor

Und deshalb achtet sie ihn mehr als mich.

Er holt das Ringheft mit Fragen heraus

Er unterbricht sie gelegentlich
Und wenn ich mühevoll die Fragen auf einem Gebiet zu konzentrieren versuche
Und wirklich mit einem steinzeitlichen Messer geschlachtet
Ritschratsch
Springt Sergio mit seinem Büchlein zu Dona Flora und Dona Marcolina
Und alles ist kaputt.
Deni läßt mich nur schwer eine Frage neben dem Herrn Professor anbringen
Manchmal scheint es mir, sie spiele mit uns beiden ein Spiel.
Ihn, der nicht fragen kann läßt sie fragen, weil sie ihn weniger auf der Rechnung hat als mich
Mich zwingt sie durch alle Proben der Einweihung.

Dienstag, den 1. September
Beim Französisch benimmt Deni sich anders als vor Sergio
Sie ist freundlicher.
Manchmal fast devot.
Aber es ist gerade noch erträglich.
Sie fängt sich erst wieder wenn sie nach Ende der Lektion im Dunkeln das Buch vom Nunes hervorzieht und über die Liedersetzung
Todo errado
Tudo errado, krähen kann und singt.
Stundenlang singt.

Donnerstag 17. 9. 81
Deni wieder nicht da.
Die Enkelin sagt, der Onkel wäre krank.
Sie erwartet uns nächste Woche Dienstag und Donnerstag.

– Spinatwachteln, sagte Jäcki zu Irma.
– Alte Heuschrecken.
– Dürre Schrippen.
– Ihre Eltern haben noch auf den Bäumen gelebt.

Jäcki ließ alles, was er an Rassismus, an Grobheit, an übertriebenem Haß in sich entdecken konnte raus, um in der Arbeit voranzukommen und Irma wollte sich ausschütten vor Lachen über ihn.

Er saß an dem modernen Tisch, der fürs Frühstück gedacht war und nicht für die Erforschungen von Riten der Steine und schrieb seine Karteikarten voll, ein Gespräch bei Deni ergab ungefähr 100 Karteikarten, in einem Jahr würden es 5200 Karteikarten sein und fluchte.

– Spinatwachteln

Und ordnete die Karteikarten in den Schuhkarton.

16

Irma lockte Jäcki an den Strand
Sie fuhren mit Badezeug nach Calhau
Sie stiegen aus und ein frischer Wind vom Meer strich ihnen entgegen.
Es kam Jäcki vor wie Sylt, wie Dünen, Kindheit und Abenteuer
Nach den stickigen Häusern von São Luiz und ihren Riten
Dünen.
Felsen im Wasser.
Und eine Lagune.
Das Meer fühlte sich wie fettig an.
Kurze heftige Wellen, wie auf alten Stichen von Lissabon.
Winzige Krabben bissen sich beim Schwimmen in der Haut fest.
Am Strand gab es mehrere Lokale.
Bretterbuden, Transistorenmusik, die übertönte die Brandung.
Und ein Palmdach.
Von außen wie eine plustrige Perücke
– Sitzt man darunter erkennt man die indianische, oder die afrikanische Ordnung des Flechtwerks.
Eine blondierte Indianerin servierte Krebse, Krabben, Maismehl, Farofa und Caipirinha, Rum mit Limonenstücken, Honig und Eis.
– Die Besitzerin bin ich, sagt die Indianerin, sogar ihre Augenbrauen sind gefärbt.
– Da steht es: Maria Leodes da Graça.
– Die Kinder müssen auch mit ran.
– Die älteste kocht
– Und die kleine hier, ist mein Liebling, sie hilft mir beim Bedienen.
Ein blondes Mädchen.
Aus einer Novelle von Storm.
Lechzend und verstockt.
Schon jetzt gucken die schwarzen Trinker nach der blonden Minderjährigen.

Aber in ihren Bewegungen war etwas, als hörte sie ihre eigenen Schritte nicht.

Manchmal setzte sie sich auch an einen Tisch voller roter Krebsschalen und fing an zu weinen.

Leodes, am Strand von Calhau hielt Hühner, Schweine Katzen, Hunde und ein Äffchen.

– Ich brauche 38 Hunde. Ich muß im Dezember den Hunden ein Essen geben, sagte sie.

– Als ich noch klein war, wurde meine Mutter krank.

– Ich gelobte der Jungfrau Maria, daß ich in 38 Jahren 38 Hunden ein Essen geben würde, wenn meine Mutter am Leben blieb.

Mit einer Ehrenjungfrau und einem Ehrenknochen für jeden Hund.

Ich würde ein wertvolles Essen für sie ausrichten und mit den Hunden aus einem Teller essen

– Dreiundzwanzig Hunde habe ich schon zusammen.

Leodes' Hunde waren furchtbare Hunde.

Sie umstellten die Gäste und bedrohten sie.

Damit Irma und Jäcki nicht der Appetit verginge, erfand Jäcki für sie die Namen von Filmschauspielern und Dichtern.

Burt Lancaster war kahl und hatte nur drei Beine.

Aber er war schneller als die anderen und schnappte ihnen die Reste weg.

Claudia Cardinale war kahl und hatte Scheidenvorfall.

Der ganze Körper mit Schwären überdeckt

Ehe sie einen Happen herunterwürgen konnte, überfiel sie ein Kratzzwang und die anderen schnappten ihr alles weg.

Sie riß sich mit den Pfoten den Schorf blutig.

Fünf magere Hundesäuglinge fielen immer um.

Marcel Proust – ein gepflegter Pekinese, mit seidigen Locken, auf dem Kopf eine eiternde Wunde.

– Wieviel Kinder haben Sie, fragte Jäcki.

– 14, sagte Leodes:

– Acht starben, Gott sei Dank.

Es gab Krach, weil der kleine schwarze Kellner einen Gast bemogeln wollte.

Ein Gast sprang auf.

Ein zweiter griff ein:

– Ich bin Polizist.

Ein dritter Gast versuchte unheimlich zu knurren.

Das Messer.

Die Pistole des Polizisten.

Zwei Männer zogen die Jacken aus.

Der Polizist wollte alle verhaften.

Jäcki bezahlte.

Der kleine Kellner lief Jäcki und Irma nach.

– Leodes hat von der Prügelei profitiert und mir falsch rausgegeben.

– Sie hat mich um das Trinkgeld beschissen.

Leodes läßt das Dach machen.

Furchtbar viele Fliegen.

Ich sage, die Kinder sollten das ganze Haus mal waschen.

Der Hund hat die Pest, Syphilis, Staupe – alles.

17

Dienstag, 6. 11. 81
Deni geht es nicht gut.
Sie war zu Fuß bei der Ärztin. Warten. Die Ärztin kennt sie schon.
Die schrieb ihr ein Rezept.
In der Apotheke wollte man ihr die Medikamente nicht verkaufen.
Deni zurück zur Ärztin. Warten.
– Ich kann Ihnen kein andres Rezept schreiben.
Deni zu einer andren Apotheke.
Vergeblich.
Schließlich findet sie eine Apotheke, die ihr die Medikamente verkauft.
Ein Wurmmittel.
– Was für Würmer? Ich habe alle Würmer.
Hormone wegen des Klimakteriums.
Antibiotika gegen die Nierenentzündung.
Vitamin B.
Deni kann jetzt die Zahlen auf französisch.

Das Spielen der Afrikareise hat eine Schwierigkeit.
Wie Deni – trotz Intelligenz und Empfindlichkeit aus dem magischen Repetieren von französischen Sätzen nicht wieder ausrasten kann, sobald ich brasilianisch rede – also einmal im Unbewußten nicht im Bewußtsein: Jetzt redet Umberto ja nur als Übersetzer zu mir und nicht als Vorsprechender
So tritt sie aus dem Alltag nie ganz ins Spiel ein.
Anstatt leichter über Wesentliches hinwegzulügen oder Unwesentliches im Spiel leichter auszudrücken, nimmt sie nicht die Essenz des Spiels sondern empfindet nur das, dem Alltagsleben parallele Formale.
Ich spiele den barschen Zollbeamten der sie ausfragt.
Sie nimmt es für bare Münze!
Umberto will mich ausfragen.

Deni spielt nicht gerne sich selbst auf französisch
Sie hat große Widerstände Deni zu sein beim Botschafter von
Dahomey oder beim Zoll oder beim König von Abomey.
Das ist indiskret so etwas zu spielen.
Meine kindische Idee, eine Afroamerikanerin durch kindliches
Theaterspielen zum Französischlernen zu überlisten, funktio-
nert nicht.
Eine Afroamerikanerin will nicht Kinderspiele spielen, sie will
Lehrerin sein, Intellektuelle, Touristin.
Die Französischbücher in den Buchhandlungen sind grauenvoll.
Ich könnte aus so was nicht lernen und ich weigere mich mit so
was zu lehren.
Ich entschließe mich, Deni zu interviewen.
Das ethnologische Interview ist als ganz falsches
wahrscheinlich das einzig richtige.
Ich mache unsere Französischtexte selbst
Ich frage portugiesisch und übersetze meine Frage ins Französi-
sche. Sie antwortet und sodann übersetze ich ihre Antwort ins
Französische und schreibe es auf. Sie liest sich selbst noch ein-
mal auf französisch.

Amelias kleines Lehmhaus mit den felsigen Steinen davor hat
sich in einen riesigen doppelgeschossigen Betonpalast verwandelt
Die Krönung ihres Lebens und die Krönung des Geschickes ihrer Familie.

Ich gehe nachmittags in die Casa das Minas, um von Roxinha
etwas über die heiligen Pflanzen zu erfahren.
Sie sitzt in ihrem Zimmer vor dem Altar, die Füße in einer
Wanne.
Im Fernsehen ein Zeichentrickfilm für Kinder.
Roxinha läßt sich, während sie badet und fernsieht, von der jun-
gen Lehrerin maniküren.

Sergio hat gar kein Konzept in seinen Fragen.
Ich glaube nicht einmal, daß er hinterher Karteikarten schreibt.

24. 9. 81 Donnerstag
Sergio sehr ärgerlich, daß man soviel Zeit verliert.
Bei Dudu das letzte Mal nur ein paar Informationen.
Die alte Frau, kurz vor dem Tode interessiere ihn nicht.

Der milde, schöne Sergio:
Dudu braucht lange, ehe sie endlich stirbt.
Nunes – in zwei Jahren ist er der Tod.
Wenn Vieira Filho tot ist, wäre es nützlich, daß die Universität seine Bibliothek kaufen könnte.
Nur ist dazu kein Geld da, denn der Nunes hat seine Bibliothek verkauft.
So macht Nunes es also.
Er sammelt Bücher und verkauft sie dann.
Die eine nach Manaus die andere nach São Luiz.

Celeste empfängt Sergio und mich bei sich zu Hause.
Sie wohnt mit einer Lehrerin zusammen, bei der sie – als Chefin des angesehensten Tempels von Brasilien – auch den Haushalt führt.
Celeste wollte ein dralles Mulattenmädchen mit der Lehrerin zusammen adoptieren aber die Mutter weigerte sich.
Jetzt hat sie aus dem Waisenhaus eine kleine Indianerin adoptiert
Und das Mulattenmädchen muß die Indianerin bedienen.
Wir sitzen in der Veranda.
Gartenstühle
Hängende Farne.
Hollywoodschaukel.
Es gibt zum Abschluß Brause.

Celeste redet offen, großzügig

Sie sagt viel, geniert sich nicht.

Ich habe immer das Gefühl, als sei diese Offenheit Lüge.

Wenn sie etwas verschweigt, sieht sie aus, als habe sie ein schlechtes Gewissen.

Vielleicht ist es dieser Ausdruck von Ertapptsein – den Knabenliebhaber zeigen, der pädophile Priester in Bahia – der mich vermuten läßt, daß sie so viel verbirgt.

Aber möglicherweise überträgt sie nur die Mimik, die sie in der höheren Gesellschaft von São Luiz benützt auf unsere Fragestunden.

Celestes Augen zucken nach einigen Fragen weg.

Ich versuche ihr zu erklären, daß ich nicht neugierig sei, sondern eine Arbeit leiste.

Ich bitte sie zu erklären, wenn ich nach etwas frage, was sie nicht beantworten darf.

Das würde Sergio und mir die Arbeit erleichtern;

Wir brauchten nicht über mehrere Besuche hin herumzuraten:

Weiß sie nichts.

Darf sie nicht.

Lügt sie.

Celeste versteht was ich meine.

Sie verspricht es.

Und hält es ein.

18

Battista kann ganz schön zickig sein.
Er hat gute Verbindungen zur Polizei.
Die Kommissare trinken bei ihm oben.
Er vermietet den Wachtmeistern seinen Verschlag für einen
Quicki zwischen zwei Verhören.
Dafür kriegt Battista einen Tip ehe die Razzien losgehn.
Spricht er?
Gibt es Rosa Listen?
Er spricht.

Und Battista klatscht.
Celeste eins und Celeste zwei versprechen den Männern Geld
und hinterher sagen sie:
– Wir geben nichts.
– Wir haben nichts.
– Meistens geht das gut
– Neulich war einer so wütend und hat sie verprügelt.
– Er wollte die beiden nicht mehr aus meinem Schlafzimmer
herauslassen.
– Er ging immer auf dem Gang auf und ab.
– Ich mußte die beiden Celesten befreien.

Oder, Battista tut so, als sähe er einen nicht.
Begrüßt einen kaum.
Läßt einen stehen ohne einen zu beachten.
Kommt ein bürgerlicher Freier mit seinem Stricher, dann redet
Battista stundenlang mit dem Freier, das Geld für das Zimmer
in der Hand, ehe er die beiden alleine läßt.

Jäcki sieht zur Indianerin mit dem üppigen Schopf.
Sie steht da, wie eine Statue, ein Brotmesser in der Hand.
Sie erklärt dem blonden Indianer wie er das Messer halten muß,
damit man ihn nicht, durch einen Griff ans Handgelenk ent-
waffnen könne.
Der blonde Indianer sieht zu Jäcki hinüber und Jäcki hat den

Eindruck, er möchte viel lieber seinen Striptease machen, als von seiner Frau lernen, wie man ein Messer hält.

Die beachtet Jäcki gar nicht, fuchtelt nur weiter mit dem Brotmesser vor dem Gesicht ihres Gigolos rum und hält den Griff mal so und mal so.

Jäcki setzt sich auf die Treppenstufen ins Dunkle.

Er zieht das Brillenetui aus der Jeans und nimmt es statt des Brotmessers in die Hand.

Er packt es mit der Linken, den Daumen oben und

Er nimmt es in die Linke, den Daumen oben.

Er packt mit der Rechten das linke Handgelenk, die Finger öffnen sich und das Brillenetui würde runterfallen.

Er packt das Messer mit der Linken umgekehrt, den Daumen nach unten.

Das ist dasselbe. Es ist die gleiche Haltung. Ich brauch nur die Hand umzudrehen.

Was soll das Getue mit dem Brotmesser.

Da lehrt sie ihren Loddl falsche Tricks.

Battista ist in dem neuen Bumslokal und säuft mit den anderen Tunten rum.

Die Schwulen sind alle in den Wiesen, ruft Battista.

Heute war Rindermarkt

Da bleibt kein einziger Schwuler in São Luiz de Maranhão

Da fliegen sie alle aus zu den Rinderhirten auf die Wiesen.

Und Battista fängt an zu tanzen im blanken Strobolicht mit dem dicken de Souza.

– Ach, weißt du, die Schwulen, sagt Battista.

– Der kleine Jorge, den ich jede Nacht habe schlafen lassen bei mir oben.

– Dann will er auch noch Geld für Zigaretten.

– Mensch, habe ich gesagt ich verdiene nicht mehr als 20 Contos im Monat

– Ich habe eine Familie zu Hause.

– Weißt du was er macht.

– Da droht er mir Prügel an.

Der dicke de Souza schmeißt eine Runde.

– Ich arbeite bei der Sozialbehörde, fängt Battista wieder an.

– Früher konnten wir morgens erscheinen, wann wir wollten,
– Jetzt wird durchgegriffen.

– São Luiz ist nicht mehr das alte.

– Ich muß pünktlich um 7 Uhr 30 am Schreibtisch sitzen.

– Aber wenn alles so pünktlich ist, dann bleibe ich abends auch keine Minute länger.

– Da kann kommen wer will.

– So geht das mit der Pünktlichkeit.

– Ich muß den Bus um Mitternacht kriegen, sagt Battista und schmeißt eine Runde.

– Ich schlafe jede Nacht bei meiner Frau.

– Ich habe sechs Kinder.

– Ich stehe jeden Morgen um fünf auf, dann nehme ich den Bus und fahre hierher in mein Stadtpalais und gieße meine Blumen und meine Kakteen.

– Ich gehe immer von hier aus in die Sozialbehörde

– Von eins bis drei mache ich Mittagspause im Palais

– Dann nochmal bis sechs ins Büro.

– Dann duschen im Palais, essen.

– Und ich eröffne meinen Salon.

– Ich muß den Bus um Mitternacht kriegen.

Jäcki will weiter.

Durch die Nacht.

– Bleib, sagt Battista. Ich schmeiße noch eine Runde.

– Tanz mit mir

Aber Jäcki schmeißt jetzt schnell die Runde.

– Am Sonntag war ich den ganzen Tag zu Hause.

– Ich habe mich den ganzen Tag meiner Familie gewidmet

– Aber meine Frau mault.

– Sie mault immer.

– Ich soll gleich nach dem Dienst nach Hause kommen.

– Ich sag nichts.

– Aber wie sollte das wohl gehen mit den sechs Kindern ohne meinen Salon im Palais.

– Meine Frau braucht nicht zu arbeiten.

– Dann soll sie auch nicht rumquaken.

– Sie war schon immer so.

– Sie mußte immer über alles quaken.

– Ach, ich bin so aufgeregt.

– Meine Tochter hat Oberschulprüfung.

Jetzt schmeißt Battista doch seine zweite Runde.

Und Jäcki kann nicht weg.

Aber es interessiert ihn auch, was Battista erzählt.

Wenn er nur nicht dauernd das Bier in sich hineinkippen müßte.

Es kommt gefroren aus dem Eisschrank

Und es taut in der Hitze nur tropfenweise auf, daß man es eingießt, ohne daß es zum Schäumen kommt.

Battista tanzt jetzt mit Jäcki

Und Jäcki hat das Gefühl, die Zuhälter und die prallen Nutten finden die drei lauten Schwulen am Ecktisch gar nicht mehr witzig.

Während Battista tanzt, versucht er die Freier der Nutten anzumachen.

– Aber wenn meine Familie erfährt, brüllt Battista, als sei es der neue Karnavalsschlager:

– Daß ich mit Schwulen rummache, trenne ich mich sofort von meiner Frau.

– Aus Scham.

– Ach so ja, denkt Jäcki:

– Auch Battista ist ein Bisexueller.

19

Sergio ist sehr hilfsbereit und scheint keinerlei Minderwertig-keitskomplexe zu haben.
Er holt mich in seinem Wagen ab und wir fahren zu Celeste.

Sonntag, 24. 1. 82
Mit Sergio nach Raposa.
Man erfährt viel Präzises
Das Äffchen Guaximãn geht an den Strand und angelt mit sei-nem Schwanz Krebse.
Wenn sie anbeißen, schreit es furchtbar auf
Dann ißt es sie.
Schwulo-Sado-Machismus.
Ele tem que dar o rabo para comer
Er muß den Schwanz geben um zu essen.
Er muß den Arsch hinhalten um zu ficken.
Er muß sich ficken lassen, um zu ficken.

Deni hat angefangen, für Sergio und mich heilige Ketten aufzu-fädeln.
Sie holt Nylonbeutel voller Glasperlen und zeigt uns die Ketten der verstorbenen Priesterinnen, die zerstückten Perlenhemden der Prinzessinnen, der Tobossi, aus dem Einweihungsschiff.
Sergio und ich mühen uns, die Bedeutungen der einzelnen Per-len zu erfahren.
Es ist schwierig.
Deni widerspricht sich.
Vielleicht hat sie es vergessen oder nie gewußt oder sie spielt nur diese Ignoranz.
Als wir weggehen, sagt Sergio:
– Die alten schwarzen Damen haben nur ihre Ketten im Kopf.
– Und wir haben die Ketten der alten schwarzen Damen im Kopf.

Sergio:
Der tote Luiz schwoll auf.

Sie konnten den Sarg nicht schließen.
Er wurde auf dem Friedhof eingemauert.
Er schwoll weiter an, bis die Leichenkammer explodierte. –
Swell up and burst.

Dienstag, 10. 11. 81
Deni
Ganz verstört durch den Tod des Imperators da Festa do Divino:
Luiz.
Kann kaum Französisch machen.
Sie erwähnt wieder die Psychopharmaka.
Ist das eine indirekte Frage, oder Bitte?

Mittwoch, 18. 11. 81
Sergio sagt sehr zart, ich hätte in meinem Fieber Celeste Deni
genannt.
Am nächsten Tag nennt er Deni Celeste.
Selbstbestrafung also.
So schlimm empfindet er eine Korrektion.

20

Pedro, wie Heinrich der Achte.
Auf einem abgelegenen Weg, an dem Alagados vorbei
Hinterher:
Heute dachte ich, ich werde ermordet.
(Später: Ich bring dich um.)

In einer kleinen Stadt.
Ein Rundgang wieder.
Aber schon in der kleinen Stadt die Schichten nebeneinander.
Die himmlische Celeste
Und ein Stückchen weiter die höllischen beiden Celesten.

Versuch.
Wo.
Roxy Kino – nichts los.
Um die Bibliothek nachts.
Largo do Carmo.

Ein ganz blonder Neger.
Wie ein Dithmarscher.
Holt seinen an der Praia raus.
Dann in einer Ruine.
(Später tuckig)

Pedro das zweite Mal.
Zum Fort.
Er legt sich auf den Asphalt.

Ein magerer älterer Neger.
Sehr schön

Etwas exhibitionistisch.
Zu einer Schule.

Cine Passeio
Viel los.
Auf dem Klo.

Montag ist der schwule Tag.
Der Junge vom Praça Deodoro führt mich in die Absteige in São Francisco.

Der große schöne blonde Neger am Platz.
Ich will doch nicht mit ihm gehen. João

Nach langer Zeit sehe ich ihn wieder und gehe mit
ihm in das Parkhäuschen. João

Mortimer hörte mit dem netten Freund auf,
weil der auch ficken will.
Sein Vater, starker Piauense, 6o, ehemals reich.
Fabrik.
Von der ersten Frau 1 7 Kinder. Dann starb sie im Kindbett
Zweite Frau 7 Kinder. Dann Tubenligatur
Er liest auch Guimarães: A Escrava Isaura.
Wie Irma.
Er muß dabei weinen.
A gente chora muito.
Er findet sich nicht hübsch.
Eu sou ridículo.

Ein Cafuzo in der Rua Grande.
Wärter.
Hat einen Schlüssel für ein Haus.

Praça Deodoro hat ihre Stunden und Zonen
Bis elf etwa vor allem Mädchen und Jungs.
Aber unten neben der Bibliothek links unter den auf die Busse
Wartenden auch Schwule.
Ab elf wenige andre. Nur noch Schwule links auf den Steinen.

Im Kino ein eitler, sadistischer Exhibitionist.
An den Strand.
Will im Restaurant.
Dann so in den Dünen, daß man ihn sehen kann.
Läßt sich.
Später nie wieder.

Emmanuel. 18.
So jung, furchtbar.
Wie leidenschaftlich.
Ganz macho erst
Dann läßt er sich doch.
Ein herrlicher üppiger Arsch.
Und der Schwanz so steif, daß man ihn kaum vom Bauch abwin-
keln kann
Das Gesicht eines Inkafürsten.
Etwas gemildert durch die wahnsinnige Sexualität.

Emmanuel.
Einfach aus seiner Bank entlassen.
Will nach Brasilia
Mit dem Bus.

Der Tripper des Taxifahrers.
Seine Potenzgeschichte war nichts andres als ein Tripper, den er
mit Tetrex 17 Jahre verschleppt hat.

Stromausfall.
Ein Sadistischer läßt sich auf der Praça Deodoro
einen blasen.

Nachts offen in einer Straße an der Praça Deodoro ist was los.
Mehrere.
Auch der blonde Neger.

Die Transvestiten rufen einem auf der Brücke nach:
– Schwuler.
Herodot II, 64, Reinheit.

Karnaval
Ein paar Tucken hinter der Ruine.
Sonst nur normale Pärchen.

Musik
Ohren
Die Verkäuferin schreit entsetzt auf, als Irma fragt, ob sie Musik
mag.
Sie ist schwanger.

Geschliffene Weingläser
Die harte angestrahlte Kirche
Das dunkle geschwungene Dach des Kirchenschiffs
Römische Rundziegel.
Die Clochards mit den Paketen vor der TV in der Rua Grande.
An dem romanischen Rundbogen machen die Handwerker in
Zement die Verzierungen aus der La Main.
Die alten zerfallenden Parketts in der Schule
Die Männer lassen sich alle an den Arsch fassen,
Von vorne.

21

Leodes' Sohn hat am ganzen Körper dicke Pusteln.
— Was hast du denn für einen Ausschlag?
— Das ist kein Ausschlag. Ich habe Holz gehackt und die Späne
sind mir an die Haut geflogen.
Späne!

— Wir waren alle krank, ruft Leodes strahlend.
— Drei Wochen lang.
— Sarampó – Masern oder Röteln.
— Bexiga – Windpocken, Pocken.
— Catapora – Frieseln.
Die Schädel der Kinder haben sich durch die Krankheit verän-
dert.
Eng die Haut darüber gespannt.
Wilde Schädel, geschädigte.

Leodes hat Besuch aus dem Innern des Landes.
— Meine Nichte ist gestern um fünf Uhr morgens vom Dach ge-
stürzt
Um fünf Uhr nachmittags war sie schon begraben.
Und ich wollte gerade so schön meinen Geburtstag feiern
mit Transistor und Radiola und allem.
Unter den blonden Haaren die glänzenden Augen blitzen auf
in den Tränen
— Nein. Heute trinke ich keine Batida.
Der Neffe von Leodes verabschiedet sich von seiner Tante. Er
muß ins Land zurück.
Leodes' Sohn bringt ihn noch eine Strecke am Strand längs.
Die beiden Fünfzehnjährigen
sehen sich kurz an und gehen jeder in seiner Richtung
auseinander, wie die Schauspieler in einem Western.

Leodes hat Fieber.
Sie drückt sich mühevoll aus der Hängematte hoch.
— Ich bin vom Dach gestürzt

– Sie auch?

– Ja. Mit der Kleinen im Arm. Ich wollte etwas aufhängen.

– Mit der Kleinen?

– Ich habe sie beschützt. Ihr ist nichs passiert. Ich habe alles ab- bekommen. Ich habe gekotzt.

– Dann haben Sie Gehirnerschütterung. Bleiben Sie bloß lie- gen.

– Wie soll ich liegen bleiben. Ohne mich geschieht hier nichts. Der Junge wird auch immer fauler.

Ich weiß nicht, was es ausgelöst hat

Eine Unterbrechung von Sergio in einer Frage nach dem Steinzeitmesser oder nach der Königin;

eine flache Auskunft von Deni, oder eine Lüge.

Aber auf jeden Fall meine Wut, daß ich nun doch wieder vor einer geblähten Geheimnisträgerin sitze, devot, verschlingend, unnützes Wissen häufend, daß ich Sergio Material zutrage, ihm helfe, schlechte Fragen zu stellen und einen verräterischen Aufsatz in der Sprache der Vertrauensärzte – bestenfalls.

Und daß ich das Buch des Nunes verteidige dies geblähte Produkt einer Oberschicht, schlimmer eines Parvenus, der in den sprachlichen Gesten seiner Wohltäter die Casa das Minas abhandelt, oberflächlich, lügenhaft allerdings und ohne Fleiß

Diese eingebildete Pute Deni und der Herr Professor

Und das kommt alles raus.

Ich sage es alles

Und sage auch, daß meine Arbeit, mein Stil, damit nicht verwechselt werden möchten

Ich sage es sehr deutlich

Sergio und Deni verstehen genau, was ich meine.

Für den Augenblick bemühen sie sich dann, anständig zu arbeiten, aber wie lange wird es dauern?

Wie Jäcki beginnt Irma zu fühlen, daß sie sich nicht selbst kopieren kann.

Auf Haiti war es ihr passiert, daß sie sich vor der Realität an ihre Fotos erinnerte.

Vor dem Bayerplakat mit vorüberziehenden Frauen, Kanister auf dem Kopf erinnerte sie sich an die Doppelseite im Xango Buch.

Immer noch mal Blutbad.

Immer noch mal geopferte Ziege.

Immer noch mal verstopfte Spinatwachteln vor afroamerikanischem Popaltar. Das ging nicht.

Und in dieser Leere, die vollstand mit Riten, Heiligen Müttern, Bettlern, Krüppeln, Transvestiten, fand sie zu abstrakten, komponierten Fotos zurück.

Zum Anfang, als Jäcki sie kennenlernte

Und Venedig und Paris im Wilmans Park zerschnitt.

Zu jenen zarten Schrägen.

Nicht mehr das gehetzte:

Das ist der Geheime Topf.

Das ist die nie dokumentierte Kirche

Der einmalige Einweihungsritus.

Fotos, wo dann oft ein ärgerlicher Rücken unscharf im Vordergrund die Komposition zerstörte.

Oder das ewige Kind mit den rührenden Augen und dem tödlichen Bauch verdarb alles.

Irma war nicht hart genug gewesen – wie der Papst Pierri

das lutschende Kind einfach zur Seite zu schleudern.

In diesem Brackwasser entschloß sich Irma sogar einen Vorschlag von Jäcki bis zum Schluß anzuhören und ihn nicht von vorneherein wegzuwischen.

Damals hatte sie sich über Jäckis Idee Eier vor einer weißen Wand, lustig gemacht

Warum nicht Neger als Schornsteinfeger in einem schwarzen Tunnel

Daraus macht der Stern dann 10 Doppelseiten Farbe.

Sie ging daran Mauern zu fotographieren
Die tausend Mauern von São Luiz de Maranhão.
Die mit Wahlplakaten überklebten kolonialen Fliesen aus Portugal.
Die in immer neuen sanften Tönen übermalten und abbröckelnden afrikanischen Konstruktionen aus Lehm und Geäst
Die Schichtungen der Schimmel.
Angedörrt gegen Mittag, vom Fluß und vom Meerwind gegen Abend neu befeuchtet
In der Regenzeit aufblühend zu schwarzen Flechten
Irma nahm alte Mauern, die Ruinen, die Konstruktion der ganzen Geschichte São Luiz als kleine Röllchen aus der R 3 schickte sie nach Hamburg in komplizierten Paketen zu P. P. S. und Frau Sterz, die so freundlich sein konnte, wenn man sie zu Austern einlud, vergaß dann bei dem Riesenbetrieb einfach den Eingang zu bestätigen
Und Irma wußte monatelang nicht ob die Arbeit von Monaten ob die komponierten Geraden, die erschwitzten präzisen Diagonalen, das Eierweiß und das Portugiesische Gelb und der zerrissene Aufruf gegen die Zerstörung des Amazonas bis zur Entwicklungsanstalt gelangt sei.
Daß Lionardo, der italienische Gastarbeiter bei P. P. S. dann alles täte, das Unmögliche versuchte, um unter Säuren Alkalien, Silberverbindungen die Flechten, Schimmelpilze, Fetzen, Texturen der Mauern von São Luiz als Diapositive hervorzuwässern, wußte Irma.
Jäcki ging dieselben Mauern nachts ab.
Der Silberschein des Mondes verwandelte Farben und Grau.
Sie drängten sich mit den Hühnern, den himmlischen, den schwarzen Häuten, dem Widerschein der Bummslokale oder den gluckernden Reflexen der Anlegestelle, der Filme die aus dem Cine Passeio in die Nachtstraße reflektieren, in das Kino seines Kopfes und verwandelten sich dort noch einmal in Erinnerung und jene Dufttöpfe von Oriane und jenes Teegebäck des kleinen Herrn der Ratten quälen ließ.

24.

Sonnabend, 25. 9. 81
Battista
Die Bewohner.
Die Schüler, manche kommen jeden Tag einen wegstecken.
Er hilft.
Er vermittelt.
Das kleine Fest.
Die Schwarzhaarige betrügt mich mit dem Bier.
Der geile Blonde ist schon da.
Das Ballett Battistas, wenn zwei alleine bleiben wollen.
Und das Ballett hinterher.

Der Mann der Nutte macht einen Striptease.
Sie zeigt ihm, wie man das Messer halten muß.
Wohl mehr damit sie sich mir mit Messer gezeigt hat
Das Bett von João
Verachtung des Negers durch die Nutte.

Die Nutte erklärt, sie hatte den Mechaniker rausgeschmissen,
nachdem er ihr 1500 Cr. gegeben hat und für 1500 Cr. eingekauft hatte.
Dann folgt sie ihm in Schwarz bis zum Largo do Carmo.
Er scheint es zu brauchen, ihr sagen zu können, daß Schwule
ihn nach São Francisco einladen.

Der Loddl der Schwarzhaarigen will wieder mit mir.
Angeblich hat Battista seine Frau gewarnt
Der junge hübsche Schwarze.
Wie ein blanker Apfel.
Spät Battista. Einschlafend. Betrunken.
– Heute ist keiner gekommen für mich.
– Ich muß hierbleiben, weil ich sonst kein Geld verdiene.

Der schöne Zuhälter rennt mir nach.
Und die Frau sieht es.

Sehr gefährlich

Mir auch irgendwie egal.

Ich bezahle im Hotel bis Ende Februar – also gefangen.

Battista muksch.

Plötzlich ist der von der Nutte da.

Deutet an, daß er gefickt werden will.

Nach São Francisco.

Rasend.

2 mal.

Läßt sich fast ficken.

Wichst.

Er will doch dann Geld.

Will sich wieder mit mir treffen.

Um sieben gehe er immer über den Platz.

Er sagt mir auch seine Werkstatt.

25

Ich zeige Deni die Abbildungen aus Herskovits' Dahomey Bänden.

Sie ist entzückt über die Abbildungen von Strohhütten – wie ein Bayer vielleicht entzückt ist wenn er in Togo die Abbildungen von einer Skihütte sieht.

Ich lasse ihr die Bände da.

Nach dem Französischunterricht fange ich an, Deni von mir zu erzählen.

Ausgefallene, exotische Dinge.

Ich war in einem Waisenhaus in Schrobenhausen.

Von den Terrorangriffen auf Hamburg.

Bombenteppiche.

Ich erzähle vom Theaterspielen als Kinderstar.

Das alles scheint mich ihr näherzurücken, mich alltäglicher zu machen.

Aus einem erschreckenden weißen Vodun – Deutscher, Schriftsteller. Übersee, Ethnologe – verwandle ich mich in einen normalen Menschen, der als Kind durch eine zerstörte Stadt ging und Theater spielte.

Deni hatte sich neulich, absichtlich oder nicht verplappert mit der Dalça.

Jetzt frage ich nach.

Sie kippt fast aus den Latschen, als sie davon sprechen muß.

Sie erzählt schnell etwas andres.

Sie holt schnell das heilige Heft.

Sie bietet das kleinere Geheimnis, um das größere zu bewahren.

Ich erzähle wieder viel aus meiner Kindheit.

Sie scheint mich mehr zu akzeptieren.

Jetzt haben wir Deni beruhigt und langsam entwickelt sich eine freundschaftliche Zusammenarbeit.

Da wird es mit Celeste schwierig.

Sie sagt ab.

Verschiebt Termine.

Sagt noch mal ab.

Auch sie hat ihr Pfund Koketterie, Geheimnistuerei, afrikanischer Priesterroutine in unserer Freundschaft auszutragen.

Donnerstag, 3. Dezember 1981

Auf dem Fest von Santa Barbara spreche ich lange mit Lepon.

Das Lauern:

Sind Sie nicht auch aus unserer Familie.

Sind Sie nicht auch ein Kind Akossis.

Sie wissen es selbst.

Sie wissen es ganz genau.

Dienstag, den 8. 12. 81

Deni gibt vor, nicht zu wissen, was Lepon sagte.

Sie will meinen Bericht, dem Schein nach, nicht hören.

Sie fängt an zu lesen, als ich anfange, ihr zu berichten.

Ich halte ein.

Sie sagt:

Was sagte Lepon?

Lepons Satz über die Unwürdigkeit der Frauen legt sie hastig aus.

Das heißt, daß es nicht mehr genug Frauen gibt, um die Tobossi, die Prinzessinnen, die kleinen, zu bedienen.

Dona Rita, Denis Mutter, herrscht ihre Tochter an, daß keine Kerze im Garten an der Cajaceira aufgestellt worden war

Es ist peinlich, wenn eine Pedantin wegen einer Unterlassung gerügt wird.

Am Dreikönigstag gibt sich Lepon von göttlicher Koketterie

Ich will ihn fragen, ob er das Hundeessen akzeptiert.

Deni oder Lepon merken genau, daß ich etwas will

und sie zögert und hält sich zurück.

Wie F. J. Raddatz oder ein Spiegelredakteur oder ein Ledermann in Toms Saloon.

Vielleicht ist es aber auch nur die Trauer über Dona Marcolinas Gesundheitszustand.

Auch sind die Götter abgelenkt durch Dilusinha, die nach dreißig Jahren Heimgekehrte.

Deni – oder Lepon wendet ihr das zarteste Lächeln zu.

Als sich Lepon dann zu mir herabläßt sagte er, daß die Vodun Dona Marcolina wohl aufgegeben hätten.

Er, Lepon, wolle Evovodun, den Allmächtigen bitten, den Tod noch etwas hinauszuschieben, damit das Hundeessen stattfinden kann.

Sagengestalt Pierre Verger.
Der Forscher wird zur Legende.

Celeste zurück
Keine Kenntnisse mehr von alten Rezepten.
Falscher Ablauf der Reise
Sie war nicht bei der Abtrünnigen.
Abmagerungskur.

Celeste hat vom Bad gesprochen und vom Medikament geredet
– Wird das Medikament getrunken?
– Nein, sagt Celeste.
Deni sagt:
– Nein. Nichts wird getrunken. Wir haben nie etwas getrunken.
Ich entschließe mich zu einem Trick, als ich in den Karteikarten über gekochte Bäder und rohe Bäder nachblättere
Als ich das nächste Mal bei Celeste bin, frage ich Celeste, dies Getränk, das Sie bei der ersten Einweihung zu sich nehmen, das Remedio, ist das gekocht oder roh.
– Roh, roh. Frisch ausgepreßte Blätter.
Und jetzt, wo ich das wichtige Geheimnis, daß in der Casa das Minas Kräuterelixiere verabreicht werden, gebrochen habe, fühle ich es wie eine Schuld.

Es ist die einzige Schuld, der ich mir, Celeste gegenüber, bewußt bin.

Meine Veranlagung – das ist keine Schuld – höchstens, daß ich sie nicht deutlicher deklariere, aber meine Veranlagung errät Celeste sicher.

Freitag, 14. 8. 81

Celeste gibt zu verstehen, daß die Vodun jemanden angekündigt hätten, der sie orientieren soll,

Vielleicht soll ich der sein.

Mit ihr zu Deni.

Ihr Onkel sehr krank.

Deshalb kam sie nicht

Ihre königliche Haltung.

Phantasie der Togoreise.

26

Am Dienstag, den 16. Februar 1982 veranstaltet Leodes ihr Hundeessen.

Sie hat sich ein paar Hunde von den anderen Restaurants geliehen.

In der offenen Küche zwischen Schweinen, Katzen, Hühnern, Äffchen wird das Festessen gekocht.

Einer der Hunde, Marcel Proust, hat sich am Hummer überfressen. Er springt auf den Tisch und kotzt.

Ich gehe.

Ich muß zu Celeste in die Casa das Minas.

Irma bleibt, um zu fotografieren.

Irma erzählt vom Hundeessen bei Leodes:

Zuerst saßen sie nur herum und es geschah überhaupt nichts.

Um drei fangen wir an! Um drei fangen wir an!

Ich hatte Angst um mein Licht.

Wegen der Fotos.

Dann sagte Leodes, man müßte ein Kind stehlen, sonst ginge das gar nicht.

Sie nahm ein paar Kinder an der Hand und verschwand.

Und José stand da und guckte und als sie zurückkamen, hatten sie ein Kind mehr.

Ich glaube, einen Hund mußten sie auch noch klauen.

Dann ging wieder die ewige Warterei los.

Das Essen wurde aufgetragen.

Die Hunde sprangen auf den Tisch.

Leodes hatte sich umgezogen.

Die Hunde fraßen aus den gleichen Tellern wie Leodes und José.

Es war eine furchtbare Unordnung, weil die Hunde eben nicht so wollten, wie die Menschen.

Leodes war unerhört kcamerageil.

Sie fragte immer, ob sie auch richtig ins Bild käme.

Ich kriegte gar nichts zu essen.

Leodes zog sich drei Mal um.

Dann hatte sie Raketen.

Sie nahm José immer die Raketen weg.

Sie sagte, sie könnte das besser.

Der Regen hatte aufgehört. Es hatte ja entsetzlich geregnet.

Wenn sie die Raketen ansteckte, stellte sie sich immer mitten ins Bild. So eine große Geste. Sie kam sich vor wie die Freiheitsstatue.

Ja, dann war das eigentlich vorbei. Ich saß da rum. Sie fragte, ob ich was zu essen wollte. Krebse, Krabben. Ich sagte, ja. Ich hatte furchtbaren Hunger. Und dann mußte ich mein Essen bezahlen.

Mittwoch, den 20. Januar 1982.
Das Fest des Heiligen Sebastian in der Casa das Minas.
Hundeessen.
Irma und ich kommen um vier.
Die Vodunci, die Heiligen schwarzen Frauen halten in der Veranda einen religiösen Kaffeeklatsch.
Dona Deni wischt, ohne zu grüßen, ohne aufzublicken, die Bänke ab.
Dona Rita sagt, daß sie jetzt baden will.
Sergio trifft ein, mit einer Assistentin von der Universität.
Um vier sollte das Hundeessen mit sieben Hunden beginnen.
Es ist kein Hund da.
Dona Justina wackelt in ritueller Verzweiflung durch das Haus.
Ein kleiner schwarzer Junge kommt mit einem großen schwarzen Hund an der Leine.
Der Hund stürzt sich auf Dona Amelia.
Er quietscht, springt an ihr hoch.
Er benimmt sich wie ein verrückter Hund.
Irma fotografiert.
Großer Weitwinkel.
Deni schreit auf, drüben, im Haus der Odãn.
Lepon ist gekommen.
Der Herr ist in Dona Deni heruntergestiegen.
Lepon mana dê madoè
Madobero
Apovilè e mado beró
Abló madé mado á.
Singend geht sie quer durch den Garten.
Das Gesicht gefaßt, aber angestrengt.
Die Augensäcke sind angeschwollen.
Sie ist bleicher als sonst.
Sie geht straff, ohne von ihren Schritten aufzusehen.
Sie durchquert die Veranda, den Korridor.
Ich höre sie im Allerheiligsten weitersingen.

Dort wird geklatscht.

Es hört sich an, als ob man Kinder versohlt.

Mehrere Hunde jetzt.

Joli, Dona Justinas Hund pinkelt die Matten an.

Die Matten werden in der Veranda ausgebreitet.

Stickdecken auf die Matten.

Roxinha holt aus dem Allerheiligsten rote Bänder für die Hunde.

Und einen kleinen São Lazaro mit Schwären und Hunden und einen Kerzenständer.

Es sind immer noch nicht genug Hunde versammelt.

Ich schlage vor, daß wir uns alle Schwänze umbinden und bellen.

Das Essen steht in der Küche auf 14 Tellern bereit.

Nudeln, Farofa, Reis, eine Fleischtorte mit Eiern, gebratenes Fleisch.

Die greise Luiza, von ihrem Gott Apojevó besessen, schlurrt in rosa Nylonpuschen durch den Tempel.

Enedina kniet vor ihr nieder, streift dem Gott die Nylonpuschen ab und zieht ihr feine bestickte Ledersandalen an.

Scharlachrot gekleidet, mit weißen Spitzenüberwürfen treten jetzt aus Kpolibodjis Zimmer die männlichen Vodun Alogue, Lepon, Bossukó und gehen durch den vom Regen frischgrünen Garten zum Sitz Akossis.

Der junge Gott Jogorobossu – Enedina – in Jeans hampelt hinter ihnen her.

Justina sagt, daß wir jetzt den Garten nicht betreten dürfen.

Von der Veranda aus fotografiert Irma das Scharlachrot zwischen dem Grün.

Celeste läßt Sergio und mich Kompott in Plastikschüsselchen füllen als Nachtisch für die Hunde.

Ein Junge hat einen Pekinesen aus der Nachbarschaft entwendet.

Die sieben Hunde sind jetzt beieinander.

Justina bindet ihnen rote Schleifchen um.

14 Teller werden auf den Matten angeordnet.

Die Kinder führen die Hunde herein.

Die Kinder essen hastiger als die Hunde.
Ein kleiner schwarzer Hund will gar nichts essen.
Er atmet nur schnell.
Celeste fragt:
— Was wollen die Hunde trinken? Wasser oder Brause?
Justina:
— Joli will Guarana – Brause.
Zwei Hunde beißen sich. Jaulen. Die schnell raus.
Die Vodun singen:
Kimbé o azoa..
Juana Puddim:
— Die Vodun danken.
Weil wir das Hundeessen gestiftet haben, müssen Sergio und ich zwei abgegessene Teller von der Matte nehmen und in die Küche zurücktragen.
Knallfrösche auf der Straße.
Alle Hunde werden rausgeführt.

Lepon.
Deni schafft es, mir nicht die Mahlzeit von Akossi zu geben.
Maria – Alogue tut es.

Tiefe Trance, die man nicht erkennt
Maranhão
Siehe Verger bei Vicente.

Celeste spielt den Kasper.
Das hängt wohl auch mit ihrer Rolle als Gott Averekete zusammen.
Als ich Goiabapaste schneide und Teller hole, plötzlich ein Seitenhieb von der lieben Dicken:
Zu den anderen Greisinnen, mit dem Blick auf mich:
— Wie er uns hilft.
— Wer weiß, vielleicht wäscht er bald ab.
Wieder und wieder umgekehrte, verkehrte, pervertierte machistische Provinzwelt:

Da spricht die Schwarze vom Weißen
Die Sklavin vom Ethnologen.
Die Frau vom Schwulen.
Die Lesbierin vom Mann.
Die Herrscherin vom Arbeiter.

28.

Auch im Vergnügungsviertel von São Luiz de Maranhão wird
das Wasser knapp.
Die Hausbesitzer,
die Polizisten,
die Transvestiten,
die Nutten,
Battista und sein Kreis,
Celeste eins
und ihr Zwillingsbruder Celeste zwei,
der Torero,
der schreckliche rötliche,
Valter, der Pole,
die schwarze Steinzeitvenus,
die Zwergin stehen Schlange mit leeren Eimern.

29

Jäcki wußte, welch wichtige Überlegungen und einmalige Effekte aus Krankheiten zu ziehen waren in Romanen.

Es gab Kollegen, die hatten dicke Bände auf einem einzigen Leiden angesetzt, ja ein ganzes Werk über ein Hüsteln konstruiert.

Und Jäcki konnte sich vorstellen, wie auch seine Defekte und Infekte eindrucksvoll in einem Roman einzusetzen waren.

Da gab es klappernde Malariaanfälle in unterkühlten afrikanischen Abflughallen, mit einer Glossolalie, die alle jene Laute wieder einholte, die den großen schwarzen Männern in ihren Bubus noch geläufig waren.

Oder die Gallenblase hatte ausgesetzt

Es gab Nächte der kindischen Verkrampfung.

Jäcki verwandelte sich in das Strichmännchen von Wilhelm Busch, dem ein Bügeleisen auf dem Bauch Erleichterung schaffte

Jäcki versuchte es mit wärmender Gymnastik und wanderte, mit Schmerzmittel bis an die Ohren vollgepengt wie ein Tanzbär durch die Wohnung, die ganze Nacht um die Flatulenzen und ihre Verdrängungen niederzukämpfen.

Diarrhöen usw.

Da schienen der Restharn älterer Freunde, jene unbestimmten Wehs im rechten Bein, auch die Verstopfungen der heimgebliebenen Bekannten oft bedauernswert, aber er sagte nichts.

Er konnte nur Dulu nicht verstehen, daß sie wegen eines Beines ihr geliebtes Griechenland nicht wiedersah.

Und Heinz, der alte Mann, auf die Sonne in Kos verzichtete wegen Verdauungsbeschwerden.

Und trotz der vielen Forschermaleschen hielt sich Jäcki doch noch für glücklich, bevorzugt.

Was hatte der arme Darwin für ein böses Tier aus Südamerika mitgebracht

Und der General Henrique Rosas, der wütig davon wurde und monatelang ins Bett ging und nur noch las.

Von Livingstone gar nicht zu reden, der wie ein gangrenöses, offenes Bein unterm Fliegengitter durch halb Afrika getragen werden mußte.

Trotzdem Jäcki würde in seinem Roman auf alle die schönen grotesken und ergreifenden Situationen verzichten

Von seinen eigenen Krankheiten zu schreiben schien ihm ebenso erbärmlich als erwähne man seine Guthaben, Hemden, monatlichen Überweisungen, letzten Besuche.

Und die Amöbentrilogie würde er nur streifen weil sie in die große Epopöe des Wassermangels im Amazonasbecken gehörte.

In das langsame Austrocknen der Stadt São Luiz vor der Regenzeit.

Die Reste aus den Tanks wurden getrunken.

Kinder starben in den Elendsvierteln an Gastroenteritis

Das ist jedes Jahr so, wenn das Wasser zur Neige geht, ehe die Regenzeit kommt.

Der Apotheker war so lethargisch, daß er einer Kranken das falsche Mittel, das vor seiner Nase stand, gab, um nicht auf einen Bock steigen zu müssen, und das richtige zu holen.

Dann gingen die Medikamente aus

Und Jäcki war dem lustig brausenden Bier in ihm ausgeliefert mit Hausmitteln, Tee und Reis etc.

Und dauernd das sprudelnde Bier

Als sei er eine Gaststätte in der Sommerfrische.

Jäcki begann zu fürchten, er würde sich unter sich wegsprudeln.

In die Ewigkeit.

In die Rieselfelder, wie seine Mutter es in der Kindheit genannt hatte.

30.

Karnaval.
In der Casa das Minas werden komplizierte Fruchtaltäre gebaut.
Einige Zeremonien dürfen nicht abgehalten werden, weil die Tote Dona Marcolina noch nicht abgefeiert ist.

Battista hat sein Gebiß zerbrochen.
Er läßt es beim Schuster um die Ecke leimen.
Battista ist 41 – ohne Gebiß ist er ein Greis.
Der Mund fällt zusammen zu einer Hungerfalte.
Battista will mit mir schlafen.
Oder auch zu dritt.

Sergio berichtet von einem Lokal »Berimbau«, wo zum Karnaval Partnertausch stattfindet.
Früher berühmt
Die Paare kamen bis aus Rio.
Aber das wird nicht mehr lange so gehen
São Luiz ist in einer totalen soziologischen
– Sozialen.
– So?
– São Luiz ist in einer totalen sozialen
– oder auch soziologischen vielleicht
– Meinst du?
– Ja, das hängt von dir ab.
– São Luiz ist in einer totalen Umwandlung begriffen.
– Wieso?
– Der Gouverneur hat der Alcoa die halbe Insel zur Verfügung gestellt.
Hier wird ein Flußhafen für die Erzgewinnung von Carajas gebaut
Eisenbahnendstation.
– Für die Japaner. Ich weiß.
– Dann wird man kein Sururu mehr in XX essen können.

Battista ist in einen Jungen mit einem Fahrrad verliebt.

Er steht im Morgenrock auf dem Balkon, neben dem Balkon, wo die Tropfenförmige mit den Hüften winkt, und wartet

Der Junge mit dem Fahrrad hat Battista versetzt.

Er kommt später.

– Du warst mit einer anderen, schreit Battista.

– Dein Schwanz ist voller Tunten Aa.

– Hau ab.

– Geh mit der anderen.

– Du wirst schon sehen, wer dir eine Turnhose kauft.

Battista ist in einen anderen verliebt.

Einen dicken Pummel.

Er läßt ihn bei sich schlafen.

– Nein. Den geb ich nicht her.

– Das ist mein einziger Bofe, mein Bofe fürs Leben

– Was heißt Bofe.

– Die Milz.

– Und der Kerl.

Die andere einzige Milz fürs Leben, denkt Jäcki.

Battista liegt mit dem alten Mann im Bett.

Skandal um de Souza.

Erzählt beim gefrorenen Bier in der neuen Bar.

– Mein Vater hat entdeckt, daß ich einen neuen Freund habe

– Ich habe alles geklärt

– Bravo, ruft Battista.

– Wie, fragt Jäcki.

– Jetzt ist alles klar, sagt de Souza.

– Er hat mich gefragt: Bist du schwul?

– Ich habe ihm energisch geantwortet:

– Nein.

– Das hast du richtig gemacht, sagt Battista.

Jäcki bricht auf.
Er will noch mal zur Praça Deodoro rüber, die Karnavalszüge ansehen.
Karnaval.
69 in Rio
71 in Bahia.
Der violette Mann auf dem Betonbett
Jetzt 82
In São Luiz de Maranhão.

Als Jäcki zum Stadtpalais zurück will, kommt Battista ihm mit einem Polizisten entgegen
Das ist Araujo, der Polizist, von dem ich dir erzählt habe.
Er hat den Größten von São Luiz de Maranhão.
Du wirst zufrieden sein.
Geht beide ins Palais.
Meine Nachbarin schließt euch mein Boudoir auf.

Der Polizist Araujo hat wirklich den größten von São Luiz
wenn nicht den größten der ganzen am ganzen Amazonas.
Jäcki und Araujo liegen auf Battistas Bett und zwischen ihnen steht der große schwarze Schwanz des Polizisten.
Ach, sagt er, manchmal habe ich gar keine Lust mehr.
Ich werde auf den Polizeiwachen zu Sachen gezwungen, die mir zuwider sind.
Manchmal heule ich die ganze Nacht.
Soviel Gewalttätigkeit hier.
Soviel Elend.
Da kommt man gar nicht gegen an.

Ein großer Pulk von Tunten unten vor Battistas Stadtpalais.
Jäcki scheut sich vorbeizugehen.
Celeste und Celeste.
Der Pole
De Souza.
Der schreckliche rötliche.

Karnavalsdienstag.

Mit dem Auto wieder an die Küste.

Er zieht Jäcki, ohne daß er es merkte Geld aus der Tasche.

Bald wird er es mit einem Messer in der Hand tun.

Battista verschwunden

Auf der Praça Deodoro haben die normalen Karnavalszüge die schwulen verdrängt.

Battista, de Souza und eine der beiden höllischen Celestes wollen Männer suchen in einer Bar.

Ein paar Stunden später:

Battista pöbelt Polizisten in seinem Suff an.

Jäcki dachte:

Das ist nicht gut.

Sehr spät abends Battista mit seinem Greis.

Alle haben Goldene Hüte auf.

Sie führen einen großen schwarzen Studenten mit, der hat es wie ein Pferd.

Aber als sie ihn kreischend ins Palais locken wollen kommt die Vermieterin mit dem Stock.

Sie entzündet das Licht und alle laufen weg.

Gegen Morgen.

Battista.

Wie weinend.

Allein.

– Ich brauche einen Mann.

Auch er, wie wir alle, der Weise?

31

Donnerstag 31. 12. 81
Wie hart ist Deni zu ihrer Enkelin.
– Nein, du gehst noch nicht.
– Jetzt kannst du gehen.
– Zeig mir, was du in dem Beutel hast.
Zum Schluß ein trauriger Satz zu Sergio und mir.
– Ich gehe um elf in die Casa das Minas und zünde die Kerzen an.
– Dann gehe ich zu Amelia.
– Feiern?
– Um zwölf gehe ich ins Bett.
Ich sage draußen zu Sergio, wir sollten ihr eine Flasche Champagner kaufen.
Er sagt: Vielleicht etwas Nützliches.
Ich sage: Ich habe nicht den Eindruck, daß ihr etwas Nützliches Spaß machte.
Wir bringen ihr die Flasche:
Die Wissenschaft dankt der Religion.
Sie scheint sich zu freuen.

Deni
Macht die Tür vor meiner Nase zu.

Mitten in der Französischstunde ruft Deni ihre Enkelin und schickt sie nach etwas.
Die Enkelin kommt mit einem grünlichen Getränk voller Eisstücke in einer Schale zurück
Deni sagt zu mir:
– Es ist für Sie angerichtet.
Und trinkt allein.
Ich verstehe kein Wort.

– Tudo errado!
– Alles falsch!
Es tut mir in den Ohren weh.

Doch was für ein Witz:
Die 56jährige Fabrikarbeiterin zaust die Päpste der afroamerikanischen Studien.

Als ich nichts mit den Liedern zu tun haben wollte, sang Deni.
Jetzt, wo Sergio und ich beginnen, die Lieder zu notieren, singt sie nur noch ungern.
Sie will gebittelt und gebettelt werden um etwas ungern gewähren zu können.

Ich sag ihr, daß ich in Deutschland Geld auftreiben könnte, daß Sergio und ich ihr einen anständigen Lohn bezahlen könnten, wenn sie mit uns zusammen die Lieder singt, übersetzt, erklärt.
Die Tausend 500 Mark, die sie für das Haus braucht sind bei einem Stundenlohn von 20, 30 Mark schnell zusammen.
Deni sagt:
Es sind nicht meine Lieder.
Die Lieder gehören nicht mir.
Es sind die Lieder der Götter.

Ich versuche Deni gegen den Machismo aufzubringen und dadurch etwas genauer meine eigene Situation anzudeuten.
Ob nicht eine Frau eine Frau viel besser verstehen könnte in der Freundschaft als ein Mann in der Ehe.
Deni hat genau verstanden und krähend hart kommt:
Freundschaft?
Es gibt Freundschaft und Freundschaft.
Eine Freundschaft jenseits der Norm – nein.
Zwischen Frauen billige sie nur die Liebe zwischen Mutter und Tochter.

Das ist schon hart genug
Ich habe mit großer Mühe nun zum dritten Mal versucht, den einen Gesang der Tokhuenos aufzuschreiben.
Sie singt ihn widerwillig noch einmal.
Ich überprüfe mein Transkript. Ich habe genau geschrieben, was sie singt.

Ich zeige ihr das Geschriebene.
– Alles falsch. Alles falsch, kräht sie.
Wie sie alles falsch, alles falsch krähte über den Abschriften des alten Nunes. Die Paukerin.
Waren Nunes' Abschriften also genau so wenig falsch wie hier die meine.
Ich beschließe, die Stunden mit Deni abzubrechen.

Deni läßt mir ausrichten daß sie etwas Wichtiges mitzuteilen habe.
Schließlich gehe ich hin.
Es handelte sich um die Lieder.
Sie darf nach Karnaval nicht mehr für die Vodun singen.
Deni sagt:
Sie sind gar nicht mehr gekommen, um mir Französisch zu geben
Ich werde nie wieder einen so geduldigen Lehrer finden.
Ich bin nicht stolz auf dies Eingeständnis der Stolzen.
Ihr ging es um Unterwerfung:
Um Lehrer Schüler Geduld Ungeduld
Mir ging es darum, daß sie Französisch lernte, um sich in Afrika verständigen zu können.
Ich bin ein äußerst ungeduldiger Mensch.
Geduld war gar kein Kriterium dessen, was wir zusammen unternommen haben.
Ich bin nicht nur praktisch gescheitert:
Deni hat nicht so viel Französisch gelernt, wie sie hätte lernen können, wäre sie fleißig gewesen.
Meine Idee ist mißverstanden worden.

Deni.
Das Verhalten der alten zurückgesetzten Jungfrau.
Sie kritisiert alle.
Mich vergleicht sie immerhin mit dem von ihr geschätzten Sergio.
Ich besuche Roxinha.

Deni schleicht ran, als ich gerade mit dem alten Bild stehe und Roxinha nach den Mães frage.

Deni scheint vor Eifersucht zu platzen.

Es geht darum, der 56jährigen die Angst vor dem Lernen zu nehmen.

Deni spricht schlecht vom Nunes.

Jäcki darüber traurig.

So wird man dann von dem Material behandelt.

Das ist das Ende der Ethnologie.

Die ersten Ethnologen.   Frobenius
                          Lévi-Strauss
                          Leiris
                          Roger Bastide, der den Stuhl abwischt
                          Die schulterklopfende Geblähtheit
                          Das Material rächt sich

32

Leodes hat uns einen Panzerfisch vom Markt mitgebracht.
Sie kocht ihn für uns.
– Das ist eine Einladung
– Das wird nicht bezahlt.
Der Panzerfisch hat keine Schuppen sondern Lamellen, die sich
ineinanderschieben, wie bei einem Schmuckfisch aus Silber.
– Er ist sicher sehr alt.
– Eine Nische.
– Ein Atavismus.
– Er lebt in Lagunen und Tümpeln der Flüsse.
– Er hat orangenfarbenes Fleisch.
Er schmeckt sehr gut.

Leodes schläft.
Muffig der Junge will uns was kochen.
Er öffnet die Eistruhe.
Daraus stinkt es wie aus einem Abfalleimer.
In der Küche arbeitet Leodes' Tochter.
Sie ist hochschwanger.

Leodes besoffen.
Die Mutter ist da.
Sie will Geschenke.
Sie erzählt aus ihrem Leben.
Mit 14 geheiratet.
Lehrerin in Alcantara.
Quebra quebra.
Was heißt das?
Gab es da viele Messerstechereien?
Oder machte sie so viele Unruhe.
Sie redet von der Casa das Minas.
Sie spricht von Celeste.
Sie sei der Amigo von Celeste gewesen.
Und in ihrem Suff merkt sie nicht, daß ich längst begriffen
habe.

Amigo sagt sie immer wieder.

Amigo.

Mit dem Ton auf go; go, go, go.

Amiego.

Wie die Strichjungen die dem letzten Freier die Adressen der vorhergehenden Freier zeigen.

So daß ein deutscher Schriftsteller in Paris dann plötzlich weiß, daß er die Zärtlichkeiten des Gigolos mit einem deutschsprachigen Rechtsanwalt aus Kapstadt teilt.

Leodes winkt uns vom Strand hoch.

– Das Kind ist da.

Unter dem Mückennetz ein schrumpeliges Gesicht und große Hände, die sich unablässig bewegen.

– Mittwoch gings los. Sie kam sofort ins Krankenhaus. Freitag war sie schon wieder draußen. Das Kleine kriegt schon Maismehl und Flaschenmilch.

– Ein Junge?

– Ein Mädchen.

– Und der Vater?

– Der Vater ist weg. Nach São Paulo. Er sucht Arbeit.

– Schickt er was?

– Gar nichts schickt er. Er weiß es gar nicht.

Leodes hat sich die Augenbrauen blondiert.

Ein Hippiemädchen hat sich bei ihr einquartiert.

Amigo Amigo Amigo.

Leodes hat ihren Sohn verprügelt:

– Mit dem Stock! Er fing an, die Gäste anzubetteln.

– Jetzt benimmt er sich wieder respektvoll seiner Mutter gegenüber.

Der Junge ist dabei, ein Loch im Sand auszuheben.

Ein Hundchen ist krepiert.

Mit aufgedunsenem Bauch liegt es unter dem Tisch.

Der Säugling bei Leodes voller Ausschlag.

Nach den Amöben vermeide ich das Essen bei Leodes.

Ich habe die absurde Vorstellung, daß meine entzündeten Poren und die Unterhautblutungen von Leodes Hunden kommen.
Aber Getränke müssen wir wenigstens bestellen.
In der Batida schwimmt eine kleine Kakerlatsche, ein Kakerlatschenbaby.
Zuviel Dreck gefährdet die Freundschaft.

33

Celeste will Jäcki helfen.

Ich erkläre Celeste, daß ich vor den Königen und Priestern in Afrika ein Blatt, einen Paß, einen Ausweis brauche, wenn ich wirklich für die Casa das Minas nach dem verlorenen Ritus suchen soll.
— Und was soll das für ein Paß sein.
— Ein Empfehlungsbrief.
— Das ist eine gute Idee. Warum haben Sie das nicht eher gesagt. Ich werde mit den anderen sprechen.

— Wie ist das mit dem Schiff der Tobossi mit dem Schiff der Prinzessinnen? Wissen Sie wenn Sie alles zusammentragen wie es geht oder fehlt Ihnen das meiste?
— Wenn wir alles zusammentragen, fehlt uns das meiste.

Trotzdem.
Ich will sie nicht zu einem Vertrauen drängen, das sie vielleicht gar nicht in mich setzen.
Ich will mich nicht auf das kostspielige, zeitraubende Abenteuer einlassen, für die Casa das Minas einen Tempel, einen Ritus in Afrika zu suchen und Celeste, Deni, Amelia nach Afrika einzuladen, ohne daß Celeste, Deni, Amelia mich dringlich darum bitten.
Ich sage zu Deni:
— Wie soll das gehen in Afrika. Wie weise ich mich aus! Wie kann ich mich als von der Casa das Minas autorisiert betrachten.
Deni kehrt die Machtverhältnisse sofort um:
O ich habe nichts dagegen. Sie können das gerne machen.
— Ich weiß, daß ich das gerne machen kann. Aber was bestimmt Sie zu glauben, daß ich es tun werde?
Deni sieht mich an.

Mit einem Metallmesser wurden die Opfer in der Casa das Minas nicht geschlachtet

Aber mit was.

Mit einem Holzmesser? Mit einem Messer aus Knochen

Irma meint mit einem Steinmesser.

Liegt hier ein Beweis verborgen für die immer wieder leichthin geäußerte Hypothese:

Die Riten für Nanã, für Sakpata stammen noch aus der Steinzeit?

Celeste verspricht, im Allerheiligsten nachzusehen, aus welchem Material das Schlachtmesser ist.

Die milde Irma und das halbe Stück Fleisch auf dem Teller.
Der Junge sieht über den Zaun.
Ist das deine Mutter.
So genau funktioniert Haß und Widerhaß.

Im Fischrestaurant von São Francisco bittet ein Junge, ob er die Fischreste von den Tellern essen dürfe.
Der Kellner verweigert es.

Im »Carajas« ein Mann, der beim Essen einschläft und nicht mehr aus dem Schlaf zu rütteln ist.

Die bettelnden Kinder hangeln sich am Gitter des Terrassen-restaurants entlang und bitten die Gäste um die Reste auf den Tellern.

Der Italiener von der Terrasse.
Kriminalität:
In Calhau wurde ein Bekannter von ihm nachts ermordet.
Sein Bruder wurde von den Roten Brigaden aufgeschnitten.

Die beiden bettelnden Jungen im Cobrajais essen:
Der eine ganz abgestumpft. Mechanisch.
Er ist hübsch.
Hat wohl Vitaminmangel.
Der andre juckend, wie im Veitstanz.

Aschermittwoch.

Der ganze Cercle ist im Palais zusammen

Besoffen legt Battista den Kopf in den Schoß des Polizisten Araujo

Gekreisch und Gegacker.

Es klopft.

Niemand hört auf das Klopfen.

Es klopft nochmal.

Wer kommt da wohl herein

Ein toller Mann?

Ein Mann mit dem dicksten?

Die Königin der Nacht?

Die Sitte?

Eine Razzia?

Ein Überfall, ein Überfall?

Es sind zwei kleine Jungen.

Der eine vielleicht zwölf.

Der andre ist vierzehn.

Ungefähr.

Battistas Gesicht erstarrt wie Stearin.

Pause.

Battista stützt sich aus dem Schoß des Polizisten Araujo hoch.

– O Gott, meine Söhne.

– Na, kommt doch rein.

– Sagt mal schön Guten Abend.

– Das sind alles Bekannte hier.

– Ihr braucht keine Angst zu haben.

– Die beißen nicht.

– Nun seid mal nicht so schüchtern.

– Wollt ihr euren Vater nicht begrüßen?

Der Kleinere begreift noch nichts.

Er sieht seinen Bruder an und setzt den Gesichtsausdruck des Älteren auf.

Der Vierzehnjährige schweigt.

Er bewegt sich nicht.

Nur der Mund quetscht sich langsam zu jenem ewigen Ausdruck dessen der sich normal vorkommt, der Tunte gegenüber.

Battista brabbelt lange etwas vor sich hin.

Der ältere Junge dreht sich um und zieht den kleinen hinter sich her, weg.

Nun empören sich die Tucken aber richtig.

Sie grölen lauter als zuvor.

– Deine Söhne!

– Die Familie!

– Dein Lebenswandel.

Battista schreit auf:

– Ich habe ihnen fünf Kilo Fleisch zu Hause im Eisschrank gelassen.

Immer wieder:

– Fünf Kilo Fleisch.

Die Tucken:

– Fünf Kilo Fleisch.

– Daß du dich nicht schämst.

– Die Familie.

– Die Frau.

– Die Kinder.

– Die Söhne.

– Die Verantwortung.

– Fünf Kilo Fleisch!

– Man kann eine menschliche Beziehung doch nicht mit fünf Kilo Fleisch erarbeiten.

– Habt ihr eine Ahnung, was es heißt heutzutage fünf Kilo Fleisch ranzuschaffen.

36

Da annonciert sich Michael aus New York.

Mit Familie.

Jane kommt mit und die Tochter Danièle.

Treffe am X. X. mit dem Flugzeug um X. Uhr in Recife ein.

Das ist schon sehr direkt.

Zwei Gruppen stellen sich gegenüber:

Die beiden Paare und, auf Michaels Seite noch Danièle, die elf-jährige Wunderprinzessin

Dies Alter zwischen Immakulata und Sexualverbrechen.

Wie würde das gehn.

Michael war Jäckis Traumtyp.

Und Michael hatte vorgegeben, Jäcki glaubte dem nicht ganz, daß er noch nie so in einen Mann verliebt gewesen sei, wie in Jäcki

Und Michael hatte an Jäckis Reißverschluß gezogen und ihn mit dem unverschämtesten afroamerikanischen Lächeln angeblitzt und ironisch gehaucht:

May I unzip?

Und Jäcki hatte unzippen lassen.

Und sie hatten sich geküßt.

Und eine völlig unverfremdete süße Zunge von einem ziemlich fremden, wenn auch unerhört intellektuellen, politisch enga-gierten Maler steckte plötzlich umfangreich zwischen Jäckis Zähnen.

Jäcki wollte nicht.

Liebe, nie mehr, hatte er sich einmal, viele Male geschworen.

Nein mit diesem hier, mit dem intellektuellsten weißen Neger zweier Hemisphären, Arsch wie ein Fußball, dicken schwarzen Negerpimmel und Unterhaltung, und Metropolitan Museum, Oyster Bar, Geoffrey Beanes, Yves St. Laurent, Chaucer, Allende.

Jäcki fuhr auf Michael ab wie die Concorde, mit der er in New York angekommen war.

Jäcki wollte nicht.

Es war zum Piepen plötzlich hatte er die Bewegungen von Lokstedter Konfirmanden.

Halbe Küsse, lechzende Griffe, auf halbem Weg wieder hochgezogene Reißverschlüsse

Michael hatte eine Tochter.

Das war zuviel.

Michael hatte eine Frau, das war schon viel zuviel

Und Jäcki fühlte, wenn er sich dies eine Mal gehen ließ, würde alles zu Bruch gehen, Irma, Bücher, Wohnung, Funkverträge, Othmarschen, Jane und Danièle.

Gut die Erwachsenen.

Aber das Kind, die Wunderprinzessin, die afroamerikanische Königin, Prousts Zeitprinzessin, Agotime?

Und was wäre denn dann, wenn die Personen jede vor einem zerstörten Vierteljahrhundert aufwachten.

Ein wunderschöner Schwanz mit niedlichen Kräuselhaaren ein Arsch wie ein Fußball, eine dicke im Vergleich zu den Wörtern die in langen Manhattannächten damit erzeugt wurden etwas dumme Zunge

Und dann.

Zungen Schwänze Ärsche gab es auch in St. Marks.

Nicht so schön wie Michaels

Aber auch ganz schön

Oder im Mineshaft

Und Strawinski, Yves St. Laurent, Allende hatten sie eh in den langen, furchtlosen Nächten, die sie durch China Town strollten und an den schwulen Lagerhäusern unten längs bis Christopher Street.

Selbstverständlich blieb es nicht aus, daß Irma mit der schweren Kameratasche um ins Hotelzimmer 44. Straße kam

und Jäcki und Michael hatten jeder den Schwanz des anderen in der Hand.

Jäcki hatte Irma nicht daran gewöhnt.

Sie hatte ehemals bedauernswerte heterosexuelle Männer ähnlichen Situationen ausgesetzt

Jäcki haßte es überrascht zu werden.

Nicht wegen Michaels Schwanz.

Seiner sogar konnte sich daneben sehen lassen, so geil war Jäcki auf Michael

Und Jäcki meinte beobachtet zu haben, daß Schwänze größer werden, auf jeden Fall größer scheinen, je verliebter man ist.

Aber Jäcki haßte, daß es Heimlichkeiten gab, die ein andrer verletzen konnte.

Und wenn es darum gegangen wäre, daß Michaels Zeigefinger an Jäckis Zeigefinger gerührt hätte, daß sie nur in Richtung aufeinander zu gedeutet hätten.

Das war ja immer gleich dann auch schon der schwule Greis das Jüngste Gericht und die Schöpfung.

Jäcki hätte wählen müssen.

Und er war gar nicht sicher ob er den geilen, intellektuellen afroamerikanischen Traum gewählt hätte oder die Leipzig, sächs, jüdisch-französische Irma mit dem weichen Bauch, dem Baumhexenlächeln, ihrer Bockigkeit und ihren sanften Schiefheiten im Gang und in den Fotokompositionen.

Wenn er hätte wählen wollen.

Denn da gab es auch bei Michael so einen halben, schwulen Saunazeh, mit dem er die Kabinentür vor einem Vergeblichen schnöde zudrückte.

Wer weiß ob nicht dieser Zeh sehr schnell zwischen ihnen aufwüchse

Aber hätte Jäcki das nicht riskieren sollen?

Jäcki wollte sich nicht entscheiden.

Er wollte beides.

Und das war ja das tolle utopische, einmalige an New York, der lächelnde Augenblick der Entwicklungsgeschichte

Daß man bis nachmittags in Man's Country sich ficken lassen konnte und vor sich die schönsten Afroamerikaner duschen sehen, und sich abends mit Irma im schiefen, altmodischen Appartement an den Rand des Vergehens oymeln.

Das wäre mit Michael aus.

Das wäre eins gewesen, ganz.

Ehe, Lehrergenossenschaft, Haushaltsgeld.

Zwei über die Hochstraßen irrende Frauen

Und eine Prinzessin die immer: Daddy Daddy rief.
O mein Gott.

Michael hatte einen Vertrag mit einer New Yorker Kochzeitschrift.
Was Avantgardistisches.
Halbgare Mondrians.
An denen man sich hungrig fraß.
Michael wollte mit Jäcki zusammen in São Luiz de Maranhão etwas über afrikanische Küche recherchieren.

Der erste Abend war nicht ganz gelungen.
Sie gingen in das beste Restaurant von São Luiz.
A Varanda
Zu fünft.
Zwei moderne linke Intellektuellenehepaare treffen sich zu gemeinsamer Feldforschung in der Dritten Welt.
Jäcki bestellte Krebsscheren, die hier aus den unermeßlichen Wasserflächen der Stadt kamen, noch waren sie unverseucht.
In ein paar Jahren werden die Japaner hier ihre Giftflüssigkeiten versenken.
Die Küche war überfordert.
Die Scheren dauerten zwei Stunden.
Jane hatte Hunger und hielt einen Vortrag über Bourgeoisie, was sie amerikanisch aussprach.
Und es steigerte sich zum Schrecken der beiden brasilianischen Familien, die an den Nebentischen versuchten einen gemütlichen brasilianischen Festabend zu verbringen, bis zu einem Gekreisch zwischen Jäcki und Jane
Sie war es sich schuldig. Anstatt Jimmy Carter zu wählen hatte sie, und sie beichtete es Jäcki unter vorgehaltener Hand, den Kandidaten der KP gewählt.
Mit Janes Stimme gewann Ronald Reagan.
You are a bourgeois schrie Jane.
I'm not a bourgeois schrie Jäcki.
You are a damned bourgeois.
Die Krebsscheren kamen.

Michael guckte unglücklich seine Frau an.

Danièle guckte unglücklich ihren Vater an.

Jäcki war froh, daß er sich nie, oder nur ganz selten über Leipziger Bourgeois oder Lokstedter Bourgeois mit Irma anbrüllte

Jane schmeckte es nicht sehr

Sie hatte einen ihrer israelischen Tänze aufführen wollen, das war im Central Park sehr graziös, geworfene Arme, verrenkter Nacken, aber hier auf dem Restaurantstuhl von São Luiz verkam es zu einem Upper Ten Veitstanz.

Doch die Krebsscheren waren so ganz unmodern archaisch auf den Punkt gekocht und frisch daß ein kollektives Unbewußtes die unterschiedlich von Sem Ham und Japhet und August dem Starken abstammenden Tafelteilnehmer einlullte, und es bald nur noch um Schalen, Finger, Soße, eichelrotes, zartes Krebsfleisch ging.

Michael flüchtete mit Jäcki und Danièle in die Casa das Minas

Michael sagte zu Jäcki

Jane annoies me.

Das war eine sehr verletzende Formulierung fand Jäcki

Hätte er plump gesagt

Jane loves me, wäre es das gewesen, was es war.

Die romanische Form, aus dem Mund eines New Yorker Negers, der Französisch konnte, schien Jäcki, bei aller Brutalität auch noch unehrlich.

Es war der wertvollere Mischling, der über die minderrassige aussagte.

Jäcki hatte keinen Grund, Jane zu verteidigen.

Sie war ihm genug auf den Wecker gefallen mit ihrem:

You are a bourgeois

Und hatte den ganzen ersten Abend und die Krebsscheren versaut.

Es schien Jäcki genug, daß er der aparten, exzentrischen Jüdin eine der großen Lieben seines Lebens opferte.

Es war ihr Fehler, wenn sie sich mit einem bürgerlichen, beschränkten Stück Fleisch wie Michael zusammentat und sich auch noch ein Kind von ihm machen ließ.

Vielleicht war Jäcki Jane auch gar nicht undankbar, daß sie ihm Gelegenheit gab großmütig zu sein und Jäcki so davor bewahrte von Michael einem dritten, vierten, fünften gegenüber mit dem Satz bedacht zu werden.

Jäcki annoies me.

Michael klammerte sich an seiner Tochter fest und an seinen Wurzeln

Seinen Roots.

Ja, die Casa das Minas.

Ja, das afrikanische Essen.

Celeste, die riesige Himmlische hatte sich auf eine Palestra eingestellt und Danièle saß in ihrem Schatten, wie eine fromme Prinzessin auf dem Bild einer übersteigerten Magna Mater, das sie gestiftet hatte.

Hier ging es nun um die Zubereitung von Bohnenklößen, heiligen Ritus, Schwarzsauer.

Celeste sprang auf zwischendurch, holte den steinernen Stössel aus dem Allerheiligsten, a mão, die Hand.

Celeste schleppte den Steinmörser heran, die kleinen Mörser zum Zerstampfen der heiligen Bohnen.

Celeste erklärte die Schnitte, das Ausnehmen, welche Innereien gegessen wurden, welche von den Priesterinnen, welche von den Trommlern

Es gab verschiedene Küchen für verschiedene Gerichte

Und Celeste gestand, daß sie als eine gelernte Ökonomin bereits die Viktualien für zwei weitere Totenmahlzeiten eingekellert habe.

Daß sie nicht unvorhergesehen knapp kämen

Auch Michael machte sich seine Kringel und Striche in ein Kontobuch.

Dann kam Amelia, Friedrich der Große Otto Gebühr mit schräg nach hinten hochgebürstetem weißem Haarschopf, das Reiterstöckchen in der Hand und gab Danièle die erlauchte Hand.

Luzia, die Kennerin, schlurfte mit graziösen Waden in rosa

Nylonpuschen vorbei und bewunderte die weiße schöne Negerin aus New York.

Selbst Dona Flora hatte was läuten hören von der Prinzessin. Sie ließ die Flasche draußen stehen, durchschritt die Veranda, zu steif, denn sie war bemüht nicht zu torkeln, das königliche Haupt hochaufgerichtet und erschüttert vom Schluckauf.

Roxinha kam und spielte wieder das runde Muttchen, tätschelte Danièle die Wangen und zog ihr am Ohrläppchen.

Auch die dicke Indianerin Terezinha mit ihrem Wauwi stürzte mit furchterregendem Mund auf Danièle zu, schlug sich mit beiden Händen auf die Schenkel, warf die kurzen Arme in die Höh und schnitt Gesichter.

Die herbe Danièle saß inmitten der dürren und der fetten Königinnen und bemühte ein Lächeln, das sie oft in den Modezeitschriften ihres Vaters und in den 13 oder 17 Kanälen des New Yorker Fernsehens beobachtet hatte.

Ihre Zurückhaltung, ihre wenigen Gesten, ihre gekonnte Mimik, in der auch noch viel von der kindlichen Furcht vor all den furchtbaren Schlachtfesten und Opfergiften der alten Hexen durchschimmerte, die sich ihr anbiederten nicht nur wie Giottos oder Cimabues, sondern auch ein wenig wie die Schächer und Zauberer des Hieronymus Bosch, ließen Danièle wirklich aufschimmern wie eine Prinzessin des kleinen Herrn, der die Ratten quälen ließ, aus dem Urgrund der Zeit ein Schatten von Oriane, angehellt von Palamède der gaga geworden war.

Nach ein paar Tagen waren alle die Schwierigkeiten aufgetreten, die immer auftraten, wenn Jäcki mit einem Freund zusammenlebte.

Michael schwamm morgens in der Piscine des Hotels Vila Rica.

Jäcki hätte in die Kunststofffliegen beißen können vor Verliebtheit.

Er sah zum ersten Mal, wie hübsch Michael gewachsen war.

Der Körper war schmal und doch, von anmutiger Rundheit.

Er hatte breite Brustwarzen und vor allem einen Schnauzbart in dem maskenhaft verarbeiteten Gesicht eines afroamerikanischen Mannes aus New York.

Wenn Michael schwamm sah er aus wie ein Seehund.

Jäcki fand nichts dümmer als geile schwimmende Männer.

Michael war so geistvoll, daß selbst, wenn er sich beim Schwimmen in einen Seehund verwandelte, um seine Bewegungen noch etwas von der geistvollen Milde lag, über die er verfügte wenn sie durch Manhattan nachts pilgerten.

Michael war der einzige Mann, den Jäcki gerne beim Schwimmen beobachtete

Jäcki liebte Michael nie so sehr, als wenn Michael schwamm.

Alle die Schwierigkeiten, die wohl immer auftraten, wenn Freunde zusammenleben.

Nur Jäcki trafen sie härter, da er sich eigentlich noch immer in dem Zaubergarten des Großvaters bewegte, draußen Bombenteppiche und Affenherden, liebevoll isoliert in dem sekundären Paradies der Welt der Opas und seiner Phantasien.

So ein schnippisches:

I had breakfast

Auf die Frage hin:

– Was hast du heute morgen gemacht.

– Ich hatte Frühstück.

Selbstverständlich möchte man sich dann sofort aus dem Fenster des Hotels Vila Rica stürzen.

Es wäre nicht hoch genug.

Und Jäcki konnte sich Michaels saure Worte auch erklären, nach einer durchwanderten Nacht, nach vielen dicken Küssen zwischen den historischen Mauern von São Luiz, nach Zippes und steifen Schwänzen in Michaels afroamerikanischer und Jäckis halbjüdischer Hand.

Aber Jäcki blieb hart

Zum ersten Mal schien er alle Gesten der Koketterie auszuspielen, die er sein Leben lang bei den anderen gehaßt hatte

Das Zögern.

Das Verweigern.

Das hinsterbend Halbgewähren

Das Entziehen.

Und Jäcki amusierte es.

Michael war rasend vor Wut

Jäcki konnte es amusieren, er wußte, was Michael vielleicht mit seinen dicken Küssen nicht mehr wußte, daß es nicht um Koketterie ging, sondern um die elfjährige Danièle, die Wunderprinzessin, um die scheue Kranichin Irma, und schließlich auch um Jane, die dumme Pute mit ihrem You are a bourgeois.

Wenn er nicht bourgeois wäre, was sie zu entdecken meinte
knabberte er in der Nacht ihren geilen Michael an
und holter di polter wäre wohl ihre wunderbare, aufgeklärte, linke Ehe kaputt.

Bourgeois.

Vielleicht war Jäcki sogar froh, sich dem Geliebten unter Hinweis auf Danièle, das Kind, auf Irma und Jane verweigern zu können, er vermied so die Schwierigkeit, die Wolli der Loddl so genau und etwas sächsisch auf St. Pauli ausgesprochen hatte.

– Und dann geht man mit einem so sensiblen feinsinnigen,
Menschen ins Bett, der herrliche schmale Hände sein eigen nennt,
wie ein Pianist oder ein Modezahnarzt
Und da gibt man sich hin
Und plötzlich riecht es nach Scheiße.
Nein, ich glaube ich würde das auf die Dauer doch nicht bringen.
Jäcki würde es nichts ausmachen.
Er liebte Michael mit Haut und Haaren, mit allen Gerüchen und Körperausscheidungen.
Aber wie würde Michael reagieren?
Als Jäcki in New York von großen Schwänzen sprach
Hatte Michael gehöhnt
O, ein großer Fetischist.
Und das war Jäcki verdammt aufgeklärt vorgekommen.
Aber wie würde der junge Afroamerikaner, der so gradlinig beim Küssen mit seiner Zunge umging, der etwas von elisabethanischer Literatur verstand, vom Frühsozialismus, von Strawinski und der Nouvelle Cuisine der Frères Trois Gros, auf Jäckis Kot reagieren
Jäcki hätte es drauf ankommen lassen.

Aber er war froh, daß es mit Michael nie so primär wurde unter Hinweis auf Erwachsenheit und Sublimation.

Scheiße dachte Jäcki

Und in ihrer Gereiztheit kam es zu einer sehr unangenehmen Szene vor der Casa das Minas.

Die beiden Familien waren durch das nächtliche São Luiz gestromert und Jäcki ärgerte die Leichtfertigkeit mit der sich das São Luiz der Agotime und der afroamerikanischen Riten für den avantgardistischen Michael auflöste in Instamatic, Krebsscheren, Eis, Frühstück und Piscine.

Wütend – denn auch in den dürren schwarzen Greisinnen hatte Michael einen Konkurrenten – und hinterhältig ließ Jäcki die vier anderen Intellektuellen die Rua São Pantaleão heruntertrudeln.

Er blieb scheinheilig vor dem unscheinbaren Eckhaus stehn, man analysierte Bavaroises und Hosenmoden von Calvin Klein, trödelte ein paar Schritte weiter und fragte Irma leise auf deutsch:

– Weißt du wo wir sind?

– Keine Ahnung!

– Und sie will die Portraits der Königinnen machen, dachte Jäcki, aber er bestand nicht weiter darauf, denn ganz tief unten zweifelte er nicht an Irmas Ergriffenheit vor den Kulten.

Und dieses tiefe Einverständnis zwischen ihm und Irma war in seinem aufkommenden cholerischen Anfall noch nicht weggespült.

– Do you know where we are? fragte Jäcki mit falscher Fröhlichkeit

Jane, Danièle und Michael fielen aus Andy Warhols Studio 54, Oysterbar und starrten in den Mond.

– By the way, we passed by the

sagte Jäcki im jubelnden Tonfall der Turnlehrer, die er haßte

Und ehe er noch ausgeredet hatte, unterbrach Michael ihn mit der hellsten afroamerikanischen Stimme. Er schleuderte Jäcki in 400 Jahre alter Geschwindigkeit hin:

– O Danièle, I forgot to tell you we passed by Casa das Minas.

Und niedergeschlagen stellte Jäcki fest, daß der fehlende Artikel den Tempel der Agotime einmal mehr für den Geliebten zu einem Museumsgegenstand machte.

Eine Nacht später ging Michaels Gereiztheit so weit, daß er Jäckis Satz:
– Ich habe Hunger zum Anlaß nahm sehr komplex zu reagieren
Komplexer als beim Frühstück.
Michael sagte:
I'll give you to eat
Und das war schon wenigstens so schockierend wie das Pour me faire casser le pot, das Proust an Albertine so schockierte
Und es beweist eigentlich, daß auch bei Proust die Figuren ineinanderschlierten.
Albertine ist nicht immer Albert.
Albert hätte nicht sagen können:
Ich gehe zu den Sportfliegern, um mir den Po aufreißen zu lassen.
Wenn er es gesagt hätte, wäre es tuntig komisch gewesen
Entsetzlich, magisch, horrende wurde es nur aus dem Mund einer sehr jungen Frau.
Fast so, als hätte Danièle gesagt:
Ich lasse mir den Po aufreißen.
Aber das würde sie sagen
Wenn sie so verletzende Sätze wie:
I'll give you to eat gehört hätte und wiederholte, wären sie falsch am Platze, denn sie verstand die Wörter ihres Vaters nicht, und damit wären sie wirkungslos.
Michael wußte, daß Jäcki so viel von Afroamerikanern, von New Yorker Slang und von schwarzen Tunten verstand, um den Satz zu begreifen und die unerhörte Absicht der Erniedrigung, die darin lag.
Jäcki hatte keine Lust die unterweltliche Beleidigung, die in Michaels Worten lag durch eine Übersetzung in die Sprache der de Guermantes der de Montesquiou abzuschwächen.
Er wollte den Satz nicht einmal philologisch vor Michael aufblättern.

Also daß die Brasilianer hier Eu como sagen, wenn sie Ich ficke meinen.

Ele deixe comer heißt

Er läßt.

Und daß der New Yorker afroamerikanische Slang diese Bedeutung auf eine verächtlich affizierte Weise umkehrt – so wie die Deutschen, von denen der Mediterraner Malaparte behauptet ihre Sonne sei weiblich, als schwul den ansehen, ders tut, der ißt also, und nicht den, der ausgemistet wird, der läßt ja nur geschehen, im Gegensatz zu aller mediterranen und portugiesisch brasilianischen Auffassung.

Im Deutschen, hätte Jäcki vornehm verwundet und unerreichbar, Michael erklären können, ist man, wenn man aktiv ist, der passiv erduldet ist quasi nicht, ist unbeteiligt.

I'll give you to eat, hatte Michael gesagt.

Ich geb dir zu essen.

Und da fast in ihr die Formel des Effeminierten anklingt wird die Aussage des Macho um so unerbittlicher.

Ich stopf dich voll.

Und um die Beleidigung voll zu machen fügte Michael hinzu:

You wouldn't do that.

Jäcki entgegnete nichts.

Denn in dem Kastrationssatz: Du würdest es ja nicht tun können lag ja bereits schon wieder ein intelligenter schwarzer Karnaval

Michael hatte zugegeben, daß er Jäcki ficken würde wie ein Huhn

M'ap plumé'l heißt es auf haitianisch, hätte Jäcki ihm stecken können.

Und indem er Jäcki mit

You wouldn't do that dialektisch zur Minna machte, sang er noch einmal seine Sehnsucht von Jäcki gefickt zu werden, daß die Federn flogen.

Doch Michael war nur allzu bereit sich aus seinen ehelichen Verpflichtungen und dem Rankenwerk seiner inzestuösen Wanderungen mit Danièle zu lösen

Jäcki wollte ihm das Schlangenrestaurant zeigen
Und Jane fand es witzig, daß die beiden Schwulen einen Ausflug machten.
Danièle warf nur ein verächtliches
It's awful to eat endangered species hin.
Veranstaltete beim Abendbrot aber weiter kein Geplärr
Und auch Michael machte aus politisch weltanschaulichen Gründen keinen Rückzieher
War Irma beunruhigt.
Jäcki konnte nicht unterscheiden, ob sie so stark war oder aus Gewöhnung so unbewegt.
Es war nicht das Schlangenrestaurant von Aracaju vor dem Blutbad bei der 90jährigen Lesbierin Nanã.
Hunderte von hühnergroßen Kröten.
Python, Krokodil, Gürteltier.
Nicht die Küche der Waldläufer, der schwarzen Indianer und der flüchtigen Negersklaven zwischen den Küsten.
Wild war auch in Brasilien verboten
Es gab irgendein Karnickel, wenn es kein Hund oder eine Katze war. Ein Huhn, das als Schnepfe deklariert wurde mit Farofa und Bohnen.
Aber es wurde ein linder Abend.
Jäcki bemerkte wie leicht der verächtliche Michael, der sich nur noch für seine Danièle hinzugeben schien, zu verführen war.
Etwas São-Luiz-Nacht, eine Taxifahrt, Farofa und Gespräche über die heiligen Blutsuppen der Casa das Minas genügten und Michael hätte alles im Stich gelassen, die New Yorker Community School, Jane sowieso, Danièle.
Er verwandelte sich mit Jäcki in ein wildes Murmeltier in eine von den armen Endangered Species, pelzig, mit blanken Augen und kalter Nase und in ihren Gesprächen, im frischen Wind am Meer längs kullerten sie umeinander herum.

Für den letzten Abend hatte sich Jäcki einen Höhepunkt ausgedacht.

Er wollte mit beiden Familien zu Leodes fahren an den Strand von Calhau.

Unter dem Kreuz des Südens Caipirinhas trinken und Krabben knacken.

Jäcki dachte, daß Jane der grindige Proust, der dreibeinige Burt Lancaster und die geprüfte Claudia Cardinale gefallen mußten.

Es begann nicht sehr ermutigend.

Auch Leodes hatte nachts unter dem Indianerdach für ihre Polizisten, Rauschgifthändler, lesbischen Hippies ein Kofferradio aufgestellt

Und an Stelle der wispernden Tropennacht hörten Jane und Danièle und Michael die »Babys« und »Monnys« die sie auch in New York hörten.

Irma und Jäcki hörten sie jeden Abend im Hotel Vila Rica.

Die Hunde waren gestorben oder schliefen schon.

Zu essen war nicht recht was da.

Leodes bemaß die Krabben kärglich und dann versuchte sie Jäcki bei der Abrechnung abermals zu bemogeln.

Danièle sagte:

Trois Gros is better.

Irma und Jäcki konnten es nicht leugnen.

Aber er überlegte, ob es nicht verfrüht sei eine kleine afroamerikanische Kultprinzessin, an die Nouvelle Cuisine zu gewöhnen, ehe sie Lunge bei Leodes, oder bei Celeste, oder beim Abbé Pierre gegessen hat.

Aber was.

Michael war ein richtiger amerikanischer Familienvater.

Danièle sollte sich in sieben Jahren einen anständigen Mann angeln und mit ihren Allüren, mit all dem Trois Gros und Geoffrey Beanes und Sacre du Printemps Chichi – kriegte sie einen besseren ab.

– In New York laufen genug Millionäre herum.

– Schwarze Millionäre, dachte Jäcki.

Leodes merkte, daß etwas schief lief und brachte jetzt ihr autistisches Kind ins Spiel – das haberblonde Königskind aus dem Norden.

Steif ließ das Mädchen sich von der Mutter an den Tisch schik-
ken, und der afroamerikanische Intellektuelle hatte natürlich
sofort begriffen und wollte nun einen milden antiautoritären
Dressurakt mit den beiden Kindern vollführen.

In samtener Flower-Power-Stimme sagte er sehr maoistisch zu
Danièle daß sie das brasilianische Mädchen mit Handschlag be-
grüßen sollte
Aber Danièle tat es nicht
Da konnte Michael sich noch so marxistisch-leninistisch an-
strengen
Danièle ballte ihre Fäustchen hinter dem Rücken
Und das Schimmelreitermädchen hielt ihre Hand angewinkelt
wie eine Reiterin aus Holz, der die Zügel aus den Fingern ge-
fault sind.
Wie aus Instinkt verabscheute da die kleine Gefährdete die
Kranke.
Und keine Liebe zu ihrem Vater brachte die Faust aus den Fal-
ten des im Ausverkauf erworbenen Diorkleidchens hervor.
Danièle hatte Angst.
Danièle fürchtete sich vor den Krabben, den Caipirinhas, der
blond gefärbten Frau, den Polizisten und dieser hölzernen nor-
dischen Puppe in Brasilien.

Endlich gingen sie baden.
Es war nachts.
Die Scheu hatten sie hinter sich
Und da alle aufgeklärt waren, wurden einfach die Kleider aus-
gezogen.
Bei den beiden Männern gab es keine Überraschungen
Die Badehosen hatten auch im Hotel Vila Rica die im Wasser
einschrumpelnden Ehefreuden abgezeichnet.
Aber die zarten, exzentrischen jungfraulichen Frauen entpupp-
ten sich nun zu gewaltig drallen Cézannes.
Und Michael war ganz baff.
Die gereifte Irma warf ganz unverschämte Titten in die kurzen
Wellen.
Titten würde Jäcki leider nie in einem Roman schreiben können,

denn welcher der deutschen Kritikertenöre könnte ermessen, daß es von dem altphilologischen Tittä herrührte, Plattdeutsch war und Leibniz und das Herodotwort, das Wort Homers.

Und Backen
Auch Jane, die schmalgliedrige, die Groteskpantomime
hatte einen unglaublich irdischen Spalt
Michael und Jäcki hatten das kaum erwartet
Aber Danièle, die zerbrechliche Inkarnation der Zeit
zwischen Irma und Jäcki, die noch Erinnerungen an das vorige Jahrhundert durch die Großeltern zur Verfügung hatten Danièle, die im Jahrtausend weiter aufblühen sollte,
Danièle hatte beunruhigende Hüften und ein sicheres Gesäß
Nur die Brust beruhigte Jäcki und auch den Vater, die Brust konnte man noch mit der Brust eines Jungen verwechseln, im ersten Zwielicht der Entwicklung, dessen Brustwarzen zu Beeren aufquellen, ärgerlich in der Turnstunde und beunruhigend.
Auf Danièles Brust rutschte ein Kinderbüstenhalter herum, dessen Hersteller nicht abzulesen war.
Jane und Irma fanden, daß Michael und Jäcki sehr hübsche Ärsche hatten.
Und Jäcki hätte alles dafür gegeben, wenn er die Köpfe der beiden Frauen hätte aufklappen können und sehen, was sie im Kino ihres Kopfes für ein Wort auf das Bild Arsch synchronisierten
Jäcki und Michael tauchten gemeinsam.
Sie entfernten sich von Jane, Irma, Danièle, die, wie Frauen immer, irgendwelchen Bedrohungen ausgesetzt waren.
Die Krabben bissen.
Oder es gab große dunkle Schatten.
Das Wasser war auf jeden Fall zu schwarz, zu hoch, zu laut
Michaels und Jäckis Körper verschwammen in der Entfernung in der silbernen Nacht.
Alles wurde sehr leise auf einmal.
Cézanne verwandelte sich in Poussin.
Die Frauen und das Mädchen beplantschten sich
unneugierig gleichmütig

Jeder wußte alles.

Keiner eiferte mehr

Und es war auch keine Gier mehr, die erfüllt zu werden brauchte, als Michael und Jäcki untereinander durchtauchten.

Michaels Zunge schmeckte im Salzwasser ganz anders

Und im Salzwasser nahmen sie ihre Schwänze in den Mund.

Sie trockneten sich gemeinsam ab.

Leodes' Lautsprecher grölte beim Abschied.

Irgendwas loderte

Sie fuhren nach São Luiz zurück

Und Michael und Jäcki würden unter Umarmungen Jane und Irma alles genau erzählen.

Während Danièle mit angehaltenem Atem lauschte und es als utterly polylayered bezeichnete.

Michael brach nach Bahia auf.

Und dann mußte er auch nach New York zurück um den Bericht über die afroamerikanische Küche abzuliefern.

Michael hatte die Absicht sofort nach seiner Rückkunft einen Computer zu erwerben.

– Das ist die Zukunft sagte er.

– Das ist einfach wundervoll.

– Man ist nichts mehr ohne einen Computer.

– Keinen Roman mehr, keine Ethnologie mehr ohne Computer.

– Stell dir mal vor, du schmeißt sie alle da rein, deine Heiligen, deine Riten, deine Kindheit, den Nunes, den Papst, die Gisèle, das Schwarzsauer, die drei Celestes.

– Und dann drückst du drauf.

– Piep. Piep. Piep.

– Und da sind sie, da erscheinen sie, du kannst sie abrufen, total, wann immer du willst.

– Das würde mir nicht mal was nützen.

– Meine Kindheit, den Papst, den Nunes und die drei Celestes und Leodes und Battista hab ich im Kopf.

– Und die Riten muß ich aufschreiben.

– Ob ich sie nun in das Datenverarbeitungssystem ticker oder auf Karteikarten.

– Die Casa das Minas als Programm gibt es sicher nicht.

– Da bin ich so als erster dran.

– Und Agotime als Diskette auch nicht.

– Mit deinem Dingsda geht es vielleicht ein bißchen schneller.

– Das mag sein. Ich will nie einen Computer.

– Say never never.

– Du könntest sie umgruppieren.

– Ja sicher, wie die Sandinisten die Miskitos.

– Du kannst sie ständig überblicken, abrufen und neu einfüttern.

– Ich bin für das Zerschlagen von Computern.

– Aber das Wissen!

– Wir haben nicht zuwenig Information sondern zuviele.

– Unser Problem ist nicht das Wissen, wir wissen viel zuviel.

– Unser Problem ist, wie wir mit unseren Informationen leben sollen.

– Ich bin fürs Vergessen, sagte Jäcki und küßte Michael zum Abschied auf die Stirn.

Michael und seine Familie waren vor Tau und Tag geflogen.

Jäcki hatte sich noch einmal neben Irma ins Bett gelegt, nicht um zu schlafen, sondern um über Michael nachzudenken, der sich jetzt über beide Ohren in Ausgaben stürzte, um Datenspeicher und Abrufzentralen zu erwerben.

Jäcki war eingeschlafen, ohne daß er es bemerkt hatte.

Er wachte auf, den Kopf in Irmas Achsel.

Sie schlief.

Es begann draußen zu dämmern und ein Ton drang durch São Luiz.

Es hätte der Schrei eines Tieres sein können.

Der Schrei von Leodes, die ihre blonde Tochter ruft

Oder Amelia, der Alte Fritz, Otto Gebühr in Trance, die Reiterin, geritten von einem blutrünstigen Gott.

Oder Battista, wenn Araujo der Polizist, ihm seinen großen brasilianischen Knüppel reinschob, und Jäcki stellte es sich im Halbschlaf vor Battista als ein kleiner Spund in der Ecke unten zappelte und schrie, wie König Eduard II., als man ihm den glühenden Eisenstab zur Strafe hinten reinsteckte.

Bis Jäcki im Halbschlaf halb begriff, daß es eine Marktfrau war, die eine Frucht oder einen Fisch ausschrie.

Der kleine Herr, der die Ratten quälte hatte diese Schreie genau geschildert

Janequin hatte sie in Madrigale gesetzt und Thomas Weelkes und Jäcki hatte Fisch oder Frucht schon einmal morgens im Halbschlaf wahrgenommen, wenn die Fliegen einen an den Knöcheln aufschrecken, auf Haiti, zwischen dem Palast des jungen dicken schwarzen Nero und den mystischen Orgien am bleiernen Hafen unten.

Es schien Jäcki als flatterte ganz São Luiz an diesem lechzenden Schreien auf, die Häuser wirbelten hoch und kreisten, stürzten, in weiten Kurven nieder, als Schwalbenschwärme, auch die Gestalten begannen zu flattern, Agotime, Nunes Mãe Andreza, die drei Celesten, die himmlische und die zwei höllischen mit den hageren Hühnerpopos.

Alle Sagen, die vom Sohn in die Sklaverei verkaufte Königin

Und da sie alt war und traurig wurde sie viele Male verkauft

Nunes der mystische Bock, und Akossi, der fürchterliche Akossi, der seine Kinder die Krankheiten ausprobieren ließ.

Iphigenie mit dem eingeklemmten Kopf im Waschtopf.

Jäcki schreckte hoch und hörte keine Geräusche mehr von der Familie aus dem Nebenzimmer.

Nur diese Schreie einer armen Frau, der Scheren oder Brotfrüchte oder Kabeljau meinte.

Jäcki legte sich in Irmas Achsel zurück.

Michael war weg.

Im Cine Passeio ist Hochbetrieb.

Hinten in der linken Ecke ist alles voll.

Rechts, wo das Tageslicht eindringt und die Kinder an den Scherengittern hereinsehen, den Film verfolgen und die Schwulen, klumpen Soldaten und Transvestiten zusammen

In der ersten Reihe wird gestöhnt.

Das Klo neben der Leinwand ist so voll daß man nicht reinkann und das Klo oben auf dem Rang ist den ganzen Film über verrammelt.

Shining

Der Werbespot hatte mit einer Blutwelle begonnen

Eine Blutwelle die in ein Hotelfoyer schlägt.

So grünliches Art Deco

Und einfach eine Welle aus Blut, welche die Kunststoffsofas hochhebt und die Tapeten und Wandleuchten vollgischtet

Der Billettabreißer stellt sich neben Jäcki

Der immer so tat, als interessiere er ihn überhaupt nicht

Er läßt sich jetzt abknutschen von Jäcki und hat einen wahnsinnig Steifen.

Während auf der Leinwand der unsympathische Jack Nicholson immer mit dem Brotmesser rumläuft und eine schlechte Schauspielerin Grimassen schneidet und versucht aus dem Klofenster zu fliehen.

Es endet in einem vereisten Labyrinth, einer Touristenattraktion in einem Luxushotel

Jack Nicholson kommt nicht wieder raus und wird zu einem Eiszapfen

Das ist natürlich eine tolle Idee

– Wie die Blutwelle für den Werbespot.

– Die kam auch einigermaßen rüber.

– Bildlich

– Das Rot und die in dem Blut schwimmenden Executive Style Möbel.

– Aber das Bild hielt auch nicht lange an.

– Mehr so eine Idee von einem Filmregisseur.

– Das Eislabyrinth und der Eismann Nicholson aus der Trick-
kiste, das ist völlig vergeblich nach einem mißglückten Film.

Da können noch so viele Schminkmeister sich bemühen, die
Tunten blasen sich einen und gucken nicht auf die Leinwand.

Nur eins.

Und Jäcki fing es an zwischen den Rückenrippen zu kribbeln,
dann ging es das Rückgrat hoch, am Hinterkopf längs, die Ohren wurden kalt, er kriegte Gänsehaut unter dem Schopf

Er konnte es nicht sehen, aber er hatte das Gefühl seine Haare
stünden senkrecht hoch

Er konnte nicht mehr mit dem Kartenabreißer rumspielen

Jäckis Schwanz stürzte ab.

Die Mädchen.

Die Zwillinge.

Die kleinen Prinzessinnen.

Die angezogen waren wie auf Velasquez' Meninas

Immer wieder, wenn Jäcki daran dachte, noch auf der Rua
Grande – Jäcki standen die Haare zu Berge.

– Stell dir bloß mal vor, sagte Jäcki zu Irma in so einem dispro-
portioniert großen amerikanischen oder kanadischen Hotelcha-
let, ganz leer, Saison aus und da stehen plötzlich zwei völlig
gleich aussehende kleine Mädchen.

Nein, das ist das fürchterlichste, was man sich denken kann.

Deshalb lohnt es sich wirklich, den Film anzusehen

Vielleicht ist das ja auch so raffiniert gebaut wie Dostojewski und
Smerdjakows Mord.

Also die Blutwelle des Werbespot addiert man immer mit dazu
und in der Leere vor dem Kotzbrocken Nicholson diese Pieps-
macher.

Es ist natürlich die Verdoppelung.

Alles Doppelte ist fürchterlich

Aber dies.

Zwei völlig gleich aussehende, gleichgekleidete Mädchen.

Sowas von Pipi und Velasquez.
Ich kann gar nicht davon reden, ohne daß mir die Zähne klappern.
Es ist viel viel grausiger als die Geisterbahn, also die Geisterbahn ist überhaupt nicht grausig.
Es ist mir dort wirklich nie möglich mich zu gruseln.
Also außer bei Blow Up der grüne Park.
Aber die beiden Prinzessinnen sind viel viel gruseliger.
Es ist der tollste Candomblé.

Ja, es war Danièle, die bezaubernde Danièle, die Verkörperung der Zeit des kleinen Herrn, der die Ratten quälen ließ.
Aber doppelt.
Das Einmalige doppelt.
Das war der furchtbare Schock.
Wie die greise Königin in Jäckis Recherchen und Aufzählungen zweimal auftauchte.
Zwei Mütter von zwei Söhnen in die Sklaverei verkauft
Von zwei anderen Söhnen gesucht und an den Königshof zurücktransportiert.
Zwei Greisinnen in São Luiz de Maranhão
Zwei heilige Frauen, die sich vor ihrem königlichen Gott zerknirschten.

Danièle doppelt.
Danièle die süße, unberührte, zartfingrige.
Danièle, die mit ihrem Zauber noch im nächsten Jahrtausend funkeln würde
Wie hatten die alten Hexen in der Casa das Minas sie befingert.
Die kleine Prinzessin hätten sie gern in einen Käfig gesetzt, recht gefüttert, um sie zu schlachten und für Akossi und Zomadonu zu braten.
In Danièle war eine der vielen Prinzessinnen wiedergekommen die kokett waren, und die keiner verstand
Im Cine Passeio das Grauen vor den beiden minderjährigen

Hollywood Prinzessinnen im Outfit von Velasquez schien Jäcki der Heilige Schock zu sein vor den Heiligen Prinzessinnen, die aus Abomey kamen in den Tempel in der Rua São Pantaleão wo zwei greise, hohe, dürre schwarze Königinnen ihrer harrten.

38

Von der Blutwelle, den beiden Prinzessinnen, dem Eislabyrinth
ausgehend fingen Jäckis Gedanken an zu wandern, wie er selbst
wanderte vom Cine Passeio, zur Praça Deodoro zum Carmo und
die Rua Grande hinunter.
Die Schwulen verfuhren sich wieder zwischen Quer- und
Längsader, Halteverboten und Einbahnstraßen
Heinrich der VIII. verpaßte ihn um einen Häuserblock und
mußte nun den ganzen Kreislauf noch einmal beginnen.
Heinrich der VIII. der fürchtete ermordet zu werden.
Heinrich der VIII. mit seinem geheimen blutigen Zimmer.
Thalamus.
Brautgemach.
Heinrich der VIII. auf seinem Explosionsroß.
Was unterscheidet denn den brasilianischen Volkswagen von
einem Pferd.
Verbrennungsmotoren waren beide
Aber die Verbrennung in Heinrich dem VIII. und seinem Pferd
wie in Jack Nicholson und Agotime floß gleichmäßig ab über
Enzyme, Hormone, Blutbahnen und löste Bewegungen aus.
Der Verbrennungsmotor des brasilianischen Käfers erzielte Ex-
plosionen.
Und ruckartig begriff Jäcki in der aufgerissenen Rua Grande,
der Nachtarbeiter schmiß wieder die Sklavensteine an den emp-
findlichsten Punkt der Stahlplane um das lauteste Dröhnen zu
erzeugen und sich so in der Stadt bemerkbar zu machen, zwischen den Wächtern, die sich mit den Obdachlosen um die
Schlafplätze in den Hauseingängen kloppten,
Daß diese Stadt São Luiz de Maranhão und dieser Staat Maranhão nur durch Explosionen in Gang gehalten wurde.
Explosionen, hungernde Haufen, Überbevölkerung, Familien
mit zehn Kindern, die in Straßen zwischen Geschäften und Ar-
beitsplatz loszischten, die Maschine des Staates zum Rollen
brachten und abbrannten. Niedergeknüppelte, Verhungerte,
verbrauchte Verbraucher, die nächstens kämen und mehr.
Das Bild dessen was hier geschah

war der Volkswagen
Das Bild was seit Kriegsende geschah.
Seit der Jahrhundertwende.
Seit der Erfindung des Verbrennungsmotors.
Explosion.
Heinrich der VIII. hatte Jäcki nun endlich gestellt.
Jäcki und Heinrich fuhren an den Strand von Calhau
Heinrich der VIII. erzählte, daß vorgestern hier ein Liebespaar
ermordet worden sei.
Er fickte Jäcki auf der Kühlerhaube seines Volkswagens.

Nachts die Stimmung ändert sich im Laufe dieses Jahres.

Es fängt damit an, daß auf dem Platz Deodoro ein Polizeihäuschen aus Kunststoff errichtet wird.

Policia Militar.

Statt des O hat ihnen eine Public-Relation-Firma ein rotes Herz von einem Designer reinzeichnen lassen.

Blutrot.

In der Zeitung die Berichte vom Aufstand in Bahia.

In Bahia fahren die Busse auf Zuckerrohrschnaps und auf Palmöl.

Hunderte von Bussen werden von den Studenten demoliert.

Wie kamen die Arbeiter zur Arbeit?

Überall in São Luiz werden jetzt die Polizeihäuschen aus Kunststoff errichtet.

Ich höre ein erstes Mal von einem Überfall auf einen Schwulen im Park an der Umgehungsstraße.

Demonstrationen.

Nicht wegen des Schwulen.

Erschießungen im Fußballstadion.

Siedler werden vertrieben.

Man wagt nicht mehr, im Dunkeln durch die Straßen des kleinen Städtchens zu spazieren.

Die Plätze und die Rua Grande liegen leer nach neun Uhr abends.

Collage Casa das Minas

Irmas Entwicklung der Brutalität in Maranhão.

Früher ließ sie die Leute auf der Straße durch.

Aber nie ließ sie jemand vorbei.

Jetzt geht sie als erste.

Als der erwachsene Zwerg etwas sagen will, ruft der Zeitungs-
händler:
– Kinder halten den Mund.
Der Einbeinige wird gefragt:
– Wo hast du dein Bein gelassen?
Der weiße Handlungsreisende wirft seine Zigarettenkippe weg,
er sagt zu einem Neger:
– Tritt sie aus.
Der weiße Taxifahrer zum schwarzen Autowäscher:
– Feio! – Häßlich!
– Ich bin nicht häßlich. Ich bin schön, antwortet der Neger.

Schreiben für eine Welt, in der es keine Schrift mehr geben wird,
keine Leser, wahrscheinlich keine Augen mehr.

Meine Sprachen in São Luiz:
Deutsch.
Portugiesisch.
Französisch.
Griechisch.
Fon.
Gege.
Kambinda.
Nago.

Forschen: Häufen.
Schreiben: Weglassen.

1. Fassung falsch. 200 Seiten umsonst geschrieben.
Neuordnen der 5000 Karteikarten.
Karteikarten zerreißen.

Patience mit Königinnen.
Kartei mit Königinnen.

Fernsehinterviews:
Dem Verbrecher, der sein Gesicht zwischen den Armen verbirgt,
wird das Mikrofon zwischen den Beinen durchgeschoben.
Ein White-Collar-Criminal hat sich vor den Fernsehreportern
unter dem Schreibtisch versteckt – und man sieht ihn so.

Regis:
Debray spricht von Inkarnation.

Zu Weihnachten füttert Brigitte Bardot 1500 Hunde.
Bundeskanzler Schmidt spielt mit Eschenbach und Justus
Frantz und den Londoner Philharmonikern ein Klavierkonzert
von Mozart.

Nicaragua will in Brasilien wegen einer Alkohol Fabrik verhandeln.
Also Brennstoff aus Zuckerrohr – für amerikanische oder russische Autos.
Der Brennstoff, die Energie, welche die Umwelt am allermei-
sten zerstört.
Mexiko brachte Nicaragua eine Zellulose Fabrik für mexikani-
sche Zeitungen.

Der Französische Botschafter in Beirut ermordet
Weil Bani-Sadr in Paris erklärt hat, im Iran brauchte man nur
5 Leute umzubringen.

Base de Edilson
Die Tochter
Technokratin der Küchenkunst.
Redet ununterbrochen
Familienbetrieb.
Sie und der Bruder arbeiten in einer Bank tagsüber.
Sie studiert und dann abends ins Restaurant.
Stunden gibt es nicht.

Manchmal kommen noch nachts um zwei Leute und wollen Krabben.

Als Sonntagsvergnügen: Der Vater geht Eis essen.

Er kommt und erwähnt als große Besonderheit, daß er noch um die Stadt gefahren sei.

Despot.

Abhängigkeit der Tochter.

Mit dem Gerede kriegt sie keinen Mann.

Sie schwärmen von dem Projekt Carajas

Letzter Zensus 400 000 Einwohner.

Jetzt 600 000 etwa.

In ein paar Jahren wird es eine Million sein.

Die Stadt wird mit Hochhäusern zu einer der Hauptstädte Brasiliens gehören.

Sie fahren uns nach Hause.

Man kann sich nicht dagegen wehren.

Ein Restaurant, wo ich bestimmt immer wieder essen werde.

Aber teuer.

Und nicht sehr guter Fisch.

Deutschland.

Umfrage wegen Nachrüstung.

Hälfte der Bevölkerung:

Lieber rot als tot.

Coup in Gambien.

Wohl von Kadafi geschürt.

Die gleichen Muster wie in Grenada.

Abwesenheit des Staatschefs.

Geiseln.

Alle Minister in der Gewalt.

Die zweite, beleidigte Frau macht einen Appell im Radio.

Senegalesen greifen ein.

In Nicaragua wird die Prensa zum 2. Mal 2 Tage verboten, weil sie die Sandinisten kritisiert hat.

Rio:
13jähriger erschlägt einen Arbeiter im Zug, weil der seine Jacke nicht hergeben will.
Einem anderen Mann werden zwei Finger abgeschnitten.

Dienstag, 4. 8. 81.
Liberal Belém:
Die Hütten auf dem Universitätsgelände sind von Polizeikommandos zerstört worden.
Jornal do Brasil:
In Rio soll gekochter Bohnenbrei als Pulver angeboten werden.

Ermüdung Jäckis
Er versteht den faulen Verger.

Plötzlich das Geflüster:
Amelia ist da!
Amelia ist da!
Wieder eine von den hohen, dürren, schwarzen Greisinnen.
Mit starr nach hinten hochgekämmten Haaren.
Stefan George in Trance.
Amelia, eine der ältesten.
Sie stammt von den Gründerinnen ab.
Amelia ist da und schwingt die Reitpeitsche ihres Gottes Dossu mit dem silbernen Knauf.

Jäcki teilt Sergio die neue Ethnologie mit. Lydia Cabrera.
Sergio hat auch zu schreiben begonnen
Er geht gar nicht auf die neue Art der Beschreibung ein.

Sergio war in Natal.
Sie sind dort nicht an Feldforschung interessiert
Von der Casa das Minas haben sie keine Ahnung.
Aber was sie ihm sagen, ist ihm völlig egal.
Zum einen Ohr rein.
Beim anderen raus.
Er schildert sehr witzig, wie die Frau des Gouverneurs in die Casa das Minas läuft, von Truhe zu Truhe hüpft, um Spenden für das Museum zu sammeln.

Der eher fleischige Sergio hat eine ganz zarte indianische Frau.
Nach dem Fest hat sie eine spitze Bemerkung:
Wir, die wir zur Casa das Minas gehören.
Meinetwegen.

Plötzlich ist Sergio muksch.
Hat er Sorgen.
Oder ist es die Abnutzung unserer gemeinsamen Unternehmung.
Ich bin sehr betrübt darüber und tu alles, um ihn aufzuheitern.

Sergio hat Probleme mit seiner Frau.
Wirbel
Mag nicht mehr in Restaurants gehen.
Sie ist besorgt, wegen ihrer Anstellung.
Sergio kann gelegentlich nachts nicht schlafen,
wenn er über seine Anstellung nachdenkt.

Abendessen beim Soziologen F.
Die Schwiegermutter sieht fern.
Der Sohn hört Radio
Uns zu Ehren wird eine Folkloreplatte aufgelegt.
Mit der Hausangestellten die serviert wird kein einziges Wort gewechselt.
Die Nichte des Soziologen ist mongoloid.

Sie beklagt sich, sie könnte das nicht aushalten alles auf einmal:
Fernsehen, Radio, Plattenspieler.

Wenn ich beim Schreiben die Karteikarten
mit Aussagen Celestes vergleiche, sehe ich, daß sie sich nie
widerspricht.
Was sie gesagt hat, war immer stichhaltig.

40.

Jäcki, um sich zu beruhigen, schreibt Die Geschichte der Nanã.

41

Ich heiße nicht Garten Silber.
Das ist falsch.
Ich heiße Silbergarten.

Meine erste Erinnerung weiß ich nicht.
Alles.
Es gibt so viele Dinge im Leben, an die ich mich erinnere.
Aus meiner Heimat.
Vom Land.
Als ich klein war.

Deni Prata Jardim.
Geboren am 25. Juli 1925 in Rosario, im Innern des Bundesstaates Maranhão.
Mein Vater hieß Sinfronio.
Meine Mutter Rita Silber.
Ich hatte fünf Brüder.
In meiner Kindheit bekamen die Säuglinge nur Muttermilch oder Kuhmilch.
Wenn ich früh in die Schule ging, trank ich Milch.
Frisch.
Es gab keine Krankheiten.
Für den Brei wurde das Getreide frisch gestampft.
Es gab Fleisch, das in der Sonne getrocknet worden war.
Und grobes Salz.
Es kam aus den Salinen.
Es wurde jedesmal frisch im Mörser zerstampft.
Die Leute erreichten ein hohes Alter.
Meine Großmutter war über neunzig Jahre alt, als sie starb.
Ein einziges Mal war sie in die Stadt gereist.
Sie wollte nicht in São Luiz bleiben.
– Der Reis ist verfault.
– Das Mehl ist verfault.
– Von dem Café wird man krank. Er steht geröstet viel zu lange herum.

Meine Großmutter röstete jede Woche den Café frisch.
Es gab einen Brunnen für das Trinkwasser.
Es floß immer nach.
Zum Wäschewaschen gab es eine Stelle am Fluß.
Die beiden Wasser waren streng getrennt.
Mit zwanzig, in der Stadt, erfuhr ich zum ersten Mal, was das ist:
eine Krankheit.
Es liegt eine rosa Schicht auf dem Wasser in den Reservoirs.
Das bedeutet Hepatitis.

Ich erinnere mich nicht an Napoleon.
Als Kind in Rosario besuchte ich keine spiritistischen Sitzungen.
Napoleon war Kollege meines Vaters. Er war Maschinist.
Papa war Verwalter.
Mutter arbeitete auf dem Feld.
Sie ging morgens weg und kam erst im Dunkeln zurück.
Papa arbeitete bei der Eisenbahn.

Als ich klein war, trug man Zöpfchen.
Ich flocht sie mir selbst.
Ich brauchte nicht einmal eine Stunde dazu.
Es sieht bei dem kurzen krausen Haar schlimmer aus, als es ist.
Man trug sie überall.
Auf dem Lande, in der Stadt.
Vor allem von fünf bis fünfzehn.
Um den Haarwuchs anzuregen.
Ich weiß nicht einmal, wie afrikanische Frisuren aussehen.
Alle diese Produkte, um das Haar zu glätten, kommen aus Europa.
Und aus den Vereinigten Staaten, natürlich.
In der Stadt benützen wir sie alle.
Alle, fast alle, in der Casa das Minas.
Auch zu den Festen.

Ich erinnere mich, als ich in die Schule kam.
Ich war noch ziemlich klein.
Vier Jahre.

Wir lernten nur das Alphabet.
Die ersten Buchstaben.
Jeden Tag.
Und die Zahlen bis zehn.
Das ganze Jahr – von vier bis fünf.
Das zweite Jahr wurde meine Mutter krank und ich kriegte Privatunterricht.
Bei Josefa.
Um nicht alles wieder zu vergessen.
Jeden Nachmittag.
Die Silben buchstabieren.
Ich hatte immer Privatunterricht.
Als ich in eine Gruppe zurückkehrte, war ich schon eine kleine Dame.
Mit zehn.
Ich kannte schon die Casa das Minas, aber ich lebte noch nicht dort.

Meine Großeltern mütterlicherseits waren Bixago und Angola.
Sie heilten die Irren.
Sie lehrten alles, was sie wußten, meine Großeltern.
Meine Urgroßeltern waren als Sklaven aus Afrika verschleppt worden.
1888, als die Sklaven befreit wurden, blieben sie auf der Fazenda, denn sie waren immer gut behandelt worden.
In Boa Vista.

Auf der Fazenda in Barregas gab es einen Brunnen, in den schmissen sie die Sklaven, nachdem sie ausgepeitscht worden waren.
Den schwarzen Zauberer hatten sie angebunden und peitschten.
Er spürte nichts.
Die Senhora spürte die Schmerzen.
Sie wurde krank.

Und starb.

Auch der Herr wurde krank.

1888 ließen sie die Sklaven nicht frei.

Die Sklaven von Boa Vista kamen herüber und sagten ihnen, daß die Sklaven befreit worden seien.

Alle liefen weg.

Meine Urgroßeltern bewahrten in einer Truhe Sachen auf, die sie wuschen und über denen sie beteten.

Sie erklärten meinen Großeltern nichts.

Gar nichts.

Sie sagten nur, sie seien Mina-Neger.

Auf dem Totenbett beauftragte meine Urgroßmutter oder mein Urgroßvater den ältesten Sohn, er solle die Sachen wegbringen.

Ob er etwas falsch gemacht hat?

Er wurde krank.

Rasend.

Ein halbes Jahr ging es immer gut.

Ein halbes Jahr mußte er am Stuhl festgebunden werden.

Er brüllte.

Meine Großelten wollten von alledem nichts wissen.

Sie hatten auch das Zweite Gesicht.

Mein einer Onkel war Jäger.

Er brachte einem Waldgeist Rollen Tabak mit.

– Er ist mein Freund.

– Er beschützt die Tiere.

Meine Tante trug Kalibo Guaipīm.

Das sollte Apojevó sein.

Das ist ein Gott der Casa das Minas.

Ein Cousin meiner Mutter, Raimundo, wurde von Zomadonu besessen.

Ohne Einweihung.

Raimondo erhängte sich im Wald an einem Baum.

Er wurde losgeschnitten.

Blut war ihm aus dem Mund gequollen.
– Er ist tot.
– Nein, er ist nicht tot.
Er hatte sich aus Übermut oder Bösartigkeit erhängt.
Er besuchte eine Priesterin in São Luiz, die ihn einweihen wollte.
Er war von Zomadonu besessen.
Er trug Zomadonu.
Zomadonu sagte:
– Eine Blinde kann keinen Blinden führen.

Maman sagte immer:
– Zomfum.
– Zomfum.
Und da mein Vater Sinfronio hieß, dachte man, sie wollte ihn rufen und sei verrückt geworden.
Maman sah nachts einen großen Mann.
Er war ganz weiß.
Wir Kinder sahen ihn auch.
Meine Mutter ging zu einem Indianer, der sollte uns alle heilen.
Er hatte uns schon hingelegt.
Nebeneinander.
In eine Reihe.
Da schrie meine Mutter auf:
– Nein.
– Nein.
– Lassen Sie das sein.
– Ich will nicht, daß Sie etwas mit meinen Kindern anstellen.
Als meine Mutter mit mir in São Luiz ankam, wohnten wir bei Frau Salomé, in der Großen Straße, Ecke Kreuzstraße, gegenüber vom 4400.
In der Wohnung wurden spiritistische Sitzungen abgehalten.
Meine Mutter nahm alleine daran teil.
Bei Waldemiro Reis, der damals noch ein junger Mann war, der Freund von Mutter Andreza.

Er legte ihr die Hand auf.

Die Störungen ließen nach.

Als sie am nächsten Morgen zur Arbeit gehen wollte, waren alle Adern am Hals geschwollen.

Meine Mutter arbeitete als Köchin im Hause einer Freundin.

Maman ging noch zu einer anderen spiritistischen Sitzung, von der hatte ihr eine Arbeitskameradin mitgeteilt.

Die leitete der Napoleon, den wir schon aus Rosario kannten.

Ich war mit.

Ich war sechs oder sieben.

Napoleon sagte:

– Ich kann Ihnen nicht helfen.

– Ich kann Ihnen nur die Böse Hand vom Kopf lösen.

– Sie müssen in die Casa das Minas gehen.

– Sie tragen einen Vodun der Casa das Minas.

– Bleiben Sie da hinten sitzen. Ich mache es von hier aus. Auf die Ferne.

Der Hals schwoll ab.

Maman ging in die Casa das Minas.

Da saßen Mutter Andreza und eine Alte, Berta, die trug den Vodun Bedigã.

Die sagte:

– Mein Vodun hat mir prophezeit, daß ich vor meinem Tode noch eine kommen sehe, die trägt meinen Herrn Bedigã.

– Da ist sie.

Maman sagte:

– Zomfum.

Sie erzählte ihre Geschichte.

– Kennen Sie einen, der Zomfum heißt, fragte Mutter Andreza die alte Mutter Berta.

– Ich glaube nicht.

Mutter Andreza schickte Maman zu einer Freundin, die hieß Noemi.

Noemi füllte ihr eine Flasche mit einem Badeelixier ab.

Aber Maman zerschlug die Flasche an der Ecke an einem Stein, kurz bevor sie zu Hause ankam.

Wir waren alle ganz unglücklich.

Maman sagte:

— Ich konnte nicht anders.

Maman ging wieder in die Casa das Minas und erzählte alles.

Mutter Andreza sagte:

— Aber vielleicht war das nicht für Sie bestimmt.

Mutter Andreza füllte ihr ein anderes Badeelixier in einen Flacon ab.

Maman badete damit.

Sie fühlte sich besser.

Sie schlief gut.

Als sie den leeren Flacon in die Casa das Minas zurückbrachte, sagte Mutter Andreza:

— Also, wenn Sie irgend etwas brauchen, können Sie jederzeit kommen.

Dann arbeitete Maman bei einem General.

Er wollte ihr ein Grundstück schenken.

Hier in der Gegend, wo heute die Avenida Kennedy ist.

Sie wollte nicht.

Er bot ihr drei verschiedene Grundstücke an.

Es war alles Busch.

Sie wollte kein solches.

Es gab kein elektrisch Licht.

Die Schwierigkeiten mit dem Wasser.

Die Schlangen an den Quellen und Pumpen rissen Tag und Nacht nicht ab.

Hier, wo ich jetzt wohne, war das Leprosarium.

Kam man vorbei, klammerten sich die Leprösen an die Leute.

Sie hungerten und wollten einen anstecken.

Am Strand von Unserer Lieben Fraue gab es Haie.

Keine Piranhas.

Aber Schwertfische.

Und die Tintureira, eine Art Hai.

Das Blut, das vom Schlachthof ins Brackwasser des Flusses sickerte, zog sie an.

— Badet nicht am Strand von Unserer Lieben Fraue.

Aber man hatte gut reden.

Wie viele Jungen verloren ein Bein.

Im Haus wohnte eine Araberin, die hatte ein Mädchen adoptiert.

Es gab immer viel Unruhe mit uns Kindern.

Die Araberin wollte nicht, daß Maman ihr Kind korrigierte, und Maman wollte nicht, daß die Araberin mich korrigierte.

Als meine Mutter einen Monat Ferien bei Verwandten in Bequimá machen sollte, ließ sie mich nicht allein in der Wohnung.

Sie brachte mich zur Mutter Andreza.

So kam ich in die Casa das Minas.

Mutter Andreza sagte:

– Geh da drüben hin und schlaf da.

Mutter Andreza schickte mich ins Zimmer von Kpoli Bodji zum Schlafen.

Ich schlief mit Oma Emilia.

Mit Conçessão.

Und der Tochter von Dona Flora.

Ich fand es gräßlich in der Casa das Minas.

Tagsüber war Mutter Andreza mit uns im Zimmer von Kpoli Bodji zusammen.

Nachts schlief sie im Altarraum, um das Allerheiligste zu bewachen.

Die alten Mütter redeten nicht.

Sie mochten mich gern.

Ich weiß nicht warum.

Mutter Andreza redete in meiner Gegenwart.

Sie wußte, ich war verschwiegen.

Ließ sie mich allein, kamen die anderen Mütter zu mir und fragten:

– Was hat die Alte erzählt?

– Ich weiß es nicht.

Ich sah eine schwarze Wassermutter.

Ich sah viele Wassermütter.

Sie zogen an der Casa das Minas vorbei und schrien:

– Iiiiiii.

Eine dunkle einherrollende Wolke.

Es kam zum Stillstand.

Die schwarzen Haare.

Eine kleine schwarze Frau.

– Iiiiiiii.

Der weiße Zomfum, der uns in Rosario besucht hatte, kam nur noch einmal.

Er drehte sich nicht nach mir um.

Zomfum Bedigã Boinzé.

Er schritt an der Casa das Minas vorüber.

Ich fing an, einen armen alten Mann zu sehen.

Ich wußte nicht, daß es mein Herr war.

Herr Lepon.

Der Vodun.

Ich wußte nicht, daß ich einen Vodun hatte.

Die alten Mütter beobachteten mich.

Man wird lange beobachtet.

Mutter Andreza sagte nicht:

– Dies ist dein Herr.

Sie sagte:

– Geh da drüben hin –

das ist Kpoli Bodjis Zimmer

– und schlaf da.

Wenn Kpoli Bodji kam, spielte er mit mir.

Er war sehr nett zu mir.

Ich lernte ihn kennen.

Ob ich ihn leiden möchte?

Ich verstand nicht, was er meinte.

Als Kind achtete ich nicht auf meine Visionen.

Als Kind hat man das Zweite Gesicht und weiß es nicht.

Ich war immer katholisch.

Ich war immer an allem Katholischen interessiert.

Als ich in der Casa das Minas wohnte, besuchte ich regelmäßig die katholische Kirche.

Zu jeder Stunde des Tages hatte ich Angst.

Sehr.

Ich blieb.

Die Mütter ließen mich nicht mehr gehen.

Ich sagte nichts.

Ich hatte sogar Angst zu reden.
Die Alte fragte.
Ich redete.
Sie sagte nichts dazu.
Maman hatte sehr wenig Geduld.
Maman erklärte gar nichts.
Mutter Andreza sagte sehr wenig.
Mutter Filomena fragte:
– Was machen wir mit ihr?
Mutter Andreza rief mich:
– Du bist so geboren.
– Es wird so bleiben.
Wenn ich meine Träume erzählte, sagten sie nichts dazu.
Sie redeten untereinander.
– Die Kleine ist nervös.
Es wurde etwas besser.
Mittel.
Bäder.
Viele Bäder.
Die Furcht ließ nach.
Erst mit zwölf, dreizehn erfuhr ich, was es war.
Später schickte mich Mutter Andreza in die Schule.
Ich hörte mit sechzehn auf.
Ich arbeitete von 41 bis 44 in einem Privathaushalt.
Um das Gymnasium bezahlen zu können.
Aber ich richtete es damals so ein, daß ich mich verliebte.
Ich heiratete.
Ich kriegte gleich einen Sohn.
Und noch einen zweiten.
Das hat mein Leben zerbrochen.
Abendkurse.
Damals gab es kaum Abendkurse.
Universität war schwierig.
1944 gab es noch keine Universität in São Luiz.
Ich wollte die normale Ausbildung durchlaufen und Lehrerin
werden.

Portugiesisch-Lehrerin.

Ich las den Globo und den Imparcial.

In der Casa das Minas kauften die Alten regelmäßig die Zeitung.

Die, die lesen konnten.

Die nicht lesen konnten, kauften natürlich keine.

Ich arbeitete.

Ich bezahlte von meinem Geld.

Als ich nicht arbeitete, gab mir Maman das Geld.

Das Lokale las ich zuerst.

Musik mochte ich gerne.

Ich ging nicht tanzen.

Nie.

Manchmal, wenn die Casa das Minas eine Karnavalsgruppe losschickte, stülpten sie mir eine Maske über.

Aber wenn wir an der Kirche von São Pantaleão vorbeikamen, hatte ich sie mir schon wieder abgerissen.

Ich ging gerne ins Kino.

Aber ich hatte kaum Zeit dafür.

Nachmittags konnte ich nicht und im Dunkeln ging ich nicht gerne aus.

Die Filme beeindruckten mich nicht sehr.

Ich hielt das mehr für ein Spiel zum Zeitvertreib.

Mutter Andreza hatte nichts gegen das Kino.

Sie ließ uns gehen.

Seit 1944 war ich nicht mehr im Kino.

Mit fünfzehn oder sechzehn fing ich an, in einem Privathaushalt zu arbeiten.

Ich wohnte nicht mehr in der Casa das Minas.

Der kleine Junge der Herrschaft hatte ein schlimmes Fieber.

Er phantasierte.

Er raste im Haus herum.

Nur ich konnte ihn beruhigen.

Ich mußte in seinem Zimmer schlafen.

Wenn er wieder wild wurde, sagte ich:

— Willst du wohl ruhig sein, sonst geh ich weg.

— Nein, ich will still sein.

Der Arzt kam und diagnostizierte Typhus.

Ich fürchtete, ich hätte mich angesteckt.

Aber da ich den Kleinen von Anfang an gepflegt hatte, konnte sich mein Körper langsam an die Krankheitskeime gewöhnen, und ich blieb gesund.

1941 tanzte meine Mutter in der Casa das Minas.

Sie trug den Vodun Zomfum Bedigã Boinzé.

Sie wurde von Zomfum Bedigã Boinzé besessen.

Zomfum Bedigã Boinzé.

Besitzt ein Pferd.

Er schwingt eine Peitsche mit einem silbernen Pferdekopf.

Er ist hochmütig.

Er ist gesetzter als sein Bruder Dossu, deshalb wird er König.

Er ist Rechtsanwalt.

Er schützt die Regierenden.

Der Vater Dadahó vererbt Dossu die Krone.

Aber der gab sie an seinen Bruder Bedigã weiter.

Bedigã ist hochmütig – Dossu leutselig.

Der eine singt das Loblied des anderen.

Dossu wollte sich lieber in den Straßen herumtreiben.

Dossu ging lieber auf Feste.

Am 21. Januar 1942, abends, am Fest des Heiligen Sebastian, Akossis Fest, tanzte ich zum ersten Mal.

Ich hatte nicht damit gerechnet.

Als ich aufwachte, trug ich schon die Kleider der Mina.

Ich fühlte nichts.

Ich wußte nichts.

Mutter Andreza brachte mich in den Altarraum, um mich von den anderen zu trennen.

Es sollte alles Störende ausgeschlossen werden.

Ich schlief ein – auf der Truhe Kpoli Bodjis.

Acht, neun Stunden.

Mutter Andreza lachte:

– Fühlst du dich schlecht?

– Nein.

– Schmerzt etwas?

– Nein, mein Herr.

– Schlaf mit deinen Genossinnen.

Ich sah, daß Kpoli Bodji etwas aus der Truhe holte.

Am Tag darauf kam Mutter Andreza und händigte mir meinen Rosenkranz aus.

Sie nannte mir meinen afrikanischen Namen.

Ihapen.

Der Name ist geheim und ist nicht geheim.

Mein Herr Lepon war der Herr Lepon von Mutter Conceição, die lange tot war.

– Lepon ist der ältere Bruder von Kpoli Bodji.

Mutter Andreza war damals zwischen achtzig und neunzig.

Ich war siebzehn.

Ich sagte:

– Ich bin älter als Sie?

– Ja.

Könige.

Caboclos.

Indianerkönige.

Verarmt.

Buschkönige.

Aus einem andern Land.

Lehm mit Ästen.

Akossi Zapata – drei.

Mal fleckig – mal rein.

Akossi ist Wissenschaftler.

Niemand will sich da hineinbegeben.

Akossi hat einen Vertrag gemacht.

Er muß zeigen, wie ein Mensch von der Krankheit zerstört wird.

Akossi will die Zerstörung des Körpers.

Akossi wartete auf den Riß.

Dann wird die Frau krank.

Akossi hat keine Beine.

Seine Finger sind halb abgefressen.

Deshalb konnte er nicht König werden.

Azõnzu wurde König an seiner Stelle.

Azõnzu nennen sie den Heiligen Sebastian.

Mein Herr Lepon hilft seinem Vater Akossi.

Mein Herr Lepon hat keine Mutter.

Der Bruder Bossukó verwandelt sich in eine Schlange und versteckt sich hinter dem Termitenhügel.

Bossa, die Schwester, sucht ihn.

Mein Herr Lepon ist arm und ganz schwarz.

Aber mein Herr Lepon raucht.

Ich rauche nicht.

Mein Herr Lepon liest nichts.

Sie nennen es Sklaverei.

Die Vodun der Casa das Minas sind mir lieb.

Zuviel Freiheit verwirrt.

Ich will, daß der Vodun kommt.

Ich nähe meinem Herrn Lepon schöne Kleider.

Man hat Furcht vor der Trance.

Ab zwei Uhr nachmittags essen die Medien nichts mehr.

Die Person fühlt die Annäherung des Vodun.

Man muß sich beherrschen.

Wenn der Vodun kommt, müssen die Brillen abgelegt werden.

Man sieht ihn in einem Lichtbündel vor sich.

Manche klammern sich an die Schwestern.

– Mir ist so schlecht.

Kopfschmerzen.

Alles tut weh.

Schock.

Herzanfall.

Was wird geschehen?

Was werde ich tun?

Man denkt, man stirbt.

Manche finden sich nie damit ab.

Die machen einem viel Arbeit.

Wenn man es aufhalten könnte, wegmachen – ich würde es tun.

Die Trance ist angeboren.

Wenn der Vodun gegangen ist, fühlt man sich noch stundenlang benommen.

Schlafen.

Praktisch ist das Medium eine Irre.

Die Religion ist nicht Teil der medizinischen Wissenschaft.

Die Mütter des Hauses sollten Seherinnen sein.

Die Sehergabe ist eine Gefahr.

Wenn eine Mutter kein Zweites Gesicht hat, kann sie sich in der Bestimmung des Vodun irren.

Sie erkennt nicht, um wen es sich handelt.

Man zündet eine Kerze an und konzentriert sich.

Es geht wie ein Schock durch den Köprer – es ist ein andrer Schock als bei der Trance –, und man sieht, was man sehen möchte.

Diese Gabe muß entwickelt werden durch die Mütter.

Mutter Andreza und Mutter Filomena halfen mir dabei.

Man hat selbst keine Erfahrung und kann die Geschichte nicht deuten.

Alle alten Mütter stellten Kerzen auf.

Manchmal kommt ein Unbekannter und erteilt die Antwort.

Man hat die Frage über Tage hin vergessen.

Der Schock tritt ein.

Man sieht die Antwort vor sich.

Man kann von der Sehergabe nicht befreit werden.

Man kann das Zweite Gesicht nicht beenden.

Es ist ein Geschenk der Natur.

Man kann die Sehergabe nur stören.

Niemandem gefällt das Gesicht.

Ich habe niemanden getroffen, dem es gefiele.

Eine Seherin sieht viel und sagt wenig.

Man sieht schöne Sachen.

Und viele furchtbare.

Ein gestörter Seher wird verrückt.

Er rennt.

Er schreit.

Er kommt in die Irrenanstalt.

Vorahnungen sind keine Gesichte.

Es gibt Zeiten im Jahr, da hält es inne.
Es gibt Zeiten, da sieht man viel.
Wachträume sind schlimmer als die Träume nachts.

Kurz bevor ich heiratete, fing ich in der Fabrik an.
Februar 44.
Mit neunzehn.
Sackleinen.
Sackleinen wurde gewebt.
Ich arbeitete da von Februar bis November, genau bis zum zehnten Oktober.
Es gibt Tage, da erinnere ich nichts.
Manchmal geht es besser.
Am 1. Dezember heiratete ich.
Die Arbeit begann um sieben Uhr morgens.
Es ging bis elf Uhr dreißig und dann von ein Uhr dreißig bis fünf Uhr dreißig.
Maschinen kontrollieren.
Fäden anknüpfen.
Anhalten, wenn was falsch lief.
Im Stehen.
Es war schwer.
Es machte mir Spaß.
Es mußte mir Spaß machen.
Es war die beste Arbeit, die es für Frauen in São Luiz gab.
Als Hausangestellte verdiente man 40 000 Reis im Monat.
In der Fabrik 10 400 Reis am Tag. Für 1000 Reis kriegte man zweieinhalb Kilo Reis.
5000 Reis war ein Kilo Fleisch damals.
Morgens ehe ich zur Arbeit ging – Café und Brot.
Milch war sehr schwierig.
Teuer.
Zucker.
Und Früchte.
Das war einfach – Früchte waren billig.
Bananen, Papayas, Orangen.

Wassermelonen nur in der Saison.

Damals verkaufte man sie nicht kiloweise, wie heute, sondern stückweise.

Um vier stand ich morgens auf.

Um halb sieben ging ich los.

Um sieben kam der letzte Schub rein.

Damals gab es noch keine Stechuhren.

In meiner Abteilung allein gab es vierhundert Maschinen.

An jeder Maschine zwei oder drei Arbeiterinnen.

Zum Weben.

Nur Frauen.

Männer waren nur als Mechaniker tätig.

Es war furchtbar laut in der Fabrik.

Zu Anfang machte mich das nervös.

Dann gewöhnt man sich daran.

Wenn wir brüllten, konnten wir uns verständigen.

Wenn wir in das Ohr des anderen schrien.

Ich machte erst eine Art Lehrzeit durch.

Ich lernte das Einfädeln.

Fehler korrigieren.

Die Maschine einstellen.

Wenn man es noch nicht kann, ist es ein bißchen anstrengend.

Ich arbeitete von Montag bis Sonnabend.

Sonnabends nur bis Mittag.

Der schwarze Stoff war fürchterlich.

Der wurde aus Resten gewebt.

Der Staub.

Wir waren alle von einem weißen Staub bedeckt.

Ich mußte die Schiffchen füllen und die Trommeln anhalten, Knoten rausschneiden und Fehler entwirren.

Es gab drei Rollen.

Mit einer Hand stieß ich die eine Rolle nach vorn.

Dafür mußte ich mit der Linken die Gegengewichte anheben.

Mit dem rechten Fuß zwei weitere Gegengewichte.

Der linke Fuß machte nichts.

Wenn die Maschinen auseinanderflogen, verletzten die Eisenstücke die Arbeiter.

Solche Unfälle gab es fast täglich, denn die Maschinen waren sehr alt.

Die Arbeiter kriegten die Hände zwischen die Zylinder.

Sie verloren die halbe Hand, zwei Finger, drei Finger.

Einem Mann hier aus der Nähe war die Hand eingeklemmt worden.

Es war schwierig, sie wieder freizubekommen.

Auf dem Sanitätsposten verlor er viel Blut.

Als er endlich operiert wurde, war es zu spät.

Es hatte zuviel Blut verloren und starb.

Andere waren glücklicher – sie verloren nur den Arm, die Hand.

Es gab eine Versicherung.

Es wurde alles bezahlt.

Die INPS hieß damals IAPI.

Ein paar Jahre später vereinigten sie sich zur INPS.

Nach dreißig Arbeitsjahren kriegte man eine Rente.

Viele starben vorher.

Sonntags aßen wir Huhn.

Meistens Huhn, weil es billiger als Fleisch war.

In der Woche aßen wir mehr Fisch und Bohnen.

Festessen?

Ein gebratenes Huhn.

Eine Torte mit Zuckerguß und ein Männchen drauf.

Mehl – Farofa.

Wein.

Brause.

Ich trinke Wein.

Aber ich mag es nicht besonders gerne.

Mein Hochzeitsessen.

Ich weiß es nicht einmal mehr.

Es gab kein Essen.

Nur Bonbons.

Süßigkeiten.

Kuchen und Brause.

Erfrischungsgetränke.

Ich heiratete.

Ich fragte das Haus nicht um Erlaubnis.

Ich fragte nicht die Vodun.

Noch Mutter Andreza.

Ich wollte mich befreien.

Nicht einmal Mutter Andreza wußte es.

Es war eine Revolte.

Mein Herr Lepon sagte den Alten:

– Dieser junge Mann war von mir nicht vorgesehen.

– Sie wird schon sehen.

– Ihre Heirat ist irrig.

– Dieser junge Mann wird kein anständiges Leben führen.

– Sie hätte fragen sollen.

Später verstand ich, was er sagen wollte.

Mein Mann war streitsüchtig.

Er hatte keinen rechten Glauben.

Er verbot mir nicht meine Religion.

Ich durfte sogar einige Tage ununterbrochen in der Casa das Minas bleiben.

– Ist heute gar nichts in der Casa das Minas?

– Doch.

– Gehst du nicht hin?

– Ich will zu Hause bleiben.

– Das tust du, weil du willst.

Er war sehr arbeitsam.

Er besserte sich, als er krank wurde.

Ich lebte getrennt von ihm.

Ich konnte ihn nicht mehr ertragen.

Mein Herr Lepon sagte:

– Sie will nicht hören?

– Sie weiß schon.

– Ich habe nichts mit dieser Ehe zu tun.

Mein Mann verließ mich.

Er hatte einen Herzfehler.

Er hörte nicht auf zu arbeiten.

Er starb mit zweiunddreißig im Haus seiner Mutter.

Der Älteste, Ribamar, war zehn Jahre alt.

Mein Mann hat als Kind hart arbeiten müssen.

Dann wurde er Mechaniker.

Zuletzt fuhr er Lastwagen.

45 habe ich nicht gearbeitet.

Ich war sofort schwanger.

Ich kriegte den Kleinen im Juli.

Ribamar.

Ich hatte soviel Milch.

Ich stillte über ein Jahr.

Fast zwei Jahre.

1945 lernte ich zum ersten Mal eine Krankheit kennen.

Ich fing an in spiritistische Sitzungen zu gehen.

Ich schloß keinen Pakt mit den Geistern der Toten.

Sie sagen, die Toten tun gut.

Ich sah nur Schlimmes.

Ich fand nichts dabei.

Ich wußte, sie konnten mir nichts antun.

Mutter Andreza sagte:

– Es ist unvernünftig.

– Die Vodun schätzen es nicht.

Eines Tages sah ich eine verkrüppelte Alte.

Sie war tot.

Sie saß neben mir.

Ich ging nie wieder hin.

Ich vergaß meinen afrikanischen Namen.

Es war die Krankheit.

Die Sorgen.

Ein Mädchen auf der Straße mußte mir meinen afrikanischen Namen in Erinnerung bringen.

46 fing ich in der FABRIL an.

Maschinenweberei auch.

Kleiderstoffe.

Dieselbe harte Arbeit.

Neunzehn Jahre lang.

In der Fabril-Fabrik arbeiteten wir den Sonnabend ganz.

46 kriegte ich den zweiten Jungen.

Ich nahm drei Monate Urlaub.

Im Dezember.

Am 30. Dezember.

Velber.

Mutter Andreza wollte, daß ich mit den Kindern in die Casa das Minas zurückkehrte.

— Wir rücken zusammen.

— Die Kinder schlafen in der Hängematte, und wir Erwachsenen schlafen auf dem Boden.

— Die Kinder gehören in die Hängematte.

Ich ging nicht.

Manchmal kam ich mittags nach Hause, um den Kleinen etwas zu essen zu machen.

Manchmal mußte mehr produziert werden, und ich konnte erst abends nach Hause.

Damals aß man viel Leber.

Das ging schnell.

Damals war Leber sehr billig.

Heute nicht.

Wenn ich kein Geld hatte, kaufte ich Bohnen und tat etwas Dörrfleisch hinein.

Heute kann sich niemand mehr erlauben, Bohnen zu essen.

Maniokmehl.

Reis.

Maman lebte in ihrem Haus.

Sie kümmerte sich um die Kinder.

Und abends holte ich sie bei ihr ab.

Abends aßen wir leichter.

Fisch.

Leber.

Mittags eher schwer:

Bohnen mit gekochtem Fleisch.

Der Markt war ganz nahe.

Wenn es keine Leber gab, kaufte ich frischen Fisch am Fischmarkt.

Ich mag keinen kalten Reis.

Ich bereitete alles vor, daß der Reis nur noch aufs Feuer gesetzt werden mußte.

Das gleiche mit dem Fleisch.

Ich salzte es und würzte es, ehe ich morgens aus der Tür ging.
Als die Jungen schon größer waren, machten sie sich selbst den Reis.
Ich sagte zu Ribamar:
– Du kochst den Reis und gibst deinem Bruder die Hälfte ab.
Dann wäschst du ab und stellst das Geschirr wieder an seinen Platz.
Holzkohlenfeuer.
Wir hatten einen kleinen Holzkohlenherd aus Eisen.
Jetzt verkaufen sie so komisches Öl.
Sie sagen, es sei Soja.
Ich kaufe es, aber ich mag es nicht.
Ich bin mit Olivenöl groß geworden.
Jedes Viertel hatte seinen Lautsprecher.
In der Fabrik gab es keine.
Wir hätten nichts hören können, wegen des Lärms der Maschinen.
Manchmal mochte ich die Musik ganz gerne.
Sonntags war es gut.
An den Wochentagen wollten sich die Leute ausruhen, und dann fing der Lautsprecher an.
Das war grauenvoll.
Von sieben bis neun, manchmal von elf bis zwölf und von vier Uhr nachmittags bis zehn Uhr abends.
1950 fing das an mit den Lautsprechern.
Um acht kamen die Kinder ins Bett.
Ich hatte keine fixe Stunde, um ins Bett zu gehen.
Wenn ich erst um neun aus der Fabrik kam, schlief ich spät ein.
Manchmal erst um elf.
Ich stellte die Bohnen noch aufs Feuer und manchmal schlief ich darüber ein, und das Feuer ging von selbst aus.
Nachts las ich viel.
Ich las gern die Romanhefte.
Und die Bibel.
Wenn ich etwas wissen wollte, las ich in der Bibel.
Die Bibel unterrichtet einen am besten über die Probleme des Menschen.

Ich ging sonntags nicht aus.
Hausarbeit.
Kochen. Waschen, Wäscheaufhängen. Bügeln.

Mutter Andreza war alt und krank.
Es war ein Akt der Barmherzigkeit.
Jede gab etwas.
Sie selbst war barmherzig gewesen.
Sie hatte nie Geld verlangt.
Die letzten fünf Jahre ihres Lebens war sie gelähmt.
Der Arzt hatte gesagt, sie müßte das Pfeiferauchen aufgeben.
Das wollte sie nicht.
Erst saß sie noch auf der Veranda.
Dann mußte sie liegen.
Aber sie verfolgte alles.
Sie wußte alles.
Sie schenkte viele Sachen weg.
Sie wollte allen angenehm sein.
Nach 1950 tanzte sie nur noch zweimal.
Sie wußte, daß sie sterben müßte.
Einige Tage vor ihrem Tod hörte sie zu sprechen auf.
Zuletzt ließ sie Mutter Leocadia rufen.
Als Mutter Leocadia eintraf, konnte sie schon nicht mehr verstehen, was Mutter Andreza ihr sagen wollte.
Sie starb am Mittwoch, dem 14. April.
Gründonnerstag 1954 wurde sie beerdigt.

Nach dem Tod von Mutter Andreza ließ Mutter Manoca die Zweige des Caja-Baumes kappen, weil die Blätter auf das Dach des Tempels fielen.
Der Chef der Trommler, Manoel, weigerte sich, es zu tun.
Ich lebte damals nicht im Hause.
Ich fühlte, Mutter Manoca würde verschwinden.
Mutter Manoca verschwand.
Den Baum schnitt der Mann von Dona Cortinha.
Er warf die Zweige nach unten und sah dort, wo sie auftrafen, lauter kleine Jungen weglaufen.

Er stieg vom Dach und erzählte Mutter Leocadia, was er gesehen hatte.

Mutter Leocadia legte den Finger auf den Mund.

Er sollte schweigen.

Er wurde krank.

In acht Tagen war er tot.

Manoca war sehr vertrauenswürdig.

Manoca..

Maman..

Mutter Filomena..

Kpoli Bodji..

– Das soll mein Herr Kpoli Bodji sein?

Es war klar..

Ich meine..

Es hat mit der Krankheit von Maman zu tun..

Sie war krank.

Ich wollte nicht, daß sie in der Casa das Minas arbeitete.

Ich holte..

Ich meine..

Das war ganz einfach die Geschichte.

Zehn Jahre blieb ich weg.

Ich ging nur zu den Tränentrommeln.

Denn die Toten..

Ich hatte viel Schaden davon.

Die Gesichte häuften sich.

Zwei Männer nachts, in blauen Mänteln, wie Hafenwächter.

Ein Mann kämpfte mit einem Hammel.

Ein riesiger Schwarzer.

Zwei Meter groß.

Ein Gerippe steigt über mich hinweg.

Das Schiff das Königs São Sebastião.

Tiere.

Ich sah an den Grund der Gräber.

Unten die Toten drin.

Tiere wollten mich unter Wasser ziehen.

Mein Sohn Ribamar sah, was ich sah.

Der andre sah nichts.

Ich endete nicht in der Irrenanstalt, weil meine Mutter Andreza eine gute Mutter gewesen war.
Sie hatte mir alles vermacht, was ich tun sollte, wenn ich etwas spürte, jenseits des Normalen.

67 wurde ich zum ersten Mal operiert.
Ich arbeitete immer noch in der Fabril.
Ich blieb vier Tage im Krankenhaus.
Unterleib.
Am zweiten Tag ging es mir sehr schlecht.
Eine Sonde war verstopft.
Es war die Schuld der Krankenschwester.
Der Arzt war schon nach Hause gegangen.
Als er am nächsten Morgen kam, lag ich schon fast ohne Atem.
Er zog die Sonde raus, und das Blut pißte raus.
Das Blut und die Blutpfropfen füllten eine ganze Wanne.
Am dritten Tag mußte ich aufstehen, und am vierten wurde ich nach Hause geschickt.
Sie hatten nicht genug Platz.
Zuhause lag ich noch drei Monate und stöhnte.
Ich kriegte soviele Medikamente, daß ich anämisch wurde.
Meine Arme und Beine waren voller Knoten von den vielen Spritzen.

Als ich eingeschläfert worden war, sah ich einen bekannten Arzt, der mir die Hand auf den Kopf legte.
Ich sah eine blonde Frau.
Stehend.
Mit Bändern ums Gesicht.
Es waren keine Bänder, sondern bunte Stearinstreifen, die ihr am Gesicht festgetrocknet waren.
Nach der Operation erschien die blonde Frau wieder und sagte:
– Drücken Sie da.
– Drücken Sie.

– Immer drücken.

Maman schlief neben mir.

Sie schrie auf.

Der Arzt kam und sagte:

– Um Gottes willen, drücken Sie doch nicht. Das zerreißt alles und Sie sterben.

Eine Nachbarin erklärte mir, was geschehen war.

– Die blonde Frau ist geschickt worden, um Sie zu töten.

– Aber ein Seher kam ihr zuvor und legte Ihnen die Hand auf den Kopf, um Sie zu schützen.

– Stimmt es nicht?

– Die blonde Frau versuchte, den Auftrag durchzuführen, für den sie gedungen war.

Nach meiner ersten Operation sah ich einen großen schwarzen Hund, der sich auf mich legte und mir vor den Kopf stieß, bis ich vor Kopfschmerzen fast umkam.

Als ich in die Fabrik zurückkam, fragte er mich:

– Sie sind gesund?

Ich antwortete:

– Mir geht es noch ziemlich schlecht.

Er sagte:

– Hier ist kein Krankenhaus.

Daraufhin habe ich die Arbeit eingestellt.

Er hat sich mit mir geeinigt.

Er hat meine Abfindung in zwei geteilt.

Die eine Hälfte hat er mir gegeben, und er behielt die andre.

Der Geschäftsführer.

Was kann man machen?

Man hat kein Geld, um einen Anwalt zu bezahlen.

Ich fing an, hier vor dem Haus Früchte zu verkaufen.

Es ging gut genug.

Ich will meinen Glauben nicht ändern.

Wenn ich etwas wissen will, zünde ich eine Kerze im Allerheiligsten an und frage meinen Herrn Lepon um Rat.

Der antwortet mir.

Im Traum.

Oder er steigt herab.

Vor meiner zweiten Operation wollte ich wissen, ob ich sterben müßte.

Ich zündete eine Kerze an.

Ich träumte:

Zwei Frauen gingen auf einer Landstraße.

– Wohin geht's?

– Ins Krankenhaus.

– Du wirst nicht sterben.

– Du wirst operiert.

Ich wollte wissen, was ich mit meiner Abfindung anfangen sollte.

Ich zündete eine Kerze für meinen Herrn Lepon an.

Wenige Tage später wurde das Grundstück am Anil angeboten.

Das kaufte ich.

Das Haus hier war voller Löcher.

Das Regenwasser spülte hindurch.

Ich zündete eine Kerze an.

Ein paar Tage später kommt eine Nachbarin und fragt, ob ich es nicht an eine Bekannte vermieten möchte.

– So wie es ist, mit Löchern und voller Wasser?

Die Bekannte lieh mir Geld, um es herzurichten.

Lepon sagte:

– Es wird nicht verkauft.

– Es wird vermietet.

Bei großer Bedrängnis singe ich den Psalm 92.

Meine Mutter Filomena.

Meine geistliche Mutter war Mutter Andreza.

Als Mutter Andreza starb, wurde Mutter Filomena meine geistliche Mutter.

Mutter Filomena kam aus diesem Tempel in Codó.

Sie konnte Kambinda singen und tanzen.

Alles an ihr war anders, besonders.

Sie war winzig klein und elend.

Aber wenn sie ihren Herrn Kpoli Bodji trug und tanzte, war sie eine der graziösesten.

Manchmal fiel sie.

Wenn sie fiel, sagte ihr Herr Kpoli Bodji:

– Ich bin nicht gefallen. Eine alte Negerin ist gefallen.

Als sie starb, war sie fast hundert Jahre alt.

Sie tanzte jung.

Sie betrat das Schiff der Prinzessinnen mit 42 Jahren.

Sie glaubte an die Reinkarnation.

Sie ging nicht zu spiritistischen Sitzungen.

Mutter Filomena heiratete und zog in das Viertel der Prostituierten.

Mutter Andreza warnte sie:

– Wir, aus der Familie Akossi, dürfen das nicht.

– Dort schwirren viele Mikroben herum: Tuberkulose, Lepra, Lues.

Mutter Filomena sagte:

– Wenn ich mir eine Bürde aufsacke, weiß ich mich zu heilen.

Sie lebte mit ihrem Mann und den Kindern im Stundenhotel Zu den Drei Sternen und bediente in einem Restaurant.

Sie kehrte in die Casa das Minas zurück, von oben bis unten mit Schwären bedeckt.

Mutter Andreza sah sie an und sagte:

– Was ist das?

– Nun heil dich.

Mutter Filomena nahm ein Abführmittel und badete viel.

Sie nahm Lueti.

Ich träumte.

Ich sah zwei kleine Jungen am Meer, die auf Bambusstöcke trommelten, mit kleinen Stöcken.

Sie hoben die Schlegel hoch, und die Welle spülte über die Trommeln hin.

Ich meinte, es würde Zandro getrommelt, der Beginn des Festes.

Ich ging zu meiner Mutter Filomena:

– Mena, ich habe geträumt.

Ich erzählte ihr alles.

Wenn ich gewußt hätte, wäre ich stille gewesen.

Mutter Filomena sagte:

– Ich werde sterben.

– Die kleinen Jungen haben die Tränentrommel für mich gerührt.

Sie weinte den ganzen Tag.

Sie weinte nicht nur diesen Tag.

In zwei Jahren war sie tot.

Mena sagte:

– Ihr könnt für mich trommeln, wenn ich tot bin; ihr könnt es auch bleiben lassen. Die Vodun haben schon für mich die Tränentrommeln gerührt.

Wir haben getrommelt.

71 kriegte ich starke Blutungen, die nicht mehr zu stillen waren.

Ich magerte ab.

Eine Nachbarin empfahl mir einen Tee:

Das Kraut von São Benedito.

– Sie trinken einmal.

– Und wenn es nicht aufhört, trinken Sie noch einmal.

– Dann hört es auf.

– Dann trinken Sie nicht noch einmal.

Es hörte auf.

1975 wurde ich zum zweiten Mal operiert.

An einem Fibrom.

Seither Nierenbeschwerden.

Amancia wurde nicht von Mutter Andreza am meisten geliebt.

Amancia platzte vor Wut, wenn sie mit mir reden mußte.

Amancia war Quartalssäuferin.

Sie fing mit zehn Jahren an zu trinken.

Mutter Anastasia lebte mit Mutter Andreza in der Casa das Minas.

Anastasia schenkte Andreza die kleine Ziehtochter Amancia.

Amancia, solange sie klein war, lebte abwechselnd in der Casa das Minas bei Mutter Andreza und im Türkentempel bei Mutter Anastasia.

Amancia tanzte in der Casa das Minas.

Sie trug Bossa.

Mutter Andreza verbot Amancia, weiter den Türkentempel zu besuchen.

Amancia hat dreißig Jahre in São Paulo gelebt.

Amancia sagte:

– Die Casa das Minas geht zugrunde.

Amancia holte Benedito mit seiner Mechanikerwerkstatt in die Casa das Minas zurück.

Ich sagte zu Benedito:

– Nimm das Eisen vom Grundstück meines Herrn.

Er machte sauber.

Dann packte er alles wieder hin.

So ging es immer abwechselnd.

Amancia verwechselte den Rosenkranz von Mutter Andreza mit dem Rosenkranz von Agongone.

Amancia versuchte, sich das Haus anzueignen.

Sie kommandierte herum, nach dem Tod von Mutter Leocadia.

Amancia befahl das eine – Mutter Filomena befahl das andere.

Ich gehorchte Amancia nicht.

Amancia wollte die Vodun kommandieren und wurde deshalb getadelt.

Amancia bereitete ihren Körper nicht auf den Empfang des Vodun vor.

Amancia wühlte schon in den Sachen von Mutter Filomena herum, ehe Mena noch tot war.

Amancia wollte bei Daku wohnen.

Amancia erbrach die Tür, weil sie dort wohnen wollte.

Nach der Totenmesse für Mutter Filomena erbrach Amancia Kpoli Bodjis Truhe.

Sie wollte die Perlenumhänge der Prinzessinnen mit dem Küchenmesser zerschneiden.

Amancia gab vor, das Armband der Herrin wäre gestohlen worden.

Amancia verkaufte die Statue des Heiligen Franziskus.

Sie stammte vielleicht noch von der Gründerin.

Amanica stiftete einen Perlenumhang der Tobossi dem Museum.

Amancia gab die Trommel von Akossinakaba ins Museum.

Ein schwarzer Polizeiwagen holte die Trommel ab.

Amancia ließ Dr. Maneco ins Allerheiligste.

Neugier war seine Unreinlichkeit.

Dr. Maneco und sein Leben als Libertin.

Amanica hatte sich mit ihrer Göttin Bossa überworfen.

Das hatte seinen Grund auch im falschen Rumako.

Ich wollte das Fest richtig begehen.

Amancia wußte, wie es richtig begangen wurde.

Aber sie machte es falsch.

Sie wollte es falsch begehen.

So nützte es keinem anderen – nur ihr allein.

Ihr Vodun, Bossa, kam und sagte:

– Ich bin dieser Frau müde.

– Fast wäre ich nicht gekommen.

Ich sagte:

– Wie?

– Genau, was Sie verstanden haben.

Ich sah hinter Amancia eine Alte ins Zimmer treten.

Einige Tage später träumte ich von dieser Alten.

Die Alte rief alle die verstorbenen Vodunci auf:

– Amancia wird nicht in meiner Wohnung bleiben.

Später erkannte ich sie auf einem Foto – die Alte war die tote Mutter Hosana.

Zuleide?

Rannte manchmal tagelang rasend herum.

Sie behauptet, Amancia habe ihr den Auftrag erteilt, in Rio ein Haus der Mina zu eröffnen.

Dr. Maneco hat einen Film in Zuleides Haus gedreht.

Sie wrang die Opfertiere aus, als wären es Handtücher.

Das Huhn war doch schon längst tot.

Wir waren alle entsetzt, als wir es im Fernsehen sahen.

Neulich hat Zuleide angerufen und gesagt:

– Mein Herr Kpoli Bodji ist gerade bei mir. Willst du mit ihm sprechen?

Aber mein Herr Kpoli Bodji sagte nichts weiter als:

– Hallo.

Zuleide hat Angst, in der Casa das Minas zu erscheinen.

Aber sie muß es auf sich nehmen.

Sonst wird alles nur noch schlimmer.

Sie hat ein heiliges Cajabäumchen in einen Blumentopf gepflanzt.

Mein Herr Kpoli Bodji stieg in Rio herunter und sagte:

– Hier taugt nichts.

Zuleide kann nicht singen.

Sie läßt eine Kassette zu den Zeremonien laufen.

Ich zündete eine Kerze für Amancia an und sah hin und sah, daß die Antwort nicht gut war.

Ich sah Amancia im Sarg liegen.

Bossa kam.

Amancia trug Bossa.

Amancia wurde von Bossa besessen.

Ihrer Herrin Bossa.

Bossa sagte:

– Heute komme ich zum letzten Mal in dieser Frau.

– Ich habe dazu beigetragen.

Als Amancia wieder zu sich kam, fragte sie:

– Was hat sie gesagt?

Die anderen Mütter erzählten kleine Lügen.

– Ihr sagt nicht die Wahrheit.

Amancia starb wohl an Krebs.

Amancia hatte die Toilette hinter der Küche von Dona Amelia einreißen lassen.

Ich hatte einen Hinweis bekommen.

Ich hasse es.

Ich habe einen Horror davor.
Sie sagen nie den Namen der Person.
Ich sah Menas Tod.
Ich sah Amancias Tod.
Ich sah Mariazinhas.
Und jetzt Luiz.
Am 2. November zünde ich Kerzen an für die Toten.
Viele Kerzen.
Für Mutter Andreza.
Für Amancia.
Für Mena.
Die Vodun kommen an erster Stelle.
Dann erst können wir die Toten beweinen.

Seit vier Jahren habe ich Fernsehen.
Ich sehe viel fern.
Mittags – Globo Reporter.
Das Journal am Nachmittag.
Das Journal heute.
Und Filme.
Vom Grund des Meeres.
Serien:
»Die Jungen Leute«.
»Die Einwanderer«.
Ich lese das Kleine Journal.
Manchmal braucht man die Zeitung gar nicht mehr.
Im Fernsehen kommt sowieso alles.
Aber man muß die Zeitung lesen, um zu wissen, was in der Stadt
los ist.

Ich habe keine besonderen Vorlieben.
Manchmal schenkt man mir Kleider, und ich nehme sie an.
Ich mag kein Dunkelblau und kein Rot, denn ich finde, das sind
Farben, die nicht gut zur dunklen Haut stehen.
Ich liebe sanfte Gerüche.
Mein Sohn Ribamar kauft manchmal Parfüms und er ver-
braucht sie dann ganz allein.

Aber das sind sehr aktive Gerüche.
Meistens kaufte ich Cachiman Bouquet.

Ein hoher Grad von Beherrschung.
Die Person ist Teil des Vodun.
Gott ist nicht Teil der Person.
Ich kann mich ihnen nicht vergleichen.
Die Vodun wissen viel mehr.
Ich habe keinerlei Autorität.
Ich bin nichts wert ohne die Vodun.
Ich kenne nichts.
Ich verstehe nichts.
Mir gehört nichts.
Die Lieder sind ihre Lieder – meine nicht.
Ich mache nichts nach meinem Sinn.
Neugier galt den alten Müttern schon als unrein.
Wut beschmutzt.
Schwarz.
Nein.
Trauer.
Negativ.
Wer schwarz getragen hat, muß sich reinigen.
Wer schwarz trägt, wird des Hauses verwiesen.
Schwarz ist das Emblem des Todes.
Unser Körper ist unrein.
Die Geburt ist Schmutz.
Unrein – alles was ansteckt.
Der Tote ist unrein.
Verfaulend.
Ein Ablageplatz von Bazillen.
Blut ist unrein.
Das Blut der Geburt ist unrein.
Das Blut der Regel ist unrein.
Das Geschlecht ist unrein.
Ich glaube, die Frau ist unreiner als der Mann.
Das Wasser des Meeres ist unrein.

Man kann ihm keine Opfergerichte anvertrauen.
Das Meer birgt Bazillen.
In der Flut sind die Ertrunkenen.
Die Trommeln am Strand rufen sie herbei.
Vielleicht übernehmen ja eines Tages die Götter des Salzwassers
das Haus.

Wer keinen Stein aus Afrika hat, kann kein Haus der Mina
gründen.
Jetzt kriegt man keine Steine aus Afrika mehr – oder keine gu-
ten.
Nicht jeder dient.
Kein toter.
Für ein Haus der Minha muß es ein lebendiger Stein sein.
Vom Grunde des Meeres.
Rein.
Nicht infiziert.
Nicht tot.
Kein Arm, kein Bein.
Ein kompletter Stein.
Man muß den Herrn des Steins kennen.
Er darf nicht von Hand zu Hand gehen.
Die Steine kommen aus dem Abgrund, wo sie rein sind, leben
und wachsen.
Nur sehr wenige Menschen können einen lebenden Stein hand-
haben.
Er wird in der Casa das Minas an einem Ort aufgehoben, wo er
nicht beschmutzt werden kann.
Die Steine wurden von den Gründerinnen aus Afrika herüber-
geschmuggelt.
Der Stein ist wie ein Magnet.
Er zieht den Gott an.
Ein Stein wird geboren.

Es gibt den Baum und die Erde.
Der Rest wird zerstört.
Es gibt den Wind.

Sie sind Erde.
Sie sind Staub.

Die Heiligen leben in der Sonne.
Die Sonne ist das ewige Feuer.
Die Vodun leben auf den Planeten.

Die Wörter der Lieder allein können Sturm erzeugen.
Singen Sie den Gesang Rhuessá nicht auf der Straße.
Man bittet um Blut.
Menschen kommen um.
Wir tauschen unser Blut gegen jenes.
Kein Messer kam da herein.
Das Gute wird schlecht, wenn es gegen die Religion ist.
Das Schlechte ist immer das Schlechte.
In der Religion und draußen vor.

Ich glaube nicht an den Kessel.
Ich glaube nicht an den Teufel mit Hörnern und Zottel-
schwanz.
Das Gericht wird Jesus Christus' sein.
Die Geschichte der Religion ist der Gott nicht die Person.
Das Gericht gilt nicht der Religion.
Das Gericht gilt der Person.
Ihre Arbeiten werden sich gegen sie selbst richten.
Tausende von verdammten Katholiken.
Tausende von verdammten Protestanten.
Tausende verdammte Mina.
Die Vodun werden gerichtet werden.
Es gibt einen Planeten der Verzweiflung.
Dorthin gehen die Männer, die den Pakt gebrochen haben und
in Frauenkleidern herumlaufen.
Dort ist mehr Leid als es gibt.
Das Volk glaubt, wenn sie viel beten, kommen sie in den Him-
mel.
Aber sie können viel beten und sie kommen doch nicht in den
Himmel.

Wenn Sie ein Heilger Geist sind, kommen Sie in den Himmel.
Wenn nicht nicht.

Das ist ein Wurmmittel.
Frau Doktor sagt, ich hätte alle.
Das ist gegen Wechseljahrsbeschwerden.
Das ist noch gegen die Nierenentzündung.
Es geht schon besser mit der Niere.
Der Kreislauf ist ausgeglichener.
Aber hier.
Es zieht so über das Schlüsselbein hin und strahlt in den Hals
aus.

Meine Träume sind sehr gemischt.
Ich träume Dinge, die ich mir selbst nicht erklären kann.
Dinge, die ich nie gesehen habe.
Das sind furchtbare Träume.
Ich sehe die Personen natürlich.
Ich sehe sie in allen Farben.

Der Geist kann den Körper nicht verlassen.
Nur im Schlaf.
Und im Tod.
Im Schlaf bleibt er noch angebunden.
Im Tod reißt er sich vom Körper los.
Die Toten sprechen, wenn man schläft.
Jeder Traum hat eine Bedeutung.
Manchmal das Entgegengesetzte.

Es ist, als sollte ich schlafen.
Sterben.
Von der Trance erinnere ich nichts.
Nur was mein Herr Lepon will, das erinnere ich.
Die Gläubigen kommen und wenden sich mit ihren Problemen
an meinen Herrn Lepon.
Die Vodun wollen nicht, daß ein andrer Mensch die Probleme
der Menschen kenne.

Es ist wie im Schlaf.
Als habe ich geträumt.
Was ich erinnern soll, ist wie ein Traum.
Manchmal schläft man ohne Träume.
Manchmal träumt man.
– Ich bin der Herr Lepon.
– Ich bin überall da, wo es einfach ist.
– Unsere Frauen bemühen sich zu spät, etwas zu wissen. So wie sie jetzt sind, werden die Prinzessinnen nicht mehr herabsteigen.
– Die kleinen Mädchen sind unsere Kinder.
– Man läßt kleine Mädchen nicht in der Hand von verantwortungslosen Frauen.
– Unsere Frauen könnten alles wissen.
– Sie brauchten nicht Französisch zu lernen, um nach Dahomey oder nach Togo zu fahren.
– Unsere Frauen schweigen.
– Sie haben Angst, daß wir schimpfen, wenn sie reden.
– Wenn ich immer in meiner Frau wohne, zerstöre ich sie.
– Sie zerstört mich.
– Deshalb gehe ich wieder fort.

Ich will nicht wissen, was mein Herr Lepon gesagt hat.
Was hat mein Herr Lepon gesagt?

Ich bin eine verantwortungslose Frau?
Damit meint er, daß es nicht mehr genug Personal gibt, um die Prinzessinnen zu bewirten, wenn sie heruntersteigen.

Wenn wir eine Messe lesen lassen, fragt der Pater neuerdings, ob es für einen Vodun sei.
Sage ich die Wahrheit, verweigert er die Messe.
Wenn ich die Messe für meinen Herrn Lepon bezahle, werde ich sagen:
Nein.

Eine Protestantin will mich bekehren.
In der Bibel stehe, daß die Vodun Dämonen seien.

Ich habe die Bibel seit meiner Kindheit gelesen.
Und ich lese sie immer wieder.
Wie kann Gott lauter Dämonen schaffen?
Die Protestanten sind intolerant.
Sie sagen, sie empfingen nur den Heiligen Geist.
Es sind Medien, wie wir auch, die besessen werden.
Wenn sie den Heiligen Geist empfangen, sind sie Medien.

Was wird?
Die Alten sterben oder sind krank.
Die Casa das Minas wird zugrunde gehen.
Die Vodun sagen, die Casa das Minas wird nicht aufhören.

Die beiden Jungen arbeiten als Facharbeiter im Baugewerbe.
Ich habe Ribamars Tochter hier.
Er lebte mit einer Frau zusammen.
Aber sie verstanden sich nicht.
Ribamar arbeitet mit einem Bauingenieur zusammen, der ist
Millionär.
Der bezahlt 1000 Cruzeiros am Ende der Woche.
Das sind 20 Mark etwa.
Letzte Woche hat er gar nichts bezahlt.
Es war einfach kein Geld da.

Ich wollte einen Eisschrank kaufen.
Ich habe ihn gekauft.
12 Monatsraten.
A 5000 Cruzeiros – das sind etwa 100 Mark.
Im Januar waren es noch 3000 Cruzeiros.
Für die Reichen ist der Eisschrank ein Luxus.
Für uns Arme ist er eine Notwendigkeit.

Ich versuche das Haus hier fertigzustellen.
Ich will es dann vermieten.
Ich ziehe zu meiner Mutter aufs Land, an den Anil.
Da ist es ruhig.
Kein Staub.

Kein Lärm.
Ein Brunnen,
Aber es ist sehr weit zum Supermarkt.
Ich wasche und koche für die Familie und meistens wasche ich
hier auch die Kleider der Vodun nach den Festen.

Heutzutage ist es besser als früher.
Die hübschen bunten Häuser.
Das viele Licht.
Wasserleitungen.

Legba.
Ist Satan.
Legba hat keine Familie.
Es wird gesagt, es sei falsch, daß wir kein Haus für Legba errich-
tet haben.
Aber die Alten Afrikanerinnen taten recht daran.
Sie hatten nur Verzweiflung durch Legba erfahren.
Der König hatte sie wie Tiere verkauft.
Legba.
Krieg.
Unruhe.
In Afrika.
Denn sie haben Legba.
In Afrika tat Legba alles, um sie in die Sklaverei zu bringen.
Legba ist ein Engel.
Er wurde wie die anderen Götter von seinem Vater geschaffen.
Legba erscheint mit Jesus Christus.
Legba lehrt ihn von klein auf.
Das Böse kam.
Legba regierte die Welt.
Eitel.
Er hörte nicht auf Gott.
Legba verwandelt sich in einen Engel.
Einen Hund.
Eine Katze.

Ein Schwein.

Einen Wind.

Er täuscht.

Er hat viele Genossen.

Legba möchte Nutzen aus meinen Schwierigkeiten ziehen.

Viele kommen und bieten 100 000 Cruzeiros, 150 000 Cruzeiros, daß ich Arbeiten für sie mache, in der Casa das Minas.

Wenn ich es täte . .

Legba machte die Rechnung auf.

Ich wurde ohne Geld geboren – ich werde ohne Geld sterben.

Ich wurde ohne Haus geboren – ich werde ohne Haus sterben.

Ich will das Geld von niemandem.

Legba ist klug.

Er würde mein Leben zerstören.

Neulich kam ich aus dem Supermarkt Lusitana zurück.

Mir fehlten 1000 Cruzeiros.

Ich war so irritiert.

Ich habe den ganzen Tag gesucht.

Nachts sah ich einen großen weißen Mann vor meinem Bett stehen.

Mit einem langen Messer in der Hand.

Er ging nach vorn.

– Jetzt will er den Fernseher klauen.

Ich schlich hinter ihm her und sah durch eine Ritze in der Wand.

Er war nicht mehr zu sehen.

Die Eingangstür war von innen versperrt.

Ein Geist?

Ein Geist mit einem langen Messer in der Hand?

Was bedeutet das?

Ich betete zu Unserer Lieben Fraue von der Unbefleckten Empfängnis.

Eine Nachbarin erklärte mir alles.

– Ich sah den großen weißen Mann schon tagelang hinter Ihnen hergehen.

– Er versuchte Ihnen ein Leid anzutun, aber er kam nicht an Sie heran.

– Er hat es so eingerichtet, daß Sie das Geld in der Lusitana verloren.
– Oder daß Ihnen falsch herausgegeben wurde, wie es so oft passiert.

Portugiesisch-Lehrerin werden?
Heute kann ich mir das gesundheitlich nicht mehr leisten.
Ich kann einen solchen Kursus nicht mehr nachholen.
Es werden viele Lehrer gebraucht.
Ich muß aufpassen, daß ich nervlich nicht aus dem Gleichgewicht gerate.
Ich habe Sorgen.
Das Haus.
Geldfragen.

Ich will nach Afrika.
Ich lerne Französisch.
Ich werde die Konjugationen jetzt alle sauber abschreiben.
Ich werde weiterlernen, bis ich es fließend sprechen kann.
Ich will in Afrika viel über Zomadonu erfahren.
Er ist der Herr des Hauses.
Und über meinen Herrn Akossi.

Gesichter und Verhalten Denis:
Die doofe Lächelnde:
– Ich spiele das schwarze Dummerchen, das ihr von mir erwartet.
Das ironische Reh, der Gott.
Lepon, der blatterige Krüppel.
Die drohende mit den eckigen Augen.
Die die die Pause dehnt – die rhetorische, verdammende Pause.
Weiterreden in dem Moment, wo der andre glaubt, es kommt nichts mehr.
Das strafende Weiterreden in das Wort des andren hinein.
Nierenleiden.

Das gedunsene Gesicht.
Die räsonierende Früchtehändlerin.
Die gescheiterte Paukerin.
Die Hingerissene.
Die Innige.
Die Lauernde.
Aus ihr singt es heraus.
Aus ihr strömt das Reden, wenn es dunkel geworden ist.
Ihre Backen zittern.
Sie lächelt erlöst.
Schräg von oben der Block: Como que è?
– Wie war das noch?
Die Beschämte.
Sie kontrolliert die Plastiktüte der Enkeltochter.

Denis Welt:
Geistererscheinungen.
Irrsinn.
Hautausschläge.
Strafen.
Tödliche Gefahren.
Todesfälle.
Perlenketten.
Verbote:
Nicht ausgehen
Nicht reden
Nicht gucken
Nicht betreten
Kein Hochzeitsessen.

42

Ich besuche Celeste zum letzten Mal.

Sergio ist schon in Rio.

Ich bin allein mit der schwarzen Riesin.

Ihre Zurückhaltung.

Sappho.

Wie Sappho singt sie die Lieder und treibt die Töne mit Brust und Armen voran.

Aber heute gebe ich es auf, bürokratisch die Lieder abzuhaken, um den Ritus für Akossi, für den Heiligen Sebastian zu rekonstruieren.

Das Messer.

Woraus ist das Messer, wenn es nicht aus Metall ist?

Ja.

Celeste hat nachgesehen.

Heimlich.

Im Allerheiligsten liegt, auf einem Schrank, das Schlachtbesteck, in ein Tuch gehüllt, eine Fahne, die Bandeira da Matanza.

Ein Steinmesser zum Zertrennen.

Es ist ein Steinmesser.

Ein Steinmesser.

Und ein langes dünnes Messer zum Schächten.

Es liegt seit 20 Jahren so im Pegi und beschlägt nicht.

Silber würde schwarz werden. Vielleicht ist es aus Gold? Weißgold? Es muß aus Afrika gebracht worden sein.

Und die Pflanzen?

Sie sagt mir die Pflanzen für das Mittel der Einweihung, das Sumi.

Salsa da Praia – Strand-Petersilie, die in ganz Brasilien als ein starkes Narkotikum in der Einweihungszelle benützt wird, Oriza, ein Kraut gegen hohen Blutdruck und Basilikum, Mangericão.

Nun bleibt nur das Allerheiligste und die Königin.

Ich habe mir die Reihenfolge genau überlegt:

– Darf ich um ein gutes Gelingen der Reise nach Afrika bitten?

– Ja.

– An der Schwelle des Pegi?

– Ja.

Und schon bin ich auf der Spur des Verrats.

Des zwiefachen.

Ich glaube nicht an die Götter.

Wie kann ich sie um etwas bitten?

Indem ich es tu, verrat ich mich selbst und die hohen schwarzen Frauen, meine Freundinnen.

Aber ich möchte doch so gerne sehen, wie es im Allerheiligsten aussieht.

Wie soll ich mich in Afrika vor dem König in Abomey ausweisen als jemand, der das Vertrauen der Casa das Minas genießt.

Ein Empfehlungsbrief.

Ein Empfehlungsbrief reicht nicht.

Selbst Dona Denis Kette nicht.

Ich erfinde die Eselsbrücke – von der Schwelle hinüber in die verbotene Luft, die Füße hier, im Erlaubten aber die Nase, die Hände jenseits, ohne hineinzugehen.

– Muß denn die Tür geschlossen sein, wenn ich an der Schwelle knie?

– Nein.

– Und der Vorhang?

– Nein.

Ich meine den zweiten Vorhang, jenseits der Tür?

– Nein. Ich werde mit meinen zwei Schwestern sprechen. Aber Sie dürfen nicht darüber reden. Nicht einmal zu dem Professor.

Wie ich mich binde, verrate ich Sergio und den Materialismus an das magische Weltbild.

Aber es geht noch um etwas andres.

Fünfzehn Jahre Arbeit.

Und das ganze Leben.

Alle meine Romane.

Und Features.

Preise.

Die Gesundheit.

In Rio fing es an. Bahia. Haiti. Trinidad. Santo Domingo. Kolumbien. Venezuela. Miami. New York. Grenada.

Alles habe ich an die schwarzen Wundergestalten gehängt, der Liebe halber, und wie oft wagte ich nicht mehr zu lieben, aus Angst, daß unter den Berührungen die Lieder verstummten.

Kommt etwas zurück?

Gibt es einen Austausch zwischen einer schwarzen Priesterin und einem weißen Dichter?

Haben die Genres, die ich verachte, wirklich keine Bedeutung?

Kann man die Farben überwinden?

Ist es vorbei: Bin ich kein Halbjude mehr? Ist Agotime frei?

Die Riten stammen aus der Steinzeit.

Ich weiß es.

Celeste bewies es mir – ich habe ihr die Bedeutung erklärt – durch das Steinmesser.

Zur Einweihung wird das Bewußtsein durch Psychopharmaka zerbrochen.

Ich kenne die Namen der Pflanzen.

Ich kenne die Pflanzen.

Morgen vielleicht der Blick ins Allerheiligste.

Nur die Königin fehlt noch.

Ich gehe mit Celeste zum Taxi.

– War es eine Königin mit Namen Agotime, die den Tempel der Casa das Minas in São Luiz de Maranhão gründete? Oder können Sie nicht darüber sprechen?

– Das kann ich nicht sagen. Das ist geheim.

Beides.

Nichts.

43

Ich möchte in dieser letzten Nacht alle umarmen.

Die Leute von São Luiz durch mich hindurchziehen lassen.

Morgen ist alles anders.

Das verschleierte Bild zu Sais.

Ritter Blaubart.

Gilles de Rais.

Die 120 Tage von Sodom.

Irma ist sicher, daß Amelia und Deni zustimmen werden.

Amelia tut, was Maria und Celeste wollen.

Nur Deni wird sich weigern.

Daran scheitert es.

Ich schlafe kaum.

Ich träume von der Casa das Minas.

Als ich morgens aufwache, um hinzugehen, ist es, als hätte ich den Tempel gar nicht verlassen.

Früh um sechs.

Totenmesse für Dona Marcolina.

Um eins geht das Flugzeug – Recife, Bahia, Rio, Dakar, Hamburg-Fuhlsbüttel.

In der Kirche von São Pantaleão zelebriert ein holländischer Priester, der kaum Portugiesisch kann.

Die Choräle kommen vom Cassettenrecorder.

Der Pfarrer vollführt ein paar Tanzschritte zum Yeye mit dem Kelch in der Hand.

Es handelt sich um die Totenmesse einer Hochreligion.

Die Priesterinnen der Casa das Minas kamen in Weiß.

Keine beachtet mich.

Schluchzend, einander stützend, gehen sie langsam durch den Berufsverkehr zum Tempel zurück.

Ich gehe hinterher.

Ich komme mir als aufdringlich vor.

Die Schwestern der Toten warten auf mich an der Ecke.

Sie weinen.

Sie erzählen vom Leben Dona Marcolinas.

In der Casa das Minas sitzt die Trauergemeinde an den Wänden entlang.

Fast nur Frauen.

Auch die Mutter des Gouverneurs.

Ich werde jeder vorgestellt und muß passende Worte äußern.

Das Totenmahl wird angedeckt.

Brot und Café, Reiskloß und Calulu.

Wer davon zu essen beginnt, muß alles herunterwürgen.

Im Stehen.

Drei Schichten.

Dona Amelia ziert sich – die Leiterin des Hauses.

Ich habe den Eindruck, es ist ein rituelles Zieren.

Sie darf die Mahlzeit der Toten nicht gierig in sich hineinschlingen wie die Dachdecker.

Zum Schluß wird drei Mal an den Tisch geklopft und drei Mal in die Hände geklatscht.

Celeste nimmt Amelia beiseite.

Sie gehen zusammen in die Wohnung des Gottes Dossu.

Celeste kommt wieder.

In der Hand einen Bogen Papier und einen Umschlag mit dem Aufdruck der Casa das Minas, gegründet im Jahre 1847.

Im Türrahmen zwinkert sie mir zu.

Ich folge ihr zögernd in den Altarraum.

Tür zu.

Riegel vor.

Vorhang weg.

Zwischentür auf.

Noch ein Vorhang zur Seite.

Ich darf hineinsehen.

Auch Deni hat zugestimmt.

Das Allerheiligste ist leer.

Die Steine befinden sich unter der Betonschwelle, hinten, an der Wand.

Darauf ein paar Krüge, ein paar Schüsseln.

Verschnürte heilige Würste an einem Haken.

Ich bin so aufgeregt, daß ich kaum etwas wahrnehmen kann.

Rechts wird mein Blick vom Türflügel begrenzt.

Nicht hineintreten.

Ich stütze mich mit den Händen auf den heiligen Boden.

Wie angetrocknetes Blut.

Oder wie in einem Hühnerstall.

Worfelig.

Ich sehe um die Tür herum.

Keine Inschrift. Keine königlichen Sandalen. Keine Speere.

Schon klopft jemand an die Tür des Altarraums.

Alles zu!

Celeste öffnet.

Eine der Schwestern der Toten.

Celeste schürzt ihren Rock.

Setzt sich.

Die gewaltigen Knie der Priesterin.

Sie packt den Kugelschreiber.

Sind Sie zufrieden, sagt sie und lächelt, wie ich nie eine Afrikanerin habe lächeln sehen.

Jetzt erst entdecke ich, daß wegen der Dachdecker das Allerheiligste ausgeräumt worden ist. In Pappkartons liegen die Devotionalien und Paramente verschnürt vor der Tür.

Das war wohl auch mein Glück.

Was soll ich schreiben.

Schreiben Sie: Der Schriftsteller und Anthropologe ..

Der Schriftsteller und Anthropophage ..

Loge!

Loge!

Sie empfiehlt mich dem König von Abomey.

Amelia kommt und unterschreibt mit dem Namen des Gottes Dossu, mit ihrem Einweihungsnamen Gongeume und mit dem Namen der Bürgerin von São Luiz Amelia Vieira Pinto.

Dann Rita Prata.

Deni.

Roxinha hat ihren Einweihungsnamen vergessen.

Amelia setzt ihn wieder zusammen.

Luiza.

Justina – niemand erinnert ihren afrikanischen Namen.

Celeste.

Nach schweren und zarten, nach fleischigen und dürren, nach der 86jährigen Luiza umarmt mich Deni und wünscht mir ein Gelingen der Reise.
Sie verkrampft sich etwas dabei, wie sie sich beim ersten Handschlag verkrampfte.
Welche heftige unüberwindliche Neigung.
Als Erinnerung an diese Frau, mit der ich sieben Monate lang wöchentlich wenigstens zehn Stunden verbrachte, mehr Zeit als mit jedem anderen Menschen in meinem Leben, außer mit Irma, bleibt ein hartes, etwas verzogenes Schulterblatt.

Das Allerheiligste ist leer
Hatte das auch Pierri erlebt der Papst.
Und wollte die Leere füllen mit seinen Blätterzetteln, Akzenten und seinen zappeligen Tänzen?
Und jetzt
Jäcki erlebt die Leere wenigstens als ein Romanschriftsteller
Wenn man die Leere als Maître de Recherches erlebt und als Trancepriester muß es sehr unangenehm sein, wie es bei Klein Erna heißt.

44.

Bei Leodes am Strand von Calhau der Säugling ist ganz dick geworden.
Als hätten sie ihn aufgeblasen.
Die Falten sind verschwunden.

Der kleine Neger, den Leodes bei unserem ersten Besuch um
das Trinkgeld bemogelt hat, kommt mit einem selbstgebastelten
Bauchladen vorbei.
Er verkauft am Strand Bonbons, Zigaretten, Streichhölzer
Die Kinder von Leodes wollen Bonbons
Sie sind älter als der Händler

Von den kleinen Hundchen ist keines mehr am Leben.
Sie sind an Mandelentzündung gestorben, sagt Leodes.
Nur Marcel Proust kraucht noch.
Die Locken sind ihm alle ausgegangen.
Burt Lancaster, kahl und rosa und blutig, vertreibt auf drei
Beinen die Eindringlinge.

45.

Abschied von Battista.
Er weint.

46.

Recife
Die hübsche leichte Straße am Meer längs hat sich in riesige Touristenbunker verwandelt
Wir wohnen im Quatro Rodas Olinda.
Schwule Befreiung
Eine Insel mit Fischern, die gleich das Zeichen für Geld machen.
Es gibt in Recife eine schwule Sauna.
Die alte Stadt noch wie sonst. Der Markt. Das Hotel.
Ich finde den Priester nicht.
Und auch nicht den Apotheker.
Sogar das Kino steht noch
Cine Gloria.
Aber es wirkt niedriger, enger
Kein Mann sitzt mehr auf dem Rang, mit einem brasilianischen Baum, der zwischen seinen Schenkeln aufsteigt und auf den sich alle Tunten des Kinos niedersetzen wie flatternde Vögel.

Ich habe zuviel von Recife geträumt.
Ich habe es leergeträumt.

Ein bißchen Forschung.
Der Priester Papai ist nicht da.
Ich zeige den heiligen Müttern meine Blätter.
Als ich Orelha de Macaco vorweise, kommt der Priester an.
Die heiligen Mütter sind sehr beeindruckt.
Das Blatt hat den Priester hergerufen.
Wieder das Zerbrechen des Bewußtseins.
Papai nennt mir seine Pflanzen.
Er gebraucht ein paar mehr als die anderen.
Papai spricht von dem Priester Adão, der in einem Meer von Veilchen begraben wurde.
Papai ist Priester und will forschen.
Pierri ist Forscher und will Priester sein.
Zum Piepen.

Von irgendwelchen Flecken und Pusteln oder Aufquellungen des Bauches würde Jäcki nicht schreiben wollen.
Auch wenn so etwas scheußlich weh tut.
Es tut jedem weh.
Und jeder hat so etwas.
Außerdem hat Martial in seinen Epigrammen so Schwulen-ärger genau beschrieben.

47

Bahia
Itapoá wie immer.
Piatã wie eine Touristensiedlung.
Das Kreuz ist weg.
Das Haus in dem wir einmal gewohnt haben, klein, bescheiden,
jetzt fertig gebaut und gemalt.

Zu den Toten.
Den Sargladen an der Ecke des Terreiro de Jesus gibt es nicht
mehr.
Im Garten der Nina Rodrigues keine Frösche mehr.
Die Tür zum Gerichtsmedizinischen Institut, zugenagelt.
Die verfallenen vollgeschissenen Renaissancepaläste aufge-
hübscht.
Der Sargladen ein Studentenrestaurant.
Am Pelourinho, wo die Sklaven gefoltert wurden, ein Touristen-
restaurant.
Das ist Corellos Werk.
Er hat den Pelourinho zerstört, indem er ihn gerettet hat.
Das Gerichtsmedizinische Institut ist verlegt worden.
Die Absteige am Pelourinho gibt es nicht mehr.
Ich will zum Cine Pax und irre mich in einer Straße.
Zwei Schritte weg vom Touristen-Corello-Reservat die Hölle.
Da kommt man kaum wieder raus.
Ich habe fast so etwas wie Angst.
Das Cine Pax in der Baixa dos Sapateiros hat sich nicht verän-
dert.

Zu Norma.
In der alten Straße, mit dem grünen Bach, wohnt sie nicht
mehr.
Sie hat einen neuen Tempel am Rande von Bahia.
Ich kenne die Stadt nicht wieder.

Die Unregelmäßigkeit des Planes ist jetzt ins Riesenhafte gewachsen und in Beton gegossen und in Asphalt ausgewalzt.
Ein üppiger Tempel.
Der Blonde ist noch da.
Norma sieht genauso aus wie früher.
Irma erkennt sie sofort wieder.
Zu Jäcki sagt sie:
Sie sind der Sohn von Jäcki
Ihr Tempel mit Popfiguren.
Etwas ins Künstlerische Gehendes hatte sie immer.
Aber Verachtung der Homosexualität.
Sie hat es in zehn Jahren zu einer richtigen Respektabilität gebracht.
Normalität.
– Kann ich Ihnen helfen?
– Ich habe zehn Jahre auf einen Ritus gewartet.
– Welchen?
– Den Ritus des Bewußtseins.
– A Obrigação da Consciência.
– Wie zerbricht man das Bewußtsein.
– Kommen Sie morgen um elf mit Bleistift und Papier.
Professora Norma macht es wieder anders.
Sie zerbricht das Bewußtsein auf eine ganz andre Art.

Pedros Wald neben den pharmazeutischen Firmen.
Reserpin.
Serpentina und Vomitoria
Da produzieren sie die teuren Pillen
Und nebenan beim Blätterschüttler wachsen die Originale.

Der heilige Vater im Tempel von Bernardinho de Batefolha ist noch immer nicht zum Priester geweiht.
Er verwaltet das Haus, aber er leitet es nicht.
Ich spreche ihm vom Wald
Von den Novizen, die in Afrika wochenlang im Wald herumirren und sich ohne jedes Hilfsmittel ernähren.

Ich sage, daß Joãozinho seine Novizen mit dem Bus einen Tag in den Wald fuhr.
Er sieht mich an und sagt:
Ja, deshalb brauchten wir hier doch auch den Wald.

In Bahia de Todos os Santos, im linden Amarelina, das sich so verwandelt hatte, wäre Jäcki beinahe umgekommen.
Das fand Jäcki gar nicht interessant.
Er würde es nicht einmal in dem Roman erwähnen.
Ich gehöre nicht zu den Tunten, die alle halbe Jahre erzählen, wie sie ermordet worden sind.
Aber da man als Schwuler so oft ermordet wird, genügt es schon, wenn man die schlimmeren Ermordungen im Laufe der Zeit nur erwähnt, und man wird zu einer Tunte, die dauernd erzählt, daß sie ermordet worden ist.

Corello da Cunha Murango besuchen?
Den Papst Pierri.
Jäcki ist auch schüchtern.
Jäcki findet die Straße nicht wieder, die nach Liberdade führt.

Mühsam versucht Jäcki sich an den Wahnsinn zu erinnern, die Verzauberung von den Punktmädchen der Professora Norma.
Den zerschnittenen Großvater in der Nina Rodrigues,
Die Räuber und die Soldaten im Cine Pax,
Das Jagen nach dem Blutbad,
der Vogel, der im Regen Kiiwitt sang.
Jäcki stellte sich vor, wie gefährlich es wäre, das zu beschreiben.
Die Stimmung in sich umzuformen in Wörter, die vielleicht ganz andere Stimmungen bei anderen hervorriefen.

48.

Rio

Jornal do Brasil:
Die sowjetische Hilfe für Havanna belaufe sich auf täglich 4 Millionen Dollar.
Kuba und Peru erklären sich mit den argentinischen Generälen im Falklandkonflikt solidarisch.
Brasilien will neutral bleiben.
Brasilien schickt eine große Flotte in den »Süden des Landes«.
Wir sehen sie auslaufen.
Der Wirtschaftsminister Delfim Neto fährt nach England.
Er erwartet einen Kredit in Höhe von 1 Milliarde Dollar.
Daß er schwul war, wußte Jäcki.
Daß man damit so viel Geld verdienen kann, wußte Jäcki nicht.

Die Taxifahrer fahren noch schnell und gut.
Aber man merkt schon den Hunger in der Hast.
Die Unfreundlichkeit wird nicht mehr zurückgehalten.
Im Supermarkt kriegt Irma manchmal keine Antwort mehr.
Die Kinder aus den Favelas nehmen den Gästen in den Restaurants an der Avenida Atlântica einfach das Huhn vom Teller und haun schnell ab.
Die Schuhputzer sagen:
Ihre Schuhe sind dreckig
Wo?
Da!
Und da!
Sie zeigen bei jedem da aufs Leder und wischen etwas Hellgraues hin, das sieht aus wie Vogelscheiße.
Die Stricher haben Rasierklingen in der Tasche.
Sie drohen, den Freiern das Gesicht zu zerschneiden.

Präsident Figueiredo mahnt in einer Rede gegen die Pornographie.
Er war gerade bei Khadafi in Libyen.
Jânio Quadros läßt sich mit Dom Eugenio Sales aufnehmen.
Er gelobt für einen anständigen Lebenswandel einzutreten.
Das tat er schon, als er Präsident war.
Er verbot den Bikini
Daß den minderjährigen Mädchen in den Fabriken nur der halbe Salario Minimo gezahlt wurde, verbot er nicht.

Rio 1982
Der Papst – der richtige, nicht der Papst Pierri – hat durch seinen Besuch in Rio de Janeiro zu Razzien auf den Klos und in den Saunen angeregt. An der Praça Floriana verfolgen die Polizisten die Schwulen mit Walkie Talkies.
Jäcki wird in der Unterführung von der Central do Brasil von einem Polizisten in Zivil verhaftet.
Jäcki sagt – obgleich er gar keine Lust dazu hat – daß er sofort mit dem deutschen Botschafter telefonieren will.
Und Jäcki stellt sich vor, was wohl geschehen würde, wenn er anruft.
Eure Exzellenz, ich bin auf dem Klo verhaftet worden.
Als die Polizisten sehen, daß sie aus diesem Touristen kein Lösegeld herausschinden können, lassen sie ihn gehen.
Jäcki denkt:
Vicissituden eines ethnologischen Poeten in den Rieselfeldern.
Ob dem Papst Pierri so was mal passiert ist?

Rio ist nicht mehr das alte.
Das Marrocos ist zu.
São Jorge zu.
Das Iris ist jetzt ganz von militanten, chauvinistischen Transvestiten besetzt.
Sie dulden nicht, daß ein Ausländer mit Bart sich einen schwarzen Brasilianer angelt.

Hungrig kauen die Transvestiten an den großen Hölzern der Familienväter.

Rio ist jetzt was es ist.

In das Paradiesgärtlein hinter dem Modernen Museum kann man sich nicht mehr wagen.

Im Cine Rex steht morgens um elf neben dem Eingang zum Klo ein Neger mit einer Gabel in der Hand.

Er wartet auf einen Kunden.

Das muß ein schöner Tod sein.

Jäcki suchte den Fotographen Sasso auf, um zu erfahren, ob Gisèle Binon in Rio sei.

– Sie wartet schon auf Sie wegen des Interviews, sagte der Fotograf.

– Wir haben schon auf Sie gewartet, wegen des Interviews, sagte Wilma.

– Mein Gott, nach einem Jahr, sagte Jäcki.

Gisèle:

Ich heiße nicht Madame Binon.

Ich heiße Madame Croissard.

Es gibt Tage, an denen bin ich Priesterin, und andre, an denen bin ich noch Professorin.

Bis zur Pensionierung bin ich gezwungen zu unterrichten.

Ich stehe sehr früh auf und besuche alle Häuser der Heiligen, der Orisa, in meinem Tempel und organisiere den Tageslauf all derer, die mit mir zusammenleben.

Sechs Personen.

Ein Ogan, ein Würdenträger.

Er kümmert sich insbesondere um das Haus der Toten.

Sein Sohn wurde als Sechsjähriger von den Göttern erwählt, die Opfertiere zu schlachten.

Dann lebt bei mir mein Adoptivsohn, der auch eingeweiht ist, er gehört dem Gott der Kräuter zu.

Außerdem eine ältere Frau, die mir bei den Opfern hilft.

Dann ein alter Mann, der sich um die Instandhaltung der Gebäude kümmert.

Ich suche selbst die Kräuter, die ich für den Kult brauche.

Der Wald ist sehr nahe, das ist nicht schwer.

Auch habe ich viele Kräuter im Garten des Tempels angepflanzt.

Ich pflücke sie selbst, sehr früh am Morgen.

Zuerst muß ich baden.

Ich darf nicht sprechen, ehe ich gefrühstückt habe.

Nach dem Frühstück fangen manchmal schon die Konsultationen an.

Wenn ich Einweihungen vornehme, ist mein Leben sehr viel straffer organisiert.

Ich schlafe mit den Novizen in der Einweihungszelle Ronkó.
Ich habe eine Frau, die sich um das Kochen kümmert.
Ich sage, was gekocht werden soll.
Wir essen immer Reis und schwarze Bohnen, das ist die Grundlage der brasilianischen Ernährung.
Etwas Gemüse, Fisch, Fleisch und Maniokmehl.
Die Eingeweihten essen mit der Hand.
Mir fehlt die Französische Küche.
Sie verstehen nicht, daß ich die Beefsteaks saignants möchte.
Ach, mir fehlen die Pariser Konditoreien.
Zur Siesta habe ich keine Zeit.
Nachmittags geht es genau so weiter wie am Vormittag.
Besuche.
Konsultationen.
Opfer.
Opfer für Exú.
Für Xango.
Kranke kommen.
Abends hat man rituelle Verpflichtungen.
Ich lese nur im Bett.
Ich lese eigentlich nur noch Sachen, die mit dem Candomblé zu tun haben.
Ich nehme ein Kräuterbad von Zeit zu Zeit, wenn ich das Gefühl habe, daß ich zuviel von den Lasten meiner Kunden auf mich geladen habe.
Ich habe nie beides zur selben Zeit getan.
Ich weihe ein, wenn Schulferien sind.
Es ist schon eine große Verantwortung.
Man macht einer Person einen neuen Kopf.
Alles in allem, mit der Vorbereitungszeit und den 21 Tagen danach, dauert es fast anderthalb Monate.
Ich weihe zweimal im Jahr ein.
Nie mehr als drei oder vier im Jahr.

Ich wurde in Marokko geboren.
Ich habe überhaupt keine Erinnerung an Marokko.

Ich verließ Marokko, als ich anderthalb Jahre alt war.

Mein Vater war in Marokko demobilisiert worden.

Er hat meine Mutter geheiratet, und sie sind beide fortgezogen.

Sie hatte eben das Konservatorium in Paris beendet.

Marokko war für sie ein exotisches Land.

Sie sind nach Manchester gezogen.

Ich blieb bei meiner Großmutter in Paris.

Dann haben sie mich und meinen Bruder nach Manchester geholt.

Als ich sieben war, lebten wir in Nancy.

Mein Vater hatte die Agregation gemacht.

Er war Professor in Nancy.

Ich sah den Film »Afrika ruft..«

Ich würde ihn gern wiedersehen.

Dieser Film hat mich ebenso geprägt, wie meine Eltern durch Marokko geprägt worden sind.

Meine Großmutter wohnte Avenue des Gobelins, in der Nähe der Place d'Italie.

Ich fühlte mich sehr mit ihr verbunden, und ich habe wahrscheinlich sehr unter der Trennung von ihr gelitten.

Ich war auch eifersüchtig auf meinen kleinen Bruder.

Wir besuchten den Luxembourg.

Meine Großmutter ging in eine Patisserie und kaufte Erdbeertörtchen.

Meine Großmutter war eine sehr einfache Frau.

Sie arbeitete als Näherin.

Sie hatte besondere Maschinen für die Knopflöcher.

Sie bewunderte meine Mutter, die auf dem Konservatorium gewesen war.

Der Salon war sehr ordentlich und da stand das Klavier.

Meine Mutter spielte sehr gut Debussy, Ravel.

Ich hatte eine gewisse musikalische Begabung.

Meine Mutter ließ mir Stunden geben.

Violoncello.

Meine Mutter hatte sehr genaue Vorstellungen, wie ich erzogen werden sollte.

Ich erinnere nicht mehr, was ich eigentlich gespielt habe.

Meine Mutter wollte aus mir eine Künstlerin machen.
Ich revoltierte dagegen, denn ich wollte lieber auf der Straße spielen.
Ich war ein Mädchen, das nicht sehr viel wog.
Sie zog mir Volantkleider an.
Ich wollte mit Jungen spielen.
Ich wollte kein Mädchen sein.
Ich habe viel mit der Eisenbahn meines Bruders gespielt.
Mit seinem Stabilbaukasten bauten wir bewegliche Puppen.
Wir erfanden Apparate, die Seifenschaum machen konnten.
Ich habe mich nie damit abgefunden, ein Mädchen zu sein.
Ich wollte beweisen, daß ich alles könnte wie die Jungen.
Wir bauten Barrikaden in unsrer ruhigen Straße.
Ich sprang als Fallschirmjäger mit dem Parapluie meiner Mutter ab.
Ich bewunderte meinen Vater über die Maßen.
Er war sehr mutig während des Krieges gewesen.
Er hatte Englisch gelernt.
Er fing an, Latein zu lernen, als er bereits Familienvater war.
Er war kein Städter.
Er kam vom Land.
Aus der Vendée.
Er war sehr gewissenhaft.
Er war sehr gut.
Ich hatte in meiner Kindheit keine Gesichte, keine Krankheiten, keine besonderen Verletzungen, keine Ängste, keine Schocks.
Ich erhielt die Erste Kommunion.
Ich hatte Kinderkrankheiten.
Ein oder zwei Mal im Monat gingen wir ins Theater.
Corneille beeindruckte mich am meisten.
Und Abenteurerromane.
Die Schatzinsel.
Von Piraten.
Kämpfe zwischen Franzosen und Engländern.
Die drei Musketiere.
Ich mochte keine grünen Bohnen.
Meine Mutter gestattete nicht, daß ich unbeschäftigt war.

Sie hat mir Stricken beigebracht, Häkeln und Kochen.

Aber sie war, sie ist noch sehr autoritär.

Sie hat mir die Flügel beschnitten.

Sie hat nie zugelassen, daß ich ihre Nähmaschine benützte.

Meine Mutter wollte mir Volants aufzwingen, kleine Hütchen, Knoten für die Messe am Sonntag.

Sie wollte eine kleine Dame aus mir machen.

Die Architektur der Kirchen beeindruckte mich – nicht der Mann da vorne.

Ich interessierte mich sehr für romanische und gothische Architektur.

Unsere Eltern reisten mit uns durch ganz Frankreich.

Vezelay.

Wir haben die ganze Bourgogne durchstreift.

Wir waren in der Bretagne.

Ich liebte die Bretagne.

Ich kam in England in die Schule, mit viereinhalb Jahren.

Dann kehrten wir nach Paris zurück, genauer nach Sceaux.

Es gab keine Töchterschule.

Ich besuchte den Annex einer Knabenschule.

Es war weit von zuhause entfernt.

Und ich fror immer.

Ich mochte Englisch gerne, denn das war einfach für mich.

Französisch.

Geschichte mehr oder weniger.

Der Lehrer raste voran.

Wir machten zehn Seiten Geschichte in einer Stunde.

Alles, was Literatur war, interessierte mich.

Ich hatte einen Horror vor Mathematik.

Der Mathematiklehrer sagte, ich nehme einen derart verschlossenen Gesichtsausdruck an, daß man an meiner Intelligenz zweifeln könnte.

Ich bin Linkshänderin.

Ich frage mich, ob das nicht damit zusammenhängt.

Der Linkshänder projiziert sich ungeschickt in den Raum.

Mit elf fing ich an zu lesen.

Ich las alles, was ich finden konnte.

Ich las nachts, versteckt.

Wenn meine Mutter gegen elf zwölf kam, faßte sie die Birne der Nachttischlampe an.

Ich las jede Nacht ein Buch.

Ich machte die Deckenbeleuchtung an, damit meine Mutter die Nachttischlampe kühl fand.

Ich las alles, alles, den ganzen Balzac.

Was ich am meisten gelesen habe, waren Die drei Musketiere.

Und ein komisches Buch: Die fixe Idee des Baron Kosinus.

Und: Die Familie Fenouillard.

Kunstgeschichte interessierte mich sehr.

Mein Vater kaufte mir Postkarten mit Reproduktionen.

Schon früh hatte ich mich für die griechische und römische Kultur interessiert.

Ich habe viel über die Mythen des klassischen Altertums gelesen.

Der Unterricht brachte einen gerade bis zum Ende des XIX. Jahrhunderts.

Ich fing an, die Poesie zu empfinden, als ich Prévert las.

Das kam in der zweiten Phase meiner Existenz, nach der Resistance.

Mein Vater war von den Deutschen als alter Kämpfer entlassen worden.

Er war ein Jahr in einem Gefangenenlager gewesen.

1941, 1942.

Es war eine Zeit, die für mich durch Hunger und Kälte gekennzeichnet war.

Meine Mutter war sehr anständig.

Mein Vater schickte uns aus der Kriegsgefangenschaft Tickets, die uns gestatteten, ihm Eßpakete zu senden.

Wir sparten uns das von den Rationen ab.

Ich kam im Schnee aus der Schule zurück, und wir hatten keine Heizung.

In dieser Zeit faßte ich den Entschluß, Frankreich für immer zu verlassen und in einem warmen Land zu leben.

Mein Vater kam zurück, und wir fingen an, falsche Papiere herzustellen, damit seine Kriegskameraden fliehen konnten.

Wir ließen Holzpantoffeln aus der Vendée kommen, höhlten sie aus und taten Ampullen mit Kokkenbazillen hinein.

Die Kriegsgefangenen infizierten sich selbst und wurden so als Lungenkranke entlassen.

Wir verbargen einen Cousin.

Mein zukünftiger Mann arbeitete in einem Spionagenetz und mußte sich bei uns verbergen.

Ich machte mit.

Wir kreuzten die Linien und brachten Informationen zu General Leclerc.

Wir kundschafteten im Norden von Paris die Nester der SS aus.

Ich habe nie geschossen und man hat mir trotzdem die Croix de Guerre verliehen.

Ich machte den zweiten Teil meines Abiturs in diesem furchtbaren Jahr.

Juli 41.

Ich wollte nicht Lehrerin werden.

Aber mein Vater war in Kriegsgefangenschaft.

Ich machte Englisch, denn ich war sicher, daß ich damit immer irgendwo würde unterrichten können, wenn meine Mutter in Schwierigkeiten wäre.

Eigentlich wollte ich Biologie studieren.

Andrerseits war ich sehr von Volkskunst fasziniert.

45 gab es die Möglichkeit, ans Musée des Arts et Traditions Populaires zu kommen.

Es fehlte mir das Zertifikat der klassischen Studien.

Ich scheiterte zweimal.

Sie stellten mich nicht ein.

Das hat mich mehr getroffen, als ich mir anmerken ließ.

Das Leben im Untergrund hatte einem andre Normen gegeben, andre Verhaltensweisen.

Wir fühlten, daß wir uns schnell zu einem anderen Leben zwingen mußten, sonst würden wir Außenseiter und Verbrecher werden.

Bis heute fühle ich mich mit jedem Verbrecher solidarisch, der von der Polizei verfolgt wird.

Ich fühle mich von Menschen angezogen, die aus der Gesellschaft ausgeschlossen sind.
Sie haben einen anderen Kodex als die Normalen.
Sie sind kühner.
Wenn man Second Bureau hört, denkt man immer an Marlene Dietrich und Alfred Döblin.
Die Realität war anders.
Ich mußte Informationen kompilieren, die aus der Bretagne kamen.
Eines Tages rannte ich in eine Sperre.
Der Soldat setzte mir die Maschinenpistole auf die Brust, aber ich sah aus wie ein gewöhnliches Mädchen, und er ließ mich laufen.
Ich hatte die Pläne am Körper.
Ich war sehr vom Existenzialismus beeinflußt.
Ich las Malraux, Sartre, Simone de Beauvoir.
Vor allem Sartre.
Camus.
Der Fremde.
Die Pest.
Prévert.
Ja.
Prévert.
Und Eluard.

Jetzt muß ich mein Innenleben ausbreiten.
Als kleines Mädchen liebte ich einen Jungen, der bei uns in der Nähe wohnte.
Es war wie ein Blitz.
Später erfuhr ich, daß er sich verlobt hatte, und die Welt stürzte für mich ein.
Danach habe ich einen anderen Jungen kennengelernt.
Später lernte ich meinen Mann kennen.
In der Résistance.
Mit vierzig traf ich den Jungen wieder, der ein andres Mädchen geheiratet hatte.

Es war immer noch so wie früher.

Ich hatte ihn nicht vergessen.

Das Herz machte einen Sprung in meiner Brust.

Dann ist er an einem Schlaganfall gestorben.

Er trank viel.

Er hatte unglaubliche Wutanfälle.

Außerdem war er prodeutsch.

Wir hatten fürchterliche Auftritte.

Es ist mir sehr unangenehm, wenn ich Deutsch sprechen höre.

Es enerviert mich.

Ich sagte eines Tages zu meinen Söhnen: Ihr könnt heiraten, wen ihr wollt, aber heiratet keine Deutsche, das wäre fürchterlich für mich.

Viele meiner Freunde sind deportiert worden.

Es waren Juden.

Ich sah sie manchmal, wenn sie zurückkehrten.

Es war schlimmer, sie wiederzusehen.

Der Zustand, in dem sie zurückkamen.

Es war ein Alptraum.

Das sind Dinge, die man schwer vergißt.

44 wurden wir befreit.

1945 habe ich geheiratet.

Ich war sofort schwanger.

Mein Mann war im Comité d'Afrique du Nord, und ich habe als Sekretärin angefangen.

Ich tippte Expertisen über das Eisen in Nordafrika, über Mangan in Nordafrika, Kohle in Nordafrika.

Mein Mann war Geologe.

Ich kriegte mein erstes Kind und gleich danach mein zweites.

Dann unterrichtete ich Phonetik am Britischen Institut.

Wir hatten keine Wohnung.

Wir lebten bei meinen Eltern.

Meinem Mann wurde angeboten, das Unterrichtswesen in Kamerun zu leiten.

Ich hatte nur eine Angst, daß er nicht annehmen würde.

Wir reisten nach Kamerun.

Unter sehr primitiven Umständen.

Mit meinen beiden Kindern – zweieinhalb und dreieinhalb.

Wir standen den Beamten und den Beamtengattinnen gegenüber, die den ganzen Krieg über in Kamerun ausgehalten hatten.

Die Feindseligkeit der Leute.

Ich fing an, mich der Gesellschaft, der ich angehörte, zu verweigern.

Man durfte nicht mit Schwarzen reden.

Man durfte sich nicht für Schwarze interessieren.

Man durfte nicht mit Schwarzen essen.

Die Schwarzen verhielten sich den Weißen gegenüber ganz ähnlich.

Ich hatte erst Kontakte, als ein Englischlehrer ausfiel, und ich sprang ein.

Ich hatte schwarze Hausangestellte, den Koch, den Küchenjungen, den Mann, der wusch, den Mann, der sich um die Kinder kümmerte, den Mann, der sich um das Haus kümmerte.

Am meisten sprach ich mit den Händlern.

Ich konnte keine afrikanische Sprache lernen.

Welche?

Alle 50 Kilometer gab es eine neue.

Ich wollte immer ins Landesinnere.

Mein Mann reiste herum.

Er nahm mich nicht mit.

Meine Kinder konnten das heiße, feuchte Klima nicht vertragen, und wir schickten sie zu meinen Eltern zurück.

Eines Tages wurde mein Mann nach Paris gerufen, und ich profitierte von seiner Abwesenheit und fuhr mit zwei Geologen in den Norden von Kamerun.

Ich wollte Afrika kennenlernen – sie waren auf der Suche nach Uran für den französischen Staat.

Mein Mann hat mich zurückkommen lassen.

Er brauchte seine kleine Frau bei sich zuhause.

Ich habe Autostopp gemacht.

Da sah ich gewisse Dinge.

Ich sah die Opfer der Lastwagenfahrer.

Ein Jahr später wurde mein Mann in den Tschad versetzt.
Er hatte jetzt zwei Länder unter sich und war nie zuhause.
Ich hatte meine ganze Freiheit.
Auch er reiste gern, und wir beschlossen, in unseren Ferien nicht nach Frankreich zu fahren, sondern in Afrika rumzureisen.
Die Vorbereitungen nahmen ein Jahr in Anspruch.
Wir haben einen Landrover gekauft.
Ich habe ein halbes Jahr in einer Autowerkstatt gearbeitet, um mir helfen zu können.
Wir sind bis Mombasa gekommen und stellten fest: Wir müssen zurück.
Die Regenzeit begann.
Es war eine Kraftprobe.
Es war sehr interessant.
Wir haben uns sehr für die politischen Probleme der Afrikaner interessiert.
Wir waren für die Befreiung der Afrikaner.
Der Algerienkrieg war noch nicht ausgebrochen.
Aber es hatte bereits die Revolte der Kikuyu in Kenia gegeben.
Alle Europäer in Afrika waren sehr beeindruckt davon.
Es fing ein bißchen zu gären an.
1955.
Als wir zurückkamen, haben wir einen Schlußstrich gemacht und gesagt:
Die Schwarzen werden sich ihres Wertes bewußt. Wir müssen gehen, ehe wir rausgeschmissen werden.
Im Tschad wollte ich..
Ich hatte keine ethnologische..
Ich sah große Dinge..
Ich fing an den Markt von Fort Lamy zu studieren.
Es war riesenhaft.
Man hätte eine ganze Equipe sein müssen.
Ich entdeckte, das Wichtigste am Markt von Fort Lamy waren die Gifte.
Ich kam nicht voran.
Pflanzengifte, um Menschen zu vergiften.

Es gab Mohammedaner, die mit jungen Männern nach Mekka
zogen und mit Teppichen zurückkamen.
Die 14jährigen sagten: Fahr nicht. Man kommt nicht zurück.
Die schönen Jungen wurden an alte Scheichs verkauft.
Die Sarra.
Schwarz.
Sie kamen nicht zurück.
Aber immer die Unmöglichkeit, sich zu nähern.
Die Harmonie.
Die Körper dieser Menschen waren harmonisch.
Und bei den Alten, wenn sie auf die Jagd gingen, fühlte ich, daß
sie eine andre Wissenschaft kannten als die unsre.
Die Weissagungen vor der Jagd.
Ich sah sie die Gewehre segnen.
Es war eine verschlossene Welt.
Es gab diese Faszination vom Schwarz.
Alles war schön.
Der Sand.
Die Gewitterabende.
Alles war weit.

Wilma:
Nächsten Monat werde ich 22.
Meine Kindheit war sehr hübsch.
Mit sieben war alles schön.
Mein Vater mochte mich sehr gerne.
Wir hatten ein wunderbares Haus.
Für mich fing alles sehr früh an.
Mit acht war ich ein Backfisch.
Ich menstruierte schon.
Mit zwölf war ich eine Frau. Ich hatte die Jungfräulichkeit hin-
ter mir gelassen.
Mit vierzehn ging ich arbeiten und ging abends auf die Schule.
Ich wurde in Salvador geboren.
Aber meine Eltern zogen nach Rio, als ich zwei Jahre alt war.
Ich erinnere nichts von Salvador.

In Bahia hatten meine Eltern ein normales Leben gehabt.

Hier in Rio hatten sie nichts.

Wir lebten in einem gemieteten Zimmer.

Mein Vater hatte keine Arbeit.

Er suchte Arbeit, und langsam wurde alles besser.

Wir mieteten ein ganzes Haus.

Ich mochte nie mit Puppen spielen.

Ich interessierte mich nie für Mädchen, immer nur für große Jungen.

Unser Haus lag in einer Favela.

Wir hatten die beste Baracke in der ganzen Favela.

Wir hatten Fernsehen und einen Eisschrank, und alle Leute in der Favela kamen zum Fernsehen zu uns.

Mein Vater stieg auf.

Er fing an, in der Gewerkschaft zu arbeiten, und alles wurde besser.

Mein Vater kaufte ein riesiges Haus in Penha.

Wir hatten Hunde.

Ich hatte einen Papagei und ein Schwein.

Am schönsten war, als mein Vater Präsident der Gewerkschaft wurde.

Wir gingen groß aus.

Du weißt, wie sich die Neger anziehen, wenn sie ausgehen.

In der Favela mußten wir Wasser schleppen.

Eine Sache, die mir besonders gefiel, jeden Montag mußte meine Mutter an einen sehr weit entfernten Ort zum Wäschewaschen.

Sie machte zwei Bündel, ein großes für sich selbst und ein kleines für mich, und damit gingen wir vielleicht fünf Kilometer.

Dieser Ort war so schön, schön, schön.

Ich habe solche Sehnsucht danach.

Es war wie auf dem Lande.

Es waren Seen und viele große Steine.

Und hinten war eine Fazenda mit Rindern.

Wir blieben den ganzen Tag.

Die Wäsche wurde auf dem Gras getrocknet, auf Steinen.

Ich badete.

Ich ging damals nicht in die Schule.

Und das Seltsamste dort war ein Stein, der um sechs Uhr abends zu stöhnen anfing.

Ich blieb immer solange, um es zu hören.

Es war immer eine der gefährlichsten Favelas in Rio, aber ich merkte es nicht.

Die Leute erzählten von Marihuana und: Dahinten liegt ein Toter. –

Aber ich sah es nicht.

Ich ging in den Kindergarten der Favela.

Wie alle Bahianer aßen wir gerne.

Wir aßen gut.

Brasilianisch.

Morgens Kaffee mit Milch.

Brot.

Meine Mutter zwang uns, Vitamintabletten zu nehmen.

Früchte.

Ich aß viel Brot.

Ich aß ein ganzes Brot.

Mittags Bohnen, aber immer geräuchertes Fleisch drin, oder Trockenfleisch, suppig, mit Gemüse, Reis oder auch Eiern.

Sonntags gab es Huhn und am Sonnabend, das war die Spezialität meiner Mutter, gekochte Gemüse, alle Sorten von Gemüse.

Abends gab es das Gleiche.

Ich kam mit vier etwa in die Favela, und wir zogen weg, als ich sieben, acht war.

Wir spielten Spiele, die nur die Kinder in der Favela kennen.

Die Kinder in der Zone Süd wissen davon nichts.

Unter den Kindern in der Favela gibt es keinen Rassismus.

Wir spielten alle zusammen.

Schwarze, braune, weiße.

Ich kann heute noch keine Schwarzen von den Weißen auf der Straße unterscheiden.

Die Kinder in der Favela lernen alles so was nicht.

Ich habe mich schon als Kind für Sex interessiert.

Ich lernte lesen mit Pornoheften.

Mit sieben.

In der Favela hatten wir nur ein Zimmer, mit Vorhängen abgetrennt.

Ich hörte alles in der Stunde meiner Eltern.

Ich war da.

Ich verführte meinen kleinen Bruder.

Ich war acht.

Wir spielten Vater und Mutter. Und dann kam der Augenblick, wo wir sagten: Jetzt gehen wir ins Bett.

Ich holte meinem Bruder einen runter, ich masturbierte meinen Bruder.

Das war etwas ganz Schlimmes.

Schließlich kamen meine Eltern dahinter.

Ich wurde verprügelt.

Mein Bruder war vielleicht sechs.

Als ich mit vier in die Favela kam, war da ein Nachbar, er war vielleicht 22, er sah mir immer nach und spielte mit mir.

Ich hatte immer kurze Hosen an.

Die älteren Männer sahen mir nach.

Aber das war alles.

In dieser Zeit war alles Zärtlichkeit.

Als ich so klein war, war alles zärtlich.

In dem anderen Haus, in dem riesigen Haus, als mein Vater Präsident geworden war, fing ich an zu menstruieren.

Mit acht.

Die älteren Jungen sahen mir nach.

Mir gefiel es immer, Aufsehen zu erregen.

Meine Blusen waren so eng wie möglich.

Ich benahm mich mit acht wie eine richtige Frau, die einen Kerl will.

Unser Haus hatte zwei Stockwerke.

Wir lebten oben, unten waren zwei Zimmer vermietet.

In einem der beiden Zimmer wohnte ein Ehepaar.

Und eines Tages bohrte ich ein Loch in den Holzfußboden, um von oben zu sehen, wie das Ehepaar es machte.

Jeden Tag sah ich mir das an.

Ich masturbierte.

Eines Morgens, als meine Mutter mich kämmte, sah ich in der Wand ein riesiges Auge.

Ich schrie.

Ich war in Panik.

Ich hatte einen Schock.

Das riesige Auge ging nicht weg.

Ich weiß nicht, ob da jemand stand und guckte, aber ich glaube nicht, denn es war ein riesiges Auge.

Ich hatte alle Kinderkrankheiten.

Ich hatte Wutanfälle.

Wenn mir etwas gegen den Strich ging, wurde ich unkontrollierbar.

Eines Tages korrigierte mich meine Mutter, weil ich mich mit meiner Halbschwester gestritten hatte. Ich wurde so wütend, daß ich meine Mutter »Schlange« nannte.

Und dann schlug mich meine Mutter.

Aber ich weinte nicht.

Ich hatte einen solchen Haß in mir.

Es fing so an:

Ich interessierte mich dafür, wie die Kinder zur Welt kommen.

Unsere Eltern sprachen nie darüber.

Ich war neugierig, wie sich ein Paar den ersten Kuß gab.

Ich wollte wissen, was man empfindet, wenn man sich zum ersten Mal küßt.

Das war meine Neugier.

Mein erster Kuß war mit acht.

Ich weiß nicht einmal mehr, ob ich meinen kleinen Bruder küßte.

Mit meinem Bruder das war so rein.

Das war ganz instinktiv.

Ich machte alles, wie es gemacht werden soll, ohne zu wissen, was ich tat.

Mein erster Kuß, das war die erste Liebe der Kinderzeit.

Ich war verliebt in einen Jungen in unserer Straße.

Ich machte alles, um seine Aufmerksamkeit zu erregen.

Er kam in unser Haus.

Und eines Tages ..
Ich küßte ihn.
Er wollte ein Glas Wasser und statt des Wassers gab ich ihm einen Kuß.

In dem neuen Haus fing mein Vater an zu trinken.
Er trank sehr viel.
Er hatte Probleme in der Gewerkschaft.
Damals hatte ich auch einen Autounfall.
Mein Vater kam von der Arbeit und sagte: Ich habe ein Auto gekauft.
Ich lief, um es zu sehen.
Als ich es sah, gefiel es mir nicht.
Es war ganz schwarz.
Ein großer Chevrolet.
Es fing an zu regnen.
Als ich im Auto saß und mein Vater losfahren wollte, kriegte er es nicht in Gang.
Ein paar Männer schoben uns an und wir fuhren los.
Wir fuhren gegen einen Laternenpfahl.
Ich fühlte etwas Kaltes im Magen.
Das ist bis heute so geblieben, wenn ich erschrecke, fühle ich etwas Kaltes im Magen.
Ich glaube, ich schrie.
Ich schrie.
Und meine Mutter hörte mich zuhause, über viele Kilometer hinweg.
Wir verbrachten die ganze Nacht im Krankenhaus.
Ich wurde genäht.
Mein Kinn war gebrochen.
Mein Zahnfleisch war ganz kaputt.
Mein Vater hatte nichts abbekommen.
Das Auto war total kaputt.
Mit der Zeit wurde mein Vater durch das viele Trinken sehr nervös.
Er schlug niemanden, aber er zerbrach Sachen.
Wir wurden in der Nachbarschaft sehr beneidet.

Wir waren Neger und mein Vater als Präsident einer Gewerkschaft hatte eine wichtige Position.

Alle Leute beneideten uns.

Es wurden Pulver vor unsre Tür gestreut, Sachen hingelegt.

Aber meine Eltern waren nicht sehr beeindruckt.

Wir gingen nicht zur Macumba, wir gingen nicht in die Kirche.

Meine Mutter glaubte nur an die Seelen der Toten und zündete jeden Montag eine Kerze für die Seelen der Verstorbenen an.

Übrigens, das erste Mal, als ich in der Kirche war, wurde ich rausgeschmissen.

Als ich einen Choral hörte, kriegte ich einen Lachanfall und da wurde ich rausgeschmissen.

Mein Vater setzte sich zur Ruhe.

Es war alles sehr schwierig geworden.

Und er entschloß sich umzuziehen.

Wegen all des Neids.

Er verkaufte das Haus und wir zogen in die Pavona.

Ich war elf Jahre alt, zehn Jahre alt.

Vorher, in dem alten Haus hatte ich Ohnmachten.

So seltsame Nervenkrisen.

Blut kam mir aus der Nase.

Mein Vater machte sich große Sorgen.

Als wir in der Pavona ankamen und dabei waren, das Haus einzurichten, kam ein Wirbelwind.

Er deckte das ganze Dach des Hauses ab.

Wir verloren viele Sachen durch den Wirbelwind.

Unsere Sachen wurden aus dem offenen Haus geweht.

In diesem Haus fing ich an, seltsame Sachen zu erleben.

In der Nachbarschaft lebte ein Junge, den ich gerne mochte.

Ich liebte ihn ganz und gar.

Das war schon eine Liebe von heranwachsenden jungen Leuten.

Und eines Nachts fühlte ich, daß er in meinem Zimmer war.

Ich sah ihn.

Ich sprach mit ihm.

Als ich ihm am nächsten Tag begegnete, sagte er: Gestern abend ist mir etwas Komisches zugestoßen. Ich glaubte, ich sei für einige Augenblicke tot.

Ich sagte: Ich fühlte, daß du in meinem Zimmer warst.

Er sagt: Ich fühlte, daß mein Geist aus meinem Körper herausgegangen war.

In diesem Haus fingen die Streitigkeiten zwischen Vater und Mutter an, und sie trennten sich.

Mein Vater glaubte, daß meine Mutter ihn mit diesem Freund betrog.

Meine Mutter hatte immer nur für ihren Mann gelebt.

Und mein Vater fing an, mich zu hassen.

Es war ein Mittwoch.

Der 28. September.

In dieser Zeit hatte er eine Bude, wo er Früchte verkaufte.

Er wollte als Rentner nicht untätig bleiben.

Er war früh zum Gemüsemarkt gefahren, um Ware einzukaufen.

Als er zurückkam, war er völlig verändert, so als hätten sie ihm eine Gehirnwäsche gemacht.

Er bildete sich ein, daß meine Mutter in der Zwischenzeit mit meinem Freund geschlafen hätte, und ich täte nur so, als wäre ich in den Jungen verliebt, um das alles zu ermöglichen.

Und ich fing an, ihn auch zu hassen.

Ich haßte ihn sehr.

Er war 46 oder 48.

Er war wegen der Nerven pensioniert worden.

Die Gewerkschaft war damals eine sehr schwierige Aufgabe.

Er war großen Pressionen ausgesetzt.

Er wollte etwas leisten.

Er lebte für die Gewerkschaft.

Er ging abends mit uns groß essen, aber er lebte für die Gewerkschaft.

Eines Tages gegen sechs ging er aus dem Haus.

Meine Geschwister fingen an, mit mir zu streiten.

Sie waren immer eifersüchtig auf mich.

Meine Mutter glaubte, ich sei schuld, und sie fing an, mich mit einer elektrischen Schnur zu schlagen.

Ich konnte nicht weinen.

Ich fühlte keine Schmerzen.

Und dann ging das Licht aus, ich schaltete ab.

Als ich wieder zu mir kam, hatte ich keinen einzigen Fingernagel mehr.

Ich war zwei Stunden in diesem Zustand gewesen.

Später hat man mir gesagt, ich sei auf den Boden gefallen, hätte angefangen zu seibern, die Hunde seien gekommen und hätten mich gebissen.

Währenddessen ging auf der Straße eine Frau vorüber, die mit der Umbanda zu tun hatte.

Sie hörte den ganzen Wirbel und kam herein.

Sie sagte zu meiner Mutter: Wenn Sie mit Ihrer Tochter so weitermachen, werden Sie sie verlieren, jetzt.

Als diese Frau ausgesprochen hatte, ging der Zustand, in dem ich mich befand, auf sie über.

Ich sah sie am Boden, um sich schlagen, mit den Nägeln über den Boden kratzen.

Kratzen.

Kratzen.

Bis die Finger bluteten.

Es endete alles bei einer Priesterin. Die nahm uns alle in ihren Umbandatempel mit.

Ich kriegte ein Bad.

Von diesem Tag an hatte ich Visionen.

Ich fühlte Sachen.

Ich weiß nicht, ob du den Film »Der Exorzist« gesehen hast?

Das Klima bei mir zuhause war so.

Mein Vater hatte etwas Schlimmes, das in ihm wohnte.

Einen Tag war er süß und lieb.

Den nächsten war er furchtbar.

Er kaufte immer viel zu essen.

Aber was wir ihm zubereiteten, schmiß er auf die Straße.

Er zerriß seine Kleider.

Zweimal versuchte er, mich zu erwürgen.

Er versuchte mehrmals, meine Mutter umzubringen.

Ich haßte meinen Vater derart, daß ich nur daran dachte, ihn umzubringen.

Ich schlief und dachte, heute muß ich ihn umbringen, wie auch immer.

Ich überlegte, ob ich heißes Wasser in sein Ohr gießen sollte.

Und zur selben Zeit dachte ich: O, wenn mein Vater stirbt.

Ich versuchte, mich mit dem Küchenmesser umzubringen, aber meine Mutter kam und ich wurde ohnmächtig.

Er schloß sich in seinem Zimmer ein.

Er ließ niemanden seine Sachen berühren.

Sein Zimmer fing an zu stinken.

Meine Mutter war sehr zart.

Sie war entsetzt, daß sie ihren Mann auf eine solche Weise verlieren sollte.

Ich mit elf Jahren war da mitten drin.

Ich zeigte mit dem Finger auf meinen Vater.

Ich war wie eine Erwachsene und griff ihn an.

Eines Tages warf er uns aus dem Haus.

Wir schliefen auf der Straße.

Wir gingen zur Polizei.

Morgens brachen wir mit einem Polizisten die Tür auf.

Er hatte alle Möbel mitten im Haus zusammengestellt und alles Bettzeug zusammengebündelt und Benzin darüber geschüttet.

Als wir drinnenstanden mit der Polizei, kam er zurück.

Was macht Ihr hier drinnen?

Wir haben versucht, ihm alles zu erklären.

Ihr nehmt nichts von alledem hier mit, denn ich werde es jetzt anstecken.

Bis heute weiß ich nicht, was mit mir geschah.

Er nahm das Bündel mit unseren Sachen auf den Rücken.

Ich nahm einen Knüppel.

Ich war blind.

Ich schlug so auf ihn ein.

Ich wollte einen Toten sehen.

Das Blut trat hervor.

Je mehr Blut ich sah, desto größer wurde mein Haß.

Alle anderen waren wie gelähmt.

Keiner rührte sich.

Keiner sagte ein Wort.

Ich schlug meinen Vater mit dem Knüppel.

Es gelang ihm nicht, sich zu verteidigen.

Er fing an zu laufen.

Ich lief hinter ihm her.

Er erreichte ein verlassenes Gelände.

Er warf das Bündel ab und warf ein Streichholz hinein.

Alles verbrannte.

Wir hatten nichts mehr.

Ich bekam eine Nervenkrise.

Er ging zur Polizei und der Polizeihauptmann sagte: Sie hat ganz richtig gehandelt, denn Sie haben eine Familie, die Sie gar nicht verdient haben. Und jetzt gehen Sie in die Poliklinik und lassen sich verbinden.

Aber ich, als ich meinen Vater ganz blutüberströmt auf der Polizei sah, mit offenem Schädel – und ich hatte das alles gemacht!

Er ging weg.

Später kam er in unser Haus zurück.

Die Leute sagten alle zu meiner Mutter: Sie müssen in einen Umbandatempel gehen, das, was Ihnen zustößt, ist Macumba.

Wir gingen also in einen Umbandatempel.

Eines Tages, während eines Festes, bekam ich einen Weinkrampf.

Ich wußte nicht, warum ich weinte.

Die Priesterin nahm mich bei der Hand und führte mich in die Mitte des Tempels.

Da fing ich an, mich zu drehen.

Ich kreiste, kreiste, kreiste.

Ich stieß überall an.

Um Gotteswillen, ich will aufhören.

Es hörte nicht auf.

Die Priesterin sagte: O, wieder eine Tochter von Oxum. – Denn in der Umbanda sagen sie, wenn man weint, ist man Tochter von Oxum.

Ich lief raus.

Aber von diesem Augenblick an widerfuhren mir solche Sachen zu Hause.

Ich wollte meine Augen offen halten, aber meine Lider waren so schwer.

Manchmal weinte ich dabei.

Ich sah mich selbst, wie ich weinte.

Mein Gesicht brannte.

Ich sprach mit den Alten Afrikanern.

Die Priesterin sagte: Sie müssen in der Umbanda arbeiten. Sie sind ein Medium. Sie müssen diese Gabe entwickeln. Sie haben eine Pomba Gira, die ist sehr stark. Das ist ein weiblicher Exú.

Ein weiblicher Teufel, sagen die Katholiken.

Wenn ich in diese Zustände fiel, wurde mein Gesicht verbrannt.

Ich rannte auf die Straße und die Männer rannten mir nach.

Ich fühlte mich wie eine riesige Frau.

Dann kam mein Ere.

Ich verstand nicht.

Ich sah mich selbst mit Mal als kleines Kind.

Ich sah alles und verstand nicht.

Ich lallte rum.

Es war, als wäre ein Vorhang gezogen worden, und ich stand auf der einen Seite und sah hindurch und sah mich auf der anderen Seite als kleines Kind sitzen und lallen.

Ich war zwölf.

Meine Mutter arbeitete noch nicht.

Sie bekam Geld von meinem Vater

Sie hatte das Geld durchs Gericht einfordern müssen.

Trotz alledem liebte er meine Mutter und meine Mutter liebte meinen Vater.

Und ich liebte ihn auch.

Meine Mutter war sehr traurig.

Mein Vater fing wieder an, ins Haus zu kommen.

Ich glaubte, mein Vater hatte irgendwo ein Zimmer gemietet.

Er rief alle Kinder zusammen und fragte, ob er zurückkommen könnte.

Wir könnten auch in ein andres Haus ziehen, vielleicht wäre das Haus hier nicht gut.

Er schien verändert und wir ließen ihn zurückkommen.

Er hatte sich nicht verändert.

Eine Woche ging es gut und plötzlich fing er an, die gleichen Sachen anzustellen.

Eines Abends fing meine Mutter an zu bügeln.

Sie ordnete alle unsere Sachen und sie war plötzlich ganz heiter.

Ich fand das komisch.

Und dachte: Entweder bringt meine Mutter heute meinen Vater um oder sie geht. Ich werde nicht schlafen.

Ich blieb im Bett aufrecht sitzen, aber dann bin ich doch eingeschlafen.

Plötzlich wachte ich auf.

Ich lief ins Schlafzimmer meiner Eltern.

Das Licht war an.

Mein Vater war dabei, meine Mutter zu schütteln.

Ich verlor die Stimme.

Er rief: Julia! Julia!

Ich faßte die Hand meiner Mutter an.

Die war eisig.

Ich versuchte ihre Augen zu öffnen.

Die Augen waren erloschen.

Ich versuchte ihren Mund zu öffnen.

Die Zähne waren aufeinandergepreßt.

Ich sagte: Was hast du mit meiner Mutter gemacht?

Ich habe gar nichts mit deiner Mutter gemacht. Geh schlafen!

Ich wollte nicht, daß meine Geschwister aufwachten und diese Szene sehen.

Ich sagte ihm: Wenn meine Mutter tot ist, bring ich dich um.

Ich ging in mein Zimmer und schloß es ab.

Ich sprang aus dem Fenster.

Ich rannte die Straße herunter und klopfte an jede Tür.

Ich weckte alle Nachbarn auf.

Ich ging zum Haus zurück.

Ich klopfte.

Mein Vater machte auf.

Als er die vielen Leute sah, erschrak er.

Mir fing das Blut an, aus den Beinen zu laufen.

Es war alles voll Blut.

Wir öffneten den Mund meiner Mutter, aber die Zunge war schon zurückgerollt.

Ein Nachbar lud meine Mutter in seinen Wagen und brachte sie ins Krankenhaus.

Ich sagte zu meinem Vater: Bete viel!

Ich betete die ganze Zeit zu St. Georg.

Zur selben Zeit aber empfand ich eine Revolte.

Ich glaubte, es gäbe keinen Gott, es gäbe gar nichts.

Ihr wurde der Magen ausgepumpt, und nach zwei Tagen war sie zurück.

Mein Vater besserte sich.

Dann ging es wieder los.

Dann war er wieder weg.

Schließlich kam er doch wieder, denn meine Mutter war immer so traurig.

Schließlich sprach ich mit meinen Geschwistern und sagte zu meiner Mutter: Entweder geht Vater weg und wir bleiben mit dir zusammen oder du gehst weg und wir bleiben bei dem Vater. Ihr könnt nicht zusammenbleiben.

Wir baten unsere Mutter wegzugehen.

Ich blieb und kümmerte mich um meine Geschwister.

Meine Mutter suchte Arbeit als Hausangestellte.

Ich war 13 und die anderen waren 10, 8 und 6.

Und mein Vater war auch da.

Meine Geschwister machten, was sie wollten und blieben den ganzen Tag auf der Straße. Sie wollten mir nicht gehorchen.

Und mein Vater haßte mich, denn er glaubte, ich wüßte, wo meine Mutter wohnte.

Ich wußte es auch, aber ich wollte es ihm nicht sagen.

Er behandelte mich so schlecht.

Ich war die Sklavin meines Vaters.

Ich hatte eine kleines Pekineserhündchen.

Ich hatte es so gerne.

Und weil mein Vater mich nicht umbringen konnte, mißhandelte er mein Hündchen, und eines Tages hat er es totgeschlagen.

Er erstickte uns mit Nahrungsmitteln.

Das ganze Haus war voll.

Wenn ich etwas für ihn gekocht hatte, dann warf er den Teller auf den Boden.

Eines Tages besuchte uns seine Tante.
Sie sah, daß ich nicht mehr konnte und sie bat meine Mutter,
daß sie zurückkäme.
Meine Mutter kam zurück, und sie einigten sich.
Sie wollten in ein andres Haus ziehen.
Vielleicht ist es die Umgebung.
Wir zogen nach São João de Miriti.
Er verkaufte das Haus, verschleuderte das ganze Geld und wir
mußten ein Haus mieten.
Er hatte alle Möbel neu gekauft.
Er war ein eitler Mann.
Es war ein Riesenhaus.
Er wollte nicht, daß wir freundlich zu den Nachbarn seien.
Wir lebten isoliert.
Es war ein unheimliches Haus.
Dunkle Bäume standen vor dem Haus, Bananen, Mangos.
Eines Tages saß ich unter dem Mangobaum und hörte eine
Stimme.
Ich verstand nicht, was sie sagte.
Als ich mich umsah, sah ich eine große Frau, die aus dem Portal
schritt und sich in Nichts auflöste.
Eines Abends kam ein Wirbelwind.
Alle Blätter des Gartens wurden hochgehoben und vor der Ein-
gangstür zusammengehäuft.
Es war ein Hurrikan.
Der Lärm der Bäume.
Fenster gingen entzwei.
Meine Mutter sprach mit den Nachbarn über den Wirbelwind.
Wirbelwind? Es war doch kein Wirbelwind. Wir haben den gan-
zen Abend auf der Veranda gesessen!
Der Wirbelwind war nur um unser Haus gewesen.

Gisèle:
In meiner Jugend sprach man nicht über Sex.
Man sprach über die Liebe.
Eine Freundin sagte: Wenn ich wüßte, daß eine meiner Freun-

dinnen in der Hochzeitsnacht keine Jungfrau mehr war, würde ich nie wieder ein Wort an sie richten.

Ich habe gelacht.

Meine Mutter hatte mich aufgeklärt.

Ich hatte, wie soll ich sagen, ein sehr sensuelles Temperament.

1943 wurden ich entjungfert.

Es war kein Trauma.

Es hat mir keinen großen Eindruck gemacht.

Ich habe es praktisch vergessen.

44 habe ich meinen Mann kennengelernt.

45 haben wir geheiratet.

Dann habe ich mein erstes Kind gekriegt und dann mein zweites.

Dann sind wir nach Afrika gefahren.

Ich bin so gerne nach Afrika gefahren, weil ich mich nicht mit meiner Mutter verstand.

Meine Mutter war sehr besitzergreifend.

Ich glaube, ich habe nur geheiratet, weil ich hoffte, auf diese Weise eines Tages meiner Familie zu entkommen.

Meiner Mutter zu entkommen.

Ich hatte Kinder gern.

Aber die beiden Kinder so kurz hintereinander, das war etwas schnell.

Meine Mutter nahm einen noch größeren Platz in meinem Leben ein.

Erst brachte sie uns um sieben den Kaffee ans Bett und sprach stundenlang mit meinem Mann.

Jetzt übernahm sie meine Kinder.

Als ich schwanger war, sagte sie: Wir erwarten ein Kind.

Sie strickte die Kleider.

Ich durfte nicht die Flasche geben.

Wir flohen nach Afrika.

Dort merkte ich, daß der Mann, den ich geheiratet hatte, nicht sehr einfach war.

Mein Mann kam aus der Ecole Normale Supérieure.

Er hatte ein Gehirn wie ein Zettelkasten.

Er war außerordentlich.

Es fehlte ihm nur ein winziges Organ:

Er hatte kein Herz.

Als wir aus Afrika zurückkamen, wurden wir nach Angoulême geschickt.

Mein Mann wurde Inspecteur de l'Académie d'Angoulême.

In der Zwischenzeit hatte ich große Probleme mit der Gesundheit.

Ich war wieder schwanger, und im 5. Monat entwickelte sich eine Schwangerschaftstoxikose.

Man hat mir erklärt, es sei eine Allergie, die man gegen sein eigenes Kind entwickelt.

Ich fuhr nach Frankreich und wurde operiert.

Mein Blutdruck fiel auf 20.

Das Gefäßsystem war schon zusammengebrochen.

Ich überlebte die Operation gerade eben.

Mein Mann war nicht da.

Das Kind wurde mit einem Kilo und 50 Gramm geboren.

Es magerte auf 870 Gramm ab.

Ich bin nach Afrika zurück mit meinem Kind.

Es lebte neun Monate.

Danach ist es gestorben.

Wir liebten das Kind.

Die beiden anderen beteten den Kleinen an.

Als mein Sohn seine erste Tochter bekam, sagte er mir: Sie sieht Olivier ähnlich.

Es folgte eine sehr dunkle Periode.

Ich merkte, daß ich einen Teufel von Mann hatte.

Er betrog mich reichlich.

Ich sagte mir, eines Tages geht das kaputt.

Wir hatten bisher sehr wenig zusammengelebt.

Er war herumgereist.

Ich war herumgereist.

Mit mal saßen wir alle zusammen in der Kleinstadt Angoulême.

Wir hatten einen Hund.

Und eine Katze.

Die waren eifersüchtig aufeinander.

Es dauerte sieben Monate, bis wir in das Haus eines Nachbarn gebeten wurden.

Es gab die romanische Kuppelkirche.

Man lebt nicht von einer Kuppelkirche.

Nach zwei Jahren konnten wir nach Brasilien.

Mein Mann wurde Attaché Culturel.

Wir lernten das Leben der Ambassaden kennen.

Empfänge.

Cocktails.

Ich organisierte meine Empfänge auf eine besondere Weise.

Ich hatte eine Reihe von Künstlern kennengelernt und wir machten aus den Empfängen eine Art Show.

Ich hatte einen Tänzer als Koch.

Das Zimmermädchen stammte aus Bahia und wurde von den Göttern Nanã und Oxum in der Küche besessen.

Die Leute von Joãozinho da Gomeia halfen mir.

Mein Mann war sehr beschäftigt.

Er war immer müde und hatte keine Lust auszugehen.

Ich lernte das Experimentiertheater der Neger kennen.

Eines Abends bin ich mit dem Koch in die Vorstädte gefahren, und wir sind in verschiedene Macumbas gegangen.

Da.

Eines Tages, als alle tanzten . .

. . bin ich auf den Boden gefallen.

Das war alles sehr anziehend und ziemlich außerordentlich.

Ich wollte absolut verstehen.

Ich wollte verstehen, was in den Köpfen der Leute vor sich ging.

Ich erinnere, daß ich gefallen bin, und dann fand ich mich in einem Zimmer wieder, in dem Suppenterrinen standen.

Die Priesterin sagte mir, ich müßte allen Orisas opfern.

Ich habe die Opfer veranstaltet.

Es wurde gesungen.

Es wurde in die Hände geklatscht.

Ich habe in die Hände geklatscht.

Das war alles.

Dann wurde die Priesterin krank.

Ich sagte, sie solle zu mir nach Hause kommen, damit sie der Arzt der Botschaft untersuchen könne.

Sie mußte länger behandelt werden und ich behielt sie bei mir zuhause.

Ihr ganzer Anhang besuchte mich.

Wir wohnten in Laranjeiras in einem sehr sehr feinen Haus.

Die Töchter kamen in ihren schönsten Tüllkleidern.

Sie trugen Rosen überall am Körper und noch etwas in den Haaren.

Sie kannten keinen Paternoster und fuhren den ganzen Tag auf und ab.

Die Trommler trommelten bei mir in der Wohnung.

Mein Sohn hatte damals eine Passion für Papageien und die Papageien heulten den ganzen Tag.

Die Priesterin wollte überhaupt nicht wieder nach Hause, denn ihre Würdenträger fanden es sehr angenehm, von Zeit zu Zeit einen kleinen Whisky bei mir zu trinken.

Eines Tages war ich mit ihr an den Strand von Leme gefahren.

Am Strand fiel ich wieder in Trance.

Es gelang ihr nicht, mich wieder aufzuwecken.

Schließlich kam ich wieder zu mir, aber ich wollte niemanden sehen.

Ich steuerte mit der einen Hand und ich verbarg mein Gesicht mit der anderen.

Mir ging es weiter schlecht.

Der Arzt kam und fragte: Sie haben doch nicht etwa an einer Macumba teilgenommen?

Ja.

O, Sie dürfen da nicht wieder hingehen.

Eines Tages besuchte ich mit der Freundin meines Kochs den Tempel von Joãozinho da Gomeia.

Es war Nachmittag.

Joãozinho behandelte mich sehr liebenswürdig.

Ein gewisser Milton, der in Copacabana ein Reisebüro hat, fragte mich: Und welches ist Ihr Orisa?

Ich sagte: Jemanha.

Das hätte ich nicht sagen sollen.

Sie haben so lange für Jemanha gesungen, bis ich wieder in Trance fiel.

Das totale Blackout.

Ich fühlte, wie ich wegging.

Daß ich fiel.

Es ist etwa so, als fiele man in Ohnmacht.

Aber es ist keine Ohnmacht.

Ich hatte den Eindruck, daß mir die Beine fehlten.

Beide auf einmal.

Und etwas in den Nieren, das ich nicht beschreiben kann.

Etwas steigt in den Beinen hoch.

Dann die Nieren.

Dann ein leeres Gefühl im Magen.

Joãozinho sagte mir: Aber du mußt dich einweihen lassen.

Ich weiß nicht. Ich gehöre zur Französischen Botschaft. Mein Mann hat einen wichtigen Posten.

Im Januar kam ich wieder, und Joãozinho machte ein Bori.

Ich konnte nicht bleiben.

Jemand hat für mich die drei Tage des Boris dort verbracht.

Ich bin eine Nacht geblieben und am dritten Tag zurückgekommen, um die Sachen ins Meer zu werfen.

Die Taube wurde über meinem Kopf geschlachtet.

Ich wurde wieder normal.

Ich fühlte mich sehr gut.

Beim Karnaval ging es wieder los.

Ich fühlte eine Leere im Kopf.

Ich hatte das Gefühl, als hätte sich etwas losgelöst.

Ich war kaum fähig, den Wagen zu steuern.

Ich hatte Anfälle in der Küche.

Ich fiel in der Küche in Trance.

Joãozinho sagte: Wir werden dich einweihen.

Aber ich kann mir nicht die Haare abschneiden lassen.

Das macht nichts. Wir werden dir nur eine Tonsur schneiden und den Rest der Haare kannst du dann darüber kämmen.

Meine Jungen arbeiteten nicht in der Schule.

Ich sagte mir, das werden vielleicht nette kleine Brasilianer, aber das werden keine jungen Leute, die sich einmal in das französische System einfügen können.

Und ich schickte sie nach Frankreich zurück zu meinem Bruder.

Im November ging ich wieder zu Joãozinho.

Er sagte: Mach dir keine Sorgen, bevor das Jahr zu Ende geht, bist du eingeweiht.

Unmöglich.

Ich fuhr nach Hause und mein Mann sagte: Du, ich muß nach Frankreich, wahrscheinlich bin ich nicht mal Weihnachten zurück.

Ich bin sofort zu Joãozinho gefahren:

Jetzt oder nie!

Ein Jahr später war der Koch über irgend etwas wütend und hat meinem Mann gesagt:

Sie hat sich einweihen lassen.

Ich haßte das Leben der Ambassaden.

Ich wollte wissen.

Ich konnte nichts wissen, wenn ich mich nicht einweihen lassen würde.

Ich beobachtete.

Ich wurde Gott.

Ich sagte mir, daß in der Trance eine andre Facette der Persönlichkeit zum Tragen kommt.

Ein andrer Teil der eigenen Persönlichkeit, der alles beherrscht, was schwach an einem ist, etwas Härteres, etwas, das authentischer ist, vielleicht.

Das war 60.

Ich war 37.

Joãozinho da Gomeia.

Man behauptet, er sei gar nicht richtig eingeweiht worden.

Es fing mit Kopfschmerzen an.

Er verließ den Nordosten und ging nach Bahia.

Er schilderte, wie er zu Jubiaba kommt.

Jubiaba heilte ihn.

Nach einem Monat wieder diese Kopfschmerzen.

Er kehrte zu Jubiaba zurück.

Jubiaba weihte ihn ein.

Seine Nation, sein Kult war der der Caboclos, der Indianer.

Mit ein bißchen Angola.

Jubiaba machte es gar nicht schlecht.

Aber nicht vollständig.

Samba soll die Einweihung vervollständigt haben.

Samba hat Joãozinho den Kopf rasiert.

Samba stammte aus dem Haus von Batefolha.

Joãozinho erbte die Göttin Iansa von seiner Stiefmutter, als sie 1934 starb.

Sie kam aus Cachoeira.

Sie war eine Negerin aus dem Stamm der Ewe.

Man hat behauptet, daß Joãozinho schuld am Tod seines geistlichen Vaters war.

Ich glaube nicht, denn Joãozinho hatte damals schon einen eigenen Tempel.

Man wird es nie wissen.

Wenn er es getan hat, tat er es nicht mit einem Messer, mit einem Revolver oder mit Gift.

Sondern durch eine magische Arbeit.

Joãozinho hatte zwei Tempel in Salvador.

Als Joãozinho nach Rio ging, kümmerte sich Samba um den Tempel in Bahia.

Vor drei Jahren ist er eingerissen worden.

Er diente noch als Kulisse für einen Film.

Der Garten des Tempels der Gomeia in Bahia ist heute ein Fußballplatz.

Der erste Eingeweihte von Joãozinho hieß Dehuanda.

Einweihen heißt scheren, rasieren.

Und den Schädel öffnen.

Die Kopfhaut.

Eine kreuzförmige Inzision.

Am Tag der Einweihung von Dehuanda hat Joãozinho alles gemacht.

Der Priester Oligario lag stockbesoffen auf dem Bett.

Aber später hat Dehuanda seinen geistlichen Vater Joãozinho verleugnet.

Er wollte nicht von dem Homosexuellen Joãozinho eingeweiht worden sein.

Dehuanda behauptete immer: Oligario ist mein Vater.

Dehuanda hatte mit einer Novizin geschlafen.

Die kriegte von ihm ein Kind.

Und starb.

Der Junge ist der bewußte José, der Adoptivsohn von Joãozinho und sein Erbe.

Joãozinho und Dehuanda waren bis aufs Messer verfeindet.

Aber hier bricht man nicht mit den Leuten.

Man besucht sich weiter und verleumdet sich.

Nach Joãozinhos Tod scheinen die Götter ein achtjähriges Mädchen als Nachfolgerin bestimmt zu haben.

Wenn ein Priester des Candomblé stirbt, veranstaltet man gleich danach eine Axexe.

Der Tempel wird ein Jahr geschlossen, ohne daß ein Nachfolger bestimmt wird.

Nach einem Jahr wird ein zweites Axexe veranstaltet und man bestimmt den Nachfolger.

Mit den Kauris des verstorbenen Priesters.

Dies Spiel wird vor allen veranstaltet.

Auf dem Boden.

Unglücklicherweise wurde das Spiel für den Nachfolger von Joãozinho gleich nach der Beerdigung gemacht.

Ich war nicht da.

Das Spiel wurde von einem gewissen Tião de Iraja gemacht.

Man hat das kleine Mädchen bestimmt, denn man glaubte, daß ihre Mutter, Mãe Ilesi, und Valentim den Tempel leiten würden.

Sie verstanden sich nicht.

Schließlich sprachen sie nicht mehr miteinander.

Und so weiter.

Schließlich hat man alle zusammengerufen und bestimmt, daß Dehuanda den Tempel leiten sollte.

Die ganze Gemeinde wies Dehuanda ab.

Der Tempel lebte nicht mehr.

Dehuanda war nicht in der Lage, den Tempel zu leiten, und man wählte Jihade, der einen Tempel in São Paulo hat.

Er wurde mit großem Pomp inthronisiert.

Aber er kann den Tempel von Gomeia nicht in den Griff bekommen.

Gomeia ist zu Ende.

Bald wird es niemanden mehr geben, der die Opfer macht.

Keine Sacudimentos.

Keine Boris.

Keine Arbeiten.

Keine Konsultationen.

Keine Einweihungen.

Das kleine Mädchen, die achtjährige Königin des bedeutendsten Schwarzen Tempels der beiden Amerika – sie ist verheiratet und hat Kinder.

Mãe Samba ist verunglückt.

Das ist eine komplizierte Geschichte.

Ein junger Mann, der mit ihrer Tochter zusammenlebte . .

In Bahia.

Ihr Schwiegersohn wollte, daß sie den Tempel von Gomeia in Bahia verkaufte.

Samba veranstaltete eine Totenzeremonie.

Eines Freitags, am sechsten Tag des Axexe, unterbrach sie die Zeremonie und fuhr mit dem Auto los, um den Verkauf rechtskräftig zu machen.

Eine Brücke war von der Flut zerstört.

Das Auto ist in den Abgrund gestürzt.

Man hat Samba dreihundert Meter weiter weg gefunden.

Der Schwiegersohn hatte sich an eine Novizin geklammert.

Er hatte die Arme und die Beine gebrochen.

Sie hat ihn hochgehalten.

Die Frau war auch tot.

Sie war weit weggespült worden.

Samba hätte nicht vor Ende des Axexe wegfahren dürfen.

Joãozinho führte ein großes Haus.

Er war einmal verheiratet.

Die Ehe ist getrennt worden, in einem Land, in dem es keine Scheidung gibt.

Die Frau war reich.

Aber sie hatten unter Gütertrennung gelebt.

Joãozinhos Fama war bewegter als er selbst.

Ich weiß nur, daß er in seiner Jugend eine Liaison gehabt hatte mit einem Mann, der hieß Miranda.

Es scheint einen Pakt zwischen ihnen gegeben zu haben: Wenn der eine stirbt, wird der andre gerufen.

Miranda muß ein sehr schöner Mann gewesen sein.

Miranda hat sehr schnell Frauen gefunden.

Joãozinho hätte Männer finden könnnen, die ihn liebten, mit denen er länger zusammen gewesen wäre.

Aber er war so autoritär, so absolut.

Er erlaubte ihnen nicht auszugehen.

Er schloß sie ein.

Man mußte immer um ihn sein.

Miranda war die Leidenschaft seines Lebens.

Er hat ihn nie vergessen.

Joãozinho war rasend von Eifersucht und hat Miranda getötet, durch Zauber.

Danach hatte Joãozinho nie wieder eine längere Liaison.

Es dauerte zwei Wochen, drei Wochen, einen Monat, drei Stunden.

Der Name Miranda durfte nicht mehr vor ihm ausgesprochen werden.

Es gab immer viele Männer um ihn herum.

Sie kamen haufenweise aus Salvador.

Die geistlichen Töchter Joãozinhos sprachen wenig davon.

Aber wenn der junge Mann morgens mit einem gewissen Seidenpyjama aus seinem Zimmer kam, sagten wir: O, já vestiu o pijama de seda.

Joãozinho schlief eigentlich nie allein.

Er hatte Angst.

Angst vor den Egun, den Toten.

Er rief die Leute, daß sie auf dem Teppich in seinem Zimmer schliefen.

Aber wie ging das nun mit den jungen Männern?

Wartete er, bis alle eingeschlafen waren?

Vielleicht war das seine Spezialität.

Vielleicht wollte er eine Situation schaffen, wie sie in seiner Pubertät geherrscht hatte, im Nordosten.

Die Motels in Brasilien haben doch deshalb einen solchen Erfolg.

Am Hochzeitstag geht man mit seiner Frau ins Motel, weil man dort Liebe machen kann ohne Kinder und ohne Großeltern.

Joãozinho forderte alle auf, in seinem Zimmer zu schlafen.

Männer.

Frauen.

Mich.

Ich habe nie in seinem Zimmer schlafen wollen.

Ich war Ausländerin.

Man nannte mich Die Botschafterin.

Das Zimmer der Novizen war das Ronkó.

Ich hatte nichts in seinem Privathaus zu tun.

Joãozinho war nicht reich.

Sein Haus war ein Magazin für Geschenke geworden.

Man wußte nicht mehr wohin mit all den chinesischen Statuen.

Für mich war es ein Horrormuseum.

Er hatte alle französischen Parfums, von denen man träumen kann.

Ich machte einige Flacons auf – sie waren schon ranzig geworden.

Man redete sehr wenig über ihn.

Die Leute hatten Angst vor ihm.

Er hatte Fähigkeiten, die den Leuten Angst einjagten.

Ich habe Sachen erlebt, die mich völlig durcheinandergebracht haben.

Ich fuhr mit Joãozinho nach Santos, mit dem berühmten Pai Eduardo und einem jungen Mann.

Ich besaß damals einen wundervollen Chevrolet und er fuhr furchtbar gerne damit rum.

In Parecida übernachteten wir alle in einem Zimmer.

Pai Eduardo, der alte Priester hatte sehr dicke Haare an den Beinen und kratzte sich die ganze Nacht.

Das machte krack, krack, krack und ich konnte nicht schlafen.

In Santos fing ich an, mich zu langweilen, und wollte an den Strand fahren.

Joãozinho halste mir den jungen Mann und Pai Eduardo auf.

Ich parkte in der Nähe des Strandes.

Pai Eduardo setzte sich auf eine kleine Bank unter einer Kokospalme.

Ich gehe ins Wasser.

Aber das Meer war sehr wild.

Ich kriegte es mit der Angst und bin gleich wieder raus, und dann sind wir wieder nach Hause gefahren.

Wir betreten das Zimmer.

Ich nehme mein kleines Vanity Case und hole die Armbänder raus, die ich abgelegt hatte.

Der junge Mann lehnte am Fenster.

Ich gehe aus dem Zimmer und frage: Wo ist Joãozinho?

Er ist nicht da.

Ich gehe ins Zimmer zurück.

Joãozinho sitzt da.

Sie waren hier? Wo waren Sie denn?

Ich war hier im Zimmer.

Aber ich habe Sie nicht gesehen.

Du bist hier hereingekommen. Du hast den kleinen Koffer aufgemacht. Du hast die Armbänder angelegt. Ich war da. Ich habe alles gesehen. Ich habe auf dem Stuhl gesessen.

Aber wir haben Sie nicht gesehen. Können Sie sich unsichtbar machen?

Ja.

Ist das angeboren?

Nein. Ich sage ein besonderes Gebet auf und werde unsichtbar. Was unangenehmer ist, ich sehe die Leute an anderen Orten und ich kann sagen, was sie machen. Heute morgen seid ihr an den Strand gefahren. Eduardo hat sich auf eine kleine Bank unter einer Kokospalme gesetzt. Du bist ins Wasser gegangen. Aber das Meer war sehr wild. Du kriegtest es mit der Angst und bist gleich wieder raus.

Und so weiter.

Die Leute der Gomeia wußten, daß er unsichtbar werden konnte. Man redete nie über ihn, denn man wußte, daß er alles sehen konnte.

Er hatte kein Geld.

Er ernährte etwa zwanzig Personen.

Es gab Leute, die unterstützten ihn.

Er machte Arbeiten für sie, und sie waren sehr großzügig.

Übrigens werden solche Leute immer seltener.

Zu den Festen brachten die Leute Nahrungsmittel und Geld.

Er besaß das Haus in Salvador.

Nicht das Land.

Und man hat ihm einige Grundstücke geschenkt.

Und den Tempel in Caxias.

Es hatte einen Skandal gegeben, weil Joãozinho beim Karnaval als Transvestit aufgetreten war.

Die Candomblévereinigung wollte ihn ausschließen.

Es hat Pressionen gegeben von seiten der angesehenen Tempel in Bahia, von Senhora und von Menininha de Gantois.

Ich glaube Joãozinho hat Menininha einen beleidigenden Brief geschrieben.

Ein paar Jahre später hatte sich alles wieder beruhigt.

Menininha rief ihn, um den Indianergott ihrer leiblichen Tochter Cleuza zu betreuen.

Joãozinho fuhr mit seinen geistlichen Töchtern nach Bahia.

Schließlich gab er ein Bori im Tempel von Menininha de Gantois.

Er kehrt nach Rio zurück.

Weiht drei Leute ein.

Er fällt steif im Tempel hin.

Er hatte einen Gehirnschlag.

Das war 66.

Ich war anwesend.

Man behauptete, Menininha hätte die Schuld.

Vielleicht entwickelte sich damals der Tumor, an dem er gestorben ist.

Ein Bori im Tempel von Menininha de Gantois zu veranstalten, das war seine Apotheose gewesen.

Er war ein Charmeur.

Er strahlte Sympathie aus.

Er gab Zuversicht.

Er hatte eine unglaubliche Kraft.

Er hatte einen besonderen Stern.

Er sang gut.

Er tanzte gut.

Er kam aus sehr bescheidenen Verhältnissen, aber er konnte sich anpassen.

Ich hatte ihn zu einem französischen Essen eingeladen, französisch serviert, mit jedem Tellerwechsel, der dazugehört.

Anderthalb Jahre später empfing er den Präfekten bei sich, und er hat ihm ein französisches Essen gegeben, genau wie bei mir.

Nur die Kerzen in den Silberleuchten sollten nicht angesteckt werden.

Das sähe aus wie Macumba.

Kerzen sind Macumba.

Schließlich haben sie die Leuchter vom Tisch genommen.

Er flößte Respekt ein.

Seine Töchter gehorchten ihm aufs Wort.

Es gab keine Dissidenten.

Joãozinho hat keine Novizen verführt.

Es gab sein Haus und es gab den Tempel.

Wie bei mir auch.

Es gibt ein Moment, wo der Priester ein Privatleben führt.

Er schloß sich ein und trank mit den anderen zusammen.

Von acht Uhr ab hatten sie ihr kleines Leben à part.

Vierzehn Tage, drei Wochen kam morgens derselbe Junge mit dem Seidenpyjama raus.

Dann gab es ein Drama, und der Junge wurde rausgeschmissen.

Es kam immer der Augenblick, wo die Novizen den neuen jungen Mann etwas näher sehen wollten.

Wir taten es sehr diskret.

Der junge Mann fing an, uns Avancen zu machen.

Joãozinho hatte eine entscheidende Bedeutung für die afro-brasilianischen Religionen.

Ehe Joãozinho kam, war der Candomblé auf die niederen Schichten der Gesellschaft beschränkt.

Joãozinho hat den Candomblé bei Künstlern und Intellektuellen eingeführt.

Er war selbst ein Künstler.

Er trat in Nachtlokalen auf.

Sein Tempel war immer sehr schön dekoriert.

Er hatte in seinem Tempel eine Art Tribüne, wo er die berühmten Leute hinsetzte, Militärs, Präfekten.

Anschließend bewirtete er sie pomphaft.

Bahianische Gerichte, Petit Fours, Süßigkeiten, Champagner.

Man traf sich bei ihm.

Die Gäste überboten sich mit Geschenken, um zu zeigen, daß sie dazugehörten.

Er war der Freund des Präsidenten Getulio Vargas, der den Candomblé verfolgte.

Vorne hassen sie den Candomblé und hintenrum lassen sie den Candomblé für sich arbeiten.

Präsident Kubitschek, der Gründer von Brasilia, ließ Joãozinho in den Präsidentenpalast rufen.

Joãozinho hat nie erklärt, warum er gerufen worden war.

Kubitschek hat nie selbst den Tempel von Joãozinho betreten.

Die großen Leute kommen nicht selbst.

Sie schicken ihre Schwiegermutter.

Ich glaube, Joãozinho hat die Mutter von Präsident Kubitschek eingeweiht.

Bei ihr zuhause.

Kubitschek wußte, daß man über den Besuch eines Mulatten, eines effiminierten Homosexuellen, eines Candomblépriesters im Präsidentenpalast reden würde.

Juscelino Kubitschek machte immer Gesten, die sehr weit zielten.

Er brauchte Joãozinho.

Er peilte die schwarzen Massen Brasiliens damit an.

Es hatte noch Polizeiverfolgungen bis nach dem Kriege gegeben. Noch bis 1950 zerstörte die Polizei die Heiligtümer des Candomblé. Der Candomblé Angola von Joãozinho gestattete den Gläubigen der Umbanda, zu den afrikanischen Quellen zurückzufinden.

Es gab eine Reihe von Priestern, die kamen zu ihm, weil sie jemanden brauchten, de eine größere Kraft hatte als sie.

Die Rückkehr zur Quelle kann nicht in Afrika geschehen.

Die Gläubigen der Umbanda haben nicht das Geld, um nach Afrika zurückzufahren.

Afrika ist nicht mehr das alte, traditionelle Afrika.

Auch werden die Brasilianer von den Afrikanern abgewiesen.

Die Priesterinnen der Umbanda, die sich bei Joãozinho von neuem einweihen ließen, verwandelten ihre Umbanda allmählich in einen Candomblé.

Joãozinho spielte nicht das Spiel der Politiker, der Militärs, die eine kontrollierte, simple Umbanda als Volksreligion Brasiliens vorziehen.

Er liebte die Umbanda nicht.

Die Leute des Candomblé lieben die Umbanda nicht.

Sie ist zu oberflächlich.

Joãozinho starb als König des Candomblé.

Der Verkehr kam zum Stocken.

Er starb in São Paulo.

Er starb am 17. März – offiziell am 19. März.

Es war der Tag des Orogum von Gomeia.

Der Tag, an dem man den Tempel bis Ostern schloß.

Der Präfekt von São Paulo, als er den Tumult um den toten Joãozinho sah, wollte den Angehörigen genügend Zeit lassen, um den Toten einzubalsamieren.

Der Körper mußte nach Rio transportiert werden.

Man hätte später die Götter aus seinem Schädel entfernen müssen.

Man konnte es nicht mehr machen, denn Joãozinhos Kopf war während des Einbalsamierens geöffnet worden.

Sie können es hier nicht so elegant, wie damals in Ägypten.

Ich glaube nicht, daß man auch noch eine Autopsie gemacht hat, denn er ist auf dem Operationstisch gestorben.

Mit offenem Schädel.

Was in den Zeitungen über die Totenzeremonie Sirrum gestanden hat, ist nicht wahr.

Er starb als König des Candomblé.

Er war wohl einer der brasilianischen Priester, die am meisten von den afrikanischen Riten wußten.

Er hatte ein ans Wunderbare grenzendes Gedächtnis.

Joãozinho war ein Mann der Show.

Seine Feste waren grandiose Schauspiele.

Man ging in seinen Tempel, um gewisse Götter tanzen zu sehen.

Er lehrte.

Die Leute des Candomblé verstehen es nicht, ihre Religion zu vermitteln.

Er konnte es.

Er sammelte die Riten.

Zu seinen Festen erschienen die Töchter, eine festlicher angezogen als die andre.

Sie taten alles, um das Geld aufzubringen.

Sie gingen auf den Strich.

Sie arbeiteten im Haushalt.

Sie verkauften das wenige, das sie besaßen.

Das erste Theater fand im Ronkó statt.

Welche hatte die am besten gestärkten Röcke?

Es gibt zwei Arten von Stärke.

Die eine kocht man, die andre wird roh, kalt benützt.

Wenn das Bügeleisen darübergeht, fängt das Kleid an zu glänzen, es wird spiegelglatt.

Das ist sehr schwierig, denn es klebt am Eisen.

Man benützt tausend Sachen, damit die Stärke nicht klebt.

Es gab da ein Defilée von Spitzenkleidern.

Einige dieser Frauen sind Verkäuferinnen.

Sie haben Lumpen an.

Am Tag der Gomeia, am Tag des Festes von Oxossi und von Iansa waren sie in Spitzen gekleidet und von einem Weiß, wie ich es nirgends sonst gesehen habe.

Er wußte, daß er sterben würde.

Leider habe ich alles sehr ungenau notiert.

Als er den Gehirnschlag hatte, machten sie im Tempel eine Zeremonie der Barmherzigkeit.

Alle sind in Trance gefallen.

Es gab niemanden, der wach blieb.

Es scheint, als habe man, um das Leben Joãozinhos zu erhalten, das Leben einer Reihe seiner Töchter angeboten.

Joãozinho hat überlebt, aber in den 21 Tagen, die folgten, starben sieben Eingeweihte.

Der Tod nahm nicht Joãozinho, sondern seine Kinder.

Das war 1966.

Dann setzten die Vorzeichen des Todes von Joãozinho ein.

Ein Jahr vor seinem Tod ist die Göttin Iansa an ihrem Fest erst um vier Uhr morgens gekommen.

Der Baum von Tempo verlor alle seine Blätter.

Es gab zwei oder drei andre Vorzeichen, die ich nicht notiert habe.

Er hat sein Haus nicht mehr fertigstellen können.

Wilma:

Eines Tages kam mein Vater mit meinem Freund.

Sie waren beide besoffen.

Er fing Streit mit uns an.

Er legte sich auf die Eisenbahnschienen vor unserem Haus.

Meine Mutter hatte sich mit uns im Haus eingeschlossen.

Mein Vater klopfte.

Er stand mit einem großen Stein vor der Tür.

Meine Mutter floh durchs Fenster.

Ich kämpfte mit meinem Vater.

Wir schliefen auf Pappestücken.

Wir besaßen nur, was wir auf dem Leibe hatten.

Wir mußten abends die Wäsche waschen, die wir morgens anziehen wollten.

Ich lernte den Hunger kennen.

Den schwarzen Hunger.

Wir aßen einmal am Tag.

Kaffee und Brot.

Schließlich gelang es meiner Mutter, ein altes Sofa aus dem Haus zu holen und ein paar Decken, die wir für die Hunde benutzt hatten.

Meine Mutter versuchte, gerichtlich ihre Rechte durchzusetzen.

Aber mein Vater konnte sagen, daß sie das Haus verlassen hatte, und wenn in Brasilien eine Frau die eheliche Gemeinschaft verläßt, dann verliert sie alle Rechte.

Nur für uns Kinder mußte er zahlen.

Aber das langte nie.

Wenn das Geld kam, aßen wir den ganzen Tag, und dann war es wieder alle.

Ich mußte im Bus mogeln, wenn ich zur Schule fuhr.

In der Schule hatte ich nie Brot mit.

Eines Tages wurde meiner Schwester schlecht.

Sie hatte nichts im Magen und spuckte Galle.

Eines Tages kam die doppelte Summe.

Die Bank hatte sich geirrt.

Wir konnten es nicht zurückgeben.

Es ging uns gut.

Wir aßen und konnten ein paar wichtige Dinge kaufen.

Als meine Mutter am nächsten Ersten auf die Bank ging, erfuhr sie, daß das Mädchen, das den Scheck ausgeschrieben hatte, entlassen worden war.

Man glaubte, sie hätte das fehlende Geld gestohlen.

Sie war unseretwegen entlassen worden.

Wir konnten es nicht sagen.

Mir wurde ganz schlecht davon.

Schließlich fand meine Mutter wieder eine Stelle in einem Haushalt.

Es fing an, uns besser zu gehen.

So wurde ich fünfzehn.

Ich war den ganzen Tag traurig.

Wir hatten kein Geld, um meinen fünfzehnten Geburtstag zu feiern.

Mein Vater hatte früher immer gesagt, wie er meinen fünfzehnten Geburtstag feiern würde.

Ich hatte einen Freund, der besaß eine Stereoanlage.

Abends stand er mit Mal mit seiner Stereoanlage vor der Tür und mit Platten und allem, und meine Freundinnen waren auch da und hatten Kuchen gebacken und sie brachten Geschenke.

Wir machten ein Fest.

Mittendrin kam mein Vater.

Er war betrunken und fing an, laut zu schreien.

Mein Freund war das erste Mal in unserem Haus und ich schämte mich, daß mein Vater so laut sprach.

Ich sagte: Rede ein bißchen leiser.

Er haute mir eine runter, daß ich in den Garten flog.

Er fing an, auf mich einzuschlagen und mir die Kleider zu zerreißen.

Ich stand nackt vor allen meinen Freunden.

Sie wußten nicht, was los war und fingen an, mich zu verteidigen und schlugen auf meinen Vater ein.

Ich wollte nicht mehr leben.

Ich rannte auf mein Zimmer.

Sie hinterher.

Sie wollten, daß ich in den Garten zurückkäme.

Ich wollte nicht.

Ich schluckte alle Tabletten, die wir im Haus hatten.

Ich kam ins Krankenhaus und mir wurde der Magen ausgepumpt.

Für mich war das Fest zu Ende.

Zu dieser Zeit kamen die Heiligen, die Geister, die Orisas, die Ere, die Alten Afrikaner, Oxum immer häufiger.

Ich sah mich herumtanzen.

Ich sah, ich hörte, ich fühlte alles, was geschah.

Aber ich verstand nicht, warum ich mich wie eine Alte Afrikanerin benahm.

Ogum kam.

Wann er wegging – das erinnere ich nicht.

Ich tat alles, um zu wissen, wann er wieder wegging.

Aber es gelang nicht.

Ich hatte jedes Zeitgefühl verloren.

Ich wußte nicht, wie lange ich mich in diesem Zustand befunden hatte.

Ich schwoll an.

Ich ging zu einem Herzspezialisten.

Ich war in allen Kliniken.

Sie fanden nichts.

Meine Mutter und ich fuhren zu einem Heilpraktiker in Nilopolis.

Es war ein alter Mann, der mir einen Tee und ein Badeelixier verschrieb.

Am nächsten Morgen war ich ganz abgeschwollen.

Die Schwellungen gingen weg, aber jeden Tag hatte ich etwas andres.

Ich regte mich über alles auf.

Ich hatte Depressionen.

Einmal sprach ich 14 Tage mit niemandem.

Wenn jemand mich anredete, wurde ich wütend.

Meine Mutter ging arbeiten. Sie mußte mich mit meinen Geschwistern zuhause lassen.

Sie behandelten mich alle, als sei ich verrückt geworden, und eigentlich war ich das ja auch.

Meine Mutter ging mit mir zum Neurologen, und ich fing an, Mittel zu nehmen, starke Beruhigungspillen.

Valium.

Ich nahm so viele Mittel, daß ich die ganze Zeit gedopt war.

Mit 14 hatte ich mich entschlossen zu arbeiten.

Ich arbeitete in einer Handtaschenfabrik und machte abends die Schule weiter.

1964 gab es einen Mindestlohn, etwa hundert Mark, für die Erwachsenen und einen Mindestlohn für die Minderjährigen.

Das war die Hälfte.

Es reichte für die Schule und den Bus.

Und ich bezahlte mein Mittagessen in der Fabrik.

Das wurde abgezogen.

Ich fing um halb sieben morgens an zu arbeiten.

Ich mußte um halb sechs aus dem Haus.

Die Busse waren voll.

Damals lernte ich, im Stehen zu schlafen – in den Griffen hängend.

Kam ich zu spät, wurde mir eine Stunde abgezogen.

Es war eine sehr große Fabrik.

Die Kellson.

Tausende.

Maschinen.

Das Geräusch der Maschinen.
Die Frauen perforierten das Leder.
Ein Wahnsinn.
Ich wurde erst angelernt.
Ich lernte jeden Handgriff in der Fabrik.
Ich lernte sehr schnell und bald mußte ich Überstunden machen.
Ich war die Jüngste in der Abteilung und alle liebten mich.
Ich war das Maskottchen.
Es gab mehrere Abteilungen.
Die Taschen für den Export, die wurden besser gearbeitet.
Die Kofferabteilung.
Und die Abteilung mit den schlechteren Taschen für Brasilien.
Ich arbeitete bei den schlechteren.
Es gab die Produktionsassistenten, das war ich erst.
Dann die Zubringer.
Die Abteilungsleiterin.
Und die großen Chefs.
Eines Tages ging die Abteilungsleiterin in Ferien und ich sollte sie ersetzen.
Mit 15.
Ich arbeitete wie eine Wahnsinnige.
Ich war für jeden Fehler der Näherinnen verantwortlich.
Ich hatte zehn Näherinnen zu kontrollieren.
Die Geräusche:
Abteilungsleiter, die die Näherinnen anschreien, Maschinen, Perforationsmaschinen.
Eine Welt aus Lärm.
Es war eine solche Spannung.
Die Leute respektierten mich nicht als Abteilungsleiterin.
Mir wurde eine Lohnerhöhung versprochen, aber die Monate gingen vorüber.
Eines Tages hatte die Zubringerin alles verwechselt.
Die Böden der Taschen waren mit falschen Oberteilen zusammengenäht worden.
Am Ende des Tages hatten die Näherinnen mir 1200 Taschen abzuliefern.

Ich hatte sie sauber verpackt abzuliefern.

Als ich mittags die 600 abnahm, waren sie alle falsch zusammengenäht.

Ich hatte eine nervöse Krise.

Ich war zwei Stunden ohne Bewußtsein.

Ich schlug um mich.

Sie haben mich nicht mal nach Hause geschickt.

Ich kriegte eine Pille.

Ich durfte duschen und mußte weiterarbeiten.

Abends um halb sieben kam ich aus der Fabrik.

Ich duschte in der Fabrik und fing um halb acht in der Schule an.

Bis elf.

Um halb zwölf aß ich zu Hause.

Mittags in der Fabrik gab es Reis, Bohnen. Jeden Tag was andres.

Mit viel Bikarbonat.

So schweres Essen.

Fleisch.

Es gab Nachtisch.

Zu dieser Zeit war mein Vater schon ruhiger geworden.

Er hatte eine Bude auf dem Markt erworben und arbeitete da, er hatte in Nilopolis einen Gemüseladen.

Ich sagte in der Fabrik: Entweder bezahlen Sie mir einen anständigen Lohn oder ich arbeite nicht mehr.

Ich blieb 14 Tage zu Hause.

Mein Chef versprach mir eine Zulage und ich kam zurück.

Aber ich kriegte keine Zulage.

Nach einem Monat holte ich mir meine Papiere.

Ich suchte andre Arbeit.

Ich arbeitete für eine Versicherung.

Ich verkaufte Policen für die Boavista.

Die Tür wird einem ins Gesicht geknallt oder die Leute lassen die Hunde auf einen los.

Der Chef nannte mich Dona Wilma.

Dona Wilma, ich muß mit Ihnen sprechen.

Sie haben sehr hübsche Beine.

Als Sie sich vorhin bückten, sah ich Ihren Busen.

Warten Sie bitte vor meinem Wagen auf mich.

Ich dachte: Es kostet ja nichts. Mal sehen.

Er kam und sagte: Wilma, du kannst dich reinsetzen.

Er sagte: Würden Sie mitkommen, wenn wir es uns gemütlich machten?

Nein.

Es ging noch hin und her.

Er setzte mich mitten auf der Straße nach Nova Iguaçu ab, den nächsten Tag war ich entlassen.

Ich versuchte andre Arbeit zu finden.

Fabriken.

Büros.

Ich fand nichts.

Ich fing an, die Umbanda regelmäßig zu besuchen.

Eines Tages, als sie dort für Exú sangen, kam meine Pomba Gira und ich fiel in Trance.

Ganz.

Ich konnte nichts mehr sehen.

Das war gegen elf Uhr abends.

Als ich wieder zu mir kam, war es sieben Uhr morgens.

Pomba Gira hatte die ganze Nacht hindurch gearbeitet, Konsultationen gemacht, Ratschläge erteilt.

Als Pomba Gira wegging, fühlte ich mich todmüde.

Ich hatte die ganze Nacht Cachaça getrunken – Pomba Gira hatte die ganze Nacht Cachaça getrunken.

Meine Zunge war ganz dick, denn Pomba Gira rauchte die ganze Nacht durch.

Ehe die Orisas kommen, fühlt man sich ganz kalt.

Man fängt an zu zittern.

Der ganze Körper.

Ich zitterte derart, daß sich mein künstliches Gebiß lockerte, das ich seit dem Autounfall trage.

Ich mochte diesen Zustand nicht.

Ich tat alles, daß er nicht einträte.

Ich bittelte und bettelte.

Es war keine Todesangst, aber es war das unangenehme Gefühl, daß man lange Zeit nicht mehr weiß, was man tut.

Damals gab es schon den Krieg zwischen den beiden Frauen Oxum und Iansa in meinem Kopf.

Wenn für Iansa getrommelt wurde, kam Oxum, und wenn für Oxum getrommelt wurde, kam Iansa.

Mein Kopf wurde ein Chaos.

Ich selbst verstand mich nicht mehr.

Pomba Gira war die stärkste.

Ich ging auf die Straße.

Ich fühlte mich groß.

Ich fand, ich sei ein Wunder an Frau.

Ich wurde von allen Männern bewundert.

Die Männer rannten auf mich drauf.

Die ganze Zeit über hörte ich ein Gurgeln.

Ich träumte jede Nach von ihr.

Aber ich sah nie ihr Gesicht.

Der Körper einer skandalösen Frau mit viel Schmuck.

Die Träume von Oxum waren sehr kompliziert.

Sie mußten erst erklärt werden.

Ich träumte von einem Gericht, von einer Rose.

Aber ich wurde nie in die Umbanda eingeweiht.

Die ganzen zwei Jahre über, die ich regelmäßig die Umbanda besuchte, hat die Priesterin kein einziges Mal ihre Hand auf meinen Kopf gelegt.

Seit ich diese Umbanda besuchte, fühlte ich mich sehr gut.

Die Leute kamen und sagten: Ihre Alte Afrikanerin hat mir geholfen.

Ihr Caboclo-Indianer hat mir etwas Wunderbares verkündet.

Und daß sie mir das sagten, das tat mir gut.

Dadurch fing ich an, mich selbst zu verstehen.

Die Kunden in der Umbanda bezahlen nichts – eine Kerze für Oxum, Cachaça für Pomba Gira, das ist alles.

In dieser Umbanda lernte ich eine Dame kennen, die hier in der Zone Süd wohnte, in Copacabana.

Sie lebte allein.

Sie mochte meine Alte Afrikanerin so gerne.

Sie brauchte jemanden, der bei ihr lebte und ihr half.

Ich nahm an, unter der Bedingung, daß ich weiter auf die Abendschule gehen dürfe.

Ich wurde eben 17 Jahre alt.

Ich machte das Essen.

Sie gab mir Geld für Kleider.

Und ich fing an, sie Mutter zu nennen.

Ich hatte jetzt Freunde aus der Zone Süd.

Ich fing an, die Zone Süd zu kennen.

Ich fing an, ein Mädchen zu sein, das in der Zone Süd lebt.

Ich hörte auf, ein Mädchen aus der Vorstadt zu sein, aus der Favela, aus der Zone Nord.

Ich fühlte mich schlecht, denn ich hatte nicht genug Geld, um mir soviele Kleider zu kaufen wie meine Freundinnen.

Ich wurde zu Festen eingeladen.

Aber die Dame glaubte, ich sei noch Jungfrau – sie mochte das nicht.

Ich wollte unabhängiger werden und beschloß, einen Kursus als Krankenschwester zu machen.

Das ging ein Jahr so.

Dann mußte ich das Praktikum als Krankenschwester machen.

Ich sagte, daß ich nicht mehr im Hause arbeiten könnte.

Die Dame war damit nicht einverstanden.

Ich entschied mich, das Haus zu verlassen und mein Praktikum zu absolvieren.

Und ich hatte alle meine Freunde.

Ich kannte viele Ärzte.

Ich ging auf Feste.

Ich besuchte Bars.

Ich kannte einen Mann von 35 Jahren.

Sehr gut situiert.

Er wollte mich heiraten.

Osvaldo.

Er war wahnsinnig nett zu mir.

Ich mochte ihn nicht.

Er half mir sehr.

Ich sagte ihm: Ich mag Sie nicht. Es hat keinen Zweck.

Ich ging mit ihm aus.

Wir machten was zusammen.

Ich hatte immer Tausende von Liebhabern.

Er tat mir leid.

Er half mir.

Er kaufte mir Sachen.

Es war eine Art Prostitution.

Im Bett war es furchtbar.

Ich mochte ihn nicht.

Er war wahnsinnig nett zu mir.

Wenn ich sagte: Osvaldo, ich brauche Sie! – dann war er immer bereit, mir zu helfen.

Ich fand es nur gerecht, daß ich ihm etwas dafür gab.

Und das einzige, was ich ihm geben konnte, war mein Körper.

Ich hatte einen Liebhaber in São João de Miriti, den ich wirklich liebte.

Aber ich wußte, daß ich nie mit ihm zusammenbleiben würde, weil er ein niedrigeres intellektuelles Niveau hatte als ich.

Er war Polizist.

Der nur Blödsinn in seinem Leben gemacht hat, wie jeder Polizist.

28 Jahre alt.

Er trinkt.

Aber ich mag ihn gern.

Er ist gut im Bett.

Wir machen es heimlich.

Ich war immer so das saubere Mädel, da, wo ich wohnte.

Wenn ich was machte, dann war es weit weg.

Also, wenn ich an den Wochenenden meine Mutter besuchte, hatte ich es mit ihm.

In der Woche hatte ich es mit Osvaldo und wenn ich meine Mutter am Wochenende nicht besuchte, hatte ich es mit meinen Freunden aus der Zone Süd.

Aber ich hatte es mit den anderen nur, weil ich den Polizisten vergessen wollte, denn ich wußte, daß es mit ihm nicht gut gehen würde.

Ich mochte ihn zu gerne.

Er war ganz hübsch.

Schwarz.

Aber hübsch.

Er hatte viel Charme.

Er war mager.

Sehr mager.

Aber gut im Bett.

Es ist unwichtig, ob er ihn klein oder groß hat, wenn ich mich gut fühle.

Man braucht nicht einmal Liebe zu machen.

Er muß zärtlich sein.

Ich habe nie einen großen Schwanz gesucht.

Einmal war ich mit einem zusammen, der hatte einen übertrieben großen, und ich habe nichts mit ihm gemacht und wollte ihn nie wiedersehen.

Für mich ist der Sex kein Wettbewerb.

Man muß es nicht drei- oder viermal machen.

Einmal gut ist besser.

Die Zärtlichkeit ist wichtig.

Zärtlichkeit geht mir über alles.

Ich fing mein Praktikum an.

Das ging von 7 Uhr abends bis 7 Uhr morgens.

Ich schlief bis 11 und ging anschließend in die Schule.

Drei Monate praktizierte ich, ohne was zu verdienen.

Ich fiel in der Schule ab.

Ich schlief nicht genug und ich ernährte mich nicht genug.

Ich mochte nicht um Essen bei meiner Tante bitten.

Ich hatte schon um Unterkunft gebeten.

Als Krankenschwester, als Frau verdiente ich weniger als den Mindestlohn.

Ich wurde in der Schule schlecht.

Einmal fehlten mir bei der Abschlußprüfung noch fünf Punkte in Physik.

Ich arbeitete die ganze Nacht durch.

Ich betete zu meinen Heiligen.

Ich trank die ganze Nacht Coca Cola, weil sie sagen, daß das den Schlaf vertreibt.

Als die Lehrerin reinkam und die Prüfungsaufgaben verteilte, hatte ich eine Nervenkrise.

Ich schlug um mich und verlor das Bewußtsein.

Die Ambulanz wurde gerufen, und die spritzten mir 10 Milligramm Valium.

Ich schlief zwei Tage.

Als ich aufwachte, hatte ich die Prüfung nicht bestanden.

Mein ganzer Körper tat weh.

Ich ging zum Neurologen, und der verschrieb mir wieder Beruhigungsmittel.

Ich nahm zwei Pillen.

Eine abends, um durch die Nacht zu kommen, und eine für den Tag.

Die für den Tag war stärker.

Ich kam gedopt in die Schule.

Bei der Arbeit fühlte ich mich dynamischer.

Ich liebte meine Arbeit.

Die Schule war ein Zwang.

In der Schule ging es nicht weiter.

Ich verließ das Zimmer bei meiner Tante

Ich verließ das Krankenhaus.

Ich arbeitete bei einem Zahntechniker.

Da verdiente ich etwas mehr, den Mindestlohn, umgerechnet 150 Mark etwa.

Ich lebte in einem Heim.

In meinem Zimmer schliefen acht Mädchen und ich bezahlte umgerechnet 25 Mark im Monat.

Im Sommer war da eine Hitze in den Zimmern.

Ich wohnte da fast ein Jahr.

In der Pension mußte jeder selbst kochen.

Manchmal kaufte ich Fertiggerichte im Supermarkt.

Im Heim freundete ich mich mit einem Mädchen an.

Sie hatte keine Angehörigen und lebte seit ihrem zehnten Lebensjahr in Heimen.

Es war, als wäre sie meine Tochter.

Sie war 15.

Ich teilte das Essen mir ihr.

Ich kam für sie mit auf.

Manchmal hatten wir nichts zu essen.

Ach, das vergaß ich, mein Vater war gestorben.

An Herzversagen.

Mein Vater war gestorben, ehe ich in die Zone Süd ging.

Als ich arbeitslos geworden war, nachdem ich die Versiche-rungspolicen verkauft hatte, da arbeitete ich mit meinem Vater zusammen auf dem Markt und verkaufte Bananen.

Ich mochte es gerne.

Mein Vater störte schon nicht mehr.

Er war schwach.

Er war noch jung.

Er starb an Herzversagen.

Er starb mit 48 Jahren, ungefähr.

Er hatte Buden auf dem Markt, und ich kümmerte mich um eine dieser Buden.

Abends ging ich in seinen Laden und tauschte meine Bananen gegen Lebensmittel für zu Hause.

Am Ende eines Marktes beginnt das Tauschen.

Alle Verkäufer tauschen gegenseitig ihre Waren aus.

Mein Vater gab mir auch ein bißchen Geld für zu Hause.

Er lebte getrennt von uns in Nilopolis.

Wir hatten uns schon angewöhnt, ohne ihn zu leben.

Er lebte ganz allein in einem Zimmer.

Er kriegte Herzanfälle.

Atemnot.

Er war die meiste Zeit im Krankenhaus.

Eines Tages kam meine Alte Afrikanerin zu mir nach Hause und hinterließ eine Nachricht.

Mein Vater brauchte mich.

Es wären die letzten Tage seines Lebens.

Ich glaubte das nicht.

Ich glaubte nie, was sie sagten.

Ich glaubte es und ich glaubte es nicht.

Die Kinder sollten ihn besuchen.

Ich ging zu seinem Gemüseladen.

Der war zu.

Die Nachbarn wußten nicht, wo er war.

Sieben Tage später kam mein Bruder, einer seiner Söhne, mein

Halbbruder, zu uns und sagte, er hätte die Nachricht bekommen, daß mein Vater tot sei.

Ich empfand gar nichts.

Das Komischste war, daß ich die Nachricht erwartet hatte.

Ich war vorher beim Friseur gewesen.

Ich hatte mir schwarze Kleider zurechtgelegt in der Nacht, in der er gestorben ist.

Ich ging zu meiner Mutter und sagte: Wir werden eine Nachricht erhalten, eine schlimme Nachricht.

Wir mußten ins Krankenhaus, um die Leiche zu identifizieren.

Er lag da auf einem großen Stein.

Ich wollte nicht nahe herangehen.

Die Krankenschwester gab uns seine Sachen, die Kleider.

Meine Mutter ging nahe an ihn heran.

Ich fühlte nichts.

Ich weiß nicht, ob der Schock so groß war, daß ich nichts fühlte, oder ob ich einfach nichts fühlte.

Dann kam die große Aufregung.

Die Verwandten mußten benachrichtigt werden.

Wo sollte er beerdigt werden?

Als er noch lebte, hatte er immer gesagt, daß man ihn nie in die Erde legen würde.

Er wollte immer in einer Grabkammer, in einer Mauer beigesetzt werden.

Als wir nun seine Papiere durchsahen, entdeckten wir, daß er seine Grabkammer schon bezahlt hatte.

Er wollte immer auf dem Friedhof in Cajú beigesetzt werden.

Aber an diesem Wochenende, am Wochenende sterben immer so viele Leute, hatten sie auf dem Friedhof von Cajú keinen Platz.

Aber wir zeigten ihnen die Quittung, daß er alles bezahlt hatte, und so ging er nach Cajú.

Es waren nur wenige Leute da.

Und wenig Blumen, weil wir kein Geld hatten.

Meine Mutter weinte viel.

Alle meine Brüder weinten.

Mein jüngster Bruder hatte ihn sehr gerne gehabt.

Ich sah nur einmal auf den Körper und ging gleich wieder raus.

Alle sagten: Warum weint Wilma nicht. Sie hat kein Herz.

Im Grunde fand ich es gut, daß er gestorben war.

Als er tot war, wurde alles besser.

Wir brauchten keine Angst mehr zu haben.

Es war nur traurig, als wir seine Sachen aus dem Zimmer abholten.

Wir entdeckten, wie sehr er meine Mutter geliebt hatte.

Er hatte den Namen meiner Mutter in alle Ecken geschrieben, auf alle Sachen, in die Bücher.

Er hatte ein Bild meiner Mutter unter dem Kopfkissen gehabt.

Er hatte Platten gekauft und die Melodien angekreuzt, die ihn an meine Mutter erinnerten.

Die ganze Zeit über.

Als er die ganze Unruhe gestiftet hatte.

Er drückte seine Empfindungen auf eine andre Weise aus.

Mit Aggressivität.

Nicht mit Zärtlichkeit.

Ich war 16, fast 17, als er starb.

Gisèle:

Ich werde also eingeweiht.

Wir kehren nach Frankreich zurück.

Wir hatten furchtbare Spannungen.

Ich war nach Dahomey zurückgekehrt.

Ich hatte jetzt einen afrikanischen Namen.

Seit meiner Einweihung.

Ich hatte Angst.

Ich habe meinen afrikanischen Namen nicht genannt.

Ich traf Pierres Informanten.

Er brachte mich nach Ketu.

Ich war im Sakete.

In Pobe.

Ich war bei den Fon in Savanlu.

Ich kaufte unerhört viele Sachen, um sie mit nach Brasilien zu nehmen.

Ich habe einmal für Nanã gesungen, und alle Frauen haben sich mir zu Füßen gelegt.

Ich war in Ouidah und in Lomé.

Ich konsultierte einen Wahrsager, und er sagte mir: Du wirst nach zehn Jahren wiederkommen.

Nach zehn Jahren war ich wieder da.

Die Rückkehr zur Quelle war wundervoll.

Ich opferte für Xango.

Ich bin nicht in Trance gefallen.

Ich hatte große Angst, in Afrika in Trance zu fallen.

Ich kam nach Rio zurück und mußte 200 Mal meine Afrikareise erzählen..

Ich war der Star.

Ich hatte afrikanische Stoffe mitgebracht.

Mein geistlicher Vater war glücklich.

Er hat sie alle behalten, und als sein Sohn als Würdenträger konfirmiert wurde, warf Joãozinho die afrikanischen Stoffe auf die Erde, und sein Sohn tanzte darüber hin.

Ich fing an, die Lieder mitzuschneiden.

Mein Mann konnte Brasilien nicht mehr ertragen.

Man bot ihm eine Stelle an im Quay d'Orsay.

Als Inspecteur des Bâtiments Scolaires.

Er reiste zwischen Lille und Paris.

Die meiste Zeit in Paris, lebte er bei seiner Mutter.

Ich blieb noch sechs Monate in Brasilien, um das Botschaftsauto günstig zu verkaufen.

Ich habe den Chevrolet sehr gut verkauft – sie hatten mir bei Joãozinho die Kauris geworfen.

In Paris hatte ich keine Trancen.

Mein geistlicher Vater hatte mir beigebracht, wie ich mich selbst zurückrufen könnte, wenn es losging.

Ich wurde krank.

Die Eierstöcke.

Mit Peritonitis.

Der ganz große Zirkus.

Mit meinem Mann ging es ganz schlecht.

Ich sagte mir: Wenn ich nicht schnell einen Posten als Lehrerin kriege, bin ich aus der Beamtenlaufbahn raus.

Ich hatte einen Horror davor.

Ich lasse mich als Aushilfslehrerin einstellen.

In diesem Zusammenhang schlug ich Roger Bastide an der Sorbonne meine Dissertation über den Candomblé vor.

Also den Candomblé der Angola in Rio de Janeiro.

Das heißt: Mein geistlicher Vater Joãozinho da Gomeia.

Roger Bastide war einverstanden.

Mein Mann war abgehauen.

Er schickte nicht genug Geld.

Ich bezahlte Miete bei meinen Eltern, denn ich wollte nicht, daß sie sagen konnten, sie hätten mir geholfen.

Ich sagte meinen Kindern: Wir sind am Nullpunkt.

Wir werden Reis essen und gelegentlich etwas Salat.

Milch ist billig.

Und Pferdebeefsteak.

Sie sagten: Das macht nichts. Wir mögen Pferdebeefsteak sehr gern.

Ihr Vater hatte ihnen ein Boot gekauft.

Das einzige, was sie wollten, war im Sommer wieder an der Côte d'Azur zu segeln.

Wir zelteten.

Ich habe vergessen, mein Mann liebte den Alpinismus.

Er hatte mich über alle Gletscher der Alpen geschleift.

Ich konnte das nicht ausstehen.

Ich habe einen Horror vor Kälte.

Er sagte, das sei gesund. Wir müßten unsere Gesundheit wieder aufbauen nach den Jahren in den Tropen.

An der Côte d'Azur schrieb ich meine Dissertation über Joãozinho da Gomeia.

67 bezahlte mir die Universität ein Ticket nach Rio, damit ich meine Recherchen vervollständigen konnte.

Ich nahm alle meine heiligen Steine in einem Säckchen mit, und Joãozinho hat sie in Suppenterrinen umgefüllt.

Ich veranstaltete in Rio die Opfer zum dritten Jahrestag meiner Einweihung.

Etwas spät.

Ich packte alles wieder ein und fuhr an die Sorbonne zurück.

70 kam ich wieder.

Mai 68 erlebte ich mit einem Sohn, der im Comité der Ecole des Beaux Arts saß.

Meine Schüler fingen endlich an zu diskutieren.

Es war phantastisch.

Die anderen Lehrer spielten hysterisch, denn sie glaubten, sie würden in Frage gestellt: Sie begriffen nicht, es war das System, das in Frage gestellt wurde.

Mein andrer Sohn hüpfte vor der Polizei herum.

70 fuhr ich nach Rio, um die Opfer zum siebten Jahrestag meiner Einweihung nachzuholen.

Joãozinho gab mir und drei anderen das sogenannte Deka, des uns erlaubte, Priester zu werden.

Ich hatte nie die Idee gehabt, Candomblépriesterin zu werden.

Als ich nach Rio zurückkam, wollte ich meine Götter in einem Haus unterbringen, das mir gehörte.

Das war alles.

Ich wollte in Rio sterben.

Im Augenblick des Todes muß eine Zeremonie gemacht werden, die den Gott wieder aus dem Kopf befreit.

In Frankreich hätte das niemand machen können.

Kurz nachdem Joãozinho mir das Deka übergeben hatte, ist er gestorben.

Da hatten eine geistliche Schwester von mir und ich die vage Idee, einen Tempel aufzumachen.

Die Schwester ist bald darauf gestorben.

Träume beeinflussen mich sehr.

Praktisch träume ich nie.

Wenn ich träume, ist es etwas Wichtiges.

Als mein Mann mich verlassen hat.

Ich erkenne immer erst hinterher die Bedeutung des Traums.

Ich kannte Pierre noch nicht.

In Afrika hatte ich einen Traum.

Ich sah einen Mann, groß, weiß, und vor ihm stand ein kleiner Mann, weißgekleidet.

In Paris lernte ich Pierre kennen.

Pierre suchte meine Bekanntschaft.

Er hatte eher einen Bauch.

Eines Tages zeigte er mir in Salvador Fotos von sich.

Es war der Mann aus meinem Traum.

Und der kleine schwarze Mann war Oxaguian.

Das ist die Gottheit Pierres.

Ich finde, die Schwarzen sind schöner als die Weißen.

Sie sind harmonischer.

Sie sind runder.

Sie haben mehr Grazie.

Die Weißen sind eckiger.

Ich beunruhigte Pierre, denn er wußte von Anfang an, daß ich eingeweiht worden war.

Pierre gibt vor, er sei auch eingeweiht, in Afrika, als Babalawo.

Pierre hatte wohl die Idee, daß ich zu Obaraim stoßen würde.

Das ist der junge Mann, den Pierre beriet, als er in Salvador einen Tempel eröffnete.

Obaraim ist sehr verführerisch, aber er ist kein guter Freund.

Er hat mir sehr geholfen, aber er hatte sich in den Kopf gesetzt, daß er meinen Tempel übernehmen würde.

Er wollte daraus seine Filiale in Rio machen.

Er ist homosexuell.

Er hat einen Fehler, den alle Leute im Candomblé haben: Er ist sehr freundlich, aber er hat immer etwas im Sinn.

Er merkt sich jede Ihrer Schwächen.

An dem Tag, an dem Sie nicht mehr so wollen wie er, holt er alles raus, was Sie an Fehlern begangen haben.

Ich sprach mit ihm sehr offen.

Ich habe keinerlei Freiheit, wenn ich mit meinen geistlichen Töchtern rede, mit meinen Kunden.

Er kam als Freund, und wir redeten den größten Quatsch.

Was er im Bett machte, was ich im Bett machte.

Ich sagte unglaubliche Dinge: Du kannst mir erzählen, was du willst, du kannst nur eine Tür öffnen, eine Frau hat zwei.

Und später hat er alles das gegen mich rausgeholt.

Er hat meine ganze Gruppe durcheinandergebracht.

Er kannte alle Tricks des Candomblé.

Pierre war nicht da.

Pierre war gerade in Afrika.

Obaraim ging es sehr schlecht.

Sein Tempel war eingestürzt.

Ich hatte ihm Geld gegeben, daß er das Dach reparieren konnte.

Pierre und ich waren sehr befreundet.

Er lehrte mich, aus den Kauris wahrsagen.

Er gab mir das Heft einer gewissen Agrippina, vom Apo Afonja, in dem unglaublich viele Dinge stehen, Lieder, Legenden.

Senhora hatte es ihm gegeben.

Ich habe die Fotokopie in meinem Tempel.

Pierre hat mir gesagt, daß er mir alle seine Aufzeichnungen über die Pflanzen vererben würde.

Aber es ist nicht gesagt, daß die Aufzeichnungen nicht von anderen Wissenschaftlern gestohlen werden, wenn er stirbt, ehe ich aus Rio nach Salvador komme.

In Rio gibt es viele Priester, die mehr wissen als ich.

In Salvador.

Aber ich bin als Priesterin in einer schwierigen Situation.

Wie soll ich zu ihnen gehen und sie um etwas fragen?

Die Rivalität im Candomblé ist viel zu groß.

Ich hatte heute einen fürchterlichen Tag.

Sie können sich die Eifersüchteleien in einem Candomblé gar nicht vorstellen.

Ich weiß nicht, manchmal habe ich das Gefühl, als müßte ich da öfter mal raus!

Ich kapsel mich ganz ein und verliere jeden Kontakt.

Mir hat eine Freundin gesagt: Du gibst ihnen alles und sie geben dir nichts.

Das stimmt.

Bis ich pensioniert werde, ist es ziemlich schwierig.

Gelegentlich kommt im Candomblé nicht so viel rein.

Wenn ich meine Pension vom französischen Staat beziehe, habe ich wenigstens keine finanziellen Sorgen mehr.

Es ist herrlich, wo mein Tempel ist, wo ich wohne.

Ich stehe manchmal morgens um fünf auf und gehe durch den Wald.

Man vergißt alles.

Bäume.

Tau.

Die Luft ist rein.

Es ist schon saukalt jetzt am Morgen.

Nachts ist es nicht sehr gemütlich.

Ich fahre nachts nicht gerne durch die Baixa Fluminense.

Es gilt als das kriminellste Gebiet der Welt.

Santa Cruz liegt am Rande.

Es ist gerade noch Vorstadt.

Dahinter beginnt das Land.

Der kleine Wald hinter meinem Tempel dient der Polizei zu Hinrichtungen.

Nachts hörte man die Schüsse und morgens fand man die Leichen.

Die Polizei macht, was sie will in der Vorstadt.

Sie holte sich Reis und Bohnen bei den Händlern und bezahlt nicht.

Sie kassiert in den Bars und Restaurants und läßt sie dafür in Ruhe.

In den Bars treffen sich alle Kriminellen der Vorstadt.

Die Polizei deckt sie und macht mit.

Auch mich hat man verschiedentlich ausgeraubt.

Ich habe eine Pistole eingebüßt, einen Turmalin und Geld.

Ich weiß, wer es war.

Ich habe nichts gesagt.

Und als er mich bat, seine kranke Mutter ins Krankenhaus zu fahren, habe ich es getan.

Ich habe auch die Beerdigung bezahlt.

Die Polizei fing auch bei mir an.

Ein Polizist kam und wollte meinen kleinen Hund kaufen.

Ich verkaufe den Hund nicht.

Aber ich möchte ihn so gerne kaufen.
Schließlich zog er damit ab.
Er hat nie was bezahlt.
Inzwischen habe ich wieder eine Pistole.
Aber ich habe es niemandem gesagt.
Also wenn nachts bei mir ein Mann kommt, den ich nicht kenne,
oder sie fangen an, die Dachziegel abzudecken und einzusteigen
– ich schieße.

Wilma:
Mein erster Kuß war mit 8, 9 Jahren.
Ein Kuß, Kuß, ein ernster Kuß.
Es war mein kleiner Freund.
Es war dieser Genuß der Kindheit.
Es war ganz rein und schön.
Ein Kinderkuß, aber ganz ernst im Grunde.
In diesem großen Haus, als mein Vater Präsident geworden
war.
Mein Vater war damals noch nicht komisch.
Das fing erst in Pavona an.
In Pavona hatte ich einen anderen Freund.
Das war schon eine Liebe zwischen heranwachsenden jungen
Leuten.
Eine Liebe vor der Menstruation ist etwas ganz andres.
Man fühlt es nicht so tief.
Es ist leicht.
Man stellt sich vor, wie es sein wird, wenn man menstruiert.
Danach sind alle empfindlichen Stellen aufgeweckt und man
fühlt es überall, im Nacken, an den Schenkeln, an den Brüsten.
Es ist nicht länger mehr die Phantasie, es ist Realität.
Mit zwölf nahm er mir meine Unschuld.
Es war ganz kindisch.
Wir hatten immer alles gemacht.
Er faßte mir an den Busen und er machte es von hinten zwischen
meinen Beinen, und eines Tages spielten wir in einem verlasse-
nen Haus rum und da stieß er es rein und ich fühlte einen
Schmerz.

Ich wurde wütend auf ihn.

Du hast mich verletzt.

Es kam mir gar nicht der Gedanke, daß ich meine Unschuld verloren haben könnte.

Erst mit 15 machte ich es richtig und dachte, ich hätte meine Unschuld verloren.

Drei Jahre später.

Ich hatte sogar meiner Mutter geschworen, daß ich noch Jungfrau sei.

Die Leute sagten, ich sei eine Prostituierte, und sie sprachen mit meiner Mutter.

Aber ich fand das nicht häßlich und schlecht.

Wir machten alles.

Ich masturbierte ihn.

Er masturbierte mich.

Analkoitus machten wir nicht.

Das war nie meine Stärke.

Oral auch nur selten.

Ich war sehr erregt in dieser Zeit.

Ich lernte lesen mit erotischen Geschichten und verbrachte Stunden mit Masturbieren auf der Toilette.

Ich masturbiere nicht gern.

Ich finde, es ist eine sehr leere Angelegenheit.

Das Schönste ist, die Wärme eines anderen Menschen zu fühlen.

Nach dem Masturbieren fühlte ich mich immer sehr schlecht.

Ich spreche wahnsinnig gern über solche Sachen.

Ich beobachtete meine Eltern mehr aus Neugier, um zu wissen, wie es gemacht wird.

Mein Vater war ein ziemlicher Quadratschädel.

Wie jeder Bahianer war er sehr macho.

Sex war für ihn, eine Frau aufs Bett zu schmeißen.

Sex war für ihn nichts Schönes.

Es war nur etwas Instinktives.

Als meine Mutter das Haus verlassen hatte, versuchte er, was mit mir zu machen.

Als ich allein mit ihm lebte.

Ich empfand Furcht vor ihm.

Wenn er getrunken hatte, rief er mich aufs Zimmer und legte mir die Hand auf den Busen.

Und ich fand immer eine Ausrede, ich habe etwas auf dem Feuer stehen lassen, um zu entkommen.

Meine Mutter war ihm immer treu geblieben.

Sie lebte nur für die Familie.

Sie war die Hausangestellte unserer Familie.

Morgens früh drückte sie die Zahnpasta auf die Zahnbürste meines Vaters und putzte ihm die Schuhe blank, damit er hübsch aus dem Haus ging.

Andre Männer müssen ihr vorgekommen sein, als wären sie weiblichen Geschlechts.

Der Fall meines Vaters ist mir bis jetzt ganz unerklärlich.

Vielleicht war er eifersüchtig auf mich?

Ein Vater liebt seine Tochter und plötzlich sieht er, daß sie mit einem anderen Mann geht.

Er erfand diese Geschichte mit meinem Freund und meiner Mutter vielleicht, um sich von der Eifersucht auf mich abzulenken.

Ich war damals 12 und er 45.

Als mein Vater zu trinken begann und plötzlich ganz verändert und eifersüchtig vom Markt kam, konnte er vielleicht nicht mehr so oft wie früher.

Früher war er ein großer Frauenheld gewesen.

Meine Mutter wußte das.

Wir wußten das alle.

Als die Schwierigkeiten anfingen, ging er nicht mehr so oft aus.

Er machte es auch nicht mehr so oft mit meiner Mutter.

Früher täglich, dann nur noch selten.

Er regte sich über die kleinsten Dinge auf.

Ich durfte meine Mutter nicht ansehen, dann sagte er gleich: Was macht ihr euch für Zeichen.

In dem Heim wurde ich schwanger.

Ich wußte nicht, wer der Vater war.

Ich wollte abtreiben.

Ich ging zu einem Arzt in Caxias.

Er machte es schlecht.

Er ließ die Plazenta drin.

Ich wußte nicht, daß ich mit der Nachgeburt im Bauch rumlief.

Einen Monat lang.

Ich hatte immer Schmerzen.

Aber da ich auf der Geburtsstation gearbeitet hatte, kannte ich die Mittel und nahm Antibiotika und etwas gegen die Blutungen.

Eines Tages kriegte ich sehr starke Blutungen und wurde mit Blaulicht eingeliefert.

Ich war mit zehn Müttern auf einer Station.

Alle hatten ihr Baby.

Ich war die einzige, die keins hatte.

Ich mußte 14 Tage bleiben, denn es traten Komplikationen ein.

Ich hatte nur das Glück, daß es die Ärzte waren, mit denen ich gearbeitet hatte.

Hier in Rio, wenn eine Frau eine Abtreibung hat machen lassen und sie kommt zur Ausschabung auf die Geburtsstation, dann wird sie besonders schlecht behandelt.

Wenn sie Schmerzen hat – sie geben ihr nicht die geringste Hilfe.

Als ich aus dem Krankenhaus kam, fing mein normales Leben wieder an.

Ein paar Monate später lernte ich Sasso kennen.

Ein Neger wurde in den besseren Vierteln als ein Vagabund angesehen.

Und mein Vater war ein Neger in der Position eines Weißen.

In der Schule merkte ich nichts vom Rassismus.

Ich weiß nicht, ob es da keinen gab oder ob ich ihn nicht bemerkte.

Bis heute gelingt es mir nicht, Weiße oder Schwarze zu sehen.

Ich sehe nur Personen.

In der Favela, damals, gab es schon Fememorde der Polizei.

Ich hörte nur: Ach, da ist ein Neger, ein Vagabund umgekommen.

Meine Mutter ließ uns da nicht hin.

Sie machte es nicht plump.

Sie machte es sehr geschickt, und wir Kinder lernten die Probleme der Favela nicht kennen.

O, ich vergaß, mein Vater war eines Tages überfallen worden.

In der Favela.

Er war noch nicht Präsident.

Er war noch Schatzmeister.

Er war zusammengeschlagen worden.

Das Gesicht war ganz gebrochen.

Er hatte Hämatome überall.

Aber unsere Mutter war sehr subtil in solchen Sachen.

Ich weiß bis heute nicht, was eigentlich geschehen ist.

Er mußte einen Monat lang im Bett bleiben.

Rassismus lernte ich hier in der Zone Süd kennen.

Als ich bei der Dame wohnte, dachte der Portier zuerst, ich sei die Angestellte, und ich mußte den Lieferanteneingang benutzen.

Wenn ich meine Freundinnen besuchte, um Schularbeiten mit ihnen zu machen, zwangen mich die Portiers, den Lieferanteneingang zu benutzen.

Eines Tages, als ich eine Freundin besuchen wollte, schlug mich der Portier.

Wir prügelten uns.

Ich war mit einer anderen Freundin, und die machte einen großen Skandal.

Der Portier war dunkel.

Er schmiß meine Freundin an die Wand.

Das nächste Mal, als ich Arbeit bei einer Bank suchte.

Ich las eine Annonce. Die Banespa suchte Arbeitskräfte.

Ich ging hin, um mich zu bewerben.

Da waren 20 Mädchen. Weiße. Dunkle. Die einzige Negerin war ich.

Ich füllte alles aus.

Als ich reingerufen wurde, sagte der Geschäftsführer vor allen Leuten: Sie erfüllen alle Ansprüche, aber leider können Sie hier nicht arbeiten. Leider stellt die Banespa keine Farbigen ein.

Ich konnte es gar nicht fassen.

Ich hatte nie geglaubt, daß es so stark sei.

Ich dachte, daß es nur in Hochhäusern existierte, bei dummen Leuten, bei Analphabeten.
Aber in einer Bank wie der Banespa!
Das einzige, was ich sagen konnte, war: Haben Sie schon »In Afrika sind die Götter schwarz« gelesen?
Nein.
Dann werde ich es Ihnen als Geschenk schicken, ja?!
Und ging raus.
Ich hatte immer einen Minderwertigkeitskomplex.
Ich mochte keine Boutiquen betreten.
Ein Tourist kann barfuß reinkommen und wird bedient.
Eine Negerin kann 50 Mal etwas fragen – sie antworten nicht einmal.
Und in den Restaurants zu Anfang auch.
Ich merkte, daß alle Leute mich ansahen, und ich fühlte mich wie eine Ameise.
Ein junges schwarzes Mädchen, das hier mit Weißen in ein Restaurant geht, wird als eine Prostituierte betrachtet.
Es gibt noch immer Restaurants und Feste..
Aber jetzt gehe ich darüber weg.
Das »Antiquarius«. Als ich eintrat, sahen mich die Weißen alle mit Verachtung an.
Es ist immer noch schwer, denn im Grunde bin ich schüchtern.
Auf die Toilette zu gehen, ist immer noch ein großes Problem – ich muß wahnsinnig nötig, aber ich gehe nicht, weil ich weiß, daß mich alle ansehen würden.
Jetzt bin ich fähig, allein ein Restaurant zu betreten, mich an einen Tisch zu setzen und ein Bier zu bestellen.

Anadia hatte Sasso auf der Straße kennengelernt.
Sie machte bei ihm das Studio sauber.
Ich weiß nicht, ob sie was mit ihm gehabt hat.
Ich hatte mal gesagt, daß ich mich gerne fotografieren lassen würde.
Ich bildete mir nicht ein, daß ich Modell werden könnte.

Sie erzählte es Sasso.

Und eines Tages rief mich Sasso in der Pension an: Ich bin Fotograf und so weiter.

Ich fand das komisch, aber ich ging hin.

Ich hatte mein Haar immer geglättet.

Unsere Mutter sagte, wir müßten unser Haar glätten.

Mit so einer Paste.

Aber das tut sehr weh.

Jeder machte das bei uns zuhause.

Sie setzte uns in den Kopf, daß das krause, harte Haar häßlich sei.

Mein Vater machte das nicht.

Nur die Mutter und wir Mädchen.

Sasso fragte mich, ob ich schon mal Nacktfotos hätte machen lassen.

Ich sagte: Nein. Und ich habe auch nicht die Absicht.

Aber vielleicht könnten Sie Arbeit finden, als Aktmodell.

Ich hätte sterben können vor Scham.

Hier war alles wie in einem Museum.

Das Studio hatte überhaupt kein Leben.

Sie können sich dahinten im Zimmer ausziehen, und wir machen einen Test.

Ich ging in das Zimmer, zog mich aus, dachte nach, ich brauchte fast eine Stunde, um mich auszuziehen.

Ach, Sie müssen sich aber ein bißchen die Schamhaare abrasieren.

Ich fand das so seltsam.

Er gab mir einen Rasierapparat, und ich rasierte mir die Schamhaare ab.

Das mußte sein.

Als er mich fotografierte, hätte ich am liebsten geweint.

Danach fingen wir an, uns zu unterhalten.

Ich mochte ihn nicht.

Ich fand ihn häßlich wie sonstwas.

Dann erzählte er, daß er hypnotisieren könnte.

Wollen Sie das nicht mal versuchen?

Meinetwegen.

Er holte eine Kerze, und dann weiß ich nicht, ob ich schlief oder ob er mich wirklich hypnotisierte.

Ich weiß nicht, was er mit mir gemacht hat.

Eine Stunde danach weckte er mich wieder auf und sagte, alles sei gut gegangen, ich sei jetzt gelockerter.

Ich fand das alles einen Wahnsinn.

Dann erzählte ich ihm mein Leben und er erzählte mir sein Leben.

Er lud mich zu einem Abendessen im Hause eines Freundes ein.

Was ist das für ein Essen?

Niemand ist da?

Ich wurde mißtrauisch.

Ich starb vor Angst.

Die beiden sprachen Französisch, und ich verstand kein Wort.

Ich wagte nicht einmal, von den Getränken zu trinken.

Die beiden Männer fingen an, das Abendessen zu kochen, und ich rief einfach eine Freundin an und lud sie ein.

Und Eouard mochte die Tereza gerne und fing an, sie zu küssen, und ich saß auf einem Sofa mit Sasso.

Die andern beiden gingen in ein andres Zimmer und Sasso legte seinen Arm um mich.

Wir machten es miteinander, und es war so schön und so stark, was ich für ihn empfand.

Er war so zärtlich und ich mochte ihn.

Ich brauchte so viel Zärtlichkeit und die gab er mir.

Auch sexuell war es sehr gut.

Ich hatte mehrere Orgasmen.

Mit den Brasilianern war ich immer nur einmal gekommen.

Sasso hatte Probleme mit seiner Familie.

Er ging meistens mit Prostituierten.

Von diesem Tage an haben wir uns nicht mehr getrennt.

Ich half ihm beim Ordnen von Negativen.

Ich schlief hier.

Ich schlief hier allein, denn damals lebte er noch mit seiner Familie.

Es war sehr geheim.

Wenn sie anriefen, mußte ich sagen, daß ich die Reinemachefrau sei.

So blieb es sechs Monate.

Ich war in der Pension allein.

Ich wollte mit ihm zusammen sein und rief zuhause bei ihm an.

Ich war sehr nervös.

Eine Zeit darauf klingelte es in der Pension, und ein Bote
brachte mir einen großen Rosenstrauß.

Es war das erste Mal in meinem Leben, daß ich einen Rosenstrauß bekam.

Ich nahm die Rosen und lief in der ganzen Pension rum, um sie
den anderen Mädchen zu zeigen.

Weihnachten rief er mich an und sagte, er hätte sich von seiner
Familie getrennt.

Und ich sollte bei ihm wohnen.

Sie kommen jetzt gleich.

Ich hatte nicht mal Zeit, um zu antworten.

Er hatte schon für mich geantwortet.

So lebte ich bei ihm.

Es war wunderbar.

In der Gesellschaft war es sehr schwer.

Er war 40 Jahre älter als ich.

Die Leute auf der Straße sahen mir nach, als sei ich eine Prostituierte mit einem älteren Mann.

Und seine Kinder.

Und meine Mutter.

Meine Mutter machte sich große Sorgen.

Aber meine Mutter war leicht zu gewinnen.

Nur seine Kinder waren schwierig.

Ich war jünger als sie, von andrer Hautfarbe, aus einer niederen
sozialen Schicht und nicht von ihrer Nationalität.

Ich wußte, ich würde siegen, denn ich liebte ihn.

Sexuell ist er besser als ich.

Zu Anfang machten wir es drei Mal täglich.

Es war Frühstück, Mittagessen und Abendbrot.

Klar, mit der Zeit wird das weniger.

Mit der Zeit interessierte ich mich für andre Dinge.

Ich studierte.

Ich lernte Leute kennen.

Der Sexus steht für mich nicht mehr im Vordergrund.

Aber für ihn ist es immer noch das Wichtigste.

Manchmal gucke ich einem anderen Mann nach.

Aber wenn ich mir vorstelle, wie er im Bett ist, dann will ich schon nicht mehr.

Ich mochte immer Kinder sehr gerne.

Aber ich habe mich damit abgefunden, daß wir keine haben können.

Ich glaube, mein Sohn würde darunter leiden, daß seine Mutter in den Zwanzigern und sein Vater in den Sechzigern ist.

Ich weiß, daß ich nicht den Rest meines Lebens mit Sasso leben werde.

Es geht vielleicht noch fünf Jahre gut, vielleicht noch einen Monat.

Eines Tages wird es enden.

So oder so.

Das macht mir große Sorgen.

Ich denke viel darüber nach.

Im letzten Jahr, von einem Tag auf den anderen hatte ich schwere Depressionen.

Ich ekelte mich vor Sex.

Es war so stark, daß ich sogar meine Stellung im Schlaf änderte.

Ich schloß meine Beine.

Ich schlief mit gekreuzten Beinen.

Wenn er zu mir kam, fühlte ich Angst, Entsetzen.

Es machte mich wütend.

Er verstand das nicht.

Er fing an, mir Fragen zu stellen.

Ich flüchtete mich in den Schlaf.

Ich hätte die ganze Zeit schlafen könnnen.

Schließlich war ich so deprimiert, daß ich nur noch daran dachte, mich umzubringen.

Wir gingen zu einem Psychiater.

Aber der redete nicht.

Ich redete auch nicht.

Ich blieb Stunden vor ihm sitzen und sagte nichts.

Ich fand, er hätte mich fragen müssen.

Ich weinte nur und rauchte.

Ich ließ meinen Schädel röntgen.

Aber sie fanden nichts.

Ich kriegte wieder Beruhigungspillen.

Der Arzt sagte mir, ich sollte eine Psychoanalyse machen.

Erst hatte ich Einzelsitzungen und dann machte ich Gruppentherapie.

Aber es war ein Desaster.

Ich brachte es nicht fertig zu reden.

Ich weinte nur immer.

Die Dinge stiegen bis in die Kehle hoch.

Aber dann kamen sie nicht raus.

Und in meinem Kopf ging es rund wie in einer Mühle.

Sasso.

Meine Studien.

Mein Leben.

Meine Mutter.

Ich konnte keinen Ton von mir geben.

Wenn die anderen redeten, hörte ich nichts.

Auf der anderen Seite Gisèle, die sagte: Sie müssen sich einweihen lassen.

Ich hatte angefangen, mit Richard zusammen Gisèle zu besuchen.

Ich fing an, in Kirchen zu gehen.

Ich blieb Stunden.

Ich weinte.

Ich ging in viele Kirchen.

Ich betete, zu den Heiligen, zu den Orisas.

Ich flehte alle an, daß mein Kopf wieder richtig wird.

Ich wollte nur noch sterben.

Ich sammelte alle Pillen, die im Hause waren, und nahm ein Bad.

Ich hörte klassische Musik, nein, Barbra Streisand.

Ich wollte friedlich sterben.

Als ich in der Küche war, um das Glas Wasser zu holen, klingelte es.

Es war ein Freund von Sasso.

Er fing an, mit mir zu reden.

Als er wegging, hatte ich keine Lust mehr, mich umzubringen.

Ich hatte über meine Sorgen gesprochen.

Er hatte mir sein Leben erzählt.

Aber an anderen Tagen stand ich hier an der Mauer, Stunden um Stunden, ich sah runter und wollte mich runterstürzen.

Ich hatte nur keine Courage, den Willen hatte ich schon.

Wenn ich spazierenging, redete ich vor mich hin.

Ich aß nichts mehr.

Wenn Sasso mich etwas fragte, hatte ich Lust zu kotzen.

Wenn das Essen vor mir stand, wollte ich nur noch kotzen.

Da entschloß ich mich zur Einweihung.

Ich fühlte ein Zittern, aber ich wollte nicht besessen werden, ich wollte nicht in Trance fallen.

Wenn ich jetzt umfalle, weiht Gisèle mich ein!

Ich ging in die Küche und trank Wasser.

Aber der Orisa wollte kommen.

Mein Kopf schien aufzuhören.

Meine Augen wollten zugehen.

Ich fing an, mich zu schütteln.

Ich wollte mich festhalten.

Bis ich nichts mehr sah.

Als ich wieder zu mir kam, war das Fest bereits zu Ende.

Als ich wieder zu mir kam, hatte ich einen Haß auf alles, auf die Mãe de Santo, auf Richard.

Und ich sagte: Ich will nie wieder einen Fuß hierhersetzen.

Und zwei Monate später fingen die Probleme an.

Die Krise fing im Februar an und dauerte fünf Monate.

Ich konnte nicht mehr.

Gisèle sagte immer: Du mußt es machen! Wenn du es nicht machst, wird es nur noch schlimmer für dich werden.

Der Psychoanalytiker sagte: Wenn es so weitergeht, sind wir gezwungen, dich zu internieren und eine Intensivbehandlung durchzuführen.

Und der Sasso . .

Eines Tages, es war fürchterlich, ich wollte nicht, und er war so wütend.

Er dachte, ich liebte ihn nicht mehr.

Er zwang mich dazu.

Wir machten es zweimal, aber es war fürchterlich.

Ich lernte Gisèle als Mãe de Santo kennen, ihren Egoismus, die Gier der Mãe de Santo:

Ich werde Sie einweihen.

Jede Priesterin hat das.

Ich war gewohnt, daß sie mich so auf ihre liebenswürdige Art behandelt.

Sie ließ mir durch Dona Ana sagen:

So, das üppige Leben hört jetzt auf. Sie müssen sich jetzt damit abfinden. –

Ich fühlte, daß ich jetzt schon mitten drin war.

Ich hatte keine Möglichkeit mehr, da rauszukommen.

Die anderen zogen mich auf, weil ich sonst am Tisch mit Gisèle gesessen hatte: A, Madame kommt jetzt endlich.

Ich konnte nicht schlafen bei all dem Lärm.

Sie erzählten sich dreckige Geschichten und stritten sich.

Im Candomblé wird dauernd gestritten: Du hast mir das weggenommen!

Wo ist das geblieben?

Ich war 14 Tage vor meiner Einweihung dort, denn ich hatte Iansa zu opfern und Oxum.

Wegen des Krieges zwischen beiden.

Ich legte meine Zigaretten aufs Kopfkissen.

Am nächsten Morgen hatten sie meine Zigaretten geklaut.

Ich wurde zu einem wilden Tier.

Ich sagte: Ich dachte, ich wäre bei zivilisierten Leuten und nicht unter Tieren.

Ich schrieb auf, was ich empfand, aber die Mãe de Santo nahm das Heft und zerriß es.

Die Mãe de Santo sagte: Wenn du jetzt gehst, wird alles nur noch schlimmer. –

Ich hatte gedacht, Gisèle würde einem alles erklären, ich hatte das Recht zu wissen, denn es handelt sich um meine Person.

In dieser ersten Woche werden die Ebos gemacht.

Plötzlich ging das los:

Wilma, jetzt müssen Sie das Sacudimento machen.

Ich habe geschworen, über diese Dinge nicht zu reden.

Aber tatsächlich ist da sehr wenig zu erzählen.

Die wenigen Augenblicke, die ich bewußt war.

Es ist ein sehr starker Schwur.

Das Sacudimento ist ein Reinigungsritus.

Alle Opfergerichte hält man an den Körper.

Ich sah es nicht, denn mein Gesicht war zugehängt.

Als das Sacudimento bei den Toten begann, fühlte ich, wie mein rechter Arm ganz kalt wurde.

Als ob jemand neben mir stünde.

Ich hatte furchtbare Angst.

Mein Arm wurde ganz hart.

Ich wußte nicht, daß ich für Iansa opfern sollte.

Die Mãe de Santo nahm mich am Arm und brachte mich in das Haus von Iansa.

Sie fing an zu singen, und Iansa kam.

Mehr weiß ich nicht.

Als ich aufwachte.. es war so kalt, daß mir die Knochen schmerzten.

Vor mir lag der abgeschnittene Kopf des Zickleins mit offenen Augen, und ich war ganz allein im Zimmer.

Mein Haar war voller Blut.

Ich hatte Hunger.

Dann kam eine Tochter und brachte mir einen Mehlbrei mit einem Stück Huhn.

Ich probierte, es war ohne Salz, ohne Zucker, ohne alles.

Nein, das kann ich nicht essen.

Ich konnte nicht.

Da rief sie die Mãe de Santo.

Die Mãe de Santo rief den Ere.

Der Ere kam.

Ich wurde von dem Ere besessen und der Ere aß.

Es tritt eine Art Ermüdung ein.

Es ist anders als bei den anderen Orisas.

Ehe der Ere kommt, ist es, als würde man laufen, laufen.

Die Zirkulation geht schneller.

Als ich wieder aufwachte, war es Nacht.

Ich war schon im Wasserfall gewesen.

Ich sah es hinterher, auf den Fotos von Sasso.

Dort hat mir niemand gesagt, was gemacht wurde.

Da kam die Mãe de Santo und sagte: Das ist jetzt deine Stunde.

Die Mãe de Santo brachte eine Wanne, und ich mußte noch einmal in dem Kräuterwasser der Zeremonie baden.

Als ich merkte, daß ich geschoren werden sollte, wurde ich so nervös.

Ich hatte das Gefühl, daß mir von jemandem das Leben gestohlen werden sollte.

Ich setzte mich.

Ich hatte Furcht.

Es wurde gesungen.

Der Orisa wollte nicht kommen.

Iansa war nicht einverstanden, daß ich Oxum bekommen sollte.

Auf der Bank hatte ich das Gefühl, als sollte ich sterben.

Meine Brust fühlte sich an, als wäre ich überfahren worden.

Mein Kopf explodierte.

Ich konnte nicht mehr reden.

Ich zitterte so.

Gisèle mit der silbernen Glocke Adja.

Ich dachte, meine Arme und Füße gingen ab.

Als würde ich ganz demontiert.

Die Mãe de Santo rief.

Sie bat alle Götter, daß Oxum komme.

Ich fing auch an zu bitten, ich wollte, daß sie endlich komme, ich konnte nicht mehr.

Schließlich sagte Gisèle zu jemandem: Geh hin und decke ihre Iansa zu.

Da kam Oxum.

Als ich aufwachte, war ich schon im Ronkó.

Mein Haar war geschoren.

Mein Kopf war rasiert.

Ich war allein.

Ich faßte an meinen Kopf.

Es war ganz kalt.

Und das Gefühl, daß ich nichts mehr auf dem Kopf hatte.

Dann kam die Mãe de Santo und sagte, daß ich lieber alles durchstehen sollte, indem ich von meinem Ere besessen sei.

Dann wäre alles leichter.

Aber ich wollte bei Bewußtsein bleiben.

Ich wollte wissen, was mit mir gemacht wurde.

Aber sie sagte: Wir könnten mit dir nicht alles machen, was gemacht werden muß, wenn du wach bleibst.

Ich kriegte da im Ronkó eine solche Wut auf sie, daß ich sie erwürgen wollte.

Ich fühlte mich abhängig von ihr, denn sie hatte die Silberglocke, das Adja, mit dem sie die Orisas rief.

Ich haßte das Geräusch des Adja – bimmelimm, bimmelimm, bimmelimm.

An meinen Ohren.

Ich hätte ihr am liebsten einen Schubs gegeben und wäre ganz weit weg gelaufen.

Ich wollte wach bleiben, und sie wollte es nicht.

Sie schreit den Namen des Orisas über meinen Kopf.

Sie schüttelt das Adja.

Ich wollte kein Ere sein.

Ich wollte bei Bewußtsein bleiben.

Ich blieb 17 Tage im Ronkó.

Ich hatte 17 Tage keinen Stuhlgang.

Am Ende hatte ich einen enormen Bauch.

Pipi ja.

Aa, nein.

Ich weiß nicht, was das ist, wenn ich eine Woche bei Gisèle bin, gehe ich nicht aufs Klo.

Nach der Einweihung kommen 21 Tage, in Wirklichkeit machte ich 23.

Ich mußte Kleider waschen.

Ich bügelte.

Ich mußte vor Sonnenaufgang ein Bad nehmen.

Einem wird die Kette Kele abgenommen.

Sie bewachte mich die ganze Zeit.

Ich durfte Sasso nicht die Hand geben.

Ich sagte zu Sasso, welchen Abscheu ich vor dieser Frau empfinde.

Eine Woche bevor es zu Ende ist, wird das Kele abgenommen und dann, wenn ein Fremder kommt, muß man sich vor ihm hinknien und um ein Almosen bitten.

Ich haßte das.

An diesem Tag gibt einem der Orisa seinen Schrei.

Jeder hat einen besonderen Schrei.

Ein Röcheln.

Mit der Zeit verstand ich Gisèles Position.

Ich war ihre Tochter wie ihre anderen Töchter auch.

Ich war nicht länger diese Person, mit der sie diskutierte, die an ihrem Tisch saß.

Wenn sie uns jetzt besucht, ziehe ich mich zurück, denn ich finde es nicht richtig, daß ich zuhöre, wenn meine Mãe mit anderen Leuten spricht.

Ich respektiere sie, denn ich stelle fest, daß sie mir Gutes getan hat.

Ich mag den Candomblé nicht.

Aber es gehört sich, daß ich jetzt hingehe.

Ich weiß, daß ich nicht mehr an ihrem Tisch essen darf, und ich tue es nicht.

Sie brauchte es mir nicht zu sagen.

Die anderen Töchter tun es auch nicht.

Sie hat es Sasso gesagt.

Sie redet immer durch zweite und dritte.

Und das empört nicht nur mich.

Die Töchter sagten: Gisèle ist keine Mutter, sie ist eine Stiefmutter.

Gisèle:
Es ist schwer für mich, zu sagen, was ich glaube.
Oxossi.
Der Jäger.
Exú.

Ich meine, die Idee eines Jägers, der Oxossi heißt, erleichtert es den Menschen, die keine Intellektuellen sind, die Vorstellung von einem göttlichen Wesen zu assimilieren.

Er stellt die Kraft eines Jägers dar, der nicht unbedingt ein Mensch ist.

Die Leute hier sehen Dinge, die ich als Europäerin nicht wahrnehme.

Sie gehen in den Wald und sehen den Gott Osayn.

Sind das Wachträume?

Würden wir das auch sehen, wenn wir die Möglichkeit hätten, durch einen Spiegel hindurchzugehen, wie Orpheus in dem Film von Cocteau.

Die andre Welt existiert.

Ich habe einen französischen Politiker als Klienten und ich schreibe ihm die Dinge, welche die Kauris aufweisen, und meine Ratschläge von Rio nach Paris.

Es klappt.

Im Candomblé gibt es keine Zufälle.

Wenn man an gewisse Kräfte glaubt.

Für mich gibt es Wellen, Kräfte, die man mehr oder weniger gut beherrscht und die man mit anderen Mitteln beherrscht als den kartesianischen.

Gut..

Es gibt..

Zwei Punkte..

..die..

Es gibt zwei Möglichkeiten..

Es gibt eine Kraft in uns, die derart exaltiert werden kann, daß die Menschen über sich hinauswachsen.

Im System der Afrikaner sagt man dann: Das ist die Kraft des Orisa, die Kraft der Opfer.

Ich kann Ihnen hundert Fälle aufzählen von Menschen, die nach Opfern wieder gesund geworden sind.

Man dynamisiert die Menschen neu durch Opfer, Arbeiten, Pflanzen, Waschungen, Reinigungen. Das alles kann man durch das Unbewußte erklären, durch ein System von Symbolen, das auf das Unbewußte einwirkt.

Wie kann man aber auf die Kräfte einwirken, die sich außerhalb einer Person befinden?

Aber..

In dem Augenblick, wo man auf die Kräfte in einem Menschen hat einwirken können.

Warum sollte man nicht auf die Kräfte der Natur einwirken können?

Das menschliche Individuum ist nichts andres als ein Element der Natur.

Diese zweite Welt trägt man in sich.

Ich interessiere mich mehr für die Restrukturierung der Menschen im Unbewußten als für die Aussöhnung mit den Kräften der Natur.

Ich wirke gern auf Menschen ein und bringe sie wieder in den Sattel, wie ich immer sage.

Arbeit besorgen, den Geliebten zurückholen – das mach ich nicht gerne.

Ich bin glücklich, wenn ich eine Person restrukturiere und ihr eine Dynamik zurückgebe.

Es sind die Götter, die restrukturieren.

Die Götter.

Die Kräfte.

Die katholischen Heiligen.

Die Art der Repräsentation hat im Grunde keinerlei Bedeutung.

Die Kräfte sind da und man bedient sich ihrer, um den Menschen zu helfen.

Die Kraft hat ihren Sitz im Menschen.

Sie schläft.

Die Kraft ist in uns und außerhalb.

Sie ist Teil einer allgemeinen Kraft.

Ich habe Erfahrungen mit solchen Kräften:

Es gibt Menschen, die können keinen Wind ertragen.

Es gibt andre, die können nicht am Strand sein.

Ich fürchte die Strafen der Götter.

Zweimal habe ich Papaya gegessen, und ich bin ohnmächtig geworden.

Das erste Mal bei einer Filmvorführung in der Alliance Française.

Ich dachte, ich müßte sterben.

Ich habe dann absichtlich ein zweites Mal Papaya gegessen, um zu sehen.

Und es geschah das Gleiche.

Papaya ist ein Interdit der Göttin Jemanha.

Bei mir ist nie eingebrochen worden.

Einige meiner Arbeiter haben geklaut – das ist etwas andres.

Ich war ihnen nicht böse.

Bis jetzt – toi, toi, toi!

Ich glaube, bei mir wird niemand einbrechen.

Die Leute betrachten mein Anwesen als heiliges Gelände.

Die Leute haben Angst vor den Strafen der Götter.

Den Revolver haben mir Freunde gegeben, denn sie machten sich große Sorgen, daß ich alleine schlafe.

Als mir der erste Revolver geklaut worden war, hat man mir wieder einen geschenkt.

Wissen Sie, wenn ich eines Nachts hören würde, daß bei mir eingebrochen wird, hätte ich keine Skrupel, durch die Tür zu schießen.

Hab ich das nötig als Priesterin?

Man darf den Teufel nicht versuchen!

Ich bin vorsichtig.

Ich bin nicht ängstlich.

Ein Priester, um eine Klientel zu haben, die ihm in schwierigen Situationen hilft – da muß man sehr geschickt sein.

Man muß sehr diplomatisch sein.

Man muß mit den Armen umgehen können, daß sie einem die Blätter suchen, daß sie einem Schlamm aus dem Fluß holen.

Man braucht Freunde, denn die Feste sind sehr teuer.

Man braucht Leute, welche die Kleider waschen, welche bügeln, einkaufen, Botendienste leisten.

Und es gibt die, die einem ein Tablett mit Petit Fours für ein Fest stiften oder zwei Faß Bier.

Oder die einem sechs, zehn Meter Stoff schenken oder die die Patenschaft bei der Initiation eines Mädchens übernehmen, das selbst kein Geld hat.

Es ist eine Welt, die auf Grund der Gottheiten funktioniert, aber man muß sehr geschickt sein, damit es funktioniert.

Joãozinho da Gomeia hat mich nie ausgenützt.

Im Gegenteil.

Als ich meine Dissertation schrieb, schickte ich ihm aus Frankreich lange Fragebögen, die er beantwortet hat.

In den afroamerikanischen Religionen schwört man, nicht zu sprechen.

Die Alten haben nicht gesprochen.

Sie starben mit dem, was sie wußten.

Das war eine Art von Hochmut.

Es setzte ein ungeheurer Verlust ihres kulturellen Erbes ein.

Und heute versteht niemand mehr die Lieder.

Die Afrikaner, die herüberkommen, sind meistens Stipendiaten, die eine europäische Ausbildung durchmachen.

Das, was sie sagen, ist unsicher oder falsch.

Sie sind nicht kompetent genug, um das alte Yoruba der afrobrasilianischen Gesänge zu verstehen.

Manche Götter gibt es in Afrika gar nicht mehr.

Man schwört einmal, um nicht zu sprechen.

Man geht zu den Orisas und schwört, indem man den Boden leckt.

Das ist der gewichtigste Schwur, den man leisten kann.

Die Strafe fällt auf einen selbst und auf die Nachkommen.

Krankheit.

Tod.

Das Eisen Ogums.

Der Blitz Xangos.

Daß der Blitz mich töte.

Die Leute respektieren diesen Schwur nicht sehr.

Die Religion ist mehr und mehr publik geworden.

Es gibt Fernsehsendungen.

In meiner Dissertation fehlt nicht viel, was die Einweihung der Angola anlangt.

Roger Bastide hatte fast alles schon gesagt.

Es fehlt nichts von dem, was in Gomeia gemacht wurde.

Es fehlen die Kräuter.

Unter uns, das Wichtigste.

Jetzt mache ich die Einweihung der Ketu.

Obaraim hat es mir beigebracht.

Der Candomblé ist eine Religion der Macht.

Eine Religion der Intrigen und des Hasses.

Ja.

Die Leute verbringen ihre Zeit damit, die anderen zu belauern.

Wenn sie sich später mit jemanden streiten, fällt alles wie aus einem Computer heraus.

Die Zeit zerstört nichts.

Ich vergesse sehr leicht.

Ich muß eine riesige Anstrengung unternehmen, um mich zu erinnern.

Ich lebe nicht in meiner Vergangenheit.

Ich projiziere mich immer in die Zukunft.

Wenn ich pensioniert bin..

Wenn ich wieder nach Afrika fahre..

Wenn ich meine Kinder besuche..

Die hier vergessen nichts.

Keiner.

Es ist schwer, den Gläubigen, die man eingeweiht hat, eine Freundin zu bleiben.

Man hat eine andre Rolle.

Man ist die Figur, auf die sich beziehen.

Man darf keine Schwächen haben.

Sie suchen eine Stütze, man darf nicht ihr Copain sein.

Als Eingeweihte wird man nie ganz erwachsen.

Man bleibt mit der geistlichen Mutter immer mit einer Art Nabelschnur verbunden.

Viele Priester nutzen die Gläubigen aus.

Sie verlangen zu hohe Tarife.

Aber das sind die neuen Priester.

Das sind nicht die echten.

Man wäscht den Leuten nicht das Gehirn – man formt sie nach einem göttlichen Bild, dessen Wurzeln sie in sich tragen.

Man soll sich nichts vormachen.

Man braucht zur Trance nicht immer starke Narkotika.

Nur wenn es Komplikationen gibt.

In drei Vierteln aller Fälle fallen die Leute ohne weiteres in Trance.

Dieser Zustand der Ere ist sehr einfach.

Man hat seine Sorgen vergessen.

Die Familie.

Die Leiden.

Sie tun alles, was man will.

Sie nehmen ein kaltes Bad und glauben, es sei heiß.

Man weiß, was man tut, aber dumpf.

Es ist so, als hätte man ein Schlafmittel genommen.

Man trinkt leichte Kräuterabsude zu Anfang, die mit der Zeit schwerer werden.

Sie kommen in einen benommenen Zustand, der es erlaubt, sie zu einem bestimmten Augenblick in Trance fallen zu lassen.

Während meiner Einweihung war ich nicht bei Bewußtsein.

Ich bin zwei Mal aufgeweckt worden, damit ich meinem Mann schreiben konnte.

Ich war sehr unglücklich, als ich aufgeweckt wurde.

Ich litt furchtbar unter den Mücken.

Früher war ich während der Besessenheit bewußter als heute.

Zu Anfang blieb immer ein kleines Bewußtsein dessen, was ich tat.

Ich konnte mich immer noch ein bißchen kontrollieren.

Die Einweihung bedeutete die Vernichtung aller Dinge, die ich während 40 Jahre gelernt hatte.

Was für einen Wert haben diese Dinge?

Ich hatte keine andre Wahl.

Ich bereue es nicht.

Die Einweihung hat eine zweite Phase meiner Existenz ausgelöst.

Ich bereue es nicht.

Ich bereue es nicht.

Das französische Schulsystem ist ein System des Wahnsinns.

Der Gipfel meiner Karriere wäre, wenn ich meine deutsche Freundin einweihen würde.

Nein.

Wenn ich einen Mathematikprofessor einweihen würde, das würde mich noch mehr befriedigen.
Ich fände es toll, eine Deutsche, eine Schwedin einzuweihen, weil sie aus einer ganz anderen Welt stammen.
Ich hätte beinahe eine Schweizerin eingeweiht, die Golfmeisterin war.
Das französische Schulsystem ist ein System des Wahnsinns.
Ich fühle mich nicht mehr zugehörig zu einer..
Ich bin keine Französin mehr.
Ich fühle mich wie eine Vaterlandslose.
Ich fühle mich mit Afrikanern wohl.
Ich bin ein bißchen aus dem Takt geraten.
Sehr.
Allen gegenüber.
Ich empfinde..
Manchmal weiß man nicht mehr, zu was man überhaupt gehört..
Das französische System ist nicht gültig.
Und die Welt des Candomblé ist im Augenblick völlig verfault.
Der Candomblé ist von Leuten monopolisiert worden, die moralisch ohne großen Wert sind.
Durch Homosexuelle.
Der Candomblé lebt nur noch von Klatsch und von Intrigen.
Wenn der Candomblé hier dem afrikanischen Candomblé nacheifern würde, wo die Kinder die Alten respektieren, wo die Alten die Kinder unterrichten, so wäre der Candomblé nicht derart schädlich.
Der Diskurs in den Candomblés ist ein Diskurs über Sexualität, ein Diskurs der Homosexuellen untereinander.
Das war einer der Gründe, warum ich meine Söhne nach Frankreich zurückgeschickt habe. In Frankreich waren sie sehr viel weniger solchen Versuchungen ausgesetzt.
Ich hatte sie über alles aufgeklärt.
Sie haben mir viel später gestanden: Als du uns damals aufgeklärt hast, wußten wir längst Bescheid. Unsere Schulkameraden hatten uns schon Avancen gemacht.
Ein Homosexueller hat mich eingeweiht.

Ein alter Homosexueller hat mir das Weissagen aus den Kauris beigebracht.

Ein dritter Homosexueller hat mich die Einweihung gelehrt, nach der ich heute verfahre.

Unter meinen geistlichen Söhnen sind viele Homosexuelle und sie sind äußerst ermüdend.

Sie sind übergeschäftig.

Sie wollen immer die anderen übertrumpfen.

Sie mißhandeln die anderen.

Sie erniedrigen die anderen.

Ich möchte eigentlich gar keine Homosexuellen mehr einweihen.

Der erste Mann, den ich eingeweiht habe, war homosexuell.

Er ist tot.

Frieden seiner Seele.

Er hat mich sehr gequält.

Er wollte sich meinen Tempel aneignen.

Wilma:

Es gibt die Möglichkeit, daß ich mir das Abitur kaufe und jetzt gleich mit dem Medizinstudium beginne.

Aber das will ich nicht.

Ich finde das nicht gerecht.

Ein Freund aus dem Ministerium wollte mich direkt auf die Universität bringen.

Aber ich würde mich sehr schlecht fühlen, jedesmal, wenn mir einfiele, daß es erkauft ist.

Es gibt so viele, die er versuchen, und nur die wenigsten schaffen es beim ersten Mal.

Wenn ich es beim ersten Mal nicht schaffe, werde ich es öfter versuchen.

Ich habe Kraft für noch viel mehr.

Ich finde, ich habe schon zuviel Zeit verloren.

Ich werde keine Schwierigkeiten mit den Göttern haben.

Ich spreche immer mit ihnen, ich bete zu ihnen.

Ich danke ihnen jeden Tag.

Wenn ich die Schule betrete, bete ich zu meiner Mutter Oxum

und zu den anderen Göttern, daß sie mir die Kraft geben, bis ans Ende dieses Schuljahrs zu kommen.

Ich gebe ihnen zu essen.

Ich bin nicht mitten drin, ich bin aber auch nicht außen vor.

Ich muß in meinen Studien vorankommen.

Der Candomblé sichert niemandem eine Zukunft.

Gisèle sagt, die Götter des Candomblés sind andre als die der Umbanda.

Für mich sind sie eins.

Für mich sind die Heiligen eine Kraft.

Wenn ich in die Kirche gehe, bete ich zu irgendeiner dieser Statuen.

Ich will nicht einmal wissen, wie sie heißt.

Mein Glaube ist mein Gott.

Mein Cousin war ein Jahr alt, als ich anfing, die Ere zu empfangen.

Er sagte immer: Dies Mädchen soll weggehen. Hör auf Mariazinha, hör auf.

Er war ganz klein.

Er hatte eben zu sprechen begonnen: Mariazinha haut mich. – Wir sahen niemanden.

Aber er sah sie.

Ach, das hatte ich ganz vergessen: Ich erinnere zwei Überfälle in der Favela.

Meine Mutter war schwanger und als sie ins Krankenhaus kam, um meinen Bruder zu kriegen, wurde bei uns eingebrochen und alles ausgeräumt.

Ich war noch ganz klein.

Ich lebte im Haus meiner Tante.

Als meine Mutter aus dem Krankenhaus zurückkam, war nichts mehr da.

Das zweite war ein Streit unter Frauen.

Unsere Nachbarin wurde von einer Frau mit einem Taschenmesser angegriffen.

Sie fiel auf den Boden.

Das sah ich.

Ganz voller Blut.

Freitags muß ich mich weiß kleiden.
Ich darf keinen Alkohol trinken.
Ich darf nicht Liebe machen.
Ich muß den Körper rein halten.
Freitag ist der Tag Oxalas.
Sonnabend ist der Tag Oxums.
Ich darf keine Bananen essen, keine Äpfel, keine Ente.
Das ist das Tier Oxums.
Ich darf keine Papaya essen.
Kein Schweinefleisch.
Kein Zicklein.
Keine weißen Bohnen.
Das sind die Verbote – Kisilas.
Pitanga.
Abobora.
Fische, die keine Schuppen haben.
Sardinen.
Thunfisch.
Rochen.
Drei Monate lang darf ich nicht an den Strand gehen.
Ich darf nachts nicht ausgehen.
Keine Feste besuchen.
Mittags darf ich nicht auf der Straße sein.
Keine schwarze oder rote Kleidung.

Ich kann mir keinen anderen vorstellen als Sasso.
Es gibt nur einen Freund von Sasso – ich bin ganz wild nach
ihm, und er ist häßlich wie ein Gartenzwerg.
Sasso weiß es.
Aber wir machen es nicht, weil er sehr mit Sasso befreundet ist.
Der Haß auf Sasso ging vorüber.
Meine Liebe zu ihm hat sich nicht verändert.
Ich habe große Angst, daß es einmal anders sein könnte.
Ich möchte nicht, daß er meinetwegen leidet.
Ich habe Angst, daß ich ihn eines Tages verlieren könnte.
Ich weiß nicht . .
Ich weiß nicht, ob diese Angst nicht schon der Anfang davon ist.

Ich bin nicht eifersüchtig, wenn er anderen Mädchen nachsieht.
Ich weiß, daß er mich so sehr liebt.
Ich bin seiner sehr sicher.
Ich würde vorziehen..
Ich würde vorziehen, daß er eine andre Person findet und mich vergißt.
Ich weiß, daß er mich weiter studieren lassen würde, aber wenn ich ihn nicht mehr liebe..
Ich..
Dann weiß ich..
Ich könnte dann nicht so weiterleben wie jetzt.
Ich glaube, ich bin sehr aufrichtig.
Jemandem, der das sagt, ist man natürlich besonders mißtrauisch gegenüber.
Ich habe sehr wenig von Sasso geredet.
Aber durch ihn habe ich einen neuen Wert des Lebens entdeckt.
Die andre Seite der Gesellschaft.
Die heuchlerische Gesellschaft.
Die Gesellschaft, aus der ich komme, ist nicht heuchlerisch.
Plötzlich war ich Teil beider Pole.
Ich lernte viel in diesen drei Jahren mit Sasso.
Aber Sasso hat auch viel hinzugelernt.
Als ich ihn kennenlernte, war er voller Komplexe.
Und ich habe ihn von seinen Komplexen befreit.
Er nahm keine dreckigen Ausdrücke in den Mund.
Er zog keine Shorts an.
Er trug keine kurzen Ärmel, denn er glaubte, er hätte häßliche Arme.
Er machte nichts, ohne nicht vorher den Rat eines Freundes gehört zu haben.
Er war nicht Herr seiner selbst.
Alle Freunde sagen, daß ich ihn verändert habe.
Ich gab ihm meine Einfachheit – er lehrte mich Kultur.
Ich habe nur Angst..
Angst..
Ich denke viel an meine Zukunft.
Ich habe Angst zurückzukehren.

Ich möchte nie wieder in einem Heim leben.

Und auch: Ich habe mich so daran gewöhnt, mit einem älteren Mann zusammenzuleben.

Ich habe mich an den französischen Liberalismus gewöhnt.

Wenn ich Schwierigkeiten habe, glaube ich eigentlich nie, daß sie von den Göttern kommen.

Ich bin nicht mal sicher, daß die Schwierigkeiten, deretwegen ich eingeweiht worden bin, mit den Göttern zu tun hatten.

Aber die Orisas halfen mir heraus.

Durch die Einweihung bin ich verständiger geworden, menschlicher, ich akzeptiere viel mehr.

Wenn ich die Fotos von meiner Einweihung sehe, die Richard gemacht hat, werde ich geschockt.

Das Foto, wo ich meine Haare abgeschnitten im Schoß liegen habe.

Wenn ich – der Ere am blutigen Hals lutscht.

Gisèle sagte: Jetzt kannst du sie dir ansehen. –

Aber ich will sie gar nicht mehr ansehen.

Nein, mein Vater kommt nicht oft im Traum.

Er kommt als Toter im Traum.

So, wie ich von Toten träume.

Er sieht wächsern aus und er redet so komisch.

Meine Tante sagt, ich hätte mit seinem Tod vorher gerechnet. –

Sie hat ihm gesagt, ich hätte eine Arbeit in der Macumba gemacht, daß er sterben müßte.

Er hat mich verflucht.

Ich träume oft von ihm.

Aber nur als einem Toten.

Wächsern.

Gisèle:

Ich habe Wilma durch Richard kennengelernt.

Ich habe Richard durch Denis kennengelernt, den Jungen, der nach Schätzen taucht.

Und ich habe Denis durch Pierre kennengelernt.

Ich hatte immer Angst, Franzosen kennenzulernen, wegen der Services Culturelles, die nichts von meinen verbotenen Tätigkeiten wissen durften.

Erst einmal: Wilma war hübsch.

Sie kommt aus dem Kleinbürgertum.

Sie fühlte sich ungemütlich in der Rolle der Frau, der illegitimen Frau eines gebildeten Franzosen mit hohem Lebensstandard.

Ich habe die Kauris für sie geworfen und ein Bori gemacht.

Sie brauchte Hilfe.

Sie kam aus dem Farbigen-Milieu und fühlte sich unsicher unter Franzosen.

Dann hatte sie eine depressive Phase.

Sie weinte.

Sie beging einen Selbstmordversuch.

Da habe ich zu Richard gesagt: Sie muß eingeweiht werden.

Sie ist wie eine Kranke, die operiert werden muß.

Ich habe das Gefühl, daß sie sich durch die Einweihung von mir entfernt hat.

Sie glaubt, ich hätte mich von ihr distanziert.

Das stimmt nicht.

Ich befasse mich sehr intensiv mit ihren Problemen.

Ich weiß nicht mehr, was die Kauris das erste Mal sagten.

Das ist viel zu lange her – zwei, drei Jahre.

Ich wußte durch die Kauris, daß es einen Krieg zwischen zwei Gottheiten geben würde.

Wilmas Revoltes begann, als ich sagte: Du mußt dich einweihen lassen.

Während ihrer Depression verlor sie jeden Kontakt zu ihrer Umwelt.

Es war eine Strafe der Götter.

Sie wollte sich nicht einweihen lassen.

Sie hatte ein Vorurteil gegen den Candomblé.

Sie wollte bei der Umbanda bleiben.

Als sie dann schließlich in Trance fiel, war es sehr wild.

Das war schon eine Strafe.

Sie fiel hin, zu Füßen der Gottheit.

Richard sagte: Machen Sie was für sie.

Ich sagte: Nein. Ich will sie nicht überreden. Sie wird von selbst kommen und mich darum bitten.

Nach der Strafe der Götter kommt ein sehr schmerzhaftes Erwachen mit Kopfschmerzen und so weiter.

Man findet sich selbst nicht wieder.

Zuerst kam Oxum allein.

Aber je öfter wir von der Einweihung sprachen, desto häufiger kam Iansa dazwischen.

Dann verhandelt man mit den Göttinnen.

Mit beiden.

Und gewöhnlich tritt dann eine zurück.

Wilmas Einweihung hat mich nicht vor große Probleme gestellt.

Ich habe vor der Einweihung umfangreiche Opfer für Iansa veranstaltet und Iansa ist nicht mehr erschienen.

Richard drehte durch.

Er war total erschüttert.

Wir haben der Alten Afrikanerin geopfert.

Und für Pomba Gira.

Wir haben ihrem Exú zu essen gegeben.

Wir haben Wilmas Vorfahren zu essen gegeben.

Papa Egum – den Toten.

Sie hatte das Problem mit ihrem Vater, der ihr in ihren Träumen oft erschien.

Wir haben sie auf die Einweihung vorbereitet.

Der Wasserfall.

Die Blätter.

Sacudimentos.

Wilma hat mir keine Schwierigkeiten gemacht.

Sie rief den Namen ihres Gottes.

Ihr Ere kam.

Man spricht von Einweihung in dem Moment, wo der Kopf rasiert wird.

Ich habe ihr keine starken Bäder geben müssen.

Sie kriegte keine wilden Blätter.

Ouagi.

Efum.

Ossun.

Ase.

Ouagi ist Indigopulver.

Oro.

Vor mir liegen die Blätter des Oro.

Daneben habe ich einen Korb mit meinen ganzen Sachen, die Pulver und den ganzen Kram.

Und die Vasen, die Suppenterrinen und die Steine von Oxum.

Ewe Ase.

Ojuoropo.

Katzenauge.

Logumede.

Amassi.

Man tötet die Tiere über ihrem Kopf und klebt die Federn an dem Blut fest.

Sie bleibt damit bis zum nächsten Abend, wenn sie ihr erstes Bad mit Abó bekommt.

Akassa.

Süßen Kiabo.

Man reinigt den Darm.

Sie trinkt von dem Augenblick an, wo sie ins Ronkó gesperrt worden ist.

Perlhuhn.

Schildkröte.

Taube.

Ente.

Für Wilma gab es keine Ente.

Bagri Branco.

Brea Mansu.

Ein kleines Tier aus dem Wald, wie ein Meerschweinchen, das man getrocknet hat.

Bemquevi.

Teiu.

Und ein schwarzes Pulver, das dazu dient, den kleinen Konus herzustellen, den man auf die Inzision in der Kopfhaut setzt.

Übrigens auch Schnecken.

Für Wilma wurden keine Schnecken geopfert.

Oxum ißt als einzige keine Schnecken.

Ich habe mich gefragt, ob Joãozinho keine Frösche geopfert hat.

Die ganze Bettwäsche und der Pagne, in dem sie schläft, werden täglich erneuert.

Das ist eine meiner Neuerungen: Ich verwende keine Röcke, sondern Stoffbahnen aus Afrika.

Akassabrei.

Punkt.

Sie ißt nur noch ungewürzten Akassabrei und das salzlose Fleisch der Opferhühner.

16 Tage lang.

Oft füge ich Honig hinzu, denn sie sind nicht gewohnt, salzlos zu essen.

Wilma und ihre geistliche Schwester haben während der Initiation zwei Liter Honig aufgegessen.

Aber das macht nichts.

Niemand darf Lärm machen.

Der Traum.

Der Name des Gottes.

Die rote Feder.

Grußformeln.

Colanuß.

Karité-Butter.

Bemalungen.

Die Palmenfransen Ogums.

Es ist vieles zu tun.

Allein die ganze Wäsche, die gewaschen werden muß.

Man hat ein Ei.

Das wird zerschlagen.

Man nimmt die Papageienfeder und taucht sie in die Mischung und läßt sie die Novizin anlecken.

Man öffnet den Mund.

Man gibt die Sprache.

Der Papagei ist das einzige Tier, das spricht.

Taube oder Küken.

Ich habe lieber ein Küken, das ist leichter.

Man läßt sie das Blut lecken.

Ich schneide in die Zunge.

Unter die Zunge.

Die Priesterin hat eine kleine Glocke.

Die legt sie nie ab.

Das Adja.

Das ist ihr wichtigstes Insignium.

Man konditioniert einen Reflex zwischen Adja und Trance.

Gewöhnlich folgen drei Monate mit bestimmten Auflagen.

Das Pana wird am Tag nach dem Namen veranstaltet.

Die Eingeweihten lernen wieder die Gesten des alltäglichen Lebens:

Fegen.

Bügeln.

Töpfe.

Herd.

Feuermachen.

Kaffeedurchlaufenlassen.

Hacken.

Leiter.

Vorher schlägt man sie – symbolisch.

Mit den kleinen Trommelstöcken.

Zwei, drei Schläge auf die Handflächen:

Du sollst wissen, daß deine Mãe de Santo das Recht hat, dich zu schlagen, und sie schlägt dich schon jetzt, denn während der Einweihung hast du dies und das falsch gemacht.

Und alle die älteren Eingeweihten kommen und machen das Gleiche.

Man hält ihnen auch eine Kerze an den Rücken und bläst sie aus, damit das Feuer ihnen nie etwas antue.

Und daß der Lärm ihnen nie was antut, nimmt man einen Teller und ein Schneckenhaus und schlägt auf den Teller und zerschlägt den Teller.

Im Pana lehrt man sie auch das Heiraten.

Man nimmt Kinder, drei, vier Jahre alt, man legt ihnen einen Schleier auf den Kopf, man singt, sie gehen auf die Hochzeitsreise, es gibt einen Koffer, und dann legt man sie hin und man legt ein Bein des Jungen über das Bein des Mädchens, sie befinden sich unter einem Laken und man sagt: Umarmt euch! und sie hüpfen unter dem Laken rum und damit ist es zu Ende.

Man darf nach der Einweihung nicht mehr in die katholischen Kirchen.

Im Augenblick stifte ich einen Beitrag für die Kirche in Santa Cruz, damit sie ihre Mauer ausbessern können.

Vielleicht lassen sie mich dann wieder hinein.

Wenn die Novizen mir keine Schwierigkeiten machen, lasse ich sie in diesem Zustand der Benommenheit.

Wenn ich sehe, daß sie nervös sind, daß sie nicht essen wollen, daß die Matte zu hart ist und das Laken zu heiß.

Dann rufe ich die Ere.

Dann versetze ich sie in den Zustand Ere.

Ich erkläre ihnen nichts.

Sie haben nichts zu wissen.

Sie sind nicht reif.

Sie lernen mit der Zeit.

Man lernt nicht bei der Einweihung.

Man wird vorbereitet, das Pferd der Götter zu sein.

Punkt.

Ich weiß nicht, was in Wilmas Kopf vorgeht.

Ich kenne ihre Vergangenheit nicht.

Ich zweifle nicht an ihrer Liebe zu Richard.

Aber Richard bedeutet für sie und ihre Familie..

Denn Richard ist ein sehr guter Mensch..

Es ist mir sehr unangenehm, das auszusprechen..

.. einen Zugang zu materiellen Vorteilen.

Wilma will Medizin studieren.

Das ist ein sehr langes Studium.

So lange geht es mit Richard nicht gut.

Als es in Bahia so schlecht ging, fing er schon an, sich nach etwas Neuem umzusehen.

Wilma hat eine Mutter.

Sie hat ein Zuhause, wohin sie zurückkehren kann.

Ich bin Richard sehr dankbar.

Ich kann jeden Tag in seiner Wohnung die Kauris werfen.

Dort kommen die meisten Kunden.

Damit ernte ich das meiste Geld.

Ich?

Ich habe mich fügen müssen, wollte ich, daß ich als Botschafterin, wie sie mich bei Joãozinho nannten, von der Gruppe akzeptiert wurde.

Ich war die jüngste.

Die letzte.

Ich habe gewaschen.

Holz geholt.

Wasser geholt.

Ich habe jede Bevorzugung zurückgewiesen.

Als der Koch mich verriet, war mein Mann wütend.

Die Kinder fanden meine Einweihung putzig.

Das war in Frankreich.

Ich wollte nach Brasilien zurück.

Ich hoffte, durch die wissenschaftliche Arbeit eine bekannte Persönlichkeit zu werden.

Und nur noch zu forschen.

Mit der Einweihung verwarf ich vor allem die Welt, die mich bisher umgeben hatte.

Unter anderen Umständen wäre ich vielleicht ein Hippie geworden, der in verlassenen Dörfern gelebt hätte.

Ich fühlte mich den Leuten verbunden, die eine andre Welt suchten.

Ich wollte aus der begrenzten Welt heraus.

Aus der kodifizierten Welt.

Und jetzt frage ich mich, ob ich nicht in eine noch engere, noch kodifiziertere Welt eingetreten bin.

Aber kohärenter.

Aufregender.

Reicher.

Genußvoller.

Die Fröhlichkeit der Leute, trotz der größeren Schwierigkeiten.

Da ist eine sadistische Komponente.

M..Eh..Nun..Ja..

Aber, wenn sie sadistisch sind, sind sie es auf eine andre Weise.

Klar.

Sie lauern Jahre und dann zerstören sie, mit Giften, mit Worten.

Das ist die Regel des Candomblé.

Das ist die Regel der afrikanischen Welt.

Das ist die Regel der afrobrasilianischen Welt.

Das sind die Reste eines Regimes der Sklavenhalter, die eine Kultur zerstört haben.

Es gab auch eine afrikanische Sklaverei.

Das ist nicht das Gleiche.

Wo ist im Candomblé die große Befreiung, die Zärtlichkeit, die Großzügigkeit?

Das ist doch unser Problem.

Das Problem von Pierre, von Bastide, von Metraux, von Lydia, mein Problem:

Wir sind alle ausgezogen, um eine andre Welt zu erfahren, eine üppigere, eine freundlichere, und wir entdeckten, daß sie bürgerlicher ist als die, die wir verlassen haben.

Sie ist es aber nicht auf die gleiche Weise.

Die sexuelle Freiheit!

Es ist sehr schwierig, in Brasilien sexuelle Freiheit zu finden.

Vor allem, wenn man eine Rolle übernommen hat, wie die der Mãe de Santo.

Es ist unmöglich . .

Oder man muß sich auf einem anderen Planeten treffen.

Ich habe einen Geliebten.

Und eventuell habe ich einen zweiten.

Das ist gefährlich.

Ja, sehr gefährlich.

Wenn ich keine Priesterin wäre, könnte ich machen, was ich wollte.

So werde ich von allen bespitzelt.

O ja!

Ich habe Liebe von seiten der Schwarzen empfunden.

Ich meine, nicht im Bett.

Die Brasilianer sind sehr gut im Bett.

Nein, ich meine Zuneigung.

Mario, der Trommler, empfindet eine große Zuneigung zu mir.

Er bewundert mich.

Und auch Osvaldo.

Er . .

Er fällt mir auf den Wecker.

Er ist unmöglich mit seiner Eifersucht.

Es gibt Augenblicke, da habe ich Lust, alles zuzumachen und wegzugehen.

Aber er hat auch eine Freundlichkeit, die ich nirgendwo sonst kennengelernt habe.

Wenn er will.

Aber sie sind so machiavellistisch.

Mein erster Eingeweihter war ein Homosexueller, und er hat mich sehr leiden lassen.

Er hatte 30 Jahre lang überall herumgehorcht.

Er war ein Hexenmeister.

Er wußte sehr viel.

Er hat Frauen in den Wahnsinn getrieben.

Er war sehr böse.

Wir hatten große Probleme, um herauszufinden, welches seine Gottheit sei.

Ich warf in Rio die Kauris.

Der Gott Logum Ede antwortete.

In Bahia warfen Obaraima und Pierre die Kauris, sieben oder acht Stunden, ohne Unterbrechung.

Schließlich war es klar.

Es mußte Logum Ede werden.

Der Mann verstand sich sehr gut mit Osvaldo.

Ich habe oft vermutet, daß etwas zwischen ihnen war.

Er liebte die Tiere.

Er brachte Perlhühner in den Tempel und Karnickel, einen Fasan, einen Pfau.

Der Gärtner mußte sich den ganzen Tag um die Vögel kümmern.

Er selbst tat nichts.

Schließlich brauchte er einen Freund.

Wir ließen seinen Freund Fifu kommen.

Er wohnte in seinem Zimmer.

Aber Fifu tat auch nichts.

Er stand mittags auf und ich arbeitete seit 5 Uhr morgens.

Ich wurde wütend.

Ich ernähre die ganze Bagage und nichts wird gemacht.

Ich schmiß Fifu raus.

Ich schleppte Wasser und wusch die Schweine, und der Mann, den ich als ersten eingeweiht hatte, stand mittags auf und servierte seinen Freunden Orangeade.

Ich gab ihm zu verstehen, daß er auch gehen könnte.

Er ging.

Er sagte, daß er seine Terrinen holen würde und seine Steine, seine Götter.

Er kam mit einem Lastwagen der Polizei und mit Polizisten, die mit der Waffe in der Hand seine Sachen suchten.

Ich habe ihm nicht die Götter übergeben, wie man das gewöhnlich tut.

Ich habe gesagt: Nimm, was dir gehört. Ich übergebe dir nichts. –

Er sagte: Das können Sie nicht machen. –

Von dem Augenblick hat er Intrigen gegen mich gesponnen – mit all den kleinen Priestern der Nachbarschaft.

Vier Jahre später wurde er mit vier Kugeln im Kopf auf dem Markt von Ramos gefunden.

Er hat nie mehr einen Platz gefunden, wo er seine Götter hinstellen konnte.

Seine Schwester hat sie in meinen Tempel zurückgebracht, und beim Axexe habe ich die Kauris geworfen, um zu wissen, was hierbleiben sollte und was weggeschafft werden mußte.

Ich arbeite nur für das Gute.

Wenn eine Frau nicht mehr mit ihrem Mann zusammenleben will, tue ich alles, daß er geht.

Aber ich töte ihn nicht.

Ich kenne natürlich Rezepte, um jemanden auf magische Weise umzubringen.

Man opfert den Egum.

Den Exús.

Man tötet die Tiere und legt den Namen der Person unter das Fleisch.

Oder Sachen, die der Person gehören.

Ich mache es nicht gern.

Ich lasse es andre Leute für mich machen.

Osvaldo.

Ich weiß nicht, ob er es gerne tut.

Aber es klappt.

Ich brauche keine solchen Erfolge mehr.

Mein Ruf war gemacht, als mein erster Eingeweihter, der sich gegen mich gestellt hatte, auf dem Markt von Ramos erschossen wurde.

Alle Leute, die sich gegen mich stellen, enden übel.

Obaraima kriegte Herzbeschwerden.

Er spuckte Blut.

Mein erster Geliebter ist sehr jung an einem Schlaganfall gestorben.

Er hatte mich verlassen.

Ein andrer ist auch gestorben.

Er hatte mich verlassen.

Man sitzt vor den Kauris und äußert bizarre Sachen.

Worte, die unabhängig von meinem Willen sind.

Es ist eher ein Zustand der Leere.

Ich kontrolliere meine Gedanken nicht mehr und spreche.

Die Trance ist kein bewußter Zustand.

Während des automatischen Sprechens bin ich bei Bewußtsein.

Wach.

Ich sehe nichts.

Ich bin keine Seherin.

Ich habe nur Empfindungen von Wesen, die vorübergehen.

Seit einiger Zeit geschieht etwas in meinem Tempel.

Die Leute dort sehen etwas.

Ich sehe nichts.

Aber ich empfinde es.

Zwei weiße Frauen.

Weißgekleidet.

Ich habe oft das Gefühl, jemand geht vorüber.

Ich drehe mich um und sehe nichts.

Die Leute meinen, es seien Tote.

Es geschieht etwas.

Es geht etwas um.

Gestern habe ich den ganzen Tempel mit einem gewichtigen Kräuterbad gereinigt.

Ich habe selbst die Blätter gesucht.

Ich war sehr weit.

Bis zum Wasserfall.

Es müssen schlaffe Blätter sein.

Nach der Reinigung ist das Blatt ganz verwelkt.

Ich wollte kennenlernen, was in den Köpfen dieser Leute vorgeht.

Ich habe nicht alles verstanden.

Aber wenn ich in Afrika bin, weisen mich die Afrikaner nicht ab.

Man hat mir gesagt:

Du bist keine Weiße.

Du denkst wie die Schwarzen.

Du hast ein schwarzes Herz.

Die furchtbaren Wutanfälle von Osvaldo.

Einmal hat er alles kaputtgeschlagen.

Er hat meine heiligen Ketten zerrissen und den Ventilator kaputtgemacht.

Mit Osvaldo geht es jetzt seit zwanzig Jahren so.

Manchmal habe ich Lust, den ganzen Laden zuzumachen.

Aber der Tempel war doch mein Leben die letzten zehn Jahre.

Ich habe kein Geld.

Ich habe nichts anzuziehen.

Aber es geht immer weiter.

Neulich kamen zwei Franzosen, denen ich die Kauris werfen sollte.

Als sie gingen, gab mir der eine 5000 Cruzeiros und der andre drei.

Ich hatte es nicht verlangt.

Und der eine bestellte eine Arbeit bei mir für 8000.

Ich konnte ein paar Schulden bezahlen und Benzin tanken.

Als ich in der Stadt gewesen war und unterrichtet hatte und gegessen, blieben mir noch 500 Cruzeiros – das sind nicht mal zehn Mark.

Mit Osvaldo wird es immer schlimmer.
Neulich hat er mich auf dem Markt bedroht, vor allen Leuten.
Zu Hause hat er mich auf das Bett geschmissen.
Mit dem Mörser hat er auf mich eingeschlagen.
Ich dachte:
Das ist es.
Ich wache mit zerschmetterten Schädel wieder auf.
Das heißt, ich wache nicht mehr auf.
Seit 20 Jahren wage ich nicht, einen Liebhaber zu haben.
Mario.
Aber das weiß er nicht.
Wenn Osvaldo es erfährt, bringt er mich um.
Wir machen es nie im Tempel.
Wir treffen uns in Rio.
Er nimmt den Bus und ich fahre mit dem Wagen rein.
Ich habe einen Pakt mit ihm gemacht.
Das ist eine Art Blutpakt, aber zwischen Mann und Frau, wie in
Dahomey.
Mit Mario.
Osvaldo will nicht.
Er ist zu gewitzt.
Osvaldos Frau ist eine Megäre.
Sie wiegt 150 Kilo.
Er lebt praktisch bei mir im Tempel.
Aber er betrügt mich mit meinen geistlichen Töchtern.
Er hat Zucker und Magenbeschwerden.
Er tut nichts dagegen.
Die Vereinigung der Flüssigkeiten von Mann und Frau be-
schmutzt.
Es ist die Mischung.
Mann und Frau.
Frau und Frau – das beschmutzt weniger.

Wilma:
Nein, mein Vater kommt nicht oft im Traum.
Er kommt im Traum als Toter.

So wie ich von Toten träume
Er sieht wächsern aus und redet so komisch.
Meine Tante hatte gesagt, daß ich mit seinem Tod rechnete.
Sie sagte ihm, daß ich eine Arbeit gemacht hätte in der Macumba, daß er sterben müßte.
Er hat mich verflucht.
Ich träume oft von ihm.
Aber nur als von einem Toten –
Wächsern.

Jäcki besuchte Nunes nicht noch einmal.

Natürlich hatte er ein schlechtes Gewissen.

Dem zickigen Papst war er nachgelaufen.

Dem liebenswürdigen gastfreundlichen Mann entzog er sich.

Aber Jäcki hatte sich vor dem Hundertjährigen geschämt.

Er hatte im Tempel der Casa das Minas, bei Deni sein Ohr den Beschimpfungen hingehalten.

Er hatte nicht laut protestiert, wenn Deni die Transkriptionen der Gesänge als falsch erklärte.

Vielleicht waren einige sogar falsch.

Er hatte geschwiegen, wenn sie den langen Aufenthalt des Nunes im Allerheiligsten verdächtigten.

Er hatte zustimmende Laute von sich gegeben, wenn sie den Film des Nunes verrissen.

Mit Filmen von Riten war Jäcki wirklich nicht einverstanden.

Jäcki fürchtete seine eigene Arbeit in der Casa das Minas, wenn er den Intellektuellen Nunes verteidigte.

Aber, was hieß seine Arbeit.

Er wollte doch gar nicht forschen.

Sergio hatte ihn da reingezogen.

Denn was wußten die Gläubigen Spinatwachteln Bachstelzen was es hieß Nunes zu werden Nunes zu sein.

Er hätte brüllen können gegen die mystische Selbstgefälligkeit, mit der Deni Nunes abkanzelte.

Was wußte sie.

Nunes, der Waldläufer, der Freimaurer, der Indianer, der Grieche der Dekadenz Anakreon, der Neger, der Sohn der Mutter der Casa das Minas, Antäus, nach Kuba eingeladen.

Was würde Deni in ihrer Paukerinnenenge davon verstehn, daß vor dem minoischen Bauplan des Nunes, dem labyrinthischen Ikarus in Santa Teresa, drei falsche Gesänge nichts wären, so sehr sie auch Jäcki ärgerten.

Die hohen, dürren, schwarzen Mütter sahen auf den Nunes herab, wie sie auf die ganze Menschheit herabsahen mit einer geradezu wirschen, ostpreußischen Königinnengeblähtheit

Man kann auch an Blähungen krepieren.

Und der Mischling X. Grades Nunes mußte sich ganz ange-
schmiert vorkommen
Mit seinen sexigen gewaltigen faltigen Händen und dem weißen
Puder zwischen den noch immer hübschen Zehen
der mystische Bock, der noch mit 80 Pan auferstehen ließ
Ressuscitou.
Ressuscitou.
Jäcki hätte es nicht fertiggebracht vor dem Greis zu lügen
Nunes hatte nun wirklich die Kontinente zusammengefügt und
vor allem die Kontinente seiner Seele, nicht nur das indianische
mit dem griechischen, das afrikanische mit dem französischen,
Kuba und Santa Teresa, nein vor allem, und das war Jäcki nicht
gelungen und auch nicht Gisèle, und nicht Corello da Cunha
Murango und dem Papst Pierri schon gar nicht, die Fickerei und
den Mystizismus, die Akademie und die Muschis
Er war eben nicht schwul, dachte Jäcki.
Daran liegt es.
Aber was sollte Jäcki sagen, wenn Nunes ihn nach den For-
schungen fragte.
Jäcki als Abgesandter der Casa das Minas an den König von
Abomey.
Würde Nunes sich nicht ganz erbärmlich vorkommen?
Der erfolgreichste Ethnologe nach einem Jahrhundert geschei-
tert, ausgestoßen aus dem Haus der Mutter und dem Tempel der
Mutter.
Hätte Jäcki den Auftrag ablehnen sollen,
die hübsche Kette und den Brief?
Den Brief?
Welcher Ethnologe, welcher Reporter, welcher Schriftsteller,
welcher europäische Intellektuelle hätte das getan.
So besuchte Jäcki den alten Faun nicht wieder
Er war traurig darüber.
Denn Nunes würde bald sterben.

Celeste schickte Jäcki die Lieder für den König von Abomey.
Jäcki spürt ihre Zuneigung durch den Gesang auf dem Ton-
band.

Off the record sprach Gisèle mit Jäcki vom Ende des Papstes Pierri.

Er hatte sein Buch über die Kräuter Afrikas, über die Gesänge, die Formeln, das Bewußtsein als Blätter, die Wörter als Gifte noch immer nicht fertig.

Er hatte mit Obraima zusammen einen Candomblé in Bahia aufgemacht.

Jäcki empfand das als doppelten Verrat.

Als Schriftsteller die Einweihung beschreiben, nachdem man als Gläubiger an ihr teilgenommen hat?

Ich nicht.

Und gar die Einweihung austeilt.

Andre verdummt.

Das Bewußtsein ritualisiert.

Sie vergiftet.

Das Bewußtsein zerbricht.

Aber Jäcki regten diese Verrate nicht mehr so tief auf, wie noch vor 10 Jahren.

Auch wußte er, wie schnell man selbst an den Rand von kleinen Verrätereien gelangt

In der Rage der Forschung.

Gisèle sagte Jäcki, daß Pierre ihr alle seine Blätter vermacht hatte und seine Zettel,

Die Herbarien aus dem Jornal do Brasil dem Estado de São Paulo und dem Jornal da Bahia

Und eh die Schuhkartons, die Eisenkiste, die heiligen Bohnen.

– Aber er ist da oben in Liberdade, in Bahia de Todos os Santos.

– Und ich bin in Santa Catarina.

– Ehe ich weiß, daß er tot ist.

– Und ehe ich mit meinem Wagen da oben bin, haben sie ihn ausgeplündert.

– Alle Blätter an sich gerafft und die Zettel und die Schuhkartons in Säcken weggetragen.

– Alle die Obaraimas, die Corello da Cunha Murangos, die Mütter und die Väter, wo sie nur rankönnen.

– Ja, so ist das.

– Ich war dabei, als sie den Papst Pierri aus Nigeria ausgewiesen haben.

– Es war schon unter der Militärdiktatur

– Ein paar Soldaten kamen auf den alten Mann zu, mit Maschinenpistolen

– Pierri konnte mir gerade noch zurufen, kümmern Sie sich nicht darum, tun Sie so, als kennten Sie mich nicht und sorgen Sie in Paris dafür, daß etwas geschieht, sollte ich nicht wieder auftauchen.

– Dann haben sie ihn abgeführt.

– Eingelocht.

– Ihm sein Forschungsmaterial abgenommen

– Zur persona non grata erklärt.

– Spionageverdacht heißt das ja dann meistens.

– Rausgeschmissen.

Gisèle brachte das alles sehr verspielt vor, fast amusiert.

Ihr schien es nichts auszumachen.

Sie sprang auf ihre eigenen Reisen über nach Dahomey, nach Benin.

Wie sie als Eingeweihte in den Tempeln gesungen habe.

Teppiche zu ihrem geistlichen Vater geschafft – zu Joãozinho da Gomeia.

Wenn Gisèle das Ende des Papstes bewegte, so konnte sie diese Bewegung gut verbergen.

Jäcki betrübte ihre Erzählung.

Er sah den Greis, der als junger Mann einmal ausgebrochen war aus Louis XIV. und Charles de Gaulle, Proust, Sartre, Lévi-Strauss, der die Steine der Göttin Oya nach Ibadan zurückschleppte und ein Museum für den König von Abomey einrichtete.

Der Papst Pierri trug die Rezepte um jemanden verrückt zu machen, die Rezepte des Abó, die chemische Veränderung des Gehirns, Serpentina und Vomitoria und die Hymnen und Litaneien und die Schnitte der Menschenopfer zwischen Bahia de Todos os Santos, Bahia de Todas as Santas, den Marmorpalästen des befreiten Afrika und dem Musée de l'Homme und dem Select, Montparnasse hin und her.

Und kaute auf die Schnelle irgendeinem mukschen Blacki für zehn Mark einen ab.

Papst, Directeur d'Etudes, Babalawo

Und tanzte seinen feuchten, bleichen Foxtrott

Ausgewiesen aus dem Land der Sehnsucht.

Orplid.

Belauert von allen Heiligen.

Sie würden ihm auch noch die rotgestaubten Eier abräumen.

Jäcki trank mit Irma eine Batida auf den Papst Pierri, den Ritenrüttler, der unter den Riten zitterte, auf seine Schuhkartons und seine Blätterzettel.

Irma und Jäcki packten.

Die Manuskripte als Handgepäck.

Nie wieder würde Jäcki ein Manuskript aufgeben, nachdem der Versuch über die Pubertät in Äthiopien verschollen war.

Die Casa das Minas ging neben die Geschichte der Nanã zweimal Din A-4 in den Koffer mit dem Zahlenschloß.

Jäcki fühlte, daß dieser Abschied vom Ouro Verde, von Rio, vom Strand von Copacabana ein Abschied von der Ethnologie war.

In Afrika würde er nicht mehr forschen.

Er würde die Heiligen Mütter der Casa das Minas mit dem König von Abomey aussöhnen, den fürchterlichsten alle Ödipusse einzurenken versuchen.

Der Sohn der die hinkende Mutter verkauft

Aus Rache.

Der andre Sohn der die hinkende Mutter zurückkauft.

Jeder eigene Ehrgeiz, jede Frage nach Kräutern oder Perlen oder Masern konnte diesen Auftrag gefährden.

Dreizehn Jahre Ethnologie wurden heute abend abgeschlossen.

Was kam nun?

Jäcki sah den Strand von Copacabana an, der rosa in der Dämmerung aufglomm und linde nach Gulli roch.

Die ersten einsamen Kerzen winkten ihre saugende Botschaft zu Jäcki hoch.

Wieder war es als läge noch alles vor ihm.

Die Entdeckung des brasilianischen Urwaldes in der Unterführung der Central do Brasil.

Das Cine Iris.

Die Ahauascasucher.

Das Blutbad

Die Kräuter und Nüsse als Gehirn.

Das Zerbrechen des Bewußtseins.

Die Busfahrten, der Hunger und der Rio São Francisco.

Was hatte er nun als Ethnologe in Händen.

Was hatte er rausgekriegt

Wirklich.

Nicht wenn er sich was mit Features und Interviews und Schlagzeilen und Waschzetteln vormachte.

Wußte er, wie die Gehirnwäsche existierte.

Wie der Mensch verändert wurde?

Wie der Neue Mensch entstand?

Das kahlgeschorene Würmchen, Lazarus, der den Abwasch machen mußte für Professora Norma um das Honorar für die Einweihung abzuarbeiten.

Jäcki hatte eine Kette bekommen, brachte sie ihm Glück, oder sollte sie ihm, nach Denis Ratschluß die Flecken bringen des Waldgottes Akossi Zakpata? Und die glühenden Lieder Celestes.

Ja, die drei Blätter, die das Bewußtsein zerbrechen.

Pes caprae, Occimum micranthum, das war fast so etwas wie Basilikum, und die Mimose.

Die hatte er wirklich.

Und er wußte, wie sie angewendet wurden

Und was sie bewirkten.

Das war mehr, als die meisten sagen konnten.

Der Papst Pierri hatte sie ihm übrigens vor elf Jahren schon, beim ersten oder zweiten Besuch mitgeteilt.

Wahrscheinlich wußte er damals auch nicht, worum es sich handelte

Und einen Brief hatte er.

Von greisen Kommunikantinnen aufgesetzt,

in dem hatten sie ihn betitelt als Schriftsteller und Anthropophagen für den König in Abomey.

Sasso ließ es sich nicht nehmen, sie zum Flughafen zu fahren, wo sie so glatt bei der Ankunft durchgerauscht waren.

Sie flogen nicht Concorde zurück.

Da sie Erster flogen, wegen des Übergepäcks, wie Jäcki sich entschuldigte, wurden sie in eine Extra Lounge gebeten.

Ein freundliches Mädchen kam, um ihnen die Paßformalitäten abzunehmen.

Jäcki kaufte Irma zum Andenken eine Onyxkette.

Wilma und Sasso winkten noch einmal herein.

Der Flug wurde aufgerufen.

Jäcki hatte seinen Paß noch nicht zurück.

Irma hatte ihren Paß noch nicht zurück.

Die Erste Klasse Passagiere schritten zur Gangway.

Wir haben unsere Pässe noch nicht zurück.

Jäcki und Irma machten kleine Pantomimen zu Wilma hinaus.

Es konnte sich nur noch um ein paar Minuten handeln.

Die freundliche Stewardeß kam mit ihren Pässen.

– Wir können Ihre Einreise gar nicht finden.

– Nee, da saß niemand.

– Das macht nichts.

– Wir haben Sie ja auf der Liste.

– Wann sind Sie denn eingereist?

– X. Mai.

– Das haben wir gleich.

Die Stewardeß nahm die Pässe wieder mit.

Die Lounge war leer.

Nur Sasso und Wilma sahen durch eine Parfümreklame auf Jäcki und Irma.

Die Stewardeß kam wieder.

– Wir können Sie am X. Mai nicht finden.

– Was war das denn für ein Flug.

– Concorde.

– Am X. Mai flog Concorde nicht mehr.

– Am X. Mai 1981

– Ach so, am X. Mai 1981

Die Stewardeß nahm die Pässe wieder mit.

Sie kam zurück.

– Sie sind beide am X. Mai 1981 mit Concorde eingereist
Das stimmt.
Heißt das Sie waren über ein Jahr in Brasilien.
– Ja.
– Wir sind Anthropologen.
– Schriftsteller
– Ja haben Sie denn keine Aufenthaltsgenehmigung
– Nee.
– Dann können wir Sie nicht rauslassen.
– Da müssen Sie erst zur Fremdenpolizei.
Das wollte Jäcki nicht.
Das hieß Computer.
Dann würde der Spiegelartikel ausgespuckt.
Und nun noch ein Jahr ohne Aufenthaltsgenehmigung in Brasilien.
Das konnte Jäcki teuer zu stehen kommen.
Jäcki wurde ganz ruhig.
– Sehen Sie, ich bin Schriftsteller.
– Hier.
Er holte ein Buch aus dem Koffer mit dem Zahlenschloß mit einem Foto auf dem Cover
– Das ist über mein Werk geschrieben worden.
Plötzlich stand auch Sasso wieder neben ihm.
– Ich muß diesen Flug nach Lissabon haben.
– Morgen früh kommt der Papst nach Lissabon.
Sasso ging zum nächst höheren Beamten.
Jäcki verlangte den Leiter des Flughafens.
Nur der Vizedirektor war da.
– Ich muß morgen früh in Lissabon sein, schrie Jäcki.
Der Vizedirektor zögerte
Und verglich das Foto auf dem Heft von Text und Kritik mit Jäkkis Gesicht.
– Der Papst erwartet mich in Lissabon.
Der Vizedirektor gab Jäcki das Heft zurück – das fand Jäcki ganz unnötig und sagte:
– Ja.
– Ja, das kann ich allein nicht entscheiden.

– Der Direktor der Fremdenpolizei hat frei.
– Sie müssen morgen in Rio zur Fremdenpolizei.
Das Flugzeug der TAP flog ohne Jäcki und Irma.
Jäcki hatte Angst.
Jetzt kamen alle Nina Rodrigues, alle Foltern, alle Blutbäder auf
Jäcki zu und forderten vom Romanschriftsteller ihren Tribut.
Jäcki machte sich Vorwürfe.
Er hätte es wissen sollen.
Er hätte nie wieder nach Brasilien reisen dürfen.
Nun würde der Computer an zu tickern fangen und der Spiegel-
artikel würde rausfallen
Und er würde zwischen die Drehtüren fallen, die Militäratta-
chés, die Atomverträge
Wer würde um einen schwulen Schriftsteller am Ende seiner
Karrière viel krähen.
Die Ratte, hatten sie auf den Spiegelartikel hin geschrieben.
Er hätte Irma nicht hineinziehen dürfen.
Ein Schriftsteller darf nicht mit einer Frau zusammenleben
Auf der Folter kann er mit ihr erpreßt werden
Jäcki hielt sich die Ohren zu.

Vor allem understated sollte sein Roman sein.

Nicht ewig durch Welten rollen.

Nicht dauernd Erbsengewitter.

Etwas Nonchalance.

Etwas Charles d'Orléans, etwas Colette.

Aber wenn es nun dauernd am Horizont grummelte?

Atomverträge? Kübelwagen voller Folterinstrumente?

Wenn die Welten kippten?

Wenn der ganze Erdteil explodierte

X Tausend Tempel 1971 in Bahia

X Tausend Tempel 1981 in Bahia

XX Tausend Tempel in Rio

XX Tausend in São Paulo

Und der Papst, Nunes, Gisèle, Sergio, Corello und Jäcki hochgeschleudert wurden und hinuntergesogen in einer Explosion, daß ihre Glieder spaddelten?

Wie soll man den Weltuntergang zum Beispiel understated ausdrücken

Was kann man vom Ende einer Welt in einem Roman weglassen, ohne daß es die Wildente wird?

Sasso und Wilma gingen elegant darüber hinweg, daß man Irma und Jäcki die Ausreise verweigert hatte.

Sie fuhren zum Ouro Verde zurück.

Da begann das Unheil ganz fühlbar zu werden.

Das Ouro Verde war voll.

Der Empfangschef wollte sich nur widerwillig an Jäcki erinnern.

Es war nicht reserviert.

Irgendwas stimmte doch nicht.

Er wies Jäcki und Irma ab.

Sie kamen nebenan in einem fürchterlichen Hotel unter, das genauso viel kostete.

Sasso würde sich morgen melden.

Jäcki und Irma hatten keine Zahnbürsten.

Jäcki rief Affonso an, der vorgestern noch mit ihm in einem teuren Restaurant gegessen hatte.

– Seid nicht rausgekommen?

– Jederzeit.

– Ruf mich gleich an, wenn du alles hinter dir hast.

Der Chefredakteur würde ihnen auch nicht helfen.

Ein Nachwuchspolitiker half.

Jäcki war zwischen den Wilma Interviews mit Sasso alleine essen gegangen.

In ein Restaurant, wo die düsteren greisen Stars der brasilianischen Politik, Jânio Quadros, der jetzt gegen die Pornographie auftrat, ihr Pfeffersteak zwischen wichtigen Äußerungen herunterschlangen.

Da kam ein junger Mann an den Tisch,

Jäcki bezahlte ihm eine Flasche Wein und ärgerte sich, daß er den Millionärssohn einladen mußte.

Zu dem brachte Sasso Irma und Jäcki hin.

Es war Wahlzeit.

Der junge Mann verteilte Füllfederhalter und Hausmeisterposten.

Und fünf Minuten vor Schluß löste er sich aus dem Krinken der Bittsteller, fuhr mit Jäcki zur Fremdenpolizei.

Verteilte auch dort wieder Füllfederhalter
und Jäcki ahnte die Kunst der Bestechung.
– Hier besticht man nicht einfach so plump, sagte Sasso wie in
Europa.
– Hier schafft man es nur, indem man genau weiß wie man wen
besticht und welches der Preis ist und in welcher Münze gezahlt
wird.
– Wenn man diese Kunst nicht beherrscht, kann es leicht tödlich
sein.
Eine kleine Kontribution zur Wahlkampagne zum Beispiel.
Oder ein Interview.
Jäcki und Irma sparten 5000 Mark Gebühren.
Das Fräulein bei TAP war genau so nett wie am Abend zuvor.
In der First-Class-Lounge wurden Jäcki und Irma die Pässe ab-
genommen.
Das freundliche Fräulein kam mit den Pässen der First-Class-
Passagiere zurück
Irma und Jäcki flogen nach Lissabon.

49·

Europa lag im Vorfrühling.

Es war kalt, dunkelbraun und leer.

Jäcki sah aus dem Fenster des Hotel Ritz und von dem alten Parque her.

Über die Verbrennungsmotoren der Avenida da Liberdade hin roch es nach römischen Pinien.

Portugal war frei.

Salazar war lange tot.

Die PIDE, die politische Polizei, welche die Häftlinge nicht schlafen ließ, bis sie durchdrehten, die PIDE gab es nicht mehr.

Hier hatte alles angefangen.

Die dunklen Massen der Fischer, die stürzten.

Der Gesang beim Einholen der Fische.

Die minoischen Plastiken von Rosa Ramalho.

Die Entdeckung Afrikas, der Seeweg nach Indien.

Die Eroberung Brasiliens und der Pakt mit dem Papst.

In Kolonien.

In den Sklavenhandel.

Nuno Gonçalves.

Die Mauren.

Die Mauern.

Irma und Jäcki suchten die weißen Pfauen,

den Garten des Vizekönigs von Indien.

Mateus Rosé hatte große Weintanks hinter dem Garten errichtet.

Der Gärtner war alt geworden.

Seine Kinder studierten auf dem Politechnikum.

Jäcki und Irma aßen sopa alentejana

Und das heiße Olivenöl, die großen Knoblauchstücke die zerplatzenden Drüsen des grünen Korianders stellten für Jäcki in einer Sekunde – irgendwo hatte er schon einmal etwas Ähnliches gelesen – das alte Portugal hin, Sesimbra, die frühen Gesänge, die Wand der fallenden Fischer, Pessoa, Camões, und Mario de Sã Carneiro und alle die Fischer und die Männer, die schönen, die chevaleresken Männer, über die Jäcki vor Ergriffenheit geweint hatte.

Die Schwulen in Portugal waren frei.

Während der Revolution hatte es eine maoistische schwule Partei gegeben.

Jäcki suchte die alten Treffpunkte auf.

Die unterirdische Klappe am Rossio war geschlossen.

Die Klappe am Cais do Sodré war als Klappe verlegt

Die Schwulen spielten nicht mehr haschen mit den dicken Polizisten Salazars.

Hier war Jäcki verhaftet worden

Er hatte eine Nacht im Lissaboner Gefängnis verbracht.

Jetzt bevölkerten Gebrauchsgraphiker und Ministerialräte die Klappe.

Oft standen die Schwulen in drei Reihen hintereinander.

Jäcki erkannte ein paar gealterte Fischer aus Sesimbra wieder.

Wo war Mario jetzt.

Verfault in Afrika.

Oder operiert und verheiratet.

Jäcki ging mit einem Strichjungen, der aussah wie ein Ritter von Nuno Gonçalves.

Er schleuderte mittelalterliche Sequenzen über Jäckis Rücken und verpaßte ihm Läuse.

Im dritten Stock des Rossiobahnhofes hielten die Büroangestellten ihr Mittagsfickerchen auf der Klappe.

Es gab schwule Absteigen, an der Praça São Carlos und eine vornehme am Chiado

Und Saunen.

Eine bäuerliche, wo am Wochenende die Männer nachts zu viert auf eine Zelle gingen

Sie sei schon einmal von der Stadtguerilla ausgeraubt worden.

Männer in Kapuzen, die mit vorgehaltener Pistole den Gästen die Kleider abnahmen

Und es gab eine vornehme, in einer Straße, deren Namen sich Jäcki nur schwer merkte.

Dort überlagerten sich die Komplexe der Weltschwulität mit den provinzielleren, manuelinischen Komplexen Lissabons Halbgriechen, Halbmuselmane, Halbgötter die sich im Ruheraum räkelten, abknutschen ließen aber nun gerade nicht in die Zelle wollten.

Jetzt wollten sie gesehen werden, wie sie, die Schönsten, es dem Schönsten verpaßten.

Und das Gelecke der iberischen Halbinsel.

Auch erkältete Deutsche

Und durchgeplante Amerikaner.

Irma und Jäcki fuhren nach Sesimbra.

Das hätten sie nie tun sollen

Fast zwanzig Jahre danach.

Es war eine kommunistische Gemeinde

Und Appartementhäuser erdrückten die Felsen.

Der Fischmarkt mußte verlegt werden.

Es gab ein Fischerdenkmal.

Jäcki würde es nie, nie beschreiben.

In Caparica hatten sie die Reihe der hübschen zeitlosen Popkonstruktionen am Strand längs erhalten

Dahinwitternde Fischerunterkünfte in minoischen, ägyptischen Bemalungen.

Dahinter ragten Appartementhäuser hoch.

Und Ansätze von Favelas

So hatte sich das Räubernest aufgespalten

in zwölf Jahren freier Wirtschaft.

Dicke Polizisten gingen nicht mehr durch die Büsche

und prügelten die Schwulen mit Fahrradketten raus.

Das Gehusche und Verstecke war in einen internationalen Eiertanz umgeschlagen.

War es unter Salazar die Leidenschaft gewesen zu voyeurieren, wurden unter Soares Exhibitionisten Mode.

Gewaltige Glieder stießen in den Dünen zu

Die Backen flogen hoch

Und in einer vorsintflutlichen Gleichgültigkeit gaben sich die kleinen Mädchen unter tausend Badegästen hin
Einige Gäste wollten es nur, wenn es zu sehen war.
Es gab zuckende Badehandtücher
Ein Männerkopf schlupfte darunter hervor sah sich im Kreis um, zog sich wieder unter das Badetuch zurück.

Jäcki traf Artigas wieder, den Gaucho, der Jäcki in Rio den Treffpunkt im Geschäftsviertel gezeigt hatte.
Er war international geworden.
Hatte in Berlin geheiratet.
Und verkehrte in Lissabon mit gentischen Kreisen.
Die schönsten Männer der Welt.
Schwul. Frei.
Es war der Höhepunkt.
In der Stadt stand an den Mauern
Nem Marx nem Coca Cola in Abwandlung des bekannten Propagandaspruches von Jean Luc Godard.
Weder Marx noch Coca Cola.

Ja, im Hotel Ritz, neben dem Parque Eduardo VII. gab es endlich auch wieder den Spiegel, frisch und regelmäßig.

Und im Vermischten, das heißt in der Kultur hinten stand ein putziger Aufsatz über eine neue Krankheit – die von den Schwulen verbreitet wurde, – wie immer im Spiegel, Tripper, die Schwulen, Hepatitis B, die Schwulen, Herpes, die Schwulen, so eine totale Ausrottung, kein Kraut dagegen gewachsen.

Schwule, Neger, Haitianer und Drug Addicts.

O Neue Züchtigkeit

Wenn es nicht von selbst gekommen wäre – man hätte es erfinden müssen.

Und alle die schwulen Redakteure im Spiegel schrieben sich – auf Grund der Penetrationsängste ihrer Abteilungsleiter die Finger blutig.

Der Spiegel, der ihm einst seine Studien der Bisexualität bezahlt hatte, wollte Jäcki jetzt in seinem Internierungslager konzentrieren

Das war aber eine Wunschvorstellung.

Die Schwulen verreckten an einer eigenen Superseuche, wie die Ratten.

Man brauchte nicht einmal mehr Stacheldraht, um sie einzupferchen.

Jäcki sah schon die Superkonferenz:

Anita Bryant, Papst Johannes Paul, Khadafi, Castro.

Toll.

Jäcki sah seine Bikontinentalität kippen.

Die ganze hübsche, witzige, flockige Sauna-, Schwulen-, Tukken-, Tassen-, Tanten-Welt.

Die Kinos verschimmeln

Die Stricher verhungern.

Die Unterführung der Central do Brasil ohne brasilianische Hölzer

Die sexuelle Verkarstung des Amazonas.

Natürlich alles Quatsch.

Die neue Krankheit fing im Kopf an.
Die neue Krankheit eine Geisteskrankheit die vor allem Spiegel-
redakteure befiel und Redakteure von Newsweek
Brasilien untergehen?
Das »Iris« stürzen.
Die Unterführung der Central do Brasil
Celeste?
Battista?
Dona Leodes.
Professora Norma?
Das Cine Pax?
Die Kräuter, die Krokodile, die traurigen Äffchen?
Das »Iris« sterben?
Das Iris war älter als Ebbe und Flut.

Diesmal kam Jäcki nicht rund und voll mit blutroten Segeln zurück wie ein Kauffahrteischiff.

Keine geraubten Schätze an Bord.

Eine hübsche Kette, mit Perlen vom Königshof in Abomey, als Sohn des Hauses der Mina, aber die hatte Deni ihm gefädelt, ohne daß er darum gebeten hätte.

Sie brachte ihm kein Glück. Wäre sie nicht so hübsch und selten gewesen, er hätte sie weggeschmissen.

Ein mühselig Grau um Grau zusammengeschiefertes Buch über die Mutter und über die Mütter

Jäcki hatte eine neue Ethnologie erfunden.

Mit Lydia zusammen erfunden und mit Pierri

dem Papst und der Päpstin der schwarzen Studien zweier, dreier, vierer Kontinente.

Wer bietet mehr.

Jäcki beschloß nicht viel Aufhebens davon zu machen.

Er wollte seine Studien über das Haus der Mina nicht einmal mehr veröffentlichen.

Die Studenten könnten es ja bei ihm einsehen.

Jäcki trudelte ein in der Freien und Hansestadt Hamburg, immerhin froh, daß er das gefährliche 46. Jahr überlebt hatte, er hatte Segel gepflanzt und ruderte,

ein umgebautes verrostetes U-Boot.

Anhang

Editorische Notiz

'Die Geschichte der Empfindlichkeit
VII.
Explosion
Roman der Ethnologie

22. 1. 1986 I, II + III
Kann als eine erste
Fassung veröffentlicht
werden als Band
VII der Geschichte der
Empfindlichkeit.'

Hubert Fichte autorisiert hier diese überwiegend mit der Hand geschriebene Fassung mit dem hinzugefügten, im Krankenhaus am
Abend vor seiner ersten großen Operation datierten Vermerk.

Knapp ein Vierteljahr zuvor, am 12. September 1985, war er nach
Lissabon geflogen, um in Caparica den Roman abzufassen. In seinem Tagebuch notiert er am 16. desselben Monats: »Plan fertig.« –
Am 6. 10.: »1. Teil fertig. 2. entwerfen.« – Bis zum 4. 11. folgen
Eintragungen, welche die Arbeit an den verschiedenen Kapiteln
des zweiten Teils und deren Abschließung vermerken. Zwischen
dem 5. und 10. 11. heißt es an jedem Tag: »III entwerfen.« Danach
folgen bis zum 21. 11. Eintragungen, die sich auf die Arbeit an einzelnen Kapiteln des dritten Teils beziehen.
Der große Bogen einer ersten Niederschrift glückt in Caparica, bevor er am 22. November, bereits von Schmerzen befallen, nach
Hamburg zurückfliegt.
Im Krankenhaus korrigiert er, soweit es ihm noch möglich ist, das
in Portugal Verfaßte und Zusammengestellte. Ebenfalls redigiert er
noch das in der Romanmitte geplante, für ihn so wichtige Chile-
Kapitel. Ganz gegen seine Usancen läßt er dabei die aktuelle Zeit
des Schreibens, die Not des angehenden Endes, in die Erzählung
des vor fünfzehn Jahren Erlebten blitzartig hineinleuchten, um das
Geraffte des Kapitels zu erhellen.

Im Caparica-Manuskript sind von Teil III – »Der Fluß und die Küste« – nur die anfänglichen sechzehn Kapitel als solche bestimmt und beziffert. Den Rest dieses letzten Romanteils, dessen aus erkennbar verschiedenen Schreib-, Konzeptions- und Bearbeitungsphasen herrührende Seiten durchgehend geordnet und mit Bleistift weiternumeriert sind, hat Fichte dann bei der letzten Durchsicht nicht mehr ausdrücklich in Kapitel gliedern können. Auch in dem in Caparica entworfenen Plan sind ebenso vorerst nur die ersten sechzehn Kapitel bestimmt, obwohl die weitergehende Themen- und Motivaufgliederung genauso differenziert wie zuvor fortgeführt wird – nur ohne Kapitelziffern. In einem späteren Moment hat Hubert Fichte dort im Plan den noch unbezifferten und unabgesetzten Einheiten mit Bleistift die Kapitelziffer vorgesetzt und somit voneinander abgegrenzt. So konnten wir von Fichtes nachträglicher Einteilung im Plan die Einheit aller auf das 16. folgenden Kapitel für die Herausgabe ableiten, wobei das im autorisierten Manuskript Niedergelegte maßgebend war.

Einige Verfahren sind von Hubert Fichte in dieser ersten Fassung, wie könnte es anders sein, nicht durchgehend gehandhabt.
Im besonderen betrifft das die Interpunktion. Bei einer ersten Transkription des Manuskripts haben wir bemerkt, daß eine eventuelle Vereinheitlichung der Interpunktion oder deren Angleichung an die Konvention dem so und nicht anders von Fichte Geschriebenen in den überwiegenden Fällen mehr schadet als zugute kommt – hauptsächlich was den Rhythmus, den Fluß des Erzählten sowie die Gedankengliederung anbelangt. Gleiches gilt auch für den Zeilenumbruch, der ja ein besonderer Fall der Interpunktion ist und für Fichte ein bevorzugtes Mittel, das ihm gerade hier, in dem in statu nascendi stehenden Roman, zeitweilig sehr frei aus der Hand fließt. So haben wir uns entschlossen, die Eigentümlichkeiten dieser Fassung strengstens zu achten und nur dann allgemeineren Kriterien zu unterwerfen, wenn die übergeordneten Koordinaten des Romans es selber verlangten oder die Konvention sich als einziger Weg zum Gemeinten behauptete. Selbstverständlich haben wir all das richtiggestellt, was es eindeutig verlangte. Auch haben wir uns bemüht, die Kapitel intern in einer überschaubaren, der Natur des Ganzen gehorchenden Gliederung einzuteilen.

Die zeitraubenden Verirrungen bei der Entzifferung, die immer wiederkehrende Ratlosigkeit vor der fremden, ursprünglich nur für das Auge des Autors gedachten Handschrift, die Unzahl von Recherchen in den unterschiedlichsten Gebieten aus den verschiedensten Kulturen und Sprachen, all diese Mühe und Umwege haben wir allenthalben vergessen, sobald die Frische des im Manuskript Dargestellten, die Schönheit der es belebenden Konzeption in Erscheinung getreten ist.

Wir freuen uns, das Manuskript vollständig in seine Klarheit überführt zu haben.

Ohne Zweifel bliebe ohne die Dechiffrierungsfähigkeit von Leonore Mau Wesentliches des Romans auf ewig verschüttet. Glücklicherweise kreuzt sich in der Gefährtin ein Doppeltes: Fichtes Schriftzüge begleiteten sie ein Vierteljahrhundert und ihre, Irmas – Leonores, biographische Intimität mit der im Roman dargestellten Geschichte.

Hier, weil sie zur Nachgeschichte des im Roman Geschilderten gehört sowie ihrer ethnologischen Bedeutung halber, möchte ich folgende Episode mitteilen:

Nach dem Tod ihres Trägers – so der Brauch der Casa das Minas – fällt eine geweihte Kette wieder an das Haus.

Demnach war der von Deni für Hubert Fichte eingefädelten Guía der Weg zurück in die Rua São Pantaleão beschieden.

Anfang 1990 erinnerte Celeste über den Atlantik Leonore Mau daran. Leonore Mau beschließt, die Kette persönlich den Priesterinnen auszuhändigen.

Sie bittet mich, bei der Rückgabe dabeizusein – ich hatte eben *Das Haus der Mina von São Luiz de Maranhão* herausgegeben.

Einige Tage vor dem Fest für Avarekete, das mit dem katholischen für São Benedito, dem schwarzen Heiligen, zusammenfällt – in jenem Jahr am 6. August gefeiert –, empfangen uns die Damen auf der Veranda.

Am zweiten Besuchstag überreicht die Leipzigerin den Urtöchtern Agotimes die Guía, die den Toten am Hofe in Abomey akkreditiert hatte. Der erste war unter dem Zeremoniell des Begrüßens und Wiedersehens, des Vorstellens und Erinnerns vergangen, des Fragens nach den Verstorbenen.

Deni nimmt die Kette zu sich, und Stein um Stein, Perle um Perle fahren dieselben Finger, aus denen sie entstand, über die Markierungen. Mit einem Male wird sie gewahr, daß an deren Ende das Persönliche, der Stein fehlt. Die Priesterin fragt danach. Die Befragte weiß ihr keine Antwort zu geben. Denis Blick bricht. Wörter – oder sind es Flüche, Schreie – ballen sich in ihrem Mund und zerschellen, noch bevor sie die Lippen erreichen. Sie wendet den plötzlichen Abgrund des Gesichtes ab und zieht sich mit der Kette – ein Bein nachziehend – in ihr Gemach zurück.

Am Abend des Festes für Avarekete – Dona Celestes Senhor –, nach den afrikanischen Liedern, den Trommeln und den Tänzen auf der Veranda, gegen elf Uhr, bittet uns die Vodunci, sie in den Altarraum zu begleiten. Dort, in der Sala Grande, lädt uns Avarekete-Celeste ein, uns neben ihn auf das Sofa zu setzen. Im Bund aller Vodunci, die – vertieft in die wahrnehmende Abwesenheit der Trance – sich in ihren langen weißen Spitzenkleidern mittlerweile auf die Sitze rundherum wie zu einer großen Audienz verteilt haben, erzählt uns der Vodun, von welcher Wichtigkeit Hubert Fichte für die Casa sei – er als einziger sei dem Auftrag gefolgt, am Golf von Benin ihre Herkunft festzustellen – daß sie ein Bild des Seligen mit dem Bericht dieser Tat im Hause anbringen wollten.

Daß sie den nôme de nacão – den afrikanischen Namen, den religiösen –, den sie Umberto verliehen haben, nun offenbaren wolle. Die ungewohnten Laute Dangobi ertönten in unseren Ohren, die onomatopoetische Adoption, die ihn, den weißen Hermes, – obgleich uneingeweiht – zum Sohne des von Agotime gegründeten Tempels macht.

Wuppertal, März 1993   Ronald Kay

Hubert Fichte

Die Geschichte der Empfindlichkeit

Herausgegeben von Ronald Kay, Gisela Lindemann,
Torsten Teichert und Wolfgang von Wangenheim
in Zusammenarbeit mit Leonore Mau

Hotel Garni. Roman
Der Kleine Hauptbahnhof oder Lob des Strichs. Roman
Die zweite Schuld. Glossen
Eine Glückliche Liebe. Roman
Alte Welt. Glossen
Der Platz der Gehenkten. Roman
Explosion. Roman der Ethnologie
Die Schwarze Stadt. Glossen
Psyche. Glossen
Forschungsbericht. Roman
Die Geschichte der Nanã. Roman
Hamburg Hauptbahnhof. Register
Paraleipomena. Lil's Book
Das Haus der Mina in São Luiz de Maranhão
Homosexualität und Literatur 1. Polemiken
Homosexualität und Literatur 2. Polemiken
Schulfunk. Hörspiele

S. Fischer Verlag
Fischer Taschenbuch Verlag

Peter Braun
Eine Reise durch das Werk
von Hubert Fichte
Band 16868

Hamburg - die Provence - Afrika - Südamerika: Im Zentrum von Hubert Fichtes literarischem Werk stehen das Reisen und das Entdecken fremder Orte und Kulturen. Fichtes Bücher sind keine Reisebeschreibungen, sondern poetische Versuche, die Welt unmittelbar erfahrbar zu machen.

Das Buch von Peter Braun ist die Einladung zu einer Reise durch das Werk von Hubert Fichte: von Ort zu Ort die Etappen dieses großen Ethnopoeten kennen zu lernen, zu vertiefen und neu zu entdecken. Dabei entsteht eine Gesamtdarstellung von Fichtes umfangreichem und vielseitigem Werk.

Fischer Taschenbuch Verlag

fi 16868 / 1

Hubert Fichte
Leonore Mau
Psyche
Annäherung an die Geisteskranken in Afrika
Herausgegeben von Ronald Kay
336 Seiten. Gebunden
86 Abbildungen

Die afroamerikanischen Religionen nehmen in den Texten
Hubert Fichtes und in den Fotografien Leonore Maus einen
ganz besonderen Stellenwert ein. Zahlreiche Reisen nach
Lateinamerika und Afrika waren dieser poetischen Erforschung gewidmet. Der hier vorliegende Bild- und Textband
ist eine Expedition zu den Wurzeln der afroamerikanischen
Naturreligionen, beispielhaft beobachtet an der Psychiatrie
Afrikas. Damit wird – nach »Petersilie« und »Xango« – ein
großartiges Lebenswerk vervollständigt und dokumentiert:
Hubert Fichtes Texte und Leonore Maus Fotografien bieten
eine kulturgeschichtliche Reise auf einen unbekannten Kontinent.

S. Fischer

fi 1-020730 / 2

Hubert Fichte

Der Aufbruch nach Turku
und andere Erzählungen. Band 9219

Detlevs Imitationen » Grünspan «
Roman. Band 5074

Versuch über die Pubertät
Roman. Band 5402

Wolli Indienfahrer
Roman. Band 5425

Ödipus auf Håknäss
Schauspiel. Band 10843

Petersilie
Die afroamerikanischen Religionen
Santo Domingo, Venezuela, Miami, Grenada
Band 5437

Fischer Taschenbuch Verlag

fi 901 / 6

Michael Lentz
Muttersterben
Prosa
190 Seiten. Gebunden

Einer stirbt. Einer wird vergessen. Einer wird umgebracht. Etwas kommt abhanden. Was tun? »Muttersterben«, das sind Momentaufnahmen alltäglicher Erfahrungen, die vom Abschiednehmen handeln. Sie erzählen vom Erinnern und davon, wie der Versuch, sich Situationen und Vorgänge zu vergegenwärtigen, tragisch werden kann, oder absurd oder komisch.

So melancholisch wie unsentimental schildern die Geschichten die zum Teil grotesken Versuche, mit einem Verlust umzugehen, der plötzlich ein Eigenleben entfaltet.

S. Fischer

fi 1-044810 / 1

Kathrin Röggla
Wir schlafen nicht
Roman
224 Seiten. Gebunden

Sie schlafen nicht. Ob sie als Unternehmensberater, Online-
Redakteure oder als Key Account Manager arbeiten: Sie
schlafen nicht mehr. Denn es geht um Organisation, um
Content, um Kommunikation, vor allem aber um die eigene
Identität. Sie sind auf einer Messe. Immer dabei: eine Frau, die
sie befragt über ihren Lebensstil mit der Droge Arbeit, über
Hierarchien, Erfolg und Privatleben. Sie erzählen von unserer
Arbeitswelt – von Identifikation, Konkurrenz und Pleiten.
Ein außergewöhnlicher Roman, der einen genauen Blick auf
das Berufsleben wagt. Ein schillerndes Porträt unserer
Gesellschaft und der Menschen, die unsere Gegenwart
gestalten – einzigartig in der deutschen Literatur.

»Röggla ist ein erzählerisch
experimenteller Bericht aus der schönen neuen Welt
der globalisierten Herdentiere gelungen.«
Der Spiegel

»Durch ihre virtuose Rhytmisierung
der Sprache, durch ihre kunstvolle Mischung aus
Lakonik und Nonchalance kreiert sie einen Kosmos,
der entlarvend komisch und melancholisch wirkt.«
Financial Times

S. Fischer

Arno Schmidt

Zettels Traum

Faksimile-Wiedergabe des 1334 Blätter umfassenden
DIN A3-Typoskripts im Originalformat mit zahlreichen
Randglossen und Handskizzen des Autors
Limitierte Sonderausgabe. 1352 Seiten. Leinen. Im Schuber.

»Arno Schmidts in fast zehnjähriger Arbeit entstandener Riesen-
roman, mit dem Leitmotiv vom unsäglichen Traum des Webers
Zettel, des großen Anzettlers im Sommernachtstraum, ist nach
dem äußeren Aufbau das innerhalb 24 Stunden sich abspielende
Streit-, Lehr- und Liebesgespräch, zwischen vier Personen an einem wunderträchtigen Hochsommertag in der Lüneburger Heide,
– in ihrem Verständnis ihr schlechthinniger Lebenstag, in den sie
einbringen, was sie haben und sind.« *Ernst Krawehl*

»*Zettels Traum* ist Fluchtpunkt und Summe des gesamten bis dahin entstandenen Werks des Autors; das monumental umfangreiche
Buch ist Epos und Essay, Übersetzungstheorie und Dichterpsy-
chographie zugleich, Fortführung und konsequente Zusammen-
fassung der erzähltechnischen und literaturtheoretischen Ansätze
der früheren Bücher Schmidts, die im Nachhinein wie Finger-
übungen zu diesem Riesenbuch erscheinen.« *Jörg Drews*

»Zettels Traum *mußte* – allein schon ob der Etym-Basis – ein zu
zwei Dritteln humoristisches Buch werden, das aber auch alles
mögliche Andere natürlich zeigt: das Flickwerk unserer Eingeweide, *und* den Schmelz der Interpunktion.« *Arno Schmidt*

S. Fischer

fi 2227 / 2

Marlene Streeruwitz
morire in levitate.
Novelle
96 Seiten. Gebunden

Geraldine geht zum See. Der Weg ist vereist, der kalte Wind treibt sie an. Sie braucht die Weite um sich und über sich, Geraldine muss überlegen, wie sie sterben wird. Soll sie so alt werden wollen, wie die Frau Doktor im Altersheim, der sie vorgelesen hat. Was bedeutet es, so alt zu werden und diesen kleinen Unwürdigkeiten ausgesetzt zu sein. Soll sie weitere 40 Jahre darüber nachdenken, warum sie nun nicht als Sängerin aufgetreten ist. Warum sie in nichts anderem erfolgreich war. Warum sie die Männer, die sie liebten, nur verächtlich behandeln konnte. Und was der Großvater damit zu tun hatte. Wie starben die Täterenkel. Starb mit denen die Geschichte endlich endgültig. Und würde sie überhaupt sterben können, wenn sie doch gar nicht gelebt hatte.

»Sterben. In Leichtigkeit.« Ist es möglich für eine Generation, deren Großväter den Holocaust zu verantworten haben? Auf einem winterlichen Spaziergang denkt Geraldine Denner über den Tod nach. Ihre episodenhaften Erinnerungen und die Landschaftsbilder verdichten sich zu einer Novelle von außergewöhnlicher Intensität.

S. Fischer

fi 1-074429 / 1